KB160890

칠지도와 일본서기
- 4~6세기 한일관계사 연구 -

이 책은 2020년도 건국대학교 KU학술연구비 지원에 의한 저서임

칠지도와 일본서기

- 4~6세기 한일관계사 연구 -

홍성화 지음

景仁文化社

실상 저의 인생에 있어서 큰 변화를 가져다준 책이 있다면 그것은 『日本書紀』였다고 생각합니다.

젊은 시절 처음으로 『日本書紀』를 접했을 때의 놀라움과 혼란스러움은 말로 표현할 수 없을 정도였습니다. 그동안 배우지 않았던, 내가 상상하지 못했던 내용이 그 안에 씌어 있었을 뿐만 아니라 과연 이러한 사서는 어떤 연유에서 쓰였을까 하는 호기심은 멈추지 않았습니다. 고대 한일관계에 쟁점이 되고, 논쟁이 되는 많은 부분들이 당시 많은 연구자들로부터 비판적으로 연구되고 있었지만, 그럼에도 불구하고 당시의 연구 성과가 제게 속 시원한 해답을 주지 못한 상황이었습니다.

그래서 다른 연구자보다 좀 늦은 나이였음에도 불구하고 직접 고대 한일관계의 실상을 파헤쳐보겠노라고 뛰어들었던 것이 여기까지 왔던 것 같습니다.

박사학위를 받고 난 후 구체적으로 하나하나의 항목들에 대해 심화 연구하면서 새로운 논고들을 정리하기 시작했습니다. 그중에서도 저에게 가장 큰 획기를 가져다주었던 것은 칠지도에 대한 새로운 해석이었습니다. 아무도 주목하지 않았던 때에 칠지도가 기존 통설인 369년이 아니라 408년에 제작되었다는 것을 확인하게 되면서부터 어쩌면 미진했던 많은 부분의 실마리가 풀리기 시작했다고 할 수 있을 것입니다.

박사학위 논문을 통해 주장했던 가설이 칠지도의 새로운 분석을 통해 하나하나 실타래 풀리듯 해결되면서 고대 한일관계 역사상에 대한 새로운 맥락을 짚어 나가고 있다는 생각을 하기도 했습니다.

본서에서 하나하나 언급이 되겠습니다만 고대 한일관계에 있어서 논쟁이 되는 큰 기둥은 神功의 삼한정벌, 廣開土王碑文, 七支刀 銘文, 5세기 왜왕의

都督諸軍事號 요청, 영산강 유역의 前方後圓形 古墳, 任那日本府 등이라고 생각합니다. 그래서 이러한 부분을 총 망라해서 연구, 분석하기 위해 문헌 사료 뿐만 아니라 고고학 사료까지 조사, 분석하는 등 과욕을 부린 면도 없지 않았습니다. 그럼에도 한일관계를 논하는 데에 있어서 이러한 큰 기둥을 다루지 않고 힘든 논의를 피한다면 그것은 올바른 연구자의 자세는 아니라고 생각했습니다.

그래서 본서에 수록된 논고는 고대 한일관계 역사에 있어서 논쟁이 되고 있는 부분을 종합적으로 정리해서 당시의 실상을 파헤쳐보고자 한 노력의 산물이라고 생각합니다.

본서에 수록된 논고는 그동안 필자가 각종 학술대회를 통해 발표하고 또 게재되었던 것을 수정, 보완하여 정리한 것임을 밝혀둡니다.

그중 제Ⅰ편 제2장 『日本書紀』 應神紀 東韓之地에 대한 고찰의 경우는 初出 논고와 전체적인 논지는 같지만, 東韓之地의 구체적인 지명과 관련해서는 일부 수정, 보완된 것이며, 제Ⅰ편 제4장 廣開土王碑文을 통한 『日本書紀』 神功, 應神紀의 분석에서는 廣開土王碑文의 辛卯年條 관련 부분을 「4세기말~5세기초 백제와 왜의 관계」, 『한국사 속의 백제와 왜』, 한성백제박물관, 2015에서 추가한 것임을 밝혀둡니다.

그리고 제Ⅱ편 제1장 5세기 百濟의 정국변동과 倭 5王의 작호의 경우 初出 논고의 발표시에는 칠지도에 대한 연구성과가 잘 알려져 있지 않았을 때라 칠지도에 관련된 부분을 제2절 5세기초 百濟와 倭의 관계에서 구체적으로 서술하였지만, 본서에서는 요약 정리하여 수록하였음을 밝힙니다. 또한 제Ⅲ편 제3장 古代 榮山江 流域 勢力에 대한 검토에서는 영산강 유역에서 최근까지 있었던 발굴 자료에 대한 부분이 추가되었으며, 제Ⅳ편 제1장 4~6세기 百濟와 倭의 관계에서는 551년 倭의 참전과 관련한 부분을 「550년대 한반도의 정세 변화와 倭國의 동향」, 『東研』7, 동아시아비교문화연구회, 2020에서 추가한 것임을 밝혀둡니다.

본서가 나오기까지 많은 분들의 도움이 있었습니다.

우선 박사 과정 때부터 열과 성을 다해 지도 편달해주신 김현구 선생님의 지도가 아니었으면 현재 제가 갖고 있는 역사상은 태동되지 못했을 것이며 본서는 출간되지 못했을 것입니다. 그리고 박사 논문 지도에 관여해주신 김은숙 선생님, 고려대 박현숙 교수님, 한성대 이재석 교수님, 고려대 송완범 교수님께 감사의 말씀을 드리고 아낌없는 조언을 해주신 고려대 조명철 교수님과 서보경 선생님께도 감사를 표합니다.

칠지도와 관련해서 오직 후학들의 연구를 위해 어려운 걸음을 해주셨던 기무라 마코토 선생님께도 이 자리를 빌어 감사의 말씀을 드리며 우연한 기회였지만 제가 새로운 논문을 쓸 수 있도록 많은 논고를 소개해주셨던 首都大學東京의 아카바메 마사요시 교수님께도 감사를 드립니다.

그동안 여러 학술대회를 통해 저의 논고를 발표할 수 있는 기회를 주신 노중국 선생님과 주보돈 선생님께도 감사의 말씀을 드리고 함께 『일본서기』 강독을 하는 동안 격려와 조언을 아낌 없이 해주신 공주대 정재윤 교수님 그리고 장인성 선생님께도 감사를 표합니다. 그리고 초창기부터 연구의 꿈을 잃지 않도록 용기를 북돋워주셨던 이지누 선생님과 노상복 선생님, 한양대 이석규 교수님께도 감사의 말씀을 드립니다.

또한 항상 꼼꼼하게 저의 논고를 확인, 점검해주신 나행주 선생님과 박남수 선생님, 많은 자료를 탐구할 수 있는 기회를 주신 박재용 선생님께도 감사드리며 연구사 부분에서 많은 도움을 받았던 이장웅 선생의 노고도 잊을 수 없습니다.

특별히 본서의 출판을 위해 힘써주신 손승철 선생님께 감사의 말씀을 드리고 경인문화사 여러분께도 감사를 드립니다.

이외에 학회나 연구회 등을 통해 많은 도움을 주신 동료, 선후배님 등 후의를 입은 많은 분들이 떠오르지만 지면 관계상 직접 언급해드리지 못함을 널리 양해해주시기 바랍니다.

　작금의 상황은 코로나로 인해 전 세계가 우울하고 한일관계 또한 어느 때보다 침체되어 있는 분위기입니다. 하지만 이러할 때일수록 심기일전하여 미래를 향한 발걸음을 한 발자국씩 남겨야 하는 것은 아닌가 하는 생각이 듭니다.

　아무쪼록 先學諸賢의 질정을 바랍니다.

2020년 세밑, 코로나의 종식을 기원하며

忠州 연구실 勉谷書齋에서

저자 勉谷 洪性和

| 차 례 |

제II편 5세기대 백제와 왜의 관계

제Ⅲ편 『日本書紀』를 통한 6세기 한일관계 분석

서장

종래의 고대 한일관계에 있어서 일본학계의 인식은 일본 열도에 지배적 권력을 가진 야마토 정권이 대외관계에 있어서 任那와 특수한 관계에 있었던 것을 중심으로 이해되어왔다.

이들 실체에 대한 통설적인 설명은 대개 末松保和의 『任那興亡史』에 의해 체계화됨으로써 최근에 이르기까지 일본학계에 가장 큰 영향을 미치고 있는 소위 出先機關說이었다.[1]

즉, 『日本書紀』를 통해 倭가 4세기 중엽 神功 49년(369년)에 가야 7국을 정벌하고, 廣開土王碑文의 辛卯年條를 근거로 하여 5세기경 倭가 한반도 남부를 영유했던 것을 『宋書』에서 나온 바와 같이 중국 남조의 宋으로부터 인정받게 되어 任那日本府를 중심으로 약 200년간 한반도 남부를 경영하다가 欽明 23년(562년)에 이르러 신라에게 빼앗겼다는 것이 주요지이다.

물론 현재 일본학계에서는 과거 末松保和에 의해 구축된 고전적인 야마토 정권의 任那 지배설은 부정되고 있는 것으로 보인다. 하지만, 일본학계의 흐름을 보면, 末松保和를 위시한 기존 학계의 통설적 견해를 부정하는 것이지 정작 倭의 한반도 남부에 대한 영향력 자체를 부정하고 있지 않는 것이 작금의 상황이다.

예를 들면 『日本書紀』에서 神功의 삼한정벌의 결과 일본에 헌상되었다는 칠지도의 경우 石上神宮의 七支刀 銘文에 나오는 '泰□'를 東晋의 연호인 太和로 보아 369년에 위치시키면서 神功代의 상황으로 이해하려는 경향을 보이고 있다.

이는 七支刀 銘文이 일본학계 내에서도 새롭게 판독되고 있음에도 불구하고[2] 1950년대에 주창된 이후[3] 변하지 않는 사상이다.

---

1) 末松保和, 『任那興亡史』, 吉川弘文館, 1956

또한 廣開土王碑文의 경우도 李進熙의 釋文에 관한 문제제기[4] 이후 王健群의 현지 비문에 관한 조사,[5] 武田幸男의 水谷 탁본에 관한 연구,[6] 徐建新의 원석탁본의 발견[7] 등을 통해 비문과 관련해서는 많은 연구가 축적되어왔다.

그럼에도 불구하고 아직도 辛卯年條의 기사[8]를 역사적 사실로 받아들이면서 辛卯年條의 결과 倭가 한반도 남부에 영향력을 갖고 倭가 주체가 되어고구려에 공파되고 있는 백제에 군사를 출병하고 있는 것으로 이해하려고하는 것이 일본학계의 입장이다.

뿐만 아니라 『宋書』 등 중국의 사료에 등장하는 5세기의 倭王이 한반도남부에 대한 諸軍事號를 자칭하고 제수를 요청하면서 실제 倭王이 使持節都督倭新羅任那加羅秦韓慕韓六國諸軍事 安東大將軍 倭國王을 受爵하게 되는데, 이 문제에 대해서도 倭가 한반도 남부에 군사적 지배권을 가진 것으로이해하고 있는 것이 일본학계의 통설이다.[9]

또한 『日本書紀』에 등장하는 任那日本府와 관련해서도 末松保和를 위시한 기존의 통설적 견해를 부정하고는 있지만 정작 倭의 임나 지배에 대해서는 그 시기와 폭만 축소하여 4~6세기 단계가 아닌 6세기의 일정 시기로

2) 村山正雄, 『石上神宮 七支刀銘文図録』, 吉川弘文館, 1996 ; 木村誠, 「百済史料として七支刀銘文」, 『人文学報』306, 2000 :『古代朝鮮の国家と社会』, 吉川弘文館, 2004 ;吉田晶, 『七支刀の謎を解く─四世紀後半の百済と倭』, 新日本出版社, 2001 ; 鈴木勉・河内國平, 『復元七支刀-古代東アジアの鐵・象嵌・文字』, 雄山閣, 2006
3) 福山敏男, 「石上神宮の七支刀」, 『美術研究』158, 1951, pp.106-136 ; 榧本杜人, 「石上神宮の七支刀とその銘文」, 『朝鮮学報』3, 1952
4) 李進熙, 『広開土王陵碑の研究』, 吉川弘文館, 1972
5) 王健群, 『好太王碑研究』, 吉林人民出版社, 1984
6) 武田幸男 編, 『廣開土王碑原石拓本集成』, 東京大学出版会, 1988
7) 徐建新, 『好太王碑拓本の研究』, 東京堂出版, 2006
8) 廣開土王碑文
　　百殘新羅 舊是屬民 由來朝貢 倭以辛卯年來 渡[海]破百殘 □□□羅 以爲臣民
9) 坂元義種, 『古代東アジアの日本と朝鮮』, 吉川弘文館, 1978

한정하는 방향으로 진행되고 있는 것이 일본학계의 실상이다.[10) 또한 倭臣을 의미한다는 '미코토모치'說을 주장하면서도 야마토 정권의 우위론을 바탕으로 전개되는 경향이 있다.

더군다나 영산강 유역에 나타나고 있는 前方後圓形 古墳을 통해 전라남도 지역을 『日本書紀』에 나오는 任那 4縣에 비정하고 있는 것이 일본학계의 통설적 견해이다. 任那 4縣의 위치와 관련해서는 鮎貝房之進의 설을 기반으로 하여 末松保和가 전라남도 서반부에 해당하는 광대한 지역으로 비정한 이후 현재까지도 통설로 인식되고 있는 것이다.[11)

이에 대해서는 초기 일본학자들이 任那 4縣을 전남지방에, 己汶, 帶沙 지역을 섬진강 유역으로 보면서 소위 일본의 직할지라고 하는 任那의 지역을 넓히고 한반도 남부에 대한 백제의 영향력을 축소시켰다는 점을 유념할 필요가 있다.

한편 한국학계에서도 한국고대사 연구에 있어서 과거의 先學들이 부족한 문헌 사료를 보충하기 위해 『日本書紀』를 인용하면서 『日本書紀』의 전체적인 논리 자체를 제대로 분석하지 않은 채 일본학계에서의 연구성과를 그대로 적용시켰던 측면이 없지 않다.

이러한 측면에서는 문헌의 부족으로 고고학이나 地域史 연구를 중심으로 이루어진 탓에 고대 한반도의 상황을 제대로 이해하지 못하고 있는 것도 마찬가지의 실정이라고 생각한다.

특히 加耶 지방에 대한 지명 비정의 경우, 과거 일본연구자들의 『日本書紀』에 대한 분석 논리가 무엇인지 면밀하게 분석해야 됨에도 불구하고 이를 행하지 않은 채 일본 측의 논리를 그대로 답습한 경향이 있다.

---

10) 鈴木靖民, 「いわゆる任那日本府および倭問題-井上秀雄「任那日本府と倭」評を通して」, 『歷史学研究』405, 1974 ; 大山誠一, 「所謂'任那日本府'の成立について」, 『日本古代の外交と地方行政』吉川弘文館, 1999 ; 熊谷公男, 『大王から天皇へ』, 講談社, 2000
11) 鮎貝房之進, 「日本書紀朝鮮地名攷」, 『雜攷』7, 下卷, 朝鮮印刷株式會社, 1937 ; 末松保和, 앞의 책, 1956

任那 문제와 관련해서도 加耶史를 중심으로 서술되면서 加耶의 역사상이 확대되고 이를 통해 加耶가 한반도 남부의 상당 부분을 점유한 것처럼 加耶의 영역을 확대시키고 있는 상황이 되고 있다. 하지만, 중앙집권국가 단계에까지 이르지 못한 加耶諸國의 영역을 확대시키는 것은 과거 任那를 확장해서 한반도 남부를 경영했다는 일본의 인식과 주체만 바뀐 유사한 논리를 제공할 위험성이 있다.

영산강 유역과 관련해서도 고고학적 발굴 결과를 토대로 전남 지역이 6세기 초반까지 百濟의 영향을 거의 받지 않았고 독자적 세력이 자립하고 있었다는 인식 또한 종래 任那 지배를 서술하면서 任那 4縣을 전남 지역에 비정하고 있는 末松保和의 설로 이어질 가능성이 짙다.

이처럼 先學들이 사료 비판을 선행하지 않은 채 『日本書紀』에 나오는 지명을 비정하면서 오류를 보였을 뿐만 아니라,[12] 문헌적 자료에 대한 분석을 도외시한 채 고고학적 자료에만 치중하여 역사상을 잘못 해석하는 바람에 당시의 실상을 파악하는데 많은 혼란을 가져다주고 있다.

필자는 그동안 우리학계가 끊임없이 식민사관을 탈피하는 과정을 통해 현재의 역사학으로 성장, 발전해왔다고 생각한다. 하지만 아직도 『日本書紀』를 통한 한반도 관계사상의 분석에 대해서는 미진한 부분이 있으며 좀 더 우리의 틀과 시각으로써 『日本書紀』를 재해석해서 바라볼 필요가 있다고 생각한다.

필자가 생각하기에 고대 한일관계사에 있어서 神功의 삼한정벌, 廣開土王碑文, 七支刀 銘文, 5세기 왜왕의 都督諸軍事號 요청, 영산강 유역의 前方後圓形 古墳, 任那日本府 등이 논쟁의 가장 큰 기둥을 형성하고 있다고 생각한다.

이러한 내용은 고대 한일관계 역사를 서술함에 있어서 논리적 일관성을

---

12) 己汶, 帶沙 및 任那 4縣 등을 섬진강 유역에 비정하고 있는 통설이 대표적인 例이다.

유지해야 하기 때문에 전체적으로 다루어져야 함에도 불구하고 이를 전체적으로 포괄하여 서술하고 있는 연구자는 흔치 않다.

더군다나 문헌사료의 비판과 아울러 고고학적 자료 분석을 통해 韓半島와 日本列島, 종국적으로는 百濟와 倭의 관계에서 나타나고 있는 변화와 교류의 현황을 살펴보고자 한 논저는 극히 드문 상황이다.

따라서 본서에서는 고대 한일관계사에 있어서 논쟁이 되고 있는 큰 기둥을 총 망라해서 종합적으로 고대 한반도와 일본 열도의 실상을 파헤쳐 보고자 한다.

본서는 모두 4편으로 구성되어 있다.

우선 제 I 편에서는 『日本書紀』 神功, 應神紀 일련의 기사를 검토하여 4세기말~5세기초 한반도 남부의 실상을 밝혀보고자 한다.

제1장 石上神宮 七支刀에 대한 一考察에서는 새롭게 판독되고 있는 石上神宮의 七支刀 銘文을 통해 칠지도의 제작연대를 분석하고 칠지도의 제작, 전달과 관련한 백제와 왜의 실상을 파악하고자 한다.

제2장 『日本書紀』 應神紀 東韓之地에 대한 고찰에서는 『日本書紀』 應神紀 「百濟記」에 나오는 東韓之地 등에 대한 고찰을 통해 倭가 東韓之地를 뺏었다가 다시 주었다는 기사가 무엇을 의미하는지, 그리고 東韓之地가 어느 지역을 지칭하는 것인지에 대해 파악해 보고자 한다.

제3장 七支刀와 谷那鐵山에서는 칠지도를 만든 철의 산지로 등장하는 谷那鐵山이 어느 지역을 나타내고 있는지 그 위치를 고찰함과 더불어 백제에게 있어 谷那鐵山이라는 지역이 가지고 있는 의미는 무엇인지를 살펴보고자 한다.

제4장 廣開土王碑文을 통한 『日本書紀』 神功, 應神紀의 분석에서는 5세기초의 정황을 파악할 수 있는 廣開土王碑文를 통해 『日本書紀』 神功, 應神紀에 나오는 한반도 관련 기사를 비교, 고찰하고 그 모태가 되었던 역사적 사실을 파악해보기로 한다.

제Ⅱ편에서는 5세기대에 있었던 백제와 왜의 관계에 대해 분석하고자 한다.

제1장 5세기 百濟의 정국변동과 倭 5王의 작호에서는 倭가 한반도 남부에 대한 諸軍事權을 요청했던 이유가 무엇이며 5세기 한반도와 일본열도의 관계를 어떻게 평가해야 하는 것인지에 대한 종합적인 연구를 시도하고자 한다.

제2장 熊津時代 百濟의 王位繼承과 對倭關係에서는 문주왕의 즉위 배경과 무령왕의 출자 문제, 곤지의 渡倭 이유와 귀국 후 갑작스러운 사망 그리고 동성왕과 무령왕의 즉위 배경 등 많은 부분에서 여전히 해결되지 않은 과제로 남아있는 웅진시대의 백제사 이면에 나타난 역사적 사실에 대해 재조명하고자 한다.

제3장 古代 榮山江 流域 勢力에 대한 검토에서는 고고학적인 자료의 분석과 문헌 분석을 아울러 그동안 의문시되었던 고대 영산강 유역의 정치세력에 대한 실체를 파악해보고자 한다.

제4장 5세기대 木氏를 중심으로 한 百濟와 倭의 고찰에서는 5세기대에 『三國史記』, 『日本書紀』와 중국의 사료에 동시에 등장하고 있는 백제 木氏의 활동을 통해 당시 백제와 왜의 실상을 파악하고자 한다.

제Ⅲ편에서는 『日本書紀』를 통해 6세기의 한일관계를 검토하고자 한다.

제1장 己汶, 帶沙 지명 비정에 대한 일고찰에서는 사료 비판을 통해 그동안 비정되어 온 己汶, 帶沙에 대한 지명을 재검토하여 6세기초 백제와 가야의 관계 및 한반도 남부 지역의 실상을 재정립해보고자 한다.

제2장 『日本書紀』 소위 '任那 4縣 할양' 기사에 대한 고찰에서는 사료 비판을 통해 논란이 되고 있는 임나 4현에 대한 논의를 재검토하여 임나 4현에 대한 지명 비정을 새로이 하고 6세기초 한반도 남부 지역에 진출한 백제의 실상을 고찰해보고자 한다.

제3장 『日本書紀』 한반도 관계기사에 보이는 吉備氏에 대하여에서는 한반도와의 깊은 관계를 가지고 지방 호족으로서 정치적 세력 관계를 형성해

온 吉備氏에 대한 분석을 통해 종국적으로는 欽明紀 任那日本府에 등장하는 吉備臣을 규명하고자 한다.

제4장 任那日本府에 대한 고찰에서는 任那日本府와 관련한 諸說의 문제점을 분석하고 『日本書紀』에 등장하는 任那日本府에 대한 관련 기사 분석을 통해 임나일본부와 관련된 인물의 역할과 출신 계보 및 실체를 중심으로 임나일본부의 실상을 규명해보려고 한다.

제Ⅳ편에서는 古代 韓半島와 日本 列島의 관계를 종합적으로 살펴보고자 한다.

제1장 4~6세기 百濟와 倭의 관계에서는 『日本書紀』 내에서 야마토 정권의 한반도 남부 경영설의 중심인 삼한의 정벌을 시작으로 하여 나타난 야마토 정권의 한반도 파병의 실상을 파악하고 이와 아울러 백제에서 야마토 정권으로 갔던 인적 교류의 배경을 고찰해보기로 한다.

제2장 『日本書紀』 繼體·欽明紀에 보이는 新羅와 倭의 관계에서는 繼體~欽明紀에 나타나는 신라의 對倭 外交의 추이와 야마토 정권의 對한반도 정책 변화의 양상을 중심으로 6세기 신라와 왜의 관계에 대해 고찰하고자 한다.

이상과 같은 고찰을 통해 『日本書紀』에 보이는 한반도 관계 기사에 대해 논리적이고 합리적인 비판을 통해 모순점을 극복하고 새로운 틀과 시각으로써 재해석하고자 한다.

제 I 편
『日本書紀』神功, 應神紀
韓半島 관련 기사 분석

제1장 石上神宮 七支刀에 대한 一考察

제1절 머리말

崇神 7년에 창건되었다고 하는 日本 奈良縣 天理市의 石上神宮은 예부터 일본 내에 흩어져 있는 각 시대의 이름난 刀劍을 모아 보관하여 神宮에 神寶로 수장하고 있다고 전해지고 있다.[1)

그 중 75센티미터의 칼 몸뚱이에 7개의 나뭇가지 형상을 하고 있는 七支刀는 현재 禁足地의 神庫에 보관되어 일본의 국보로 지정되어 있다.

明治시대 초기 石上神宮의 大宮司였던 菅政友가 神宮 禁足地의 神庫 안에서 발견한 七支刀는 나뭇가지처럼 양쪽으로 세 가닥씩 벌어져 있어서 처음에는 六叉刀라는 명칭으로 세상에 알려졌다.

그런데 七支刀에는 앞면과 뒷면에 銘文이 새겨져 있어 이로 인해 고대 한일관계에 있어서 중요한 유물로 인식되고 있다. 七支刀에 새겨진 글자를 어떻게 판독하고 해석하느냐에 따라서 한일고대사의 흐름을 바꿀 수 있는 중요한 단서를 지니고 있기 때문이다.

하지만, 분간하기 어려운 글자가 많고 해석도 여럿이어서 100여 년이 넘

---

1) 天理市는 天理教라는 신흥종교의 본산지이며 원래 유서 깊은 고대 유적이 많은 丹波市町이 속해 있는 지역이다. 石上神宮은 일본의 초대 천황이라고 하는 神武가 지금의 九州에서 畿內지방으로 東征을 했을 당시 建御雷神이라는 神이 선사해 주었다고 하는 국토 평정의 공이 있는 天劍 布都御魂大神을 제신으로 하고 있다. 天理市와 石上神宮의 내력에 대해서는 홍성화, 『한일고대사 유적답사기』, 삼인, 2008, pp.135-138 참조.

는 동안 先學들의 논쟁이 이어져 百濟의 헌상설, 百濟의 하사설, 東晉의 하사설 등의 논의가 거듭되고 있다.

七支刀에는 '宜供供侯王', '傳[示]後世' 등의 글자가 새겨져 있어서 銘文은 제작자가 하사를 하는 형식의 문구로 되어 있다. 그럼에도 불구하고 지금까지 일본학계에서는 『日本書紀』神功紀를 근거로 하여 369년 백제에서 제작되어 372년에 백제가 일본에 헌상했다고 보고 있다. 4세기중엽부터 倭가 200여 년간 한반도 남부를 통치하였다는 소위 '韓半島 南部 經營論'을 담고 있는 『日本書紀』의 내용을 뒷받침 할 수 있는 중요한 자료로 내세우고 있는 것이다.

그러나 근래에 들어 확대 근접사진과 X선 사진의 검토를 통해 七支刀 銘文의 중요한 곳에 판독 상 문제가 있음을 확인하게 되어 七支刀에 대한 재검토가 필요하게 되었다. 따라서 본고는 石上神宮의 七支刀 銘文의 재고찰을 통해 七支刀 제작 당시의 한일관계를 재조명하고자 한다.

제2절 七支刀 銘文의 판독

1873년부터 1877년까지 石上神宮의 大宮司로 있던 菅政友는 七支刀를 발견하고 칼의 녹을 제거하는 과정에서 이 칼에 금으로 그려져 있는 銘文을 발견하고는 처음으로 글자해독을 시도하였다.[2]

그러나 七支刀에 대한 연구는 1950년대 이후 榧本杜人과 福山敏男이 실질적인 조사를 시작하면서부터 본격화되었다.[3] 즉, 이들에 의해 첫머리에 등장하는 紀年을 泰和로 읽게 되었고 銘文 중에 '百濟王'과 '倭王'의 글자를

---

2) 菅政友, 「大和國石上神宮寶庫所藏七支刀」, 『菅政友全集』雜稿1, 1907

3) 福山敏男, 「石上神宮の七支刀」, 『美術研究』158, 1951 ; 榧本杜人, 「石上神宮の七支刀とその銘文」, 『朝鮮學報』3, 1952

판독하게 되었다. 특히 泰和는 東晋 太和의 異표기라는 판독이 유력하게 되어 石上神宮의 七支刀는 『日本書紀』에서 372년 백제로부터 倭國에 헌상되었다는 七枝刀[4]와 동일한 것으로 파악하는 통설을 이끌어냈다.

이후 1960년대 들어와 分國論을 주창했던 김석형은 백제왕이 왕의 侯王인 倭王에게 七支刀를 하사한 것으로 해석하였다.[5] 이에 따라 七支刀 銘文의 판독과 紀年의 해석 등 당시 고대한일관계 전반에 대한 재검토를 요구하게 되었다. 하지만, 七支刀가 일본의 국보로 지정되어 있어 유물의 성격상 자유롭게 銘文을 조사할 수 없다는 한계가 있었기 때문에 정확한 판독을 통해 銘文의 해석을 할 수 없는 난제를 항상 지니고 있었다.

그러다가 1996년 村山正雄에 의해 간행된 『石上神宮七支刀銘文圖錄』[6]에 1977년과 1978년 찍은 七支刀 銘文의 확대 근접사진과 1981년 NHK에서 촬영한 X-레이 사진이 실려 있어 銘文을 자세히 관찰할 수 있게 되었다. 따라서 지금까지 육안으로 확인하기 어려운 자와 획이 남아있음을 파악하게 되어 七支刀 銘文의 판독에 있어서 획기적인 전환을 이루게 되었다.

七支刀에 대한 분석을 하기 위해서는 무엇보다도 명문에 대한 정확한 판독이 우선되어야 한다. 그런 의미에서 村山의 『石上神宮七支刀銘文圖錄』에는 그동안 논란이 있었던 銘文에 대해 몇 가지 단서를 제공하고 있다.

먼저 『石上神宮七支刀銘文錄』에 나타난 X-레이 사진은 七支刀 앞면의 年月의 글자 사이에 '十'자가 검출된 것을 특징으로 하고 있다. 즉, 명문의 月에 대해서는 지금까지 주조하기 좋은 때라고 여겨지던 五月의 五자로 추정하였던 것이 十자와 바로 이어지는 글자를 통해 十一月 내지는 十二月로 볼 가능성이 생겼다.

4) 『日本書紀』卷 第9 神功 52年 秋9月丁卯朔丙子
   久氐等從千熊長彦詣之 則獻七枝刀一口七子鏡一面 及種種重寶
5) 김석형, 「삼한 삼국의 일본 렬도 내 분국(分國)들에 대하여」, 『력사과학』1963-1, 1963, p.16
6) 村山正雄, 『石上神宮 七支刀銘文図錄』, 吉川弘文館, 1996

이는 村山의 X선 사진 판독 결과를 계승한 木村誠에 의해 제기되었다.[7] 이에 대해서는 吉田晶의 지지도 있으나[8] 濱田耕策과 같이 문자의 간격이 새로운 글자가 들어갈 정도가 아니라고 하면서 五月을 고수하는 견해도 있다.[9] 하지만, X선 사진으로 十자가 명확히 검출되는 것으로 보아 이를 잘못 각인된 것으로 볼 수 없다. 뿐만 아니라 年자와 五자 사이의 간격이 다른 부분에 비해 넓다는 종래의 계측 결과에서와 같이[10] 十자를 앞 글자인 年의 아랫부분으로도 볼 수 없기 때문에 銘文을 十□月로 보는 것이 타당하다.

또한 뒷면의 '百[濟]王世[子]'의 경우, 그동안 百[濟]에 대해서는 세 개가 겹쳐진 △과 그 왼쪽에 彡이 확인됨으로 인해 滋로 판독하는 견해가 있었다.[11] 그러나 村山은 X-레이 사진 판독에 의해 자획의 하부에 숨겨진 획이 있음을 읽어내고 濟로 판독하고 있어[12] 百滋로 보는 것보다는 百濟로 판독하는 것이 타당함을 알 수 있다.

'王世'로 판독되는 銘文의 다음 글자의 경우, 이를 통상 '子'로 보고 있다.[13] 이와 달리 앞 글자인 世와 연결되어 같다라는 뜻의 々(世)로 보는 견해도 있지만,[14] 글자의 가운데에 一자의 획이 검출될 뿐만 아니라 앞뒤의 문맥을 고려하면 子로 보는 것이 타당하다고 생각된다.

또한 '奇生聖音'의 경우 生은 명확하게 판독되는 반면 상부에 丘와 하부에 可로 쓰인 글자는 奇의 異體字인 것으로 보이며, 聖 또한 그의 異體字인

---

7) 木村誠, 「百済史料として七支刀銘文」, 『人文學報』306, 2000 ;『古代朝鮮の国家と社会』, 吉川弘文館, 2004
8) 吉田晶, 『七支刀の謎を解く—四世紀後半の百済と倭』, 新日本出版社, 2001
9) 濱田耕策, 「4世紀의 日朝關係」, 『한일역사공동연구보고서(제1분과편)』, 2005
10) 榧本杜人, 앞의 논문, p.71
11) 福山敏男, 「石上神宮の七支刀銘文」, 『日本建築史研究』, 墨水書房, 1968, pp.513-515
12) 村山正雄, 앞의 책, 1996
13) 福山敏男, 앞의 논문, 1968, p.527
14) 藪田嘉一郎, 「七支刀銘考釈(釈文篇)」, 『日本上古史研究』5-6, 1961 ; 村山正雄의 경우도 世世를 불교용어로 보아 '대대로'로 해석하였다.(村山正雄, 「石上神宮・七支刀銘文発見の経緯と若干の新知見」, 『朝鮮学報』135, 1990, pp.40-42)

것으로 판단된다.[15) 다만, 문제는 다음에 이어지는 글자의 판독인데 晋 또
는 晉으로 나누어지고 있다. 福山敏男이 명문을 晋으로 본 이후 대부분이
晋으로 판독하고 있지만, 晉으로 보는 일부 학자도 있다.[16) 이렇듯 晉으로
보는 경우에는 관념상 七支刀 제작의 배후에 있는 東晉을 염두에 두고 한
해석이라고 할 수 있다. 그러나 명문을 晉으로 볼 수 없다는 비판이 다수이
고 정밀조사에 의하면 전체적으로 晋과 가까운 글자인 것으로 판독할 수
있다.[17)

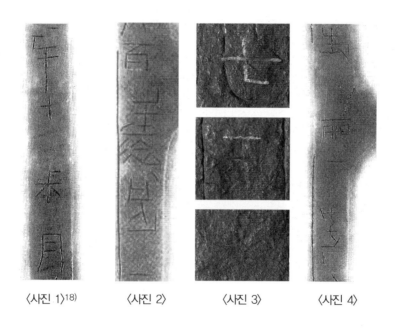

〈사진 1〉[18)   〈사진 2〉   〈사진 3〉   〈사진 4〉

15) 漢樊敏碑에 보이는 聖의 이체자와 같은 글자로 판단하고 있다.(濱田耕策, 앞의 논
   문, p.73)
16) 栗原朋信, 「七支刀銘文についての一解釈」, 『日本歷史』216, 1966, p.22 ; 榧本杜人,
   「石上神宮の七支刀」, 『ミュージアム』35, 東京国立博物館編, 1954 ; 東野治之, 「七支
   刀銘文の「聖音」と「聖晋」」, 『日本古代金石文の研究』, 岩波書店, 2004
17) 木村誠, 앞의 논문, p.381
18) 七支刀 銘文의 사진은 村山正雄의 『石上神宮 七支刀銘文図錄』 참고

이상과 같이 판독한 七支刀의 銘文은 이전에 61자로 알려진 것과는 달리
총 62자로 되어 있으며, 이에 따라 확인된 내용을 살펴보면 다음과 같다.

> (앞면) 泰□四年十[一]月十六日丙午正陽造百練[銕]七支刀[出]辟百兵宜
> 供供侯王□□□□作
> (뒷면) 先世以來未有此刀百[濟]王世[子]奇生聖音故爲倭王旨造傳示後世

제3절 七支刀 銘文의 해석

1. 제작연도에 대해

그동안 七支刀의 제작연도에 대해서는 명문의 앞구절을 '泰□四年五月十
六日丙午'로 보아 泰始 혹은 泰和라는 중국연호로 간주하였다. 확실하게 보
이지 않는 명문 중에서 첫 대목을 泰始로 보느냐 또는 泰和로 보느냐에 따
라 제작연도에 대한 여러 가지 해석을 낳았다. 따라서 西晋의 泰始 4년(268
년),[19] 南宋의 泰始 4년(468년),[20] 泰가 太와 발음이 통하므로 東晋의 太和
4년(369년)[21] 또는 北魏 太和 4년(480년)[22]으로 이해되어 왔다.

---

19) 애당초 菅政友는 七支刀에 나오는 연호를 泰始로 판독하여 西晋의 泰始 4년(268년)
설을 주장하였다. (菅政友, 앞의 논문, p.14) 高橋健自는 泰始 4년 6월 11일로 읽고
이날이 丙午가 되는 것은 泰始 4년밖에 없다고 지적하여 268년설을 따르고 있다.
(高橋健自, 「京畿旅行談」, 『考古學雜誌』5-3, 1914)

20) 宮崎市定은 최초에 七支刀를 보았던 菅政友의 판독을 존중해야한다는 견해를 갖고
泰始로 판독하였으나 泰始를 南宋 明帝의 연호로 파악하여 468년으로 보았다.(宮崎
市定, 「七支刀銘文試考」, 『謎の七支刀―五世紀の東アジアと日本』, 中央公論社, 1983,
pp.68-72)

21) 福山敏男과 榧本杜人 등이 泰和로 보고 『日本書紀』 神功紀 기사와 일치시킨 이후
泰和 4년=太和 4년(369년)이라는 설을 유력하게 보고 있다.(福山敏男, 앞의 논문,
1951 ; 榧本杜人, 앞의 논문, 1952)

초기 일본학자들은 6월 11일 등으로 판독하고 이때가 丙午日인 것을 찾아 泰始 4년 268년의 泰始說을 주장하였으나, 石上神宮의 七支刀를 『日本書紀』에 나오는 七枝刀와 일치시키면서 새로이 등장한 것이 泰和 4년 369년이라는 설이었다.

고대 중국의 연호 중 泰始는 西晉과 宋에 존재했지만 泰和라는 연호는 없는데, 대다수의 일본학자들은 泰和가 東晉의 연호인 太和를 가리킨다고 보아 泰和 4년 369년說을 지지하고 있다. 원래 東晉에는 泰和라는 연호는 없고 太和라는 연호밖에 없지만 泰和를 東晉의 太和라는 연호와 동일한 연호로 생각하여 해석하고 있는 것이다. 이는 東晉시대의 南京에서 泰元과 太元이라는 2개의 紀年銘이 출토된 사례를 들면서 같은 시기에 양 연호가 혼용되었던 것으로 보아 泰와 太를 같은 것으로 해석했던 때문이다. 하지만, 七支刀의 명문은 상감으로 이루어져 있어 陽, 爲, 傳의 글자 등이 약자로 새겨진 것을 확인할 수 있기 때문에[23] 이러한 정황상 제작자가 굳이 太를 번잡한 泰로 바꾸어 대용하였다고 보기 어렵다.[24]

어쨌든 이렇게 명문에 나타나 있는 시기를 東晉의 연호인 太和 4년으로 본다면 그 시기는 서기로 369년이라는 연도가 도출된다. 즉, 『日本書紀』에 의하면 神功 49년이 되어 百濟와 倭가 한반도의 남부를 점유하였다는 시기와 연도가 정확하게 일치하는 것이다. 『日本書紀』 神功 49년에는 荒田別, 鹿我別 등이 백제를 구원하기 위하여 신라를 토벌하였다는 기록이 있고 이

---

22) 李進熙는 七支刀 명문의 날짜를 5월11일로 보고 丙午의 간지에 해당하는 연도가 北魏의 太和 4년 (480년)이라는데 착안한 것이었지만, (李進熙, 「古代朝·日關係史研究の歪み」, 『日本古代文化の成立』, 每日新聞社, 1973) 일단 十一日로 오독을 하였을 뿐만 아니라 472년 북위에 파견된 백제 사신은 외교적 성과를 거두지 못하고 통교를 단절하였기 때문에 백제가 北魏의 연호를 채용하였을 가능성은 낮다. 이후 그는 北魏 太和說을 버리고 南宋 太始說(468년)에 동조하게 된다.(李進熙, 「日本에 있는 百濟의 金石史料」, 『馬韓百濟文化研究의 成果와 課題』, 1987)

23) 榧本杜人, 앞의 논문, 1952

24) 村上英之助, 「考古学から見た七支刀の製作年代」, 『考古学研究』25-3, 1978, pp.102-103

후 木羅斤資가 加羅7국을 정벌하고 南蠻忱彌多禮를 정벌하였다는 기록이 있다.25) 이렇게 神功 49년에 있었던 사건을 이유로 하여 백제 近肖古王과 太子가 372년 倭王에게 헌상한 것으로 해석하고 있는 것이다.

그런데 七支刀에 나오는 명문의 연호를 369년 東晉의 연호로 볼 경우 몇 가지 난제가 있다. 기록상 백제는 3년 후인 東晉의 咸安 2년(372년) 정월에 東晉에 처음 사신을 보내 6월에 近肖古王 餘句가 '鎭東將軍領樂浪太守'로 책봉되었기 때문에26) 369년에 백제왕이 왜왕에게 보낸 七支刀에 東晉의 연호를 새겨놓았다고 보기 어렵다는 것이다. 372년 이전에 백제가 東晉에 사신을 파견한 기사도 없고 실제 백제의 금석문에서 중국의 연호를 쓴 것이 발견되지 않았기 때문이다.27)

栗原朋信의 경우 七支刀 명문의 해석으로 보면 왜왕보다 상위자가 七支刀를 준 것으로 파악하였지만, 상위자는 백제가 아니라 백제가 東晉의 명에 따라 七支刀를 왜왕에게 준 것으로 하여 東晉을 백제와 왜 사이에 개입시켜 놓았다. 이는 뒷면의 명문 가운데 聖音을 聖晉으로 판독하면서 東晉 背後說

---

25) 『日本書紀』卷 第9 神功 49年
   春三月 以荒田別鹿我別爲將軍 則與久氐等 共勒兵而度之 至卓淳國 將襲新羅 時或曰
   兵衆少之 不可破新羅 更復 奉上沙白蓋盧 請增軍士 卽命木羅斤資 沙沙奴跪 [是二人
   不知其姓人也 但木羅斤資者 百濟將也] 領精兵 與沙白蓋盧共遣之 俱集于卓淳 擊新羅
   而破之 因以 平定比自㶱 南加羅 㖨國 安羅 多羅 卓淳 加羅 七國 仍移兵 西回至古奚
   津 屠南蠻忱彌多禮 以賜百濟 於是 其王肖古及王子貴須 亦領軍來會 時比利辟中布彌
   支牛古四邑 自然降服 是以 百濟王父子及荒田別, 木羅斤資等 公會意流村 [今云州流須
   祇] 相見欣感 厚禮送遣之 唯千熊長彥與百濟王 至于百濟國 登辟支山盟之 復登古沙山
   共居磐石上 時百濟王盟之曰 若敷草爲坐 恐見火燒 且取木爲坐 恐爲水流 故居磐石而
   盟者 示長遠之不朽者也 是以 自今以後 千秋萬歲 無絶無窮 常稱西蕃 春秋朝貢 則將
   千熊長彥 至都下厚加禮遇 亦副久氐等而送之
26) 『晉書』卷9 簡文帝紀 咸安2年
   春正月辛丑 百濟林邑王 各遣使貢方物
   六月 遣使拜百濟王餘句 爲鎭東將軍領樂浪太守
27) 백제에서는 중국왕조의 正朔을 쓰게 된 5세기 이후에도 중국의 연호를 사용한 유
   물은 보이지 않는다. (濱田耕策, 앞의 논문, p.74)

을 촉발시켰다.[28] 이러한 관계를 설정해 놓았던 것과 연장선상에서 七支刀 명문의 表, 裏의 내용을 이질적인 것으로 판단하고 백제가 東晉에서 받은 것을 새로이 倣製해 倭에 주었다는 견해가 등장했다. 즉, 七支刀는 泰和 4년 백제에서 만들어진 것이 아니라 東晉에서 만들어져 372년 백제가 東晉으로부터 七支刀를 하사받은 것으로, 백제에서는 이 原七支刀를 모조해서 뒷면에 새로이 東晉의 책봉사가 작성한 명문을 새겨놓고 왜왕에게 보냈다는 것이다.[29]

이렇게 새로이 방제했다는 견해로 연호의 문제를 해결할 수는 있으나 372년 이후 제작된 七支刀에도 原七支刀에 나와 있는 紀年을 그대로 쓰고 있다는 것은 생각하기 어려울 뿐 아니라 중국에서 수많은 刀劍類가 출토되었음에도 불구하고 七支刀의 例가 전혀 확인되지 않고 있기 때문에[30] 타당성이 없다. 이는 그 저변에 백제가 倭에게 직접 '侯王'이나 '傳示後世'와 같은 표현을 쓸 수 없을 것이라는 기본적인 전제가 깔려 있는 상태에서 나온 가설로 보아야 할 것이다.

이에 대해 泰和라는 연호에 대해서는 중국 연호가 아니라 백제의 것이라는 주장이 대두되었다. 북한의 김석형은 泰和는 백제의 연호로서 5세기경의 것으로 추정했다. 泰和라는 연호는 중국에 없을 뿐만 아니라 일본에서 연호를 쓰기 시작한 것도 7세기는 되어서부터이기 때문에 백제의 연호일 수밖에 없다고 주장했다.[31]

이병도의 경우도 근초고왕 24년은 백제가 馬韓을 통합한 해로서 이 해에 泰和 연호를 정했을 것으로 보고 백제의 연호설을 주장했다.[32] 하지만, 『日本書紀』神功紀의 기사를 의식하여 東晉의 太和와 동일시한 것은 한계라고

---

28) 栗原朋信, 앞의 논문

29) 山尾幸久, 『古代の日朝関係』, 塙書房, 1989, pp.180-181 ; 濱田耕策, 앞의 논문, pp.77-78

30) 李道學, 「百濟 七支刀 銘文의 再解釋」, 『韓國學報』60, 1990, p.80

31) 김석형, 앞의 논문, p.16

32) 李丙燾, 「百濟七支刀考」, 『震檀學報』38, 1974, p.38

할 수 있다.

또한 명문의 연호를 泰가 아닌 奉이라는 글자로 보아 이를 무령왕 4년 (504년)의 백제연호로 이해하는 설도 있다.[33] 그러나 금석문을 통해 무령왕 시기에 干支를 쓰고 있었던 사실을 알 수 있기 때문에 무령왕의 독자연호로 보는 것은 회의적이다.

일단 七支刀는 백제에서 만들어진 것이고 백제의 금석문에서 중국의 연호를 표기한 자료가 없기 때문에 '泰□'의 경우를 백제의 연호로 볼 개연성이 큰 것은 사실이다. 하지만, 백제의 연호가 되기 위해서는 명문을 통한 역사적인 근거가 제시되어야 할 것이다. 『日本書紀』神功紀에 백제가 헌상했던 七枝刀라는 기록을 백제가 하사한 것으로 보기 위해서는 이에 따르는 합리적 근거가 있어야 할 것이다. 이러한 의미에서 칠지도의 명문을 재검토하여 합목적성을 갖는 역사적 사실을 추출하는 것이 필요하다.

따라서 앞서의 새로운 판독 결과를 근거로 하여 七支刀를 제작한 날짜를 통해 제작연대를 고찰해보기로 하겠다. 그동안 통설과 같이 七支刀의 제작 연대를 369년으로 볼 경우 또 하나의 난제는 명문에 나오는 날짜와 日干支가 일치하지 않는다는 것이다.

앞에서 서술했듯이 그동안 제작일에 대해서는 '五月十六日丙午'로 판독하여 왔다. 그런데, 太和 4년 369년의 경우 5월 16일이 丙午의 간지에 해당하지 않고 乙未가 된다. 그래서 통상 이때의 日干支는 날짜와 상관이 없는 吉祥句로 보아왔다.

後漢 王充의 『論衡』 率性篇에 나오는 '陽遂取火於天 五月丙午日中之時 消鍊五石 鑄以爲器 磨礪生光 仰以嚮日 則火來至 此眞取火之道也'와 干寶의 『搜神記』에 나오는 '夫金之性一也 以五月丙午日中鑄 爲陽燧 以十一月壬子 夜半鑄 爲陰燧'를 근거로 丙午라는 것은 日干支와는 상관없이 吉祥句에 불과하다고 보고 있는 것이다. 이러한 관점에서 福山敏男은 丙午라는 구절이 많이

---

33) 연민수, 「칠지도명문의 재검토」, 『고대한일관계사』, 혜안, 1998, pp.155-158

나오는 『漢三國六朝紀年鏡圖說』[34]을 직접적인 증거로 삼고 『三正綜覽』, 『二十史朔閏表』를 통해 연대를 찾는 것이 타당하지 않다는 견해를 밝히고 있다.[35] 즉, 고대 중국의 鏡銘을 분석하여 주조의 吉日이며 火氣가 강한 날을 五月 丙午인 것으로 파악하고 있다.

그러나 『漢三國六朝紀年鏡圖說』의 분석에 대해서는 이 책에 등장하는 漢, 魏, 吳, 六朝의 紀年鏡 133例 중에 丙午가 적혀있는 紀年鏡은 22例에 불과하여 일본학계에서 丙午가 적혀있는 例를 전부 소개하지 않고 부분적으로 유리한 자료만을 증거로 삼아 日干支가 맞지 않는 것처럼 판단케 했다는 金昌鎬의 비판이 있었다.[36]

따라서 우선적으로 『漢三國六朝紀年鏡圖說』에서 干支가 등장하는 鏡銘을 찾아 실제 날짜와 확인하는 작업이 필요할 것이라고 생각한다. 干支가 나오는 鏡의 명문을 정리하면 <표 1>과 같다.

〈표 1〉 『漢三國六朝紀年鏡圖說』에 干支가 나오는 鏡銘의 例

[일치 : ○, 부분일치 : △, 불일치 : ×]

銘 文	銘文의 연도	실제 연도와 干支	일치 여부	시대
元興元年五月丙午日天大赦	105년	106년 5월 30일	△	漢
[永]加(嘉)元年五月丙午	145년	145년 5월 16일	○	漢
永壽二年正月丙午	156년	156년 1월 18일	○	漢
延喜(熹)二年五月丙午日天大述	159년	159년 5월 7일	○	漢
延熹三年五月五日戊□(辰)	160년	160년 5월 5일	○	漢
延熹七年正月壬午	164년	164년 1월 10일	○	漢
延熹七年五月十五日丙□	164년	164년 5월 16일丙戌	△	漢
延熹九年正月丙午日作竟	166년	166년 1월 16일	○	漢
永康元年正月丙午日作尙方明竟	167년	167년 1월 22일	○	漢

34) 梅原末治, 『漢三國六朝紀年鏡圖說』, 桑名文星堂, 1943
35) 福山敏男, 앞의 논문, 1968, pp.522-524
36) 金昌鎬, 「百濟 七支刀 銘文의 재검토-日本學界의 任那日本府說에 대한 反論(III)」, 『歷史敎育論集』13·14, 1990, pp.149-151

永康元年正月丙午日				
建寧二年正月廿七丙午	169년	168년 1월 27일	△	漢
熹平二年正月丙午	173년	오류	×	漢
熹平三年正月丙午	174년	오류	×	漢
中平六年正月丙午日	189년	189년 1월 29일	○	漢
建安十四年正月辛巳朔廿五日乙巳	209년	209년 1월 25일	○	漢
建安廿二年十月辛卯朔四日甲午太歲在丁酉時加未	217년	217년 10월 4일	○	漢
建安廿四年四月壬午朔廿九日	219년	219년 4월 29일	○	漢
建安廿四年五月丁巳朔卅日丙午造作明竟	219년	218년 5월 30일丙戌	×	漢
建安廿四年六月辛巳朔十七日丁酉	219년	219년 6월 17일	○	漢
建安廿四年六月辛巳朔廿五日乙巳奇	219년	219년 6월 25일	○	漢
延康元年二月辛丑朔十二日壬子	220년	221년 2월 12일	△	漢
黃初四年五月壬午朔十四日□	223년	224년 5월 14일	△	魏
黃武元年五月丙五□□日中造作明竟	222년	223년 5월 19일丙午	△	吳
黃武二年太歲在癸卯造作元竟	223년	223년	○	吳
黃武五年二月午未朔六日庚巳	226년	오류	×	吳
黃武六年五月壬子四日癸丑	227년	오류	×	吳
黃武七年七月丙午朔七日甲子紀主治時	228년	228년 7월戊午朔七日甲子	×	吳
黃龍元年大歲在己酉九月壬子朔十三日甲子	229년	229년 9월 13일	○	吳
黃龍元年大歲在己酉七月壬子[朔]十[三]日甲子	229년	229년 7월 12일	△	吳
赤烏元年正月一日甲午造作明	238년	238년 1월 2일 갑오	△	吳
□(赤)烏七年在□□丙午	244년	244년	-	吳
建興[二]年歲在大陽...五月丙午時加日中制作竟	253년	252년 5월 7일	△	吳
太平元年五月丙午 吾作明竟				
太平元年五月丙午時茄日中[造][作][明]竟	256년 or 409년	吳 255년 5월 25일 北燕 409년 5월 19일	△ or ○	吳 or 北燕
太平元年五月丙午時□□□				
□(太)平元年歲在太陽五月丙午時[茄](缺失)				
永安元年二月丁巳朔十五日乙□	258년	오류	×	吳
永安四年太歲己巳五月十五日庚午	261년	오류	×	吳
寶鼎三年歲次太陽五月丙午時加日中	268년	269년 5월 16일	△	吳
天紀元年歲在丁酉	277년	277년	○	吳
天紀四季正月廿五日中午	280년	280년 1월 25일	-	吳

泰始十年正月[九]日壬[寅]	274년	274년 1월 9일	○	西晋
太康元年八月七日丁卯□作□竟	280년	279년 8월 7일	△	西晋
太康三年歲壬寅二月廿日	282년	282년	○	西晋
太和元[年]□□己巳朱作明竟	366년	366년	-	
□和元年五月丙午時茄日中	178년, 366년	光和 178년 5월 27일 太和 365년 5월 4일	○ or △	漢 or 東晋

『二十史朔閏表』를 통해 『漢三國六朝紀年鏡圖說』에서 간지가 등장하는 銘文을 확인해보면, 일단 丙午의 간지가 나오는 例가 많기는 하지만, 대개 正月이나 五月과 같이 등장하고 있는 것을 알 수 있다. 또한 干支와 날짜가 대체적으로 일치하나 전혀 일치하지 않는 例도 일부 있는 것을 알 수 있다.

<표 1>에서 부분일치로 표기된 것은 1년 앞뒤의 曆으로 잘못 보거나 日干支에서 하루가 차이나는 것을 표기한 것인데, 이는 『魏書』 天象志와 『二十史朔閏表』에 나오는 曆을 비교하였을 때에도 확인할 수 있는 것처럼 과거에 종종 일어났던 착오에 불과한 것이다.[37] 따라서 이를 근거로 干支와 날짜가 전혀 일치하지 않는다고 보기는 어렵다.

干支와 상관없이 사용되는 例가 漢의 경우 熹平 2年과 熹平 3年 등 극히 일부에서 보이고,[38] 吳의 경우 여타의 날짜에서 전혀 나올 수 없는 干支가 있어 干支를 염두에 두지 않고 사용한 경우도 일부 보인다. 하지만 吳의 경우, 오히려 丙午의 간지에 해당하는 例는 없다.

---

37) 5~6세기 『魏書』 天象志와 『二十史朔閏表』를 대조하여 보면 일부 날짜와 干支가 어긋나는 例가 보인다. 이는 撰者가 1년 앞뒤의 曆으로 잘못 보거나 日干支에서 하루 차이를 잘못 보았기 때문에 생긴 일이다. (金英夏, 韓相俊, 「中原高句麗碑의 建碑年代」, 『敎育硏究志』25, 1983, pp.36-38)

38) 음양오행에 따라 주조의 길일로 판단하고 있는 『搜神記』의 '夫金之性一也 以五月丙午日中鑄 爲陽燧 以十一月壬子 夜半鑄 爲陰燧'의 경우, 丙午는 한낮으로, 壬子는 한밤중으로 볼 수 있기 때문에 이를 時干支로 볼 가능성이 크다. 때문에 鏡銘에서 일치하지 않는 正月丙午, 丙午時加日中, 日中午의 경우도 時干支로 볼 수 있다고 한다면 불일치하는 干支의 例는 전혀 없게 된다.

또한 七支刀의 제작연대와 가까운 시기로 추정되는 六朝 시대 이후의 紀年鏡에 나오는 干支가 실제 『二十史朔閏表』의 역법상 日干支와 불일치하는 例는 없다.[39]

이처럼 그동안 중국의 紀年鏡에 干支가 불일치하는 몇 例를 통해 七支刀의 五月 丙午를 吉祥句로 보아왔지만, 실제 조사결과 五月 丙午에서 불일치하는 例는 없고 오히려 正月 丙午나 丙午가 아닌 다른 干支에서 불일치하는 모습을 보이고 있다.

또한 앞서 七支刀의 명문을 五月이 아니라 十一月 내지는 十二月로 보는 것이 타당하다고 판독한 바 있기 때문에 七支刀 명문의 日干支 丙午를 단순히 吉祥句로 판단하는 것은 타당하지 않다. 이 설은 잘못 판독된 七支刀의 명문과 369년이라는 잘못된 해석이 낳은 결과로서 재고해야 할 것으로 생각된다.

현재까지 발견된 백제의 금석문 중에 干支가 月日과 불일치하는 例는 없다. 그렇다면 七支刀에 나오는 月日의 경우 역법상의 日干支와 일치하지 않는 단순한 吉祥句로 파악하는 것보다는 『三正綜覽』, 『二十史朔閏表』에 근거하여 日干支가 일치하는 연도를 찾아보는 것이 타당할 것이다.

그동안 五月로 추정되었던 명문이 村山의 X-레이 분석에 따라 11월이나 12월로 볼 수 있게 되었기 때문에 이들 연도를 기준으로 七支刀의 제작연도를 살펴보기로 하겠다.

七支刀의 제작연도로 추정할 수 있는 범위를 넓게 보아 4세기 중엽에서 6세기까지로 한정하여 『二十史朔閏表』에서 11월16일이나 12월16일이 丙午의 干支에 해당되는 연도를 찾아보면 다음 <표 2>와 같다.

---

39) '□和元年五月丙午時茄日中'을 東晋의 것으로 볼 경우 干支와 날짜가 일치하지 않지만, 漢의 光和로 볼 경우 일치하게 된다. 梅原末治의 경우도 東晋의 것으로 보는 것에 의문을 갖고 있다. (梅原末治, 앞의 책, p.118)

〈표 2〉 11월 16일, 12월 16일이 丙午인 연도

十一月十六日丙午	408년	439년	501년	532년
	腆支王4년	毗有王13년	武寧王1년	聖王10년
十二月十六日丙午	413년	537년	563년	594년
	腆支王9년	聖王15년	威德王10년	威德王41년

이들 연대 중에 단연 부각되는 해는 11월 16일이 丙午인 408년이다.[40] 泰□四年의 명문에서 보듯이 이때는 腆支王 4년이기 때문에 七支刀에 새겨진 銘文 연호의 연대와 일치할 뿐만 아니라 408년이면 廣開土王碑文에서 고구려에 침탈당했던 백제가 왜와 화통을 하여[41] 고구려에 대한 백제와 왜의 연합작전이 수행되던 시기이기 때문이다. 이는 『三國史記』와 『日本書紀』를 통해서도 알 수 있는데, 腆支王이 일본에 갔다가 온 정황을 통해서도 당시 백제와 왜의 긴밀했던 관계를 알 수 있다. 그렇다면 泰□로 보이는 연호는 百濟 腆支王의 것일 가능성이 크다.

또한 『三國史記』 百濟本紀 腆支王 5년조(409년)에는 '倭國遣使送夜明珠 王優禮待之'라는 기사가 등장한다. 따라서 408년 11월 16일에 만들어진 七支刀가 이듬해 백제에 온 倭國의 사신에 의해 倭王에 전달되었을 것으로 추정된다.

뿐만 아니라 七支刀의 전달이 『日本書紀』에는 神功 52년조에 기술되어 있으나 『古事記』에는 和邇吉師(王仁)의 渡日과 함께 應神段에 들어있다.[42]

---

40) 손영종도 七支刀의 泰和 4년을 腆支王 4년(408년)으로 본 바 있으나, 七支刀의 銘文을 5월13일 丙午로 잘못 판독하여 도출한 결과였기 때문에 애당초 근거에서부터 타당성을 결여한 견해였다. (손영종, 「백제7지도의 명문 해석에서 제기되는 몇가지 문제(1)」, 『력사과학』1983-4, 1983)

41) 廣開土王碑文 永樂 9年 己亥
    百殘違誓 與倭和通

42) 『古事記』 應神段
    貢上橫刀及大鏡 又科賜百濟國 若有賢人者貢上 故受命以貢上人名 和邇吉師 卽論語十卷 千字文一卷 幷十一卷付是人卽貢進 [此和邇吉師者 文首等祖]

이러한 정황도 七支刀가 5세기초의 시기에 제작되어 倭에 전달되었을 개연성을 높이고 있다. 즉, 『古事記』의해 전승되던 내용이 『日本書紀』의 편찬과정에서 神功의 것으로 윤색되었을 가능성이 크다고 할 수 있다.

물론 泰□를 腆支王의 연호로 보는 데에 있어서의 반론으로는 백제에서 기년을 표시하는데 별도의 독자적인 연호 없이 간지를 사용하였다는 『翰苑』 「括地志」의 기록을 들 수 있을 것이다.[43] 실제 백제의 기년사료를 보아도 武寧王陵의 誌石이나 昌王銘石造舍利龕 등의 명문에서 연호가 사용되지 않고 干支로 씌어 있는 것을 알 수 있다.[44] 하지만, 이는 백제의 漢城시대가 아닌 熊津과 泗沘시대의 명문으로 7세기 저작인 『翰苑』 「括地志」의 기록은 백제의 웅진과 사비시대의 상황을 이야기하고 있는 것으로 생각된다.

백제 漢城시대에 백제의 연호가 사용된 것은 그 例를 발견할 수는 없지만, 『三國史記』에 의하면 근초고왕 24년(369년) 漢水 남쪽에서 大閱하면서 전통적으로 황제를 나타내는 황색 깃발을 썼다는 것으로 연호의 사용을 짐작할 수 있다.[45] 또한 371년에는 고구려의 평양성까지 공격하여 고구려의 고국원왕을 전사시킨 역사적 승리가 있었던 것을 보면[46] 연호의 사용을 짐작할 수 있을 것이다.

따라서 백제의 연호가 사료 상에는 남아 있지는 않지만, 고구려도 廣開土

---

43) 『翰苑』 「括地志」百濟條
   用宋元嘉曆 其紀年無別号 但數六甲次第
44) 武寧王陵誌石
   寧東大將軍 百濟 斯麻王年六十二歲 癸卯年五月丙戌朔七日壬辰崩 致乙巳年八月癸酉朔十二日甲申安厝登冠大墓 立志如左
   扶餘陵山里寺址出土百濟昌王銘石造舍利龕
   百濟昌王十三秊太歲在 丁亥妹兄公主供養舍利
45) 이도학, 앞의 논문, pp.79-80
46) 『三國史記』卷 第24 百濟本紀 近肖古王
   二十四年 冬十一月 大閱於漢水南 旗幟皆用黃
   二十六年 冬 王與太子 帥精兵三萬 侵高句麗攻平壤城 麗王斯由力戰拒之 中流矢死 王引軍退

王碑文에서 보듯이 4세기부터 연호를 썼으며 신라도 6세기에는 자기 연호를 설정하였던 것을 참작하면 백제도 연호를 사용했을 가능성이 높다.[47] 특히 廣開土王의 경우 『三國史記』 등에는 연호가 기록되어 있지 않지만, 비문을 통해 永樂이라는 연호가 사용되었다는 사실을 알 수 있듯이 같은 시기에 정치군사적으로 고구려와 맞서서 일전을 치루고 있는 백제의 입장에서도 연호가 사용되었을 것으로 판단된다.

따라서 '泰□四年十[一]月十六日丙午'는 408년 11월16일 丙午로 볼 수 있으며 이때가 腆支王 4년에 해당하므로 泰□는 백제의 연호로 추정된다.

2. 奇生聖音에 대해

앞서의 판독결과를 참고하면, 七支刀 뒷면의 명문에는 제작의 주체로 '百濟王世子'가 나오고 이것을 '倭王'을 위해 만든 것으로 새겨져 있다. 특히 그 사이에 위치한 '奇生聖音'이라는 글자는 百濟王世子와 倭王을 연결시키는 이유를 나타내고 있기 때문에 이 글자가 七支刀 전반에 걸쳐 중요한 역할을 하고 있다고 해도 과언이 아니다.

'奇生聖音'에 대해 종전에는 '(백제왕과 세자와는) 生을 천황의 御恩에 依倚하고 있다'라고 해석하여 백제 헌상설의 근거로 삼기도 하고,[48] 이후 '奇生'을 백제의 近仇首王인 貴須에 비정하여[49] '聖音'은 왕자를 의미하는 경칭어미라는 견해[50]가 있었으며, 聖音을 불교용어로 보아 '기이하게 聖音으로 태어나다'로 해석하는[51] 등 다양한 견해가 있었다.

---

47) 고구려의 경우 금석문에 보이는 연호를 보면 永樂, 延壽, 延嘉, 建興, 永康의 사례가 확인되며, 신라의 경우도 법흥왕대의 開國, 大昌, 鴻濟, 진평왕대의 建福, 선덕여왕대의 仁平, 진덕여왕대의 太和 등 독자의 연호를 제정하여 사용하고 있기 때문에 泰□라는 연호도 백제의 것으로 볼 수 있을 것이다.
48) 福山敏男, 앞의 논문, 1968, p.528
49) 西田長男, 「石上神宮の七支刀の銘文」, 『日本古典の史的研究』, 理想社, 1956, pp.21-22
50) 三品彰英, 『日本書紀朝鮮関係記事考證』上, 吉川弘文館, 1962, pp.192-194

그런데, 우선 '奇生聖音'이 뒤에 나오는 '故爲倭王旨造'라는 문구와 자연스럽게 어울리려면 앞에 있었던 일이 원인이 되는 문구가 나와야 할 것으로 생각된다. 물론 奇生을 近仇首王으로 보고 백제왕세자의 聖音으로 '故爲倭王旨造'했다고 해석하여도 흐름을 크게 벗어나지는 않지만, 奇生을 近仇首王으로 볼 수 있을지 의문일 뿐만 아니라 聖音이 왕자를 의미하는 경칭이라는 근거 또한 없다.

近仇首王에 대해 『古事記』, 『日本書紀』, 『新撰姓氏錄』 등의 사료에서 貴首 내지는 貴須로 나타나고 있고 중국의 사서에는 貴須의 표기를 須로 하고 있기 때문에 이를 音相似로서 奇生과 연결하기는 어렵다. 그런 측면에서 聖音이 불교에 나오는 용어라는 것을 경청할 필요가 있다. 村山의 경우 聖音을 '佛陀의 목소리,' '釋尊의 가르침', '釋尊의 은택' 등으로 불교 용어로 이해하고 있다.[52]

그런데, 『三國史記』에는 백제에 불교가 전래된 것을 枕流王 원년 384년으로 기록하고 있다.[53] 이를 근거로 한다면, 七支刀의 제작연대를 369년으로 보았던 통설에 있어서는 聖音을 불교용어로 이해하는 것이 곤란했을 것이다. 즉, 聖音을 불교용어로 본다면 당시 백제왕족을 중심으로 불교신앙이 상당히 퍼져있었다는 것이 전제가 되어야 하지만 369년은 東晉에서 백제에 불교가 전해지기 이전이기 때문이다. 그래서 聖音에 대해서는 불교용어가 아닌 道敎의 영향이라는 견해 등이 있어왔다.[54]

하지만, 七支刀의 제작연도를 408년으로 보았을 경우는 상황이 다르게

---

51) 村山正雄, 「「七支刀」銘字一考-榧本論文批判を中心として-」, 『朝鮮歷史論集』上, 清溪書舍, 1979, pp.145-154
52) 위의 논문
53) 『三國史記』 卷 第24 百濟本紀 枕流王 元年
   九月 胡僧摩羅難陁自晉至 王迎致宮內禮敬焉 佛法始於比.
54) 山尾幸久, 『日本古代王権形成史論』, 岩波書店, 1983, pp.257-283 ; 木村誠, 앞의 논문, pp.384-389

전개된다. 枕流王 시기인 384년에 불교가 들어왔으므로 408년이면 백제에 불교가 들어온 지 20여년이 지난 상태이다. 따라서 그 정도의 시기가 지난 후 七支刀의 명문에 불교의 용어를 사용하여 倭王에게 보냈다고 한다면 408년 즈음 백제왕실에 불교가 상당히 퍼져있었던 것으로 상정해도 무방할 것이다.

이렇게 聖音을 불교용어로 보게 되면 奇生의 뜻은 '진귀하게 자라남' 또는 '귀하게 생겨남'으로 풀이하는 것이 타당하다고 생각된다.[55] 따라서 '奇生聖音'의 銘文은 '聖音으로 진귀하게 혹은 신성하게 태어나다'로 해석할 수 있고 이것은 곧 부처님의 가호로 왕세자가 태어났다는 뜻으로 볼 수 있을 것이다.

그동안의 통설은 七支刀를 近肖古王 시기에 만들어진 것으로 보았기 때문에 백제왕세자를 近仇首王에 비정하였다. 그러나 408년 腆支王 때 제작된 것으로 볼 경우 백제왕세자는 오히려 久爾辛王이 되는 것이 타당하다고 본다.[56]

久爾辛王에 대해서는 『三國史記』 腆支王條에 八須夫人이 久爾辛을 낳았다는 기록이 있다. 그런데, 『三國史記』에는 久爾辛王에 대해서 '腆支王의 장자로서 腆支王이 돌아가자 즉위하였다. 그리고 8년 12월에 왕이 돌아갔다'는 짤막한 기사밖에 없다. 반면 『日本書紀』에는 久爾辛王에 대해 기록한 다음과 같은 기사가 있다.

(ㄱ) 『日本書紀』 卷 第10 應神 25年
百濟直支王薨. 卽子久爾辛立爲王. 王年幼. 大倭木滿致執國政. 與王母相婬. 多行無禮. 天皇聞而召之[百濟記云. 木滿致者是木羅斤資討新羅時.

---

55) 馬融의 長笛賦 注에 의하면 '奇生謂生奇質也'라고 한다. (李道學, 앞의 논문, p.78)
56) 廣開土王碑文에 永樂이라는 연호를 사용하면서 '顧命世子儒留王'이라는 표현을 쓴 것으로 보아 世子는 왕의 嫡子를 의미하는 것으로 판단된다. 이는 忠州高句麗碑文에 나오는 太子 共의 사례와 『三國史記』 阿莘王 3년에 腆支王이 太子로 책립되었다는 기사를 통해 世子는 太子와는 다른 의미로 쓰인 것은 아닌가 생각된다.

娶其國婦而所生也. 以其父功專於任那. 來入我國往還貴國. 承制天朝執我
國政. 權重當世. 然天皇聞其暴召之]

(ㄱ)의 기사를 보면 腆支王이 돌아가자 久爾辛王이 즉위했고, 이때 왕이
어려서 '專於任那'했던 木滿致가 백제의 王母와 간음을 하는 등 無禮하였기
때문에 천황이 그를 일본으로 부른 것으로 기록하고 있다. 우선 이 기사는
야마토 정권이 백제를 복속하고 있다는 전제 하에 任那를 전담했던 木滿致
의 권력 배경도 야마토 정권이라고 서술하고 있다. 즉, 야마토 정권이 백제
와 임나를 모두 복속하고 있었다고 기록하고 있는 것이다.

하지만, 「百濟記」에서도 기록하고 있듯이 木滿致가 '專於任那'했던 것은
아버지인 木羅斤資의 공 때문이다. 이는 木羅斤資가 神功 49년조에 加羅 7
국을 평정했다는 사실과 神功 62년조에 加羅를 구원한 행위와 관련이 있을
것이라고 생각된다. 즉, 木羅斤資가 신라의 부인에게서 木滿致를 낳았다는
부분과 木滿致가 任那에서 머물다가 백제로 돌아왔다는 사실은 木氏의 세
력이 加耶 지역과 깊은 관계를 맺고 거기서 오랫동안 활약했음을 보여주고
있다.

木氏는『隋書』「百濟傳」에 나오는 백제 大姓八族 중에 하나이며 실제 木
羅斤資와 木滿致는 백제의 중신으로 백제왕권의 정책결정을 주도하였던 것
으로 짐작할 수 있다. 木滿致의 경우는 실제 백제 중앙에서 활동하고 있었
기 때문에[57] 그가 '專於任那' 할 수 있었던 것은 야마토 정권에 의해서가
아니라 백제에 의한 것이었는데 이러한 사실이『日本書紀』의 편찬과정에서
윤색된 것임을 알 수 있다.

(ㄱ)의 기사는 통상 2주갑 인상론에 의한 수정 편년으로 보면, 414년이
된다. 하지만, 백제의 왕력에 있어서 久爾辛王의 즉위와 관련해서는『日本

---

57)『三國史記』卷 第25 百濟本紀 蓋鹵王 21년 秋9월
　　文周乃與木劦滿致祖彌桀取[木劦祖彌皆複姓 隋書以木劦爲二姓 未知孰是]南行焉

書紀』와『三國史記』측의 기록이 서로 다르다. 近肖古王에서 腆支王의 즉위까지는 대체적으로 일치하지만『三國史記』에는 420년 기사에 '腆支王 薨 久爾辛王 즉위'로 다르게 기록되어 있다.[58]

久爾辛王 즉위를 414년으로 보든지 420년으로 보든지 간에 어느 쪽이든 408년에 久爾辛이 태어났다면 즉위 시에 왕이 어렸다고 한『日本書紀』의 기록과 일치하게 된다.[59]

단,『三國史記』에는 腆支王 즉위년조 기록의 말미에 '八須夫人이 久爾辛 王을 낳았다'라고 되어 있어 久爾辛王이 405년에 태어난 것으로 추측하는 견해도 있다.[60] 하지만, 이 기사는 腆支王 즉위년조에 일어난 사건이라기보다는 왕후가 八須夫人이라는 설명을 하면서 그녀가 久爾辛王을 낳았다는 서술을 부가한 것에 지나지 않는 것이다.

『三國史記』百濟本紀 近仇首王 즉위년조에 近仇首王의 太子 시기에 있었던 행적을 적고 있는 것처럼 즉위년조에 일어나지 않은 내용을 함께 기록한 것과 유사한 상황으로 볼 수 있기 때문이다. 따라서 久爾辛王을 낳았다는 腆支王 즉위년조의 기록은 그의 탄생 시기를 알려주는 것이 아니라, 八須夫人이 久爾辛王을 낳았다는 家系譜를 강조하기 위해 넣었던 것으로 보인다. 즉 七支刀에 나타난 대로 408년경에 久爾辛王이 태어났다면 즉위시의

---

58) 중국 측 사서인『宋書』少帝 景平 2년조(424년)에는 腆支王의 사신 파견기사가 보여(映遺長史張威詣闕貢獻) 久爾辛王의 재위 기간을 424년 이후에서 427년까지로 보아야 한다는 견해도 있다.(盧重國,『百濟政治史硏究』, 一潮閣, 1988, p.138) 이처럼『宋書』에는 久爾辛王이 나타나고 있지는 않지만,『三國史記』와『日本書紀』모두 久爾辛王의 관련 기록이 보이므로 久爾辛王의 존재 자체를 부정할 수는 없다.

59) 久爾辛王의 즉위에 대해서는 400년을 전후로 한 시기에 태어난 木滿致가 한창 청년이었을 때 백제의 정사를 집행하고 권세가 높았다는 사실이 더 타당할 수 있기 때문에 久爾辛王의 즉위 연도는『三國史記』측의 기록인 420년이 더 타당하다는 것을 알 수 있다. (洪性和,「古代 韓日關係史 硏究 -韓半島 南部 經營論 批判을 중심으로」, 高麗大學校大學院 博士學位論文, 2009, pp.127-129)

60) 李道學,「漢城末 熊津時代 百濟王系의 檢討」,『韓國史硏究』45, 1984, p.4

나이는 대략 12살 가량으로『日本書紀』에 기록된 것과 같이 왕이 어렸다는 기록과 일치하고 있는 것을 알 수 있다.

八須夫人에 대해서는 久爾辛王條에 더 이상 자세한 내력이 없어서 알 수는 없지만,『三國史記』新羅本紀와 달리 母系의 기록이 드문 百濟本紀에서 王后의 이름이 기재된 것과61) 腆支王이 왜국에 체류했던 정황으로 보아 倭人을 가능성도 없지 않다.62) 만약 八須夫人이 倭系이며 腆支王이 倭왕실에 있으면서 왜왕의 혈족과 혼인을 했을 경우 七支刀는 久爾辛이 태어난 것을 倭國에 알리기 위해 만들어졌던 이유가 있었을 것이다.

제4절 七支刀 제작 당시의 韓日關係

그동안 七支刀가 제작된 시기에 대해서는 4세기 중엽으로 보는 견해가 다수를 차지하고 있었다. 통상 七支刀를『日本書紀』神功紀에 나오는 七枝刀로 보아 실제연도를 2주갑 인상설에 따라 4세기 중엽으로 보았던 것이다. 특히 이 七支刀의 존재는『日本書紀』神功 52년(372년)조에서 백제의 근초고왕이 사신인 久氐를 통해 七枝刀 1구와 七子鏡 1면 및 각 종의 重寶를 바쳤다고 하는 기사를 근거로 하여 백제에서 일본에 헌상한 바로 그 七支刀로 해석해왔다.

이처럼 七支刀의 명문은『日本書紀』神功紀에 나오는 삼한 정벌의 기사와 廣開土王碑文에 나와 있는 辛卯年의 기사를 기초로 하여 고대에 일본이 한반도를 지배했다고 하는 '任那日本府說'의 기원으로 삼고 있는데 이용되

---

61) 『三國史記』百濟本紀에서 王后의 이름이 기재된 것은 八須夫人과 責稽王의 부인인 帶方王女 寶菓, 枕流王의 母인 阿尒夫人의 3例가 있다.

62) 김기섭, 「5세기 무렵 백제 渡倭人의 활동과 문화전파」, 『왜 5왕 문제와 한일관계』, 한일관계사연구논집 편찬위원회, 2005, pp.227-229 ; 盧重國, 「5世紀 韓日關係史-『宋書』倭國傳의 檢討」, 『한일역사공동연구보고서(제1분과편)』, 2005, pp.186-187

고 있었다. 즉, 廣開土王碑文에서 보이는 '倭以辛卯年來 渡海破百殘 □□□ 羅 以爲臣民'의 기사와 '永樂 10년 고구려가 신라를 구원해서 倭를 任那加 羅까지 추적하여 倭가 任那加羅를 거점으로 했다'는 내용을 『日本書紀』의 神功 49년조와 연결하고 또한 이후 神功 52년조에 백제의 久氏 등이 바쳤다 는 七枝刀와 石上神宮에 있는 七支刀를 서로 같은 것으로 보아 銘文의 泰和 4년을 369년에 일치시켰던 것이다.

하지만, 지금까지 七支刀의 銘文을 재해석한 결과 七支刀는 369년이 아니 라 408년 백제의 腆支王 4년 11월 16일에 만들어진 것을 알 수 있었다. 특 히 銘文에서 백제가 '泰□'라는 연호를 썼던 것, 따라서 銘文의 侯王은 백제 왕에 신속하고 있던 侯王이라는 의미로 해석되어[63] 百濟王世子가 진귀하게 태어난 것을 계기로 倭王에게 하사된 칼로 볼 수 있다. 즉, 倭王이 곧 侯王 으로 七支刀는 백제로부터 倭에 하사되었을 것으로 보이며 '傳示後世'가 '宜供供侯王'에 대응하는 문구로서 하행문서의 형식으로 되어 있는 것은 백 제왕이 주체가 되어 왜왕에게 하사되었다는 것을 명확히 하고 있다.[64]

七支刀가 제작된 당시의 상황을 廣開土王碑文, 『三國史記』, 『日本書紀』 등을 통해 재구성하면 다음과 같다.

396년 이래 백제는 고구려의 廣開土王에 의해 침탈을 당하자,[65] 이듬해

---

63) 侯王이 신분을 구체적으로 나타내는 말이 아니라 왕후 귀족, 고위 고관 등을 가리 키는 吉祥句라는 견해도 있으나 (神保公子, 「七支刀の解釈をめぐって」, 『史学雑誌』 84-11, 1975, pp.44-49) 倭王에게 侯王이라는 용어를 사용한 것은 왜국에 대한 백제 의 우위성을 강조하는 표현으로 보아 '마땅히 侯王에게 보내 줄만 하다'등으로 해 석하는 것이 타당할 것이다.

64) 연민수, 앞의 논문, p.151

65) 廣開土王碑 永樂 6年 丙申 (396년)

王躬率水軍 討伐殘國 軍□□南 攻取壹八城 (중략) 殘不服義 敢出百戰 王威赫怒 渡 阿利水 遣刺迫城. 殘□歸穴 □便圍城 而殘主困逼 獻出男女生口一千人 細布千匹 跪 王自誓 從今以後 永爲奴客. 太王恩赦□迷之愆 錄其後順之誠. 於是得五十八城 村七百 將殘主弟幷大臣十人 旋師還都.

(향후 인용하는 廣開土王碑文의 釋文은 水谷悌二郞氏 舊藏本, 傳斯年氏 舊藏(甲)本,

백제는 腆支를 왜국에 보내 倭와 和通을 한다.66) 그리고 백제는 왜의 군대를 끌어들여 신라를 공격하고 함께 帶方界를 공략하였으나67) 실패하고 만다.68) 廣開土王碑文에는 고구려를 침입한 주체가 倭인 것처럼 기술되어 있지만, 당시 倭는 고구려와 싸워야 할 하등의 이유가 없었다. 백제는 396년 고구려에게 패배하여 왕이 고구려왕에게 '奴客'이 될 것을 맹서하는 수모를 겪는 등 당시 고구려와 매년 사투를 계속하고 있었다. 백제의 경우 고구려에게 대패한 다음해인 397년 腆支를 왜에 보내 倭를 끌어들이는 내용이 廣開土王碑文 399년조 '百殘違誓 輿倭和通'을 통해 확인되므로 이 전쟁의 주체는 백제로 보아야 하는 것이 타당하다.69)

이후 백제는 倭의 군사파견에 상응하여 王仁 등을 보내70) 일본에 論語

金子鷗亭氏 藏本, 酒匂景信氏 將來本(武田幸男 編, 『廣開土王碑原石拓本集成』, 東京大學出版會, 1988)과 李龍 精拓整紙本(林基中 編, 『廣開土王碑原石初期拓本集成』, 東國大學校 出版部, 1995), 青冥 任昌淳 所藏本(任世權·李宇泰 編, 『韓國金石文集成』 1 (高句麗1廣開土王碑 圖錄篇), 2002)의 탁본 사진에 의거하여 필자가 판독을 시도한 것임을 밝혀둔다.)

66) 『三國史記』 卷 第25 百濟本紀 阿莘王 6年 (397년)
王輿倭國結好, 以太子腆支爲質
『日本書紀』 卷 第10 應神 8年 春3月 (397년)
百濟人來朝[百濟記云 阿花王立无禮於貴國 故奪我枕彌多禮 及峴南 支侵 谷那 東韓之地 是以 遣王子直支于天朝 以脩先王之好.]

67) 永樂 14년에 倭가 帶方界까지 올라 갈 수 있었던 것은 한반도의 남부와 중부를 통과해야 했으므로 지리적으로 보아도 백제의 협조 없이는 불가능하며 永樂 14년의 기사에 백제를 의미하는 殘兵이라는 표현이 나오기 때문에 倭의 단독 작전으로 보기 어렵다.

68) 廣開土王碑 14年甲辰 (404년)
而倭不軌 侵入帶方界 [和]通殘[兵]□石城 □連船□□□ 王躬率□□ 從平穰 □□□ 鋒相遇 王幢要截盪刺 倭寇潰敗 斬殺無數.

69) 김현구, 「5세기 한반도 남부에서 활약한 倭의 實體」, 『日本歷史研究』 29, 2009

70) 『古事記』 應神段
貢上橫刀及大鏡 又科賜百濟國 若有賢人者貢上 故受命以貢上人名 和邇吉師 卽論語十卷 千字文一卷 幷十一卷付是人卽貢進 [此和邇吉師者 文首等祖]
『日本書紀』 卷 第10 應神 16年 (405년)

등 선진문물을 전달하게 된다. 또한 백제의 腆支王은 世子의 탄생에 즈음하여 408년 11월 16일 七支刀를 만들게 되고, 이 七支刀가 이듬해인 409년 백제에 파견된 왜의 사신에게 전달되었던 것이다.[71]

이처럼 七支刀는 4세기말~5세기초 고구려와 백제가 치열하게 전투를 벌이는 상황에서 倭軍이 백제에 지원군으로 파병된 것과 깊은 관련이 있다. 특히 七支刀 銘文의 내용 중 '[出]辟百兵'이라는 용어를 단순히 병화나 재난을 피할 수 있다는 길상구의 의미로 볼 수도 있지만, 이는 다분히 당시의 전투 상황과 관련이 있는 것으로 보인다. '전쟁에 出하여 百兵을 辟할 수 있다'는 문구는 고구려와의 치열한 전투 상황에서 등장할 수밖에 없었을 것이다.

따라서 倭가 한반도에 등장한 것은 360~370년대가 아니라 廣開土王碑文에 나오는 4세기말~5세기초로 국한되며, 이때의 倭는 七支刀의 명문에 나오는 내용을 통해서도 고구려와 백제의 전투 중에 백제의 지원군인 것이 명확해진다. 즉, 『日本書紀』神功紀에 등장하는 삼한정벌이라는 전승은 4세기말~5세기초 倭가 百濟에 지원병으로 온 사실이 왜곡되어 나타난 것으로 볼 수 있을 것이다.[72]

中國에서도 다른 나라와의 국교에 있어서 刀를 하사하는 관례가 있었다. 邪馬臺國의 卑彌呼가 景初 2년(238년) 魏에 사신을 보내어 공물을 바치자 이에 明帝로부터 親魏倭王의 칭호와 함께 刀劍과 鏡을 받고 있으며, 正始元年(240년)에 魏가 왜국에 사신을 보내어 刀와 鏡을 賜함으로써 卑彌呼는 일본열도를 대표하는 倭國王으로서의 지위를 승인 받게 된다.

이처럼 七支刀의 경우도 백제가 왜왕에게 줌으로써 왜왕은 일본 열도를 대표하는 수장으로서의 독자적 지위를 승인받는 한편, 백제는 고구려와의

春二月 王仁來之 則太子菟道稚郎子師之 習諸典籍於王仁 莫不通達 故所謂王仁者 是書首等之始祖也

71) 『三國史記』卷 第25 百濟本紀 腆支王 5年 (409년)
倭國遣使送夜明珠 王優禮待之.

72) 洪性和, 앞의 논문, pp.75-78

전투를 통한 국제관계 속에서 자국의 권력 범위를 확대하려 했던 것으로 보인다.

　七支刀의 경우 그 모양으로 보면 왕의 권위를 의미하는 聖君의 祥瑞物로 이해될 수 있기 때문에[73] 百濟, 倭 등 주변 여러 나라 사이에 이루어진 유교적 국가 이념의 정립이라는 맥락에서 이해할 수 있을 것이다. 6세기 백제의 지원군으로 倭의 군대가 파병되었을 때 백제로부터 五經博士가 파견되었던 것처럼, 4세기말~5세기초 倭가 백제의 지원군으로 온 즈음 일본에 博士 王仁이 파견되고 七支刀가 전해졌다. 이는 백제와 야마토 정권이 단순한 문물 전파가 아니라 유교적 국가 이념의 확산 등 정치적 의미를 지니고 있었던 것으로 판단된다.[74]

제5절 맺음말

　七支刀는 408년 백제의 腆支王 4년 11월 16일에 만들어진 것이며 百濟王世子 久爾辛이 진귀하게 태어난 것을 계기로 倭王에게 하사된 칼이다. 『三國史記』를 비롯한 백제의 사료에는 직접적으로 七支刀가 나오지 않지만, 5세기초 당시는 한반도 내에서 백제와 고구려가 치열한 전투를 하였던 상황을 통해 七支刀가 제작되었던 역사적 배경을 파악할 수 있다.

　따라서 그동안 七支刀를 『日本書紀』 神功紀를 근거로 하여 369년 백제에서 제작되어 372년에 백제가 일본에 헌상했다는 통설은 타당하지 않게 되었다.

---

73) 七支刀의 모양을 덕치와 달력을 상징하는 蓂莢과 관련이 있는 것으로 본다면 당시의 유교문화와 관련이 있는 것으로 판단된다.(조경철, 「百濟 七支刀의 상징과 蓂莢」, 『韓國思想史學』31, 2008)
74) 洪性和, 앞의 논문, pp.207-208

우선 기록상으로 백제가 東晋에 처음으로 사신을 보냈던 것은 咸安 2년 (372년) 정월이고 그해 6월에 백제왕 餘句(근초고왕)가 '鎭東將軍領樂浪太守'로 책봉되었으므로 그 이전에 백제왕이 왜왕에게 보낸 七支刀에 東晋의 연호인 泰和를 새겨놓았다고 볼 수는 없을 것이다.

둘째 '泰□四年五月十六日丙午'에 대한 기존의 설은 369년을 七支刀의 제작연도로 기정사실화하고 난 후에 日干支와 맞지 않기 때문에 단순히 날짜와 상관이 없는 길상구로 해석한 것이었다. 하지만, 村山의 X-레이 분석에 따라 銘文의 날짜를 11월 16일로 볼 수 있게 되었기 때문에 이를 통해 泰□四年은 腆支王 4년인 408년이며 泰□는 백제의 연호임을 알 수 있게 되었다.

셋째 불교의 용어로 보는 것이 타당한 七支刀 銘文의 '聖音'에 대해서도 369년을 기정사실화한 연후에 보면, 이때는 불교가 들어오기 이전이라 이에 대해 道敎의 영향이라는 해석이 있었다. 하지만, 七支刀의 제작연도를 408년으로 보았을 경우에는 백제에 불교가 들어온 지 20여 년이 지난 상태로서 이 정도의 시기가 지난 후에 백제가 불교의 용어를 사용하여 왜왕에게 보냈다고 한다면 타당한 해석이 된다.

따라서 그동안 '百濟王世子奇生聖音故爲倭王旨造'에 대해 다양한 해석이 있었지만, '부처님의 가호로 왕세자가 진귀하게 태어나 왜왕에게 이 칼을 보낸다'는 뜻임을 알 수 있어서 久爾辛王이 태어난 해에 七支刀를 만들어 吉祥의 뜻으로 倭王에 주었던 것으로 생각된다.

이처럼 408년에 七支刀가 제작되었던 것으로 볼 수 있게 됨에 따라 그동안 七支刀와 관련하여 풀지 못했던 많은 난제를 해결할 수 있게 되었으며, 이를 통해 4세기말~5세기초 당시 한반도와 일본 열도 사이에 있었던 관계사상을 새롭게 정립할 필요가 생기게 되었다.

| 나라국립
문화재연구소
소장 X사진 | 보완釋文 | 石上神宮 소장
칼라사진 | 나라국립
문화재연구소
소장 X사진 | 가시하라
고고학연구소
소장 칼라 사진 | 가시하라
고고학연구소
소장 단색 사진 |

〈사진 5〉 앞면 첫번째, 두번째 및 다섯번째와 여섯번째 글자 사진[75]

---

75) 鈴木勉·河內國平, 『復元七支刀-古代東アジアの鐵·象嵌·文字』, 雄山閣, 2006 참조

제2장 『日本書紀』 應神紀 東韓之地에 대한 고찰

제1절 머리말

『日本書紀』 應神紀의 기록을 백제의 왕력 기사에 의거하여 2주갑 수정하면 4세기말~5세기초의 내용으로 추정할 수 있다.[1] 이때는 『三國史記』나 廣開土王碑文의 기록에 따르면 고구려와 백제가 전투를 벌이는 과정에서 백제와 연합한 倭가 참전을 하는 등 한반도와 일본 열도를 둘러싼 국제관계가 복잡한 양상을 띠고 있는 시기이다.[2]

廣開土王碑文에 의하면 399년 '百殘違誓 與倭和通' 이후의 기사에서부터 백제와 和通한 倭가 한반도에 군사를 파견한 것을 알 수 있으며, 404년 '而倭不軌 侵入帶方界 [和]通殘[兵]□石城'의 기사를 통해 倭가 고구려의 帶方界에 침입했던 사실을 알 수 있다.

『三國史記』의 경우 4세기말~5세기초 당시의 상황이 구체적으로 적시되어 있지 않지만, 阿莘王 12年(403년) 春2月 '倭國使者至 王迎勞之特厚'와 연

---

1) 『日本書紀』 應神紀의 간지를 수정하면 대체적으로 392년~432년에 해당하는 것으로 보고 있다.

2) 廣開土王碑文은 고구려를 침입한 주체가 倭인 것처럼 기술하고 있지만, 당시 倭는 고구려와 싸워야 할 하등의 이유가 없었다. 백제는 396년 고구려에게 패배하여 왕이 고구려왕에게 '奴客'이 될 것을 맹서하는 수모를 겪는 등 당시 고구려와 매년 사투를 계속하고 있었고 다음해인 397년 腆支를 倭에 보내 倭를 끌어들이는 내용이 廣開土王碑文 399년조 '百殘違誓 與倭和通'을 통해 확인되므로 이 전쟁의 주체는 백제로 보아야 하는 것이 타당하다. (김현구, 「5세기 한반도 남부에서 활약한 倭의 實體」, 『日本歷史研究』 29, 2009)

이어 나오는 秋7月 '遺兵侵新羅邊境'의 기사 및 朴堤上 列傳 '倭遂遣兵邏戌新羅境外 會高句麗來侵 幷擒殺倭邏人'의 기사를 통해 당시의 국제정세를 이해할 수 있는 부분이 있다.

반면, 『日本書紀』應神紀에는 倭가 백제와 연합하여 고구려와 다투는 당시의 정황이 잘 나타나있지 않다. 오히려 『日本書紀』에는 應神 8年(397년)條에서 「百濟記」를 근거로 백제의 阿花王(阿莘王)이 倭에 무례하여 倭가 東韓之地, 峴南, 支侵, 谷那, 枕彌多禮 등을 침탈한 것으로 기록하고 있으며, 應神 16年(405년)條에는 東韓之地를 다시 돌려주었다고 하는 기사가 등장하고 있다. 즉, 『日本書紀』의 편찬자가 야마토 정권이 백제를 복속하고 있다는 전제 하에 '韓半島 南部 經營論'을 표출하고 있는 점을 발견할 수 있다.

따라서 그동안 東韓之地 등에 대해서는 『日本書紀』의 편자가 「百濟記」에 보이는 지명들을 가지고 만든 허구에 불과한 것으로 보고 그 지명의 비정에 대해 소극적이었던 것이 사실이다. 그러나 다른 지명과 달리 東韓之地는 甘難城, 高難城, 爾林城이라고 하는 구체적인 지명이 등장하고 있으며 東韓之地 중에 하나인 爾林이라는 지명은 『日本書紀』顯宗 3년과 欽明 11년의 기사에도 등장하는 등, 이들 지명이 백제 등 각국의 세력판도를 가늠할 수 있는 단서를 지니고 있다고 생각되기 때문에 東韓之地에 대해서는 별도의 고찰을 필요로 하고 있다.

그동안 일부 선학들에 의해 東韓之地에 대한 지명 비정이 시도된 바 있었지만, 제설이 분분하여 지명 비정이 제대로 되지 않은 상태였다.

일찍이 鮎貝房之進은 『日本書紀』應神 8年(397년) 春3月條 分註「百濟記」에 등장하는 峴南, 支侵, 谷那가 東韓之地와 동일하다는 전제하에 峴南을 甘羅城으로 보아 『三國史記』에서 甘勿阿로 보이는 지금의 전라북도 咸悅에 비정하였다. 支侵은 爾林城과 동일한 지역으로서 『三國志』魏志 馬韓傳에 보이는 兒林으로 보아 충청남도 大興의 고명 任城에 비정하였다. 또한 谷那는 高難城과 音相似한 谷城인 것으로 보았다.[3]

末松保和는 甘羅城을 咸悅에 비정한 鮎貝房之進에 따르면서 爾林城은 함
열에 인접한 金堤郡 利城縣의 고지명인 乃利阿로 보아 현 金堤郡 靑蝦面 東
之山里로 비정하였다. 高難城은 甘羅城와 爾林城에서 가까운 지역으로 추정
하였다. 따라서 東韓之地를 錦江의 南岸, 萬頃江 일대로 보았다. 또한 枕彌
多禮를 康津으로, 支侵은 唐이 百濟에 설치하려 했던 支潯州로 보아 충남
洪城에 비정하였으며, 谷那를 谷城으로 보고, 峴南은 미상으로 처리했다. 결
국 末松保和는 이들 지역이 廣開土王碑文에서 한반도 南岸에서 西岸으로 북
상하는 倭軍의 海路 부근 지역인 것으로 추정하였다.4)

三品彰英의 경우는 支侵을 충남 洪城방면, 谷那를 전남 谷城으로 비정하
여 東韓之地는 이들과 인접한 지역이었을 것으로 생각하였다.5)

이처럼 일본학자들이 파악한 東韓之地는 대체적으로 서해안 부근으로 집
약된다. 하지만, 이는 東韓之地라는 표현과는 배치되는 해석이다.

이에 반해서 全榮來는 이 지역이 백제가 섬진강 유역으로 나가는 진출로
로 보고 爾林을 任實에, 高難은 難珍阿(鎭安), 甘羅는 勿居(龍潭)에 비정하였
다.6) 全榮來의 추정을 참고로 하여 李根雨는 爾林을 任實에, 高難은 谷城에,
甘羅는 南原의 고명인 甘勿, 今勿과 같은 뜻인 것에서 착안하여 東韓之地를
임실, 남원, 곡성이라고 하는 섬진강 상류, 즉 전라도 내륙의 요지를 지칭하
는 용어로 추정하였다.7) 또한 爾林의 지명 비정에 대해서는 충북의 음성 또
는 괴산의 설이 등장하기도 하였다.8)

그러나 한국학자들의 東韓之地에 대한 추정도 한반도의 서남쪽 내지는

3) 鮎貝房之進,『雜攷』7, 上卷, 朝鮮印刷株式會社, 1937, pp.163-168.
4) 末松保和,『任那興亡史』, 吉川弘文館, 1956, pp.73-77.
5) 三品彰英,『日本書紀朝鮮関係記事考證』上, 吉川弘文館, 1962, pp.224-226.
6) 全榮來,「百濟南方境域의 變遷」,『千寬宇先生還曆紀念韓國史學論叢』, 1985, p.145.
7) 李根雨,「熊津時代 百濟의 南方境域에 대하여」,『百濟研究』27, 1997, pp.58-59.
8) 李鎔賢,「5世紀末における加耶の高句麗接近と挫折-顯宗3年紀是歲条の検討」,『東アジ
   ア古代文化』90, 1997, pp.81-83.

중부 지역에 집중되고 있어서 東韓之地라는 명칭과 전혀 부합하지 않는 결과를 보여주고 있다.

따라서 본고에서는 『日本書紀』 應神紀 「百濟記」에 나오는 東韓之地 등에 대한 고찰을 통해 倭가 東韓之地를 뺐었다가 다시 주었다는 기사가 무엇을 의미하는지, 그리고 東韓之地가 어느 지역을 지칭하는 것인지에 대해 파악해 보고자 한다. 東韓之地를 규명하는 것이야 말로 廣開土王碑文이나 『三國史記』와는 다르게 나타나고 있는 『日本書紀』 應神紀의 기록을 재검토하는 기초 작업이 될 것이며 더 나아가서는 5~6세기의 상황을 이해하는 척도라고 생각되기 때문이다.

제2절 東韓之地 관련 기사

『日本書紀』 應神紀에 나오는 東韓之地 관련 기사는 다음과 같다.

(ㄱ)『日本書紀』卷 第10 應神 8年(397년) 春3月
百濟人來朝[百濟記云 阿花王立无禮於貴國 故奪我枕彌多禮 及峴南 支
侵 谷那 東韓之地 是以 遣王子直支于天朝 以脩先王之好.]

(ㄴ)『日本書紀』卷 第10 應神 16年(405년)
是歲 百濟阿花王薨 天皇召直支王謂之曰 汝返於國以嗣位 仍且賜東韓
之地而遣之 [東韓者 甘羅城 高難城 爾林城 是也.]

(ㄱ)의 應神 8년조는 간지를 2주갑 수정하면 397년의 기사가 되며 이와 관련되는 사료로는 『三國史記』 百濟本紀 阿莘王 6년(397년)의 '王與倭國結好 以太子腆支爲質'의 기사와 廣開土王碑文 永樂 9년(399년)의 '百殘違誓 與倭和通'이라는 기록이다.

따라서 『三國史記』와 廣開土王碑文을 통해 보면, (ㄱ)의 기사는 백제가 倭와 和通하기 위해 腆支(直支)를 파견한 것임을 알 수 있다. 永樂 6년과 8년조에 나오는 廣開土王碑文의 기록은 당시 백제가 고구려와 치열한 전투를 벌이고 있는 상황이었으며[9] 고구려에 의해 고전을 면치 못하는 형국이었음을 보여주고 있다. 이러한 사실로 미루어 볼 때 백제는 倭에 군사지원을 요구할 의도로 腆支를 보내 和通을 했던 것으로 생각된다.

그런데, 『三國史記』, 廣開土王碑文, 『日本書紀』의 기사에서 백제가 倭와 和通을 했다거나 腆支(直支)를 파견했던 것은 공통적으로 보이지만 그 목적이 서로 다르게 표기되어 있는 것이 주목된다. 『三國史記』와 廣開土王碑文에 의하면 백제가 고구려의 공세에 견디지 못하고 倭에게 구원군을 요청할 목적으로 腆支를 파견한 것으로 되어 있는 반면, 『日本書紀』에서는 백제가 일본에 예의를 잃어서 일본이 백제의 땅을 빼앗아 直支를 파견한 것으로 되어 있어 각각 파견 목적이 다르게 기술되어 있다.

이에 대해 (ㄱ)의 분주에 보이는 백제왕의 무례함이라는 것이 廣開土王碑文에 나와 있는 것처럼 고구려에 침탈당했던 백제 阿莘王(阿花王)의 소극적인 대고구려정책이라는 견해가 있었다.[10]

하지만, 만약 『日本書紀』의 기록대로 야마토 정권이 백제를 복속하고 있었다고 하더라도 (ㄱ)의 기사처럼 백제가 고구려와의 싸움 중에 일본에 예의를 잃어서 일본이 백제의 땅을 빼앗았다는 것은 전혀 상식에 어긋나는 내용이 된다. 고구려의 공세에 견디지 못한 백제에게 원군을 파견하는 것은 고사하고 오히려 백제의 땅을 빼앗는다는 것은 납득하기 어려운 해석이기 때문이다.

---

9) 廣開土王碑文에 의하면 永樂 6년(396)과 永樂 8년조(398)에 걸쳐 고구려는 '百殘國'을 토벌하여 58개 城과 700개 村을 얻어 백제왕을 노객으로 삼고 일부 군대를 변경의 帛愼土谷에 보내어 동정을 살피고 莫□羅城, 加太羅谷을 획득했다.

10) 三品彰英, 앞의 책, pp.217-218.

따라서 이들 기사에 대한 분석을 하기 위해서는 필히 廣開土王碑文을 통해 당대의 역사적 사실을 추출한 후에 이를 근거로 어떠한 내용이 倭의 침탈로 윤색된 것인지에 대해 판단해야 할 것이다.

제3절 廣開土王碑文에 나타난 전투의 실상

1. 高句麗와 百濟의 전투

우선 당대에 기술된 廣開土王碑文을 통해 4세기말~5세기초 한반도 남부의 상황을 살펴보기로 하자.

廣開土王碑文에 나오는 초기 전쟁 기사를 보면, 永樂 6년(396년) 廣開土王이 몸소 수군을 인솔하여 '百殘國'을 토벌하고 58개 城과 700개 村을 얻어 백제왕을 노객으로 삼은 후, 永樂 8년(398년)에 일부 군대를 변경의 帛愼土谷에 보내어 동정을 살피면서 莫□羅城, 加太羅谷을 획득했던 것으로 기록되어 있다. 그런 연후에 399년 백제가 倭와 和通했다는 기사가 등장하면서 倭가 신라에 대한 침략[11] 및 고구려의 帶方界에 침입하는 기사[12]로 이

---

11) 廣開土王碑 永樂 9年 己亥
   百殘違誓 與倭和通 王巡下平穰. 而新羅遣使白王云. 倭人滿其國境 潰破城池 以奴客爲民 歸王請命. 太王恩慈 稱其忠誠 特遣使還 告以□計.
   廣開土王碑 永樂 10年 庚子
   敎遣步騎五萬往救新羅. 從男居城至新羅城 倭滿其中 官軍方至 倭賊退. □□背急追至任那加羅從拔城 城卽歸服 安羅人戍兵. □新羅城□城 倭□大潰. 城□十九 盡拒□倭安羅人戍兵. 新□□□□[其]□□□□□□□[言]□□□□□□□□□□□□□□□□□□□□□□辭□□□出□□□□□□□[殘][倭]遺□. □□□ 安羅人戍兵. 昔新羅寐錦 未有身來論事 □□□□[廣]開土境好太王□□□□寐錦□□僕勾□□□□朝貢.
12) 廣開土王碑 永樂 14年 甲辰
   而倭不軌 侵入帶方界 [和]通殘[兵]□石城 □連船□□□ 王躬率□□ 從平穰 □□□

어지고 있다.

『三國史記』朴堤上 列傳을 보면, 朴堤上이 倭國에 가서 거짓 항복하는 장면에서 백제의 요청으로 신라의 국경을 倭가 巡邏하고 있었다는 서술이 廣開土王碑文의 永樂 9년조와 10년조의 기록과 흡사하다.[13] 또한 『三國史記』百濟本紀 阿莘王 12년(403년) 2월조에는 倭에서 使者가 온 후, 7월에 군사를 보내어 新羅의 변경을 침범했다고 씌어 있다.[14]

『三國史記』신라본기에서 미사흔이 신라로 귀환한 사건은 눌지왕 2년(418년)의 일이지만,[15] 『三國史記』朴堤上 列傳에서 고구려가 倭의 巡邏軍을 침탈한 사건은 박제상이 倭國에 가기 전에 있었던 일이다. 그런데 『三國史記』에서 미사흔이 倭에 보내진 것은 실성왕 원년(402년)의 일로서[16] 廣開土王碑文에서 倭와 신라가 충돌하는 永樂 10년(400년)의 상황과 유사한 것을 알 수 있다.

朴堤上 列傳만으로는 당시 倭國에 간 백제인이 누구인지는 불명확하다. 그러나 『三國史記』에 아신왕 6년 태자 腆支가 倭에 質로 간 것으로 되어 있어[17] 이때 갔던 백제인은 腆支일 것으로 추측된다.

이러한 정황으로 보아 백제는 397년 혹은 399년경 腆支를 倭國으로 보내 통호를 한 후 倭國에 군사요청을 함으로써 倭로부터 지원군을 받았던 것으

鋒相遇 王幢要截盪刺 倭寇潰敗 斬殺無數.
13) 『三國史記』卷 第45 列傳 第5 朴堤上
百濟人前入倭 讒言新羅與高句麗謀侵王國 倭遂遣兵邏戍新羅境外 會高句麗來侵 并擒殺倭邏人 倭王乃以百濟人言爲實.
14) 『三國史記』卷 第25 百濟本紀 阿莘王 12年
春二月 倭國使者至 王迎勞之特厚 秋七月 遣兵侵新羅邊境.
15) 『三國史記』卷 第3 新羅本紀 訥祗麻立干 2年
秋 王弟未斯欣自倭國逃還
16) 『三國史記』卷 第3 新羅本紀 實聖尼師今 元年
三月 與倭國通好 以奈勿王子未斯欣爲質
17) 『三國史記』卷 第25 百濟本紀 阿莘王 6年
王與倭國結好 以太子腆支爲質

로 짐작된다. 이때의 상황이 廣開土王碑文에는 永樂 10년조에 잘 적시되어
있다. 즉, 신라를 지원하고 있던 고구려가 그 倭를 추적하여 任那加羅의 從
拔城에 이르렀다는 내용이다.

永樂 9년조에도 신라 국경에 倭軍이 가득 찬 것으로 되어 있는데, 이는
永樂 10년 男居城에서 新羅城 사이에 倭軍이 있었다는 기록과 일치한다. 永
樂 9년조를 보면 광개토왕이 신라사신을 돌려보내면서 '特遣使還 告以□計'
즉, 어떤 계책을 告했다는 내용이 보인다. 이는 永樂 10년조에 보이는 것처
럼 배후에 있는 任那加羅의 從拔城을 기습하는 것이 아니었는가 생각된다.

또한 永樂 14년에 倭가 帶方界까지 올라 갈 수 있었던 것은 倭의 단독
작전이 아니라 백제와 합동 작전으로 보아야 할 것이다. 倭가 황해도 지역
인 帶方界까지 침입하기 위해서는 한반도의 남부와 중부를 통과해야 했으
므로 지리적으로 보아도 백제의 협조 없이는 불가능할 뿐만 아니라[18) 永樂
14년의 기사에서 비문의 제3면 3행 23-24번째 글자를 '殘兵'으로 보게 되
면[19) 이는 백제를 의미하는 표현으로 백제와 함께 공략했던 것으로 판단할
수 있다. 또한 백제에게 있어서 帶方은 건국 과정에 있어 깊은 관련이 있었
던 곳이기 때문에[20) 帶方에 대한 공격은 백제의 故土 회복이라는 명분이
있었을 것으로 추정된다.

2. 高句麗가 百濟로부터 攻取한 지역

廣開土王碑文에 기록된 한반도 전투가 고구려와 백제의 전투였음은 廣開
土王碑文 守墓人烟戶에 대한 기술을 통해서도 확인할 수 있다. 廣開土王碑
文에는 廣開土王의 치적이 서술된 후 마지막 단락에 守墓人烟戶에 대해 적

---

18) 김현구, 앞의 논문
19) 王健群, 『好太王碑硏究』, 吉林人民出版社, 1984
20) 『三國史記』 卷 第23 百濟本紀 溫祚王 分註
    北史及隋書皆云 東明之後有仇台 篤於仁信 初立國于帶方故地

고 있는데, 廣開土王은 묘를 지키는 烟戶를 몸소 略取한 韓穢를 써서 守墓
케 하라는 敎旨를 내리고 이에 따라 新來韓穢의 烟戶로서 守墓하게 하였다.

(ㄷ) 廣開土王碑 守墓人烟戶

新來韓穢 沙水城國烟一看烟一 牟婁城二家爲看烟 豆比鴨岑韓五家爲看
烟 勾牟客頭二家爲看烟 求底韓一家爲看烟 舍蔦城韓穢國烟三看烟卄一
古[須]耶羅城一家爲看烟 炅古城國烟一看烟三 客賢韓一家爲看烟 阿旦城
雜珍城合十家爲看烟 巴奴城韓九家爲看烟 臼模盧城四家爲看烟 各模盧城
二家爲看烟 牟水城三家爲看烟 幹氏利城國烟一看烟三 彌鄒城國烟一看烟
七 也利城三家爲看烟 豆奴城國烟一看烟二. 奧利城國烟一看烟八 須鄒城
國烟二看烟五 百殘南居韓國烟一看烟五 太山韓城六家爲看烟 農賣城國烟
一看烟七 閏奴城國烟二看烟卄二 古牟婁城國烟二看烟八 琭城國烟一看烟
八 味城六家爲看烟 就咨城五家爲看烟 彡穰城卄四家爲看烟 散那城一家
爲國烟 那旦城一家爲看烟 勾牟城一家爲看烟 於利城八家爲看烟 比利城
三家爲看烟 細城三家爲看烟.

(ㄷ)에 등장하는 新來韓穢는 城이 붙은 31개 城과 城이 붙지 않은 豆比鴨岑
韓, 勾牟客頭, 求底韓, 客賢韓, 百殘南居韓의 5개 지역으로 이루어져 있다. 그
런데, 이들 31개 城은 永樂 6년(396년) 백제를 공격하여 점령한 58城과 永樂
17년(407년)에 나오는 6城[21] 중에 모두 포함되어 있는 것으로 생각된다.[22]

현재까지 판독된 비문을 살펴보면 (ㄷ)에 등장하는 新來韓穢의 31개 城
중에 58城과 확실히 일치하는 것은 21개이며, 일부 판독되는 글자를 통해
炅古城, 農賣城, 於利城, 比利城 4개의 城은 58城에 포함된 것을 추론할 수

---

21) 廣開土王碑 永樂 17年 丁未
　　 敎遣步騎五萬 □□□□□□□□ □師□□合戰 斬煞蕩盡. 所獲鎧鉀一萬餘領 軍資
　　 器械 不可稱數. 還破沙溝城 婁城 □□城 □城 □□□□□□城.
22) 新來韓穢의 31개 城에 대해서는 武田幸男이 永樂 6년조 58城 안에 들어있을 가능성
　　 이 크다고 본 이후 거의 통설적인 지위를 갖고 있다. (武田幸男, 『高句麗と東アジア』,
　　 岩波書店, 1989, pp.44-48)

있다. 나머지 舍蔦城, 就咨城, 沙水城, 巴奴城, 车水城, 須鄒城의 6城은 직접 확인되지는 않지만, 永樂 6년 58城의 미판독 부분과 永樂 17년조에 나오는 6城의 미판독 부분에 기재되었을 개연성이 크다.23)

따라서 新來韓穢의 31개 城은 廣開土王이 생전에 攻取했다고 하는 64城 안에 모두 들어 있을 수 있어24) 新來韓穢는 고구려가 백제를 쳤을 때 약탈했던 지역으로 볼 수 있다. 또한 이를 통해 永樂 17년조의 전투도 고구려가 백제와 결전했던 기사임을 알 수 있다.

新來韓穢의 5개 지역은 58城 중에 新來韓穢에 보이지 않는 城을 고구려가 해체 또는 개편하여 생긴 지명으로 추정했던 견해를 따를 경우,25) 이 역시 永樂 6년 이래 고구려가 백제를 치면서 형성한 지역으로 볼 수 있다.

따라서 新來韓穢 31城과 5개 지역은 모두 본래 백제 땅이었던 것을 고구려가 백제로부터 攻取했던 지역임을 알 수 있다.

그렇다면 당시 고구려가 백제로부터 攻取했던 지역은 구체적으로 어디일까? 廣開土王이 점령했던 城이 어느 곳인지에 대해 58城 모두를 지명 비정하기는 어렵다. 하지만, 일부 확인되는 지명을 통해 新來韓穢 지역의 범위를 유추해 볼 수 있을 것이다.

우선 廣開土王碑文 永樂 6年에 고구려가 백제로부터 攻取했던 것으로 나오는 58城 700村에 대해서는 임진강과 한강 사이의 경기도 북부 지방에 비정하거나,26) 충청도와 경기도 서해안 일대로 확대한 견해,27) 또한 강원도와

---

23) 新來韓穢에서 城의 명칭이 붙은 31개 지명 중 58城에서 확인되지 않는 6城은 城이 들어갈 가능성이 있는 바문의 미판독 부분을 통해 永樂 6년 58城 중에 4城, 永樂 17년 6城 중에 2城이 기재되었을 가능성이 크다. (吳吉煥, 「廣開土王碑文 紀年記事에 보이는 廣開土王의 軍事行動」, 『박물관지』, 2008, pp.93-97)

24) 廣開土王碑文에는 광개토왕이 총 64개 城과 1,400村을 공파한 것으로 기록되어 있는데, 이는 永樂 6년에 취득한 58城과 永樂 17년에 취득한 6城을 더한 것으로 파악된다.

25) 武田幸男, 앞의 책, 1989, pp.49-54

26) 李丙燾, 「廣開土王의 雄略」, 『韓國古代史研究』, 博英社, 1976, p.382

충청 내륙지방까지 확대하여 본 견해[28] 등이 있다. 그런데, 만약 이들 지역
을 임진강과 한강 사이의 경기 북부 지방으로만 한정할 경우 좁은 지역에
58城이 들어가기에는 무리가 따르는 것으로 생각된다. 따라서 이들 지역은
좀 더 넓은 지역에 해당하는 것으로 보아야 할 것이다.

우선, 58城 중에 보이는 彌鄒城이 인천 부근일 것으로 추정되기 때문에
서해안 및 한강 하류 지역이 포함되는 것을 알 수 있다. 閣彌城의 경우는
『三國史記』에 등장하는 關彌城과 동일한 명칭으로 추정하게 되면, 임진강
을 연하는 지역인 것으로 판단된다.[29] 또한, 충청북도 충주에 건립된 忠州
高句麗碑에서 고구려가 守事를 파견하여 관할하였던 古牟婁城[30]이 新來韓
穢에 속해 있는 것으로 보아 이들 新來韓穢 지역이 남한강 상류와 멀지 않
은 지역까지 뻗쳐 있었던 것으로 보인다. 阿旦城에 대해서는 서울의 阿且山
城이나 충북 단양의 온달산성으로 보는 견해가 있지만,[31] 어느 지역으로 보

---

27) 酒井改藏, 「好太王碑面の地名について」, 『朝鮮学報』8, 1955, pp.54-60
28) 이도학, 「永樂6년 廣開土王의 南征과 國原城」, 『韓國史學論叢(孫寶基博士停年紀念)』,
    1988
29) 閣彌城은 『三國史記』 廣開土王 원년 10월조에 關彌城이 '四面峭絶 海水環繞'라는
    기록을 통해 통상 강화도로 비정되었으나 임진강과 한강이 교차하는 지점으로 본
    津田左右吉(「好太王征服地域考」, 『津田左右吉全集』11, 岩波書店, 1964, pp.70-71)과
    古山子 金正浩의 비정에 따라 烏頭城, 鼈頭山城일 가능성이 크다. (金侖禹, 「廣開土
    王의 南下征服地에 대한 一考 - 關彌城의 位置를 中心으로」, 『한국사의 이해(고대,
    고고1)』, 1991, pp.87-103.)
30) 古牟婁城에 대해서는 충남 덕산설(酒井改藏, 앞의 논문, p.59)과 충북 음성(손영종,
    「중원 고구려비에 대하여」, 『력사과학』85-2, 1985, p.31), 경기도 포천 고모리 산
    성(최근영, 중앙일보 1984년 6월 18일자)에 비정을 하고 있지만, 충주에 소재한 충
    주고구려비에도 등장할 뿐만 아니라 광개토왕비에도 新來韓穢의 소속으로 되어 있
    기 때문에 남한강 상류에서 멀지 않은 지역으로 볼 수 있을 것이다.
31) 阿旦城을 忠北 丹陽郡 永春面 溫達山城 (李道學, 앞의 논문, 1988, pp.99-101)과 江原
    道 伊川郡 安峽으로 보려는 견해 (佐伯有淸, 『七支刀と広開土王碑(古代史演習)』, 吉
    川弘文館, 1977, p.69, p.84, ; 井上秀雄, 『古代朝鮮』, 日本放送出版協会, 1972, p.78.)
    가 있으며 과거 금석문에서 且가 旦으로 쓰였던 것을 통해 서울의 阿且山城으로 보
    는 견해 (李丙燾, 앞의 책, 1976, p.381. ; 金賢淑, 「廣開土王碑를 통해 본 高句麗 守

든 남한강이나 한강의 북쪽 방면의 범위 안에 들어있는 것을 알 수 있다. 따라서 廣開土王 때 고구려가 백제로부터 새로이 접수한 新來韓穢는 대체적으로 서해안 및 한강 하류에서 남한강 상류 및 소백산맥과 연하는 지역으로써 그 영역을 한정할 수 있을 것이다.

3. 帛愼土谷 지역에 대해

廣開土王碑文에는 고구려가 永樂 6년(396년) 백제의 58개 城과 700개 村을 얻은 후, 永樂 8년(398년) 일부 군대를 변경의 帛愼土谷에 보내어 동정을 살피고 莫□羅城, 加太羅谷을 획득했던 것으로 되어 있다.

그런데, 永樂 8년(398년)에 나오는 帛愼土谷 지역에 대해서는 대개 帛을 息으로 보아 肅愼 지역으로 파악하고 있는 것이 통설이다.[32] 하지만, 옛 문헌에 息 대신 帛을 쓴 경우가 없어 이를 肅愼으로 추정하는 것은 타당하지 않다. 또한 廣開土王碑文은 전체적인 구조상 '王躬率(王巡下)'을 중심으로 廣開土王이 親征한 유래를 밝히는 前置文을 앞에 두고 거기에 '敎遣'이라는 표현을 부수해서 양자가 정벌전과 영토 확대에 관한 기술을 하고 있다는데 주목하여야 할 것이다. 永樂 9년과 10년의 신라구원전의 경우 前置文, 王巡下, 敎遣의 구조로 되어 있고 永樂 14년과 17년 백제와 倭의 연합전의 경우도 前置文, 王躬率, 敎遣의 구조로 되어 있다.[33]

따라서 '敎遣'으로 표현된 永樂 8년조는 독립된 기사라기보다는 6년조에

墓人의 社會的 性格」, 『韓國史研究』65, 1989, p.19. ; 金永上, 「阿旦城과 長漢城에 대한 考察」, 『鄕土서울』51, 1992. pp.5-32. ; 閔德植, 「百濟 阿旦城研究 - 百濟初期都城研究를 위한 일환으로」, 『韓國上古史學報』17, 1994)가 있다

32) 靑江秀, 『東夫餘永樂太王碑名之解』, 國會圖書館藏, 1884 ; 李丙燾, 앞의 책, 1976, pp.387-388 ; 千寬宇, 「廣開土王碑文 再論-廣開土王의 '廣開土境'」, 『加耶史研究』, 一潮閣, 1991, pp.122-123 ; 武田幸男, 앞의 책, pp.115-116

33) 濱田耕策, 「高句麗広開土王陵碑文の研究-碑文の構造と史臣の筆法を中心として」, 『古代朝鮮と日本』, 龍溪書舍, 1974, pp.58-62

'得五十八城 村七百'이라는 기사와 직접 연결되어 있는 기사로서 廣開土王이 백제를 토벌한 후 국경 지역을 재차 순시하면서 '男女三百餘人'을 포로로 했던 것으로 보는 편이 타당하다. 즉, 이곳은 고구려가 백제로부터 획득했던 지역으로 永樂 6년 이래로 백제가 고구려에 '自此以來 朝貢論事'하게 된 마무리 성격으로 파악하는 것이 합당하다고 생각된다.[34]

그렇다면 帛愼土谷, 莫□羅城, 加太羅谷의 지역은 한반도 내에서 찾을 수 있을 것이다. 이들 지역을 한반도의 중남부로 보았던 학자들 중에 백제와 인접한 한강 유역이나 강원도 지방의 濊地로 보는 경우도 있었지만,[35] 일단 고구려의 입장에서는 백제로부터 얻은 새로운 변경으로 백제와 대치한 최전선 지역이라고 할 수 있다. 永樂 6년 '百殘國'을 토벌하여 58개 城을 취했다는 기사를 통해 고구려가 백제의 수도 인근 및 남한강 상류 지역에까지 다다랐던 것을 알 수 있기 때문에 새로운 변경은 남쪽의 최전선이 될 수밖에 없다.[36]

廣開土王碑文은 廣開土王의 정복사업을 칭송하기 위한 목적으로 만들어진 碑文이기 때문에 특히 廣開土王의 전과를 눈에 띄게 기술하고 있다. 즉, 58城 700村과 같이 점유했던 지역에 대해 될 수 있는 한 구체적으로 기술하려 했던 것으로 보인다. 그러나 帛愼土谷, 莫□羅城, 加太羅谷의 지역은 永樂 6년 취득했다는 58城을 포함해 廣開土王이 일생동안 취득했다는 64城에 속하지 않는 지역으로 분류되고 있다. 이는 廣開土王碑文 10년조에서 고

---

34) 濱田耕策, 위의 논문 ; 王健群, 앞의 책 ; 李道學, 「「광개토왕릉비문」에 보이는 전쟁 기사의 분석」, 『고구려연구』2, 1996, pp.757-758
35) 津田左右吉, 앞의 논문, pp.56-57 ; 濱田耕策, 앞의 논문, p.58
36) 『三國史記』광개토왕 17년조에 禿山城 등 6성을 축성했다는 기사를 통해서도 고구려가 남한강 상류 및 소백산맥 일원까지 영역화하였던 것을 알 수 있다. (木村誠, 「中原 高句麗碑立碑年次の再檢討」, 『古代朝鮮の国家と社会』, 吉川弘文館, 2004, pp.361-362) 이 기사를 동부여로 추정하는 일부의 견해도 있지만, (武田幸男, 앞의 책, p.196) 禿山城은 『三國史記』근초고왕과 내물왕조에서 백제와 신라가 상쟁했던 지역으로 신라의 국경지대와 멀지 않은 곳으로 판단된다.

구려가 任那加羅의 城을 공략했던 것처럼 정복이라기보다는 廣開土王 시기에 일시적으로 점유했던 곳으로 생각된다. 즉, '谷'이라는 자연지리적 표현으로 짐작하면 이들 지역은 고구려가 교두보를 확보하기 위해 자신들의 남쪽 지역이면서 백제의 지역인 소백산맥 인근으로 진출했던 정황인 것으로 판단된다.[37] 다시 말하면, 帛愼土谷, 莫□羅城, 加太羅谷의 지역은 고구려에 의해 일시적으로 점유되기는 했지만, 攻破되었다기 보다는 고구려의 정치적 침투가 단행되었던 지역이면서 백제에 의해 회복되거나 상쟁했던 접점에 위치하였기 때문에 碑文의 64城에 포함되지 않은 것으로 생각된다.

제4절 東韓之地 등의 지명 비정

1. 『日本書紀』 「百濟記」의 윤색

지금까지 廣開土王碑文을 통해 전투의 실상을 살펴보았는데, 『日本書紀』 應神紀에서 倭가 東韓之地를 빼앗았다는 기록과 같이 倭가 백제의 땅을 침탈했다는 어떤 역사적 사실도 추출할 수 없었다. 따라서 倭가 東韓之地를 빼앗고 다시 돌려주었다는 기록은 倭가 백제를 복속했다는 후대 『日本書紀』 편찬자의 인식에 의해서 윤색이 가해진 것으로 볼 수 있다.

『日本書紀』에는 應神 25年 無禮를 이유로 해서 木滿致를 일본으로 소환하는 기사,[38] 仁德 41년 3월조 酒君이 無禮하여 소환하는 기사,[39] 雄略 5년

---

37) 李道學, 「高句麗의 洛東江流域進出과 新羅伽倻經營」, 『國學研究』2, 1988, p.92
38) 『日本書紀』卷 第10 應神 25年
　　百濟直支王薨. 卽子久爾辛立爲王. 王年幼. 大倭木滿致執國政. 與王母相婬. 多行無禮.
　　天皇聞而召之[百濟記云. 木滿致者是木羅斤資討新羅時. 娶其國婦而所生也. 以其父功
　　專於任那. 來入我國往還貴國. 承制天朝執我國政. 權重當世. 然天皇聞其暴召之]
39) 『日本書紀』卷 第11 仁德 41年 春3月
　　遣紀角宿禰於百濟 始分國郡場 具錄鄕土所出 是時 百濟王之族酒君无禮 由是 紀角宿

4월조 池津媛이 無禮해서 昆支가 度日하는 기사[40) 등이 등장하고 있지만, 이들 모두 無禮에 대한 내용이 야마토 정권이 백제를 복속하고 있다는 전제 하에 서술되고 있다.

따라서 『日本書紀』에서 阿花王이 倭에 無禮하였기 때문에 倭가 東韓之地, 枕彌多禮, 峴南, 支侵, 谷那를 침탈하자 直支가 파견되었다는 기사 또한 야마토 정권이 백제를 모두 복속하고 있었다는 토대 위에 서술되고 있는 것이다.

오히려 이 기사는 백제의 阿花가 왕이 된 후 고구려의 공격으로 인해 東韓之地 등이 침탈을 당했고 이 때문에 倭에 군원을 요청하기 위해서 直支를 파견했던 사실을 보여주고 있는 것으로 생각된다. 즉, 阿花王이 야마토 정권에 無禮했기 때문에 東韓之地 등을 빼앗았다는 것은 역사적 사실에 배치되는 것이며 直支가 야마토 정권에 파견된 이유는 廣開土王碑文 399년의 기사에서와 같이 백제가 고구려에 침탈당하자 원군을 요청했던 것으로 볼 수 있다.

그러한 정황을 고려하면, 「百濟記」의 기록에 윤색이 가해졌던 것이 분명하다. 즉, 「百濟記」의 기록 중에 '无禮於貴國'은 찬자가 인위적으로 삽입한 문구이고, 奪의 주체인 고구려는 의도적으로 삭제가 되었을 것으로 추정된다. 「百濟記」의 찬자가 고구려에 패배해서 東韓之地 등을 빼앗겼다는 실상을 숨기고 오히려 일본이 빼앗아 다시 돌려줬다는 식으로 왜곡했을 가능성이 높다.

『日本書紀』 繼體 7년(513년) 11월조에는 倭가 己汶과 帶沙를 백제에게 주었다는 기사가 있다.[41) 하지만, 백제에게 땅을 주었다는 표현이 등장하고

禰詞責百濟王 時百濟王悚之 以鐵鎖縛酒君 附襲津彦而進上
40) 『日本書紀』卷 第14 雄略 5年 夏4月
百濟加須利君[蓋鹵王也]飛聞池津媛之所燔殺[適稽女郎也]而籌議曰 昔貢女人爲采女 而旣無禮 失我國名 自今以後 不合貢女 乃告其弟軍君[崑支也]曰 汝宜往日本以事天皇
41) 『日本書紀』卷 第17 繼體 7년 冬11月 辛亥朔乙卯

있는 『日本書紀』의 서술은 율령제 하 일본의 국가관에 기초해 윤색된 것이다. 백제가 倭에게 己汶을 되돌려 달라고 했다거나 倭가 백제에게 己汶과 帶沙를 주었다는 기사는 『日本書紀』繼體 7년~繼體 10년의 기사를 통해 백제가 伴跛의 문제로 군사 파견을 요청하자 倭가 군사 원조를 하여 백제와 함께 己汶, 帶沙를 되찾았던 것으로 해석하는 것이 타당하다.[42] 이처럼 倭가 東韓之地 등을 빼앗았다가 돌려줬다는 기사 또한 倭가 단순히 백제를 지원하기 위해 파병되었던 정황을 알려주는 기사임에도 불구하고 『日本書紀』 찬자의 임나 지배 사관에 따라 기술된 것이다.

2. 谷那 및 枕彌多禮 등에 대해

앞서 언급했듯이 『日本書紀』 應神 8年(397년)에 倭가 東韓之地, 枕彌多禮, 峴南, 支侵, 谷那를 빼앗았다는 기사는 고구려가 침탈했던 백제의 지역이 윤색된 것으로 볼 수 있다. 그렇다면 대체적으로 永樂 6년 및 8년의 기사에 등장하는 지역과 그 영역이 일치해야 한다.

우선 谷那라는 지명의 경우, 그 위치에 대해서는 전라남도 谷城 지역[43]과 황해도 谷山 지역[44]으로 비정한 견해로 나눌 수 있다. 그런데, 谷那에 대한 지명을 유추할 수 있는 기사로는 『日本書紀』 神功 52년조 谷那鐵山의 기사가 있다.[45] 이 기사에서 당시 백제의 도읍인 漢城을 중심으로 할 때 서

於朝庭 引列百濟姐彌文貴將軍 斯羅汶得至 安羅辛巳奚及賁巴委佐 伴跛旣殿奚及竹汶 至等 奉宣恩勅. 以己汶滯沙 賜百濟國.

42) 田中俊明, 『大加耶連盟の興亡と'任那'』, 吉川弘文館, 1992, p.125 ; 金泰植, 『加耶聯盟史』, 一潮閣, 1993, p.125 ; 延敏洙, 『고대한일관계사』, 혜안, 1998, p.183 ; 金鉉球, 「百濟의 加耶進出에 관한 一考察」 『東洋史學硏究』70, 2000

43) 池内宏, 『日本上代史の一硏究-日鮮の交涉と日本書紀』, 中央公論美術出版, 1970, p.63

44) 鮎貝房之進, 앞의 책, p.162 ; 서보경, 「鐵製品을 매개로 한 百濟와 倭의 交涉」, 『史叢』, 2000

45) 『日本書紀』 卷 第9 神功 52年 秋9月 丁卯朔 丙子
臣國以西有水. 源出自谷那鐵山. 其邈七日行之不及. 當飮是水. 便取是山鐵

쪽에 있는 강이라고 하면 예성강 등지로 볼 수 있다. 때문에 서쪽 강의 水源이라고 하는 谷那鐵山의 위치는 섬진강 유역인 곡성보다는 황해도의 곡산 지역이 더 타당한 것을 알 수 있다. 또한 難波連으로 賜姓이 된 谷那氏의 경우 『新撰姓氏錄』에서 고구려계로 기록하고 있는 것도[46] 谷那가 광개토왕의 시기에 고구려와 백제가 상쟁하고 있는 지역에 포함되었을 가능성을 높이고 있다.

따라서 峴南, 支侵 등은 그 위치를 정확히 확인하기 어렵지만 谷那를 고구려와 상쟁했던 황해도 일원으로 추론할 수 있다면, 일단 峴南, 支侵, 谷那가 應神 16年에 甘羅城, 高難城, 爾林城으로 나타나는 東韓之地와 동일하다는 일부의 견해는 타당하지 않은 것을 알 수 있다.

그렇다면 枕彌多禮의 경우도 백제와 싸워 고구려가 점령한 지역이 되어야 타당할 것이다. 하지만, 그동안 『日本書紀』 應神紀에 나오는 枕彌多禮에 대해서는 神功紀에 나오는 南蠻忱彌多禮와 같은 지명으로 보고 대개 전라남도에 비정하는 것이 통설이었다. 더욱이 『晉書』 張華列傳에 나오는 東夷馬韓新彌諸國[47]의 新彌가 『日本書紀』에 나오는 忱彌多禮와 상통하고 통일신라시대에 해남군 현산면 일대를 지칭하는 浸溟縣과 통하는 명칭으로 보아 忱彌多禮를 영산강 유역의 소국들에 비정하기도 했다.[48]

『晉書』 張華列傳의 기록을 보면, 東夷馬韓新彌諸國에 대해 依山帶海의 지

---

46) 『新撰姓氏錄』 右京諸蕃下 高麗
　　難波連 出自高麗國好太王也
47) 『晉書』 卷36 張華列傳
　　東夷馬韓 新彌諸國依山帶海 去州四千餘里 歷世未附者 二十餘國 並遣使朝獻
48) 영산강 유역 정치체의 新彌 비정에 대해서는 盧重國이 구체적으로 영산강 유역의 옹관묘 조영집단에 비정하면서부터 시작되었다.(盧重國, 『百濟政治史研究』, 一潮閣, 1988, p.118) 이후 강봉룡의 경우는 新彌를 馬韓과는 다른 별개의 정치단위로 인식하고 낙동강 유역의 가야제국에 대비되는 개념으로 영산강유역에 성립한 '옹관고분사회'를 新彌諸國으로 주장하고 있다.(姜鳳龍, 「古代 東北亞 沿岸航路와 榮山江·洛東江流域」, 『加耶, 洛東江에서 榮山江으로』, 2006, pp.4-7),

형을 하고 있고 幽州에서 4,000여 리 떨어져 있다고 기술하고 있다. 그러나 東夷馬韓新彌諸國은 『三國志』의 馬韓 54국에도 나오지 않는 이름인데다가 이 기사 하나만을 근거로 해서 新彌諸國을 영산강 유역으로 볼 수 있을 지에 대해서는 의문이 간다. 우선 산에 의지하고 바다를 띠고 있었다는 지형에 대한 표현만으로 전라남도 지방으로 한정하기 어렵다. 依山帶海의 표현은 한반도의 서해안과 남해안 어느 지역에서도 볼 수 있는 지형이기 때문이다.

東夷馬韓에 대해서도 이를 백제에 속하지 않은 馬韓으로 보기 어렵다. 『晉書』 東夷傳 馬韓條에 咸寧 3년(277년)부터 太熙 元年(290년)까지 馬韓이 晉國에 사신을 보냈다는 기사가 보이는데,[49] 이 기사를 馬韓新彌諸國의 기록이 아닌 백제의 것으로 볼 수 있기 때문이다. 이는 중국사서인 『三國志』에 崎離營을 공격한 주체가 馬韓 또는 韓으로 되어 있지만, 『三國史記』에는 백제로 기록되어 있는 사실에서도 찾을 수 있다.[50]

이러한 정황을 보면 新彌諸國은 백제의 영향력 아래 있었던 濊의 지역을 가리킬 가능성이 있다. 『三國史記』에는 백제 건국 초기부터 靺鞨의 기사가 나온다. 그러나 中國史에서는 靺鞨의 기사가 563년에 와서야 나타나기 때문에[51] 『三國史記』에 나오는 靺鞨에 대해 초기 丁若鏞이 僞靺鞨로 인식하여 옥저 일대의 濊로 본 이후[52] 공통적으로 濊, 濊貊 등으로 이해되어 왔다.[53]

---

49) 『晉書』 卷36 東夷 馬韓
  武帝太康元年 二年 其主頻遣使入貢方物. 七年 八年 十年 又頻至. 太熙元年 詣東夷校尉何龕上獻. 咸寧三年復來 明年又請內附

50) 『三國志』 東夷傳 韓條
  部從事吳林以樂浪本統韓國 分割辰韓八國以與樂浪 吏譯轉有異同 臣智激韓忿 攻帶方郡崎離營. 時太守弓遵‧樂浪太守劉茂興兵伐之 遵戰死 二郡遂滅韓.
  『三國志』 東夷傳 韓條에서 崎離營을 공격한 사건은 『三國史記』 百濟本紀 古尒王 13년(246년) 기사의 연대와 일치한다는 면에서 같은 사건으로 볼 수 있을 것이다. 이를 통해 韓은 백제임을 알 수 있다.

51) 『北齊書』 卷7 武成 河淸 2年(563) 冬12月
  是歲 室韋,庫莫奚,靺鞨,契丹 並遣使朝貢

『三國史記』 百濟本紀의 초기 기록에 나오는 靺鞨의 경우를 보면,[54] 대개 백제의 북동 방면에 침입하고 있음을 알 수 있다. 특히 斧峴, 七重河, 靑木山 등지에서 백제와 부딪치고 있다.

古尒王 25년 이후에는 『三國史記』 百濟本紀에서 靺鞨의 기사가 사라지고 新羅本紀에서 나타난다. 신라에서는 靺鞨이 祗摩尼師今 4년(125년)부터 奈解尼師今 8년(203년)까지 나타나고 있는데, 이들의 기사를 통해 신라와의 접점이 鷄立嶺, 竹嶺 이북의 충북 지방 일대임을 알 수 있다.[55] 따라서 이때 靺鞨의 범위가 남한강 유역에 이르렀다는 것을 확인할 수 있다. 그러다가 이들이 백제의 성장에 따라 급격히 쇠약해지면서 백제 영역 내로 편입되었다고 추측된다.[56]

이러한 분석을 통해 靺鞨의 위치를 남한강 동북 및 경기도 동북이라고 한다면, 이는 廣開土王碑文에 나오는 新來韓穢의 영역 중에 해당한다는 것을 알 수 있다. 新來韓穢 지역은 백제와 그에 복속하고 있던 제 세력 중에서 일부 새로이 고구려가 획득한 땅을 의미하고 있다. 고구려가 백제의 58성을 탈취하면서 그 전쟁에서 노획한 韓族과 穢族 출신들을 이주하여 守墓人으로 충당한 것을 보면 이들은 이미 백제에 편입되었던 것으로 보인다.

이처럼 『三國史記』에 나오는 靺鞨의 기사와 廣開土王碑文에 나오는 新來韓穢를 참작하면, 3세기 후반 『晉書』에 보이는 東夷馬韓新彌諸國의 기사는 백제를 중심으로 하여 馬韓과 韓穢를 포괄한 제 세력을 일컫고 있는 것으로

---

52) 丁若鏞, 「靺鞨考」, 『與猶堂全書』6, 景仁文化社, 1969, p.320

53) 李丙燾, 『韓國史, 古代編』, 乙酉文化社, 1959, p.356 ; 金哲埈, 「韓國古代國家發達史」, 『韓國文化史大系』1, 1964, p.501

54) 靺鞨은 백제본기 온조 2년(BC 17년)에서 고이왕 25년(258년)까지 등장하다가 진사왕 3년(387년)까지 130년의 공백기를 갖는다.

55) 李康來, 「三國史記에 보이는 靺鞨의 軍事活動」, 『領土問題研究』2, 1985, pp.47-53

56) 백제초기의 발전이 한강 하류에서 북한강, 남한강의 진출을 통해 시작되는 것은 고고학적 성과와도 부합된다.(최몽룡·권오영, 「考古學的 資料를 통해 본 百濟初期의 領域考察」, 『韓國史學論叢(千寬宇先生還曆紀念)』, 1985)

보는 것이 타당하다고 생각된다.

다만, 문제는 『日本書紀』神功 49년에 등장하는 南蠻忱彌多禮와의 관련 여부이다. 앞서 新彌諸國이 백제에 복속해 있는 諸國을 의미하고 있는 것으로 판단했듯이 枕彌多禮나 忱彌多禮의 경우도 백제가 포괄한 지역에 대한 표현일 것으로 생각된다. 그러나 '枕'과 '忱'으로 서로 다르게 표현되어 있고 忱彌多禮의 경우 南蠻忱彌라고 하면서 南蠻을 특정하여 구체적으로 방향을 적시하고 있는 것을 보면, 북쪽의 枕彌多禮와는 다른 남쪽의 忱彌를 의미하는 것으로 추측된다.

이는 『梁職貢圖』에 나오는 백제 복속의 기사를 통해서도 짐작해 볼 수 있다.[57] 이 기사에 나오는 止迷를 新彌諸國으로 보고 이를 南蠻忱彌多禮로 본 견해도 있지만,[58] 이보다는 오히려 南蠻忱彌多禮를 下枕羅에 비정하고 止迷의 경우를 백제 동북부의 枕彌多禮로 볼 수 있을 것이다.

3. 東韓之地에 대해

일단 東韓之地에 대해서는 『日本書紀』應神 16年의 기사에서 甘羅城, 高難城, 爾林城이라고 구체적으로 서술하고 있는 것에서 단서를 찾아야 할 것이다.

그 중에서 『日本書紀』에 자주 등장하고 있는 爾林에 대해서 검토해볼 필요가 있다. 爾林과 관련된 기사는 『日本書紀』顯宗 3년 紀生磐宿禰의 기사에도 등장하고 있기 때문이다.

> (ㄹ) 『日本書紀』卷 第15 顯宗 3年
> 是歲 紀生磐宿禰 跨據任那 交通高麗 將西王三韓 整脩宮府 自稱神聖

---

57) 『梁職貢圖』
    旁小國有叛波·卓·多羅·前羅·斯羅·止迷·麻連·上巳文·下枕羅等附之
58) 盧重國, 앞의 책, 1988, pp.117-122

用任那左魯那奇他甲背等計 殺百濟適莫爾解於爾林[爾林高麗地也.] 築帶
山城 距守東道 斷運粮津 令軍飢困 百濟王大怒 遣領軍古爾解 內頭莫古解
等 率衆趣于帶山攻 於是 生磐宿禰進軍逆擊 膽氣益壯 所向皆破 以一當百
俄而兵盡力竭 知事不濟 自任那歸 由是 百濟國殺佐魯那奇他甲背等三百
餘人

爾林의 지명 비정에 대해서는 전라북도의 김제,[59] 임실,[60] 진안[61] 등으
로 보는 견해와 충남의 예산 대흥이라는 견해,[62] 충북의 음성 또는 괴산[63]
등의 설이 있다. 그런데, (ㄹ)의 기사에서 紀生磐宿禰가 백제장군 適莫爾解
를 살해한 爾林을 고구려의 영토라 하면서 東道라고 한 기술이 주목된다.
이러한 것으로 보아 爾林은 고구려와 각축을 벌였던 백제의 동쪽 지역임이
확실하다. 爾林을 고구려 땅이라고 한 것은 廣開土王 시기부터 백제와 서로
각축을 벌였던 접점이었던 지역으로 이때는 고구려의 영향권 내에 들어가
있었던 것으로 보인다.

다음으로 4세기말~5세기초 고구려가 백제와 상쟁하였던 접점 지역을 『三
國史記』 地理志를 통해 확인해보기로 하자. 『三國史記』 地理志를 통해 본래
고구려 지역으로 기록된 곳을 살펴보면, 특히 소백산맥 이남에서도 본래 고
구려 땅이었다는 지역을 다수 발견할 수 있는 것이 주목된다.

현재 경북 지역에 해당하는 古斯馬縣,[64] 及伐山郡,[65] 伊伐支縣,[66] 買谷縣,

59) 末松保和는 金堤郡 利城縣의 고명인 乃利阿로 보아 현 金堤郡 靑蝦面 東之山里로
   비정하였다. (末松保和, 앞의 책, pp.76-77)
60) 全榮來, 앞의 논문, 1985 p.145. ; 李根雨, 앞의 논문, 1997, pp.58-59. ; 延敏洙, 앞의
   책, pp.167-170 ; 鮎貝房之進, 앞의 책 下卷, 1937, pp.25-27
61) 郭長根, 『湖南 東部地域 石槨墓 硏究』, 서경문화사, 1999, pp.266-273
62) 鮎貝房之進은 『三國志』 魏志 馬韓傳에 보이는 마한 일국인 兒林으로 보아 충청남도
   大興의 고명인 任城에 비정하였다.(鮎貝房之進, 앞의 책, 上卷, 1937, pp.163-168.) ;
   金泰植, 앞의 책, pp.245-246
63) 李鎔賢, 앞의 논문, pp.81-83.
64) 『三國史記』 卷 第35 雜志 第4 地理2 朔州

屈火縣,67) 靑已縣, 助攬郡, 伊火兮縣,68) 也尸忽郡, 于尸郡,69) 阿兮縣70) 등이
본래 고구려 땅으로 되어 있다.

즉, 『三國史記』地理志에서 고구려의 남쪽 경계선 상에 놓인 지역을 보면
현재의 龍城 - 稷山 - 道安 - 괴산 - 단양 - 영주 - 청송 - 영덕 - 포항의
라인으로 이어지는 것을 알 수 있다. 이러한 것을 보면 『三國史記』地理志
의 기록은 475년 이후 백제가 금강 유역으로 패퇴하면서 경기도 남부 일원
까지 고구려의 영토로 편입되었던 상황을 알려주고 있는 것으로 생각된다.
하지만, 백제가 한성에 남아있었던 5세기초의 경우는 아직 고구려가 남한강
의 서안 방면을 점유하지 못한 상태였을 것이다. 다만, 동남부 지역에 대해
서는 廣開土王碑文 永樂 10년에 고구려가 신라를 구원하기 위해 남하를 해
서 倭를 任那加羅까지 추적했다는 기록을 통해 고구려의 루트가 있었다는
사실을 알 수 있다. 즉, 당시 고구려군이 내려왔던 루트는 소백산맥을 넘어
동남부 방면이었던 것으로 추측된다. 이때 경북 봉화, 영주, 안동의 루트를

　　玉馬縣 本高句麗古斯馬縣 景德王改名 今奉化縣
65) 『三國史記』 卷 第35 雜志 第4 地理2 朔州
　　峚山郡 本高句麗及伐山郡 景德王改名 今興州
66) 『三國史記』 卷 第35 雜志 第4 地理2 朔州
　　隣豊縣 本高句麗伊伐支縣 景德王改名 今未詳
67) 『三國史記』 卷 第35 雜志 第4 地理2 朔州, 溟州
　　善谷縣 本高句麗買谷縣 景德王改名 今未詳
　　曲城郡 本高句麗屈火郡 景德王改名 今臨河郡
68) 『三國史記』 卷 第35 雜志 第4 地理2 溟州
　　積善縣 本高句麗靑已縣 景德王改名 今靑鳧縣
　　眞安縣 本高句麗助欖縣景德王改名 今甫城府
　　綠[一作椽]武縣 本高句麗伊兮 景德王改名 今安德縣
69) 『三國史記』 卷 第35 雜志 第4 地理2 溟州
　　野城郡 本高句麗也尸忽郡 景德王改名 今盈德郡
　　有隣郡 本高句麗于尸郡 景德王改名 今禮州
70) 『三國史記』 卷 第35 雜志 第4 地理2 溟州
　　海阿縣 本高句麗阿兮縣 景德王改名 今淸河縣

통해 이동을 하여 신라의 영내로 진입한 이후 이로부터 그리 멀지 않은 시점에 경북 북부와 영일에 이르는 지역을 직접 영역화했을 가능성이 높다.

그런데, 『三國史記』地理志에서 고구려의 남쪽 접점 중에 하나로 인식되고 있는 영주 지역(奈已郡)이 백제의 영역으로 되어 있는 것이 특히 주목된다.[71] 이때의 奈已郡에 대해서는 고구려의 영역이 백제로 잘못 표기가 되었다고 보는 것이 지금까지의 인식이었다.[72] 하지만 『三國史記』地理志에서는 삼국의 지명 유래를 설명한 후에 고구려와 백제의 지명만을 다시 언급하여 나열하고 있다. 그곳에는 백제의 경우 熊川州, 完山州, 武珍州의 지명을 모두 나열하고는 마지막에 奈已郡을 기록하고 奈已郡을 포함하여 총 147개의 州郡縣으로 적시하고 있다.[73] 이러한 사실은 奈已郡이 백제의 영역으로 잘못 기재되었다는 것을 의미하는 것이 아니라 『三國史記』편찬 당시 백제 영역이었다는 기록이 확실하게 남아있었다는 것을 보여주고 있는 것이다. 일단 『三國史記』地理志에서 婆娑王 때 취했다는 것을 보면 어느 시점엔가 백제가 점유하였던 것은 확실하다.

『三國史記』伐休尼師今條와 肖古王條에는 백제가 신라의 西境인 圓山鄉을 공격하였다는 것으로 보아 당시 백제가 경북 북부 일원에 일정 부분 세력을 뻗치고 있었던 것으로 보인다.[74] 또한 『日本書紀』神功 49년조의 분석을 통해서도 369년 木羅斤資에 의한 소위 加羅 7국의 평정이 있었던 것을 알 수 있기 때문에 5세기초 한반도 동남부 지역에 세력을 펼치고 있었던 백제가 경북 북부 지역에서 고구려와 상쟁하고 있었을 가능성은 아주 높다고 할 수 있을 것이다.

---

71) 『三國史記』 卷 第35 雜志 第4 地理2 朔州
　　奈靈郡 本百濟奈已郡 婆娑王取之 景德王改名 今剛州
72) 李丙燾 譯註, 『三國史記』下, 乙酉文化社, 1983, p.205
73) 『三國史記』 卷 第37 雜志 第6 地理4 百濟
74) 『三國史記』 伐休紀와 肖古紀에 나오는 圓山鄉에 대해서는 낙동강 상류의 園山, 즉 예천군 용궁에 비정할 수 있다.(千寬宇, 앞의 책, 1991, p.22)

오히려 『三國史記』 地理志에 奈已郡만이 백제의 영역으로 되어 있는 것은 백제의 경우 멸망 이후에 역사적 기록이 제대로 남아있지 않았던 탓으로 보인다. 신라에 의해 통일이 된 이후 신라 중심의 기록으로 5세기 당시 백제의 동남부 지역에 관한 상황이 과소평가되었던 것으로 생각된다. 이때 고구려와 백제가 경계를 이루었던 접점은 소백산맥 이남의 영주 일원이었던 것으로 추측된다.

이러한 근거 하에 爾林에 대해 살펴보면, 爾林의 위치는 (ㄹ)의 기사에서 보듯이 가까운 곳에 任那가 축성한 帶山城이 있고 백제가 東道와 나루를 이용하여 건너야 하는 위치에 있는 점을 참고로 하여야 할 것이다.

또한 爾林은 『日本書紀』 欽明 11년(550년)에 '爾林에서 얻은 고구려의 奴를 헌상했다'고 하는 기사[75]를 통해서도 지속적으로 백제가 고구려와 다투었던 장소였음을 알 수 있다.

그런데, 欽明 11년에 백제가 헌상한 고구려의 奴 7구는 『三國史記』 聖王 28년(550년) 정월에 있었던 道薩城 전투에서 취한 것으로 보인다.[76] 道薩城은 천안이나 진천 등지에 비정되기도 하지만,[77] 백제 의자왕 무렵에 김유신의 거점으로서 백제와 신라의 격전지로 나타나고 있기 때문에[78] 신라가 소백산맥으로 진출하는 방면에 위치한 것으로 판단된다.

앞서 廣開土王碑文의 분석을 통해 고구려가 백제와의 접점인 소백산맥 인근에 진출했던 정황을 살펴보았다. 또한 『三國史記』 地理志에 기록된 고

---

75) 『日本書紀』 卷 第19 欽明 11年
　　因獻高麗奴六口. 別贈王人奴一口.[皆攻爾林 所禽奴也.]
76) 『三國史記』 卷 第26 百濟本紀 聖王 28년
　　春正月 王遣將軍達巳 領兵一萬 攻取高句麗道薩城
77) 李丙燾 譯註, 앞의 책, 1983 ; 문안식, 「의자왕 전반기의 신라 공격과 영토확장」,
　　『慶州史學』23, 2004
78) 『三國史記』 卷 第28 百濟本紀 義慈王 9년
　　秋八月 王遣左將軍殷相帥精兵七千 攻取新羅石吐等七城 新羅將庾信陳春天存竹旨等逆
　　擊之 不利 收散卒屯於道薩城下再戰 我軍敗北

구려와 백제의 접점을 종합해보면, 爾林은 신라가 소백산맥을 지나는 곳에
위치하면서 백제가 고구려와 상쟁하는 접점에 위치하는 정황과 일치하고
있는 것을 알 수 있다. 더욱이 경북 북부 일원은 동쪽에 있는 東韓과 합치
하는 지역이 된다.

소백산맥 일원 道樂山 정상부에 있는 독락산성 등은 험한 산으로 둘러싸
인 전략적 요충지로서 소백산맥 일원을 중심으로 백제와 고구려가 쟁탈전
을 벌였던 정황을 확인할 수 있다.

또한 이들 남쪽으로는 바로 낙동강이 이어지고 있다는 점이 주목된다.
『三國史記』 지리지에 殷正縣, 殷豊縣으로 지칭되고 있는 지역은79) 현재 예
천 하리와 영주 풍기 일원으로 추정되어 낙동강 상류와 이어지고 있는데,
이 지역도 고구려와 백제의 접점으로 판단된다.

현재 예천군에 소속되어 있는 甘泉 지역은 일찍이 지명 전승에 의하면
東進하면서 승전을 거듭하던 장군이 마셨다는 감천의 샘을 기원으로 하고
있다. 기록상에는 신라시기의 명칭은 알 수 없고 고려시대 甘泉縣부터 나타
나고 있지만,80) 동진을 거듭해왔다는 전승 상의 전투 상황과 音相似 등으로
미루어볼 때 甘羅城으로 비정할 수 있을 것이다.81)

이상에서 살펴볼 때 東韓之地는 소백산맥 일원과 낙동강 상류 일원으로
국한된다. 이렇게 보면 東韓之地와 東道 또한 그 명칭에 있어서 혼란이 없
게 된다. 따라서 (ㄹ)의 기사에서 식량을 운반하는 나루(運粮津)는 낙동강에

---

79) 『三國史記』 卷 第34 雜志 第3 地理1 尙州
　　殷正縣 本赤牙縣 景德王改名 今殷豊縣
80) 『高麗史』 卷 第57 志 第11 地理2
　　甘泉縣 新羅時 稱號未詳 顯宗九年來屬
81) 東韓之地를 통해 백제가 경북 북부 일원에 일정 부분 세력을 뻗치고 있었던 정황은
　　初出 논고와 동일하게 고찰되지만, 東韓之地의 구체적인 지명과 관련해서는 초출
　　논고와는 달리 일부 수정, 보완된 것임을 밝혀둔다. (본서 제 II 편 제4장 5세기대
　　木氏를 중심으로 한 百濟와 倭의 고찰 참조)

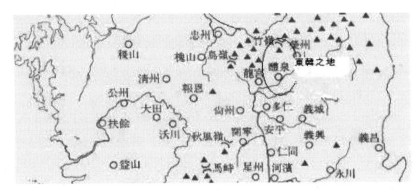

〈그림〉 東韓之地의 지역

위치하고 있는 것으로 생각된다.

　이상과 같은 분석 결과, 東韓之地의 지역이 廣開土王碑文에 나오는 帛愼土谷, 莫□羅城, 加太羅谷의 지역과 일치하는 것으로 파악된다. 소백산맥 부근 고구려 남쪽의 새로운 변경은 백제와의 접점으로서 한반도 남부에서도 동쪽 방면에 해당되기 때문이다. 즉, 廣開土王碑에서 고구려가 동쪽의 韓地인 소백산맥 이남으로 진출하기 위한 교두보를 마련하기 위해 백제의 국경과 접점에 위치했던 帛愼土谷 등의 지역이 『日本書紀』에서 백제와 고구려가 서로 각축을 했던 東韓之地인 것으로 추정된다.

제5절 맺음말

　廣開土王碑文에 나와 있는 396년~407년의 기사를 분석해보면 百濟가 倭와 和通한 정황, 帶方界까지 이른 점 등 倭가 주도적으로 활동한 것이 아니라 당시 고구려와 백제와의 세력 다툼 속에서 파병된 百濟의 지원군이라는 것을 명확하게 알 수 있다.

따라서 이 사건이 있었던 시기의 『日本書紀』應神紀 관련 기사를 廣開土王碑文이나 『三國史記』에 나오는 기사와 비교하면, 4세기 후반에서 5세기 초엽에 고구려와 전쟁을 치르고 있는 백제에 대해 倭가 군사원조를 한 사실이 과장되거나 왜곡되어 야마토 정권의 韓半島 南部 經營으로 나타났다는 것을 발견할 수 있다.

즉, 『日本書紀』應神紀 東韓之地 관련 기사를 검토하면 고구려에 의해 東韓之地, 枕彌多禮, 峴南, 支侵, 谷那 등 백제의 영역이 침탈된 사실이 『日本書紀』 편찬자에 의해 일본이 백제의 땅을 빼앗은 것으로 윤색되어 있는 것을 알 수 있다.

이는 『日本書紀』의 편찬 당시 倭國이 고구려에게 비참하게 패했던 당시의 사실을 율령제 하 일본의 국가관에 기초한 『日本書紀』의 사관에 의거하여 일부러 倭의 파병기사를 누락시켰던 것으로 생각된다. 『宋書』에 倭王이 고구려에 대한 무도함이나 고구려와의 싸움에서 이기지 못했던 상황을 기록하고 있었던 것과 같이 원래는 『日本書紀』의 본 사료에도 고구려의 패배에 대한 이야기가 있었을 것이지만, 후대의 개변으로 윤색되었던 것으로 보인다.

이처럼 고구려와 백제가 상쟁하는 접점인 東韓之地에 대해 廣開土王碑文, 『日本書紀』, 『三國史記』 地理志를 총체적으로 고찰한 결과, 고구려가 소백산맥 이남으로 진출하는 교두보를 마련하기 위한 지역으로 파악하였다.

경북 북부 일원은 동쪽에 있는 韓의 지역인 東韓之地라는 명칭과 일치하는 지역이면서 백제가 낙동강을 통해 東道와 나루를 이용하여 건널 수 있는 위치와 합치되는 곳으로 기존 지명 비정의 오류를 바로 잡을 수 있게 되었다.

따라서 이를 통해 백제가 5세기 이전부터 한반도 동남부 일원을 점유하고 있었다는 사실을 입증할 수 있게 되었다. 이처럼 『日本書紀』應神紀에 나오는 東韓之地의 지명을 고찰하면 5~6세기 당시의 역사상을 재정립해야 할 필요가 요구된다.

제3장 七支刀와 谷那鐵山

제1절 머리말

고대 한일관계사에 있어서 4세기말~5세기초의 실상은 廣開土王碑文을 통해 살펴볼 수 있는데, 특히 이 시기는 고구려, 백제, 신라, 가야 등 한반도의 諸國과 왜가 서로 군사적으로 연합 및 대치하고 있는 특징을 보이고 있다.

물론 廣開土王碑文의 경우 辛卯年條에 대한 해석과 더불어 글자의 변조 논란으로 인해 많은 논쟁을 불러일으키고 있지만, 또한 廣開土王碑文에 나타나는 군사적 대치 상황을 통해 당시 고구려와 전투를 했던 주체를 倭로 볼 것인지[1] 백제로 볼 것인지[2] 가야로 볼 것인지[3]에 따라 당시의 국제관계사를 이해하는데 있어서 확연한 견해 차이를 보이고 있기도 하다.

이에 대해 필자는 기존에 372년에 만들어졌다는 七支刀에 대한 제설을 비판하고 X-레이 촬영으로 銘文에 보이는 '十一月'을 통해[4] 칠지도가 408

---

1) 末松保和 이후(『任那興亡史』, 吉川弘文館, 1956, pp.71-78) 많은 일본학자들이 동조하고 있는 견해이다.
2) 왜군을 백제의 지원군으로 보아 백제를 주체로 하는 견해는 千寬宇(「廣開土王碑文再論-廣開土王의 '廣開土境'」, 『加耶史硏究』, 1991, 일조각)와 김현구(「5세기 한반도 남부에서 활약한 倭의 實體」, 『日本歷史硏究』29, 2009)의 견해가 대표적이다.
3) 김태식, 「4~5세기 東北아시아의 격변과 加耶系 日本移住民」, 『韓國의 騎馬民族論』, 2003, pp.205-206
4) 銘文의 글자가 '十一月'이라는 것은 村山正雄에 의해 처음 제기되었으며 (『石上神宮 七支刀銘文図錄』, 吉川弘文館, 1996) 이후 木村誠(「百済史料として七支刀銘文」, 『人文学報』306, 2000)과 鈴木勉·河内國平에 의해 잇달아 확인되면서 (『復元七支刀

년에 제작되었다는 설을 제기한 바 있다.[5] 특기할만한 것은 408년이라고 하는 시기는 광개토왕이 생존해있던 시기로서 廣開土王碑文에 나타나고 있는 시대적 상황을 생생하게 보여주고 있다고 할 수 있다.

따라서 칠지도와 관련한 해석은 廣開土王碑文에 나오는 당시의 국제관계를 제대로 이해할 수 있는 척도가 되고 있다.

특히 칠지도의 제작과 관련해서는 『日本書紀』 神功 52년조에 谷那鐵山의 철로 만들었다는 기록이 등장한다.

谷那鐵山과 관련해서는 그 위치에 대해 황해도 谷山과 전라남도 谷城 지역으로 비정된 이후 최근 이에 대한 논의가 확산되면서 충주, 보은, 서산으로 보고 있는 등 지명 비정에 있어서 많은 혼란이 있는 상황이다.

하지만, 谷那鐵山이라는 지명과 관련하여 여전히 칠지도의 제작연대를 369년으로 놓은 상태에서 검토하고 있어 많은 모순을 보이고 있다. 실제 칠지도가 제작되었던 4세기말~5세기초의 상황에서 재검토해야 할 필요성이 있다고 생각한다.

따라서 필자는 칠지도를 만든 철의 산지로 등장하는 谷那鐵山이 어느 지역을 나타내고 있는지 그 위치를 고찰함과 더불어 백제에게 있어 谷那鐵山이라는 지역이 가지고 있는 의미는 무엇인지를 살펴보고자 한다. 이에 대한 규명은 광개토왕비문과 『日本書紀』에 대한 해석을 재검토하는 작업의 일환이며 나아가서는 5~6세기의 소위 임나문제를 이해하는 척도라고 생각하기 때문이다.

-古代東アジアの鐵・象嵌・文字』, 雄山閣, 2006) '十一月'의 판독은 명확해지고 있다.
5) 본서 제 I 편 제1장 石上神宮 七支刀에 대한 一考察 참조

제2절 七支刀 제작 당시의 국제관계

칠지도와 관련한 『日本書紀』의 기록은 다음과 같다.

(ㄱ)『日本書紀』卷 第9 神功 52年 秋9月丁卯朔丙子
久氐等從千熊長彦詣之 則獻七枝刀一口 七子鏡一面 及種種重寶 仍啓
曰 臣國以西有水 源出自谷那鐵山 其邈七日行之不及 當飮是水 便取是山
鐵 以永奉聖朝 乃謂孫枕流王曰 今我所通 海東貴國 是天所啓 是以 垂天
恩 割海西而賜我 由是 國基永固 汝當善脩和好 聚斂土物 奉貢不絶 雖死
何恨 自是後 每年相續朝貢焉

『日本書紀』神功 52年條에 의하면 칠지도는 백제로부터 일본에 헌상된
것이다. 특히 久氐 등이 칠지도를 바친 연유에 대해서는 앞서 神功 49年條
에 있었던 한반도 남부의 국토평정 결과 그 땅을 백제에게 사여하였기 때
문인 것으로 기록하고 있다. 이것이 소위 '한반도 남부 경영론'의 시작점이
되고 있다.

따라서 石上神宮에서 발견된 七支刀에 대해서 초기 일본학자들은 銘文의
첫 구절을 '泰和'로 판독하고 泰和 4년=太和 4년(369년)으로 추정하여 『日
本書紀』神功紀의 기사와 일치시키는 설이 유력하게 제시되기도 하였다.[6]

하지만 실제 石上神宮의 七支刀 銘文을 통해서는 백제가 왜에 헌상했다
는 사실을 확인할 수 없다. 오히려 '供供侯王'과 '傳示後世'라는 구절을 통
해 백제가 왜에 하사한 정황을 확인할 수 있을 뿐이다.

---

6) 泰가 太와 발음이 통하므로 泰和를 東晉의 太和 4년(369년)으로 보는 견해가 福山
敏男과 榧本杜人 등에 의해 제시되어 주류를 이루었다. (福山敏男,「石上神宮の七支
刀」,『美術研究』158, 1951, pp.106-136 ; 榧本杜人,「石上神宮の七支刀とその銘文」,
『朝鮮学報』3, 1952)

(ㄴ) 石上神宮 七支刀의 銘文
(앞면) 泰□四年十一月十六日丙午正陽造百練[鉝]七支刀[出]辟百兵宜供
　　　供侯王□□□□作
(뒷면) 先世以來未有此刀百濟王世[子]奇生聖音故爲倭王旨造傳示後世

　　특히 명문에서 月에 해당하는 '十一'이라는 글자가 새로이 발견되어 칠지도의 해석은 새로운 국면을 맞게 되었다. 즉, 새로운 명문의 판독결과 11월로 볼 수 있게 되었기 때문에 이제는 기존에 5월 丙午 길상구설은 합당하지 않게 되었으며 丙午 간지의 통상의 쓰임대로 일자를 맞추어 해석해야 하는 상황이 되었다. 이에 11월 16일이 丙午日인 연도를 산출하면 腆支王 4년인 408년 11월 16일이 丙午日에 해당되어 칠지도가 腆支王 4년에 제작되었던 것을 알게 되었다. 이는 『日本書紀』에 기록되어 있는 神功 52년, 즉 2주갑 기년을 조정하여 372년에 칠지도가 제작되었다는 기존의 설이 사실이 아님을 증명해주고 있다.

　　특히 七支刀가 11월 16일이 丙午日인 腆支王 4년(408년)에 만들어진 것을 알 수 있게 됨에 따라 銘文의 '泰□'는 백제의 연호였던 사실을 확인할 수 있으며, 또한 銘文의 '宜供供侯王'은 백제가 주체가 되어 왜왕이 侯王으로서 백제에 신속하고 있던 의미로도 해석될 수 있다.

　　이를 통해 뒷면의 백제왕세자는 기존의 근구수왕이 아닌 腆支王의 아들인 久爾辛인 것을 알 수 있으며 칠지도를 제작한 목적이 百濟王世子 久爾辛이 부처님의 가호로 진귀하게 태어났기 때문이라는 것을 확인할 수 있게 되었다. 특히 腆支王이 倭왕실에 있으면서 왜왕의 혈족인 八須夫人과 혼인을 했을 경우 七支刀는 久爾辛이 태어난 것을 倭國에 알리기 위해 만들어졌다는 목적이 있었을 것이다.

　　따라서 七支刀는 369년 神功의 한반도 남부 정벌에 의한 감사의 표시로 백제가 왜에 헌상하였던 징표가 아니다. 현재 한국학계는 물론 근래 일본학

계에서도 神功의 삼한정벌에 대해 인정하고 있지 않는 상황이지만, 그럼에
도 불구하고 七支刀는 과거의 통설과 마찬가지로 369년에 만들어져 372년
에 전달된 것으로 보고 있는 실정이다.[7]

그런데, 만약 369년 한반도 남부 정벌의 주체를 왜가 아닌 백제로 치환한
다고 하더라도 칠지도가 369년에 어떠한 목적으로 백제에서 만들어져서
372년 왜에 전달되었는지 그 전달 경위가 분명하게 나타나지 않는다는데
문제가 있다.

오히려 새로운 해석을 통해서는 神功의 한반도 남부 정벌도 부정하면서
칠지도를 왜에 하사한 정황이 명확하게 나타나고 있다. 즉, 腆支王이 408년
백제왕세자인 久爾辛의 탄생을 계기로 왜왕에게 제작, 하사되었다는 것을
알 수 있다.

특히 廣開土王碑文이나 『三國史記』를 통해서도 고구려의 공격을 받은 백
제의 아신왕이 腆支를 왜국에 보내 왜와 화통을 하고 백제가 왜의 군대를
끌어들여 399년 신라를 공격한 후 404년 대방계를 다시 공격하고 있는 모
습을 통해 408년이라는 상황을 짐작할 수 있다.

이처럼 칠지도의 銘文에 나타난 백제와 왜의 관계를 참조하게 되면 廣開
土王碑文에서 나타나고 있는 왜의 출병이 한반도 남부 지배를 위해 이루어
진 것이 아니라 백제를 주체로 한 상태에서 지원군으로 파병되었다는 사실
을 확인할 수 있다. 칠지도의 명문에 대한 재해석을 통해 당시 5세기초 백
제와 왜의 관계를 명확하게 해주면서 廣開土王碑文에서 고구려에 대항하는
세력의 주체가 倭나 加耶가 아니라 백제라는 것을 확인해주고 있다.

---

7) 단지 銘文의 '泰□'를 '太和'로 볼 수 있다는 이유 때문에 369년설이 주장되고 있지
만, 사진자료나 X-레이 자료를 통해서도 □=和로 확증할 수 없다.

제3절 谷那鐵山의 위치

앞서의 논의에서 볼 수 있듯이 칠지도가 등장하는 『日本書紀』 神功 52년 조는 편찬시기의 천황중심주의적 사관에 의해 일본 위주로 윤색된 것이다. 하지만, 石上神宮의 칠지도의 존재 등을 통해 칠지도라는 칼이 실재했으며 백제에서 왜로 칠지도가 전해진 사실이 확인되고 있다. 따라서 윤색된 『日本書紀』의 기록을 재해석하게 되면 역사적 사실을 확인할 수 있다고 본다.

(ㄱ)의 神功 52년의 기사에서도 '乃謂孫枕流王曰' 이후의 기록에서와 같이 갑자기 침류왕이 등장하면서 일본위주의 사관으로 쓰인 것은 당연히 후대의 창작으로 보아야 할 것이다.

하지만, 谷那鐵山의 경우 그 지리적인 위치와 관련하여 구체적인 방위와 지명이 거론되고 있으며 백제가 谷那鐵山에서 철을 생산해서 칠지도를 왜에 보냈다는 전반적인 흐름으로 보아도 원래 백제 계통의 사료에 있었던 내용이 『日本書紀』에 기술되었던 것으로 판단하여도 무방할 것이다.

일찍이 谷那鐵山과 관련해서는 鮎貝房之進이 당시 백제의 왕도가 광주 고읍에 있었으며 서쪽에 있는 강으로 임진강과 예성강을 들면서 두 강의 상류인 황해도 谷山의 고명을 가리키는 것으로 추정하였다.[8]

三品彰英의 경우 백제가 고구려와의 전투에서 쟁취한 황해도 곡산 지역의 철로 제작하였다고 하였으며[9] 上田正昭도 이를 인용하면서 곡나는 임진강과 예성강의 상류지역에 있었던 곡산군의 古名으로 기술하였다.[10]

이후 곡산설은 山尾幸久[11]와 서보경,[12] 이한상[13] 등 최근까지 제기되고

---

8) 鮎貝房之進, 「日本書紀朝鮮地名攷」, 『雜攷』7 上卷 朝鮮印刷株式會社, 1937
9) 三品彰英, 『日本書紀朝鮮関係記事考證』上, 吉川弘文館, 1962, p.185
10) 上田正昭, 『帰化人-古代国家の成立をめぐって』, 中公新書, 1965, p.60
11) 山尾幸久, 『日本古代王權形成史論』, 岩波書店, 1983, pp.203-204
12) 서보경, 「鐵製品을 매개로 한 百濟와 倭의 交涉」, 『史叢』52, 2000
13) 이한상, 『장신구 사여체제로 본 백제의 지방지배』, 서경문화사, 2009, p.117

있다.

하지만, 이들의 경우 칠지도의 제작연도를 369년으로 보면서 당시 백제와 곡산 지역의 관계 설정에 있어서 어려움을 주고 있다. 더욱이 근초고왕대에 고구려와의 전투에서 쟁취했던 지역의 철로 칠지도를 제작하였다고 하면, 고구려와의 승리는 근초고왕 26년(371년)인 반면 칠지도 제작은 근초고왕 24년(369년)이라는 모순된 결과를 낳게 된다.

이에 반해 谷那鐵山을 충주로 보는 견해가 있다. 일찍이 窪田藏郎이 백제의 수도를 남한산에 두고 직선거리로 200킬로미터 되는 한강의 상류로서 철광석 자원이 풍부한 충주를 지목하였다.[14]

김양훈의 경우도 4세기대에 백제가 예성강, 임진강은 물론 금강도 영역화하지 못했기 때문에 谷那鐵山을 한강 유역에서 찾아야 한다고 생각하고는 고려시대 다인철소가 위치하여 오랜 시기 동안 철의 생산이 활발했던 충주 지역을 곡나철산에 비정하고 있다.[15]

그러나 이들 또한 4세기대에 백제가 예성강과 임진강을 확보하지 못하였다고 보고 있기 때문에 서쪽의 강을 한강으로 비정하면서 『日本書紀』에 나오는 방향 기술과는 전혀 다른 엉뚱한 지역에서 谷那鐵山을 구한 꼴이 되었다. 만약에 충주가 谷那鐵山이었다면 한성에 도읍을 두고 있던 백제가 굳이 '나라 서쪽에 강이 있어 그 水原이 谷那鐵山에 있다'고 서술하였을까?

특히 최근에는 과거 야철기술자들이 많았다고 전해지는 서산 지곡면을 곡나로 비정하고 칠지도 제작 야철지 기념비를 세워놓고 있다.[16] 그러나 이는 문헌적 증거와는 하등 상관없이 音相似 등으로 지명 비정을 하고 있다는 비판을 면할 수 없다.

한편, 池內宏의 경우는 神功 52년조가 神功 51년과 52년의 연장선에 해당

---

14) 窪田藏郎, 『鉄の考古学』, 雄山閣, 1973, pp.52-53
15) 김양훈, 「한성백제기 제철수공업과 관리」, 『지역과 역사』27, 2010
16) 충청일보. 2010년 7월 20일

되므로 谷那鐵山에 관한 내용을 『日本書紀』 찬자의 작문으로 인정하여 신
뢰할 수 없는 내용인 것으로 간주하였다.[17] 또한 그는 당시 백제 국도의 서
쪽은 大海이기 때문에 그곳에 강이 흐르는 산이 있을 리 없다고 기술하고
있다. 그런데 이러한 인식은 그가 다분히 『日本書紀』 應神 8년 「백제기」에
나오는 谷那를 의식한 서술로 판단된다.

곡나라는 지명과 관련해서 참고할 수 있는 사료로는 『日本書紀』 應神 8
년 「백제기」에 나오는 다음과 같은 기사이다.

> (ㄷ) 『日本書紀』 卷 第10 應神 8年 春3月
> 百濟人來朝[百濟記云 阿花王立无禮於貴國 故奪我枕彌多禮 及峴南 支
> 侵 谷那 東韓之地 是以 遣王子直支于天朝 以脩先王之好.]

池內宏의 경우 이 기사를 통해 神功 52년조는 조작된 것이며 곡나는 阿
花王 때 枕彌多禮와 함께 왜에 빼앗긴 東韓에 해당한다고 보고 이를 전라남
도 곡성에 비정하고 있다.[18]

末松保和도 音相似에 따라 전라남도 곡성에 비정하였다.[19]

최근 이도학의 경우도 이러한 흐름에 천착하여 곡성설을 주장하고 있으
며[20] 문동석 또한 이와 같은 이유로 인해 금강의 상류인 보은에 곡산을 비
정하고 있다.[21]

하지만, 이는 『日本書紀』 應神 8년 「백제기」에 나오는 기사를 잘못 해석
했기 때문에 나타난 현상이다. 일단, (ㄷ)의 기사는 통설에 따라 2주갑 수정
하면 397년의 사건이 된다. 또한 이와 관련된 사건을 『三國史記』와 廣開土

---

17) 池內宏, 『日本上代史の一研究-日鮮の交涉と日本書紀』, 中央公論美術出版, p.63
18) 위의 논문
19) 末松保和, 앞의 책, p.73
20) 李道學, 「谷那鐵山과 百濟」, 『東아시아古代學』25, 2011
21) 文東錫, 「4세기 백제의 가야 원정에 대하여-철산지 확보 문제를 중심으로」, 『國史
    館論叢』74, 1997, p.247

王碑文을 통해 확인하면 다음과 같다.

> (ㄹ) 『三國史記』卷 第25 百濟本紀 阿莘王 6年 (397년)
> 王與倭國結好 以太子腆支爲質

> (ㅁ) 廣開土王碑文 永樂 9년 己亥 (399년)
> 百殘違誓 與倭和通

『三國史記』와 廣開土王碑文을 통해 보면 당시 고구려에 침탈을 당한 백제가 倭에 군사지원을 요구할 의도로 腆支를 보내 和通을 했던 것을 알 수 있다.

하지만, 『日本書紀』의 기사에서는 백제가 倭와 和通을 했다거나 腆支(直支)를 파견했던 것은 공통적으로 보이지만 그 목적이 백제가 일본에 예의를 잃어서 일본이 백제의 땅을 빼앗아 直支를 파견한 것으로 되어 있다.

이는 『日本書紀』에 실린 「백제기」의 기록에 윤색이 가해졌던 것으로 파악된다.[22]

阿花王이 야마토 정권에 無禮했기 때문에 枕彌多禮, 峴南, 支侵, 谷那, 東韓之地를 빼앗았다는 것은 역사적 사실에 배치되는 것이며 直支가 야마토 정권에 파견된 이유는 廣開土王碑文 399년의 기사에서와 같이 백제가 고구려에 침탈당하자 원군을 요청했던 것으로 볼 수 있다. 고구려와 대치하여 침탈당하고 있는 상황에서 백제를 도와주지 않고 오히려 백제의 땅을 빼앗았다는 것은 넌센스가 아닐 수 없다.

그러한 정황을 고려하면 「백제기」의 기록 중에 '无禮於貴國'은 찬자가 인위적으로 삽입한 문구이고, 奪의 주체인 고구려는 의도적으로 삭제가 되어 주체가 왜인 것처럼 윤색되었을 것으로 추정된다. 즉, 고구려에 패배한 일

---

22) 이에 대해서는 본서 제Ⅰ편 제2장 『日本書紀』 應神紀 東韓之地에 대한 고찰 참조

본의 실상은 기술하지 않고 단지 일본이 빼앗았다는 식으로 윤색했던 것이다.

그렇다고 하면 枕彌多禮, 峴南, 支侵, 谷那, 東韓之地의 지역은 광개토왕 비문에서 백제가 고구려로부터 침탈당했던 58성의 지역과 일치하는 것으로 판단된다. 일단 광개토왕비문에 나오는 58성을 모두 지명 비정할 수는 없지만 이들 지역이 고구려와 상쟁했던 지역에 해당하므로 황해도와 강원도 등지로 추정할 수 있을 것이다.[23] 그렇다면 「백제기」에 등장하는 곡나는 당연히 백제와 고구려가 대치하고 있는 지역에서 찾아야 하는 것이 타당할 것이다.

神功 52년조의 기록을 다시 살펴보면 당시 백제의 도읍인 漢城을 중심으로 할 때 서쪽으로 곧바로 바다로 가게 되면 강화도 북쪽에서 마주하는 강이 예성강이다. 특히 백제가 당시 왜나 중국과 통교를 하기 위해서는 한강과 조강을 통해 바다로 나갔던 것으로 생각되므로[24] 예성강은 백제에게 있어서 매우 중요한 이정표가 되었을 것이다.

예성강의 경우 그 발원지를 현재 황해도 수안에 두고 있는데, 수안은 곡산과 이웃한 지역으로 상류지역은 수안, 곡산, 신계 등이 분지 지형을 이루고 있다. 이들 지역은 과거 獐塞縣, 十谷城縣, 水谷城縣에 해당되는 지역이었다.[25]

---

23) 다만, 이 경우 논쟁이 되고 있는 것은 枕彌多禮의 사례이다. 그동안 『日本書紀』 應神紀에 나오는 枕彌多禮에 대해서는 神功紀에 나오는 南蠻忱彌多禮와 같은 지명으로 보고 대개 전라남도에 비정하는 것이 통설이었다. 하지만 광개토왕비문 등을 통해 당시의 상황을 고려해보면 枕彌多禮의 경우를 전라남도 지역으로 보기는 힘들다. 南蠻忱彌多禮의 경우 굳이 방향을 적시하고 있는 것을 보면 이는 북쪽의 枕彌多禮와는 다른 남쪽의 忱彌를 의미하는 것으로 붙여졌을 가능성이 크다. 때문에 많은 선학들이 枕彌多禮라는 명칭으로 인하여 峴南, 支侵, 谷那와 東韓之地를 섬진강 유역에서 찾는 오류를 보였던 것이다.

24) 『三國史記』 전지왕 즉위조에 전지왕이 왜에서 돌아오는 경로 중 바다 가운데의 섬에서 대기하고 있었다는 구절이 있는데, 이는 전지왕이 한강하류로 진입하는 와중에 강화도 부근에서 잠시 체류하였던 것으로 짐작된다.

25) 『三國史記』 卷35 雜誌4 地理2

특히 『新增東國輿地勝覽』에는 곡산 부근의 수안과 신계 등지에 철 산지가 있다고 기록하고 있다. 수안에서는 鐵이 見造山에서 생산된다고 적고 있으며26) 신계의 고을 동쪽 축천리에서 철이 생산된다고 기록하고 있다.27) 이처럼 과거 이 지역은 철의 산지로 알려져 있었던 것이다.28)

또한 앞서 언급했듯이 칠지도는 神功 49년의 국토평정의 공으로 제작된 것이 아니라 5세기초 고구려와 대치하고 있는 상황에서 만들어진 것이기 때문에 이러한 연유로 谷那鐵山은 당연히 남쪽의 곡성이 아닌 황해도의 곡산 부근에서 찾는 것이 타당하다.

제4절 谷那鐵山의 의미

앞서 살펴본 바와 같이 谷那鐵山은 고구려와 대치하고 있던 황해도 일원에서 찾는 것이 타당하다는 것을 알 수 있다. 특히 황해도 지역은 백제가 근초고왕 이래 고구려와 상쟁했던 지역이라는 것을 『三國史記』와 광개토왕 비문을 통해 유추해 볼 수 있다.

(ㅂ) 『三國史記』 卷 第24 百濟本紀 近肖古王24年 秋9月
高句麗王斯由帥步騎二萬 來屯雉壤 分兵侵奪民戶. 王遣太子 以兵徑至 雉壤 急擊破之 獲五千餘級 其虜獲分賜將士.

---

26) 『新增東國輿地勝覽』 卷 第42 黃海道 遂安郡
27) 『新增東國輿地勝覽』 卷 第42 黃海道 新溪縣
28) 『朝鮮鑛物誌』에 의하면 황해도 수안군 천곡면 금리 상대동(赤鐵鑛), 수안군 수구면 보광리(磁鐵鑛), 수안군 대오면 남정리(磁鐵鑛)에 광산이 있다고 한다. (東潮, 「百済の製鉄技術と七支刀」, 『王権と武器と信仰』, 同成社, 2008, p.666)

(ㅅ) 『三國史記』 卷 第24 百濟本紀 近肖古王26年

高句麗擧兵來 王聞之 伏兵於浿河上 俟其至 急擊之 高句麗兵敗北 冬
王與太子帥精兵三萬 侵高句麗 攻平壤城. 麗王斯由{釗}力戰拒之 中流
矢死.

(ㅇ) 『三國史記』 卷 第24 百濟本紀 近肖古王30年 秋7月

高句麗來攻北鄙水谷城 陷之. 王遣將拒之 不克 王又將大擧兵報之 以年
荒不果.

(ㅈ) 『三國史記』 卷 第24 百濟本紀 近仇首王3年 冬10月

王將兵三萬 侵高句麗平壤城.

(ㅊ) 『三國史記』 卷 第25 百濟本紀 阿莘王3年 秋7月

與高句麗戰於水谷城下 敗績.

(ㅋ) 『三國史記』 卷 第25 百濟本紀 阿莘王4年 秋8月

王命左將眞武等 伐高句麗 麗王談德親帥兵七千 陣於浿水之上 拒戰. 我
軍大敗 死者八千人.

(ㅌ) 廣開土王碑 永樂 14年 甲辰

而倭不軌 侵入帶方界 [和]通殘[兵]□石城 □連船□□□ 王躬率□ 從
平穰□□□鋒相遇 王幢要截 盪刺 倭寇潰敗 斬煞無數

369년 고구려의 고국원왕이 雉壤[29])에 주둔하자 근초고왕이 고구려군을
雉壤에서 격파한 이후, 371년에는 근초고왕이 근구수와 함께 고구려 평양성
에 침입하여 고국원왕을 전사시킨다.

---

29) 여기서 치양이 어디를 가리키는지 확실하지 않지만 『新增東國輿地勝覽』 卷 第43
黃海道 白川郡條에 나오는 雉嶽城과 동일한 지역으로 보아 黃海道 白川郡인 것으로
판단된다.(白川郡 本高句麗刀臘縣 一云雉嶽城)

375년에는 고구려가 백제의 북쪽 변방인 水谷城[30]을 공격해 빼앗았다는 기록이 있은 후 근구수왕이 군사 3만 명을 거느리고 고구려의 평양성을 침공하고 있다.

395년에는 아신왕이 浿水[31]에서 광개토왕과 더불어 전투를 벌였지만, 크게 패하고 만다.

이후 廣開土王碑文 永樂 6년(396년)에 보이는 것처럼 고구려가 백제의 도성까지 내려와 백제왕을 노객으로 삼았다는 기록을 통해[32] 백제는 아신왕 시절 황해도 일원의 지역을 일시적으로 잃게 되었다는 것을 알 수 있다.

이후 永樂 14년(404년)에 백제는 倭와 더불어 다시 帶方界 지역을 공격하고 있는 것을 살펴볼 수 있다. 비문은 帶方界에 올라간 주체를 倭인 것처럼 기록하고 있지만, 실제 倭가 帶方界까지 올라 갈 수 있었던 것은 그간 백제의 전투 상황으로 유추해보아도 그 필요성은 백제에게 있는 것으로 倭의 단독 작전이 아닌 백제와의 합동 작전으로 보는 것이 타당할 것이다.[33]

또한 倭가 황해도 지역인 帶方界까지 침입하기 위해서는 한반도의 남부와 중부를 통과해야 했기 때문에 지리적으로 보아도 백제의 협조 없이는 불가능한 상황이다.[34]

그렇다면 백제는 왜 황해도 일원 및 帶方에서 고구려와 일대 결전을 벌였던 것일까?

---

30) 『新增東國輿地勝覽』에 의하면 신계 남쪽 30리에 있는 俠溪廢縣이 원래 고구려의 水谷城縣, 買且忽이라고 하였으며 신라에서는 檀溪로 이름을 고쳐서 永豊郡의 領縣이 되었고 고려 초기 俠溪로 고쳐 顯宗 때 곡주에 예속되다가 조선 태조 5년에 신계에 속하였다고 한다.(『新增東國輿地勝覽』 卷 第42 黃海道 新溪縣)

31) 대체적으로 예성강으로 보고 있다.

32) 廣開土王碑 永樂六年丙申
渡阿利水 遣刺迫城. 殘□歸穴 □便圍城 而殘主困逼 獻出男女生口一千人 細布千匹 跪王自誓 從今以後 永爲奴客. 太王恩赦□迷之愆 錄其後順之誠

33) 永樂 14년의 기사에 백제를 의미하는 '殘兵'이라는 표현이 나오고 있다.(王健群, 『好太王碑研究』, 吉林人民出版社, 1984)

34) 김현구, 앞의 논문

이는 우선 帶方이 백제의 건국 과정과 깊은 관련이 있는 지역이기 때문이었을 것이다. 중국의 사료와 『三國史記』에는 백제가 帶方故地에서 나왔다고 기술하고 있다.[35] 따라서 帶方에 대한 공격은 백제의 故土 회복이라는 명분이 있었을 것이다.

또한 황해도 지역은 앞서 고구려의 평양성으로 가는 길목에 위치하고 있어서 군사전략상으로도 한성백제를 방위하는 완충지역의 역할을 하고 있었기 때문인 것으로 판단된다.

더욱이 이 지역은 谷那鐵山과 같이 철의 주산지로서 당시 군사적 목적으로도 백제나 고구려에게 있어서 철의 확보가 중요했음은 언급할 필요가 없을 것이다.

따라서 백제의 경우 404년뿐만 아니라 그 이후에도 지속적으로 고구려와 대방 일원을 쟁취하기 위한 전투를 벌였을 것으로 추정되며, 이처럼 백제는 철의 주산지인 황해도의 谷那鐵山에서 채취한 철로서 七支刀를 만들었던 것으로 생각된다.

이처럼 백제의 고토를 회복했다는 의미를 지니고 있는 谷那鐵山의 七支刀는 왜왕을 侯王으로 위치시킨 백제의 자신감의 표현이라고 할 수 있다. 또한 七支刀는 백제와 왜의 합동작전으로 대방계 공격을 감행했던 상징물로서 뿐만 아니라 이후 백제와 왜가 구이신의 탄생을 계기로 화친관계를 이어갈 수 있게 한 대표적인 표징이 되었을 것이다.

제5절 맺음말

---

35) 『三國史記』 卷 第23 百濟本紀 溫祚王 分註
　　北史及隋書皆云 東明之後有仇台 篤於仁信 初立國于帶方故地

지금까지 살펴본 결과, 七支刀는 왜국과 혼인관계를 맺고 있었던 전지왕이 왕세자인 구이신의 탄생을 계기로 하여 왕 4년인 408년에 만들어진 것이 확실시 된다.

하지만 그동안 칠지도를 『日本書紀』의 기록에만 의존하여 神功 49년에 있었던 사건의 결과로 인해 372년 백제에서 왜로 전달되었던 것으로 인식되어 왔던 것이 사실이다.

결국 이러한 인식 때문에 칠지도를 만든 철의 산지로 등장하는 谷那鐵山에 대해서도 전라남도 곡성, 충청북도 보은, 충주 등지로 비정하는 등 여러 가지 논란이 있었던 것으로 생각된다.

그렇지만, 칠지도가 만들어진 408년은 廣開土王碑文에 나오는 사건과 연속선상에서 파악할 수 있는 시기로서 당연히 칠지도는 5세기초 고구려와 대치하고 있는 상황을 고려하여 판단하여야 할 것이다.

따라서 谷那鐵山은 예성강 상류에 해당하는 황해도의 곡산, 수안 등지로 비정하는 것이 타당하다.

이처럼 백제가 谷那鐵山의 철로 칠지도를 만들어 왜에 보낸 것은 백제의 고토회복이라는 자신감과 함께 왜와 대방계 탈환이라는 합동작전을 벌였던 상징물로서 백제가 왜왕을 후왕으로 하여 화친관계를 공고히 할 수 있는 매개체였던 것이다.

제4장 廣開土王碑文을 통한
『日本書紀』 神功, 應神紀의 분석

제1절 머리말

『日本書紀』에 기록된 神功, 應神紀의 기사에 대해서는 일본의 고대왕국의 형성과 더불어 이해되는 경향이 있었다.[1] 이를 통해 대부분을 차지하고 있는 對韓半島 관련 기사가 야마토 정권의 韓半島 南部 經營論의 출발로 인식되면서 소위 任那日本府說의 토대를 이루어왔다.

그러나 『日本書紀』 神功紀 기사의 전개를 보면 상당수가 전승과 전설로 이루어져 있을 뿐만 아니라 韓半島諸國에 대한 기사에서도 神力으로 정벌한다는 등 비현실적인 기사가 주를 이루고 있다.

이에 대해 역사적 사실로 보는 견해도 있지만,[2] 神功에 대한 實在性이나 神功 전승 기록의 역사성에 대해서는 부정적인 견해가 많다. 神功의 삼한정벌론의 허구성은 일찍이 津田左右吉로부터 이 전승이 繼體, 欽明朝의 6세기경에 만들어진 가공의 이야기라는 주장이 있은 후,[3] 直木孝次郎에 의해 보

---

1) 井上光貞, 『日本国家の起源』, 岩波新書, 1960
2) 神功皇后의 전승에 대해 역사적 사실이라는 견해를 취하고 있는 학자로는 田中卓, 肥後和男, 岡本堅次 등이 있다. 이들은 4세기 중엽 야마토 정권이 한반도 남부에 그 세력을 확장했다는 井上光貞의 설에 근거하여 神功은 실재인물이며 신라정벌을 실제사건으로 보았다.(田中卓, 「神功皇后"実在"論-北見俊夫教授の発言に関連して」, 『悠久』21, 1985, pp.109-203 ; 肥後和男, 『神功皇后』, 弘文堂, 1957 ; 岡本堅次, 『神功皇后』, 吉川弘文館, 1959)

다 구체적으로 7세기경의 사실을 모델로 해서 성립하였다는 설을 제시하여
神功 전승의 허구성이 주장되었다.4)

그러나 神功 49년조의 경우에서 볼 수 있듯이 倭의 한반도 남부 지배를
보여주고 있는 기사의 주체를 倭가 아닌 百濟로 보아 이를 단순히 허구로
보기보다는 百濟의 한반도 남부 진출로 해석하는 경향이 커졌다.5) 이처럼
『日本書紀』의 편찬 당시 일본의 국가관에 기초한 『日本書紀』의 사관에 의
거하여 神功紀의 기사가 왜곡되었지만, 단순히 사서 편찬자들의 책상 위 창
작만으로 이루어졌다기보다는 그 모태가 되는 역사적 사실이 있은 연후에
이를 근거로 하여 과장, 윤색이 이루어졌을 가능성이 크다.

『日本書紀』 神功 攝政 前紀 冬10月조에 나오는 微叱己知波珍干岐의 기사
또한 『日本書紀』 神功 5年 신라사신 毛麻利叱智의 기사와 연결되어 『三國
史記』와 『三國遺事』에 보이는 未斯欣, 朴堤上(金堤上)의 일화와 동일한 내
용으로 알려져 있다.6) 따라서 微叱己知波珍干岐와 毛麻利叱智가 등장하는
사건은 대체적으로 廣開土王碑文에 등장하는 시기와 일치하는 기사로 추정

---

3) 津田左右吉, 『日本古典の研究(上)』, 岩波書店, 1948
4) 直木孝次郎의 논점은 i)신라정벌의 神託이 내려진 香椎宮이 神功의 전승을 제외하
   고 8세기 이전의 문헌에서는 보이지 않기 때문에 원래 당시에 있었던 것으로 보기
   어렵고, ii)여왕의 존재가 推古 이후에는 皇極(齊明), 持統으로 출현하고 있지만, 그
   이전에는 神功만이 고립적으로 등장하고 있으며, iii)여왕이 직접 원정군을 진두지
   휘하는 것이 7세기초엽에 이르기까지 齊明이 백제구원과 신라정벌을 위해 北九州
   에 出兵했던 例뿐이라는 점을 지적하고 있다. 또한 神功의 일본식 諡號가 오키나가
   타라시히메(オキナガタラシヒメ)인데 타라시(タラシ) 계통의 이름은 舒明, 皇極에서
   도 보이므로 7세기경에 만들어진 것으로 볼 수 있으며, 계보에 관한 문제에 있어서
   도 부계에 있어서 2회, 모계에 있어서 1회씩 異世代 혼인을 찾아볼 수 있어 이는
   欽明 이후에 조작 또는 윤색된 결과라고 주장했다. (直木孝次郎, 「神功皇后伝説の成
   立」, 『古代日本と朝鮮·中国』, 講談社, 1988)
5) 千寬宇, 「復元加耶史」, 『加耶史研究』, 一潮閣, 1991 ; 金鉉球, 『任那日本府研究』, 一
   潮閣, 1993
6) 未斯欣의 경우 『三國史記』에 의하면 402년, 『三國遺事』에서는 391년에 왜국에 인
   질로 파견된 것으로 되어 있다.

된다.

『日本書紀』 神功 52년조에서 백제의 근초고왕이 사신인 久氐를 통해 七枝刀 등 각 종의 重寶를 바쳤다고 하는 기사도 石上神宮에 보관 중인 七支刀의 銘文을 재해석한 결과, 408년 백제의 腆支王 4년 百濟王世子가 진귀하게 태어난 것을 계기로 만들어진 것을 알 수 있게 되어[7] 七支刀 또한 廣開土王碑文이 등장하는 5세기초의 사실과 관련되는 것으로 파악할 수 있게 되었다.

한편 『日本書紀』 應神紀를 2주갑 수정하면 廣開土王碑文에 나오는 시기와 일치하게 된다. 그럼에도 불구하고 그동안 『日本書紀』 應神紀에서 廣開土王碑文과 동일한 사건에 대해서는 應神 8年 分註 「百濟記」에서 腆支의 파견을 통한 백제와 왜의 和通 기록만으로 보아왔다. 하지만, 『日本書紀』 應神紀를 廣開土王碑文과 면밀히 비교하면 應神紀에 나오는 東韓之地 등의 지역이 廣開土王碑文에서 백제가 고구려에 의해 침탈당했던 지역임을 알 수 있게 된다.[8]

이처럼 『日本書紀』 神功, 應神紀에서 廣開土王碑文에 나오는 상황과 흡사한 정황이 나타나고 있음에도 불구하고 그동안의 연구에서 주목하지 못한 면이 있었다. 따라서 당대에 쓰인 廣開土王碑文을 중심으로 『日本書紀』 神功紀와 應神紀에 나오는 한반도 관련 기사에 대해 면밀한 검토가 필요하다.

이에 본고에서는 5세기초의 정황을 파악할 수 있는 廣開土王碑文를 통해 『日本書紀』 神功, 應神紀에 나오는 한반도 관련 기사를 비교, 고찰하고 그 모태가 되었던 역사적 사실을 파악해보기로 한다.

---

7) 본서 제 I 편 제1장 石上神宮 七支刀에 대한 一考察 참조
8) 본서 제 I 편 제2장 『日本書紀』 應神紀 東韓之地에 대한 고찰 참조

제2절 高句麗와 百濟의 전투

우선 당대에 만들어진 廣開土王碑文을 통해 4세기말~5세기초 국제관계의
정황을 파악할 수 있다.

廣開土王碑文을 보면 백제는 396년 이래 고구려의 廣開土王에 의해 지속
적인 침탈을 당하게 된다. 廣開土王은 永樂 6년 몸소 수군을 인솔하여 백제
의 58개 城과 700개 村을 얻어 백제왕을 노객으로 삼은 후, 永樂 8년(398년)
에는 일부 군대를 변경의 帛愼土谷에 보내어 동정을 살피고 莫□羅城, 加太
羅谷을 획득한다.9)

이에 백제가 倭와 和通을 하는 기록이 廣開土王碑文에 등장한다.10)『三
國史記』에는 阿莘王 6년(397년)조에,『日本書紀』에는 應神 8年조에 腆支(直
支)를 왜국에 보냈다는 기록이 있다.11)『日本書紀』의 간지를 2주갑 수정하

---

9) 廣開土王碑 永樂 6年 丙申 (396년)
　　王躬率水軍 討伐殘國. 軍□□南 攻取壹八城 臼模盧城 各模盧城 幹氐利城 □□城 閣
　　彌城 牟盧城 彌沙城 □舍蔦城 阿旦城 古利城 □利城 雜[珍]城 奧利城 勾牟城 古須耶
　　羅城 莫□□ □□城 □而耶羅[城] 瑑城 於利城 □□[城] 豆奴城 沸[城] 比利城 彌鄒
　　城 也利城 大山韓城 掃加城 敦拔城 □□□城 婁賣城 散□城 那旦城 細城 牟婁城 于
　　婁城 蘇灰城 燕婁城 析支利城 巖門□城 [林]城 □□□□□□□利城 就鄒城 □拔城
　　古牟婁城 閏奴城 貫奴城 彡穰城 □□城 □□盧城 仇天城 □□□□□其國城. 殘不
　　服義 敢出百戰 王威赫怒 渡阿利水 遣刺迫城. 殘□歸穴 □便圍城 而殘主困逼 獻出男
　　女生口一千人 細布千匹 跪王自誓 從今以後 永爲奴客. 太王恩赦□迷之愆 錄其後順之
　　誠. 於是得五十八城 村七百 將殘主弟幷大臣十人 旋師還都.
　　廣開土王碑 永樂 8年 戊戌 (398년)
　　敎遣偏師觀帛愼土谷 因便抄得莫□羅城 加太羅谷男女三百餘人 自此以來 朝貢論事.
10) 廣開土王碑文 永樂 9年 己亥 (399년)
　　百殘違誓 與倭和通
11)『三國史記』卷 第25 百濟本紀 阿莘王 6年 (397년)
　　王與倭國結好, 以太子腆支爲質
　　『日本書紀』卷 第10 應神 8年 春3月 (397년)
　　百濟人來朝[百濟記云 阿花王立无禮於貴國 故奪我枕彌多禮 及峴南 支侵 谷那 東韓之
　　地 是以 遣 王子直支于天朝 以脩先王之好.]

면 397년의 기사가 되므로 백제와 고구려가 치열한 전투를 벌이고 있는 상황에서 고구려에 의해 고전을 면치 못하는 백제가 倭에 군사지원을 요구할 의도로 腆支를 보내 和通을 했던 것으로 보인다. 즉, 백제는 397년 혹은 399년경 腆支를 倭國으로 보내 통호를 한 후 倭國에 군사요청을 함으로써 倭로부터 지원군을 받았던 것으로 짐작된다.

백제와 倭의 화통 기사 이후 곧바로 신라의 사신이 광개토왕에게 국경 부근에 왜군이 가득하다는 보고를 하게 된다.[12] 그리고 永樂 10년(400년) 신라를 지원하고 있던 고구려가 그 倭를 추적하여 任那加羅의 從拔城에까지 이르게 된다.[13] 『三國史記』朴堤上 열전에 고구려가 왜의 순라군을 침탈했다는 기록이[14] 廣開土王碑文에서 왜와 고구려, 신라가 충돌하는 永樂 10년의 상황과 유사한 것을 알 수 있다. 이처럼 廣開土王碑文에서 왜가 등장하는 이유는 백제와의 和通 이후에 백제가 왜의 군대를 끌어들였기 때문이다. 따라서 고구려와 싸우는 주체는 백제가 되어야 하는 것이 타당하다.

이후 永樂 14년에 고구려는 帶方界의 침입을 저지하게 된다.[15] 이에 대

---

12) 廣開土王碑 永樂 9年 己亥 (399년)
百殘違誓 與倭和通, 王巡下平穰. 而新羅遣使白王云. 倭人滿其國境, 潰破城池, 以奴客爲民, 歸王請命. 太王恩慈, 稱其忠誠, 特遣使還, 告以□計.

13) 廣開土王碑 永樂 10年 庚子 (400년)
敎遣步騎五萬往救新羅. 從男居城至新羅城 倭滿其中 官軍方至 倭賊退. □□背急追至任那加羅從拔城 城卽歸服 安羅人戍兵. □新羅城□城 倭□大潰. 城□十九 盡拒□倭 安羅人戍兵. 新□□□□[其]□□□□□□[言]□□□□□□□□□□□□□□□□□□□□□□辭□□□出□□□□□□□[殘][倭]遺□. □□□ 安羅人戍兵. 昔新羅寐錦 未有身來論事 □□□□[廣]開土境好太王□□□□寐錦□□僕勾□□□□朝貢.

14) 『三國史記』卷 第45 列傳 第5 朴堤上
百濟人前入倭 讒言新羅與高句麗謀侵王國 倭遂遣兵邏戍新羅境外 會高句麗來侵 幷擒殺倭邏人 倭王乃以百濟人言爲實.

15) 廣開土王碑 永樂 14年 甲辰 (404년)
而倭不軌 侵入帶方界 [和]通殘[兵]□石城 □連船□□□ 王躬率□□ 從平穰 □□□鋒相遇 王幢要截盪刺 倭寇潰敗 斬殺無數.

해 廣開土王碑文에는 왜가 주체인 것처럼 기술되어 있지만, 이때 倭가 帶方
界까지 올라 갈 수 있었던 것은 倭의 단독 작전이 아니라 백제와 합동 작전
으로 보아야 할 것이다. 우선 倭가 황해도 지역인 帶方界까지 침입하기 위
해서는 한반도의 남부와 중부를 통과해야 했으므로 지리적으로 보아도 백
제의 협조 없는 공격은 불가능했을 것이다.16) 뿐만 아니라 永樂 14년의 기
사에 백제를 의미하는 '殘兵'이라는 표현이 보이고 있기 때문에 이는 앞서
백제와의 和通으로 倭가 백제에 지원군을 보냈던 것과 동일한 연장선상에
서 고찰할 수 있다. 특히 帶方은 백제의 건국 과정과 깊은 관련이 있던 곳
으로 추측되기 때문에 帶方에 대한 백제의 공격은 故土 회복이라는 명분을
함축하고 있었을 것으로 짐작된다.17)

永樂 17년(407년)조 전투의 경우 비문의 결락으로 인해 고구려와 싸운
주체가 제대로 확인되지 않는다.18) 따라서 17조의 전투와 관련해서는 후연
과의 전투로 보는 견해도 있지만,19) 『三國史記』 광개토왕 9년, 11년, 13년,
14년, 15년에 보이는 후연과의 전투를 비문에서 17년조에 벌어진 정복전의
성과만으로 기록했다는 것은 타당하지 않으며 오히려 대중국과의 관계를
고려하여 넣지 않았을 가능성이 높다.

실제 비문의 구조에 있어서 신묘년조라는 대전치문 아래 6년(王躬率)-8년
(敎遣), 9년(王巡下)-10년(敎遣), 14년(王躬率)-17년(敎遣)과 같이 王躬率(王巡
下)과 敎遣이 짝을 이루어 나타나고 있는 것을 통해 17년조의 경우도 백제
와의 전쟁으로 보는 것이 타당하다.

---

16) 김현구, 「5세기 한반도 남부에서 활약한 倭의 實體」, 『日本歷史研究』 29, 2009
17) 『三國史記』 卷 第23 百濟本紀 溫祚王 分註
　　北史及隋書皆云 東明之後有仇台 篤於仁信 初立國于帶方故地
18) 廣開土王碑 永樂 17年 丁未 (407년)
　　敎遣步騎五萬 □□□□□□□□王師[四][方]合戰 斬煞蕩盡. 所獲鎧鉀一萬餘領 軍資
　　器械 不可稱數. 還破沙溝城 婁城 牛由城 □城 □□□□□城.
19) 千寬宇, 앞의 책, 1991 ; 강종훈, 「한국 고대 금석문 자료에 대한 사료 비판론」, 『한
　　국고대사연구』68, 2012, pp.317-321

또한 廣開土王碑文에서 廣開土王이 생전에 攻取했다고 하는 64城은 永樂 6년에 취득한 58城과 永樂 17년에 취득한 6城을 더한 것으로 파악되기 때문에[20] 이 기사도 고구려가 백제와 결전했던 기사임을 알 수 있다.

이처럼 廣開土王碑文에 보이는 396년 이래 407년조까지 백제가 고구려에게 패배한 이후 왜를 끌어들여 전투를 했던 내용이 확인되며 이를 통해 對고구려전의 주체를 백제로 보아야 하는 것이 타당하다.

이러한 분석에 따르면 廣開土王碑文의 辛卯年條의 경우는[21] 고구려가 한반도 남부의 전투 상황에 대한 정당성을 얻기 위해 일괄해서 집약적으로 적은 전치문이다. 그렇다고 하면 이는 고구려가 永樂 6년 이후 백제에 공격을 감행하는 이유와 명분을 표현하고 있는 것인데, 문구 그대로라면 왜가 한반도 남부를 신민으로 삼아 고구려가 백제를 친다는 내용으로 되어 있는 것이다.

따라서 신묘년조의 해석과 관련하여 한국학계에서는 鄭寅普의 해독 이후 '渡海破'의 주체를 고구려로 보는 견해가 있었다.[22] 하지만, '來'의 주어는 倭인데 연이어 나오는 '渡海破'가 따로 고구려를 주어로 한다는 것은 부자연스러우며 倭의 침범은 연도와 주어를 명확히 하고 있으면서 고구려가 破한 내용에 대해서 연도와 주어를 생략했다는 것이 고구려 주체설의 약점이라고 할 수 있다.

또한 비문변조론의 영향으로 신묘년조에 나오는 글자 등 일부를 새로이 釋讀하거나 改讀하고 결자에 새로운 글자를 보입하여 비문을 해석하려는

---

20) 吳吉煥, 「廣開土王碑文 紀年記事에 보이는 廣開土王의 軍事行動」, 『박물관지』, 2008, pp.93-97
21) 廣開土王碑文
  百殘新羅 舊是屬民 由來朝貢 倭以辛卯年來 渡[海]破百殘 □□□羅 以爲臣民
22) 鄭寅普, 「廣開土境平安好太王陵碑文釋略」, 『庸齋白樂濬博士還甲紀念論叢』, 1955 ; 朴時亨, 「廣開土王陵碑」, 사회과학원출판사, 1966 ; 김석형, 『초기조일관계사연구』, 사회과학원출판사, 1966이 대표적이다.

경향도 있었다.23) 하지만, 현재로서는 [海]자의 경우만 새롭게 판독할 여지
가 있을 뿐, 이를 제외하고는 새롭게 보이는 글자나 다른 글자로 대체될 것
으로 판단되지는 않는다. 결자에 새로운 문자를 보입하거나 改讀하는 것은
자의적이라는 느낌을 지울 수 없다.

따라서 그동안 비문을 읽는 여러 가지 방법이 있었고 아직까지 확인되지
않는 결자가 있지만, 실제 비문과 관련해서는 기존 통설과 같이 倭를 주어
로 하여 해석하는 것이 타당하다고 생각된다.

그렇다고 한다면, 중요한 것은 辛卯年條에 대한 판독 문제보다도 이에 대
한 사료 비판이나 그 내용의 사실성 여부일 것이다. 辛卯年條가 과장되었다
는 견해가 있는 만큼24) 역사적 사실로서 신뢰할 수 있는가의 여부에 대해
판단해야 하는 것이 타당하다.

우선 辛卯年條의 맨 첫 구절에는 '百殘新羅 舊是屬民 由來朝貢'이라는 문
구가 있다. 그런데, 내용과 같이 백제와 신라가 예부터 고구려의 속민으로
조공을 해왔던 것이 사실일까?

이 구절과 관련해서는 武田幸男에 의해 원래 고구려는 鄒牟王을 시조로
하는 本源이고 백제는 本源으로부터 분파된 동생이라고 하는 고구려의 백
제에 대한 同源사상이 있었고 이후 '倭以辛卯年來 渡[海]破...'라고 하는 심
각한 현실과 견주어 太古로부터 백제와 신라 관계를 牧歌的인 回想으로 막
연하게 요약했던 내용이라고 하는 견해가 개진되어 있다.25)

하지만, 비문이 고구려의 군사 활동에 대한 광개토왕의 명분과 정당성
및 그 훈적을 전제로 하여 전체의 문장을 구성하고 있는 것으로 볼 때 이를

---

23) 千寬宇, 앞의 책, 1991, pp.117-121 ; 徐榮洙, 「廣開土王陵碑文의 征服記事 再檢討(上)」,
『歷史學報』96, 1982 ; 金永萬, 「廣開土王碑文의 新研究(1)」, 『新羅加耶文化』11, 1980
; 李亨求・朴魯姬, 「廣開土王碑文의 소위 辛卯年記事에 대하여-僞作 '倭' 字考-」, 『東方學
志』29, 1981
24) 濱田耕策, 「高句麗広開土王陵碑文의 虛像과 實像」, 『日本歷史』304, 1973
25) 武田幸男, 『高句麗와 東アジア』, 岩波書店, 1989, pp.178-179

단지 牧歌的인 回想으로 막연하게 요약했던 것으로 치부할 수 있는 지는 의문이다.

특히 371년에는 근초고왕이 근구수와 함께 고구려 평양성에 침입하여 고국원왕을 전사시키는 일대의 사건이 있었으며 광개토왕 직전의 시기에는 오히려 백제가 고구려보다 우위의 상황에 있었다. 이러한 상황에 대해 백제를 '舊是屬民'으로 표현한 것은 역사적 사실에 근거한 것으로 보기 어렵다.

또한 永樂 10년조의 기사에 '昔新羅寐錦 未有身來論事 □□□□[廣]開土境好太王□□□□寐錦□□僕勾□□□□朝貢'이라고 명기되어 있는 것을 과거에 조공논사하지 않았다가 고구려의 도움 이후 조공할 수 있었던 것으로 해석할 수 있어 이는 신묘년조에서 신라가 '舊是屬民 由來朝貢'했다고 하는 기사와 서로 상충되고 있다.[26]

앞서 언급했듯이 광개토왕이 백제를 공격했던 이유는 근초고왕, 근구수왕과 일대 결전에서 패배했던 것에 대한 복수전의 형태가 되어야 타당할 것으로 보인다. 하지만, 비문의 경우 광개토왕의 훈적과 고구려가 공격해야 하는 명분을 중심으로 기술하고 있는 필법으로 보아 과거 백제에게 당했던 굴욕적인 모습을 기술하기 어려웠을 것이다. 따라서 비문의 撰者는 고구려의 입장에서 백제와 화통한 倭를 외부에서 개입하여 고구려의 천하를 어지럽히는 존재로 설정함으로써 고구려가 백제를 공격해야 하는 명분으로 삼았을 것으로 보인다. 백제는 속민으로 조공의 대상이었지만, 외부의 세력인 倭의 경우 강적일수록 광개토왕의 위대함은 커질 수 있기 때문이다.[27]

따라서 신묘년조는 백제를 공격하기 위한 정당성과 명분에 해당하는 永樂 6년, 8년, 9년, 10년, 14년, 17년과 관련된 대전치문으로서 이는 碑文의 필법상 역사적 사실 여부와는 하등 관계가 없는 허구의 구절임을 보여주고

26) 연민수, 「광개토왕비에 나타난 고구려의 남방세계관」, 『광개토왕비의 재조명』, 동북아역사재단, 2013, p.240
27) 李成市, 「表象としての広開土王碑文」, 『思想』842, 1994

있다.

더욱이 七支刀에 새겨진 글자를 재해석한 결과 七支刀는 369년이 아니라 408년 백제의 전지왕 4년 11월 16일에 만들어진 것을 알 수 있었다. 이는 광개토왕이 재위 시에 있었던 사건으로 廣開土王碑文에 나타나는 시기에 있어서 고구려에 대항하는 백제와 왜의 국제관계 위상을 확실히 알려주는 것이다. 즉, 상위자였던 백제가 하위자였던 왜에게 연호를 써서 하행문서의 형식으로 칠지도를 만들어 주었던 것을 통해 신묘년조의 전치문은 역사적 사실 여부와 관련 없이 고구려가 침략의 정당성을 확보하기 위해 설정한 허구의 구절이라는 것이 더욱 명확해진다.

이러한 내용은 廣開土王碑文에 나오는 당시의 국제관계를 제대로 이해할 수 있는 척도가 되고 있다. 즉, 왜의 출병이 한반도 남부 지배를 위해 이루어졌다는 시각이 타당하지 않으며 당시 廣開土王碑文에서 고구려에 대항하는 세력의 주체가 倭가 아니라 倭는 단지 백제의 지원군에 해당하는 것임을 알려주고 있다.[28]

제3절 『日本書紀』 神功, 應神紀에 나타난 전투의 실상

1. 東韓之地 및 帶方에서의 전투 실상

우선 『日本書紀』 應神紀에서 廣開土王碑文에 나오는 당시의 정황과 일치하는 기사로는 應神 8年(397년)과 이와 연결되는 應神 16年(405년)의 기사

---

28) 이상 廣開土王碑文의 辛卯年條 관련 내용은 洪性和, 「4세기말~5세기초 백제와 왜의 관계」, 『한국사 속의 백제와 왜』, 한성백제박물관, 2015에서 관련 부분을 추가한 것임을 밝혀둔다.

가 있다.

(ㄱ) 『日本書紀』卷 第10 應神 8年 春3月
　百濟人來朝[百濟記云 阿花王立无禮於貴國 故奪我枕彌多禮 及峴南 支
侵 谷那 東韓之地 是以 遣王子直支于天朝 以脩先王之好]

(ㄴ) 『日本書紀』卷 第10 應神 16年
　是歲 百濟阿花王薨 天皇召直支王謂之曰 汝返於國以嗣位 仍且賜東韓
之地而遣之[東韓者 甘羅城 高難城 爾林城是也.]

　이는 앞서 언급했듯이 본래 腆支를 倭國으로 보내 통호를 한 후 倭國에
군사요청을 함으로써 倭로부터 지원군을 받았던 것인데, 이를 『日本書紀』
에서는 天朝에 파견하여 來朝한 것으로 기록하고 있는 것이다. 또한 分註의
「百濟記」에서는 應神 8年 枕彌多禮, 峴南, 支侵, 谷那 및 東韓之地가 왜국에
의해 침탈당한 것으로 기록되어 있으며 應神 16年의 기록에서는 腆支를 돌
려보내면서 東韓之地를 돌려준 것으로 되어있다.

　그러나 앞서 廣開土王碑文을 통해 전투의 실상을 살펴보았듯이 이 시기
倭가 백제의 땅을 침탈했다는 어떤 역사적 사실도 발견할 수 없었다. 오히
려 이 기사는 백제가 고구려의 공격으로 인해 東韓之地 등을 침탈당했고 이
때문에 倭에 군원을 요청하기 위해서 腆支를 파견했던 것으로 보인다. 또한
405년 腆支가 돌아오면서 왜의 지원군과 함께 東韓之地를 회복했던 사실을
『日本書紀』에서는 東韓之地를 돌려주었다고 기록한 것으로 추정된다. 즉,
倭가 東韓之地를 빼앗고 다시 돌려주었다는 기록은 倭가 백제를 복속했다
는 후대 『日本書紀』 편찬자의 인식에 의해서 윤색이 가해진 것으로 볼 수
있다.

　이를 통해 廣開土王碑에서 고구려가 동쪽의 韓地인 소백산맥 이남으로
진출하기 위한 교두보를 마련하기 위해 백제의 국경과 접점에 위치했던 帛

愼土谷 등의 지역이 『日本書紀』에서 백제와 고구려가 서로 각축을 했던 東韓之地인 것으로 추정된다.[29]

또한 『日本書紀』 應神紀에서 廣開土王碑文에 나오는 당시의 정황을 간접적으로 짐작할 수 있는 기사로는 (ㄷ)의 경우가 있다.

(ㄷ) 『日本書紀』卷 第10 應神 20年 秋9月
倭漢直祖阿知使主 其子都加使主 並率己之黨類十七縣 而來歸焉

이 기사는 應神 20년 (409년) 阿知使主와 그의 아들 都加使主가 17縣을 거느리고 일본으로 망명하였다는 기록이다. 그런데, 『續日本紀』 坂上大忌寸苅田麻呂等의 上表(785년)에 의하면 이때 귀화한 阿知使主가 帶方에서 온 것으로 기록되어 있다.

(ㄹ) 『續日本紀』卷 第38 桓武 延曆4年 6月 癸酉
右衛士督從三位兼下總守坂上大忌寸苅田麻呂等上表言. 臣等本是後漢靈帝之曾孫 阿智王之後也. 漢祚遷魏 阿智王因神牛教 出行帶方 忽得寶帶瑞 其像似宮城 爰建國邑 育其人庶 後召父兄告日 吾聞 東國有聖主 何不歸從乎 若久居此處 恐取覆滅 卽携母弟迁興德 及七姓民 歸化來朝 是則譽田天皇治天下之御世也 於是阿智王奏請日 臣旧居在於帶方 人民男女皆有才芸 近者寓於百濟高麗之間 心懷猶予未知去就 伏願天恩遣使追召之 乃勅遣臣八腹氏 分頭發遣 其人民男女 擧落隨使盡來 永爲公民 積年累代 以至于今 今在諸國漢人亦是其後也.

물론 阿知使主가 동쪽에 성스러운 왕이 있어서 귀속했다든지, 사자를 파견해 달라고 해서 八腹氏를 따라 왜국으로 왔다는 『續日本紀』의 내용을 전

---

29) 東韓之地는 『日本書紀』, 廣開土王碑文, 『三國史記』 地理誌 등을 분석하면 소백산맥을 비롯한 경북 북부로 판단되어 東쪽의 韓地라는 명칭과 부합한다는 것을 알 수 있다. 東韓之地 및 枕彌多禮, 谷那 등에 대한 자세한 내용은 본서 제Ⅰ편 제2장 참조

적으로 사실이라고 보기는 어렵다. 하지만, 이는 廣開土王碑文에 기록된 永樂 14년(404년) 帶方界의 침입과 관련이 있을 것으로 보인다.

즉, 백제의 故土인 帶方이 백제와 왜의 일시적인 공격으로 탈환되었으나 곧바로 고구려에게 점령당하면서 帶方에 살고 있던 阿知使主가 백제로 탈출해서 일본으로 건너갔던 것으로 볼 수 있을 것이다. 이때 廣開土王碑文에는 倭가 주체인 것처럼 기술되어 있지만, 앞서 언급했듯이 倭가 帶方界까지 올라 갈 하등의 이유가 없었으며 오히려 백제에게 帶方 회복이라는 명분이 있었다.

이상에서 살펴본 바와 같이 應神 8年(397년)의 기사, 應神 16年(405년)의 기사, 應神 20年(409년)의 기사는 모두 廣開土王碑文의 永樂 6년(396년), 永樂 8년(398년), 永樂 14년(404년)의 기사와 대응을 이루고 있다.

이 시기에 백제는 초기 고구려와의 전투에서 58개 城과 東韓之地를 상실하게 된다. 이후 백제는 왜와 和通을 하고 왜와 합동 작전을 통해 고구려를 공격한다. 특히, 백제의 故土였던 帶方界를 재차 공격하였으나 패퇴하고 만다. 이 무렵 阿知使主와 그의 아들 都加使主의 일행이 帶方으로부터 백제로 왔고 이후 일본으로 건너가게 된다. 405년 腆支가 왕이 되면서 백제는 잃었던 영역 중에서 東韓之地는 회복할 수 있었지만, 그 북쪽의 58城 지역은 회복하지 못했던 것으로 보인다. 이처럼 고구려에 대한 패배상을 기록하지 않고 천황주의 사관으로 과장, 윤색되어 있는 『日本書紀』의 기사를 재검토하면, 廣開土王碑文에 나오는 고구려와 백제의 전투 실상을 좀 더 자세히 파악할 수 있게 된다.

2. 倭의 新羅 침공과 패퇴의 실상

앞에서 廣開土王碑文의 永樂 6년(396년)에서 永樂 14년(404년)에 이르는 일련의 기사가 『日本書紀』 應神 8년 (397년), 應神 16년 (404년), 應神 20년

(409년)의 기사와 유사한 점이 있음을 살펴보았다.

그런데 永樂 6년과 永樂 14년의 사이에 신라의 변방과 任那加羅에서 왜
가 패퇴하는 廣開土王碑 永樂 10년(400년)조의 기사는 『日本書紀』에 보이지
않는다. 『日本書紀』는 통상 자신에게 유리한 기사는 과장하고, 불리한 기사
는 삭제하거나 윤색한 것으로 볼 때 고구려에 의해 패퇴하는 왜와 백제의
모습을 기록하지 않은 것으로 생각된다.

『三國史記』에는 阿莘王 12年(403년) 春2月 '倭國使者至 王迎勞之特厚'의
기사와 연이어 나오는 秋7月 '遣兵侵新羅邊境'의 기사로 당시의 정황을 짐
작할 수 있다. 또한 朴堤上 열전의 '倭遂遣兵邏戍新羅境外 會高句麗來侵 幷
擒殺倭邏人'에서 朴堤上이 왜국으로 건너갔던 당시의 상황이 廣開土王碑文
에 등장하는 한반도의 정세와 흡사한 면이 있음을 알 수 있다. 未斯欣의 경
우 『三國史記』에 의하면 402년, 『三國遺事』에서는 391년에 왜국에 인질로
파견된 것으로 되어 있기 때문에 毛麻利叱智가 등장하는 사건은 대체적으
로 400년을 전후로 한 시기의 기사로 추정된다.

이는 『日本書紀』 神功 攝政 前紀 冬10月[30]과 神功 5年[31]의 기사에 나오
는 微叱己知波珍干岐와 毛麻利叱智의 기사와 동일한 내용인 것을 알 수 있

---

30) 『日本書紀』 卷 第9 神功 攝政 前紀 冬10月 己亥朔辛丑
　　爰新羅王波沙寐錦 卽以微叱己知波珍干岐爲質 仍齎金銀彩色及綾羅縑絹 載于八十艘
　　船 令從官軍 是以 新羅王常以八十船之調 貢于日本國 其是之緣也 於是高麗 百濟二國
　　王 聞新羅收圖籍降於日本國 密令伺其軍勢 則知不可勝 自來于營外 叩頭而款曰 從今
　　以後 永稱西蕃 不絶朝貢 故因以定內官家 是所謂之三韓也 皇后從新羅還之
31) 『日本書紀』 卷 第9 神功 5年 春3月 癸卯朔己酉
　　新羅王遣汗禮斯伐 毛麻利叱智 富羅母智等朝貢 仍有返先質微叱許智伐旱之情 是以誂
　　許智伐旱而給之曰 使者汗禮斯伐 毛麻利叱智等告臣曰 我王以坐臣久不還而悉沒妻子
　　爲孥 冀覽還本土 知虛實而請焉 皇太后則聽之 因以副葛城襲津彦而遣之 共到對馬宿于
　　鉏海水門 時新羅使者毛麻利叱智等 竊分船及水手 載微叱旱岐令逃於新羅 乃造蒭靈置
　　微叱許智之床 詳爲病者 告襲津彦曰 微叱許智忽病之將死 襲津彦使人 令看病者 既知
　　欺而捉新羅使者三人 納檻中以火焚而殺 乃詣新羅 次于蹈鞴津 拔草羅城還之 是時俘人
　　等 今桑原 佐糜 高宮 忍海 凡四邑漢人等之始祖也.

다. 따라서 이들 기사 또한 『三國史記』 朴堤上 열전에서 나타나듯이 朴堤上
이 왜국으로 건너갔던 상황이며 그 전개과정이 廣開土王碑文에 등장하는
한반도의 정세와 유사하다는 점이 주목된다. 신라가 倭에 인질로 갔던 未斯
欣을 朴堤上을 통해 불러들일 수 있었던 것도 고구려에 의한 왜군의 격퇴
이후 신라가 고구려와 연합전선을 구축했기 때문에 가능했던 것으로 추측
된다. 이처럼 神功의 신라 정벌이란 전승 속에는 廣開土王碑文에서 볼 수
있는 4세기말~5세기초엽의 사실이 포함되어 있다.

백제는 397년 腆支를 왜국으로 보내 통호를 한 후[32] 倭國에 군사요청을
했던 것으로 보인다. 이는 廣開土王碑文 永樂 9년조와 10년조에 신라 국경
에 왜군이 가득 차 있다는 기록이라든지, 男居城에서 新羅城 사이에 왜군이
있었다는 기록을 통해 백제의 지원군으로 왔던 것을 알 수 있다.

그렇다면 이러한 永樂 10년조의 사실이 『日本書紀』에는 어떻게 표현되어
있을까?

실제 『日本書紀』를 보면 고구려와 대치하면서 전투를 했다는 기사는 보
이지 않는다. 다만, 앞서 東韓之地 등을 뺏었다가 다시 돌려주었다고 한
『日本書紀』의 표현 기법으로 보아서 고구려와 관련된 기사 중에서 왜국에
게 불리한 기사는 빼거나 다른 표현으로 윤색한 것으로 생각된다. 이러한
관점에서 『日本書紀』를 살펴보면, 腆支가 왜국에 파견되었던 應神 8년 (397
년)의 기사와 腆支를 보내면서 東韓之地를 주었다는 應神 16년 (405년)의
기사 사이에 위치한 한반도 관련 기사가 주목된다.

(ㅁ) 『日本書紀』 卷 第10 應神 14年
　　是歲 弓月君自百濟來歸. 因以奏之曰 臣領己國之人夫百廿縣而歸化. 然
　　因新羅人之拒 皆留加羅國. 爰遣葛城襲津彦 而召弓月之人夫於加羅. 然經
　　三年 而襲津彦不來焉.

---

32) 廣開土王碑文에는 399년으로 되어 있다.

弓月君이 120현의 백성을 데리고 귀화하려다가 신라에 막혀 葛城襲津彦을 파견하였다는 내용이다. 그런데, 이 기사에 나오는 葛城襲津彦은 神功 5년, 62년 應神 14년, 16년, 仁德 41년조 등 神功에서 仁德에 이르는 긴 기간 동안에 활동한 것으로 되어 있기 때문에 그 실재성이 의심되었던 인물이다. 『日本書紀』의 기년에 따르면 205년에서 353년까지 약 150여 년간의 기사에 등장하는 인물이 되어 버린다. 그러나 襲津彦이 등장하는 기사를 고찰하여 보면 여러 가지로 윤색되고 과장된 상황 하에서도 그의 실재성을 확인할 수 있다.

襲津彦이 등장하는 최초의 기사는 神功 5년으로써, 신라 인질 微叱許智의 탈출사건의 중심인물로 나온다. 그런데, 神功 5년 기사의 경우 微叱許智를 탈출시킨 연도를 『日本書紀』의 편년에 맞추어 205년으로 보는 것은 타당하지 않을 뿐만 아니라 이를 2주갑 내려 325년의 사건으로 보기도 어렵다. 앞서 고찰했듯이 『三國史記』와 『三國遺事』를 통해 박제상과 미사흔이 등장하는 고사는 418년 내지 425년 사이로 좁혀질 수 있기 때문이다. 따라서 이를 근거로 하면 襲津彦을 3세기의 인물로 보기보다 5세기경의 인물로 볼 수 있다.

또한 『日本書紀』에는 襲津彦의 딸이 仁德의 妃로 등장하고 있는데, 만약 襲津彦이 仁德 妃의 부친이라고 한다면 襲津彦은 應神과 동시대의 사람이 된다. 이로써 襲津彦이 전설상의 인물이라기보다 그가 실재했던 기간은 5세기 초엽으로 추정할 수 있을 것이다.[33] 따라서 (ㅁ) 應神 14年(403년) 襲津彦이 등장하는 기사는 박제상이 등장하는 5세기 초엽이 타당함을 알 수 있다.

그런데, 應神 14년 기사는 應神 16년의 기사와 동시에 고찰할 필요가 있다. 파견했던 襲津彦이 돌아오지 않자, 3년 후인 應神 16년(405년) 8월에 平群木菟宿禰 등을 보내 신라왕을 굴복시킨 후 襲津彦과 함께 弓月君의 백성을 이끌고 돌아온 것으로 되어 있기 때문이다.

---

33) 井上光貞, 「帝紀からまた葛城氏」, 『日本古代国家の研究』, 岩波書店, 1965, p.56

(ㅂ) 『日本書紀』卷 第10 應神 16年 8月

遣平群木菟宿禰·的戶田宿禰於加羅. 仍授精兵詔之曰 襲津彦久之不還.
必由新羅之拒而滯之. 汝等急往之擊新羅 披其道路. 於是 木菟宿禰等進精
兵 莅于新羅境. 新羅王愕之服其罪. 乃率弓月之人夫 與襲津彦共來焉.

廣開土王碑文에는 백제와 왜가 화통했다는 399년의 기록과 왜가 대방계
에 침입했다는 404년의 기록 사이에 永樂 10년조의 기사가 위치한다. 그런
데, 『日本書紀』 (ㅁ)과 (ㅂ)의 기사에서 신라 사람의 방해로 弓月君이 이끌
던 120현의 사람들이 오지 못하자 그 문제를 해결하기 위해 襲津彦을 파견
하였고, 그 보다 3년이 지난 뒤 정병을 보냄으로써 弓月君의 사람들과 襲津
彦이 돌아올 수 있게 되었다는 내용은 廣開土王碑文의 永樂 10년조의 사건
과 비슷한 정황을 갖고 있다.

즉, (ㅁ)에서는 신라가 방해하여 襲津彦가 돌아오지 못한 것으로 되어 있
지만, 실제는 고구려가 임나가라를 공격하고 왜군이 패퇴를 하고 있는 정황
을 이야기하고 있는 것이라고 생각된다. 그 결과 한반도에 파견되었던 襲津
彦이 3년 동안 돌아올 수 없게 되었고 결국 패하여 弓月君의 사람들과 함께
왜로 건너가는 정황을 의미하고 있는 것으로 추정된다.

이때의 상황은 廣開土王碑文에서도 목격되듯이 고구려가 점령지에 대해
羅人戍兵을 안치한 상태였다.[34] 즉, 점령하였다는 지역에 대해 영토로 편입

---

34) 廣開土王碑文 永樂 10年에 보이는 安羅人戍兵에 대해서 이를 안라의 국명으로 보는
   견해와 안라의 국명으로 보지 않는 견해가 있다. 安羅人戍兵을 안라의 국명으로 보
   고 안라의 병사로 보는 경우 안라가 고구려에 의해 동원이 되었다고 보는 설(南在
   祐, 「安羅의 成長과 對外關係硏究」, 성균관대학원 박사논문, 1998, pp.107-108)과
   백제를 돕는 동맹군으로 보는 설(千寬宇, 앞의 책, 1991 ; 金鉉球, 앞의 책, 1993 ;
   이영식, 「가야제국의 국가형성문제」, 『백산학보』32, 1985 ; 白承忠, 「加耶의 地域聯
   盟史硏究」, 부산대대학원박사학위논문, 1995), 왜가 지휘하는 안라인 병사로 보는
   설(末松保和, 『任那興亡史』, 吉川弘文館, 1956, pp.74-75)로 나뉜다. 또한 이를 안라
   의 국명으로 보지 않는 경우에는 신라의 병사를 안치했다고 보는 견해 (王健群,
   『好太王碑硏究』, 吉林人民出版社, 1984)가 있고, 이와 달리 고구려의 나인을 안치했

을 한 것이 아니라 순라군을 안치하였다는 의미이다. 때문에 고구려군이 왜
를 추격하여 순라군을 안치했던 곳은 가라의 전역이 아니라 從拔城을 비롯
한 일부의 성이었을 것으로 생각된다.[35]

이들 기사와 아울러서 『日本書紀』 神功 62년조의 기사가 주목된다.

> (ㅅ) 『日本書紀』卷 第9 神功 62年
> 新羅不朝. 卽年 遣襲津彦擊新羅.[百濟記云 壬午年 新羅不奉貴國. 貴國
> 遣沙至比跪令討之. 新羅人莊飾美女二人 迎誘於津. 沙至比跪 受其美女
> 反伐加羅國 加羅國王己本旱岐 及兒百久至·阿首至·國沙利·伊羅麻酒·爾
> 汶至等 將其人民 來奔百濟. 百濟厚遇之. 加羅國王妹旣殿至 向大倭啓云
> 天皇遣沙至比跪 以討新羅. 而納新羅美女 捨而不討. 反滅我國. 兄弟人民
> 皆爲流沈. 不任憂思. 故 以來啓. 天皇大怒 卽遣木羅斤資 領兵衆來集加羅
> 復其社稷.]

神功 62년조에서는 특히 「百濟記」에 沙至比跪로 쓰인 襲津彦에 대한 자
세한 상황을 알 수 있다. 神功 62년조는 襲津彦을 보내 신라를 치려했지만,
오히려 가라를 쳐서 가라의 왕이 그 인민을 데리고 백제로 도망했다는 것
이다. 그래서 木羅斤資를 보내 가라의 사직을 되돌렸다는 것이 대강의 줄거
리이다. 일설에 의하면 襲津彦은 천황이 노한 것을 알고 감히 공공연히 돌
아오지 못하고 숨었다고 되어 있다.[36]

(ㅅ)의 기사가 전체적으로 윤색되어 있기는 하지만, 이 기사를 통해 당시
왜와 백제, 가야諸國은 우호적인 관계에 있었음을 짐작할 수 있다. 廣開土

다고 보는 설(李成市, 앞의 논문)로 나뉜다.
35) 鈴木英夫, 『古代の倭国と朝鮮諸国』, 靑木書店, 1996, pp.54-55
36) 『日本書紀』卷 第9 神功 62年 分註
　　一云. 沙至比跪知天皇怒 不敢公還 乃自竄伏. 其妹有幸於皇宮者 比跪密遣使人 間天皇
　　怒解不. 妹乃託夢言 今夜夢見沙至比跪. 天皇大怒云 比跪何敢來. 妹以皇言報之. 比跪
　　知不免 入石穴而死也.

王碑文에도 4세기 후반과 5세기 초반에 왜가 백제, 가라와 우호관계를 맺고 있었던 것으로 되어 있다. 따라서 왜가 신라로부터 미녀를 받고 가라를 정벌했다는 내용은 역사적 사실이 아닌 허구일 가능성이 높다.

그런데 이 기사를 보면 (ㅁ) 應神 14년의 是歲조와 (ㅂ) 應神 16년의 8월조에서 '가라에 묶긴 弓月君의 인민을 데리고 오기 위해 파견된 襲津彦이 신라의 방해로 돌아오지 못하다가 木菟宿禰 등을 신라의 경계까지 파견하여 襲津彦이 궁월군의 인민과 같이 돌아올 수 있었다'는 기사와 동일한 모티브를 가지고 있는 것을 알 수 있다.

즉, (ㅅ)의 기사를 應神 14년, 16년조와 비교해보면, 井上光貞이 지적한 대로 沙至比跪의 행동이 應神紀 襲津彦의 행동과 일치하는 점이 있음을 알 수 있다.[37] i) 신라의 침략에 시달리는 가라에 파견되었다는 것, ii) 襲津彦이 독자적으로 문제를 해결할 수 없었다는 것, iii) 별도의 장군을 보내서 목적을 달성했다는 것 등 여러 가지 점에서 유사한 점이 보인다. 단지 다시 파견된 장군이 木羅斤資와 平群木菟宿禰인 점에서 차이가 있다. 하지만, 木菟宿禰로 되어 있는 것은 應神 3년조에 '백제의 辰斯王이 일본에 예의를 잃자 木菟宿禰 등을 파견하여 책망했다[38]'는 기록에 쓰였던 방식처럼 『日本書紀』 편찬자의 조작이 아닌가 생각된다.[39] (ㅅ)의 木羅斤資에 대한 서술은

---

37) 井上光貞, 앞의 논문, 1965, pp.58-59

38) 『日本書紀』 卷 第10 應神 3年
　　是歲 百濟辰斯王立之失禮於貴國天皇 故遣紀角宿禰 羽田矢代宿禰 石川宿禰 木菟宿禰 噴讓其无禮狀 由是 百濟國殺辰斯王以謝之 紀角宿禰等 便立阿花爲王而歸

39) 井上光貞의 경우 「百濟記」에 나오는 壬午年에 천착하여 神功 62年 분주 기사를 382년의 기사로 보고, 『古事記』 應神段에 백제의 照古王이 阿知吉師와 함께 말을 헌상했다는 기록 다음에 秦人의 기사가 나오는 것을 근거로 하여 375년 이전에 肖古王의 말 헌상이 있었고 이후 弓月君의 귀화, 382년에 沙至比跪가 파견되었던 것으로 보았다. (井上光貞, 앞의 논문, 1965) 하지만, 「百濟記」의 경우 『日本書紀』의 편자에 의해 후대의 사관으로 윤색된 흔적이 역력하기 때문에 壬午年이라는 기년을 따르는 것이 타당한지 의문시된다. 뿐만 아니라 『古事記』 應神段에 나오는 칠지도의 전달 등이 408년으로 확인됨에 따라 阿知吉師와 和邇吉師(王仁)의 渡日 및 秦人의

神功 49년조와 동일하게 木羅斤資를 파견한 주체가 야마토 정권이라는 것을 전제로 하고 있다.

이렇게 본다면, 왜와 백제가 아닌 제3세력에 의해 침략을 받은 加羅國의 己本旱岐 등이 백제로 피난을 온 후 木羅斤資에 의해서 구원되었다는 이야기는 역사적 사실일 수 있다. 그 제3세력은 아마 고구려이거나 신라일 것이다. 피난은 백제에 했으면서 구원은 야마토 정권이 했다는 것도 인정하기 어렵고 가야를 구원한 木羅斤資가 백제장군이었으므로 가라국이 구원을 요청한 세력이나 원군을 보낸 세력, 또한 신라를 치기 위해 군을 파견한 세력도 왜가 아니라 백제가 되어야 할 것이다.[40]

이때 木羅斤資가 가라에 이르러 사직을 복귀시켰다면, 신라와 싸워서 가라의 지역을 복귀시켰다는 이야기이다. 결국 가라는 백제에서 파견한 木羅斤資에 의해 다시 명맥을 유지할 수 있었던 것이다. 이 시기에 일시적으로 가야가 붕괴되고 이들 왕족들이 백제와 왜로 도망을 갔을 수 있다고 본다. 하지만, 木羅斤資에 의해서 다시 평정 복귀되었을 것으로 생각된다.

일단 (ㅅ) 神功 62조 분주에 나온 「百濟記」의 기사가 여러 가지로 윤색이 되어있는 것은 사실이지만, 木羅斤資가 가라를 구원하였다는 내용은 백제의 가라 7국의 평정사실과 연관되어 백제장군 木羅斤資가 가라와 관련이 깊은 인물이라는 것을 짐작케 한다.

제4절 神功紀 삼한정벌의 의미

행적도 『日本書紀』와 같이 應神段의 사실로 보는 것이 타당하다. 그렇다면 『古事記』應神段에 나오는 백제의 왕이 照古王으로 기록되어 있는 것은 오류인 것으로 판단된다.

40) 金鉉球, 앞의 책. 1993, pp.52-53

지금까지 廣開土王碑文과 비교하여 『日本書紀』의 神功紀와 應神紀에 실린 한반도 관련 기사를 중심으로 고찰해 보았다.

『日本書紀』 神功, 應神紀에 기록된 왜의 한반도 침탈 및 출병 기사를 추려보면 다음의 <표 1>과 같다.

〈표 1〉 『日本書紀』 神功, 應神紀 내 倭의 한반도 침탈 및 군사 파견 기록

	日本書紀 기년	내용
(가)	神功섭정전기 冬10월	삼한정벌 및 微叱己知波珍干岐를 볼모로
(나)	神功섭정전기 12월 分註	삼한정벌 및 宇流助富利智干의 고사
(다)	神功 49년 및 50년	木羅斤資에 의한 加羅7국 및 南蠻忱彌多禮, 4읍의 평정, 多沙城 하사
(라)	神功 62년 및 分註	沙至比跪의 가라 침략 및 木羅斤資의 사직 복구
(마)	應神 8년 3월	枕彌多禮, 峴南, 支侵, 谷那, 東韓之地를 빼앗음.
(바)	應神 14년	弓月의 인부를 가야에서 데리고 오도록 葛城襲津彦 파견
(사)	應神 16년 2월	東韓之地를 줌.
(아)	應神 16년 8월	平群木菟宿禰, 的戸田宿禰 등을 가라에 보내 襲津彦과 함께 돌아옴.

(가)의 神功 攝政 前紀 冬10月 신라 정벌 고사에는 微叱己知波珍干岐와 毛麻利叱智가 등장하고 있어 이 기사는 대체적으로 400년을 전후로 한 시기의 기사로 추정된다. 따라서 이는 廣開土王碑文에 나타난 시기의 역사상과 일치하고 있다.

廣開土王碑文에 나오는 한반도 내 倭의 전투기록은 倭가 독자적으로 행동한 것이 아니라 百濟의 요청에 의해 파병한 지원군이었던 것을 알 수 있다. 때문에 (가) 神功에 의한 삼한정벌 고사는 백제를 지원하기 위해 파병했던 倭의 기록이 과장, 윤색된 것임을 알 수 있다.

(나) 神功 섭정전기 12월 分註에 나오는 삼한정벌 기사는[41] 應神의 탄생

---

41) 『日本書紀』卷 第9 神功 攝政 前紀 12月 分註

時神稱其名曰 表筒雄 中筒雄 底筒雄 如是稱三神名 且重曰 吾名向匱男聞襲大歷五御魂速狹騰尊也 時天皇謂皇后曰 聞惡事之言坐婦人乎 何言速狹騰也 於是神謂天皇曰 汝王如是不信 必不得其國 唯今皇后懷姙之子 蓋有獲歟 是夜天皇忽病發以崩之 然後皇后

기록의 分註에 등장하는 일설로서 정작 神功紀와는 직접적인 관련이 없는 기록이다. 삼한정벌의 기사를 神功紀에 위치시키면서 『三國史記』에서 253년경에 등장하는 昔于老의 전승을 꿰맞추어 서술한 것에 불과하다. 이를 통해 일부 왜의 신라 내습 사실이 삼한정벌이라는 허구의 의식으로 포장되어 있음을 알 수 있다.

(다) 神功 49년 春3월 및 50년 夏 5월 기사의 경우 『日本書紀』에는 주체가 倭로 되어 있지만, 실상 백제에 의해 加羅 7국이 점령되고 南蠻忱彌多禮 및 4邑이 평정되었던 사실을 기술하고 있다. 특히 이들 기사는 백제장군인 木羅斤資에 의해 주도적으로 이루어지고 있어서 한반도 남부에 대한 木氏의 활동에 주안점을 둔 것으로 보인다.

결국 이들 기사는 후대에 일본으로 건너갔던 木氏 후예 씨족들에 의해 백제의 군사가 야마토 정권의 군사로 윤색되었던 것으로 보이는데, 이는 거꾸로 후대에 木氏 후예 씨족들이 야마토 정권의 주도층에 편입되어[42] 백제와 왜의 긴밀했던 관계를 보여주고 있는 것이다.

(라)의 神功 62년 기사, (바)의 應神 14년 기사, (아)의 應神 16년 8월 기사의 경우는 廣開土王碑文 永樂 9년 및 10년에 나오는 사건이 『日本書紀』에 표현된 것이다. 앞에서 언급했듯이 神功 62년의 가라 침공의 경우 실상

隨神教而祭 則皇后爲男束裝 征新羅 時神導之 由是隨船浪之遠及于新羅國中 於是新羅王宇流助富利智干 參迎跪之 取王船旣叩頭曰 臣自今以後 於日本國所居神御子 爲內官家 無絶朝貢 一云 禽獲新羅王詣于海邊 拔王臏筋令匍石上 俄而斬之埋沙中 則留一人 爲新羅宰而還之 然後新羅王妻不知埋夫屍之地 獨有誘宰之情 乃誂宰曰 汝當令識埋王屍之處 必篤報之 且吾爲汝妻 於是宰信誘言 密告埋屍之處 則王妻與國人 共議之殺宰 更出王屍葬於他處 時取宰屍 埋于王墓土底 以擧王櫬窆其上曰 尊卑次第固當如此 於是天皇聞之 重發震忿 大起軍衆 欲頓滅新羅 是以軍船滿海而詣之 時 新羅國人悉懼不知所如 則相集共議之 殺王妻以謝罪

42) 그 대표적인 예로 蘇我氏의 조상 蘇我滿智를 백제에서 渡日한 木滿致와 동일 인물로 보고 있는 것을 들 수 있다. (門脇禎二, 『飛鳥-その古代史と風土』新版, NHK出版, 1977, p.47 ; 志田諄一, 『古代氏族の性格と伝承』增補, 雄山閣, 1972, p.66 ; 金鉉球, 「백제의 木滿致와 蘇我滿智」, 『日本歷史硏究』25, 2007)

은 廣開土王碑文에 나타나 있는 바와 같이 고구려와 전쟁을 치루고 있는 백제에 대해 왜가 군사원조를 한 것이며 『日本書紀』 應神紀의 상황도 역시 廣開土王碑文에 나오는 사건을 기술하고 있는 것이다.

(마)의 應神 8년 3월 기사와 (사)의 應神 16년 2월의 기사에 나오는 東韓之地 등에 관한 내용은 廣開土王碑文의 永樂 6년 및 8년에 있었던 사건과 같이 이들 지역을 고구려에게 빼앗겼다가 東韓之地를 다시 탈환했던 사건을 기술하고 있는 것이다.

따라서 神功紀와 직접 관련이 없는 (나)와 백제의 기사로 볼 수 있는 (다)를 제외하면, 『日本書紀』 神功, 應神紀에 기록된 왜의 한반도 침탈 및 출병 기사는 고구려에 의해 공격을 당하고 있는 백제가 왜와 和通을 했던 서기 400년을 전후로 한 시기의 국제관계 속에서 파악할 수 있다. 고구려-신라로 연결되는 세력과 백제-가야-왜로 이어지는 구도 속에서 나타난 전쟁의 실상을 보여주고 있는 것이다.

따라서 이들 기사의 경우도 倭가 한반도에 파병하게 된 것은 백제 때문이었음을 알려주고 있으며, 당시 고구려와 백제의 전투에 倭가 백제의 지원병으로 참여했던 국제 관계의 실상을 보여주고 있는 것이다.

廣開土王碑文의 시대와 동시기라고 할 수 있는 應神紀에 고구려와의 전쟁 기록이 전혀 기재되어 있지 않고, 오히려 고구려가 백제의 땅을 빼앗은 것이 『日本書紀』 편찬자에 의해 일본이 백제의 땅을 빼앗은 것으로 개변된 것을 알 수 있다. 이를 통해 『日本書紀』의 편찬자가 천황주의적 사관에 의거하여 『日本書紀』를 편찬하면서 倭國이 고구려에게 비참하게 패했던 당시의 사실을 윤색하고, 일부러 백제의 지원군으로 왔던 倭의 파병기사를 누락시킨 것으로 판단된다.

그러고는 오히려 神功紀에 삼한정벌로서 파병의 기사를 왜곡하여 위치시켰을 가능성이 크다. 그 증거로서는 七支刀(七枝刀)의 기사가 있다. 七枝刀의 전달이 『日本書紀』에는 神功 52년조에 기술되어 있으나[43] 『古事記』에는

和邇吉師(王仁)의 渡日과 함께 應神段에 쓰어있다.44)

石上神宮에 보관되어 있는 七支刀의 명문을 재고찰하면, 七支刀는 408년 백제의 腆支王 4년 11월 16일에 만들어진 것이며 百濟王世子 久爾辛이 진귀하게 태어난 것을 계기로 倭王에게 하사된 칼인 것을 알 수 있다. 즉, 5세기 초 한반도 내에서 백제와 고구려가 치열한 전투를 하였던 상황을 통해 七支刀가 제작되었던 역사적 배경을 알 수 있다.45)

따라서 『古事記』에 의해 전승되던 내용이 『日本書紀』의 편찬과정에서 神功의 것으로 윤색되었을 가능성이 크다고 할 수 있다. 이처럼 『日本書紀』 神功紀에는 應神紀에 기재되어야 할 내용이 혼재되어 기록되었음을 알 수 있다. 즉, 廣開土王碑文에 나타나는 정황이 후대에 창작되어 神功紀 안에 같이 기록, 삽입되었던 것이다.

그런데 『宋書』의 기록에 의하면, 對고구려전을 직접 지원했거나 413년에 중국에 사신을 파견한 왜왕은 讚에 해당하는 것으로 보인다.46) 기년이 불분명하고 후대에 윤색, 삽입되었던 것이 분명한 『日本書紀』 神功, 應神紀의 기록을 신뢰하기 어렵기 때문에 이 시기는 중국 측의 기록에 타당성이 있다고 판단된다. 倭의 5왕에 대해서는 『日本書紀』에 나오는 天皇과 비정을 하려는 노력들이 있는데, 계보상 대체적으로 讚을 『日本書紀』에 기록되어 있는 履中으로, 珍을 反正, 濟를 允恭, 興을 安康, 武를 雄略으로 비정하고 있다.47)

---

43) 『日本書紀』 卷 第9 神功 52年 秋9月丁卯朔丙子
    久氏等從千熊長彦詣之 則獻七枝刀一口七子鏡一面 及種種重寶
44) 『古事記』 應神段
    貢上橫刀及大鏡 又科賜百濟國 若有賢人者貢上 故受命以貢上人名 和邇吉師 卽論語十
    卷 千字文一卷 幷十一卷付是人卽貢進 [此和邇吉師者 文首等祖]
45) 본서 제Ⅰ편 제1장 참조
46) 倭王 讚은 對고구려전을 직접 지원한 당사자였거나 적어도 당시의 상황을 생생하
    게 기억하고 있는 인물로 추정된다. (김현구, 앞의 논문, 2009 참조)
47) 藤間生大, 『倭の五王』, 岩波新書, 1968, p.36

그렇다면 『日本書紀』의 神功紀는 중간에 삽입된 것이고 應神紀는 왜왕 讚의 행적을 대체하여 설정되었던 것을 알 수 있다. 『日本書紀』에서 기년의 문제가 대두된 것도 실상은 神功을 『三國志』魏志의 卑彌呼와 일치시키면서 2주갑을 수정했던 때문인데, 따라서 『日本書紀』에는 후대에 만들어진 神功紀과 應神紀가 중간에 삽입되었을 가능성은 더욱 크다.

그렇다면 『古事記』와 『日本書紀』가 성립되는 시기 이전에 어떤 역사적 사실이 神功, 應神 전승의 모태가 되었을까. 이를 판단하기 위해서는 神功의 전승 속에 推古, 皇極, 持統이라는 3명의 여왕과 함께 巫女로서 나타나는 神功의 모습이 주목된다.

실제 神功의 전승은 신라정벌을 포함하여 神託, 氣比大神에 대한 참배, 應神에게 술을 권하는 神功의 이야기 등으로 구성되어 있다. 또 중요한 것은 應神의 어머니로서 활약하는 神功의 모습이 나타나고 있다는 것이다. 산달이었는데도 돌을 들어 허리에 차서 출산을 지연시키고, 바다 건너 신라정벌을 감행한 후 돌아와 筑紫의 宇瀰에서 應神을 낳았다고 하는 전체적인 구성에서 神功과 應神은 하나의 세트로 나타나고 있다.

또한 『日本書紀』神功 섭정전기 12월 分註의 기사를 보면, 神功의 전승에 表筒雄神, 中筒雄神, 底筒雄神의 3神을 가리키는 住吉신앙이 나타나고 있다. 『日本書紀』繼體紀에 다음과 같은 기사가 나온다.

(○) 『日本書紀』 卷 第17 繼體 6年 冬12月
　　物部大連 方欲發向難波館 宣勅於百濟客. 其妻固要曰 夫住吉大神 初以海表金銀之國 高麗 百濟 新羅 任那等 授記胎中譽田天皇. 故大后息長足姬尊 與大臣武內宿禰 每國初置宮家 爲海表之蕃屏 其來尙矣.

任那 4縣을 百濟에 할양하게 되자 物部大連의 부인이 이를 말리면서 한 이야기이다. 6세기 일본이 任那 지배를 전제로 한 국토할양 기사로서 神功

의 삼한 정벌기사를 상기시키고 있다. 이 기사는 『日本書紀』撰者에 의해 윤색된 기사이기는 하지만 여기서 住吉大神이 胎中譽田天皇에게 高麗, 百濟, 新羅, 任那 등을 주었다고 하여 이를 한반도 지배의 기원으로 삼고 있는 것을 볼 수 있다. 住吉大神은 원래 해상 안전을 수호하는 航海神인데, 이 신앙이 神功의 신라 침공 전승을 통해 나타나고 있는 것이다. 이는 北九州와 한반도를 출항하는 이들이 航海神인 住吉大神에게 행했던 기원 신앙에 근저를 두고 있을 것으로 보인다.[48]

이처럼 神功 전승의 원형을 찾는 작업은 바다 저편에서 건너와 해변에 자식을 낳는 母子神의 신앙에서 찾을 수 있다.[49] 北九州와 壹岐, 對馬를 渡海하는 神功의 전설이 神功의 女神的 측면과 應神의 海童的 측면이 융합된 '水邊의 小童과 母神'이라는 海童신앙으로 나타났을 것이다.[50] 이것이 민간층에 널리 퍼졌던 오호타라시히메(オホタラシヒメ)와 八幡神의 이야기가 중심이 되어 神功과 應神 전승으로 발전했을 것이다.[51] 또한 당시 北九州에서 나타난 '水邊의 小童과 母神'에 대한 祭儀가 이상적인 존재로 한반도 정벌을 행한 巫女 여왕의 형태로 나타나게 되었던 것이라고 생각한다.

『日本書紀』보다 먼저 나왔다고 추정되는 『古事記』의 경우는 神功에 관한 행적을 仲哀記에 같이 두고 있으나 『日本書紀』에서는 神功에 대해 攝政紀라는 本紀를 따로 두고 있다. 이를 통해 『古事記』의 기본적 전승 내용을 토대로 하여 『日本書紀』가 여러 기사를 혼합하여 따로 神功紀를 설치했을 것으로 생각된다. 따라서 그 근저는 『古事記』에 두고 있을 터인데, 최초 『古

---

48) 塚口義信, 『神功皇后伝説の研究―日本古代氏族伝承研究序説』, 創元社, 1980, pp.32-33
49) 三品彰英, 『増補 日鮮神話伝説の研究(三品英彰論文集4)』, 平凡社, 1972 ; 上田正昭, 『日本の女帝-古代日本の光と影』, 講談社, 1973
50) 米沢康, 「神功皇后伝説の一考察-その祭儀の基礎と発展」, 『神道史研究』10-2, 1962
51) 塚口義信은 香椎宮에 얽힌 오호타라시히메(オホタラシヒメ)의 전승과 風土記的인 지방전설이 첨가되어 神功의 이미지를 만들었을 것으로 보고 있다.(塚口義信, 앞의 책, 1980, pp.11-85)

事記』의 神功 전설의 성립에 있어서 유력한 사료로 추측되는 것은 「帝紀」, 「舊辭」였을 것으로 판단된다. 「帝紀」, 「舊辭」의 성립시기에 대해 정리된 견해를 표명했던 것은 津田左右吉였다.[52] 그는 「舊辭」의 성립연대에 대해 『古事記』에 顯宗까지 설화가 있는 것을 근거로 하여 그로부터 멀지 않은 欽明朝 전후일 것으로 추측했으며 「帝紀」의 경우도 安閑記 및 敏達記 이하에서 연령의 기재가 없다든지, 仁賢, 武烈, 宣化, 欽明記에서 연령도 陵의 소재도 기술하고 있지 않는 점 등을 들어 「舊辭」의 성립시기와 같은 欽明朝 전후로 상정했다. 그의 견해대로 「帝紀」, 「舊辭」의 성립시기를 欽明朝 전후로 보다면 神功의 전승은 「帝紀」, 「舊辭」가 성립된 시점 이전에서 그리 멀지 않은 시기에 있었던 어떠한 사실이 그 기술에 영향을 주었다고 추측할 수 있을 것이다. '한반도와의 관련 속에서 北九州의 海中에서 낳은 아이,' '바다 저편에서 건너와 해변에 자식을 낳는 어머니'라는 측면에서 보면 『日本書紀』 雄略紀에 기재되어 있는 武寧王의 탄생 전승이 주목된다.

(ㅈ) 『日本書紀』 卷 第14 雄略 5年 6月 丙戌朔
　　孕婦果如加須利君言 於筑紫 各羅嶋産兒. 仍名此兒曰嶋君. 於是 軍君
　　卽以一船 送嶋君於國. 是爲武寧王. 百濟人呼此嶋曰主嶋也.

이처럼 孕婦가 백제에서 일본으로 가는 海中 筑紫의 各羅嶋에서 嶋君을 출산했다는 武寧王의 탄생 설화가 北九州 母子神의 신앙에 영향을 주었을 것으로 생각된다. 지금도 北九州와 對馬 일대에는 神功의 정벌 고사와 應神의 탄생 고사가 넘치고 있지만, 孕婦에 의해 渡海하는 과정에서 武寧王이 태어났다고 전하는 各羅嶋(加唐島) 오비야(オビヤ)浦의 경우도[53] 神功의 설

---

52) 津田左右吉, 앞의 책, pp.46-48
53) 古代의 航路도 松浦, 呼子, 加唐島, 壹岐, 對馬라는 연안 루트를 통해 한반도로 이동했을 것으로 보이기 때문에 航路 중에 보이는 加唐島가 嶋君이 태어났던 各羅嶋일 가능성은 높다.

화와 맞물려 있다. 오비야浦라는 이름은 神功이 아들 應神을 임신했을 때 松浦 지방에 들어와 신라를 정벌할 준비를 하다가 着帶式을 했다는데서 연유했다고 한다.[54] 이는 神功의 전승이 武寧王이 생존한 5~6세기적인 상황과 겹쳐진다고 하는 견해와도 일견 상통하는 면이 있다.[55] 이처럼 神功의 전승은 孕婦와 武寧王의 탄생이 神功과 應神이라는 母子神의 신앙과 맞물려 나타남으로써 전승의 모태를 제공했던 것으로 추정된다. 이러한 무령왕의 탄생설화가 繼體, 欽明朝를 중심으로 한 기간에 息長 계통의 神功 전승 설화에 영향을 주었던 것으로 생각된다.

『古事記』에서 神功의 모계의 시조로 신라왕자 天之日矛를 기록한 계보가 존재하고 있는 것과 武寧王의 탄생과 연결된 母子神의 전승은 神功 전승의 모태가 되었던 한반도 관련 요소가 神功의 삼한정벌이라는 설화적 요소로 변형되어 나타나고 있는 것을 보여주고 있다.

이처럼 한반도와의 관련 속에서 파악할 수 있는 神功과 應神의 존재가 오히려 역으로 神功의 삼한정벌이라는 테제로서 『日本書紀』 찬자들의 창작 소재가 되었던 것으로 판단된다.

제5절 맺음말

『日本書紀』에 나오는 神功, 應神紀의 한반도 출병 및 침탈 기사를 廣開土王碑文에 나오는 기사와 대조하여 보면, 대부분 廣開土王碑文에서 볼 수 있는 4세기말~5세기초엽의 사실이 『日本書紀』 찬자에 의해 윤색되어 있는 것

---

54) 현지 사람들에 의하면 오비야浦라는 이름은 임신부가 복대하는 날을 축하하는 행사인 오비이와이(おびいわい)가 변해서 된 말이라고 한다. (홍성화, 『한일고대사 유적답사기』, 삼인, 2008, p.289)
55) 三品彰英, 앞의 책, pp.162-176

을 알 수 있다.

즉, 4세기말~5세기초엽에 고구려와 전쟁을 치루고 있는 백제에 대해 倭가 군사원조를 한 사실이 과장되거나 왜곡되어 『日本書紀』 神功, 應神紀의 창작 소재가 되었던 것이다.

본고에서 검토한 바, 『日本書紀』의 神功 攝政 前紀 冬10月 신라 정벌의 고사, 神功 62년 및 分註 沙至比跪의 가라 침략의 기사와 應神 14년 및 應神 16년 8월의 葛城襲津彦 관련 기사, 그리고 應神 8년 3월 및 應神 16년 2월에 나오는 東韓之地 등과 관련된 기사는 고구려에 의해 공격을 당하고 있는 백제가 倭와 和通을 하여 왜를 고구려와의 전쟁에 끌어들였던 사실을 『日本書紀』의 찬자가 천황주의적 사관에 의거하여 윤색한 것임을 알 수 있었다.

이처럼 『日本書紀』 神功紀, 應神紀에는 신라 침입과 한반도 남부에 대한 대규모 출병 사실이 主를 이루고 있지만, 廣開土王碑文에 나와 있는 396년~407년의 기사와 비교해보면 백제가 왜와 和通한 정황, 帶方界까지 이른 점 등을 통해 한반도에 왜가 출병하였다는 것은 당시 고구려와 백제와의 세력 다툼 속에서 倭가 百濟에 지원군으로 왔던 사실의 윤색이었음을 확인할 수 있었다.

또한 『日本書紀』의 神功, 應神紀가 한반도와의 관계 속에서 서술되고 있는 것처럼 神功의 전승 또한 孕婦에 의한 海童의 탄생, 즉 武寧王 탄생과 같은 한반도와의 관계 설정을 통해 태동하게 된 것으로 추정된다.

결국 『日本書紀』에서는 광개토왕 시기에 있었던 한반도 파병 사실을 삼한정벌과 한반도 지배의 기원으로 설정하였던 것이지만, 이 시대에 나타난 한반도와 일본 열도의 관계는 실질적으로 倭가 백제에 제공한 군사 지원 외교의 시발점으로 볼 수 있을 뿐이다.

제Ⅱ편
5세기대 백제와 왜의 관계

제1장 5세기 百濟의 정국변동과 倭 5王의 작호

제1절 머리말

『日本書紀』는 4~6세기 동안 야마토 정권이 任那를 중심으로 한반도를 경영했다는 지배관념으로 기술되어 있다. 그중에서 특히 5세기는 4세기 神功의 삼한정벌에서 6세기 任那日本府로 이행하는 중간 고리 역할을 하고 있기 때문에 야마토 정권의 '한반도 남부 경영론'을 형성하는 중심축을 형성하고 있다.

뿐만 아니라, 5세기는 『日本書紀』 외에 廣開土王碑文, 『宋書』 등의 자료해석을 통해서도 古代 韓日關係에 있어서 많은 논쟁을 불러일으키고 있는 시기이기도 하다. 따라서 한반도와 일본열도의 관계에 있어서 5세기에 대한 이해가 무엇보다 중요하다고 할 수 있다.

5세기초의 상황을 대변하고 있는 廣開土王碑文의 경우 그 해석과 관련하여 많은 연구가 이루어지기는 했지만, 廣開土王碑文에서 보이는 辛卯年條의 기사1)를 비롯하여 당시 고구려와 전투를 했던 주체가 누구인가에 대한 문제가 쟁점으로 남아있다. 따라서 한반도 내 倭의 활동을 어떻게 이해해야 할 것인가에 대한 문제 및 고구려에 대항하는 주체에 대한 문제는 여전히 논란이 되고 있다.2)

---

1) 廣開土王碑

　　百殘新羅 舊是屬民 由來朝貢 倭以辛卯年來 渡[海]破百殘 □□□羅 以爲臣民
2) 廣開土王碑文에 나오는 倭의 출병이 한반도 남부 지배를 위해 이루어진 것으로 보

또한『宋書』등 중국의 사료에 등장하는 5세기의 소위 倭 5王이 한반도 남부에 대한 諸軍事權을 자칭하고 제수를 요청했던 문제가 쟁점으로 남아 있다.[3] 倭國에서는 421년 倭王이 南朝의 宋에 조공한 이래 중국에 朝貢 및 爵號 除授를 요청하는 기사가 나타나는데, 438년 倭國 讚의 동생인 珍이 '使持節都督 倭 百濟 新羅 任那 秦韓 慕韓 六國諸軍事 安東大將軍 倭國王'을 자칭하면서 승인해주기를 요청하고 있으며, 451년에는 宋이 濟에게 '安東將軍 倭國王'과 백제가 빠진 '使持節都督 倭 新羅 任那 加羅 秦韓 慕韓 六國諸軍事'를 加號하고 있다. 이후 武가 '使持節都督 倭 百濟 新羅 任那 加羅 秦韓 慕韓 七國諸軍事 安東大將軍 倭國王'을 자칭하며 조공하자 478년 武에게 '使持節都督 倭 新羅 任那 加羅 秦韓 慕韓 六國諸軍事 安東大將軍 倭國王'을 授爵하고 있다.

그동안 倭王의 都督諸軍事號에 대해서는 倭가 한반도 남부에 군사적 지배권을 가진 것으로 이해하는 일본학계의 통설[4]을 비판한 연구가 한국학계

아 倭를 주체로 하는 견해(末松保和,『任那興亡史』, 吉川弘文館, 1956, pp.71-78), 왜 군을 가야의 용병으로 보아 가야를 주체로 하는 시각(김태식,「4~5세기 東北아시아의 격변과 加耶系 日本移住民」,『韓國의 騎馬民族論』, 2003, pp.205-206), 왜군을 백제의 지원군으로 보아 백제를 주체로 하는 견해(千寬宇,「廣開土王碑文 再論-廣開土王의 '廣開土境'」,『加耶史研究』, 일조각, 1991 ; 김현구,「5세기 한반도 남부에서 활약한 倭의 實體」,『日本歷史研究』29, 2009) 등이 대표적인 것이라고 할 수 있다.

3)『宋書』에 나오는 倭王에 대해서는 畿內의 야마토가 아닌 北九州 등지의 왜로 보는 견해도 있지만, (井上秀雄,『任那日本府と倭』, 東出版, 1973 ; 古田武彦,『失われた九州王朝』, 角川文庫, 1979 ; 千寬宇,「広開土王陵碑と任那問題」,『韓』2-3, 1973) 廣開土王碑文과『三國史記』에 나오는 전지왕의 기사가 서로 일치하는 정황이 있기 때문에 당시 일본열도를 대표하는 세력으로서 야마토 倭를 상정할 수 있을 것이다. 또한『宋書』왜왕 武의 상표문에 나오는 '東征毛人五十五國 西服衆夷六十六國 渡平海北九十五國'에서 海北을 한반도로 볼 수밖에 없을 뿐만 아니라 계보상 대체적으로 讚을『日本書紀』에 기록되어 있는 履中으로, 珍을 反正, 濟를 允恭, 興을 安康, 武를 雄略으로 비정할 수 있기 때문에 (藤間生大,『倭の五王』, 岩波新書, 1968, p.36) 畿內의 야마토 倭인 것으로 판단된다.

4) 坂元義種,『古代東アジアの日本と朝鮮』, 吉川弘文館, 1978

에서 이루어지기는 했다.[5] 하지만, 여전히 倭가 한반도 남부에 대한 諸軍事權을 요청했던 이유가 무엇이며 5세기 한반도와 일본열도의 관계를 어떻게 평가해야 하는 것인지에 대한 종합적인 연구가 부족한 것이 사실이다.

이처럼 5세기의 문제는 廣開土王碑文에 나오는 국제관계의 실태와 한반도 남부에 대한 倭의 제군사권의 문제로 요약해볼 수 있는데, 이것을 어떻게 이해하느냐에 따라 결국은 6세기 임나문제를 어떻게 바라볼 수 있는가에 대한 논의와 직결될 수밖에 없을 것이다.[6] 이에 본고에서는 5세기 한반도와 일본열도의 문제에 대해 고찰해보고자 한다.

제2절 5세기초 百濟와 倭의 관계

5세기초 한반도와 일본열도의 현황은 廣開土王碑文을 비롯하여 『三國史記』 및 『日本書紀』를 통해 파악할 수 있다. 396년 백제가 고구려에게 58성 700촌을 빼앗기는 패배를 당하자[7] 다음 해인 397년 腆支를 倭에 보내 倭를

---

5) 이영식, 「五世紀 倭國王의 爵號에 보이는 韓南部諸國名의 意味」, 『史叢』34, 1988, 고대사학회 ; 연민수, 「왜의 오왕시대의 대외관계」, 『고대한일관계사』, 혜안, 1998 ; 이재석, 「5세기 倭王의 對南朝外交와 통교 단절의 요인」, 『日本歷史研究』13, 일본사학회, 2001 : 「5세기 百濟와 倭國의 관계」, 『百濟研究』39, 2004 ; 梁起錫, 「5세기 百濟와 倭國의 관계」, 『왜5왕 문제와 한일관계』, 한일관계사연구논집2, 2005 ; 盧重國, 「5世紀 韓日關係史-『宋書』 倭國傳의 검토」, 『한일역사공동연구보고서(제1분과편)』, 한일역사공동연구위원회, 2005
6) 물론 과거 末松保和에 의해 구축된 고전적인 야마토 정권의 任那 지배설은 부정되고 있는 것으로 보이지만, 일본학계의 흐름을 보면, 末松保和를 위시한 기존 학계의 통설적 견해를 부정하는 것이지 정작 倭의 임나 지배 자체를 부정하고 있지는 않다. (山尾幸久, 「任那に関する一試論-史料の檢討を中心に」, 『古代東アジア史論集(下)』, 吉川弘文館, 1978, pp.198-202 ; 請田正幸, 「六世紀前期の日朝関係-任那「日本府」を中心として」, 『朝鮮史研究会論文集』11, 1974 ; 大山誠一, 「所謂‘任那日本府’の成立について」, 『日本古代の外交と地方行政』, 吉川弘文館, 1999, p.56)

끌어들이는 내용이 『三國史記』 및 『日本書紀』에 등장하고[8] 廣開土王碑文 399년조 '百殘違誓 與倭和通'을 통해 당시 백제와 왜가 고구려에 대항하고 있었던 내용을 확인할 수 있다.

이처럼 5세기초 한반도의 상황은 고구려와 백제가 전투를 하는 구조에서 왜가 지원군으로 왔던 정황을 알 수 있지만, 廣開土王碑文의 경우 辛卯年條의 기사를 비롯하여 '永樂 10년 고구려가 신라를 구원해서 倭를 任那加羅까지 추적했다'든지 '永樂 14년 帶方界에 침입한 倭를 고구려가 저지했다'든지 하는 기록 등 고구려의 입장에서 서술된 흔적이 있기 때문에 이로 인해 당시 고구려에 대항하는 주체에 대해 논쟁이 있었던 것이 사실이다.

하지만, 奈良縣 天理市 石上神宮에 일본의 국보로 보관되어 있는 七支刀 銘文을 재해석하게 되면 5세기초 廣開土王碑文에 등장하는 시기에 있어서 百濟와 倭의 관계를 명확히 파악할 수 있게 된다.[9]

종래 七支刀에 대해서는 福山敏男과 榧本杜人 등이 七支刀 명문에 나오

---

7) 廣開土王碑 永樂 6年 丙申 (396년).
王躬率水軍 討伐殘國. 軍□□南 攻取壹八城 臼模盧城 各模盧城 幹氏利城 □□城 閣彌城 牟盧城 彌沙城 □舍蔦城 阿旦城 古利城 □利城 雜[珍]城 奧利城 勾牟城 古須耶羅城 莫□□ □□城 □而耶羅[城] 瑑城 於利城 □□[城] 豆奴城 沸[城] 比利城 彌鄒城 也利城 大山韓城 掃加城 敦拔城 □□□城 婁賣城 散□城 那旦城 細城 牟婁城 于婁城 蘇灰城 燕婁城 析支利城 巖門□城 [林]城 □□□□□□□利城 就鄒城 □拔城 古牟婁城 閏奴城 貫奴城 彡穰城 □□城 □□盧城 仇天城 □□□□□其國城. 殘不服義 敢出百戰 王威赫怒 渡阿利水 遣刺迫城. 殘□歸穴 □便圍城 而殘主困逼 獻出男女生口一千人 細布千匹 跪王自誓 從今以後 永爲奴客. 太王恩赦□迷之愆 錄其後順之誠. 於是得五十八城 村七百 將殘主弟幷大臣十人 旋師還都.
8) 『三國史記』 卷25, 百濟本紀 阿莘王 6年(397년).
夏五月 王與倭國結好, 以太子腆支爲質
『日本書紀』 卷10, 應神 8年(397년).
春3月 百濟人來朝[百濟記云 阿花王立无禮於貴國 故奪我枕彌多禮 及峴南, 支侵, 谷那, 東韓之地 是以 遣王子直支于天朝 以脩先王之好.]
9) 이하 七支刀에 대한 새로운 해석에 대해서는 본서 제Ⅰ편 제1장 石上神宮 七支刀에 대한 一考察의 내용을 요약, 인용한다.

는 연호를 泰和로 보고 泰和 4년=太和 4년으로 본 이래[10] 칠지도의 제작연도를 369년이라고 보았던 것이 유력한 설이었다. 따라서 369년이라는 연도의 도출은 『日本書紀』 神功 49년 荒田別, 鹿我別 등이 백제를 구원하기 위하여 신라를 토벌하고 木羅斤資가 加羅7국을 정벌한 후 南蠻忱彌多禮를 정벌하였다는 사건을 이유로 하여 神功 52년 백제 近肖古王과 太子가 倭王에게 헌상했다[11]는 통설을 이끌어냈다.

그러나 1996년 村山正雄에 의해 간행된 『石上神宮七支刀銘文圖錄』에서 1977년과 1978년 찍은 七支刀 銘文의 확대 근접사진과 1981년 NHK에서 촬영한 X-레이 사진을 관찰하면[12] 지금까지 七支刀 앞면의 제작월이 五月의 五자가 아닌 年月의 글자 사이에 '十'자가 검출되고 있는 것을 알 수 있다. 따라서 새로이 검출된 十자와 바로 이어지는 글자를 통해 十一月로 볼 수 있게 되었다.[13]

따라서 『二十史朔閏表』, 『三正綜覽』 등에 근거하여 日干支가 일치하는 연도를 찾아보면 腆支王 4년인 408년 11월 16일이 丙午에 해당되기 때문에 칠지도의 제작 연도는 기존의 통설인 근초고왕 24년이 아닌 腆支王 4년인 것을 알 수 있다.[14]

---

10) 福山敏男, 「石上神宮の七支刀」 『美術研究』158, 1951, pp.106-136 ; 榧本杜人, 「石上神宮の七支刀とその銘文」, 『朝鮮学報』3, 1952

11) 『日本書紀』 卷 第9 神功 52年 秋9月丁卯朔丙子.
   久氏等從千熊長彦詣之 則獻七枝刀一口七子鏡一面 及種種重寶

12) 村山正雄, 『石上神宮 七支刀銘文図錄』, 吉川弘文館, 1996

13) 이는 X선 사진 판독 결과를 계승한 木村誠에 의해 제기되었다.(木村誠, 「百済史料として七支刀銘文」, 『人文学報』306, 2000 : 『古代朝鮮の国家と社会』, 吉川弘文館, 2004)

14) 손영종도 七支刀의 泰□ 4년을 腆支王 4년으로 본 바 있으나 그는 七支刀의 銘文을 5월 13일 丙午로 잘못 판독하여 설정하고 있다. (손영종, 「백제7지도의 명문 해석에서 제기되는 몇가지 문제(1)」, 『력사과학』4, 1983) 七支刀 銘文을 11월 16일 丙午로 보아 408년 설을 취한 필자의 논고(제Ⅰ편 제1장) 이후 이와 같은 논리로 408년설을 취한 입장으로는 조경철, 「백제 칠지도의 제작 연대 재론: 병오정양(丙午正陽)을 중심으로」, 『백제문화』42, 2010이 있다.

즉, 408년 11월 16일 七支刀가 제작되어[15] 이듬해인 409년에『三國史記』 腆支王 5년에 보이는 倭國의 사신에게 전달되었던 것이다.[16]

특히 腆支王의 경우는『三國史記』와『日本書紀』를 통해서도 왜에 갔다가 돌아와서 왕이 된 인물임을 알 수 있고, 腆支王이 생존했던 시기는 廣開土 王碑文을 통해서도 고구려에 침탈당했던 백제가 왜와 화통을 하여 백제와 왜의 밀접했던 관계를 파악할 수 있기 때문에 七支刀의 銘文은 4세기 중엽 이 아닌 5세기초의 상황을 알려주는 중요한 금석문임을 알 수 있다.

칠지도를 408년에 제작된 것으로 볼 경우 그동안 논란이 분분했던 '百濟 王世子奇生聖音'에 대한 해석이 제대로 이루어지게 된다. 일단 408년이면 七支刀의 뒷면에 나오는 百濟王世子는 근구수가 아닌 전지왕의 아들 久爾辛 으로 볼 수 있게 된다. 특히 명문에 나오는 '聖音'을 '佛陀의 목소리,' '釋尊 의 가르침', '釋尊의 은택' 등 불교 용어로 볼 수 있기 때문에[17] 奇生의 뜻 은 '진귀하게 태어남' 또는 '기이하게 생겨남'이라는 해석이 가능하게 되 어[18] '奇生聖音'의 銘文은 '聖音으로 진귀하게 혹은 신성하게 태어나다' 곧 부처님의 가호로 왕세자가 태어났다는 뜻으로 볼 수 있다.

따라서 銘文에 나오는 '百濟王世子奇生聖音故爲倭王旨造傳示後世'의 문구 는 '百濟王世子 久爾辛이 부처님의 가호로 진귀하게 태어났기 때문에 倭王 을 위하여 만들 것을 지시하니 후세에 전하여 보여라'로 해석할 수 있다.

---

15)『古事記』에 照古王이 橫刀를 바쳤다고 기록하고 있지만, 七支刀의 전달이 和邇吉師 (王仁)의 渡日과 함께 應神段에 들어있다.『日本書紀』를 통한 應神代의 상황은 광 개토왕비문에 보이는 5세기초와 일치하고 있기 때문에 七支刀가 5세기초의 시기에 제작되어 倭에 전달되었을 가능성을 높이고 있다.

16)『三國史記』卷25, 百濟本紀 腆支王 5年(409년).
　　倭國遣使送夜明珠 王優禮待之

17) 村山正雄,「「七支刀」銘字一考-榧本論文批判を中心として-」,『朝鮮歷史論集』上, 淸溪 書舍, 1979, pp.145-154

18) 馬融의 長笛賦 注에 의하면 '奇生謂生奇質也'이라고 한다. (李道學,「百濟 七支刀 銘 文의 再解釋」『韓國學報』60, 1990, p.78)

이를 통해 七支刀를 제작한 목적이 倭의 한반도 남부경영과 관련된 것이 아니라 백제왕세자인 久爾辛이 태어난 것을 왜국에 알리려는 뜻이 있었던 것을 알 수 있다.

그렇다면 백제가 久爾辛이 태어난 것을 왜왕에게 알려야 했던 이유는 무엇이었을까? 이는 전지왕이 왜국에 체류하였을 때 왜국과 혼인을 매개로 한 화친이 있었던 때문인 것으로 추정된다. 腆支王의 부인이며 久爾辛王의 모친인 八須夫人은[19] 왜왕의 혈족으로서 腆支王이 倭왕실에 있을 때 혼인했던 사이로 판단된다.[20] 八須夫人을 倭系로 추정할 수 있는 사료로는 우선 『三國史記』 百濟本紀가 新羅本紀와 달리 母系의 기록이 드문 상태에서[21] 이례적으로 전지왕 즉위조에 八須夫人이라는 王后의 이름이 기재되고 있는 것을 들 수 있을 것이다.

또한 『日本書紀』 應神 25年 기사에 腆支王이 돌아가자 久爾辛王이 즉위했고, 이때 왕이 어려서 '專於任那'했던 木滿致가 백제의 王母와 간음을 하는 등 無禮하였기 때문에 천황이 그를 일본으로 부른 것으로 기록하고 있는 것이 주목된다.[22] 일단 應神 25年의 기사는 야마토 정권이 백제를 복속하고 있다는 전제 하에 任那를 전담했던 木滿致의 권력 배경도 야마토 정권이라고 서술하고 있기 때문에 전적으로 사실이라고 볼 수는 없다. 하지만, 구이신왕의 왕모가 八須夫人이라면 木滿致의 행위에 대한 왜왕의 반응과 관련된 당시의

---

19) 『三國史記』 卷25, 百濟本紀 腆支王 卽位年.
　　妃八須夫人 生子久爾辛
20) 김기섭, 「5세기 무렵 백제 渡倭人의 활동과 문화전파」, 『왜 5왕 문제와 한일관계』, 한일관계사연구논집2, 2005, p.227 ; 盧重國, 앞의 논문, 2005, pp.186-187
21) 『三國史記』 百濟本紀에서 王后의 이름이 기재된 것은 八須夫人과 責稽王의 부인인 帶方王女 寶菓, 枕流王의 母인 阿尒夫人의 3例가 있다.
22) 『日本書紀』 卷10, 應神 25年.
　　百濟直支王薨. 卽子久爾辛立爲王. 王年幼. 大倭木滿致執國政. 與王母相婬. 多行無禮. 天皇聞而召之[百濟記云. 木滿致者是木羅斤資討新羅時. 娶其國婦而所生也. 以其父功 專於任那. 來入我國往還貴國. 承制天朝執我國政. 權重當世. 然天皇聞其暴召之]

정황을 통해 八須夫人이 왜왕과 혈족관계인 것으로 추정할 수 있을 것이다.

그렇다면 구이신은 반쪽은 백제계이며 반쪽은 왜계로서 이를 통해 당시 백제와 왜의 관계를 파악할 수 있는 중요한 단초를 제공하고 있다.

腆支王이 왜왕의 혈족인 八須夫人과 혼인관계에 있었다는 사실은 腆支王이 누이 新齊都媛 등을 왜국에 보냈다는『日本書紀』의 기사와 대응된다.[23] 新齊都媛 기사의 경우 應神 39년조에 위치해있어 전지왕대의 기사로 보지 않는 견해도 있지만, 이는『日本書紀』찬자의 오류로 인하여 기사의 배치가 잘못된 것으로 판단된다. 오히려 이 기사는 腆支王이 귀국 후에 누이를 일본에 보내 新齊都媛과 倭王간에 혼인관계가 성립되고 있는 정황을 보여주고 있다. 따라서 백제의 腆支王이 왜왕의 혈족과 혼인관계를 맺고 왜왕 또한 腆支王의 누이와 혼인을 했던 양국 왕실의 상황을 짐작할 수 있다.

특히 향후 百濟와 倭의 관계는 腆支王代에 있었던 혼인을 통한 왕실교류 등 인적교류를 기반으로 해서 그 틀이 유지되었던 것으로 판단된다. 그럼으로써 왜국에 친백제 세력을 확립하고 역으로 백제에 친왜국 세력을 도모하여 양국 화친의 기반을 이루었을 것이다.

이처럼 칠지도를 통해 銘文의 '泰□'는 백제의 연호로서 당시 백제의 전지왕이 연호를 쓰고 있었던 사실을 알 수 있으며, 특히 칠지도 명문의 '宜供供侯王'은 백제가 주체가 되어 왜왕인 侯王이 백제에 신속하고 있던 侯王이라는 의미로 해석될 수 있다.

이러한 내용은 廣開土王碑文에 나오는 당시의 국제관계를 제대로 이해할 수 있는 척도가 되고 있다. 즉, 왜의 파병이 한반도 남부 지배[24]를 위해 이루어진 것도 아니고 왜병을 가야의 용병으로 보는 시각도[25] 타당하지 않다

---

23)『日本書紀』卷10, 應神 49年 春2月.
　　百濟直支王 遺其妹新齊都媛以令任 爰新齊都媛 率七婦女 而來歸焉
24) 末松保和, 앞의 책, pp.71-78
25) 김태식, 앞의 논문, 2003, pp.205-206

는 것을 알 수 있다. 이렇게 칠지도의 명문에 대한 재해석은 당시 5세기초 백제와 왜의 관계를 명확하게 해주면서 廣開土王碑文에서 고구려에 대항하는 세력의 주체가 倭나 加耶가 아니라 백제라는 것을 시사해주고 있다.

이처럼 廣開土王碑文에서 百濟가 倭와 和通했다는 기록을 통해 腆支가 파견된 이후 백제는 왕족이나 귀족을 파견하여 왜에 체류하게 하는 방식으로 양국 관계의 기본 틀을 형성하기 시작했던 것으로 보인다.26)

또한 5세기초의 백제와 왜의 관계는 6세기에 보이는 백제와 왜의 용병관계의 시원을 보이고 있다. 당시 백제는 고구려에 대항하는 전투 중에 있었던 倭의 군사지원에 상응하여 王仁 등을 보내 일본에 論語 등 선진문물을 전달하게 되며27) 腆支王의 경우는 世子의 탄생에 즈음하여 철제품인 七支刀를 倭王에게 보내게 된 것이다.

제3절 倭 5王의 작호 요청

칠지도의 명문을 통해 확인되는 백제와 왜의 관계가 백제를 중심으로 이루어졌다면 廣開土王碑文 시기 이후 『宋書』에 등장하는 倭王의 都督諸軍事號 요청 문제가 당연히 의문시될 수밖에 없다. 따라서 이에 대한 논의에 앞서 우선 5세기에 왜가 송에게 작호를 요청했던 정황을 살펴보기로 하자.

5세기 倭國 야마토의 王統에 대해서는 『日本書紀』의 경우 應神紀 이후

---

26) 김현구, 「백제와 일본간의 왕실외교-5세기를 중심으로」, 『백제문화』31, 2002
27) 『古事記』 應神段
　　貢上橫刀及大鏡 又科賜百濟國 若有賢人者貢上 故受命以貢上人名 和邇吉師 卽論語十
　　卷 千字文一卷 幷十一卷付是人卽貢進 [此和邇吉師者 文首等祖]
　　『日本書紀』卷10, 應神 16年 (405년).
　　春二月 王仁來之 則太子菟道稚郞子師之 習諸典籍於王仁 莫不通達 故所謂王仁者 是
　　書首等之始祖也

仁德紀에서 雄略紀에 이르는 과정이 기년의 문제로 인해 당시의 상황을 제대로 이해하기 힘든 부분이 많다. 때문에 왜국의 왕통은 단편적이기는 하지만 일견『宋書』등 중국사료를 통해 파악하는 것이 타당하다고 생각된다.

邪馬臺國의 시대 이래 150여 년간 中國과 통교의 공백기를 보였던 倭國은『晉書』의 기록에 의하면 義熙 9년(413년) 倭가 고구려와 함께 방물을 바친 것으로 되어 있다.[28] 그러나 413년의 경우는 당시 왜왕이 讚인지 선대왕인지 알 수 없을뿐더러 정식파견인지에 대한 논란이 있는 실정이다.

또한『南齊書』의 南齊 建元 元年(479년)[29]과『梁書』의 梁 天監 元年(502년)[30]의 책봉기사에 대해서는 실제 倭의 入朝가 이루어진 것이 아니라 각각 신왕조의 성립에 따른 축하 기념이었다는 데에 諸說이 일치하고 있다. 따라서 5세기 왜왕의 중국왕조에 대한 조공은『宋書』의 기사로 국한하여 판단하는 것이 타당하다고 생각된다.

<표 1>은『宋書』왜국전과 본기에 나오는 왜국과의 외교현황을 정리한 것으로 宋은 永初 원년(420년) 6월에 신왕조를 창립하고 왕조 창립의 관례에 따라 고구려왕에게는 征東大將軍을, 백제왕에게는 鎭東大將軍을 각각 進

---

28)『晉書』卷10, 帝紀10 義熙 9年 冬12月.
　　是歲 高句麗倭國及西南夷銅頭大師 並獻方物
　　이때 倭國이 고구려와 함께 나오고 있는 것에 대해서는 고구려의 유화책으로 왜가 함께 遣使하였다거나 (池田溫, 「義熙九年倭国献方物をめぐって」,『江上波夫教授古稀記念論集』歷史篇, 山川出版社, 1977) 고구려가 전투에서 사로잡은 왜병의 포로를 왜국의 사신으로 꾸몄다는 설(坂元義種,『倭の五王―空白の五世紀』, 教育社, 1981)이 있지만, 이 기사는 이 해에 고구려와 왜가 입공했다는 서술을 함께 기록한 것에 불과한 것으로 당시 백제와 왜의 관계로 보면 백제의 제공에 의해 遣使했을 가능성이 크다.
29)『南齊書』卷58, 列傳第39 東夷傳 倭國傳.
　　建元元年 進新除 使持節都督 倭 新羅 任那 加羅 秦韓 六國諸軍事 安東大將軍 倭王 無號爲鎭東大將軍
30)『梁書』武帝本紀.
　　天監元年 四月戊辰 (中略) 鎭東大將軍倭王武進號征東將軍

號하고 이때 왜국왕은 제외되었으나 다음해인 永初 2년(421년) 왜국의 조공
으로 인하여 除授를 하게 된다.[31]

<표 1> 『宋書』 倭의 對宋 관계

宋書 倭國傳		宋書 本紀	
高祖永初2年 (421)	詔曰 倭讚萬里修貢 遠誠宜甄 可賜 除授		
太祖元嘉2年 (425)	讚又遣司馬曹達奉表獻方物		
		元嘉7年 (430)	倭國王遣使獻方物
	讚死 弟珍立 遣使貢獻 自稱使持節 都督 倭 百濟 新羅 任那 秦韓 慕韓 六國諸軍事 安東大將軍 倭國王 表 求除正 詔除安東將軍 倭國王 珍又 求除正倭隋等十三人平西·征虜·冠 軍·輔國將軍號 詔並聽	元嘉15年 (438)	夏四月己巳以倭國王珍爲安 東將軍
元嘉20年 (443)	倭國王濟遣使奉獻 復以爲安東將軍 倭國王	元嘉20年 (443)	是歲河西國高麗國百濟國倭 國並遣使獻方物
元嘉28年 (451)	加使持節都督 倭 新羅 任那 加羅 秦韓 慕韓 六國諸軍事 安東將軍如 故 幷除所上二十三人軍·郡.	元嘉28年 (451)	秋七月甲辰安東將軍倭王倭 濟進號安東大將軍
	濟死 世子興遣使貢獻	大明4年 (460)	十二月丁未倭國遣使獻方物
世祖 大明6年 (462)	詔曰 倭王世子興 奕世載忠 作藩外 海 稟化寧境 恭修貢職 新嗣邊業 宜授爵號 可安東將軍 倭國王.	大明6年 (462)	三月壬寅以倭國王世子興爲 安東將軍
	興死 弟武立 自稱使持節都督 倭 百濟 新羅 任那 加羅 秦韓 慕韓 七 國諸軍事 安東大將軍 倭國王	昇明元年 (477)	冬十一月己酉倭國遣使獻物
順帝 昇明2年 (478)	遣使上表曰 (중략) 竊自假開府儀同 三司 其餘咸假授 以勸忠節. 詔除	昇明2年 (478)	五月戊午倭國王武遣使獻方 物以武爲安東大將軍

---

31) 이때 행한 可賜除授에 대해서는 작호의 제수가 없었다는 설 (平野邦雄, 「ヤマト王
權と朝鮮」, 『岩波講座 日本歷史』1, 岩波書店, 1975), 安東將軍倭國王의 작호가 제수
되었다는 설 (池內宏, 『日本上代史の一研究-日鮮の交涉と日本書紀』, 中央公論美術出
版, 1970 ; 末松保和, 앞의 책) 등이 있다.

| | 武使持節都督 倭 新羅 任那 加羅 秦韓 慕韓 六國諸軍事 安東大將軍 倭王 | |

『宋書』에는 왜왕 讚이 421년과 425년 조공을 하였던 기사가 나타나고 430년에도 사신을 보냈지만 작호의 흔적이나 都督諸軍事의 자칭이 보이지 않는다. 그러다가 元嘉 15년(438년) 讚의 동생인 珍이 遣使貢獻하면서 한반도에 대한 諸軍事權을 요구하고 있다. 이때 倭의 경우 최초의 장군호가 제수되었는데, 왜국왕 珍은 '使持節都督 倭 百濟 新羅任那 秦韓 慕韓 六國諸軍事 安東大將軍 倭國王'의 제수를 구했지만 제수된 것은 '安東將軍 倭國王'이었다.

왜국왕 珍을 계승한 濟는 元嘉 20년(443년)에 사신을 파견하여 조공하고 '安東將軍 倭國王'이 되었고 이후 元嘉 28년(451년)에 '使持節都督 倭 新羅 任那 加羅 秦韓 慕韓'을 제수받았다. 이때 倭國傳에서는 安東將軍은 예전과 같이 하였다고 되어 있지만 本紀에는 '安東將軍 倭王 濟'를 安東大將軍에 進號한 것으로 기록되어 양 소전에 차이를 보이고 있다.[32]

또한 왜왕 濟에 이르러서야 제수된 六國諸軍事는 그동안 요청했던 六國諸軍事와 비교했을 때 百濟가 제외되고 대신 加羅가 들어가 있다. 이에 대해서는 宋이 왜왕에게 가호를 줄 때 왜왕이 자칭한 6국 가운데 百濟를 빼고 加羅를 넣었다고 보는 것이 통설이다.[33] 하지만, 宋이 그때까지 교류가 없었던 가라를 임의로 넣었다고 보기 어렵기 때문에 원래 왜왕이 자칭했던

---

32) 本紀와 倭國傳에 安東將軍과 安東大將軍이 다른 것에 대해 倭國傳의 安東將軍이 맞다는 설 (池内宏, 앞의 책 ; 平野邦雄, 『大化前代政治過程の研究』, 吉川弘文館, 1985) 과 本紀의 安東大將軍이 맞다는 설 (高橋善太郎, 「南朝諸国の倭国王に与えた称号について-古代日本の国際的地位(下)」, 『愛知県立女子短期大学紀要』7, 1956 ; 坂元義種, 앞의 책, 1978 ; 鈴木靖民, 「倭の五王の外交と内政-府官制的秩序の形成」, 『日本古代の政治と制度』, 1985)로 나뉘고 있다.

33) 坂元義種, 「古代東アジアの日本と朝鮮-「大王」の成立をめぐって」, 『古代の日本と朝鮮』, 学生社, 1974, p.97

것은 후에 왜왕 武에게서 볼 수 있는 바와 같이 七國諸軍事였던 것으로 추측된다.[34]

이후 왜국전에는 濟가 죽자 세자 興이 사신을 보냈다고 하는 기사가 나온다. 이 기사의 연도에 대해서는 大明 6년(462년)으로 보는 견해가 있지만,[35] <표 1>에서 보는 바와 같이 본기와 왜국전의 대응관계로 보아 460년으로 보는 것이 타당하다.

武의 경우에도 '使持節都督 倭 百濟 新羅 任那 加羅 秦韓 慕韓 七國諸軍事 安東大將軍 倭國王'을 자칭하였는데 이 기록도 『宋書』 順帝紀 昇明 원년(477년) 11월조에 '왜국이 사신을 파견하고 방물을 바쳤다'는 기록과 대응되는 것으로 보인다. 특히 武의 경우 새로 교체되는 시기에 사신을 파견하였던 것을 알 수 있다.[36]

따라서 武가 '自稱 使持節都督 倭 百濟 新羅 任那 加羅 秦韓 慕韓 七國諸軍事 安東大將軍 倭國王'을 요구했던 것에 대해 이때를 462년으로 보는 견해도 있지만,[37] 본기와 왜국전의 대응관계로 보아 477년 11월에 들어와서 있었던 사실이 타당하다는 것을 알 수 있다.

이상을 통해 5세기 왜왕의 왕통은 讚과 珍은 형제관계, 濟와 興은 부자관계, 그리고 興과 武는 형제관계임을 알 수 있다. 따라서 당시의 정치적 상황이 『日本書紀』의 기사 내용과 부합하는지에 대해서는 아직까지 의문이 제기되고 있지만, 대체적으로 계보상 讚을 『日本書紀』에 기록되어 있는 履中으로, 珍을 反正, 濟를 允恭, 興을 安康, 武를 雄略으로 비정하고 있다.[38]

---

34) 田中俊明, 『大加耶連盟の興亡と'任那'』, 吉川弘文館, 1992, pp.98-100 ; 高寬敏, 『古代朝鮮諸国と倭国』, 雄山閣出版, 1997, p.203
35) 坂元義種, 앞의 책, 1981
36) 477년 11월의 파견으로 송의 신황제의 교체를 알게 되어 478년 5월 다시 사신을 파견했던 것으로 추정된다. (藤間生大, 앞의 책, pp.27-28)
37) 石井正敏, 「5世紀 日韓關係-倭의 五王과 高句麗, 百濟」, 『한일역사공동연구보고서(제1분과 편)』, 한일역사공동연구위원회, 2005
38) 藤間生大, 앞의 책, p.36

또한 한반도에 대한 都督諸軍事號 요청에 대해서는 438년 倭國 讚의 동생인 珍이 '使持節都督 倭 百濟 新羅 任那 秦韓 慕韓 六國諸軍事 安東大將軍 倭國王'을 자칭하고, 477년 興의 동생 武가 '使持節都督 倭 百濟 新羅 任那 加羅 秦韓 慕韓 七國諸軍事 安東大將軍 倭國王'을 자칭하면서 宋朝에 승인해주기를 요청하고 있는 것을 알 수 있다.

제4절 毗有王의 즉위와 국제관계

앞서 七支刀 명문의 재해석을 통한 백제와 왜의 관계는 왜가 侯王의 지위에 있으면서 고구려와의 전투에서 백제의 지원군으로 왔던 상황을 알 수 있었다. 이는 기본적으로 6세기까지 이어지는 백제와 왜의 기본 시스템에 의해 움직였던 것으로 보인다. 6세기 百濟와 倭의 관계에 대해서는 百濟가 倭에 대해 전문 지식인이나 진기한 물건 등 선진문물을 보내고 이에 대한 반대급부로서 군사를 파견하고 있는 것으로 분석하고 있지만,[39] 이러한 교류는 6세기만이 아니라 4세기말부터 나타나고 있는 현상임을 알 수 있다.

그런데, 『宋書』에서는 438년 倭國 讚의 동생인 珍이 '使持節都督 倭 百濟 新羅 任那 秦韓 慕韓 六國諸軍事 安東大將軍 倭國王'을 자칭하면서 승인해주기를 요청하고 있는 기사가 보인다. 그리고 451년에는 宋이 왜왕 濟에게 '安東將軍 倭國王'과 백제가 빠지기는 했지만, '使持節都督 倭 新羅 任那 加羅 秦韓 慕韓 六國諸軍事'를 加號하고 있다. 그렇다면 5세기초에 이러한 상황이 전개된 것은 무슨 연유 때문일까?

이에 대해 일본학계에서는 倭 5王의 한반도 남부에 대한 제군사권의 자칭이나 제수 요청이 한반도에 대한 倭의 영향력을 강조하는 것으로, 한반도

---

39) 金鉉球, 『大和政権の対外関係研究』, 吉川弘文館, 1985

남부 지역에 대해 倭가 군사적 지배권을 가진 것으로 이해하는 설이 통설
적인 지위를 갖고 있다.[40]

일단 諸軍事號에는 秦韓, 慕韓이 들어 있어 秦韓, 慕韓이 5세기 이후에도
존재한 것으로 보고 『宋書』의 내용을 사실로 보려는 경향도 있다.[41] 하지
만 중국에서 책봉한 지역의 경우 지배권이 미치지 못하거나 존재하지 않았
던 지역에 수여했던 사례를 종종 발견할 수 있다. 예를 들어 남조의 역대
왕조가 고구려에 책봉한 都督營平二州諸軍事의 경우 남북조시대 내내 북조
의 영역이었으므로 고구려의 지배권이 미칠 수 없는 지역이었다. 또한 北齊
가 백제왕에게 수여한 東靑州刺史 역시 행정구역으로는 실제 존재하지 않
았던 虛州였다는 사실이 이를 실증해주고 있다.

따라서 秦韓, 慕韓도 한반도에 실재하지 않았던 명칭이거나 舊명칭일 확
률이 크다. 어쨌든 秦韓, 慕韓을 과거에 존재했던 국가의 舊명칭이나 실재
하지 않았던 명칭으로 보더라도 百濟, 新羅, 任那, 加羅, 秦韓, 慕韓의 경우
는 한반도 남부의 전체를 망라하는 지역으로 판단된다. 그러나 이 시기에
실제 倭가 한반도 남부에 군사적 지배권을 가졌다는 흔적은 여타 사료에
보이지 않는다.[42]

또한 만약 都督諸軍事號가 현실적 규제력을 갖고 있었다면 倭國의 安東

---

40) 坂元義種, 앞의 책, 1978 ; 藤間生大, 앞의 책, pp.106-135 ; 山尾幸久, 『古代の日朝関
係』, 塙書房, 1989, pp.221-223 ; 鬼頭淸明, 『大和朝廷と東アジア』, 吉川弘文館, 1994
41) 慕韓 등을 영산강 유역으로 비정하고 『宋書』의 내용을 사실로 보려는 경향도 있지
만 (東潮, 「倭と榮山江流域」, 『前方後円墳と古代日朝関係』, 同成社, 2002), 영산강
유역은 4세기말 이래 백제의 木氏에 의해 통제되고 있는 정황을 알 수 있기 때문에
5세기에 나타나는 慕韓은 백제에 복속되기 이전의 구명칭인 것으로 판단된다. 영
산강 유역에 대해서는 본서 제II편 제3장 古代 榮山江 流域 勢力에 대한 검토 참조
42) 『日本書紀』의 경우 5세기 顯宗 3년 是歲條 紀生磐宿禰의 반란 기사가 있지만, 이것
도 실은 倭가 아닌 백제에 의한 것으로 볼 수 있다. 때문에 『日本書紀』를 통해서도
5세기에 왜가 한반도 남부에 군사권을 가졌던 흔적은 보이지 않는다. (김현구, 앞
의 논문, 2009, p.23)

將軍 보다 상위인 鎭東將軍을 받은 백제에 대해 왜국이 諸軍事號를 요구할
수 있는 입장이 될 수 없었을 것이다. 뿐만 아니라, 宋朝가 百濟는 허락하지
않았지만43) 책봉관계가 없는 신라에 대해 왜국의 요청을 그대로 들어주고
있는 사례는 당시 책봉이라고 하는 것이 얼마나 형식적이며 편의적인 관계
였는지를 여실히 보여주고 있는 것이다.44)

또한 실제 왜왕이 都督諸軍事號를 요청했지만 매번 이 칭호를 인정받았
던 것이 아니라 安東將軍倭國王만 제수받고 都督倭諸軍事號 조차 승인받지
못하고 있는 정황이 있었던 것은 都督諸軍事號가 명목적이고 형식적이었다
는 것을 보여주는 단적인 사례이다.45)

일단 도독제군사호라는 것은 倭王이 모종의 의도를 갖고 奏請을 했던 것
으로 생각되는데, 실질적인 내용으로 보면 왜가 對백제 및 對고구려와의 관
계에서 우위를 차지하려는 외교적 노력의 일환이었던 것으로 판단된다. 물론
이렇게 주장을 하게 된 것 자체가 일본의 東아시아에 대한 인식 변화인 것만
큼은 확실하다. 즉, 왜왕의 입장에서는 대외적으로 한반도의 파병으로 인해
南朝에서 百濟를 통해 倭로 이어지는 국제관계 속에 편입이 된 것을 인식하
게 되었고 이를 계기로 중국과의 교섭을 시도하게 된 것으로 보인다.46)

---

43) 宋이 왜왕들이 요청한 都督百濟諸軍事號를 인정하지 않았던 점에 대해서는 宋이 왜
왕보다 백제왕의 국제적 지위를 상위로 인정하고 있었을 뿐만 아니라 (坂元義種,
앞의 책, 1981, pp.170-180) 백제가 이미 宋에 조공하여 都督百濟諸軍事가 포함된
칭호를 받고 있었기 때문에 宋으로서는 왜왕에게 그러한 칭호를 인정해줄 수 없었
을 것이다. 따라서 백제를 제외하고 나머지 6개 지역의 諸軍事號를 인정한 이유는
이들 5개국과 宋이 아직 교섭을 가진 적이 없었기 때문으로 보는 것이 타당하다.
44) 江畑武, 「四~六世紀の朝鮮三国と日本-中国との册封をめぐって」, 『古代の日本と朝鮮』,
學生社, 1974
45) 倭王이 都督倭諸軍事號도 승인받지 못했다고 해서 倭王에게 왜국에 대한 군사권이
없었다고 보기 어렵다. 때문에 왜국이 송으로부터 작호를 인정받으려 했던 것은 일
본열도의 지역 호족을 견제하고 왕권의 권위를 높이기 위한 국내용이었다는 시각
이 있다. (이재석, 앞의 논문, 2001, pp.14-17)
46) 洪性和, 「4세기말~5세기초 백제와 왜의 관계」, 『한국사 속의 백제와 왜』, 한성백제

이처럼 5세기 당시 왜왕이 한반도 남부에서 군사권을 행사할 수 있는 곳은 없었으며 倭王이 受爵한 都督諸軍事號는 명목적이고 실효성이 없는 칭호였던 것으로 보는 것이 타당하다.

그렇다면 倭王이 奏請을 한 것은 일단 내용만으로 보면 한반도에 왜왕이 군사권을 확대하여 관할권을 주장하고자 하는 의도가 담겨있는 것으로 판단된다.

하지만 5세기 당시의 한반도 남부에 영향력을 행사했던 것은 백제였다. 4세기부터 백제는 근초고왕 때의 남정으로 인해 가야와 전라남도 남부에 이르기까지 세력을 펼쳤다. 또한 5세기초에 들어와 그동안 고구려와 연결하였던 신라가 433년과 백제가 사신을 보내와 和를 청하자 이에 응하였다는 기사가 있은 후,[47] 434년에 신라에 사신을 파견하여 良馬와 白鷹을 보냈으며 신라도 良金과 明珠을 보내 화답함으로써[48] 화친관계를 맺고 있다. 이를 통해 당시 신라가 고구려 중심의 구도에서 백제 중심의 동맹에 편입되었던 것으로 보인다.

따라서 실제 '百濟, 新羅, 任那, 加羅, 秦韓, 慕韓'에 대한 도독제군사호는 백제가 요구해야 하는 것이 타당하다. 그럼에도 불구하고 이를 왜가 요구하고 있는 것이다.[49] 즉, 실제 백제가 군사권을 행사할 수 있었던 한반도 남

박물관, 2015

47) 『三國史記』 卷3, 新羅本紀 第3 訥祇麻立干立 17年.
　　秋七月 百濟遣使請和 從之
　　『三國史記』 卷25, 百濟本紀 第3 毗有王 7年.
　　秋七月 遣使入新羅請和

48) 『三國史記』 卷3, 新羅本紀3 訥祇麻立干立 18年.
　　春二月 百濟王送良馬二匹 秋九月 又送白鷹 冬十月 王以黃金-明珠 報聘百濟
　　『三國史記』 卷25, 百濟本紀3 毗有王 8年.
　　春二月 遣使新羅 送良馬二匹 秋九月 又送白鷹 冬十月 新羅報聘以良金明珠

49) 홍성화, 「5세기 한반도 남부의 정세와 倭」 『동아시아 속의 한일관계사』上, 고려대학교 일본사연구회 편, 2010

부에 대한 지역을 자신의 관할이라고 주장했다는 것인데, 비유왕대 백제와 왜의 관계에 軋轢이 있었던 정황을 그 이유로 들 수 있을 것이다.

앞서 七支刀를 통한 구이신왕의 계보는 한쪽은 백제계이며 한쪽은 왜계의 혈통을 갖고 있었다. 그런데, 유년에 즉위한 구이신왕이 재위 8년만인 427년 12월에 갑자기 서거를 하게 되어[50] 이는 모종의 정변에 의한 것으로 추측된다.[51] 즉, 전지왕의 서자였던[52] 비유왕에 의한 정변으로 구이신왕이 서거를 하였던 것으로 추정되며 이때 구이신왕의 타살을 통하여 왜국과 백제의 관계에 일대의 변화가 생겼던 것으로 판단된다.

이처럼 백제의 왕실과 倭의 왕실이 서로 인척관계로 이루어졌기 때문에 왜의 입장에서는 구이신왕을 제거하고 집권한 비유왕의 정통성을 인정하지 않고 이를 왜왕 본인이 가져야 한다고 생각했으며, 이에 따라 왜는 자신이 실제로 한반도 남부에 대해 군사권을 행사할 수 없었음에도 불구하고 백제가 행사할 수 있었던 한반도 남부의 지역에 대한 都督諸軍事號를 요청했던 것으로 추정된다.

『三國史記』에서는 毗有王 2년인 428년 2월 왜의 사신과 從者 50명이 왔다는 기록 이후[53] 한동안 백제와 왜의 교류 상황이 나타나지 않는다.[54]

---

50) 『三國史記』 卷25, 百濟本紀 久爾辛王.
　　腆支王長子 腆支王薨 卽位.
　　八年 冬十二月 王薨
51) 大橋信弥, 『日本古代の王權と氏族』, 吉川弘文館, 1996, p.126
52) 七支刀의 명문에 의거하여 볼 때 구이신왕의 즉위 시 나이는 12세이며 재위기간이 8년밖에 되지 않아 서거시의 나이는 19세 정도일 것으로 추정되므로 만약 비유왕이 구이신왕의 장자라고 한다면 『三國史記』에 '外貌가 아름답고 口辯이 있어서 사람들에게 推重을 받았다'는 기록과 상충된다. 따라서 비유왕이 전지왕의 서자일 가능성이 크다. (비유왕의 전지왕 서자설에 대해서는 李基白, 「百濟王位繼承考」, 『歷史學報』11, 1959 ; 이도학, 「漢城末 熊津時代 百濟王位繼承과 王權의 性格」, 『韓國史研究』50·51, 1985 ; 盧重國, 「5세기 韓日關係史의 성격 개관」, 『왜 5왕 문제와 한일관계』, 한일관계사연구논집 편찬위원회, 2005, pp.28-29)
53) 『三國史記』 卷25, 百濟本紀 第3 毗有王 2年(428년) 春2月.

『日本書紀』의 경우 또한 腆支가 누이 新齊都媛 등을 왜국에 보냈다는 기사55) 이후 웅략조에 들어와서야 백제의 개로왕과 일본의 왕실 교류가 이루어지고 있는 것을 보여주고 있다.56)

반면 비유왕대에 들어와서 백제는 신라와 교류하는 기사가 등장하고 있다. 433년과 434년 백제와 和하였다는 기사를 통해 화친관계를 맺음으로써 고구려에 대항하는 체제를 구축했던 것으로 보인다.

신라의 경우 6세기 초엽까지도『梁職貢圖』에서 보는 바와 같이 백제의 旁小國으로 나타나고 있고57)『梁書』에서도 신라는 스스로 사절을 보낼 수 없어서 백제를 따라 왔다는 기록이 있다.58) 따라서 과연 5세기에 나제동맹이라는 용어와 같이 신라가 백제와 대등하게 和親을 했을까하는 점에 대해서는 상당히 회의적인 부분이 많다.59) 비유왕대 들어 백제와 신라의 교류

倭國使至 從者五十人

54)『三國史記』비유왕 2년의 기사에 대해 池內宏은『日本書紀』應神 39년 2월조의 직지왕(전지왕)이 누이 新齊都媛을 파견했다는 기사의 기년을 2간지 수정하여 이 기사와 연결하고 있다. 즉, 비유왕 2년에 도해한 왜국의 사신과 50인의 종자는 백제의 왕녀를 왜국으로 안전하게 호송하기 위해 파견한 존재로 이해하고 있다. (池內宏, 앞의 책) 하지만, 불과 2개월 전 비명횡사한 구이신왕에 대한 정황과 이후『三國史記』에 왜와의 통교기사가 등장하지 않는 것으로 보아 毗有王 2년(428년)에 倭가 백제에 사신을 파견하였다는『三國史記』의 기록은 비유왕대에 있었던 축하사절이라기보다는 구이신왕에 대한 조문사절일 가능성이 농후하다.

55)『日本書紀』卷10, 應神 49年 春2月.

百濟直支王 遺其妹新齊都媛以令任 爰新齊都媛 率七婦女 而來歸焉

56)『日本書紀』에서는 仁德 41년 3월조에 酒君이 無禮하여 왜국으로 소환했다는 기사가 있지만,『日本書紀』의 찬자에 의해 야마토 정권 중심으로 윤색된 것으로 판단이 되며, 2주갑 수정하여 해석해야 하는 應神紀 이후 즉, 仁德紀에서 雄略紀에 이르는 과정은 기년의 문제로 인해 당시의 상황을 제대로 이해하기 힘들다. 때문에 酒君의 파견에 대한 시기를 확정하기는 쉽지 않다.

57)『梁職貢圖』

旁小國有叛波·卓·多羅·前羅·斯羅·止迷·麻連·上巳文·下枕羅等附之

58)『梁書』卷54, 列傳48 諸夷 新羅.

其國小 不能自通使聘 普通二年 王姓募名秦 始使隨百濟奉獻方物

는 신라의 입장에서는 430년대 이후 고구려 중심의 구도에서 점차 백제 중심의 구도로 바뀌는 정황을 보여주고 있다. 이러한 정황이 438년 倭王 珍이 자청하면서 승인해주기를 요청하고 있는 諸軍事號에 신라가 들어있었던 이유로 보인다.

제5절 昆支의 渡倭와 외교활동

478년 『宋書』에 나오는 武의 上表文에서는 왜왕 武가 고구려의 무도함을 가장 전면에 내세우고 있다.[60] 당시 고구려에 대한 적대의식은 백제를 비롯한 한반도 남부 세력의 의식임에도 불구하고 왜왕 스스로 적대의식을 표출하고 있는 것이다. 따라서 이러한 행위는 일단 광개토왕대에 전개된 倭軍의 군사 활동을 과장하여 묘사한 것으로 볼 수 있다.[61] 그러면서 이러한 고

---

59) 고구려의 신속 상태에서 벗어나기 위해 신라가 먼저 화친을 요구한 것이 아니라 백제의 필요에 의해 우호관계를 유지하고자 했다는 점, 도움을 받는 쪽은 언제나 신라임에도 불구하고 신라에 사신을 파견한다든가, 청혼을 하는 일 역시 백제가 앞장섰고 신라는 수동적인 자세를 보이고 있는 것 등은 당시 한반도 내 세력관계가 고구려와 백제라는 것을 알려주고 있다.(박윤선, 「5세기 중후반 백제의 대외관계」, 『역사와 현실』63, 2007, pp.244-245) 이는 기존 羅濟同盟에 대한 연구에 대한 여러 가지 의문점을 던져주고 있다.

60) 『宋書』 卷97 列傳57 東夷 倭國傳.
順帝昇明二年 遺使上表曰 封國偏遠 作藩于外 自昔祖禰 躬擐甲冑 山川跋涉 不遑寧處 東征毛人五十五國 西服衆夷六十六國 渡平海北九十五國 王道融泰 廓土遐畿 累葉朝宗 不愆于歲 臣雖下愚 忝胤先緖 驅率所統 歸崇天極 道遙百濟 裝治船舫 而句麗無道 圖欲見吞 掠抄邊隷 虔劉不已 每致稽滯 以失良風 雖曰進路 或通或不 臣亡考濟 實忿寇讎 壅塞天路 控弦百萬 義聲感激 方欲大擧 奄喪父兄 使垂成之功 不獲一簣 居在諒闇 不動兵甲 是以偃息未捷 至今欲練甲治兵 申父兄之志 義士虎賁 文武效功 白刃交前 亦所不顧 若以帝德覆戴 摧此彊敵 克靖方難 無替前功 竊自假開府儀同三司 其余咸仮授 以勸忠節

61) 千寬宇, 앞의 논문, 1973 ; 李永植, 앞의 논문, 1988, pp.44-45 ; 李在碩, 「宋書 倭國傳에 보이는 倭王(武) 上表文에 대한 검토」, 『新羅文化』24, 2004, p.73 ; 서보경, 「5

구려에 대한 대항의식은 백제의 것임에도 불구하고 백제의 것을 차용한 것이다. 즉, 고구려에 대항하는 한반도 남부 세력의 중심을 백제가 아닌 왜 자신이라고 하면서 암묵적으로 백제를 대체하려는 모습이 보이고 있는 것이다. 이러한 모습은 앞서 珍이 '自稱 使持節都督 倭 百濟 新羅 任那 秦韓 慕韓 六國諸軍事 安東大將軍 倭國王'을 요청했을 때와 동일한 상황을 보이고 있다.

그렇다면 477년경 武가 자칭 都督諸軍事號를 주청했던 이유는 무엇이었을까? 이를 파악하기 위해서는 5세기말 당시 백제와 왜의 상황이 어떠했는지를 고찰하여야 할 것이다.

비유왕대에 軋轢을 보였던 백제와 왜의 관계가 다시 복원이 되는 것은 개로왕 때에 들어와서이다.

『日本書紀』 雄略 2년조에는 「백제신찬」을 인용해 개로왕 즉위년조에 慕尼夫人의 딸 適稽女郎을 천황에게 바쳤다는 기사가 있다.[62]

통상 이 기사에 대해서는 『三國史記』나 『三國遺事』에 개로왕이 455년 을미년에 즉위해서 475년 을묘년에 죽었던 것으로 되어 있어 개로왕의 치세에는 기사년이 존재할 수 없기 때문에 비유왕 때의 사건인 것으로 보아왔다. 그러나 『日本書紀』에 나오는 干支를 절대적으로 정확하다고 장담할 수 없기 때문에[63] 이 기사는 천황에게 바쳤다는 윤색을 걷어내면 개로왕이 즉위를 하여 백제와 왜가 그동안의 소원했던 관계를 청산하고 새로이 화친을

세기의 高句麗와 倭國」, 『百濟研究』43, 2006, p.15

62) 『日本書紀』 卷14, 雄略 2年 秋7月 分註.
百濟新撰云 己巳年 蓋鹵王立 天皇遣阿禮奴跪 來索女郎 百濟莊飾慕尼夫人女 曰適稽女郎 貢進於天皇

63) 『日本書紀』 神功紀 기사의 경우 통상 干支를 우선적으로 취하여 2주갑 인상된 상태의 기사로 판단하고 있지만, 실제 2주갑 수정하여 보더라도 시기가 일치하지 않는 기사가 많기 때문에 (본서 제I편 제4장 廣開土王碑文을 통한 『日本書紀』 神功, 應神紀의 분석 참조) 단순히 『日本書紀』의 干支만을 중심으로 하여 기사의 연대를 판단하는 것은 타당하지 않다.

맺는 출발점으로 볼 수 있을 것이다.

이후 雄略 5년 4월조에 池津媛이 無禮해서 昆支가 渡倭한 기사[64]가 보이면서 곤지가 왜국으로 체류하는 기록이 나타난다.

昆支[65]의 경우 461년 또는 462년에 渡倭한 후[66] 『三國史記』 文周王 3년(477년) 4월조에 내신좌평에 임명되었다는 기사가 보이기 때문에[67] 적어도 477년 이전에는 백제로 돌아왔던 것을 알 수 있다. 그렇다면 昆支는 일본에서 15년 가까이 장기간 체류하고 있었던 것이다.

물론 곤지의 파견이 采女를 대신한 교대제에 의해 이루어진 것처럼 『日本書紀』에 표현되어 있지만, 이는 『日本書紀』가 倭 왕권을 중심으로 한 편자의 윤색이기 때문에 사실로 보기 어렵다.

昆支의 渡倭 이유에 대해서는 고구려 압박에 대해 공동대처하기 위한 請兵使의 역할을 했다는 설,[68] 일본과 우호를 다지려는 왕족외교의 일환,[69] 왜국에 있는 백제계통의 이주민 집단을 조직화하여 왜 왕권에 협력하고 백

---

64) 『日本書紀』 卷14, 雄略 5年 夏4月.
　　百濟加須利君[蓋鹵王也] 飛聞池津媛之所燔殺[適稽女郎也] 而籌議曰 昔貢女人爲采女 而旣無禮 失我國名 自今以後 不貢女 乃告其弟軍君[昆支也]曰 汝宜往日本以事天皇 軍君對曰 上君之命不可奉違 願賜君婦 而後奉遺 加須利君則以孕婦 嫁與軍君曰 我之孕婦 旣當産月 若於路産 冀載一船 隨至何處速令送國 遂與辭訣 奉遺於朝

65) 『宋書』 백제전에서 昆支가 '征虜將軍 左賢王'으로 등장하고 있어 左賢王이 흉노에서 單于 다음의 왕위계승권과 군사권을 가진 지위였던 것으로 보면, 백제 조정 내에서 개로왕 다음의 제2인자였던 것으로 추정된다. (坂元義種, 앞의 책, 1978, pp.68-69)

66) 무령왕의 묘지석에 의해 무령왕의 崩年이 523년 5월7일로 62세 였다는 것으로 보면, 462년 渡倭說도 성립될 수 있을 것이다.(李在碩, 「5세기말 昆支의 渡倭 시점과 동기에 대한 재검토」, 『百濟文化』30, 2001, pp.22-23

67) 『三國史記』 卷26 百濟本紀 第4 文周王 3年.
　　拜王弟昆支爲內臣佐平

68) 양기석, 「三國時代 人質의 性格에 대하여」, 『史學志』15, 1981, pp.55-56 ; 연민수, 앞의 논문, 1998, p.414 ; 이도학, 앞의 논문, 1985, p.13 ; 鈴木靖民, 「東アジア諸民族の国家形成と大和王権」, 『講座日本歷史』1, 東京大学出版会, 1984, pp.202-206 ; 山尾幸久, 앞의 책, 1989, pp.158-160

69) 김현구, 앞의 논문, 2002

제를 구원하려 했다는 설,[70] 곤지의 왜국추방설,[71] 양국동맹관계의 재결성
이 목적이었다는 설,[72] 백제와 신라의 동맹을 유지시키기 위해 왜국을 콘
트롤할 필요가 있었다는 설[73] 등이 있다.

　근본적으로 앞서 腆支王代에 있었던 백제와 왜 왕실과의 교류로 판단하
면 군사를 청하기 위한 목적도 있었을 것이다. 하지만, 곤지의 渡倭가 전지
왕의 그것과 차이가 나는 것은 461년(462년)의 상황이 즉각적인 군사의 지
원이 필요했던 것도 아닌데다가 또한 475년 백제가 고구려에 침공을 당할
시기에도 倭가 한반도에 파병되었던 흔적을 볼 수 없기 때문이다. 또한 곤
지 이후 6세기에 나타나는 麻那君, 斯我君 등 왕족의 渡倭를 보더라도 이를
곧바로 청병사와 연결짓기는 어렵다. 따라서 곤지가 보여주었던 장기적인
체류는 그 근저에 군사 지원과 관련된 의제가 없지는 않았겠지만, 이와 동
시에 백제의 대외전략에 입각하여 야마토 왕실 내에 친백제의 세력을 형성
하기 위한 對外修好의 목적이 있었을 것으로 보인다.[74]

　이는 결국 장기적으로 백제가 현실적으로 처해있는 당면한 과제,[75] 고구
려에 대항하는 체제로서 한반도 남부와 倭를 포괄하고 있는 백제 중심의
구도를 만들어가기 위한 포석으로 파견되었던 것으로 판단된다. 武의 上表
文에서 倭가 高句麗의 무도함을 역설했던 것도 근본적으로는 백제가 가지
고 있었던 고구려에 대한 대항의식이 왜왕이 자신을 대항의 주체로 인식할
정도로 파급 효과가 있었던 것으로 보인다.

---

70) 鄭載潤, 「百濟 王族의 倭 派遣과 그 性格」, 『百濟硏究』47, 2008
71) 연민수, 앞의 논문, 1998, pp.414-417 ; 주보돈, 「熊津都邑期 百濟와 新羅의 關係」,
　　『古代東亞細亞와 百濟』, 충남대백제연구소, 2003, pp.197-198
72) 熊谷公男, 「5世紀 倭 百濟關係와 羅濟同盟」, 『百濟硏究』44, 2006
73) 李在碩, 앞의 논문, 2001, pp.26-28
74) 연민수, 앞의 논문, pp.454-459
75) 백제와 신라의 동맹으로 인해 왜를 제어할 필요가 있기 때문이라는 李在碩의 지적
　　에 대해서도 기본적으로 타당한 관점이라고 생각된다. 다만, 당시 백제와 신라가
　　대등한 지위에서 동맹을 했느냐의 문제가 남는다.

이처럼 백제가 왜와의 화친을 실현하기 위한 방편 중에 하나로 혼인관계를 들 수 있다. 앞서 5세기초 腆支王과 八須夫人 그리고 왜왕과 新齊都媛 간에 혼인관계가 있었던 것처럼 5세기말~6세기 백제와 왜의 관계에서도 이와 같은 관계가 지속되었던 것으로 판단된다.

『日本書紀』에서는 곤지 이후 6세기 들어서도 斯我君이 渡倭한 후 일본에서 얻은 法師君의 아들이 倭君의 조상으로 되어 있다는 기록이 있어[76] 당시 백제와 일본이 우호관계를 강화하기 위해 혼인에 의한 화친이 강구되었을 가능성이 높다.[77]

또한 『新撰姓氏錄』에는 곤지의 후손이 일본에 남아있던 것으로 기록하고 있으며[78] 그가 체류했다고 하는 近つ飛鳥 일대에는 飛鳥戶神社 및 飛鳥戶千塚 등의 고분이 자리하고 있어 자손의 일부가 일본에 남아 대를 이어 정주하고 있었던 정황이 보이고 있다.[79] 특히 昆支의 경우 渡倭하고 난 후에 5명의 자식이 있었다는 기사가 보이고 있기 때문에[80] 곤지가 일본에서 倭王의 혈족과 혼인했을 가능성은 더욱 높다.

이처럼 백제와 왜의 관계는 397년 전지의 파견 이래 毗有王의 치세만을 제외하고 지속적인 교류가 있었음이 특징적이다. 앞에서 언급했듯이 『三國

---

76) 『日本書紀』 卷16 武烈 7年 夏四月.
   百濟王遣斯我君進調 別表曰 前進調使麻那者 非百濟國主之骨族也 故謹遣斯我 奉事於朝 遂有子 曰法師君 是倭君之先也

77) 『日本書紀』 天智 즉위조에 일본에 체제하고 있던 풍장이 多臣蔣敷의 妹를 처로 삼고 귀국하는 등 당시 백제의 왕족과 왜가 혼인관계에 의해 화친을 했던 정황을 파악할 수 있기 때문에 동성왕과 무령왕도 왜국의 왕녀를 부인으로 얻었을 가능성이 제기되기도 한다. (김현구, 앞의 논문, 2002, p.38)

78) 『新撰姓氏錄』 河內國諸蕃.
   飛鳥部造 同國比有王男昆支王之後也

79) 홍성화, 『한일고대사 유적답사기』, 삼인, 2008, pp.293-300

80) 『日本書紀』 卷14, 雄略 5年 秋7月.
   軍君入京 既而有五子[百濟新撰云 辛丑年 蓋鹵王遣王遣弟昆支君 向大倭 侍天皇 以脩兄王之好也]

史記』에서 毗有王 2년 (428년) 왜의 사신 방문 기록 이후 한동안 백제와 왜의 교류 현황이 나타나지 않고 있는 정황, 그리고 『宋書』에서 438년 遣使貢獻하면서 한반도에 대한 제군사권이 주장되고 451년 濟에게 六國諸軍事號가 제수되고 있는 사건으로 인해 毗有王의 치세에는 백제와 왜 간에 알력이 있었던 것으로 보인다. 하지만, 이후 개로왕대에 들어와서 백제와 야마토 정권 사이에서 다시 왕족 및 귀족간의 교류가 이어져 갈등이 해소되고 있는 것을 알 수 있다.

그런데 『日本書紀』에 의하면 곤지가 왜로 간 이후 백제는 고구려와의 전쟁으로 인해 개로왕의 왕통계보가 끊어진 것으로 기록하고 있는 것이 주목된다.[81] 475년 고구려의 한성 공격으로 수도가 함락당하고 국왕 및 대후, 왕자 등이 모두 적의 손에 죽었다고 기록하고 있다. 그렇다면 백제의 왕통계보에 있어서는 왜국에 체류하고 있던 곤지만이 생존해 있는 상황이 연출되고 있다.

문주왕의 경우는 『三國史記』에 의하면 개로왕의 아들로 신라에서 구원병을 얻어 오는 인물로 그려지고 있다. 물론 왕도가 파괴되고 개로왕이 세상을 떠난 후이기 때문에 왕위에 올랐을 것이다.

그런데 문주왕의 경우 『三國史記』와 『三國遺事』에는 개로왕의 아들로 묘사되어 있지만, 『日本書紀』에는 개로왕의 母弟로 기록하는 등 서로 다르게 나타나고 있다. 이에 대해서는 통상 『日本書紀』의 母弟를 同母弟로 보고 연령관계와 왕통계보를 통해 『日本書紀』의 쪽이 타당하다고 보고 있다.[82] 하지만, 母弟를 同母弟가 아닌 어머니의 남동생으로 보고 있는 견해가 있어 주목된다.[83]

---

81) 『日本書紀』 卷14, 雄略 20年冬 分註.
   百濟記云 蓋鹵王乙卯年冬 狛大軍來 攻大城七日七夜 王城降陷 遂失尉禮 國王及大后 王子等 皆沒敵手
82) 이도학, 「漢城末 熊津時代 百濟王系의 檢討」, 『韓国史研究』45, 1984 ; 笠井倭人, 「三国遺事百済王曆と日本書紀」, 『朝鮮学報』24, 1962

일찍이 천관우의 경우 『南齊書』 등 중국 사료에서 종전 백제 王名의 표기와는 달리 개로왕 이후 牟都 등이 등장하면서 이때 백제의 왕통계보에 중대한 변화가 있었을 것으로 보았다.[84] 물론 이를 우태, 비류계로까지 볼 수 있는지에 대해서는 확신할 수 없지만, 모도 = 문주의 설은 타당함이 입증되고 있기 때문에[85] 『日本書紀』에서 문주가 개로왕의 母弟라는 기록을 통해 문주왕이 기존의 왕통계보가 달랐다는 것을 알 수 있다.

어쨌든 문주왕을 개로왕의 母弟, 즉 어머니의 남동생이라는 견해를 따르면 백제가 고구려의 침입으로 한성이 무너져 후계자가 없는 상황에서 개로왕의 母弟였던 문주가 즉위를 하게 된 것을 알 수 있다.

그러나 곤지는 『三國史記』 文周王 3년(477년) 4월조에 內臣佐平이 된 후 3개월 후인 그해 7월에 돌연 卒하고 있다.[86] 이때의 상황은 『三國史記』 동 8월조에 兵官佐平 解仇의 전횡 사실이 배치되어 있고 동 9월조에는 문주왕도 사냥을 나갔다가 解仇에게 변을 당하였다는 기사의 등장을 통해[87] 곤지도 해구에 의해 시해되었던 것으로 추정된다.[88] 곤지가 내신좌평에 임명된 지 한 달 만에 왕의 사망과 같은 정치적 중대사를 예고하는 黑龍이 출현하고 있으며 불과 두 달 후에 돌연 사망하고 있기 때문에 이는 곤지가 권력투

---

83) 古川政司, 「百濟王統譜の一考察」, 『日本史論叢』7, 1977; 田中俊明, 「百濟 文周王系의 등장과 武寧王」, 『百濟研究』49, 2009

84) 千寬宇, 「三韓의 國家形成(下)」, 『韓國學報』3, 1976, pp.139-142

85) 李基東, 「中國 史書에 보이는 百濟王 牟都에 대하여」, 『歷史學報』62, 1974, pp.20-30 ; 那珂通世, 「外交繹史」 『那珂通世遺書』, 1958, p.143 ; 笠井倭人, 「中国史書における百済王統譜」, 『日本書紀研究』8, 1975, pp.47-48

86) 『三國史記』 卷26 百濟本紀 第4 文周王 3年.
夏四月 拜王弟昆支爲內臣佐平 封長子三斤爲太子 五月 黑龍見熊津 秋七月 內臣佐平 昆支卒

87) 『三國史記』 百濟本紀에는 문주왕 4년에 문주가 시해당한 것으로 되어 있지만, 연표에서는 문주왕 3년의 사실로 되어 있기 때문에 대체적 견해는 문주왕이 연표와 같이 3년에 시해당한 것으로 보고 있다.

88) 이도학, 앞의 논문, 1985, p.14

쟁의 와중에서 피살된 것을 시사하고 있다.

즉, 권력을 장악한 解仇가 문주왕을 시해했을 뿐만 아니라 본래 백제 왕계를 지니고 있던 곤지까지도 피살하는 일대 사건이 일어난 것이다. 특히 곤지의 사망 이후 혼란해지는 백제 왕실의 정황으로 당시 백제에서 곤지의 정치적 위상이 어느 정도였는지를 가늠해 볼 수 있다. 곤지의 경우 좌현왕으로서 개로왕 다음의 2인자로서 왕위계승권에 가장 근접한 인물이었기 때문에[89] 곤지의 사후 백제 왕실의 혼란은 더욱 가중되었을 것으로 보인다.

이렇게 백제왕실에 모종의 변화가 있었던 시기에 왜왕 武가 宋朝에 '自稱 使持節都督 倭 百濟 新羅 任那 加羅 秦韓 慕韓 七國諸軍事 安東大將軍 倭國王'을 요구하고 있다. 당시 倭와 밀접한 관계에 있었던 곤지가 시해된 정황으로 인해 百濟와 倭가 다시 소원했던 관계로 돌아갔다는 것을 짐작할 수 있다.

이 또한 앞서 왜왕 珍에 의해 都督諸軍事號가 요구되었듯이 그동안 백제를 중심으로 한 남부의 체계를 곤지의 시해 등 백제왕실의 혼란을 계기로 왜왕이 차용하려 했던 것으로 보인다. 특히 곤지의 경우는 왜계와의 혼인으로 인해 왜왕과 인척관계를 갖고 있었으며 곤지가 왜에 오랜 기간 머무르면서 왜국에 곤지를 중심으로 한 친백제세력이 형성되었던 것도 이러한 상황을 대변해주는 것이라고 생각한다.

다시 말하면, 解仇를 통한 삼근왕의 정통성을 인정하지 않겠다는 것, 아마 이때 왜국에 남아있던 동성왕을 제외하고 곤지를 비롯하여 백제로 건너왔던 왜계 부인 등이 함께 몰살당했을 개연성이 크다. 이와 같은 상황이 백제 왕위의 정통성은 왜왕 자신에게 있으며 백제가 군사권을 행사했던 지역에 대해 제군사호 주장으로 나타나게 된 것으로 판단된다.

---

89) 鄭載潤의 경우 후에 곤지의 아들인 동성과 무령이 왕으로 즉위하는 것을 통해 태자에 해당하는 신분으로 보고 있다. (「熊津時代 百濟와 倭의 關係에 대한 豫備的 考察」, 『百濟文化』37, 2007, p.66)

이는 앞서 왜왕 珍의 경우 백제 왕위의 정통성이 왜왕에게 있기 때문에 백제가 관할하고 있던 한반도 남부에 대한 제군사호를 주장했던 것과 같은 맥락에서 이루어진 것이다. 즉, 서로 혼인관계를 통한 화친을 맺고 있었던 백제와 왜가 모종의 정변으로 인해 관련자가 시해되고 양국이 서로 알력이 있었을 경우에 왜왕의 제군사호가 주장되었다는 특징을 보인다.

백제의 왕통계보 중에서 곤지가 중요한 위치를 차지하고 있는 것은 백제가 고구려에 침입했을 때 개로왕을 중심으로 한 혈족이 백제에 남아 있지 않은 상태에서 개로왕의 母弟였던 牟都가 갑자기 문주왕으로 즉위를 하였고 삼근왕 또한 문주의 아들로서 기존 백제왕통과는 다른 계보를 가지고 있었기 때문이다.

동성왕의 경우 곤지의 아들이면서 477년 무렵에 곤지가 귀국하였음에도 불구하고 백제로 돌아왔다는 기록이 없는 것으로 보아 곤지가 왜국에 체류했을 때 왜계의 여인과 혼인을 해서 낳은 자식으로 볼 수 있다.90)『日本書紀』는 동성왕의 책립과정에 왜가 관여했던 것처럼 기재되어 있지만, 이는 앞서 전지왕의 경우에서 보았듯이 천황이 관여한 것으로 되어 있는 『日本書紀』의 서술은 역사적 사실과 하등 관련이 없다. 다만, 왜왕 雄略이 동성왕을 궁중으로 불러들여 얼굴을 쓰다듬으며 은근하게 타일렀다는 기사를 통해91) 웅략과 동성왕이 혈연적 유대감을 가졌던 것으로 보인다. 이를 통해 곤지가 왜 왕실의 여인과 혼인을 하고 여기서 낳은 아들이 동성왕이므로 각별한 정을 나타냈을 수 있다.92)

---

90) 『南齊書』 등에 동성왕이 牟大로서 문주왕의 孫으로 나타나고 있지만, 문주왕이 곤지의 외삼촌일 경우 계보상 문주왕이 동성왕의 할아버지의 위치에 놓일 수 있기 때문에 문주왕이 牟大의 조부라는 기록도 합당한 것이 된다. 『梁職貢圖』 百濟傳이나 『梁書』 武帝本紀 天監 元年 4월 戊辰條에는 동성왕을 餘大 혹은 餘太라고 한 것으로 보아 동성왕에 대해서는 중국측의 혼란이 있었던 것으로 보인다.

91) 『日本書紀』 卷14, 雄略 23年 夏4月.
百濟文斤王薨 天皇以昆支王五子中 第二末多王 幼年聰明 勅喚內裏 親撫頭面 誡勅慇懃 使王其國 仍賜兵器 并遣筑紫國軍士五百人 衛送於國 是爲東城王

동성왕의 책립 기사에 대해서는 여러 가지 견해가 제시되고 있지만,[93] 삼근왕의 피살로 문주 계통의 왕통도 끊어졌으며 백제의 적통 계열인 곤지의 아들 중에서도 적통이었기에 즉위했던 것이다. 즉,『日本書紀』雄略 5년조 무령왕의 탄생 고사에서도 볼 수 있듯이[94] 무령왕이 동성왕 보다 연배가 높은 형이기는 했지만, 적자가 아닌 서자 출신으로 왕위계승에 있어서는 후순위에 있었던 것으로 보인다.『日本書紀』개로왕대의 기사에서 무령왕을 개로왕의 자식으로 위치시키고 있는 것도 원래 무령왕은「백제신찬」의 기록대로 곤지의 아들이었으나 서자의 신분이었기 때문에 이후 무령왕의 정통성을 강조하기 위해 개로왕의 혈통을 잇는 인물로 합리화가 필요했기 때문이다. 또한 웅진백제의 왕실 권위와 관련하여 한성백제의 혈통을 잇고 있는다는 의식도 잠재해 있었을 것이다.

  이러한 정황은 5세기초 구이신왕과 비유왕의 시기에서 볼 수 있는 것과 유사하다. 전지왕의 경우 왜국과의 화친으로 인해 왜계의 팔수부인이 낳은 적자 구이신이 즉위를 했지만, 곧바로 서자였던 비유왕에게 죽음을 당하고

---

92) 김기섭,「百濟 東城王의 즉위와 정국변화」,『韓國上古史學報』50, 2005, pp.11-12
93) 眞氏를 중심으로 한 귀족의 옹립(李道學, 앞의 논문, 1984, pp.15-17 ; 盧重國,『百濟政治史研究』, 一潮閣, 1988, pp.151-152), 木氏에 의한 옹립(山尾幸久,『日本国家の形成』, 岩波書店, 1975, p.35) 곤지세력 기반설(鄭載潤,「熊津時代 百濟政治史의 展開와 그 特性」, 서강대학교대학원 박사학위논문, 1999, pp.86-88), 왜왕에 의한 책봉설(坂元義種, 앞의 책, 1978, pp.517-518), 백제와 왜의 상호 필요설(연민수,「5세기 후반 백제와 왜국」,『고대한일관계사』, 혜안, 1998, p.427) 왜국과의 교류로 고구려에 대항하려는 지배층에 의한 옹립설(김기섭, 앞의 논문『韓國上古史學報』50, pp.13-16) 등이 있다.
94)『日本書紀』卷14, 雄略 5年.
   夏四月 百濟加須利君[蓋鹵王也] 飛聞池津媛之所燔殺[適稽女郎也] 而籌議曰 昔貢女人 爲采女 而旣無禮 失我國名 自今以後 不合貢女 乃告其弟軍君[昆支君也]曰 汝宜往日本 以事天皇 軍君對曰 上君之命不可奉違 願賜君婦 而後奉遣 加須利君則以孕婦 嫁與軍君曰 我之孕婦 旣當産月 若於路産 冀載一船 隨至何處 速令送國 逐與辭訣 奉遣於朝 六月丙戌朔 孕婦果如加須利君言 於筑紫各羅嶋産兒 仍名此兒曰嶋君 於是 軍君卽以一船 送嶋君於國 是爲武寧王 百濟人呼此嶋曰主嶋也

있다.

이처럼 구이신왕과 동성왕의 즉위 및 폐위 상황의 유사성은 백제와 왜의 혼인에 의한 화친의 결과로 나타났던 것이다. 또한 이러한 정황과 맞물려 백제와 왜 간에 알력이 있었던 시기에 倭가 宋에 都督諸軍事號를 주청했던 것이다.

제6절 맺음말

이상과 같이 5세기대 백제 왕실과 야마토 왜의 관계를 고찰한 바, 그동안 4세기 중엽에 제작되었던 것으로 알려졌던 七支刀가 백제의 腆支王 때 만들어진 것으로 확인됨에 따라 七支刀 銘文에 대한 새로운 해석으로 5세기 초에는 侯王의 지위에 있던 倭王이 고구려와의 한반도 전투에서 백제의 지원군으로 왔던 정황을 알 수 있게 되었다. 이를 통해 당시 고구려에 대항하는 체제로서 倭를 비롯한 한반도 남부의 중심은 百濟였다는 것이 명확해졌다.

따라서 이후 5세기대에 倭王이 宋朝에 요구했던 한반도 남부에 대한 都督諸軍事號 역시 백제가 군사권을 행사할 수 있었던 영역을 倭가 자신의 관할로 주장하려 했던 것이며, 이는 珍에 있어서나 武에게 있어서나 백제와 軋轢이 있었던 비유왕 시기 또는 웅진초기 등 백제의 왕통계보 상에 문제가 있었던 경우에 나타나고 있는 것을 알 수 있다.

이러한 정황은 腆支王 이래 백제와 야마토 倭의 왕실 간에 혼인에 의한 혈연, 인척관계가 촉발한 사건이라고 할 수 있을 것이다.

즉, 기본적으로 백제 왕실와 야마토 왕실은 4세기말 이래 지속적인 인적 교류를 통해 정치적 혹은 군사적 화친관계를 맺어온 것으로 보인다. 그럼으로써 왜에 친백제 세력을 확립하고 역으로 백제에 친왜국 세력을 도모하여 양국 화친의 기반을 이루었던 것이다.

이러한 시스템은 百濟가 倭에 대해 전문 지식인이나 선진문물을 보내고 이에 대한 반대급부로서 군사를 파견하고 있는 백제와 왜의 용병관계의 시원을 이루고 있다.

이처럼 5세기에 나타나고 있는 한반도와 일본열도의 상황은 향후 6세기 임나문제를 어떻게 바라봐야 하는지에 대한 해법을 제시하는데 시사하는 바가 크다고 할 수 있다.

제2장 熊津時代 百濟의 王位繼承과 對倭關係

제1절 머리말

475년 백제는 고구려에 의해 수도 한성을 빼앗겼으며 개로왕과 왕후 및 왕자를 비롯한 일족이 피살되는 상황을 맞게 된다.[1] 이로 인해 백제는 웅진으로 도읍을 옮기게 되지만, 동성왕과 무령왕의 치세를 거치는 동안 점차 체제를 정비하고 고구려에 대항하는 체계로서의 기반을 닦아 나아가게 된다.

그러나 무령왕의 치세 이전 백제의 상황은 개로왕을 비롯한 일족의 갑작스러운 사망으로 인하여 왕위계승의 서열이 무너지는 등 왕실의 혼란스러운 상황이 진행되고 있다.

특히 당시 백제왕의 계보와 관련하여『三國史記』,『日本書紀』를 비롯, 중국 측의 사서에서도 각기 다르게 기술되어 있는 부분이 있어 혼란을 가중시키고 있다.

이에 웅진시대 백제왕의 왕위계승과 관련해서 많은 논의가 있었고, 동성왕과 무령왕의 연령 분석에 의해『三國史記』와『三國遺事』에서 무령왕이 동성왕의 第2子였다는 기록보다는『日本書紀』雄略 5년조와 武烈 4년조 分

---

1)『三國史記』卷25, 百濟本紀 蓋鹵王 21年 秋九月
　麗王巨璉帥兵三萬來圍王都漢城 王閉城門 不能出戰 麗人分兵爲四道夾攻 又乘風縱火
　焚燒城門 人心危懼 或有欲出降者 王窘不知所圖 領數十騎出門西走 麗人追而害之
　『日本書紀』卷14, 雄略 20年 冬 分註.
　百濟記云 蓋鹵王乙卯年冬 狛大軍來 攻大城七日七夜 王城降陷 遂失尉禮 國王及大后
　王子等 皆沒敵手

註「百濟新撰」에 나오는 백제왕의 계보에 보다 관심을 갖게 되었다.2) 하지만,『日本書紀』는 후대 천황주의 사관에 의한 서술로 인해 한반도 관련 기록에 있어서 많은 윤색 및 누락의 흔적을 보이고 있어 무령왕에 이르는 웅진시대의 왕위계승과 관련해서는 여전히 논란이 되고 있다.

특히 웅진시대의 백제사에 대해서는 문주왕의 즉위 배경과 무령왕의 출자 문제, 곤지의 渡倭 이유와 귀국 후 갑작스러운 사망 그리고 동성왕과 무령왕의 즉위 배경 등 많은 부분의 논의가 여전히 해결되지 않은 과제로 남아있다. 이러한 배경에 대해 필자는 당시 백제의 대왜관계가 왕위계승에 영향을 미치고 있다는 견해를 피력하였고3) 이에 대해 각 사서에 대한 정밀한 사료의 분석을 통해 백제왕의 합리적인 계보를 복원할 필요가 있다고 생각한다.

따라서 본고에서는 기존 연구 성과를 최대한 참조하면서 필자 나름대로의 사료분석을 통해 웅진시대의 백제사 이면에 나타난 역사적 사실에 대해 재조명하고자 한다.

연구의 범위를 웅진시대 백제 왕실의 정국변동으로 한정하고 사료 상에서 혼선을 보이고 있는 웅진시대의 백제 왕계의 복원을 시도하고자 한다. 이는 나아가 고대의 한일관계사, 즉 백제와 왜의 관계를 살펴보는데 있어서도 시사하는 바가 크기 때문에 중점적인 분석을 필요로 하고 있다.

---

2) 웅진시대 백제의 왕위계승과 관련된 논고로는 李基白, 「百濟王位繼承考」,『歷史學報』11, 1959 ; 李基東, 「中國 史書에 보이는 百濟王 牟都에 대하여」,『歷史學報』62, 1974 ; 古川政司, 「百濟王統譜 一考察」,『日本史論叢』7, 1977 ; 笠井倭人, 「中国史書における百済王統譜」,『日本書紀硏究』8, 塙書房, 1975 ; 이도학, 「漢城末 熊津時代 百濟王系의 檢討」,『韓國史硏究』45, 1984 ; 鄭載潤, 「東城王 23年 政變과 武寧王의 執權」,『韓國史硏究』99·100, 1997 ; 연민수, 「5세기 후반 백제와 왜국」,『고대한일관계사』, 혜안, 1998 ; 오계화, 「百濟 武寧王의 出自와 王位繼承」,『한국고대사연구』33, 2004 ; 김기섭, 「百濟 東城王의 즉위와 정국변화」,『韓國上古史學報』50, 2005 ; 田中俊明, 「百濟 文周王系의 등장과 武寧王」,『百濟硏究』49, 2009 등이 있다.
3) 본서 제Ⅱ편 제1장 5세기 百濟의 정국변동과 倭 5王의 작호 참조

제2절 무령왕의 出自 문제

웅진시대 백제의 왕실계보와 관련한 내용을 고찰하기 위해서는 한성백제 말기인 개로왕 시기의 고찰로부터 시작해야 할 것이다. 특히 개로왕은 비유왕대에 있어서 단절되었던 倭와의 교류를 다시 재개하고 있어[4] 대왜관계에 있어서도 새로운 전기를 맞게 된다.

특히 昆支의 渡倭를 통해 倭와의 관계를 복원하고 있는데, 이 시기의 기사가 백제 왕실의 계보에 대한 논의의 중심을 이루고 있다. 따라서 『日本書紀』 雄略 5년조에 나오는 개로왕, 곤지, 무령왕과 관련된 기사를 재검토할 필요가 있다.

(ㄱ) 『日本書紀』 卷14 雄略 5년
夏4月 百濟加須利君[蓋鹵王也]飛聞池津媛之所燔殺[適稽女郎也]而籌議曰 昔貢女人爲采女 而旣無禮 失我國名 自今以後 不合貢女 乃告其弟軍君[崑支也]曰 汝宜往日本以事天皇 軍君對曰 上君之命不可奉違 願賜君婦 而後奉遣加須利君則以孕婦 嫁與軍君曰 我之孕婦 旣當產月 若於路產 冀載一船 隨至何處速令送國 遂與辭訣 奉遣於朝
六月丙戌朔 孕婦果如加須利君言 於筑紫各羅嶋產兒 仍名此兒曰嶋君 於是 軍君卽以一船 送嶋君於國 是爲武寧王 百濟人呼此嶋曰主嶋也
秋七月 軍君入京 旣而有五子[百濟新撰云 辛丑年 蓋鹵王遣王遣弟昆支君 向大倭 以脩兄王之好也]

(ㄱ)은 昆支의 왜국 파견 및 무령왕의 출생을 나타내주는 기사로서 내용에 의하면 곤지는 461년[5] 형인 개로왕에 의해 왜국에 파견된다. 개로왕은

---

4) 구이신왕의 죽음으로 비유왕 시기에 백제와 왜의 관계는 단절된 상태에 있었다.
5) 무령왕의 묘지석에 의해 무령왕의 崩年이 523년 5월 7일로 62세였다는 것을 알 수 있어 곤지가 462년 渡倭한 것으로 볼 수도 있다. (李在碩, 「5세기말 昆支의 渡倭 시점과 동기에 대한 재검토」, 『百濟文化』30, 2001, pp.22-23)

임신한 부인을 곤지에게 장가 들인 후 왜국에 보내는데, 왜국으로 가는 도
중에 태어난 嶋君(무령왕)은 다시 백제로 돌려보내지고 있다.

일찍이 개로왕이 임신한 부인을 동생에게 주어 장가들여 왜국에 파견시
켰다는 (ㄱ) 雄略 5년조의 기사에 대해서는 내용이 너무 설화적이고 기괴하
여 믿을 수 없는 조작된 이야기로 치부되기도 했다.[6]

하지만, 이를 당시 북방민족에게 널리 행해지던 습속으로 이해하면서 이
기사를 역사적 사실과 근접하게 보려는 견해[7]가 있었으며 일본의 고대 습
속에서 임신한 부인을 하사하여 아들을 얻는 사례가 있다는 견해[8]도 등장
했다.

실질적으로 이 기사에서 무령왕이 출생하였다고 하는 各羅嶋라는 지명에
대해서는 현재 佐賀縣 東松浦郡에 있는 加唐島로 보는 것이 유력하다.[9] 加
唐島가 壹岐와 唐津를 연결하는 직선거리에 있으며 한반도에서 일본열도로
가는 古代의 航路도 松浦, 唐津, 呼子, 加唐島, 壹岐, 對馬라는 연안 루트를
통해 한반도로 이동했을 것으로 보이기 때문에 航路 중에 보이는 加唐島가
嶋君이 태어났던 各羅嶋일 가능성은 높다. 또한 이 기사에서 무령왕의 이름
인 斯麻도 섬에서 태어났기 때문에 嶋君으로 했다는 기록이 있으며 各羅嶋
라는 섬의 이름까지 구체적으로 등장하고 있는 것을 보면 이 기사를 단순
히 『日本書紀』 찬자에 의한 황당무계한 사료로 보기보다는 상당 부분 사실
성을 포함하고 있다고 생각한다.

---

6) 이기백, 「百濟史上의 武寧王」, 『武寧王陵發掘調査報告書』, 1973, p.70 ; 李丙燾, 「百
濟武寧王陵出土誌石에 대하여」, 『학술원논문집』11, 1972, p.5 ; 이도학, 앞의 논문,
p.16
7) 文暻鉉, 「百濟 武寧王의 出自에 대하여」, 『史學研究』60, 2000, pp.46-48
8) 김현구, 『백제는 일본의 기원인가』, 창작과비평사, 2002, pp.15-17
9) 이도학, 『새로쓰는 백제사』, 푸른역사, 1997, pp.185-186 ; 이기동, 「고대 동아시아
속의 백제문화」, 『백제문화』31, 2002, p.4 ; 李在碩, 앞의 논문, 2001, pp.21-22 ; 윤
용혁, 「무령왕 '출생전승에 대한 논의」, 『백제문화』32, 2003 ; 홍성화, 『한일고대사
유적답사기』, 삼인, 2008, p.289

다만, 논란이 될 수 있는 것은 당시 태어난 무령왕이 (ㄱ)의 기사에서와
같이 개로왕의 아들인지의 여부이다. (ㄱ)의 기사는 무령왕을 개로왕의 아
들로 위치시키고 있는 반면 『日本書紀』 武烈 4年條 「百濟新撰」에서는 무령
왕을 곤지의 아들로 기록하고 있기 때문이다.10)

> (ㄴ) 『日本書紀』 卷第16 武烈 4年 分註
> 百濟新撰云 末多王無道暴虐百姓 國人共除 武寧王立 諱斯麻王 是琨支
> 王子之子 則末多王異母兄也 琨支向倭 時至筑紫嶋 生斯麻王 自嶋還送 不
> 至於京 産於嶋故因名焉 今各羅海中有主嶋 王所産嶋 故百濟人號爲主嶋
> 今案 嶋王是蓋鹵王之子也 末多王 是琨支王之子也 此曰異母兄 未詳也

(ㄴ)의 기사에서 『日本書紀』 찬자의 경우도 무령왕의 출자에 대해 未詳
이라고 했던 것을 보면 우선 무령왕의 출자와 관련해서는 『日本書紀』 작성
시기에 서로 다른 출처를 통한 정보의 혼란이 있었음이 분명하다.

(ㄱ)의 『日本書紀』 본문에는 무령왕이 개로왕의 子로서 기록되어 있고
(ㄴ)의 『日本書紀』 分註에서도 찬자가 개로왕 관련 출자에 비중을 두고 있
는 것으로 보아서는 『日本書紀』 작성 당시 일본 측에 있어서는 무령왕이
개로왕의 子라는 인식이 강하게 전해졌던 것으로 보인다.

그렇다면 무령왕은 개로왕의 자식으로 보아야 하는 것일까?

이에 대해서는 우선적으로 곤지가 渡倭한 이유가 무엇이었는지를 살펴볼
필요가 있다. 『日本書紀』 내에서는 곤지가 파견되었던 이유로서 池津媛이
無禮했다는 이유를 들고 있다.

『日本書紀』에는 應神 8년 3월조에 阿花王이 倭에 無禮하였기 때문에 倭

---

10) 『三國史記』와 『三國遺事』에서는 무령왕이 동성왕의 2子로 기록되어 있지만, 무녕
　 왕릉의 지석의 발견을 통하여 무령왕의 계보에 대한 연구가 진전을 이루면서 학계
　 에서는 『日本書紀』를 통해 개로왕의 子 또는 곤지의 子로 보는 견해로 압축되어
　 있다.

가 東韓之地, 枕彌多禮, 峴南, 支侵, 谷那를 침탈하자 腆支(直支)가 파견되었
다는 기사[11])가 있고, 應神 25年 無禮를 이유로 해서 木滿致를 왜국으로 소
환하는 기사[12])가 있으며, 仁德 41년 3월조 酒君이 無禮하여 소환하는 기
사[13])가 등장하고 있다. 하지만, 이들 모두 無禮에 대한 내용이 야마토 정권
이 백제를 복속하고 있다는 전제 하에 서술되고 있다.

즉, 應神 8년 腆支(直支)가 일본으로 갔던 것은 고구려와의 전투에서 왜
국과 和通을 하기 위해 백제가 보낸 것이고, 木滿致의 경우 왕모와의 간음
으로 소환된 것으로 되어 있지만 木滿致는 『三國史記』 개로왕 21년조에 문
주왕과 같이 남행을 했던 인물로 추정되기 때문에 소환되었을 가능성은 희
박하며, 酒君의 경우 渡倭 이후 곧바로 왕실의 측근으로 자리하고 있는 등
無禮에 대한 구체적인 사유가 나와 있지 않은 상태에서 소환되고 있기 때문
에 이들 無禮의 기사를 역사적 사실로 보기는 힘들다.

또한 (ㄱ)의 기사에서 백제 측에서 보낸 貢女를 采女로 삼으려 했다고 기
록하고 있지만, 采女에 대한 체계화는 壬申의 亂 후에 畿內와 지방호족의
출신법과 朝參法이 발포되는 등 관인 임용제도가 본격화되는 天武朝에 이
루어지고 있기 때문에[14]) 이 기사에는 『日本書紀』 찬자의 후대사관에 의해
윤색이 가해졌던 것이 분명하다.

따라서 池津媛의 無禮를 곤지의 渡倭와 결부시키고 있는 (ㄱ)의 기술은

---

11) 『日本書紀』 卷 第10 應神 8年 春3月
　　百濟人來朝[百濟記云 阿花王立无禮於貴國 故奪我枕彌多禮 及峴南,支侵,谷那 東韓之
　　地 是以 遣王子直支于天朝 以脩先王之好.]

12) 『日本書紀』 卷 第10 應神 25年
　　百濟直支王薨 卽子久爾辛立爲王. 王年幼 大倭木滿致執國政. 與王母相婬 多行無禮.
　　天皇聞而召之[百濟記云. 木滿致者是木羅斤資討新羅時. 娶其國婦而所生也. 以其父功
　　專於任那. 來入我國往還貴國. 承制天朝執我國政. 權重當世. 然天皇聞其暴召之]

13) 『日本書紀』 卷 第11 仁德 41年 春3月
　　遣紀角宿禰於百濟 始分國郡場 具錄鄕土所出 是時 百濟王之族酒君无禮 由是 紀角宿
　　禰訶責百濟王 時百濟王悚之 以鐵鎖縛酒君 附襲津彦而進上

14) 이정희, 「古代 日本의 采女制度」, 『日本學報』44, 2000, pp.585-587

신뢰하기 어렵다.

오히려 (ㄱ)의 「百濟新撰」에서 나타나고 있는 바와 같이 兄王의 우호를 닦기 위한 목적으로 파견되었다는 것이 보다 역사적 사실에 부합할 것이다.

곤지가 파견되었던 이유에 대해서는 청병사설,[15] 왜국추방설,[16] 왜 정권 내 친백제 노선을 유지케 하려는 왕족 외교의 일환,[17] 백제와 신라의 동맹을 유지시키기 위해 왜국을 콘트롤할 필요가 있었다는 설,[18] 동맹관계 재결성설[19] 등 다양한 견해가 나오고 있지만, 공통적으로 당시 백제의 개로왕이 실질적인 위협세력인 고구려와의 전투를 염두에 두고 倭와 긴밀히 협력하려 했던 정황을 파악할 수 있다.

백제와 왜의 인적교류는 『三國史記』와 『日本書紀』에 의하면 아신왕 6년 (397년) 倭와의 結好를 위해 태자인 腆支를 파견하는 기사에서부터 시작하고 있다.[20] 이때 백제의 상황은 광개토왕비문에도 등장하는 것처럼[21] 고구려와의 대결 구도가 지속되고 있었기 때문에 개로왕 시기에 있었던 백제와

---

15) 양기석, 「三國時代 人質의 性格에 대하여」, 『史學志』15, 1981, pp.55-56 ; 연민수, 앞의 논문, 1998, p.414 ; 이도학, 「漢城末 熊津時代 百濟王位繼承과 王權의 性格」, 『韓國史硏究』50·51, 1985, p.13 ; 鈴木靖民, 「東アジア諸民族の国家形成と大和王権」, 『講座日本歴史』1, 東京大学出版会, 1984, pp.202-206 ; 山尾幸久, 『古代の日朝関係』, 塙書房, 1989, pp.158-160

16) 연민수, 앞의 논문, 1998, pp.414-417 ; 주보돈, 「熊津都邑期 百濟와 新羅의 關係」, 『古代東亞細亞와 百濟』, 충남대백제연구소, 2003, pp.197-198

17) 김현구, 「백제와 일본간의 왕실외교-5세기를 중심으로」, 『백제문화』31, 2002 ; 鄭載潤, 「百濟 王族의 倭 派遣과 그 性格」, 『百濟硏究』47, 2008

18) 李在碩, 앞의 논문, pp.26-28

19) 熊谷公男, 「5世紀 倭 百濟關係와 羅濟同盟」, 『百濟硏究』44, 2006

20) 『三國史記』 卷 第25 百濟本紀 阿莘王 6年
王與倭國結好, 以太子腆支爲質
『日本書紀』 卷 第10 應神 8年 春3月 分註
百濟記云 阿花王立无禮於貴國 故奪我枕彌多禮 及峴南,支侵,谷那 東韓之地 是以 遣王子直支于天朝 以脩先王之好

21) 廣開土王碑 永樂 6年 丙申

왜국의 교류는 아신왕 시기와 함께 비교 고찰되어야 할 것이다.

특히 『日本書紀』 應神 8年條 「百濟記」에서 전지왕의 파견이 先王의 우호를 닦기 위해서였다는 기록은 개로왕 시기 「百濟新撰」에서 곤지의 파견이 兄王의 우호를 닦기 위해서였다는 기사와 서로 유사한 점이 있다.

397년 전지왕이 倭에 파견된 이유에 대해 필자는 당시 백제와 왜 왕실 간에 있었던 혼인 관계를 주목한 바 있다. 특히 石上神宮에 보관되어 있는 七支刀의 銘文을 통해 腆支王이 왜왕의 혈족인 八須夫人과 혼인하였던 정황을 확인할 수 있다.[22]

X-레이 촬영에 의해 銘文에서 새로이 '十'자가 발견되어 七支刀가 11월 16일이 丙午日인 전지왕 4년, 408년에 만들어진 것으로 파악할 수 있게 되었으며,[23] 이에 따라 七支刀는 百濟王世子 久爾辛이 부처님의 가호로 진귀하게 태어났기 때문에 倭王에게 전달되었던 것을 알 수 있게 되었다. 즉, 七支刀를 제작한 목적이 백제왕세자 久爾辛이 태어난 것을 왜왕에게 알리려는 뜻이 있었다는 것인데, 이는 백제가 왜국과 혼인을 매개로 한 화친관계를 맺을 당시 腆支王과 왜왕의 혈족인 八須夫人의 혼인에 의해 구이신이 태어났기 때문에 가능했던 것이다.[24]

---

22) 본서 제I편 제1장 石上神宮 七支刀에 대한 一考察 참조
23) 실제 X-레이 사진을 보면 十자가 명확하게 검출되고 있는 것을 확인할 수 있으며, 종래의 계측결과에서도 언급되었듯이 (榧本杜人, 「石上神宮の七支刀とその銘文」, 『朝鮮学報』3, 1952) 앞면의 전체 글자 간격과 비교하여 보면 年자와 月자 사이의 간격이 여타 다른 부분에 비해 넓다는 것을 확인할 수 있다. 특히 十자와 年자 사이에서 '一'이 확인되고 있다.(村山正雄, 『石上神宮 七支刀銘文図録』, 吉川弘文館, 1996 ; 鈴木勉·河内國平, 『復元七支刀-古代東アジアの鐵·象嵌·文字』, 雄山閣, 2006)
24) 『日本書紀』에 나오는 神功紀의 한반도 출병 및 침탈 기사를 廣開土王碑文에 나오는 기사와 대조하여 보면 廣開土王碑文에서 볼 수 있는 4세기말~5세기초엽의 사실이 『日本書紀』 찬자에 의해 윤색되었다는 것을 알 수 있다. (본서 제I편 제4장 廣開土王碑文을 통한 『日本書紀』 神功, 應神紀의 분석 참조) 이에 따라 『日本書紀』에서는 神功의 삼한정벌로 인하여 백제가 七支刀를 헌상한 구도로 그려져 있지만, 실상은 七支刀를 전지왕 시기에 제작된 것으로 볼 수 있게 됨에 따라 神功의 삼한정

이처럼 아신왕 대에 있었던 전지의 파견과 개로왕 대에 있었던 곤지의 파견을 비교하여 보면 공통적으로 파악할 수 있는 것은 고구려에 대항하는 체제로서 왜와의 화친이 이루어졌던 정황이다. 그런 의미에서 개로왕이 왕권을 강화하기 위한 목적으로 유력자인 곤지를 추방했을 것이라는 견해는 타당성이 없어 보인다. 앞서 전지왕의 사례와 견주어 볼 때 곤지가 왜국에 갔던 것은 혼인 때문임을 알 수 있다.

이처럼 백제가 왜와 화친을 했던 4세기말~5세기초 전지왕의 사례에 비추어 보면, 곤지 또한 개로왕 시기에 들어와 백제와 왜가 다시 화친할 목적으로 혼인을 위해 파견되었던 것으로 판단하는 것이 타당하다고 생각한다.

『日本書紀』雄略 23년조에는 동성왕이 곤지의 5子 중에 2子로 幼年에 총명하여 즉위하였다는 기록이 있다. 이를 근거로 할 경우 곤지가 渡倭하면서 태어난 무령왕이 둘째 아들이었던 동성왕보다 연장자인 첫째 아들일 수 있다.25) 이는 (ㄱ)의 秋7月 기사에 보이는 바와 같이 곤지가 왜국에 파견된 이후 '이윽고 5인의 자식이 있었다(旣而有五子)'는 기록과 부합한다.26) 바꾸어 말하면 渡倭 이전에는 자식이 없었던 것이며 곤지가 왜국에 혼인을 위해 渡倭하는 과정에서 무령왕을 첫 번째로 낳았던 것을 알 수 있다.

그렇다면 곤지가 各羅嶋에서 낳은 자식을 왜 다시 백제로 돌려보냈어야

벌이라는 기사는 광개토왕비문에 나타나는 시기인 4세기말~5세기초에 왜가 백제에 지원군으로 왔던 사실이 『日本書紀』의 후대사관에 의해 확대 과장된 것임을 알 수 있다.

25) 『日本書紀』雄略 23년조에 기록된 幼年이 구체적으로 몇 살인지는 불분명하지만, 구이신왕의 경우 칠지도의 명문에 따라 408년경에 태어났고 『日本書紀』에 유년에 즉위했다는 기록이 있어 이를 통해 구이신왕은 12~3세경에 즉위한 것을 알 수 있다. 이러한 분석에 의하면 동성왕의 경우도 대체적으로 15세 미만에 즉위하였을 것으로 추정되어 동성왕이 무령왕보다 나이가 어렸다는 것을 알 수 있다.

26) 『論語』憲問篇 '旣而曰, 鄙哉, 硜硜乎' 등 많은 문장에서 旣而는 '이윽고'로 해석된다. 종전에는 '이미'로 해석되기도 했지만, 왜국의 수도에 도착했을 때 이미 5子를 두었다고 하는 것은 동성왕이 곤지의 5子 중에 2子였다는 기록과 모순이 될 수밖에 없다.

만 했을까? 이에 대해서는 이미 무령왕의 모친에게 신분적인 취약점이 있었을 가능성이 제기된 바 있으며,27) 곤지가 왜국과의 혼인을 위하여 渡倭한 경우 혼외의 子 문제가 대두되었을 가능성을 생각할 수 있을 것이다. 즉, 무령왕의 모친이 정식 혼인관계가 아닌 상태에서 곤지를 대동하다가 아이를 낳았을 경우, 백제로 돌려보내졌을 것이라는 추론이 가능하다.

전지왕의 경우도 왜국에서 팔수부인과의 정식 혼인을 통해 구이신을 낳았지만, 서자로서 비유왕을 두고 있었던 것을 알 수 있다.28) 따라서 곤지의 경우도 당시 백제왕실에서 전지왕과 유사한 상황이었을 것으로 추정하게 되면 무령왕이 곤지의 서자였음을 짐작할 수 있다.

따라서 『日本書紀』에서 무령왕을 개로왕의 아들로 기록했던 것은 이러한 무령왕 모친의 취약성 때문이었을 것으로 보인다. 이 점에 있어서는 무령왕이 즉위 시 개로왕의 아들로 위치시켜 즉위에 대한 정당성을 확보하려는 정치적인 계산이 깔려있었던 것으로 보인다.29) 이처럼 무령왕의 출자에 여러 가지 이설이 있다는 것은 무령왕의 왕위계승에 있어서 문제점이 있었을 것이라는 추정을 가능케 한다. 이에 대해서는 제4절에서 자세히 살펴보기로 한다.

---

27) 李根雨, 「『日本書紀』에 引用된 百濟三書에 관한 研究」, 한국정신문화연구원 박사학위논문, 1994, p.134 ; 鄭載潤, 앞의 논문, 1997, p.117

28) 李基白, 앞의 논문, 1959 ; 이도학, 앞의 논문, 1985 ; 盧重國, 「5세기 韓日關係史의 성격 개관」, 『왜 5왕 문제와 한일관계』, 한일관계사연구논집 편찬위원회, 2005, pp.28-29 ; 홍성화, 「5세기 한반도 남부의 정세와 倭」, 『동아시아 속의 한일관계사』 上, 고려대학교 일본사연구회, 2010

29) 李根雨, 앞의 논문, pp.133-134

제3절 문주왕과 삼근왕의 계보

475년 고구려의 침입에 의해 개로왕이 피살되고 웅진에서 즉위를 한 왕은 문주왕이다. 문주왕의 경우는 『三國史記』에 의하면 개로왕의 아들로 신라에서 구원병을 얻어 오는 인물로 그려지고 있다.

그런데 『日本書紀』는 백제가 고구려와의 전쟁에서 패배한 정황을 기록하면서 개로왕의 왕통계보가 끊어진 것으로 기록하고 있는 점이 주목된다.[30] 즉, 475년 고구려의 한성 공격으로 수도가 함락당하고 국왕 및 대후, 왕자 등이 모두 적의 손에 죽었다고 기록하고 있다. 만약 이 기록을 존중한다면 문주왕은 개로왕의 아들로 위치할 수 없으며 무령왕의 경우도 개로왕의 아들이 아니었다는 말이 된다.

그런 상황에서 왕위 계승에 가장 가까운 인물은 동생인 곤지였을 것이다. 곤지의 경우 좌현왕으로서 개로왕 다음의 2인자로서 왕위계승권에 가장 근접한 인물이었기 때문이다.[31] 하지만, 그는 475년의 상황에서는 일본에 체류하고 있었던 것으로 추정되며 이후 477년 이전의 어느 시점엔가 백제로 돌아와 내신좌평이 되는 것을 알 수 있다. 이를 통해 고구려에 의해 왕도가 파괴되고 개로왕마저 급작스럽게 세상을 떠난 상황이었기 때문에 일본에 체류하고 있던 곤지가 곧바로 즉위하기는 어려운 입장에 있었던 것으로 보인다.

개로왕에 이어 즉위한 문주왕의 경우 『三國史記』와 『三國遺事』에는 개로왕의 아들로 묘사되어 있지만, 『日本書紀』 雄略 21년조에는 개로왕의 母弟로 기록하는 등 서로 다르게 나타나고 있다. 통상 이에 대해서는 부자간의

---

30) 『日本書紀』 卷14, 雄略 20年冬 分註.
　　百濟記云 蓋鹵王乙卯年冬 狛大軍來 攻大城七日七夜 王城降陷 遂失尉禮 國王及大后 王子等 皆沒敵手

31) 곤지를 태자에 해당하는 신분으로 보는 견해도 있다. (鄭載潤, 「熊津時代 百濟와 倭의 關係에 대한 豫備的 考察」, 『百濟文化』37, 2007, p.66)

연령관계나 각 사서의 계보관계를 비교하여『日本書紀』에 기술되어 있는 母弟가 同母弟로서『日本書紀』의 쪽이 타당하다고 보고 있다.[32]

그런데, 당시 왕위와 관련하여 중국의『南史』,『册府元龜』에는 480년 南齊에 遺使하고 있는 백제왕으로 牟都가 등장하고,『南齊書』에는 490년경 백제왕으로 牟大, 祖父인 牟都가 보이고 있다. 또한『梁書』에는 개로왕 慶이 죽은 이후 牟都가 즉위하고 牟都가 죽자 아들 牟太가 즉위하였다는 기술을 남기고 있다.

이러한 기록은 앞서의 사료와는 또 다른 차원에서 논란을 낳고 있다. 牟都가 遺使했던 시기가 480년이라면 이때는 479년 즉위한 동성왕 牟大가 왕으로 재위하고 있을 시기이기 때문에 牟都가 牟大의 오기라는 설[33]이 제기된 바 있다. 또한『南齊書』와『梁書』의 비교를 통해서는 牟都가 牟大의 祖父인지 父인지 혼선을 보이고 있으며 삼근왕은 아예 사서에서 누락되어 있다.

이러한 중국 측의 기록은『宋書』백제전에서 420년에 사망한 백제 전지왕이 424년에 나타나고 있는 것이나 전지왕과 비유왕과의 사이에 재위했던 구이신왕이 중국사서에서 누락된 것과 유사한 상황이다. 이를 근거로 전지왕과 牟都의 사례나 구이신왕과 삼근왕이 누락된 것은 일단 중국 측의 오인에 의한 것이라는 견해가 설득력을 갖게 된다. 따라서 牟都가 牟大의 오기라는 설보다는 牟都를 문주로 보는 것이 타당하다고 생각한다.[34]

그렇다면 그동안 백제왕에 대해 중국의 사서에서는 餘毗, 餘慶 등 餘氏를 칭하다가 문주 이후 왜 갑자기 牟都, 牟太로 바뀌고 있는지에 대해 의문이 아닐 수 없다.

이에 대해서는 牟都, 牟大(牟太) 등의 명칭을 우태, 비류계로 보아 이때부

---

32) 이도학, 앞의 논문, 1984 ; 笠井倭人,「三国遺事百済王暦と日本書紀」,『朝鮮学報』24, 1962

33) 津田左右吉,『日本古典の研究(下)』, 岩波書店, 1950 ; 李基白, 앞의 논문, 1959, p.17

34) 那珂通世,「外交繹史」,『那珂通世遺書』, 1958, p.143 ; 李基東, 앞의 논문, 1974, pp.20-30 ; 笠井倭人, 앞의 논문, 1975, pp.47-48

터 온조계통의 백제왕계가 바뀌었던 것으로 보는 견해도 있다.[35] 하지만, 牟大의 경우는 동성왕으로 볼 수 있기 때문에 牟都 이후에 백제왕계 전체가 바뀌었다고 볼 수는 없다. 단지 당시 왕도가 함락되고 개로왕이 죽는 급박한 상황에서 왕위계승권자가 아닌 문주왕이 즉위했던 것은 백제의 왕통계보에 있어서 일시적인 변화가 있었던 것은 아닐까 추측해볼 수 있을 것이다.

때문에 이와 관련해서는 문주왕을 『日本書紀』에서 개로왕의 母弟로 기록한 것이 同母弟를 의미하는 것이 아니라 어머니의 남동생을 의미한다는 견해가 있어 주목된다.[36]

이 경우 사료상의 오류를 최소화하기 위해 牟都를 祖父로 위치시킨 『南齊書』와 연결하여 곤지를 문주왕의 사위로 보고 동성왕의 어머니를 牟都의 딸로 위치시키기도 했다. 이렇게 문주왕을 동성왕의 외조부로 위치시키게 되면 계보의 오류가 상당 부분 해소되기 때문이다.

하지만 앞 절에서 검토했던 바, 곤지는 무령왕을 낳은 후 왜국에 체류하면서 왜왕의 혈족과의 혼인 관계를 맺었으며 이로 인해 자식을 두었다. 동성왕의 경우 곤지의 아들로서 왜국에 들어간 이후에 태어났으며 477년 무렵 곤지가 귀국하였음에도 불구하고 백제로 돌아왔다는 기록이 없는 것으로 보아 곤지가 왜국에 체류했을 때 倭系 여인과의 사이에서 낳은 아들로 볼 수 있다. 그렇기 때문에 곤지가 문주왕의 사위로서 동성왕이 문주왕의 딸을 어머니로 하는 계보는 전혀 타당하지 않다.

그렇지만, 개로왕의 서거로 인해 후계자가 없는 백제의 급박한 상황과 중국사서에서 문주왕이 餘都가 아닌 牟都로 기록되어 있고 계보의 혼란을 보이는 것 등을 통해 일단 문주왕을 개로왕의 母弟라고 한 『日本書紀』의

---

35) 千寬宇, 「三韓의 國家形成(下)」, 『韓國學報』3, 1976, pp.139-142

36) 坂本太郎 外, 『日本古典文学大系 日本書紀』上, 岩波書店, 1967, p.496 ; 古川政司, 앞의 논문, 1977 ; 山尾幸久, 『日本古代王権形成史論』, 岩波書店, 1983, pp.196-197 ; 田中俊明, 앞의 논문, 2009

기록을 다시 음미할 필요가 있다고 생각한다.[37] 즉, 개로왕의 母弟라고 한
기록을 개로왕의 어머니의 동생으로 보게 되면, 개로왕과 동생인 곤지에게
는 외삼촌의 관계가 될 수 있다. 따라서 계보상 곤지의 아들인 동성왕에게
문주왕은 할아버지뻘의 위치에 놓일 수 있게 된다. 때문에 이러한 계보로
추측하게 되면 『南齊書』에서 문주왕이 牟大의 조부라는 기록도 합당한 것
이 된다.[38]

　　『梁書』百濟傳에는 牟都가 죽자 아들 牟太가 즉위하였다고 하여 동성왕
을 모도의 아들인 牟太로 기록하고 있지만, 『梁職貢圖』百濟傳이나 『梁書』
武帝本紀 天監 元年 4월 戊辰條에는 동성왕을 餘大 혹은 餘太로 기록하고
있다. 이처럼 동성왕에 대한 중국 측의 정보에는 어느 정도 혼란이 있었던
것을 알 수 있다. 따라서 동성왕과 관련해서는 확실한 정보가 부족했기 때
문에 『梁書』에서 牟都와 牟太의 前王과 現王이라는 관계를 통상적인 부자
관계로 인식하였을 가능성이 크다.

　　이상과 같이 각 사서마다 혼란을 보이고 있는 백제왕의 계보를 고찰하여
그 오류를 최소화하여 보면, 475년 고구려의 침입으로 국왕 및 대후, 왕자
등이 사망하여 후계자가 없는 상황에 놓인 백제에서 개로왕의 외삼촌인 문

---

37) 『日本書紀』에서 雄略 21년조를 제외한 母弟에 대한 용례는 孝元 7年, 垂仁 28年,
　　允恭 11年에 보이고 있으며 이중에서 확실하게 母弟가 同母弟를 의미하는 것은 垂
　　仁 28年조의 倭彦命에 관한 기록이다. 그런데 이들 용어는 모두 雄略紀 이전에 나
　　타난다는 특징을 갖고 있다. 주지하다시피 『日本書紀』의 경우 용어, 문장, 서술 기
　　법 등의 차이를 통해 다수의 편찬자가 필진으로 참여하였던 것으로 추정하고 있으
　　며, 대체적으로 雄略紀를 기준으로 두 부류의 편찬진이 있었던 것으로 보고 있다.
　　(『日本書紀』의 편찬 구분론에 대해서는 李永植, 「日本書紀의 研究史와 研究方法論」,
　　『한국고대사연구』27, 2002 참조) 따라서 雄略紀 이후에 나타나는 용어에 대해서는
　　별도로 고찰할 필요가 있으며, 雄略紀 이후 다수 나타나는 同母弟라는 용어에 비추
　　어볼 때 유일하게 母弟로 기록되어 있는 雄略 21년조의 용례는 同母弟와는 다른
　　의미로 사용되었을 가능성이 높다.
38) 牟大에 대한 중국 측의 기록 중에 황제의 制詔를 인용하고 있는 『南齊書』를 가장
　　신뢰할 수 있다고 한다. (田中俊明, 앞의 논문, p.134)

주가 즉위를 하게 됨으로써 백제왕계에 변화가 있었다는 것을 알 수 있다. 이로써 문주왕과 문주왕의 아들인 삼근왕은 일시적이기는 했지만, 기존 백제왕계와는 계보를 달리했던 것으로 추정된다.

제4절 동성왕과 무령왕의 즉위

『三國史記』 477년 9월조에는 문주왕이 사냥을 나갔다가 解仇에게 변을 당하는 기사가 나온다. 이후 곧바로 문주왕의 아들인 13살의 삼근왕이 즉위를 하지만, 479년 돌연 사망하게 된다.

유년에 즉위한 삼근왕의 경우, 15세의 어린 나이에 사망하였기 때문에 후사 없이 사망하였을 가능성이 높다.[39] 이 경우 백제에 있어서는 또 다시 왕위계승의 문제가 대두될 수 있다.[40]

이 시점에서 주목받을 수 있는 인물은 기존 백제왕계인 곤지의 후손일 수 있다.

곤지는 개로왕의 동생으로 유력한 왕위계승권자였지만, 개로왕이 살해당하는 급박한 상황에서 왜국에 체류하면서 후손을 두었다. 백제로 다시 돌아

---

39) 梁起錫, 「웅진천도와 중흥」, 『삼국의 정치와 사회』Ⅱ, 국사편찬위원회, 1995, p.66 ; 김기섭, 앞의 논문, 2005, p.12

40) 『三國史記』에서 삼근왕이 문주왕의 長子라고 기록하고 있는 것으로 보아 문주왕에게 삼근왕 이외의 子가 존재하였을 것이라는 견해가 있다. (李鎔彬, 「熊津初期 百濟의 王權과 政治權의 向方」, 『先史와 古代』19, 2003, p.201-202) 하지만, 『三國史記』 백제본기에는 비유왕이 실제 전지왕의 서자였음에도 불구하고 前王이었던 구이신왕을 이어 즉위하였기 때문에 '구이신왕의 長子'로 표현하고 있는 경우를 볼 수 있다. 이처럼 삼근왕의 경우도 동생이 없었음에도 불구하고 차기 왕위계승권자였기에 長子로 기록했을 가능성이 크다. 만약 삼근왕에게 동생이 있었다고 하더라도 문주왕과 곤지를 시해했던 해구가 후환을 없애기 위해서라도 삼근왕의 동생을 제거했을 것으로 판단된다.

온 곤지는『三國史記』에 의하면 文周王 3년(477년) 4월 內臣佐平이 되고 3
개월 후인 7월에 돌연 사망한다.41) 이러한 상황에서『三國史記』에는 동 8
월 兵官佐平 解仇의 전횡 사실이 기록되어 있고 급기야 해구는 同 9월 도적
을 시켜 문주왕을 시해하고 있다. 이러한 정치적 상황에서 곤지 또한 권력
투쟁 와중에 당시 문주왕을 시해할 정도로 전횡을 일삼던 해구에게 피살되
었을 가능성이 높다.42)

그런 상황에서 문주왕의 사망으로 즉위한 삼근왕이 15세의 나이로 즉위
3년만에 죽고 있다. 삼근왕의 사망에 대해서는 정치적인 정변에 의한 것으
로 해석되기도 한다.43)

어쨌든 삼근왕이 후사 없이 사망하자 왕위 계승의 문제가 대두될 수밖에
없다. 특히 개로왕의 母弟였던 牟都가 문주왕으로 즉위하고 삼근왕 또한 문
주왕의 아들로서 기존 왕통과는 다른 계보를 가지고 있었기 때문에 차기
왕위계승의 문제는 중차대한 일이 아닐 수 없었을 것이다.

기존 백제왕계 중에서 무령왕의 경우 곤지의 1子이기는 했지만, 앞서『日
本書紀』雄略 5년조 무령왕의 탄생 고사에서도 고찰했듯이 嫡子가 아니라
庶子의 위치에 있었기 때문에 왕위계승권의 위치에 있지 못했다.

그렇다면 곤지의 嫡子의 위치에 있었던 것은 동성왕이었다. 무령왕이 동
성왕 보다 연배가 높은 형으로 백제에 체재하고 있었지만, 서자 출신이었기

---

41)『三國史記』卷26, 百濟本紀 第4 文周王 3年
　　夏四月 拜王弟昆支爲內臣佐平 封長子三斤爲太子 五月 黑龍見熊津 秋七月 內臣佐平
　　昆支卒
42) 이도학, 앞의 논문, 1985, p.14 ; 연민수, 앞의 논문, p.422 ; 盧重國,『百濟政治史硏
　　究』, 일조각, 1988, p.150 ; 鄭載潤,「文周 三斤王代 解氏 세력의 동향과 昆支系의
　　등장」,『史學硏究』60, 2000, p.20
43) 盧重國, 위의 책, p.151 ; 鄭載潤, 앞의 논문, 2000.『三國史記』와『日本書紀』에는
　　三斤王(文斤王)의 사망 기록이 모두 등장하지만, 단지 사망했다는 기사뿐이다. 이처
　　럼 각 사서가 별다른 추가적인 서술이 없이 왕이 사망하였다고 기록하고 있는 것
　　을 보면 정변이라기보다 자연사일 가능성도 전혀 배제할 수는 없다고 본다.

에 동성왕이 즉위할 수 있었던 것이다.

동성왕의 즉위에 대해 『日本書紀』는 다음과 같이 기록하고 있다.

    (ㄷ) 『日本書紀』 卷14, 雄略 23年 夏4月
     百濟文斤王薨 天皇以昆支王五子中 第二末多王 幼年聰明 勅喚內裏 親
    撫頭面 誠勅慇懃 使王其國 仍賜兵器 并遣筑紫國軍士五百人 衛送於國 是
    爲東城王

『日本書紀』는 동성왕의 책립과정에 왜가 관여했던 것처럼 기재되어 있
다. 하지만 앞서 전지왕의 경우에서 보았듯이 즉위 과정에 천황이 관여한
것처럼 되어 있는 『日本書紀』의 서술은 역사적 사실과 하등 관련이 없다.
종전 일본학계에서는 동성왕의 즉위를 왜왕에 의한 책립이라고 하는 책봉
체제론적인 입장에서 이해하여 왔다.[44]

이에 대해 한국학계 등에서는 동성왕의 즉위에 대해 여러 가지 견해가
제시되고 있다.

眞氏를 중심으로 한 귀족에 의한 옹립설,[45] 木氏에 의한 옹립,[46] 곤지세
력 기반설,[47] 왜국과의 교류로 고구려에 대항하려는 지배층에 의한 옹립
설,[48] 백제와 왜의 당면과제 해결을 위한 상호 필요했다는 설[49] 등이 있다.

일단 (ㄷ)의 기사에서 왜왕이 유년의 동성왕을 궁중으로 불러들여 얼굴
을 쓰다듬으며 은근하게 타일렀다는 기사를 통해 왜왕과 동성왕이 일종의

44) 坂元義種, 『古代東アジアの日本と朝鮮』, 吉川弘文館, 1978, pp.517-518 ; 鈴木靖民,
   「倭の五王の外交と内政-府官制的秩序の形成」, 『日本古代の政治と制度』, 1985, p.14
45) 李道學, 앞의 논문, 1984, pp.15-17 ; 盧重國, 앞의 책, pp.151-152
46) 山尾幸久, 『日本国家の形成』, 岩波書店, 1975, p.35
47) 鄭載潤, 「熊津時代 百濟政治史의 展開와 그 特性」, 서강대학교대학원박사학위논문,
   1999, pp.86-88
48) 김기섭, 앞의 논문, 2005, pp.13-16
49) 연민수, 앞의 논문, 1998, p.427

혈연적 유대감을 가졌던 것으로 보인다. 이는 곤지가 왜 왕실과 혼인을 하여 여기서 낳은 아들이 동성왕이었기 때문에 왜왕으로서도 동성왕에게 각별한 정을 나타냈을 수 있다.[50)

따라서, 동성왕의 즉위에 倭가 개입되어 있을 가능성은 희박하다. 이는 백제왕계의 적통 계열인 곤지의 아들 중에서도 적자였기에 즉위할 수 있었던 것이다.

그러나 479년에 즉위한 동성왕도 『三國史記』에 의하면 왕 23년(501년) 苩加에 의해 시해되었고 무령왕은 동성왕의 피살을 계기로 해서 등극하게 된다.

동성왕의 피살과 관련해서 『三國史記』와 『日本書紀』에는 다음과 같이 기록되어 있다.

(ㄹ) 『三國史記』卷第26 百濟本紀 第4 東城王23年

春正月 王都老嫗化狐而去 二虎鬪於南山 捕之不得 三月 降霜害麥 夏五月 不雨至 秋七月 設柵於炭峴以備新羅 八月 築加林城 以衛士佐平苩加鎭之 冬十月 王獵於泗沘東原 十一月 獵於熊川北原 又田於泗沘西原 阻大雪 宿於馬浦村 初王以苩加鎭加林城 加不欲往 辭以疾 王不許 是以怨王至是 使人刺王 至十二月乃薨 諡曰東城王

(ㅁ) 『日本書紀』卷第16 武烈 4年

是歲 百濟末多王無道 暴虐百姓 國人遂除 而立嶋王 是爲武寧王

『三國史記』에서는 苩加가 加林城에 가지 않으려고 했으나 왕이 허락하지 않아 앙심을 품어 사람을 시켜 동성왕을 시해했다고 기록하고 있다. 반면, 『日本書紀』의 기사에서는 무도하고 백성에 포학해서 동성왕을 국인이 제거했다고 기록하고 있다. 일단 두 사료에서는 동성왕의 시해 원인이 다르게

---

50) 김기섭, 앞의 논문, 2005, pp.11-12 ; 본서 제II편 제1장 참조

기록되어 있는 듯하다.

하지만,『三國史記』를 통해 보면 동성왕 말년 신하들과의 갈등 및 민심 이반의 현상이 있었음을 알 수 있다.

동성왕 21년 크게 가물어 신하들이 백성에게 베풀어주기를 청했으나 거절하였다든지,[51] 동 22년 봄 臨流閣을 세워 신하들이 반대하여 상소를 하였는데 간언하는 자가 있을까하여 궁궐 문을 닫아버리고 흥청망청했다는 기사[52]는 동성왕의 실정을 보여주는 대표적인 사례이다.

또한 전염병이 크게 돌았으며[53] 노파가 여우가 되어 사라졌고 범 두 마리가 남산에서 싸웠는데 잡으려 했으나 잡지 못했다는 기사와 서리가 내려 보리를 해쳤고 비가 오지 않더니 가을까지 이어졌다는 기사[54] 또한 민심 이반 현상이 극도에 이르렀다는 것을 단적으로 보여주고 있다.

이러한 정황은 대체적으로 무도하고 백성에게 포악했다는『日本書紀』의 기술과도 상통한다. 동성왕이 국인에 의해 제거되었다는 내용은「百濟新撰」에도 동일하게 기록되어 있으며 이 때문에 단지 苜加 일행에 의한 단독 행동으로 동성왕이 시해되었다고 보기에는 석연치 않은 점이 있다. 특히 苜加에 의해 동성왕이 시해된 후, 그동안 왕위계승에서 벗어나 있었던 무령왕이 곧바로 즉위를 하게 된 정황은 더욱 苜加에 의한 단독범행이라고 보기 힘들게 한다.

더욱이 동성왕의 경우 15세 미만의 나이에 즉위했다고 하면 시해당했을 때의 나이는 37~8세 정도 되기 때문에 연령으로 보아 왕위를 이을 만한 후

---

51)『三國史記』卷26 百濟本紀 第4 東城王 21年
　　夏 大旱 民饑相食 盜賊多起 臣寮請發倉賑救 王不聽
52)『三國史記』卷26 百濟本紀 第4 東城王 22年
　　春 起臨流閣於宮東 高五丈 又穿池養奇禽 諫臣抗疏 不報 恐有復諫者 閉宮門
53)『三國史記』卷26 百濟本紀 第4 東城王 21年
　　冬十月 大疫
54)『三國史記』卷26 百濟本紀 第4 東城王 23年
　　春正月 王都老嫗化弧而去 二虎鬪於南山 捕之不得 三月 降霜害麥 夏五月 不雨至秋

계자가 없진 않았을 것으로 추정된다. 때문에 무령왕이 등극하는 과정에 일어난 동성왕 시해 사건의 배후에는 무령왕이 있었을 것으로 보인다.[55]

앞서의 분석에 의해 무령왕이 동성왕보다는 먼저 태어난 형임에도 불구하고 적자가 아니었기 때문에 왕위를 계승할 수 있는 입장에 있지 않았다는 것을 알 수 있었다. 따라서 무령왕이 왕위계승의 위치에 있지 못했기 때문에 무령왕이 등극하는 상황에 있어서 동성왕의 시해에 무령왕이 개입했을 가능성은 더욱 높다.

그러나 무령왕은 등극을 했음에도 불구하고 곤지의 서자라는 모계의 취약성을 갖고 있었다. 그렇기 때문에 자신의 왕위계승의 취약성을 보완할 필요가 있었던 것이다. 따라서 『日本書紀』 雄略 5년의 기사에서 무령왕을 개로왕의 아들로 계보를 연결하기 위해 조작이 가해졌을 가능성이 크다. 원래 무령왕은 「百濟新撰」의 기록대로 곤지의 아들이었으나 서자의 신분이었기 때문에 이후 무령왕의 정통성을 강조하기 위해 개로왕의 혈통을 잇는 인물로 합리화가 필요했던 것이다. 『日本書紀』의 찬자의 경우도 무령왕의 개로왕 관련 출자에 비중을 두고 있는데, 이는 개로왕의 자식이라는 전승이 가장 후대에 생성되어 『日本書紀』 작성 당시까지 일본 측에 강하게 남아 있었던 때문으로 보인다.

제5절 백제의 왕위계승과 왜

웅진시대 백제의 왕위 계승을 살펴보면 각 사료의 출전에 따라 계보의 차이를 보이고 있지만, 이처럼 왕위계승 및 계보에서 혼란을 보이고 있었던 것은 백제와 왜 왕실간의 혼인 그리고 백제 왕계의 단절 등을 그 이유로

---

55) 鄭載潤, 앞의 논문, 1997 ; 연민수, 앞의 논문, 1998 ; 김기섭, 「백제 東城王 암살사건 재검토」, 『한국학논총』34, 2010

들 수 있을 것이다.

왕위계승권자의 위치에 있었던 곤지가 왜국에 있는 동안 고구려의 침입으로 후계자가 없는 상황에서 문주왕과 그 뒤를 이어 삼근왕이 즉위를 하게 되었지만, 삼근왕도 사망하게 됨에 따라 왕위계승의 첫 번째 위치에 있었던 동성왕이 즉위하게 된다. 이후 곤지의 서자였던 무령왕이 정변을 통해 동성왕을 시해하고 즉위하고 있는 것을 알 수 있다.

이를 통해 昆支가 倭 왕실의 여인과 혼인하여 東城王을 낳았고, 정식 혼인이 아닌 백제 여인과의 사이에서 무령왕을 낳았다는 사실을 알 수 있게 된다.

이를 통해 계보를 확정하게 되면 <그림 1>과 같다.

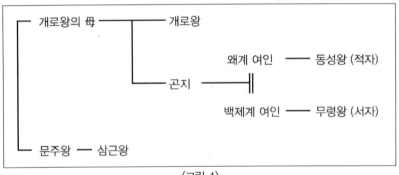

〈그림 1〉

이처럼 5세기 후반 백제왕실의 계보와 관련하여 특징적인 것은 백제왕실이 대외관계에 있어서 왜 왕실과 인적교류를 했던 현황을 파악할 수 있다는 것이다. 특히 당시 이들 왕실의 관계는 혼인에 의한 화친이었음을 알 수 있다.

이러한 상황은 4세기말~5세기초에 있었던 백제왕실 계보와의 비교를 통해 더욱 확연하게 드러난다. 이때의 상황은 광개토왕비문에 나타나는 것과 같이 고구려의 백제 공략으로 인해 백제가 腆支를 倭國으로 보내 화친을 함으로써 倭로부터 지원군을 받고 있다. 특히 이때 전지왕과 왜왕실의 혼인을 기반으로 한 왕실 교류가 원인이 되어 百濟와 倭의 관계가 유지되었던 것으로 보인다.

전지왕 이후 유년에 즉위한 구이신왕의 경우도 재위 8년만인 427년 12월에 갑자기 서거를 하게 되는데,56) 이 또한 전지왕의 서자였던 비유왕에 의한 정변으로 추정된다.57)

이때의 계보는 다음 <그림 2>와 같다.

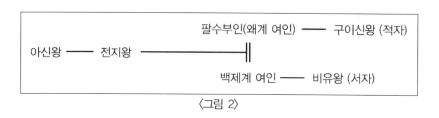

〈그림 2〉

이를 통해 보면 아신왕대 이후 기본적으로 백제 왕실와 야마토 왕실이 혼인을 통한 인적 교류를 통해 정치적 혹은 군사적 화친관계를 맺어온 것을 확인할 수 있다. 그럼으로써 왜에 친백제 세력을 확립하고 역으로 백제에 친왜국 세력을 도모하여 이러한 양국의 화친을 기반으로 해서 백제에서 왜로 선진문물이 전해지고 한반도의 전쟁에 있어서 백제의 요청 시 倭의 구원병이 파병될 수 있었던 것이다.

---

56) 『三國史記』 卷25, 百濟本紀 久爾辛王.

　　腆支王長子 腆支王薨 卽位

　　八年 冬十二月 王薨

57) 비유왕이 전지왕의 서자일 가능성에 대해서는 많은 연구자들의 지적이 있었으며 따라서 전지왕의 서자였던 비유왕이 구이신왕을 살해하고 즉위했을 가능성이 농후하다. (大橋信弥, 『日本古代の王権と氏族』, 吉川弘文館, 1996, p.126)

특히 전지왕 이후 구이신왕이 즉위하는 과정과 전지왕의 서자인 비유왕
이 즉위하는 과정은 흡사 웅진시대에 곤지 이후 동성왕이 즉위하는 과정과
곤지의 서자인 무령왕이 등극하는 과정과 유사한 것이 주목된다.

일반적으로 百濟와 倭 간에 있었던 외교 관계에 대한 일본학계의 통설은
약소국이 강대국에 보내는 인질의 성격으로 이해되어 정치적, 군사적인 지
배, 복속 관계를 나타내는 것으로 이해하고 있다.[58] 하지만, 당시 百濟와 倭
의 관계를 혼인에 의한 화친 관계의 관점에서 살펴볼 경우에는 다른 해석
이 가능하게 된다.

이처럼 5세기말의 상황이 백제와 왜의 관계를 통해 전개되었고 곤지의
사후에 백제와 왜가 軋轢관계에 있는 동안 왜왕 武에 의해 宋朝에 도독제군
사호가 요청되기는 했지만,[59] 동성왕의 즉위로 백제와 왜의 화친관계가 다
시 회복되고 있는 것을 알 수 있다.

그런데, 무령왕의 경우 왜왕과 인척관계에 있었던 동성왕을 시해하고 등
극하게 된다. 그렇다면 앞서 구이신왕을 제거하고 즉위한 비유왕대와 같이
백제와 왜는 다시 軋轢관계로 들어가야 할 것이다. 하지만 『日本書紀』를 통
해 보면 무령왕 시기에 백제와 왜의 교류가 활발히 이루어졌던 것을 알 수
있다.

이러한 상황이 전개된 것은 우선 무령왕 즉위 이후에도 백제가 왜국과
적극적인 왕실교류 정책을 취했던 것이 원인이 되었을 것이다.

무령왕 대에 백제에서는 麻那君, 斯我君 등의 왕족을 왜국에 파견하는
등[60] 지속적인 왕실교류가 이어지고 있으며 段楊爾, 高安茂 등 五經博士의

58) 末松保和, 『任那興亡史』, 吉川弘文館, 1956, pp.79-89 ; 坂元義種, 앞의 책, 1978,
   pp.201-203 ; 鈴木英夫, 「大化改新直前の倭国と百済-百済王子翹岐と大佐平智積の来
   倭をめぐって」, 『続日本紀研究』272, 1990, pp.17-18
59) 본서 제II편 제1장 참조
60) 『日本書紀』 卷 第16 武烈 7年
   夏四月 百濟王遣斯我君進調 別表曰 前進調使麻那者 非百濟國主之骨族也

인적교류61)도 계속되고 있다. 또한 백제가 伴跛를 침공을 하던 상황에서 왜 왕권은 物部至至連 등 500명의 군원을 파견하는 등62) 화친관계가 지속되고 있는 것을 알 수 있다.

특히 무령왕릉의 왕과 왕후의 능에서 일본산의 金松이 棺材로 발견된 것은 백제와 일본 왕실의 교류를 알려주는 중요한 산물이 아닐 수 없다.

하지만 무령왕대 백제와 왜 왕실의 관계에는 무엇보다도 왜국에 있어서 왜 왕실의 정세 변화가 큰 역할을 했을 것으로 추정된다.

일본 열도에 있어서 6세기 초·중엽의 기간은 변혁기로 묘사될 수 있다. 특히 6세기 초 繼體에 대해서는 王權交替를 통해 新王朝를 개창했다고 보고 있기도 하다.63)

繼體의 즉위 상황은 다른 왜왕들의 즉위 상황과는 사뭇 다른 특이한 형태를 띠고 있다. 즉, 武烈이 후사가 없이 죽자 應神의 五世孫을 영입하여 즉위하고 있다.64)

특히 다른 왜왕들의 계보는 자세하게 기록되어 있는데 반해 應神과 繼體의 父인 彦主人王 사이에 계보가 기록되지 않은 점 등 계보를 조작했다고 생각되는 흔적이 보이고 있다. 이는 비정상적인 형태로 왕위에 오른 繼體가 자신의 정통성을 확립하기 위해 계보를 조작하여 야마토 정권의 후예임을 자처했던 것으로 볼 소지가 있다. 또한 繼體의 즉위가 비정상적이었다는 것

---

61) 『日本書紀』卷 第17 繼體 10년 秋九月
百濟遺州利卽次將軍 副物部連來 謝賜己汶之地 別貢五經博士漢高安茂 請代博士段楊
爾 依請代之

62) 『日本書紀』卷 第17 繼體 9年
春2月 甲戌朔丁丑 百濟使者文貴將軍等請罷. 仍勅 副物部連 [闕名]遺罷歸之.[百濟本
記云 物部至至連.]是月 到于沙都嶋 傳聞伴跛人 懷恨銜毒 恃强縱虐. 故物部連 率舟師
五百 直詣帶沙江. 文貴將軍 自新羅去.

63) 林屋辰三郎, 「継体·欽明朝内乱の史学的分析」, 『立命館文學』88, 1952 ; 水野祐, 『日
本古代王朝史論序說』, 小宮山書店, 1954 ; 山尾幸久, 앞의 책, 1977

64) 『日本書紀』卷 第17 繼體 卽位 前紀
男大迹天皇 更名彦太尊 譽田天皇五世孫 彦主人王之子也.

은 그가 朝臣들에게 받들어져 河內의 樟葉宮에서 즉위하였고 즉위 5년에 수도를 山城으로 옮기고, 12년에 弟國으로, 20년에 磐余의 玉穗로 환도하여 20년 동안 大和 지방에 입성하지 못하였다는 사실을 통해서도 짐작할 수 있다.

따라서 繼體로 인하여 일본열도의 왕조가 교체되었던 상황에서 무령왕은 새로운 왜 왕실과의 지속적인 인적 교류를 통해 화친관계를 유지할 수 있었던 것이다.

제6절 맺음말

지금까지 웅진시대의 백제의 왕위계승을 살펴 본 결과, 각 사료에 따라 왕통보의 차이를 보여 혼란한 상황이 전개되었던 것은 기본적으로 백제 왕계의 단절과 백제-왜 왕실간의 혼인에 의한 화친 정책으로 인하여 촉발되었다는 것을 알 수 있다.

475년 백제가 고구려에 의해 개로왕과 왕후 및 왕자를 비롯한 일족이 피살되는 상황에서 개로왕의 母弟였던 문주왕이 즉위를 하게 된다. 당시 왕위계승권자로는 곤지가 있었지만, 蓋鹵王의 倭國 화친 정책에 따라 倭國의 여인과 婚姻을 맺기 위해 파견되어 왜국에 체제하고 있었기 때문에 즉위할 수 없게 된다. 고구려와 대치하는 위급한 상황 속에서 문주왕과 그 뒤를 이어 삼근왕이 즉위하면서 일시적으로 다른 계보로 백제왕이 이어지지만, 삼근왕의 사망으로 문주의 계통도 단절되는 상황에 이른다.

이때 기존 백제왕계의 적자였던 동성왕이 즉위한다. 동성왕은 곤지가 왜국에 파견되어 왜국 왕실의 여인과의 사이에서 태어난 인물로 백제왕계의 적통 계열인 곤지의 아들 중에서도 적자였기에 즉위할 수 있었다.

하지만, 동성왕의 경우도 치세 말년에 신하들과의 갈등 및 민심 이반의 현상이 일어났고 이를 계기로 그동안 왕위계승의 위치에 있지 못했던 곤지의 서자, 무령왕이 등극하게 된다.

이러한 웅진시대의 왕위계승은 5세기 초 아신왕 이후 나타났던 백제의 왕위계승과 매우 유사하게 나타나고 있는 것이 특징적이다.

특히 곤지의 아들인 동성왕이 피살되고 서자였던 무령왕이 등극하는 상황은 앞서 전지왕의 아들인 구이신왕이 제거되고 서자였던 비유왕이 즉위하는 상황과 흡사하게 전개되고 있는 것이 주목된다.

이러한 정황은 4세기말 이래 백제와 倭 왕실 간에 있었던 혼인에 의한 화친 등 백제의 대왜관계의 연장선상에서 파악해야 할 것이다.

제3장 古代 榮山江 流域 勢力에 대한 검토

제1절 머리말

1990년대 이후 고고학적 발굴이 활발히 이루어지면서 특히 榮山江 유역에 百濟와 다른 고고학적인 요소가 발견되고 있는 것을 근거로 古代 榮山江 유역 정치세력의 실상에 대한 논의가 계속되고 있다.

영산강 유역이 주목받기 시작한 것은 일본인 학자들에 의해서인데, 이들이 해방 전인 1917년 이후 나주 반남면 신촌리, 덕산리, 대안리의 고분을 조사하고 '그 葬法과 관계유물로 보아 아마 倭人의 것 같다'고 추정하면서부터였다.[1]

영산강 유역 및 전라남도 지방에서 다수 발견되는 고분은 甕棺古墳[2]인데 초기의 고고학계에서는 近肖古王代 남해안진출설의 영향으로[3] 榮山江 유역

---

1) 谷井濟一, 「潘南面古墳群」, 『大正六年度(1917年)古蹟調査報告』, 朝鮮總督府, 1920, pp.663-668 ; 有光敎一, 「羅州潘南面古墳の發掘調査」, 『昭和十三年度(1938年)古蹟調査報告』, 朝鮮古蹟硏究會, 1940, pp.20-35

2) 타 지역에서는 각 지역별 새로운 주묘제가 부상하고 옹관묘는 부차적인 묘제로 전락했던 반면에 영산강 유역의 경우 오히려 옹관묘가 타 묘제를 압도하여 주묘제로 등장하고 있다. 이와 같은 현상으로 볼 때 영산강 유역의 옹관은 타 지역의 옹관묘와 구분될 수 있어 이를 옹관고분이라 표현하고자 한다. (강봉룡, 「영산강유역 '옹관고분'의 대두와 그 역사적 의미-타지역 옹관묘와의 비교를 중심으로」, 『韓國史論』 41·42, 1999)

3) 李丙燾, 「近肖古王拓境考」, 『韓國古代史硏究』, 博英社, 1976 ; 千寬宇, 「復元加耶史」, 『加耶史硏究』, 一潮閣, 1991 ; 金鉉球, 『任那日本府硏究』, 一潮閣, 1993

의 甕棺古墳을 백제의 고분에 편입시켰고 '나주지방의 百濟甕棺'이라는 표현을 통해 영산강 유역의 독특한 지방묘제 중에 하나로 보기도 했다.[4]

하지만, 계속되는 발굴 결과 4~5세기에 걸쳐 전남 지역에 나타나는 옹관 고분이 백제문화의 영향을 거의 받고 있지 않는 것으로 보아 近肖古王代 백제의 남해안 진출설에 의문을 갖고 일각에서는 6세기초까지 영산강 유역에 마한이 자리했다는 馬韓論이 제기되기 시작했다.[5]

뿐만 아니라 영산강 유역에서는 일본 고분 시대의 전형인 前方後圓墳과 동일한 외형을 지닌 前方後圓形 古墳[6]이 나타나고 있다. 이들 고분 내에서는 백제 계통의 요소가 출토되기도 하지만, 倭系의 요소가 적지 않게 발견되고 있다.

이렇듯 영산강 유역을 위시한 전남 일대에 甕棺古墳, 前方後圓形 古墳과 같은 고분이 발견되고 있는 것은 古代 榮山江 유역에 많은 복합적인 요소가 介在하고 있었음을 암시하고 있다. 따라서 본고에서는 考古學的인 자료의 분석과 문헌 분석을 아울러 그동안 의문시되었던 고대 영산강 유역의 정치세력에 대한 실체를 파악해보고자 한다.

---

4) 金元龍, 『韓國考古學槪說』, 一志社, 1986, pp.195-196
5) 成洛俊, 「榮山江流域의 大形甕棺墓 硏究」, 『百濟硏究』15, 1985 ; 崔夢龍, 「考古學的 側面에서 본 馬韓」, 『馬韓,百濟文化』9 1987 ; 林永珍, 「馬韓의 形成과 變遷에 대한 考古學的 考察」, 『三韓의 社會와 文化』, 신서원, 1995
6) 前方後圓形 古墳이라는 명칭 대신 과거 지역민들이 불렀던 長鼓墳, 長鼓形 古墳으로 부르기도 한다. 실제 前方後圓墳이라는 용어에는 야마토 정권에 의해 형성된 정치적 통합물이라는 의미가 내포되어 있다. 따라서 長鼓墳이나 長鼓形 古墳이라고 쓰는 경우에는 특히 이런 일본의 영향을 배제하려는 의도가 있는 것으로 생각된다. 하지만, 단지 倭 계통 고분이 만들어졌다는 것만으로 곧 야마토 정권의 지배를 의미하지는 않는다. 형태나 출토품에 일본의 前方後圓墳에서 보이는 요소가 있기 때문에 前方後圓形 古墳이라 부르고자 한다.

제2절 百濟와 馬韓

영산강 유역과 관련된 논의는 倭와의 관련성 여부 이전에 백제의 南方經略 시기에 대한 고찰로부터 시작되었다.

종래의 설이『日本書紀』神功 49년조의 기사를 토대로[7] 百濟가 4세기 중엽경인 근초고왕 때 전라남도 서남해안 지방까지 이르렀다고 보아왔지만,[8] 이와 달리 고고학적 발굴의 진전 결과, 近肖古王代의 남해안 진출설이 부정되는 경향을 보이기 시작했다.[9]

따라서 近肖古王代 백제의 남쪽 영역을 古阜와 全州를 잇는 노령 이북으로 보기도 하였고[10] 錦江 이북으로 보는 견해가 등장하기도 하였다.[11] 급기야는 周溝土壙墓의 분포를 근거로 당시 백제가 安城川 이북에 머물러 있는 것으로 보아 백제의 영역을 경기 지방으로 국한시키는 견해도 나타났다.[12]

만약 고고학적 분석에 의해 榮山江 유역이 6세기 초엽에 들어와서 비로소 백제의 영역이 되었다고 한다면, 그 이전에 영산강 유역에 있었던 정치세력의 실체를 파악하는 문제가 중요한 화두로 대두될 수밖에 없다.

---

7)『日本書紀』卷 第9 神功 49年
春三月 以荒田別鹿我別爲將軍 則與久氏等 共勒兵而度之 至卓淳國 將襲新羅 時或曰
兵衆少之 不可破新羅 更復 奉上沙白蓋盧 請增軍士 卽命木羅斤資 沙沙奴跪 [是二人
不知其姓人也 但木羅斤資者 百濟將也] 領精兵 與沙白蓋盧共遣之 俱集于卓淳 擊新羅
而破之 因以 平定比自㶱 南加羅 㖨國 安羅 多羅 卓淳 加羅 七國 仍移兵 西回至古奚
津 屠南蠻忱彌多禮 以賜百濟 於是 其王肖古及王子貴須 亦領軍來會 時比利辟中布彌
支半古四邑 自然降服

8) 李丙燾, 앞의 논문, 1976 ; 千寬宇, 앞의 책, 一潮閣, 1991 ; 金鉉球, 앞의 책, 一潮閣,
1993

9) 徐聲動, 成洛俊,『羅州潘南古墳群』, 국립광주박물관, 1988, pp.25-26

10) 이도학,『백제고대국가연구』, 一志社, 1995, p.140 :「한성후기의 백제왕권과 지배
체제의 정비」,『百濟論叢』2, 1990, pp.304-305 ; 李根雨,「熊津時代 百濟의 南方境域
에 대하여」,『百濟硏究』27, 1997

11) 金起燮,「近肖古王代 南海岸進出說에 대한 再檢討」,『百濟文化』24, 1995

12) 姜仁求,「周溝土壙墓에 대한 몇가지 問題」,『考古學으로 본 韓國古代史』, 1997, pp.96-97

영산강 유역의 정치적 실체에 대해서는 5세기 후반까지 200여 년 동안 지속된 옹관고분을 馬韓 잔존세력의 무덤으로 추정하면서부터 촉발되었다.[13] 이후 나주 반남면 고분의 부장품에서 금동관이나 금동신발 등이 나타나고 있었기 때문에 이를 바탕으로 중부지역의 馬韓이 백제에 의해 남쪽으로 이동해 馬韓의 目支國이 나주 반남면 일대에 정착했다는 주장이 제기되기도 했다.[14]

이렇게 영산강 유역에 백제 장악 이전에 마한이 존재하였다는 인식이 확산되면서 문헌적으로도『晉書』의 張華傳에 나오는 新彌國을 영산강 유역으로 비정하는 견해도 등장했다.[15]

마한의 소멸시기에 대해서도 백제의 석실분 출현을 근거로 6세기 초중엽까지 마한이 존속했다고 보기도 하고,[16] 분구묘를 마한을 대표하는 무덤으로 보아 6세기 초반에까지도 馬韓이 명맥을 유지하였다는 견해[17]가 나타나기도 했다. 더 나아가서 6세기 중엽에 이르러서야 백제가 영산강 유역을 지배할 수 있었다는 견해가 나오기도 했다.[18]

하지만, 한반도 서남부 지역에서의 발굴이 잇따르면서 신촌리 9호분 등의 고분에서 출토된 威勢品(prestige goods)이 기존 백제 지역의 출토품과 유사하게 나타나고 있는 것이 주목된다. 즉, 충청 지방과 전라도 지방에 나타나는 고분의 경우 석곽묘, 주구묘, 옹관묘로 그 양식은 다르더라도 일반

---

13) 成洛俊, 앞의 논문, 1985
14) 崔夢龍, 앞의 논문, 1987
15) 盧重國,「目支國에 대한 一考察」,『百濟論叢』2, 1990, p.89 ; 兪元載,「晋書의 馬韓과 百濟」,『韓國上古史學報』17, 1994, pp.152-153
16) 林永珍, 앞의 논문, 1995
17) 최완규,「분묘유적에서 본 익산세력의 전통성」,『고대 도성과 익산왕궁성』, 제17회 마한, 백제문화 국제학술대회, 2005 ; 이택구,「한반도 중서부지역의 마한분구묘」,『한국고고학보』66, 2008
18) 姜鳳龍,「榮山江流域 古代社會와 羅州」,『羅州地域 古代社會의 性格』, 목포대학교박물관, 1999

적인 실용품과는 차별적인 기능을 가진 동질적인 威勢品이 보이고 있는 것
이다.

우선 이들 고분에서 출토된 금동관모를 살펴보면 경기, 충청 지역 및 전
라도 지역의 고분에서 발견되고 있는 것이 동일한 구조를 갖고 있다. 금동
관모의 경우 화성 요리 1호 목곽묘,[19] 공주 수촌리 1, 4호분,[20] 서산 부장
리 5호분,[21] 익산 입점리 1호분,[22] 고흥 안동고분,[23] 나주 신촌리 9호분[24]
등에서 발견되었는데, 관모를 押捺로 장식한 것과 透彫로 장식한 차이는 있
지만 형태적인 면에 있어서 고깔 모양의 기본형에다 뒷면에 대롱처럼 생긴
빈 관을 통해 연결된 수발 장식이 붙어 있어 범백제권에서 보이는 관모와
동일한 모티프를 공유하고 있다.[25]

구조적인 면에 있어서도 요리 1호 목곽묘를 비롯하여 부장리 5호분, 수
촌리 1호분, 수촌리 4호분에서 출토된 금동관모가 자료의 결락은 심하지만
서로 유사한 것으로 추정되며, 입점리 1호분에 부장된 帽도 같은 부류이고
고흥에서 출토된 帽도 이들에서 파생한 아류인 것으로 판단된다.[26]

신촌리 9호분의 乙棺에서는 관과 관모가 함께 발견되었는데, 乙棺 출토
금동관의 경우에는 帶輪 외면에 타출기법으로 시문한 연화문이 표현되어
있다. 연화문이 있는 例는 익산 입점리 1호분 출토의 관모가 있기 때문에
입점리의 관모가 백제계라는 의견이 일치하는 점을 고려한다면 이와 유사

19) 한국문화유산연구원, 『화성 요리 고분군』, 2018
20) 강종원, 「수촌리 백제고분군 조영세력 검토」, 『百濟研究』42, 2005
21) 충청남도역사문화원, 『瑞山 富長里 遺蹟-現場說明會資料』, 2005
22) 문화재연구소, 『익산입점리고분 발굴조사보고서』, 1989
23) 임영진, 「고흥 길두리 안동고분 출토 금동관의 의의」, 『충청학과 충청문화』5-2, 2006
24) 국립문화재연구소, 『羅州新村里9號墳』, 2001
25) 이훈, 「공주 수촌리 백제금동관의 고고학적 성격」, 『충청학과 충청문화』5-2, 2006, p.19
26) 朴普鉉, 「百濟의 冠帽와 飾履」, 『한성에서 웅진으로』, 2006, pp.173-174

한 연화문이 시문된 신촌리 9호분의 금동관을 백제계로 보는 것에는 무리가 없는 것으로 생각된다.[27] 신촌리 9호분의 관과 관모는 원래 별개로 제작되었던 것이 후에 내·외관으로 착용, 부장되었던 것으로 생각되며[28] 관모의 경우 고깔 모양을 하고 있는 백제의 관모와 형태적인 면에서 동일한 모티프를 지니고 있다.

일부분만 남아있어 정확한 형태는 알 수 없는 천안 용원리 9호 석곽묘의 관모는 관모의 전면 모서리를 장식한 것으로 보이는 금동 대륜부와 뒷면에 장식으로 달려 있던 수발부분이 남아있다. 이들 관모의 파편과 표면에 있는 금박의 흔적은 금 혹은 금동장식으로 이루어졌던 것으로 추정되기 때문에 백제계 관모와 같은 계통인 것으로 추정하고 있다.[29]

동일한 형태의 金銅신발의 경우도 옹관고분인 나주 신촌리 9호분 乙관과 나주 복암리 '96석실,[30] 정촌 고분[31] 등에서 출토될 뿐만 아니라 고창 봉덕리 1호분,[32] 익산 입점리 1호분, 무령왕릉, 원주 법천리 1, 4호분, 공주 수촌리 1, 3, 4호묘, 서산 부장리 8호 목곽묘, 고흥 길두리 안동고분, 남원 두락리·유곡리32호분[33] 등지에서 출토되고 있다. 함평의 신덕고분에서도 6각의 龜甲文으로 되어 있는 금동 파편도 발견되어 이곳도 금동신발이 있었던 것으로 짐작되고 있다.

이들 지역에서 조사된 金銅신발은 표면이 마름모꼴 무늬. 龜甲文, 연화문, 용무늬, 인동당초무늬, 물고기무늬 등 다양한 무늬로 표현되어 있지만, 앞

---

27) 洪潽植, 「영산강유역 고분의 성격과 추이」, 『호남고고학보』21, 2005, p.123

28) 이훈, 앞의 논문, 2006, p.7

29) 국립공주박물관, 『한성에서 웅진으로』, 2006, p.38

30) 국립문화재연구소, 『羅州伏岩里3號墳』, 2001

31) 국립나주문화재연구소, 『羅州 伏岩里 丁村 古墳』, 2017

32) 崔完奎, 李文炯, 玉昌旻, 金重曄, 『高敞 鳳德里 1號墳-石室·甕棺』, 馬韓·百濟文化研究所, 2012

33) 전북대학교박물관, 남원시, 『남원 두락리, 유곡리 고분군 발굴조사 - 32호분』, 자문위원회의 및 현장설명회 자료, 2013

모서리가 뚜렷한 각을 이루며 바닥판과 좌우측판을 따로 만들어 결합한 것
으로 백제의 독특한 특징을 보여주고 있다.[34]

龍鳳紋環頭大刀의 경우 그동안 옹관묘인 나주의 신촌리 9호분 乙棺에서
金裝單鳳環頭大刀, 金銀裝單鳳環頭大刀가 출토되었지만, 지속되는 발굴결과
천안 용원리에서 이에 선행하는 龍鳳紋環頭大刀가 출토됨으로써[35] 龍鳳紋
環頭大刀의 경우도 백제의 중앙에서 사여된 위세품일 가능성이 높아졌다.

이처럼 영산강 유역에서 기존 백제 양식과는 다른 고분 양식이 나타난다
고 하더라도 고분의 부장품에 있어서 금동관모, 금동신발, 환두대도 등 동
일한 威勢品이 나타나고 있다. 이처럼 경기, 충청, 전라도 지방을 통틀어 고
분의 양식이 서로 다르게 나타나도 동질적인 威勢品이 나타나고 있는 것은
백제에 의해 간접 지배되어 통제되고 있었다는 것을 실증하고 있는 것이며
신촌리 9호분의 威勢品만으로 보아도 최소한 5세기 중엽 무렵부터 영산강
유역이 백제의 간접 지배 하에 있었다는 것을 보여주고 있다.[36]

이는 초기 문헌학에서 『日本書紀』 神功 49년조의 기사가 백제장군인 木
羅斤資에 의해 이루어지고 있어서 이들 기사를 야마토 정권의 군사가 아니
라 백제를 주체로 하여 백제가 전라남도 서해안까지 진출했다는 분석과 궤
를 같이 하는 것이다. 즉, 『日本書紀』 神功 49년조의 기사는 倭를 주체로 기
술하면서 '병사를 이동하여 서쪽으로 돌아(仍移兵 西回)' 倭가 차지한 서쪽
의 古奚津, 南蠻忱彌多禮와 4邑의 영역을 百濟에서 하사했다는 기사인데, 이

---

34) 국립공주박물관, 앞의 책, 2006 p.50
35) 용원리 1호 석곽출토의 金銅龍鳳紋環頭大刀는 반출 토기의 형식으로 보아 4세기
   후반으로 비정되고 있다.(박순발, 「百濟의 南遷과 榮山江流域 政治體의 再編」, 『韓
   國의 前方後圓墳』, 충남대학교출판부, 2000)
36) 신촌리9호분의 조성 시기에 대해서는 5세기 전반대(이남석, 「백제금동관모출토 무
   덤의 검토」, 『선사와 고대』26, 2007)에서 5세기 후엽(小栗明彦, 「全南地方 出土 埴
   輪의 意義」, 『百濟研究』32, 2000), 6세기 초엽(穴澤咊光, 馬目順一, 「龍鳳文環頭大刀
   試論-韓國出土例を中心として」, 『百濟研究』7, 1976) 등 다양한 견해가 있지만, 석실
   분 유입 전의 묘제로 보아 5세기 중반을 넘어가지는 않을 것으로 보인다.

부분은 百濟를 주체로 하여 해석할 경우에만이 타당한 분석이 될 수 있으며 서쪽이라고 한 기록으로 비추어 보아 백제에 의한 한반도의 서남쪽 지역의 점유를 의미하는 것은 분명하다. 『日本書紀』神功, 應神紀의 기사에서 백제가 주체가 되어 행한 사실이 일본이 했던 것으로 윤색되었다는 사실이 최근의 연구에서도 속속 드러나고 있기 때문에[37] 木羅斤資가 주체로 되어 있는 기사가 백제의 사실인 것은 더욱 명확해진다.

따라서 문헌적인 뒷받침이 없이 단순히 고고학적 자료가 백제 것과 다르기 때문에 백제가 아닌 馬韓이라고 하는 馬韓論에 대해서는 많은 문제점이 지적되고 있다.[38]

더욱이 馬韓說은 종래 任那 지배를 서술하면서 任那 4縣을 전남 지역에 비정하였던 末松保和의 설로 이어질 가능성이 짙다.[39] 즉, 일본학계에서 戰前의 연구 성과를 집대성했다고 하는 末松保和의 『任那興亡史』에 의한 통설적인 견해를 묵시적으로 인정하는 결과를 가져올 수도 있는 것이다.

또한 이는 『宋書』에 나타난 倭가 慕韓 등의 군사권에 관한 작위를 받았다는 내용을 합리화할 확률이 높다. 『宋書』에는 5세기 倭王이 宋에 대해 朝貢 및 爵號 除授를 요청하면서 실제 倭王이 '使持節 都督倭新羅任那加羅秦

---

37) 『日本書紀』神功 52년조에서 백제의 근초고왕이 사신인 久氐를 통해 七枝刀 등 각종의 重寶를 바쳤다고 하는 기사의 경우, 石上神宮에 보관되어 있는 七支刀의 명문을 재고찰하면 七支刀는 백제의 腆支王 4년 百濟王世子가 진귀하게 태어난 것을 계기로 倭王에게 하사된 칼인 것을 알 수 있다. 또한 廣開土王碑文을 통해 백제가 주체가 되어 고구려와 전투하면서 고구려의 공격으로 東韓之地 등을 침탈당했다가 東韓之地를 회복했던 사실도 『日本書紀』應神紀에서는 倭가 東韓之地를 빼앗고 다시 돌려주었다는 기록으로 윤색되었다는 것이 밝혀지고 있다. (본서 제Ⅰ편 제1장 石上神宮 七支刀에 대한 一考察 및 제Ⅰ편 제2장 『日本書紀』應神紀 東韓之地에 대한 고찰 참조) 따라서 이 시기 『日本書紀』의 기록을 단순히 사서 편찬자들의 책상 위 창작만으로 이루어졌다기보다 그 모태가 되는 역사적 사실이 있은 연후에 이를 근거로 하여 과장, 윤색이 이루어졌던 것으로 보인다.
38) 최성락, 「마한론의 실체와 문제점」, 『박물관연보』9, 목포대박물관, 2001, pp.11-25
39) 末松保和, 『任那興亡史』, 吉川弘文館, 1956, pp.115-123.

韓慕韓六國諸軍事 安東大將軍 倭國王'을 受爵하게 된다. 『宋書』 倭國傳에
나오는 都督諸軍事에 대해서는 명목적이고 형식적이며 실효성이 없는 칭호
였던 것으로 보고 있는 견해가40) 있는 반면에, 일각에서는 『宋書』에 나타
난 慕韓을 한반도의 서남부 영산강 유역에 비정하면서 백제와 다른 독자세
력으로 보고 있기 때문이다.41) 따라서 전남 지역이 6세기 초반까지 백제의
영향을 받지 않고 馬韓이 존재하고 있었다는 주장은 결과적으로 倭王權의
介在를 배제할 수 없게 되어 야마토 정권의 한반도 남부 지배를 합리화시킬
가능성이 있다.

그런데, 문제는 이들 지역에 前方後圓形 古墳이라는 倭系 고분이 발견됨으
로써 논의의 양상이 달라졌다. 영산강 유역에서 倭系의 유적과 유물이 나타
나고 있는 것을 통해 倭와의 관련성을 전혀 배제할 수 없게 되었기 때문에
이 지역이 倭와 어떠한 연관성을 갖고 있는지에 대한 문제가 논점으로 부상
하게 되었다. 단순히 백제와 마한과의 관계 문제라기보다 영산강 유역과 倭,
백제와 倭의 관련성 문제로 좀 더 복잡한 양상으로 전개되기 시작했다.

제3절 倭系 유물, 유적의 분석

1. 圓筒形土器

영산강 유역에 분포하고 있는 고분의 출토품 중에서 倭系의 요소로서 언
급되고 있는 것 중에 하나가 圓筒形土器42)이다.

---

40) 李在碩, 「5세기 倭王의 對南朝外交와 통교단절의 요인」, 『日本歷史研究』13, 2001
41) 東潮, 「榮山江流域と慕韓」, 『展望考古学』考古学研究会40周年記念論集, 1995
42) 연구자들의 입장에 따라 圓筒形土器 (徐聲動·成洛俊, 앞의 책, 1988 ; 大竹弘之, 「韓
　　国全羅南道の円筒形土器-いわゆる埴輪形土製品をめぐって」, 『前方後円墳と古代日朝
　　関係』, 同成社, 2002 ; 辻秀人, 「榮山江流域의 前方後圓墳과 倭國 周緣地域의 前方後

한반도에서 발견된 圓筒形土器는 일제시대인 1917년 옹관고분인 나주 新村里 9호분에서 처음으로 확인되었다.[43) 신촌리 9호분은 1990년대 이후에 영산강 유역에 대한 발굴 조사가 활발히 이루어지면서 재조사가 이루어졌는데, 이때 총 52점의 圓筒形土器가 수습되었다. 이들 圓筒形土器는 봉분 내에 질서 정연한 상태로 배치되어 있었기 때문에 그 기능은 무덤 주위에 부장을 목적으로 했던 일본의 埴輪과 동일한 것으로 추측된다.

또한 1993~1994년, 前方後圓形 古墳인 광주 月桂洞 1호분의 주구와 明花洞古墳의 분구에서 일본의 朝顔形圓筒埴輪와 흡사한 토제품과 목제품이 질서정연한 상태로 다량 출토되어 주목을 받았다.[44)

현재까지 한반도에서 출토된 圓筒形土器는 신촌리 9호분, 월계동 고분, 명화동 고분을 비롯하여 복암리 2호분,[45) 함평 중랑 방형추정분,[46) 나주 덕산리 8·9·11호분,[47) 해남 장고봉 고분,[48) 무안 고절리 고분,[49) 광주 향등 유적,[50) 함평 노적 유적, 장고분 고분,[51) 화순 백암리 고분,[52) 군산 축동 2·

圓墳」,『百濟研究』44, 2006)와 墳周土器 (林永珍, 「韓國 墳周土器의 起源과 變遷」,『湖南考古學報』17, 2003) 및 墳丘樹立土器 (朴淳發, 「榮山江流域 前方後圓墳과 埴輪」,『한일고대인의 흙과 삶』, 2001), 埴輪 (坂靖, 「韓國の前方後円墳と埴輪」,『古代学研究』170, 2005) 등의 명칭을 사용하고 있으나 아직까지 그 계보나 기능에 대해 확실하게 밝혀진 바가 없으므로 중립적으로 圓筒形土器로 사용하고자 한다.

43) 谷井濟一, 앞의 논문, 1920

44) 박중환,『광주 명화동 고분』, 국립광주박물관, 1996, pp.64-65 ; 林永珍, 「光州 月桂洞의 長鼓墳 2基」,『韓國考古學報』31, 1994, pp.241-242

45) 林永珍, 趙鎭先, 徐賢珠,『伏岩里古墳群』, 全南大學校博物館, 1999,

46) 崔盛洛·李映澈, 「咸平중랑遺蹟」,『第43回 全國歷史學大會考古學部發表資料集』, 韓國考古學會, 2000

47) 林永珍, 趙鎭先, 徐賢珠, 宋恭善,『羅州德山里古墳群』, 全南大學校博物館, 2002

48) 殷和秀, 崔相宗,『海南 方山里 長鼓峰古墳 試掘調査報告書』, 國立光州博物館, 2001

49) 崔盛洛, 李正鎬, 尹孝男,『務安 高節里古墳』, 목포대학교박물관, 2002

50) 金建洙, 李映澈, 李恩政,『光州 香嶝遺蹟』, 湖南文化財研究院, 2004

51) 李映澈, 李恩政,『咸平 露積遺蹟』, 湖南文化財研究院, 2005

52) 殷和秀, 崔相宗, 尹孝男,『和順 白巖里古墳 地表調査』, 國立光州博物館, 2004

3호분,[53] 나주 안산리 장등 4호분[54] 등지에서 다수 출토되고 있다. 이밖에 경남 고성의 송학동 1호분에서도 출토되고 있으며[55] 부안 계화도에서 출토된 것으로 추정되는 圓筒形土器[56]와 배재대학교박물관 소장품[57] 등이 있다.

이처럼 圓筒形土器는 고성의 송학동 1호분에서도 나타나고 있을 뿐만 아니라 금강 이남의 전라남북도 지역에서도 나타나고 있기 때문에 단순히 그 분포를 영산강 유역으로 국한시킬 수만은 없게 한다. 또한 圓筒形土器의 출토지에 있어서도 옹관고분, 방형, 전방후원형 고분, 분구묘 등 다양한 분형의 고분에서 나타나고 있는 것이 주목된다.

圓筒形土器의 형식 분류에 대해서는 圓筒埴輪系, 筒形器臺系, 有孔平底壺系로 보기도 하고,[58] 筒A形, 筒B形, 壺形으로 보기도 한다.[59] 이를 근거로 하면 대체적으로 筒形과 壺形으로 분류할 수 있다. 筒形은 바닥이 따로 만들어져 있지 않고 상하가 완전하게 트여 있는 모양으로 되어 있는 형태이며, 壺形은 바닥이 만들어져 전체적인 모양이 절구 형태로 토기호에 가까운 형태로 조형된 것을 일컫는다.

지금까지 한반도에 나타난 圓筒形土器에 대해서는 일본의 埴輪을 모델로 하였다는 것이 일반적인 인식이며[60] 일부 일본과의 관계를 배제할 수 없지만 자생 가능성을 고려해볼 필요가 있다는 의견도 있다.[61]

---

53) 湖南文化財研究院, 「군산 수송, 수송2지구 택지개발사업지구내 문화유적발굴조사」 지도위원회의 자료, 2005
54) 湖南文化財研究院, 「務安-光州間 高速道路 建設工事區間內 文化遺蹟 發掘調査」지도 위원회의 및 현장설명회 자료, 2005
55) 沈奉謹, 『固城 松鶴洞古墳群』, 東亞大學校博物館, 2005
56) 국립부여박물관, 『百濟의 文物交流』, 2004
57) 培材大學校博物館, 『博物館』, 2000
58) 大竹弘之, 앞의 논문, 2002
59) 林永珍, 앞의 논문, 2003
60) 小栗明彦, 앞의 논문, 2000 ; 朴淳發, 앞의 논문, 2001 ; 大竹弘之, 앞의 논문, 2002 ; 林永珍, 앞의 논문, 2003

그런데, 壺形 圓筒形土器의 경우 한반도에서 이른 시기에 조형된 사례가 발견되고 있는 것이 주목된다. 한반도의 것과 유사한 壺形 圓筒形土器로는 일본 埼玉의 中の山古墳, 三重의 北野유적, 岡山의 四つ塚 13호분, 大分의 朝日天神山 2호분, 福岡의 次郎太郎 2호분 등의 例가 있다. 한반도에서 발견되는 壺形 圓筒形土器는 나주 복암리 2호분의 것이 5세기 후반 경, 함평 중랑 고분이 6세기 전반인데 비해, 일본 열도에서는 次郎太郎 2호분과 四つ塚 13호분의 출토품이 6세기 전반인 것을 시작으로 하여 주로 6세기 중엽~말엽에 등장하고 있다.[62] 이러한 정황으로 보면, 壺形 圓筒形土器는 일본 열도에서 圓筒形土器가 사용되지 않았던 시기에 단발적으로 나타나지만 연속성이 인정되지는 않기 때문에 오히려 한반도에서 일본으로 파급되었던 것으로 보인다.[63]

특히, 최근의 발굴 결과 3세기 후반대의 나주 안산리 장등 4호분이나 군산 축동 고분에서 출토된 壺形 圓筒形土器로 인해 壺形 圓筒形土器의 기원이 일본이 아닌 한반도일 가능성도 높아졌다.[64]

일본에서는 목곽묘의 매장시설을 지닌 ホケノ山고분의 분구 정상에 壺形 埴輪이 정연하게 배치된 것이 확인되고 있어 3세기 중반경에 해당되는 前方後圓墳인 ホケノ山고분에서 발견되는 壺形 埴輪을 가장 이른 시기의 것으로 보고 있다. 이처럼 일본에서의 埴輪은 3세기 중반의 이른 시기부터 나타나고 있는데,[65] 장등 4호분이나 군산 축동 고분 등 한반도에서 나타나는 壺

---

61) 禹在柄, 「영산강 유역 前方後圓墳 출토 圓筒形 토기에 관한 試論」, 『百濟研究』31, 2000

62) 太田博之, 「埼玉中の山古墳出土の有孔平底壺系円筒形土器」, 『考古学雑誌』90-2, 2006

63) 大竹弘之, 앞의 논문, 2002, p.110

64) 小栗明彦의 경우 ホケノ山고분에서 나타나는 목곽묘와 마찬가지로 호를 분구에 배치하는 행위가 한반도에 기원이 있을 것이라는 추측을 하고 있다.(小栗明彦, 앞의 논문, 2000)

65) 河上邦彦, 「日本 前方後圓墳의 成立-最古의 古墳, ホケノ山古墳」, 『묘제와 출토유물로 본 소가야』, 國立昌原文化財研究所, 2000

形 圓筒形土器의 경우를 보면 일본의 것과 거의 같은 시기로까지 소급될 수 있게 된 것이다.[66]

壺形 圓筒形土器가 이른 시기에 한반도에서 출현하고 있다는 것은 그동안 埴輪이 단순히 일본으로부터 이주한 倭人들에 의해 제작되었다고 하는 단선적인 인식을 다시 돌아보게 하는 계기가 되고 있다.

筒形 圓筒形土器의 경우 아직 그 계보가 확인되지 않지만, 壺形이 먼저 나타난 이후에 일본으로부터 前方後圓墳의 요소와 같이 유입되어 점차 변형되거나 단순화된 것으로 평가하고 있다.[67] 그런데, 北九州에서는 4세기 전반까지 畿內 지역에서 발전했던 筒形 圓筒形土器를 받아들이지 않고 있으며 4세기 중후반 이후에 北九州와 전남 지방에서 나타나고 있다.[68] 특히 일본 열도의 畿內 지역에 조형을 가진 筒形 圓筒形土器가 비슷한 시기에 北九州와 영산강 유역에 도입되고 있다면 이는 필시 문헌상에 나타나는 4세기 중후반 백제와 畿內 정권의 교섭과 밀접한 관련성이 없이는 생각할 수 없는 것이라고 판단된다.

이처럼 한반도의 圓筒形土器가 일본 열도와는 무관하게 시작되었다고 보기는 어렵지만, 圓筒形土器를 통한 한반도와 일본과의 관계는 상호 교류를 통한 문화의 이입을 말해주는 것으로 판단된다. 따라서 상호의 교류를 통해 圓筒形土器를 사용한 葬送儀禮라는 서로 간 풍습이 전달되었을 가능성이 높다.[69]

---

66) 李暎澈은 3세기 중엽의 나주 용호고분에서 직치된 옹관이 발견되는 것으로 보아 이것이 일본 고분에서 분구정상 위에 배치한 埴輪의 시원이 될 것으로 추정하고 있다.(李暎澈, 「壺形墳周土器 登場과 時點」, 『湖南考古學報』25, 2007, pp.87-90)

67) 徐賢珠, 「考古學 資料로 본 百濟와 榮山江流域-熊津, 泗沘期를 中心으로」, 『百濟研究』44, 2006, pp.159-161

68) 小栗明彦, 앞의 논문, 2000, p.137

69) 禹在柄, 앞의 논문, 2000

2. 前方後圓形 古墳

한반도에 나타나고 있는 前方後圓形 古墳은 영산강 유역을 중심으로 영암에서 함평, 광주, 담양 등지에 분포하고 있으며 해안을 중심으로 가장 남쪽에 위치하는 海南 長鼓峰古墳에서 북쪽의 고창 七岩里古墳에 이르는 사이에 나타나고 있다. 현재까지 30여기의 고분이 前方後圓形 古墳으로 거론된 바 있으나 1991년 자라봉고분에 대한 발굴조사가 이루어지고 이후 光州 月桂洞 1, 2호분, 全南 咸平郡 月也面 新德古墳, 光州 明花洞古墳, 海南 말무덤古墳, 海南 長鼓山古墳 등의 발굴조사가 이루어져 현재까지 실제 前方後圓形 古墳으로 최종 확인된 것은 15기 정도이다.

前方後圓形 古墳의 조성 시기에 대해 많은 논란이 있었으나 대체적으로 5세기말~6세기초에 해당하는 것으로 보고 있다.

그런데, 일본에서는 前方後圓墳이 3세기 초반부터 나타나고 있으며 前方後圓墳의 기원에 대해서는 통설상 일본 彌生시대의 墳丘墓를 통해 그 기원을 찾으려는 경향이 우세하다.[70] 따라서 시기적으로나 그 형태적인 특성으로 보아 한반도에서 나타나고 있는 前方後圓形 古墳은 일단 일본 열도로부터의 영향을 부정할 수 없게 된다.

한반도에 보이는 前方後圓形 古墳은 단순히 그 외형으로 판단하기보다는 그 내부에 축조된 石室의 형식 및 유형을 함께 아울러 판단하는 것이 타당하다. 전남지역에서 나타나고 있는 石室墳의 경우 분구의 형태와 관계 없이 공주, 부여 등 기존 백제의 중심부에서 나타나는 石室墳과 다른 특징이 보이기 때문이다.

그런데 대개 영산강 유역의 石室墳은 6세기 중엽에 들어와서야 백제의 영향 아래 축조되었다고 보고 있기 때문에[71] 그동안 영산강 유역에서 6세

---

70) 近藤義郎, 「前方後円墳の誕生」, 『岩波講座 日本考古学』6, 1986
71) 연구자에 따라 차이가 있지만 이들을 대략 시기별, 지역별로 나누어 첫째, 옹관 밀

기 중엽 이전에 나타나는 초기 石室墳을 榮山江式 石室封土墳,[72) 또는 月松
里型 石室[73) 등으로 불러왔다. 대표적인 것으로 해남 月松里 造山고분,[74)
光州 雙岩洞고분,[75) 長城 鈴泉里고분,[76) 羅州 伏岩里고분 등이 있다.

우선 이들 전남 지방의 초기 石室墳은 기존 백제식의 石室墳과 몇 가지
차이점이 발견된다.[77) 먼저 백제식의 석실분은 산록에 위치하면서 석실이
지하에 축조된 예가 많은데 비해 이들 석실분은 낮은 구릉 정상부에 위치
하면서 분구 중간에 석실이 축조되고 있다는 점이다. 둘째로 평면 형태에
있어서도 백제식 石室封土墳과는 달리 처음부터 長方形 평면에서 출발하고
있다. 장방형뿐만 아니라 고흥의 신호리 동호덕고분과 길두리 안동고분 등
남해안권역에는 細長方形을 가진 예도 있다. 셋째, 석실 규모에 있어서 백
제 중심지역의 석실보다 더 큰 대형석실로 축조되었다. 넷째, 天井形態에
있어서는 백제식 穹窿 天井보다는 平天井에 해당하는 석실봉토분이 많이

집지역을 제외한 咸平, 長城, 光州 등 北部 내륙의 석실분은 이른 시기인 6세기 중,
후반에 해당하고, 둘째, 珍島 등 도서지방에 등장한 석실봉토분은 6세기 중엽경이
며, 셋째, 옹관밀집지역인 영산강 중하류지역에 석실봉토분은 6세기말에서 7세기
초의 봉토분으로 고찰한 견해 (李榮文, 「全南地方 橫穴式石室墳에 대한 一考察」,『鄕
土文化』11, 1991)가 있으며, 이와 달리 5세기말에서 6세기초에 영산강 상류지역에
서 횡혈식석실분이 단독으로 축조되는 단계를 보이다가 6세기 초,중반에 영산강하
류지역까지 확대가 되며, 6세기 중,후반에서 7세기 중반에 석실봉토분들이 도서지
역까지 성행하는 것으로 본 견해 (曺根佑, 「全南地方의 石室墳 研究」,『韓國上古史學
報』21, 1996)도 있다.

72) 林永珍, 「榮山江流域 石室封土墳의 性格」, 『영산강 유역의 고대사회의 새로운 조명』,
    역사문화학회, 2000

73) 朴淳發, 「4-6세기 영산강유역의 동향」, 『百濟史上의 戰爭』(제9회 백제연구 국제학
    술대회 발표논문집), 1998

74) 徐聲勳, 成洛俊, 『海南 月松里 造山古墳』, 국립광주박물관, 백제문화개발연구원, 1984

75) 林永珍, 趙鎭先, 『光州 月桂洞, 雙岩洞古墳』, 全南大學校博物館, 1994

76) 李榮文, 『長城 鈴泉里 橫穴式石室墳』, 전남대학교박물관, 1990

77) 林永珍, 「全南地域 石室封土墳의 百濟系統論 再考」,『湖南考古學報』6, 1997, pp.132-133
    ; 金洛中, 「榮山江流域 初期橫穴式石室의 登場과 意味」, 『湖南考古學報』29, 2008,
    pp.92-94

있다는 점이다. 다섯째 현실과 연도의 경계인 현문 구조가 문설주석, 문인 방석 및 문지방석에 문비석을 갖춘 문틀식이 대부분이고, 이러한 시설 없이 한쪽 벽에 입구를 내고 입구를 제외한 나머지 벽면을 할석으로 쌓거나 장대석으로 세운 開口式은 드문 편이다.

전남 지역에 보이는 前方後圓形 古墳의 석실은 파손이 심한 명화동고분 이외에는 일정한 공통점을 갖고 있다. 즉, 현실의 평면은 장방형을 하고 있으면서도 중앙연도식으로 접속되어 開口部에서 약간 외각으로 벌어지는 형태를 하고 있다는 것이다. 천정부도 신덕고분의 例에서 보듯이 바닥의 床面과 평행하게 걸쳐진 平行天井형이며, 玄門部에 문설주석으로 架構한 점 등이 前方後圓形 古墳이 아닌 영천리, 월송리 고분의 석실과 동일한 특징을 보여주고 있다.[78] 이처럼 前方後圓形 古墳의 매장시설은 수혈식석실인 영암 자라봉고분의 경우만을 제외하면 모두 지표 위나 성토층 위에 만든 지상식 석실들로서 전남 지방의 초기 石室墳과 같은 형식을 취하고 있다.

그런데, 이와 유사한 例에 대해서는 일본 九州 지역에서 그 계보를 구할 수 있다는 점이 지적된 바 있다.[79] 석실의 구조로 보아 北部 九州 및 有明海 연안과 관련이 있다고 보기도 한다.[80]

우선 북부 九州에 있어서 가장 이른 시기에 나타나는 석실의 例는 5세기 초의 福岡市 鋤崎 고분에서 보이고 있다.[81] 鋤崎 고분의 경우 현문부에 문설주석이 없고 좁고 짧은 연도로 접속되어 있으며, 5세기 중엽의 단계에 속하는 前原市 釜塚 고분에 이르면 현문부에 입주석도 세우고 연도 폭도 넓어

---

78) 土生田純之, 「韓日 前方後圓墳의 比較檢討」, 『韓國의 前方後圓墳』, 충남대학교출판부, 2000, pp.8-9

79) 홍보식, 「百濟 橫穴式石室墓의 型式分類와 對外傳播에 관한 硏究」, 『박물관연구논집』2, 부산직할시립박물관, 1993

80) 柳沢一男, 「5~6世紀の韓半島西南部と九州-九州系埋葬施設を中心に」, 『加耶, 洛東江에서 榮山江으로』, 2006, pp.20-22

81) 福岡市敎育委員会, 『鋤崎古墳』, 福岡市埋藏文化財調査報告書730, 2002

진다. 또한 5세기 말경에 속하는 佐賀의 關行丸 고분에 이르면 현실 벽석이 지금까지 기저부에서부터 小石材를 사용하였던 것에 비해 기저부에 커다란 석재를 사용하게 된다.

그런데, 九州系와 흡사한 石室墳이 영산강 유역뿐만 아니라 서부 경남에서도 나타나고 있다. 서부 경남인 고성이나 진주, 함안, 의녕 등에서 6세기 초중엽에 걸치는 세장방형 횡혈식석실이 성행하는 것으로 알려진 이후[82] 의녕 운곡리 1호분,[83] 경산리 1호분,[84] 사천 선진리 고분,[85] 고성 송학동 1호분,[86] 거제 장목고분[87] 등에서 九州系와 유사한 석실봉토분이 발견되고 있다. 일본 열도를 통해 가장 근접한 거리에 있는 거제도의 장목고분으로부터 서부 경남의 해안 인근에 이르는 지역이다.

이상과 같이 보면, 九州系로 알려진 石室墳이 나타나고 있는 지역은 대체적으로 서남해를 중심으로 서해와 남해안을 에두르는 지역에 분포하고 있다. 이는 해안을 통해 일본 열도와의 연관성이 있다는 것을 말해준다.

그런데, 서남해안에서 나타나는 초기 石室墳이 九州系 등 일본 열도의 고분과 흡사한 부분도 있지만, 반면에 상당한 차이점을 보이고 있다는 것도 간과할 수 없는 점이다.

고성 송학동 1B-1호분의 경우 연도, 현실의 천정석 연결 상태, 장방형 평면, 주칠 등만을 보면 영산강 유역에 나타나는 초기 石室墳과 그 형태가 유사하지만, 분구 위에서 이미 현지화된 圓筒形土器가 발견되고 있다는 것이 주목된다. 또한 세장방형의 형태를 보이고 있는 것은 이 지역의 전통적인

---

82) 山本孝文, 「伽耶地域 橫穴式石室의 出現背景-墓制變化의 諸側面에 대한 豫備考察」, 『百濟硏究』34, 2001

83) 趙榮濟 외, 『宜寧 雲谷里古墳群』, 慶尙大學校博物館, 2000

84) 趙榮濟 외, 『宜寧 景山里古墳群』, 慶尙大學校博物館, 2004

85) 河承哲, 「倭系遺物을 통해 본 5~6世紀 小加耶」, 『부산경남사학회 제72회 월례발표회 자료집』, 2005

86) 沈奉謹, 앞의 책, 2005

87) 하승철, 박상언, 이주희, 『巨濟 長木 古墳』, 慶南發展硏究院 歷史文化센터, 2006

묘제인 수혈식석곽을 따른 세장방형의 형태인 것으로 추정된다.[88] 또한 거제 장목고분에서도 송학동 1호분에서 보이는 圓筒形土器와 동일한 형식이 사용된 점을 볼 때 이들이 일본 열도와 관련은 있지만 이미 현지화된 고분이라는 것을 보여주고 있다. 이는 그 계보를 일본에서 구하기보다 在地에서 찾을 수 있는 단서를 보여준다.

해남 장고봉고분의 경우도 九州의 番塚고분과 상통하는 점이 있지만, 석재가 판상석이고 세장방형의 긴 연도가 접속되어 있으며 문설주 양측에 석축이 되어 있고 연실과 연도의 천장석이 단차 없이 이어지고 있다. 이는 사천 선진리고분과 고성 송학동 1B-1호 석실에서 나타나는 것과 유사한 것으로 九州系 석실에서는 보이지 않는 현상이다.[89]

또한 매장법에 있어서 九州와 차이가 나는 모습을 보이고 있다. 백제 계통의 석실은 관을 사용하지 않는 일부의 例도 있지만, 무령왕릉과 익산의 대왕묘에서 보듯이 대부분 목관을 사용하여 주검을 외부와 차단시키는 장법을 취하고 있다. 반면, 九州 지역의 중,후기 석실분의 주검은 屍床臺 위에 놓아 뚜껑을 덮지 않거나 입구부에 폐쇄시설이 없는 형태가 사용되어 백제의 석실이나 畿內系의 석실과는 명확한 차이를 보이고 있다. 그런데, 영산강 유역에 九州系로 알려져 있는 石室墳 중 월송리 조산고분, 신덕 1호분, 명화동고분, 월계동 1,2호분 등 대부분의 석실에서 관고리와 관못이 출토되고 있으며 해남 조산고분과 명화동고분에서는 꺾쇠가, 복암리 3호분의 1,2호실 석실에서는 관못과 꺾쇠가 출토되어 이들이 백제의 매장방식에 충실했음을 보여주고 있다.[90] 즉, 석실의 모양은 九州系일지 모르지만, 매장법은 백제적인 것으로 의식적인 死後 관념은 백제의 관념을 따르고 있는 것을 알 수 있다.

---

88) 沈奉謹, 앞의 책, 2005
89) 金洛中, 앞의 논문, 2008
90) 洪潽植, 앞의 논문, 2005, pp.125-126

영천리 고분 석실의 경우도 有明海 연안의 菊池川 유역을 그 조형으로 보고 있지만, 문비석 이외에 연도 입구에서부터 전체에 할석을 쌓아 완전히 밀폐시키는 것은 九州系 석실에서는 잘 보이지 않으며 백제의 영향권이나 일본의 畿內型 석실에서 보이는 것이다.[91] 이러한 사실도 葬送儀禮와 매장법은 백제의 것을 따르고 있다는 것을 보여준다.

葬送儀禮와 관련해서 살펴보면, 함평 신덕 1호분의 경우 토기 등의 부장품이 석실 내가 아닌 연도에 놓여 있고, 나주 복암리 3호분 '96석실의 경우 부장품이 석실 내부와 현문 문비석 하단에서 발견되고 있다. 통상 九州 지역의 토기 부장에 대해서는 한반도의 영향을 받아 이루어지던 석실 내 토기류의 부장이 연도로 옮겨지고 復室化되면서 前室에 葬送儀禮가 본격화되는 방향으로 변화하는 것으로 보고 있다. 九州에서는 연도에 제사가 이루어진 가장 이른 사례로 福岡의 王塚고분을 들 수 있는데, 나주 복암리 3호분 '96석실과 함평 신덕 1호분의 경우 부장된 토기로 볼 때 王塚 고분보다 더 이른 것을 알 수 있다.[92] 따라서 연도 제의 행위는 영산강 유역에서 먼저 발생하여 北部 九州에 전해졌을 가능성이 높다. 즉, 상호 교류를 통해 한반도에서 일본 열도로 전달되었다는 것을 알려주고 있다.

또한 영산강 유역의 前方後圓形 古墳은 그 축조방법에 있어서 方形部와 圓形部가 따로 축조된 것이 아니라 동일한 설계에 의해서 동시에 만들어졌던 것으로 알려져 있다.[93] 이는 일반적으로 원형부가 먼저 축조되고 뒤에 방형부가 축조된다고 하는 일본의 前方後圓墳의 분구조성방법과는 다른 것이다.[94]

영산강 유역의 초기 석실분의 경우 開口式 현문을 가진 소위 웅진식 석실은 드문 편이고 문틀식 현문구조로 대표되고 있다. 하지만, 開口式 현문

---

91) 위의 논문, p.110
92) 金洛中, 앞의 논문, 2008, p.102
93) 朴仲煥,「光州, 全南地域 長鼓形古墳의 墳丘에 對하여」,『湖南考古學報』5, 1997, pp.66-67
94) 朴淳發, 앞의 논문, 2000, p.117

이 전혀 없었던 것이 아니라 초기에는 문틀식와 開口式 현문의 두 가지 양식의 석실이 모두 함께 나타나고 있다.[95] 이는 초기부터 영산강 유역이 백제 세력과 연결된 네트워크가 있다는 것을 보여주는 단서이다.

이상에서 나타난 사항으로 살펴보면, 영산강 유역에서 나타나는 초기 石室墳의 경우 九州系의 요소가 보이는 것은 사실이다. 그러나 이들 석실분의 경우 九州의 요소만이 보이는 것이 아니라 백제의 요소가 보이기도 하는 등 그 계통이나 전개 양상이 다양화된 상태로 현지에서 새로이 창출되었음을 알 수 있다.[96] 즉, 石室墳으로 볼 때 영산강 유역 내 제집단과 백제의 중앙 또는 금강 유역 등 여타 백제의 세력과 밀접한 관계를 가지고 있었던 것으로 판단된다. 또한 前方後圓形으로 나타나는 외형과는 달리 매장법과 장송의례 등 관습과 문화가 백제의 요소를 간직하고 있었다는 것이 주목되며 백제와의 긴밀한 관련이 부각된다.

일본 열도에서 백제의 중심부인 한성, 웅진으로 향하는 연결지점에 있었기 때문에 이처럼 복합적인 요소가 나타나고 있는 것은 당시 다양한 문화 교류의 소산으로 보아야 할 것이다.

아직까지 봉토분의 석실, 즉 횡혈식석실에 대해서는 명확한 계보가 확인되지는 않았기 때문에 모든 것이 九州로부터의 직접적인 영향이라고 단정하기는 어렵다. 실제로 북부 九州 지역에서 이들 고분과 동일한 석실은 關行丸古墳, 塚堂古墳, 番塚古墳 등 일부 외에는 분명한 例가 보이지 않는다. 또한 구조적으로 이와 같은 계열은 금강 유역의 甫通洞 4호분, 新基洞고분군, 남원 草村里E10호분 등 오히려 백제 지역에서 다수 확인되는 점으로 미루어 볼 때 熊津期 이래의 백제계로 이해할 수도 있기 때문이다.[97]

실제 나주 송제리고분, 영광 학정리 대천고분 등지에 나타나는 웅진식

---

95) 金洛中, 앞의 논문, 2008
96) 柳沢一男, 앞의 논문, 2006 ; 洪潽植, 앞의 논문, 2005
97) 朴淳發, 앞의 논문, 2000, p.137.

석실이 영산강 석실보다 조성 연대가 빠르다는 견해98)와 영산강식 석실이 빠르다는 견해99)가 서로 대립하고 있다. 그런데, 만약 웅진식 석실이 영산 강식 석실보다 늦은 6세기 전반에 나타났다고 하면 횡혈식석실분의 양식이 백제에서 일본으로 갔다가 다시 영산강 유역으로 넘어왔으며 그 와중에 백 제에 의해 웅진식 석실분이 축조되었다고 하는 다소 어색한 설명이 될 수 밖에 없다.100)

따라서 향후 지속되는 횡혈식석실분의 발굴을 통해 아직까지도 확인되지 않은 횡혈식석실의 계보 파악이 선행되어야 할 것이다.

제4절 倭의 개입 여부 문제

영산강 유역에서 前方後圓形 古墳이 발견됨으로 인해 이들 지역에 대한 倭의 개입 여부 문제가 불거지게 되었다. 따라서 前方後圓形 古墳의 축조 세력에 대한 논의를 통해 영산강 유역의 세력을 보는 시각도 다양화되기 시작했다. 따라서 영산강 유역의 정치세력 및 前方後圓形 古墳의 축조 세력 에 대해서는 i) 야마토 정권이 파견한 倭人, ii) 馬韓 土着在地勢力, iii) 倭系 百濟官僚, iv) 日本 열도에서 망명한 倭人 등의 견해가 제시되었다.

우선, 前方後圓形 古墳의 출현을 倭人의 집단 이주에 의해 생긴 것으로 보아 그 배경에는 九州나 倭王權이 介在하였을 것으로 추정하는 견해가 나 왔다.101)

---

98) 이정호, 「영산강 유역의 고분변천과정과 그 배경」, 『영산강유역의 고대사회』, 학 연문화사, 1999 ; 曺根佑, 앞의 논문, 1996
99) 林永珍, 앞의 논문, 1997 ; 洪潽植, 앞의 논문, 2005 ; 서현주, 「영산강 유역 장고분 의 특징과 출현배경」, 『한국고대사연구』47, 2007 ; 柳澤一男, 앞의 논문, 2006
100) 최성락, 「영산강 유역 고분연구의 검토」, 『호남고고학보』33, 2009, pp.121-122
101) 東潮, 앞의 논문, 1995 ; 李鎔賢, 「韓国古代における全羅道と百済, 加耶, 倭」, 『古代

東潮의 경우 전남 일대를 『宋書』에 기록된 慕韓, 『日本書紀』에서 任那 4
縣으로 부르는 上哆唎, 下哆唎, 娑陀, 牟婁로 비정하고 前方後圓形 古墳의
조성 주체를 당시 독자적으로 대외교역에 종사하면서 영산강 유역에 정착
한 大和, 河內, 筑紫 등의 倭 집단으로 보았다. 慕韓은 이 지역에 정주, 정착
하여 대외교역에 종사하던 倭系 집단이며 前方後圓形 古墳, 埴輪, 죽막동
祭祀遺蹟 등에서 다량의 왜계 유물이 출토되는 점을 그 근거로 제시하고
있다.[102]

이용현의 경우 왜인설이 타당하다고 하면서도 백제가 하사한 것으로 보
이는 威勢品이 부장되어 있는 것으로 보아 정치적으로 백제와 경우에 따라
서는 단절되지 않았을 것으로 보고 있다.[103]

그러나 당시 前方後圓形 古墳을 조성한 주체가 영산강 유역과 일본 열도
를 오가며 대외교역에 종사했던 倭人인지에 대해서는 근거가 빈약하다. 단
순히 왜계 유물이 출토되고 왜계와 외형이 비슷한 유적이 발견되었다는 것
만으로 이들 前方後圓形 古墳의 조성 주체를 倭人으로 단정할 수는 없을 것
이다.[104]

또한 영산강 유역 고분의 피장자가 야마토 정권이 파견한 倭人이라는 주
장을 확대하면 결국 任那의 지역을 넓히고 任那日本府에서와 같이 이 지역
을 일본이 지배하였다는 결과가 된다. 末松保和가 소위 『日本書紀』에서 任
那 4縣으로 불린 上哆唎, 下哆唎, 娑陀, 牟婁를[105] 영산강 지역으로 비정하

日本の異文化交流』, 勉誠出版, 2008
102) 東潮, 앞의 논문, 1995, pp.246-247
103) 李鎔賢, 앞의 논문, 2008, p.433
104) 東潮는 이후 영산강 유역의 전방후원형 고분은 5세기말 북부 九州의 여러 계통의
이주 집단이 재지집단과 함께 축조하였으나 왜국 정권에 의한 영역지배와는 무관
한 것이라고 입장을 선회하고 있다.(東潮, 「倭と榮山江流域」, 『前方後円墳と古代日
朝関係』, 同成社, 2002)
105) 『日本書紀』卷 第17 繼體 6年 (512년)
冬十二月 百濟遣使貢調 別表請任那國 上哆唎下哆唎娑陀牟婁四縣 哆唎國守穗積臣押

였던 것과 맥을 같이 하는 것이다.[106] 그러나 任那 4縣에 대한 위치는 백제
가 己汶, 帶沙 등 가야로 진출하는 과정에서 나타나고 있기 때문에 가야와
인접한 지역으로 보는 것이 타당하다. 따라서 任那 4縣을 영산강 유역으로
비정하는 것은 영산강 유역을 포함한 야마토 정권의 '한반도 남부 경영론'
을 합리화하는 것과 다름없다.

이에 대해 前方後圓形 古墳은 영산강 유역 在地 세력의 산물이라는 견해
가 등장했다. 이는 독자적인 在地 세력이었다고 보는 설과[107] 백제와 관련
된 재지 세력이었다고 보는 설로[108] 나뉘는데, 이중 다수의 학자가 영산강
유역의 前方後圓形 古墳을 토착재지 세력의 묘제로 보고 있다.

최성락의 경우 前方後圓形 古墳이 만들어지기 전에 영산강 유역은 이미
백제와 관계를 맺고 있었지만, 한성 백제가 붕괴되고 웅진으로 천도한 이후
이 지역에 대한 통제권이 약해질 때 지역 수장들이 독자적으로 일본 九州의
고분 형태를 모방하여 조성하였다고 보았다.[109]

土生田純之의 경우는 한반도에서 보이는 前方後圓形 古墳의 계보는 일본
열도에서 기원한다는 시각이지만, 기존의 소위 任那日本府와 같은 倭 왕권
과의 직접적인 관련성 보다는 한반도의 在地 세력과 일본 열도 사이에 다양
한 문화교류에 대한 영향 등 다양한 가능성을 인정해야 된다는 입장이다.

山奏曰 此 四縣 近連百濟 遠隔日本 旦暮易通 鷄犬難別 今賜百濟 合爲同國 固存之
策 無以過比 然縱賜合國 後世猶危 況爲異場 幾年能守

106) 末松保和, 1956, 앞의 책, pp.115-123
107) 최성락, 「전방후원형 고분의 성격에 대한 재고」, 『韓國上古史學報』44, 2004; 土生田
純之, 「朝鮮半島の前方後円墳」, 『專修大学人文科学年報』26, 1996 ; 朴淳發, 앞의 논
문, 2000 ; 金洛中, 「5~6世紀 榮山江流域 政治體의 性格-羅州 伏岩里 3號墳 出土 威勢
品 分析」, 『百濟研究』32, 2000 ; 小栗明彥, 앞의 논문, 2000 ; 田中俊明, 「韓国の前方後
円形古墳の被葬者・造墓集団に対する私見」, 『前方後円墳と古代日朝関係』, 同成社,
2002 ; 柳沢一男, 「全南地方の栄山江型横穴式石室の系譜と前方後円墳」, 『前方後円墳
と古代日朝関係』, 同成社, 2002
108) 禹在柄, 「榮山江流域 前方後圓墳의 出現과 그 背景」, 『湖西考古學』10, 2002
109) 최성락, 앞의 논문, 2004, pp.87-106

특히 橫穴式石室墳이나 埴輪 등의 출토유물에 있어서 在地 세력과 北部 九州가 밀접한 관련성을 갖고 있다고 보고 있다.[110]

朴淳發의 경우는 百濟에 의해 영산강유역의 在地 세력이던 반남고분군 축조집단이 와해되면서 이 지역의 일시적인 구심점이 사라진 후 中小 在地 首長들의 자율성의 증대된 결과 前方後圓形 古墳이 나타난 것으로 보고 있다.[111]

영산강 유역의 세력에 대해 馬韓 土着在地勢力說이 제기된 것은 이 지역에서 백제와는 다른 고고학적 요소가 나타났기 때문이다. 하지만, 단순히 고고학적 자료가 백제 것과 다르기 때문에 馬韓이라고 하는 것은 그 실체를 이해하는 적절한 방법이 되지 못한다. 百濟와 馬韓에 대한 문헌적 부분을 아울러 고찰하는 방법론이 필요할 것이다.

따라서 이들을 백제와는 다른 在地의 정치세력으로 볼 것인지에 대해서는 심사숙고할 필요가 있다. 한반도 서남부 지역의 고분에서 일관되게 나타나고 있는 威勢品을 고찰해보면, 이들 고분에 대해 백제의 영향력을 배제하기는 어려운 것으로 판단되기 때문이다. 따라서 백제와 관련된 재지세력설의 입장에서 영산강 유역 고분의 피장자를 백제와 관련된 지방 수장으로 해석하는 견해가 나타나기도 했다.[112]

이처럼 영산강 유역에서 나타나는 세력에 대해 백제의 영향력을 배제할 수 없다면 이 지역에서 나타나고 있는 前方後圓形 古墳의 경우 百濟가 파견한 倭人으로 볼 수 있는가 하는 문제에 봉착하게 된다.[113] 따라서 이들 前方後圓形 古墳의 피장자를 倭系百濟官僚나 倭軍으로 보는 설이 있다.[114] 『日

---

110) 土生田純之, 1996, 앞의 논문
111) 朴淳發, 앞의 논문, 2000, p.176
112) 禹在柄, 앞의 논문, 2002
113) 倭系百濟官僚說에 대한 비판에 대해서는 최성락, 「영산강 유역 고대사회의 실체-해석의 관점에 대한 논의」, 『지방사와 지방문화』11-2, 2008 ; 김태식, 「고대 한일관계사의 새로운 지평-박천수, 2007.11『새로 쓰는 고대 한일교섭사』, 사회평론」, 『한국고대사연구』50, 2008, pp.350-355 참조
114) 朱甫敦, 「百濟의 榮山江流域 支配方式과 前方後圓墳 被葬者의 性格」, 『韓國의 前方

本書紀』를 보면, 야마토 정권의 氏姓을 가지고 있으면서 동시에 백제의 관등 또는 관직을 매개로 하여 臣屬하고 있던 倭系百濟官僚가 나오기 때문에 前方後圓形 古墳을 이들의 무덤으로 본 것이다.

朱甫暾은 前方後圓形 古墳의 피장자가『三國史記』나 廣開土王碑文에 보이듯이 백제의 요청에 의해 한반도 남부의 전쟁에 참여한 倭軍이라는 견해를 보이고 있다.[115]

山尾幸久는 3세기 이래 중국인에 의해 倭人으로 식별되고 있던 韓人이 수십 년이란 단기간만 정치적 입장에서 倭人의 묘제를 택한 것은 이해하기 어렵다고 하면서『日本書紀』를 근거로 前方後圓形 古墳의 피장자를 백제왕의 신하인 왜의 유력자로 보았다.[116]

朴天秀의 경우는 6세기 중엽『日本書紀』에 倭系百濟官僚가 등장하는 것과 같이 5세기말~6세기중엽에 걸치는 동안 영산강 유역에 九州의 倭系百濟官僚가 존재했던 것으로 추정하고 한반도의 前方後圓形 古墳을 倭系百濟官僚의 무덤으로 보고 있다.[117] 영산강 유역에 나타나는 前方後圓形 古墳이 5세기 4/4분기부터 6세기 2/4분기까지 한정된 지역에서만 조영되고 있는 것으로 보고 이들이 백제계통의 威勢品을 부장하였으므로 독립적인 세력이 아니라 백제왕권이 파견한 倭系百濟官僚일 것이라 추정한 것이다.

그러나 前方後圓形 古墳을 조성한 주체를 倭系百濟官僚나 한반도 남부의 전쟁에 참여한 倭軍의 무덤이라고 한다면 이들 고분이 여타 다른 지역에서는 발견되지 않고 왜 유독 한반도의 서남부에 국한된 영산강 유역에서만

後圓墳』, 忠南大學校出版部, 2000 ; 山尾幸久,「五、六世紀の日朝関係-韓国の前方後圓墳の一解釈」,『前方後円墳と古代日朝関係』, 同成社, 2002 ; 朴天秀,「栄山江流域における前方後円墳の被葬者の出自とその性格」,『考古学研究』49-2, 考古学研究会, 2002

115) 朱甫暾, 앞의 논문, 2000, pp. 92-93
116) 山尾幸久, 앞의 논문, 2001, pp.1-43
117) 朴天秀, 앞의 논문, 2002

나타나고 있는지를 우선적으로 설명할 수 있어야 할 것이다.

倭系百濟官僚나 倭軍의 무덤이라고 한다면 영산강과 같은 변두리가 아니라 오히려 백제의 중앙부에서 나타나야 하거나[118] 혹은 가야 지역에서 나타나야 할 것인데 영산강 유역에서만 나타나고 있다는 것이 설명되어야 할 것이다.

또한 대체적으로 前方後圓形 古墳의 조성연대가 5세기말~6세기초로 분류되고 있는 실정에서 문헌상 倭系百濟官僚는 6세기초보다 대체적으로 欽明代 이후에 집중되고 있다는 것도 시기적으로 일치하지 않는 점이다.[119] 倭系百濟官僚의 활동 시기와 死後 무덤 조성 시기를 고려할 때 시기적 불일치는 극명해진다. 특히 前方後圓形 古墳이 九州系와 유사한 측면이 있다는 것을 고려할 경우 문헌상 5세기말~6세기초의 시기에 九州 출신의 倭系百濟官僚가 나타나지 않는다는 것도 문제점으로 지적할 수 있다.

만약 前方後圓形 古墳의 피장자들이 479년 동성왕과 함께 온 九州 왜병이라고 한다면 그러한 사람들의 매장 유적으로 보이는 공주 단지리 유적의 무덤과는 왜 차이가 나는지에 대해서도 설명되어야 할 것이다.[120] 또한 한반도 남부 전쟁에 참여한 倭軍이면 그들은 4세기말~5세기초에도 활동했던 것으로 나타나는데, 이 시기에 조영된 前方後圓形 古墳은 보이지 않을 뿐 아니라 이들이 왜 前方後圓形 古墳을 남기지 않았는지도 함께 설명되어야 할 것이다.

어쨌든 이 견해는 任那日本府와 관련이 없다고 강변하고는 있지만, 倭系百濟官僚라는 주장이 확대되어 영산강 유역에 倭人이 자리를 잡았고 그들

---

118) 金壽泰, 「百濟의 榮山江 流域 支配方式과 前方後圓墳 被葬者의 性格에 대한 토론 요지」, 『韓國의 前方後圓墳』, 2000, p.111
119) 연민수, 「고대 한일 외교사-삼국과 왜를 중심으로」, 『한국고대사연구』27, 2002, pp.195-255 ; 백승충, 「6세기 전반 가야, 백제, 왜 상호관계-소위 '왜계관료'의 활동을 중심으로」, 『加耶, 洛東江에서 榮山江으로』, 2006, p.190
120) 김태식, 앞의 논문, 2008, p.351

의 고분이 이 지역을 대표하는 것이라면 결국 어떤 형태로든 任那日本府에 근거를 제공하게 될 위험성이 크다.[121]

한편, 영산강 유역의 前方後圓形 古墳에 대해 日本 열도에서 망명한 倭人 說도 제기되었다.

林永珍의 경우는 日本에서 망명한 馬韓系 倭人이라는 설을 내놓기도 했다. 백제의 영역확장 과정에서 일부 마한 세력들이 일본으로 진출하여 영산강 유역의 나머지 마한 세력과 교류해 오다가 일본의 정치적 변화 속에서 영산강 유역권으로 망명하여 주변의 땅을 빌어 생활하면서 前方後圓形 古墳을 남기게 된 것으로 추정하고[122] 이와 같은 연장선상에서 영산강 유역의 北九州 계통 석실 고분의 주인공은 5세기 4/4분기에 有明海 일대의 세력이 北九州로 진출해 영산강 유역으로 망명한 北九州 지역의 세력자인 것으로, 또한 肥後 계통 고분의 주인공들은 6세기 2/4분기에 야마토 정권의 지배를 피해 영산강 유역으로 진출한 것으로 보고 있다.[123]

하지만, 磐井의 亂 등과 같이 北九州의 격변기에 피난을 온 것이라면 오히려 남해안의 최단거리인 가야 지역 등지에서 주로 나타나야 할 터인데, 영산강 유역에 집중적으로 나타난 것은 의문이라고 할 수 있다.

또한 이 경우 일부 馬韓의 세력이 九州에 진출하여 주도적인 지위에 있었다고 하는 것이 전제가 되어야 성립될 수 있는 것이지만, 아직 정치적 실체도 확인되지 않은 세력이 九州에 진출하여 한반도에 九州 양식의 고분 양식 전파에까지 관여했다고 하는 점에 대해서 구체적으로 밝혀내야 할 것이다.

이밖에 최근에는 前方後圓形 古墳의 피장자에 왜인도 있으며 재지인도 혼재되어 있다는 견해도 등장하고 있다.[124]

---

121) 최성락, 앞의 논문, 2008, p.196
122) 임영진, 「전남 고대묘제의 변천」, 『전남의 고대묘제』, 전라남도, 목포대 박물관, 1996
123) 임영진, 「장고분(전방후원분)」, 『백제의 건축과 토목, 백제문화사대계 연구총서15』, 충청남도역사문화연구원, 2007, pp.391-394
124) 柳沢一男, 앞의 논문, 2006 ; 金洛中, 앞의 논문, 2008

이처럼 前方後圓形 古墳의 축조세력에 대해서는 일본 열도와는 무관하게 시작되었다고 보기도 어렵고 횡혈식석실의 계보 파악이 선행되어야 하겠지만, 倭 왕권이 개입된 倭人이 조영했다거나 倭系百濟官僚 등 倭人의 무덤으로 보기보다는 葬送儀禮 풍습으로 한반도와 일본과의 상호 교류를 통한 문화의 이입을 말해주는 것으로 판단된다. 또한 고분의 형태는 다르지만 충청, 전라 등 한반도 서남부 지역의 고분에서 일관되게 나타나고 있는 威勢品을 고찰해보면, 이들을 백제와는 다른 在地의 정치세력으로 보기보다는 백제와 관련된 지방 수장으로 보는 것이 타당하다고 생각된다.

한반도 서남부 지역에서 나타나고 있는 威勢品을 고찰해보면, 이는 문헌적 근거도 없는 馬韓이라는 토착재지세력의 자체 생산품이라기보다 백제로부터 賜輿 받은 것으로 보인다. 때문에 백제의 영향력을 배제하기 어렵다. 물론 前方後圓形 古墳의 대부분은 석실이 파괴되거나 부장품이 도굴 당하여 제대로 파악하기는 어려운 면이 있지만, 함평의 신덕고분에서 금동관 및 殘片이나 금동신발 파편이 발견되는 것은 이들이 백제의 영향력 하에서 조성되었던 것을 나타내주는 것으로 생각된다. 특히 외형은 前方後圓形으로 축조했어도 의식적인 사후 관념이나 축조방법의 경우 백제의 매장법에 충실했다는 영산강 유역의 고분 축조방식을 보더라도 영산강 유역이 독자적으로 행동했다기보다 백제 문화의 영향력 하에 축조되었음을 알려주고 있다.

제5절 영산강 유역 세력의 실상

영산강 유역에서 威勢品이 출토된 고분으로 옹관고분에서는 신촌리 9호분과 석실분으로는 복암리 3호분과 정촌 1호분, 내동리 쌍무덤,[125] 前方後

---

125) (재)전라남도 문화재단, 전남문화재연구소, 「영암 내동리 쌍무덤 학술자문위원회의 및 현장설명회 안내」, 2020

圓形 古墳으로는 함평의 신덕고분 등이 있다. 전체적으로 석실이 파괴되고 도굴이 되어 실제 출토품이 많지 않았지만, 일찍이 옹관고분인 신촌리 9호 분에서는 金銅冠 및 冠帽, 金銅신발, 銀裝單鳳紋環頭大刀, 金銀裝單鳳紋環頭 大刀, 銀裝三葉紋環頭大刀 등의 威勢品이 출토되었다. 또한 복암리 3호분의 '96석실묘에서는 금동신발과 장식대도, 5호, 16호, 7호 석실에서는 은제관 식과 금제관식, 관모장식이 출토되었으며 정촌 1호분에서는 금동신발, 금제 귀걸이, 소환두대도가 출토되기도 했다.

또한 前方後圓形 古墳으로 조성된 함평의 신덕고분에서는 금동관 및 殘 片이 나오고 금제 귀걸이, 각종 구슬이 출토되었다. 또한 6각의 龜甲文으 로 되어 있는 금동 파편도 발견되어 금동신발도 있었던 것으로 짐작하고 있다.126)

한편 남해안 권역에서 발견된 細長方形의 고흥 길두리 안동고분에서도 금동관모, 금동신발, 금동 귀걸이, 銅鏡, 환두대도 등의 威勢品이 대량으로 출토되었다.127)

이처럼 영산강 유역의 정치세력과 옹관고분 및 前方後圓形 古墳의 조성 주체에 대해서는 영산강 유역의 복합적인 요소가 작용하고 있었던 것으로 보인다. 즉, 출토품에 있어서도 영산강의 현지계와 일부 왜 계통의 토기가 나타나기는 하지만, 금동신발, 환두대도 등 威勢品의 경우는 백제계통을 잇 고 있는 것으로 보아 백제의 영향력 하에서 조성되었던 것으로 생각된다.

〈표 1〉 충청, 전라 지역의 백제 威勢品 출토 고분

지역	명칭	묘제	시기	출토위세품
천안	용원리1호석곽묘	수혈식석곽	4세기중엽	금동용봉문환두대도
천안	용원리5호석곽묘	수혈식석곽	4세기말	은상감환두대도

126) 成洛俊, 「咸平 禮德里 新德古墳 緊急收拾調査 略報」, 『제35회 전국역사학대회논문 및 발표요지』, 1992
127) 임영진, 앞의 논문, 2006

천안	용원리9호석곽묘	수혈식석곽	4세기말	금동관모 장식품
천안	용원리12호석곽묘	수혈식석곽	4세기말	은상감용문환두대도
청주	傳신봉동		4세기중엽	금은상감소환두대도
공주	수촌리1호분	목곽	4세기말~5세기초	금동관모, 금동신발, 은상감소환두대도
공주	수촌리3호분	횡구식석곽	4세기말~5세기초	금동신발, 환두대도
공주	수촌리4호분	횡혈식석실	4세기말~5세기초	금동관모, 금동신발, 은상감환두대도
서산	부장리4호분	주구토광묘	5세기초중반	금동이식, 환두대도
서산	부장리5호분	주구토광묘	5세기초중반	금동관모, 환두대도, 금동이식
서산	부장리6호분	주구토광묘	5세기초중반	금동신발, 금동이식, 환두대도
서산	부장리7호	주구토광묘	5세기초중반	환두대도, 금동이식
서산	부장리8호	주구토광묘	5세기초중반	금동신발, 환두대도, 금동이식
서산	부장리10호	주구토광묘	5세기초중반	환두대도
서산	부장리12호	주구토광묘	5세기초중반	금동이식, 환두대도
익산	입점리1호분	횡혈식석실	5세기중엽	금동관모, 금동신발
고창	봉덕리1호분	석실분	5세기후반	금동신발, 원두대도
남원	두락리·유곡리32호분	수혈식석곽	5세기말	금동신발
고흥	안동고분	수혈식석곽	5세기중엽	금동관모, 금동신발, 환두대도
나주	신촌리9호분을관	옹관묘	5세기중엽	금동관모, 금동신발, 단봉환두대도
나주	복암리3호분	횡혈식석실, 옹관묘	5세기말~6세기초	금동신발, 환두대도, 은제관식, 금동이식, 관모장식
나주	정촌 1호분	횡혈식석실	5세기말~6세기초	금동신발, 금제이식, 소환두대도
함평	신덕고분	전방후원형고분	5세기말~6세기초	금동관, 금동신발 잔편
영암	내동리 쌍무덤	석실분	5세기말~6세기초	금동관편

이처럼 한반도 서남부 각 지역이 영역별로는 서로 다른 무덤의 양식이 나타나고는 있지만, 실제 威勢品은 유사한 양식을 보이고 있다. 결국 금동신발이나 금동관모의 출토를 그 출토의 영역과 관련지어 보면 각각의 지방 수장들에게 주어진 威勢品은 하나로 귀일되고 있다. 즉, 이들 지역이 백제의 간접 지배를 받는 首長일 가능성이 높다는 것이다. 백제가 충청과 전라 지역 지배자를 정치적으로 편입시키고 이에 대해 금동관이나 금동신발 등 최고 威勢品을 그 대가로 지불했던 것이다.

일본의 경우 九州의 江田 船山古墳 등지에서 백제의 威勢品으로 보이는 금동관이나 금동신발이 발견되는 것도 이와 같은 맥락으로 판단할 수 있을 것이다. 江田 船山古墳에서 출토된 金銅冠帽는 背面에 긴 촉이 달려 있어 전체적인 형태와 後面裝飾이 益山의 입점리 1호분에서 발굴된 冠帽와 비슷하며, 金銅신발은 龜甲文으로 되어 있는데 이는 龜甲文 내에 鳳凰文으로 장식한 무령왕릉의 금동신발을 비롯하여 羅州 복암리 3호분 '96석실에서 출토된 금동신발의 유형과 흡사하다. 뿐만 아니라 스파이크가 9개 달린 것은 무령왕릉, 益山 입점리, 羅州 신촌리 9호분 등의 것과 일치하고 있어 금동신발의 정형화된 모습을 나타내고 있는 것으로 보인다.

　江田 船山古墳이 위치한 古代 九州 中部의 肥後 지방은 有明海를 통해 長崎의 초입에서 熊本를 잇는 중요한 지점에 위치하고 있었기 때문에 이른 시기부터 한반도와 교류가 용이한 위치에 있었다. 또한 이 지역은 火葦北國造 阿利斯登이 세력을 펼치고 있었던 것으로 알려져 있는데, 阿利斯登의 경우 『日本書紀』 垂仁 2년조에 意富加羅 국왕의 아들로 都怒我阿羅斯等이 나타나며 繼體 23년과 24년조에도 加羅왕으로 阿利斯等이 등장하고 있어 한반도 계통의 명칭으로 추정된다. 이는 葦北 지역 일대에 한반도 계통의 이주민이 정착하였다는 것을 알려주고 있다.[128] 그런데, 火葦北國造 阿利斯登의 아들 達率 日羅가 백제의 관위를 가지고 있었던 것을 알 수 있기 때문에[129] 이 지역 또한 기본적으로 백제에 복속된 정황을 읽을 수 있다.[130] 따라서 江田 船山古墳에서 볼 수 있는 威勢品 또한 이러한 백제와의 관계를 나타내주는 표징이라고 할 수 있다.[131]

---

128) 金鉉球, 『大和政権の対外関係研究』, 吉川弘文館, 1985, pp.93-96
129) 『日本書紀』 卷 第20 敏達 12年 秋7月
　　今在百濟火葦北國造阿利斯登子 達率日羅賢而有勇 故朕欲與其人相計 乃遣紀國造押勝與吉備海部直羽嶋喚於百濟
130) 최소한 日羅를 율령국가 성립 이전 복수의 왕권과 다양한 복속관계를 가졌던 兩屬 관계에 있었던 것으로 본다고 하더라도 (田中史生, 『日本古代国家の民族支配と渡来人』, 校倉書房, 1997, pp.181-184) 일단 백제에 복속된 정황을 알 수 있다.
131) 합천 玉田 23호분과 합천 반계제 가-A호분에서 출토된 금동관모의 경우 백제계

이처럼 九州 지역과 한반도를 연결시켜 주고 있는 것은 백제이며 따라서 영산강 유역에 나타나는 九州系의 요소 또한 바로 백제와의 연결을 통해서 설명이 가능하다고 할 수 있을 것이다.

전축분인 백제 무령왕릉의 경우 당시 중국 남조에서 유행하던 연화문 벽돌로 만든 것일 뿐만 아니라 출토 유물도 중국 화폐인 오수전과 중국식 청자를 비롯하여 6세기경 양나라 양식의 모방품이 다수 출토되었다. 때문에 만약 무령왕의 것을 알리는 지석이 출토되지 않았더라면 흡사 중국으로부터 귀화한 사람의 무덤으로 추정했을지 모를 정도로 중국의 양식을 따르고 있는 부분이 많은 것이 사실이다. 이처럼 백제 지역에서는 그 중앙에서도 서로 양식이 다른 고분이 나타나고 있다. 때문에 단순히 倭系의 요소가 나타나는 영산강 유역 고분을 보고 그 被葬者를 倭人으로 추정하거나 그 조성에 야마토 정권이 개입했다고 보는 것은 타당하지 않다.

물론 문헌상 4세기말부터 한반도에 倭人의 존재가 보이고 있다. 하지만, 이들은 백제를 지원할 군사적인 목적으로 왔기 때문에 前方後圓形 古墳 보다는 공주의 단지리 등지에서 나타나는 것처럼 橫穴墓 등의 무덤을 남겼을 가능성이 높다. 또한 군사적 지원에 따르는 단기적 체류였을 것으로 추정되기 때문에 前方後圓形 古墳이 조성된 5세기말~6세기초와는 시기적으로 일정한 차이가 있다. 문헌상에 나타나는 倭系百濟官僚의 경우도 前方後圓形 古墳의 조성과 시기적으로 일치하지 않고 있다.

또한 기존 매장시설인 옹관묘를 계속 사용하면서 多葬으로 조성된 복암리 3호분의 경우나, 분구를 확장하여 현지의 매장시설인 수혈식석실에 외래계의 새로운 매장시설을 도입하고 있는 고성 송학동 1호분의 경우, 또한 前方後圓形이기는 하지만 백제계 석실을 이용하고 있는 자라봉 고분 등의 사

유물로 추정되고 있기 때문에 (국립공주박물관, 앞의 책, 2006, p.38 ; 李漢祥, 「加耶의 威勢品 生産과 流通」, 『가야 고고학의 새로운 조명』, 2003, p.657) 이를 통해 가야 지역에도 백제가 威勢品을 사여했던 것을 알 수 있다.

레가 나타나고 있는 것을 보아도 前方後圓形 古墳 및 초기 石室墳을 倭人으로 보는 것은 타당하지 않다.

앞에서도 언급했듯이 영산강 유역에 대해서는 『日本書紀』繼體 6년 冬12월에 나오는 任那 4縣으로 분류하여 6세기초엽에 백제가 점유한 것으로 보는 견해가 있었다.[132] 그러나 任那 4縣이라는 지명은 백제가 가야로 진출하는 상황에서 나타나고 있기 때문에 이를 영산강 유역으로 보는 것은 타당하지 않다.

영산강 유역과 관련된 문헌으로는 다음의 기사가 주목된다.

(ㄱ)『三國史記』卷 第26 東城王 20年
　　八月 王以耽羅不修貢賦 親征至武珍州 耽羅聞之 遣使乞罪 乃止[耽羅
卽耽牟羅]

(ㄴ)『南齊書』卷 58 列傳 第39 蠻 東南夷
　　寧朔將軍 面中王姐瑾 歷贊時務 武功竝列 今假行冠軍將軍 都將軍都漢
王 建威將軍八中侯餘古 弱冠輔佐 忠效夙著 今假行寧朔將軍阿錯王 建威
將軍餘歷 忠款有素 文武列顯 今假行龍驤將軍邁盧王 廣武將軍餘固 忠效
時務 光宣國政 今假行建威將軍弗斯侯 (中略) 今假沙法名 行征虜將軍邁
羅王 贊首流 爲行安國將軍辟中王 解禮昆 爲行武威將軍弗中侯 木干那前
有軍功 又拔臺舫 爲行廣威將軍面中侯

(ㄱ)의 경우 『三國史記』 東城王 20년(498년)의 기사인데, 耽羅가 조공을 하지 않아 동성왕이 친히 武珍州까지 이르렀다는 내용이다. 耽羅를 제주도로 볼 수 있기 때문에 최소한 5세기 후반 이전에는 백제가 전라남도 및 남해안 일대를 복속하고 있었다는 사실을 알 수 있다.

따라서 영산강 유역은 (ㄴ)의 『南齊書』에서 알 수 있듯이 東城王 이후 실

---

132) 末松保和, 앞의 책, 1956, pp.115-123.

시되었던 王侯制에 의해 통치된 지역 중의 하나에서 찾아야 하는 것이 타당할 것으로 생각된다.[133)

(ㄴ)을 보면, 490년에 面中王 姐瑾을 都漢王, 八中侯 餘古를 阿錯王으로, 餘歷을 邁盧王으로 餘固를 弗斯侯로 제수할 것을 요청하고 있다. 또 495년에는 沙法名을 邁羅王으로, 贊首流를 辟中王, 解禮昆을 弗中侯, 木干那를 面中侯로 제수할 것을 요청하고 있다.

물론 이들 기사와 관련하여 面中, 弗中(弗斯), 辟中, 八中, 阿錯, 都漢, 邁羅(邁盧) 등에 대해 지명 비정을 확실하게 하기는 어렵다.[134) 하지만, 辟中의 경우 神功 49년조 4邑 중에 辟中이 등장하는 것으로 보아 김제 일대인 것으로 추정되며, 邁羅의 경우 『三國史記』 地理志에 唐이 백제 지역에 설치하려 했던 都督府 13縣 중에 나타나는 것으로 보아 백제의 도읍이었던 웅진과 사비에서 멀지 않은 지방으로 추정된다.[135) 또한 阿錯의 경우도 都督府 7州 중에 魯山州 6縣의 하나로 나오므로 충청남도의 남부와 전라북도의 북

---

133) 王侯制를 실제의 封地를 표현한 것이 아니라 爵位的이고 의례적으로 보는 견해도 있지만, (末松保和, 앞의 책, 1956, pp.113-114 ; 梁起錫, 「五世紀 百濟의 「王」「侯」「太守」制에 對하여」, 『史學研究』38, 1984, pp.55-70) 구체적인 지역명이 등장하고 있을 뿐만 아니라 고고학적으로도 각 지역별로 封爵을 실시했던 것으로 여겨지는 威勢品이 이른 시기부터 출토되고 있기 때문에 이를 간접 지방 통치제도로 보는 것이 타당하다.

134) 일찍이 末松保和는 弗斯는 比斯伐(全州), 面中은 武珍(光州), 都漢은 豆肹(高興 또는 羅州), 八中은 發羅(羅州), 阿錯은 阿次(羅州群島), 邁羅는 馬西良(沃溝) 또는 馬斯良(長興), 辟中은 辟支(金堤), 弗中은 分嵯(寶城)에 비정하였다. (末松保和, 앞의 책, 1956, pp.110-113) 千寬宇의 경우는 弗羅를 伐首只(唐津), 都漢을 得安, 德恩(論山恩律), 八中은 伐音支(公州 維鳩), 阿錯을 猿村(完州鳳東), 邁羅를 沃溝, 辟中을 碧骨(金堤)로 비정하고 있다. (千寬宇, 「馬韓의 位置試論」, 『古朝鮮史, 三韓史研究』, 一潮閣, 1989, p.381)

135) 『三國史記』卷 第37 雜志 第6 地理4
都督府一十三縣 嵎夷縣 神丘縣 尹城縣 本悅己 麟德縣 本古良夫里 散昆縣 本新村 安遠縣 本仇尸波知 賓汶縣 本比勿 歸化縣 本麻斯良 邁羅縣 甘蓋縣 本古莫夫里 奈西縣 本奈西兮 得安縣 本德近支 龍山縣 本古麻山.

부에 걸쳐 있을 것이라고 추정하면 이 지역도 사비 지역과 그리 멀리 않은 곳으로 볼 수 있을 것이다.[136)

따라서 『南齊書』에 나오는 이들 지역 전부를 동성왕대에 백제가 새로이 진출한 지역이라거나 전남 서부 지방 또는 영산강 유역에 비정하는 것은 타당하지 않다.

하지만, 이들 중 영산강 유역에 비정되는 명칭도 있을 것으로 생각된다. 특히 面中王의 경우가 주목된다. 『南齊書』에는 490년에 面中王이었던 姐瑾을 都漢王으로 제수할 것을 요청하고, 495년에는 木干那를 面中侯로 제수할 것을 요청하고 있는 기록이 보인다.

대개 面中, 弗中, 辟中, 八中 등으로 나타나는 지명에서 中의 경우는 일정한 지명을 나타내는 漢語로 보이기 때문에[137) 원래의 지명은 앞 글자에 음가가 있었을 것으로 추정된다. 따라서 面中의 경우 面中의 원래 음가는 面에 있었을 것으로 보면, 『三國史記』 地理志를 통해 이와 비슷한 음가가 武珍州(광주), 武尸伊郡(전남 영광), 未多夫里縣(전남 나주 남평), 勿阿兮郡(전남 무안), 勿居縣(전북 진안) 등 다수 보인다.[138) 이들 중에 江이 흐르는 지역을 추려보면 대개 광주 및 전남 나주 일대의 영산강 유역으로 비정할 수 있음을 알 수 있다. 그렇다면 木干那의 경우 5세기 후반에 영산강 유역의 지역 수장이었던 것으로 판단된다.[139)

---

136) 『三國史記』 地理志에서는 魯山州 6縣에 대해 魯山縣 本甘勿阿 唐山縣 本仇知只山 淳遲縣 本豆尸 支牟縣 本只馬馬知 烏蠶縣 本馬知沙 阿錯縣 本源村으로 기술하고 있다. 이 지역을 모두 확인할 수는 없지만, 魯山縣은 益山 咸悅, 唐山縣은 金堤 金溝, 淳遲縣은 충남 錦山인 것을 地理志에서 확인할 수 있고 支牟縣은 益山 金馬로 추정되므로 阿錯縣의 경우도 충남 남부와 전북 북부 일원을 크게 벗어나지 않을 것으로 보인다.

137) 역대 중국의 지리지를 참조하여 '~中'자의 어원을 탐구하면 반수에 가까운 지명이 앞 자를 이름으로 하는 江이 '~水'라는 이름으로 흐르고 있다고 한다. (石和田秀幸, 「隅田八幡神社人物画像鏡における「開中」字考」, 『同志社国文学』45, 1996, pp.64-65)

138) 末松保和, 앞의 책, 1956, pp.111

특히 문헌을 통해 고찰하면 木氏의 경우 일찍부터 영산강 유역과 관련이 있으면서 倭와 연결될 수 있는 루트를 가지고 있었던 것을 알 수 있다. 『日本書紀』 神功 49년조에는 木羅斤資가 소위 加羅 7국의 평정 이후 서쪽의 古奚津, 南蠻忱彌多禮와 4邑의 영역을 차지했다는 기록이 있다. 古奚津과 南蠻忱彌多禮의 경우, 南蠻이라는 표현이 나타나고 加羅 7국을 평정한 후 곧바로 '西回至古奚津'이라고 한 구절로 보아 전라남도의 최남단인 전남 강진 일원인 것으로 추정된다.[140] 또한 스스로 항복했다는 4邑의 경우도 '比利, 辟中, 布彌, 支半古'로 끊어 읽을 수 있기 때문에[141] 4邑 중 布彌는 『三國史記』 地理志에 唐이 백제 故地에 설치하려 했던 1都督府와 7州 중 羅州의 옛 이름으로 布賢縣, 巴老彌가 있어 布彌는 전남 羅州인 것으로 추측된다. 따라서 『日本書紀』 神功 49년의 기사는 당시 전남 일원이 木羅斤資에 의해 백제에 복속되었던 실상을 전해주고 있는 것이다. 따라서 『日本書紀』의 木羅斤資에 대한 기록을 통해 영산강 유역과 木氏가 밀접한 관련이 있었다는 것을 추정할 수 있으며 이후 『南齊書』의 木干那에 대한 기사를 통해서도 영산강 유역과 관련된 木氏 세력의 기반이 있었던 것을 알 수 있다.

또한 백제 木氏의 경우 『日本書紀』에 나오는 다음과 같은 기사를 통해

---

139) 木氏와의 연결에 대해서는 金恩淑 선생님의 助言이 있었다.

140) 李丙燾는 古奚津과 忱彌多禮를 동일지역인 것으로 파악하고 古奚津을 전남 강진, 忱彌多禮를 道武郡의 屬縣인 冬音縣으로 파악하고 있다.(李丙燾, 「三韓의 社會相」, 『韓國史, 古代編』 乙酉文化社, 1959, p.360) 또한 鮎貝房之進은 古奚津은 전남 강진으로 忱彌多禮는 제주도로 보고 있으며(鮎貝房之進, 『雜攷』7, 上卷, 朝鮮印刷株式會社, 1937, pp.135-137), 全榮來의 경우는 古奚津을 海南의 竹山廢縣에 비정하고 忱彌多禮를 2개의 지명으로 보아 忱彌는 冬音, 道武로, 多禮는 冬老縣(寶城)으로 비정하고 있다.(全榮來, 「百濟南方境域의 變遷」, 『千寬宇先生還曆紀念韓國史學論叢』, 1985, pp.141-142)

141) 4邑은 『三國志』 魏志 馬韓傳에 나오는 50여 개의 馬韓國 가운데 그 지명과 音相似한 卑離國, 辟卑離國, 不彌國, 支半國과 비교해 볼 수 있기 때문에 '比利, 辟中, 布彌支, 半古의 4邑'으로 끊어 읽기보다는 '比利, 辟中, 布彌, 支半古'로 끊어 읽는 것이 타당하다고 본다.

일본 열도와의 관계를 살펴볼 수 있다.

> (ㄷ)『日本書紀』卷 第10 應神 25年
> 百濟直支王薨. 卽子久爾辛立爲王. 王年幼. 大倭木滿致執國政. 與王母
> 相婬. 多行無禮. 天皇聞而召之[百濟記云. 木滿致者是木羅斤資討新羅時.
> 娶其國婦而所生也. 以其父功專於任那. 來入我國往還貴國. 承制天朝執我
> 國政. 權重當世. 然天皇聞其暴召之]

(ㄷ)의 기사는 야마토 정권이 백제를 복속하고 있다는 전제 하에 任那를
전담했던 木滿致의 권력 배경도 야마토 정권이라고 서술하고 있지만, 실상
은 야마토 정권에 의해서가 아니라 백제에 의한 것이『日本書紀』의 편찬과
정에서 윤색된 것이다. 즉, 木羅斤資에 의해 神功 49년조에 加羅 7국이 평정
되었고 神功 62년조에 加羅가 구원되었기에 木氏의 세력이 加耶 지역과 깊
은 관계를 맺고 그곳에서 오랫동안 활약했던 것으로 보인다. 따라서 「百濟
記」에 木滿致가 아버지인 木羅斤資의 공으로 '專於任那'했다는 기록은 木滿
致의 권력 배경이 백제에 있다는 이야기이다.

그런데, 木滿致에 대해서는 木羅斤資가 신라 토벌 시에 신라 여인을 취하
여 낳은 아들로 되어 있다. 만약 神功 49년조에 나오는 신라 정벌기사를 단
순히 2주갑 수정해서 획일적으로 369년의 기사로 본다면 木滿致를『三國史
記』蓋鹵王 21년(475년)에 문주와 같이 남으로 피신한 木劦滿致와 동일한
인물로 보기 어렵다. 하지만, 木羅斤資가 신라를 공격하던 시기를 廣開土王
碑에 나타난 것과 동일한 시기로 하여 400년을 전후한 기간으로 상정한다
면 木羅斤資가 신라 여성을 취해 낳은 아들이 木滿致라는 사실과 논리적으
로 부합할 수 있다. 결국 이와 같이 해석할 경우『三國史記』蓋鹵王 21년
(475년)에 나타난 기록에서처럼 문주와 같이 남쪽으로 피신한 인물이 老軀
의 木劦滿致임이 증명될 수 있을 것이다.142) 그렇다면 木羅斤資는 廣開土王
碑文에 보이는 고구려와의 전투 및 신라와의 전투에서 활약하면서 倭와 접

축을 했을 것으로 추정된다.

또한 (ㄷ)의 기사에서 木羅斤資의 아들인 木滿致가 王母와 간음을 했다든지 일본의 천황이 소환했다든지 하는 기록을 전적으로 사실로 볼 수는 없지만, 백제의 중앙에 있었던 木滿致가 왕모인 八須夫人 및 倭 왕실과 밀접한 관련이 있었을 가능성은 높다고 할 수 있다. 특히 八須夫人이 倭系일 가능성이 높고[143] 木滿致가 어느 시점엔가 渡倭했을 가능성은 크기 때문에[144] 木滿致의 경우도 왜와 연결하는 통로가 있었던 것은 확실하다.

이밖에 『日本書紀』에 등장하는 木氏를 고찰해보면, 대체적으로 일본과 관련된 기사에 등장하고 있어 木氏가 일본과 연결된 루트를 갖고 있었던 것으로 보인다.

『日本書紀』繼體 10년 (516년) 夏5월 백제가 伴跛와의 전쟁 중에 일본의 物部連 등을 己汶에 인도하여 입국시켰던 인물로 木刕不麻甲背가 나오며,[145] 欽明 13年 (552년) 일본으로 가서 군사를 청하고 14년에 돌아갔던 인물로 木刕今敦이 등장한다.[146] 또한 欽明 15년 (554년) 春 정월 군사 파견

---

142) 木羅斤資가 神功 49년조에 처음으로 나타나지만, 神功 62년조에 대가야를 구원하는 주체로 나타나고 있다. 또한 『三國史記』 아신왕 12년조(403)에 전후 60여 년간 백제의 유일한 신라 침략 기사가 나타나는 것을 통해서도 木羅斤資가 400년대까지 활동했던 것을 알 수 있다.(金鉉球, 앞의 책, 1993, pp.60-61)

143) 김기섭, 「5세기 무렵 백제 渡倭人의 활동과 문화전파」, 『왜 5왕 문제와 한일관계』, 한일관계사연구논집 편찬위원회, 2005, pp.227-229 ; 본서 제Ⅰ편 제1장 石上神宮 七支刀에 대한 一考察 참조

144) 木滿致의 경우 왜국으로 건너가서 蘇我滿致로 살았다는 견해가 있다. (門脇禎二, 『飛鳥―その古代史と風土』新版, NHK出版, 1977, p.47 ; 金鉉球, 「백제의 木滿致와 蘇我滿智」, 『日本歷史硏究』25, 2007)

145) 『日本書紀』 卷 第17 繼體 10年
夏五月 百濟遣前部木刕不麻甲背 迎勞物部連等於己汶 而引導入國 群臣各出衣裳斧鐵 帛布 助加國物 積置朝廷 慰問殷懃 賞祿優節

146) 『日本書紀』 卷 等19 欽明 13年
五月戊辰朔乙亥 百濟加羅安羅 遣中部德率木州今敦 河內部阿斯比多等 奏曰 高麗與 新羅 通和幷勢 謀滅臣國與任那. 故謹求請救兵 先攻不意. 軍之多少隨天皇勅. 詔曰

의 건으로 筑紫에 보내진 인물로 木劦施德文次가 나타나고 있다.[147]

이처럼 문헌에 등장하는 木氏에 관한 기록을 보면 영산강 유역을 비롯하여 한반도 남부에서 영향력을 갖고 있었을 뿐만 아니라 일본 열도와의 루트도 갖고 있었던 것을 알 수 있다.

따라서 영산강 유역에 나타나는 倭系의 유물, 유적도 영산강 유역과 일본 열도 양측에 루트를 갖고 있었던 木氏에 의해 연계되었던 것을 알 수 있다.

특히 5세기 후반 木羅斤資의 아들인 木滿致가 渡倭하고 木干那가 백제의 간접 지배지인 영산강 유역의 수장이 되었다면, 어느 지역보다도 우선적으로 일본 열도 상호간에 교류가 잦았을 것으로 생각된다.

어쨌든 동성왕 이후 실시되었던 王侯制에 의해 제수된 지역 사람들의 이름을 보면 왕족인 餘氏와 大姓八族인 沙氏, 解氏, 眞氏, 木氏로 이루어져 있어서 어느 지역도 倭人이 통치했을 가능성은 없다. 그렇다면 영산강 지역의 유력한 수장도 일본 열도의 영향력을 받는 倭人이거나 백제의 지배를 받는 倭系百濟官僚로 볼 수 없을 것이다. 지금까지의 분석으로 보면 영산강 유역에 5세기말~6세기초까지 짧은 기간 동안에 일부 고고학적 자료에서 倭系가 보이고 있는 것은 이 지역이 木氏에 의해 간접 통치되면서 일본 열도와 있었던 상호 교류의 흔적인 것을 알 수 있다.

今百濟王 安羅王 加羅王 與日本府臣等 俱遣使奏狀聞訖. 亦宜共任那 幷心一力 猶尙
若玆 必蒙上天擁護之福 亦賴可畏天皇之靈也.

147) 『日本書紀』 卷 等19 欽明 15年
春正月戊子朔 丙申 百濟遣中部木州施德文次 前部施德曰佐分屋等於筑紫 諮內臣佐伯
連等曰 德率次酒 杆率塞敦等 以去年閏月四日到來云 臣等[臣等者謂內臣也]以今年正
月到. 如此遵而未審 來不也 又軍數幾何. 願聞若干預治營壁. 別諮 方聞 奉可畏天皇
之詔 來詣筑紫看送賜軍. 聞之歡喜無能比者. 此年之役甚危於前. 願遣賜軍使逮正月.
於是內臣奉勅而答報曰 卽令遣助軍數一千馬一百匹船四十隻

제6절 맺음말

지금까지 고대 영산강 유역에 실재했던 세력들의 실상을 고고학과 문헌적 자료를 아울러 살펴본 바에 따르면, 이들 고분의 피장자는 백제의 간접통치를 받는 지역의 수장임을 알 수 있다. 즉, 威勢品에 대한 분석과 石室墳의 변천에 대한 고찰을 통해 백제가 지방의 유력한 在地 수장에게 威勢品을 사여한 간접 지배 방식으로 통치되었던 것이다. 1990년대 이후 考古學的 발굴이 가속화되면서 백제의 고분과는 다른 양식이 발견되었던 전남 지방을 백제의 영역으로 인식하지 않고 馬韓으로 보아왔던 설이 타당하지 않은 것을 알 수 있다.

특히 이들 지역에 倭系의 요소로서 관심을 끌었던 前方後圓形 古墳도 倭왕권이 개입되어 왜인이 조영하였다거나 倭系百濟官僚 등 倭人의 무덤이 아닌 것으로 판단된다. 즉, 이러한 형태의 고분이 만들어진 것이 倭人의 한반도 진출 때문이 아니라 백제의 일부 지역에서 상호 교류를 통해 일본 열도에서 나타나는 무덤의 외형만을 유입해서 만들었던 것이다.

따라서 일본 열도에서 나타나는 무덤의 형식에 맞추어 한반도에서 나타나는 前方後圓形 古墳을 재단해서는 안 될 것이다. 한반도의 前方後圓形 古墳은 일본 열도와 서남해안을 잇는 루트를 따라 확인이 되고 있지만, 여타의 옹관고분들이 동일한 지역에 여러 기가 군집하여 분포하는 것과는 달리, 지역별로 1~2기 정도만이 분포하고 있다. 이는 前方後圓形 古墳이 장기간 축조된 것이 아니라 각 지역에서 독립적으로 한 세대 정도 축조되다가 토착묘제로 정착하지 못하고 곧바로 폐기되었음을 말해준다. 영산강 유역의 초기 石室墳과 함께 고찰해 보아도 이들은 5세기말~6세기초라는 지극히 짧은 기간에 급속히 퍼진 것으로 지속적인 계통을 밟아 발전한 것이 아니라 백제, 왜 등 여러 계통의 석실요소를 동시에 받아들여 조성되었던 것이다.

또한 圓筒形土器에 대한 분석이나 초기의 石室墳에 대한 고찰을 통해서도 이들이 단순히 일본에서 도입만으로 이루어진 것이 아니라 한반도와 일본 열도의 상호교류에 의해 전파되었을 가능성이 높아지고 있다. 따라서 前方後圓形 古墳의 문제도 단선적으로 파악하기보다는 葬送儀禮의 풍습이 상호 교류에 의해서 성립된 것으로 보아야 하는 것이 타당하다고 생각한다.

한편, 영산강 유역은 백제가 동성왕 이후 실시되었던 王侯制에 의해 통치된 지역 중의 한 곳으로 추정되며, 『南齊書』에서 5세기 후반 面中侯로 제수된 木干那가 통치한 지역일 것으로 판단된다. 특히 문헌을 통해 고찰하면 木氏의 경우 일찍부터 영산강 유역과 관련이 있으면서 倭와 연결될 수 있는 루트를 가지고 있었던 것을 알 수 있다. 木羅斤資가 한반도 동남부의 가야 지역뿐만 아니라 영산강 유역을 포함한 서남부 일원까지 점유했다는 『日本書紀』의 기록으로 보더라도 당시 영산강 유역에 끼쳤던 木氏 영향력의 실체를 확인할 수 있다. 이후 木滿致의 경우 일찍부터 가야 지역을 전담하고 있었던 기록이 『日本書紀』에 보이며, 木干那의 경우도 『南齊書』에서 보듯이 5세기 후반부터 영산강 유역을 통치했던 것으로 추정되기 때문에 木氏 일족이 한반도 남부에서 상당한 영향력을 행사했던 것을 알 수 있다. 또한 木氏의 경우 渡倭를 통한 상호 교류 및 일본 열도와의 루트를 갖고 있었기 때문에 영산강 유역과 일본 열도를 상호 연계할 수 있는 위치에 있었던 것이다.

따라서 영산강 유역의 일부 고고학적 자료에서 倭系가 보이고 있는 것은 이 지역이 倭人에 의해 통치되었기 때문이 아니라 일본 열도와 교류가 잦았던 백제의 木氏에 의해 간접 통치되었던 지역이기 때문에 나타난 현상인 것으로 판단된다.

제4장 5세기대 木氏를 중심으로 한 百濟와 倭의 고찰

제1절 머리말

고대한일관계사에 있어서 5세기 한반도와 일본열도에 관한 연구는 많은 논쟁이 되었던 시기이다. 우선 5세기의 한일 관계를 파악할 수 있는 당대의 사료로서 七支刀[1]와 廣開土王碑文 및 중국의 사서인『宋書』등이 논란의 대상이 되고 있다. 또한 고고학적인 부분에 있어서 5세기 영산강 유역에 대한 문제를 어떻게 볼 것인가에 대해서도 많은 논쟁이 있다. 이러한 5세기의 한일관계는 모두 백제와 왜의 밀접한 관련 속에 이루어졌기 때문에 5세기대 백제와 왜 관계의 실상을 파악하는 것이 핵심주제가 되고 있다.

백제와 왜의 관계를 살펴보기 위해서는 여러 가지 방법론이 있을 수 있겠지만, 우선적으로 당시 백제 측에서 활동하면서 왜와 관계를 가졌던 인물을 중심으로 이들의 활동을 고찰해보는 것이 필요하다고 판단된다.

그 중에서도 5세기대에『三國史記』,『日本書紀』와 중국의 사료에 동시에 등장하고 있는 백제 木氏의 존재는 매우 흥미로운 인물군이라고 할 수 있을 것이다. 때문에 5세기대 이들의 활동을 제대로 이해하게 되면 당시 백제와 왜의 실상을 파악할 수 있을 것으로 생각한다.

백제 木氏와 관련해서는 중국의 사료에도 大姓八族 중의 하나로 등장하

---

[1] 石上神宮의 七支刀 명문에 의하면 七支刀는 408년에 제작된 것으로서 5세기대에 위치시킬 수 있다. 본서 제Ⅰ편 제1장 石上神宮 七支刀에 대한 一考察 참조

고 있으며[2] 우선 木羅斤資의 아들로서 5세기대에 중심적으로 활동했던 木滿致가 주목된다.

『三國史記』에는 木刕滿致라는 인물이 보이고 있는데 『日本書紀』에서는 木滿致로 등장하고 있다. 『日本書紀』에 나타나는 木羅와 木刕의 경우 음이 비슷하고 木刕과 木刕은 모양이 유사하기 때문에 이들 모두 동일한 씨족으로 볼 수 있을 것이다. 따라서 木刕滿致와 木滿致의 경우도 백제에서 사용하던 複姓이 점차 木氏로도 씌었던 것으로 판단된다.

다음으로 주목할 수 있는 것은 紀氏에 대한 사료이다. 紀氏와 관련해서는 『日本書紀』에 등장하는 紀角宿禰가 『古事記』 孝元段에 建內宿禰의 후예씨족으로 木臣의 선조인 木角宿禰로 기록되어 있다. 『新撰姓氏錄』 左京皇別에서 紀朝臣이 建內宿禰의 아들 紀角宿禰의 후예로 기록되어 있기 때문에[3] 木角宿禰와 紀角宿禰는 동일인으로 추정할 수 있을 것이다. 木과 紀는 음상사로 서로 통하고 있어 이를 통해 木氏가 紀氏로 변화되었던 것으로 추론해 볼 수 있다.

따라서 紀氏 또한 백제 木氏의 범주에서 살펴볼 필요가 있다고 생각된다. 특히 5세기에는 紀角宿禰, 紀小弓宿禰, 紀大(生)磐宿禰가 등장하고 있는데 이들의 기사를 통해 당시 백제와 한반도의 상황을 파악할 수 있는 단서를 함축하고 있다고 판단된다.

---

2) 大姓八族은 沙氏, 燕氏, 刕氏, 解氏, 眞氏, 國氏, 木氏, 苩氏로 보고 있는데, 이에 대한 분석은 李弘稙, 「百濟人名考」, 『서울대학교 論文集』, 1954 참조
3) 『新撰姓氏錄』 左京皇別
   紀朝臣 石川朝臣同祖 建內宿禰男 紀角宿禰之後也

제2절 木(刕)滿致의 활동

1. 木滿致와 木刕滿致

『日本書紀』應神紀에 등장하는 木滿致 관련 기사와 『三國史記』 개로왕조의 木刕滿致 관련 기사는 다음과 같다.

(ㄱ)『日本書紀』卷 第10 應神 25年
　　百濟直支王薨. 卽子久爾辛立爲王. 王年幼 大倭木滿致執國政. 與王母相婬 多行無禮. 天皇聞而召之[百濟記云. 木滿致者是木羅斤資討新羅時 娶其國婦而所生也. 以其父功專於任那 來入我國往還貴國. 承制天朝執我國政權重當世. 然天皇聞其暴召之]

(ㄴ)『三國史記』卷 第25 百濟本紀 蓋鹵王 21년 秋9월
　　文周乃與木刕滿致祖彌桀取[木刕祖彌皆複姓 隋書以木刕爲二姓 未知孰是]南行焉

(ㄱ)의 기사는 전지왕 사망 이후 구이신이 유년에 왕이 되었고 따라서 木滿致가 국정을 잡아 백제의 王母와 간음을 하는 등 無禮하였기 때문에 일본 측에서 그를 소환한 것으로 그리고 있다. 또한 분주에 나오는 「百濟記」에서는 木滿致라는 인물이 木羅斤資가 신라를 토벌할 때 그 나라의 여인을 취해 낳은 아들로서 아버지의 공으로 '專於任那'했으며 왜국에 왕래하고 제도를 왜에서 배우고 백제의 정사를 집행하면서 권세가 성하여 포악한 것 때문에 천황이 소환한 것으로 되어 있다.

우선 (ㄱ)의 기록은 전체적으로 『日本書紀』에 나타나는 임나 지배 사관에 의해 쓰어졌음에 유의해야 할 것이다. 無禮하였다는 표현이나 貴國이라는 표현 등을 통해 『日本書紀』의 찬자에 의한 번국사관에 의거해 쓰인 것

을 알 수 있으며 따라서 이 기사는 야마토 정권이 백제를 복속하고 있다는 전제 하에 任那를 전담했던 木滿致의 권력 배경도 야마토 정권의 것으로 서술하고 있다. 이는 야마토 정권이 백제와 임나를 모두 복속하고 있었다는 뜻이 되기 때문에 「百濟記」에 나오는 표현도 원래의 모습인 아닌 후대에 윤색된 것임을 알 수 있다.4)

하지만, 후대의 윤색을 걷어내면 (ㄱ)의 기록 중에서 역사적인 사실을 파악할 수 있고 당시의 실상을 재조명할 수 있을 것이다.

일단 「百濟記」에 기록되어 있듯이 木滿致가 '專於任那'했던 것은 아버지인 木羅斤資의 공 때문이었다. 이는 『日本書紀』 神功 49년조에서 木羅斤資가 加羅 7국을 평정했다는 사실과 神功 62년조에서 木羅斤資가 加羅를 구원했던 사실을 통해 木滿致가 가야 지역에 대해 일정 부분 영향력을 행사했다는 것을 알 수 있다. 이는 「百濟記」에 가야를 도맡으면서 백제에도 왔다는 표현으로 인해 木氏의 세력이 加耶 지역과 깊은 관계를 맺고 그 지역에서 오랫동안 활약했음을 보여주고 있다.

특히 木滿致의 경우는 실제 구이신왕의 王母와의 친분으로 인해 백제 중앙에서 활동하고 있었으므로 백제 大姓八族 중에 하나인 木羅斤資와 木滿致가 백제의 중신으로 백제왕권의 정책결정을 주도하였던 것을 알 수 있다.

木滿致와 간음을 했다는 王母는 『三國史記』에 의하면 八須夫人으로 그녀는 腆支王이 왜국에 체류했을 때 혼인관계를 맺었던 왜인으로 판단된다.5)

七支刀 명문에 의한 해석을 통해서도 알 수 있듯이 八須夫人은 백제와 왜

---

4) 「百濟記」가 후대에 윤색되었다는 것을 알 수 있는 것으로 대표적인 기사는 『日本書紀』 應神紀 8年 春3月條 분주에 나오는 '百濟記云 阿花王立无禮於貴國 故奪我枕彌多禮 及峴南 支侵 谷那 東韓之地 是以 遣王子直支于天朝 以脩先王之好'의 기사이다.

5) 김기섭, 「5세기 무렵 백제 渡倭人의 활동과 문화전파」, 『왜 5왕 문제와 한일관계』, 한일관계사연구논집 편찬위원회, 2005, pp.227-229 ; 盧重國, 「5世紀 韓日關係史-『宋書』倭國傳의 檢討」, 『한일역사공동연구보고서(제1분과편)』, 2005, pp.186-187

의 화친 관계 속에서 혼인한 왜왕의 혈족임을 알 수 있다. 전지왕이 왜국으로 갔을 때 왜왕의 혈족과 혼인을 했던 사실은 408년 구이신이 태어났을 때 이를 기념하여 백제 전지왕이 왜왕에게 칠지도를 하사하였던 목적을 통해서도 실상이 드러나고 있다.[6]

그런데, (ㄱ)의 경우『日本書紀』의 기년을 2주갑 수정해서 보면 414년의 기사가 된다. 하지만『三國史記』에는 전지왕이 죽고 구이신왕이 즉위했던 연도에 대해 420년으로 기록하고 있다. 그러면 어느 쪽의 연대가 타당한 것인가.

우선 당시 중국의 사료인『宋書』를 보면 少帝 景平 2년조(424년)에 전지왕의 파견기사가 보이는 등[7] 416년, 420년, 424년, 425년에 전지왕 관련 기사가 보인다. 이처럼『宋書』에는 久爾辛王이 나타나고 있지 않고 전지왕 이후에 비유왕으로 연결되고 있다. 그렇지만,『三國史記』와『日本書紀』모두 久爾辛王의 관련 기록이 보이므로 久爾辛王의 존재 자체를 부정할 수는 없을 것이다.

이에 대해 구이신왕의 재위 기간을 424년 이후에서 427년까지로 보아야 한다는 견해,[8] 중국이 구이신왕을 전지왕으로 오해를 했을 것이라는 견해,[9] 그리고 권력이 약했던 구이신왕이 先王 전지왕의 이름으로 중국과 외교교섭을 하였다는 견해[10]가 있다.

일단 비유왕은『宋書』에서도 430년에야 확인되므로 중국 사료에 나타나는 420년 이후의 전지왕 기사는 구이신왕의 기사로 볼 개연성이 높다. 이러한 현상은 유년에 즉위한 구이신왕의 취약한 권력기반과 관련이 있을 듯하다.

---

6) 본서 제I편 제1장 참조
7)『宋書』卷 97 少帝 景平 2年
　　映遣長史張威詣闕貢獻
8) 盧重國,『百濟政治史硏究』, 一潮閣, 1988, p.138
9) 이기동,『百濟史硏究』, 一潮閣, 1996, pp.150-151
10) 三品彰英,「日本書紀所載の百済王曆」,『日本書紀硏究』1, 1964, p.15

　또한 木滿致의 생존연대를 통해서도 구이신왕의 즉위를 짐작할 수 있다.
기존 설에 의하면 그동안 (ㄱ)의 기사에 나오는 木滿致를 (ㄴ)의『三國史記』
에서 高句麗에 의해 漢城이 함락당할 때 문주와 같이 남으로 피신한 인물
중에 보이는 木劦滿致와 동일인물로 추정할 경우 모순이 생긴다는 견해가
있었다. 즉,『日本書紀』에 의해 木滿致는 木羅斤資가 新羅를 공격하던 해에
新羅女性을 취하여 낳은 아들이라는 기록을 참고하여 볼 때 木滿致가 神功
49년(통설에 의해 369년)에서 멀지 않은 때에 태어났다면 漢城百濟 멸망 시
100세가 넘는다는 계산이 나오기 때문이다.[11]

　그러나 木羅斤資의 기사가 神功 49년조에 처음으로 나타나지만, 神功 62
년조에 대가야를 구원하는 주체로 나타나고 있고 있으며『三國史記』아신
왕 12년조(403년)에도 전후 60여 년간 백제의 유일한 신라 침략 기사가 나
타나고 있다.[12] 이를 통해 木羅斤資가 400년대까지 활동했던 것을 알 수 있
으며 木羅斤資가 신라를 공격하던 시기를 400년을 전후한 기간으로 상정한
다면 木羅斤資가 신라여성을 취해 낳은 아들이 木滿致라는 사실과 논리적
으로 부합할 수 있다. 결국 이와 같이 해석할 경우『三國史記』蓋鹵王 21년
(475년)에 나타난 기록에서처럼 문주와 같이 남쪽으로 피신한 인물이 老軀
의 木劦滿致임이 증명될 수 있을 것이다.

　369년에 활동했던 목라근자가 30여년 후에 한반도에서 활동하면서 신라
를 침공했다는 것이 전혀 의외의 사건은 아니며 목만치가 75세 이상 살았
다고 가정하는 것도 고구려 장수왕이 90살 넘어 생존했고 김유신의 경우도
79세까지 생존했던 정황으로 보면 불가능한 상황은 아니다.

---

11) 이 때문에 木羅斤資의 활동시기를 2주갑이 아니라 60년을 더해 百濟 毗有王 己巳年
　　(429년)의 사실로 보아야 한다는 3주갑설이 주장되었고(山尾幸久,『古代の日朝関係』,
　　塙書房, 1989, pp.119-125), 木滿致와 木劦滿致가 다른 인물이라는 견해도 있었다.(盧
　　重國,「백제의 귀족가문 연구 -木劦(木氏) 세력을 중심으로-」,『대구사학』48, 1994,
　　pp.24-25)
12) 金鉉球,『任那日本府研究』, 一潮閣, 1993, pp.60-61

『日本書紀』의 기록과 같이 414년에 久爾辛王이 즉위를 했다면 400년을 전후로 한 시기에 태어난 木滿致가 유소년이었을 때 백제의 정사를 집행하고 권세가 높았다는 것은 현실적으로 타당하지 않은 이야기가 된다. 하지만, 『三國史記』의 왕력에 의거해 420년에 久爾辛王이 즉위를 했다면 木滿致가 한창 청년이었을 때 백제의 정사를 집행했다는 사실이 더 타당할 수 있다. 木滿致의 이야기가 『日本書紀』 應神 25年에 한꺼번에 기술되고 있지만, 실은 구이신왕대 8년 동안의 사건을 한꺼번에 기록한 것으로 보이기 때문에 목만치의 20대에 있었던 활동으로 볼 수 있을 것이다.

따라서 이러한 상황을 통해서는 『日本書紀』의 414년보다도 420년 무렵에 구이신왕이 즉위했다는 『三國史記』의 기사가 보다 타당할 것이다.

2. 木氏와 영산강 유역

木滿致의 기사를 통해 주목해야 하는 것은 5세기에 있어서 백제와 왜의 관계이다. 구이신왕의 경우 『三國史記』에 의하면 '腆支王의 장자로서 腆支王이 돌아가자 즉위하였다. 그리고 8년 12월에 왕이 돌아갔다'는 즉위 기사 밖에 없기 때문에 백제와 왜의 관계를 정확하게 알 수는 없다 하지만, 구이신왕이 왜왕과 인척관계였던 것으로 추측되어 전지왕 때 행해졌던 왜와의 우호관계는 구이신왕 때까지도 계속되었을 것으로 추정된다.

그런데, 독특한 것은 비유왕 이후 백제와 왜의 관계에 대해서는 『三國史記』, 『日本書紀』에서 공히 기사가 나타나고 있지 않다는 것이다.

『三國史記』에는 毗有王 2년(428년)에 2월 왜의 사신과 從者 50명이 왔다는 방문 기록[13]이 있지만 비유왕 시기에 백제와 왜의 관계가 경색되었기 때문에 이때의 사신은 2개월 전 갑자기 서거한 구이신왕의 조문사절일 가

---

13) 『三國史記』卷 第25 百濟本紀 第3 毗有王 2年 春2月
　　倭國使至 從者五十人

능성이 농후하다.14)

　七支刀의 명문에 의거하여 볼 때 구이신왕은 408년에 태어나 즉위 시기의 나이는 12세로서 서거시의 나이는 20세 정도로 추정된다. 따라서 만약 비유왕이 구이신왕의 장자였다면 많아야 5세 전후의 어린아이였을 것이다. 그런데 『三國史記』에는 비유왕에 대해 '外貌가 아름답고 口辯이 있어서 사람들에게 推重을 받았다'고 기록하고 있다. 5세 전후의 어린아이에게 이러한 표현을 썼을 리 없다. 따라서 비유왕이 구이신왕의 아들이 아닌 전지왕의 서자일 가능성이 크다.15) 따라서 비유왕이 전지왕의 서자라고 한다면 비유왕의 모계는 왜계가 아닌 백제계16)이기 때문에 구이신왕은 모종의 정변으로 서거하고17) 백제계인 비유왕이 推重을 받아 왕위에 올랐을 것으로 짐작된다.

　당시 비유왕이 등극하게 되면서 당시 왜와의 관계가 경색 국면에 들어갔던 것을 통해 이러한 정황은 더욱 명확해진다.18) 이 때 팔수부인의 권세를 통해 국정을 잡았던 木滿致의 상황이 위태해졌을 것으로 추측된다. 아마 구이신왕이 정변으로 사망할 때 팔수부인도 함께 사망했을 것으로 보이며 그렇다고 한다면 木滿致는 위태한 국면을 타개하기 위해 피신의 대상으로 왜국을 택했을 가능성이 크다. 이렇게 木滿致가 왜국에 갔던 상황이 『日本書紀』에서는 천황이 불러서 갔던 것으로 왜곡되어 나타났을 것이다.

　그런데 우리가 「百濟記」에서 유의해야 할 대목은 木滿致가 왜국에 왕래하였다는 표현이다. 應神 25年條의 「百濟記」에서는 木滿致의 일대기를 간략

---

14) 홍성화, 「5세기 한반도 남부의 정세와 倭」, 『동아시아 속의 한일관계사』上, 고려대학교 일본사연구회 편, 2010, p.68
15) 李基白, 「百濟王位繼承考」, 『歷史學報』11, 1959, pp.20-21 ; 이도학, 「漢城末 熊津時代 百濟王系의 檢討」, 『韓國史研究』45, 1984, p.7 ; 盧重國, 앞의 논문, 2005, pp.186-187
16) 盧重國, 위의 논문
17) 大橋信弥, 『日本古代の王權と氏族』, 吉川弘文館, 1996, p.126
18) 이러한 정황으로 인해 왜왕이 宋에 도독제군사호를 요청했던 것으로 보인다. (본서 제Ⅱ편 제1장 5세기 百濟의 정국변동과 倭 5王의 작호 참조)

하게 적고 있는 것으로 판단되므로 이를 통해 木滿致가 왜국에 갔다가 다시 돌아왔던 정황을 짐작할 수 있다.

우선 백제와 왜의 관계가 알력관계에 있었던 비유왕 시대가 지나고 개로왕 즉위 이후에는 곤지가 왜국에 파견되는 기사가 『日本書紀』雄略 5년 4월조에 보이고 있어[19] 백제와 왜의 관계가 다시 복원되는 것을 알 수 있다.

그렇다면 개로왕대에 이르러 목만치는 다시 백제로 돌아왔을 가능성이 짙다. 이는 (ㄴ)의 기사에서와 같이 개로왕 말년 남쪽으로 피신하는 인물로 등장하고 있기 때문에 개로왕대에 다시 백제로 돌아와 중신의 입장에 있었던 사실을 알 수 있다.

개로왕대에 목씨가 다시 등장하는 상황은 『宋書』에 의하면 458년 개로왕이 宋에 사신을 보내 작호의 제수를 요청하고 있는 인물 중에 龍驤將軍을 제수받은 沐衿이라는 인물이 보여 비유왕대에 밀려났던 木氏의 복귀를 짐작할 수 있다.

또한 『南齊書』에 의하면 東城王 이후 실시되었던 王侯制에 의해 495년에는 木干那가 面中侯로 제수된 것을 알 수 있다.

대개 面中, 弗中, 辟中, 八中 등으로 나타나는 지명에서 中의 경우는 일정한 지명을 나타내는 漢語로서 역대 중국의 지리지를 참조하면 반수에 가까운 지명이 江과 관련이 있는 것으로 보기도 한다.[20] 때문에 面中의 경우 面中의 원래 음가는 面에 있었을 것으로 보면, 『三國史記』地理志를 통해 이와 비슷한 음가가 武珍州(광주), 武尸伊郡(전남 영광), 未冬夫里縣(전남 나주

---

19) 『日本書紀』卷14, 雄略 5年 夏4月.
　　百濟加須利君[蓋鹵王也]飛聞池津媛之所燔殺[適稽女郎也]而籌議曰 昔貢女人爲采女 而旣無禮 失我國名 自今以後 不合貢女 乃告其弟軍君[崑支也]曰 汝宜往日本以事天皇 軍君對曰 上君之命不可奉違 願賜君婦 而後奉遣 加須利君則以孕婦 嫁與軍君曰 我之孕婦 旣當産月 若於路産 冀載一船 隨至何處速令送國 遂與辭訣 奉遣於朝
20) 石和田秀幸,「隅田八幡神社人物画像鏡における「開中」字考」, 『同志社国文学』45, 1996, pp.64-65

남평), 勿阿兮郡(전남 무안), 勿居縣(전북 진안) 등 다수 보인다.[21] 이들 중
에 江이 흐르는 지역을 추려보면 대개 광주 및 전남 나주 일대의 영산강
유역으로 비정할 수 있음을 알 수 있다. 그렇다면 木干那의 경우 5세기 후
반 영산강 유역에 제수되었던 것으로 판단된다.[22]

현재 영산강유역은 5세기말~6세기초까지 짧은 기간 동안에 前方後圓形
古墳으로 인해 여러 논란이 있는 지역이기도 하다. 실제 문헌의 분석을 통
해서는 이들 고분의 형성 과정을 파악하기가 쉽지 않다.

그동안 문헌과 관련시켜서는 한반도의 前方後圓形 古墳을 倭系百濟官僚
의 무덤으로 보거나[23] 479년 동성왕과 함께 온 九州의 왜병으로[24] 보기도
하였다. 하지만 대체적으로 前方後圓形 古墳의 조성연대가 5세기말~6세기
초로 분류되고 있는 실정에서 문헌상 倭系百濟官僚는 6세기초보다 대체적
으로 6세기중반 이후에 집중되고 있어 시기적으로 일치하지 않는다. 또한
九州의 왜병이라고 한다면 그러한 사람들은 전방후원형 고분 보다는 공주
단지리 유적과 같이 횡혈묘로 나타날 가능성이 있기 때문에 설명하기 어려
운 점이 있다.

일단은 한반도 서남부 지역의 고분에서 일관되게 나타나고 있는 백제의
威勢品과 신덕고분에서 보이는 금동관의 파편 및 함평 마산리고분에서 출
토된 시유도기 등을 통해 이들 고분에 대한 백제의 영향력을 배제하기는
어려울 것으로 판단된다.

이 경우 왜국에 갔다가 5세기 중반에 백제로 다시 돌아왔던 목만치를 고
려한다고 하면 이때 백제로 함께 돌아왔던 백제인들에 의해 일부 전방후원

---

21) 末松保和, 『任那興亡史』, 吉川弘文館, 1956, p.111

22) 본서 제Ⅱ편 제3장 古代 榮山江 流域 勢力에 대한 검토 참조

23) 朴天秀, 「榮山江流域における前方後円墳の被葬者の出自とその性格」, 『考古学研究』
49-2, 考古学研究会, 2002

24) 朱甫敦, 「百濟의 榮山江流域 支配方式과 前方後圓墳 被葬者의 性格」, 『韓國의 前方
後圓墳』, 忠南大學校出版部, 2000

형 고분이 만들어졌을 가능성이 있을 것으로 추측된다.

실제 이들 영산강 유역의 고분은 九州式의 횡혈식석실로 이루어져 있다. 북부 九州에서는 4세기말 한반도의 영향으로 횡혈식석실묘가 나타나며 5세 기까지는 북부 九州의 지리적 환경을 배경으로 한 교류의 결과 주로 횡혈식 석실묘의 주조만 수용되어 일본 열도 고분의 한 유형으로 정착된 것으로 보고 있다.[25] 아직까지 한성기의 석실묘에서 계보를 이은 것으로 볼 만한 실체가 분명하지 않아 九州의 횡혈식석실에 대한 계보가 파악되지 않았지만, 일단 4세기말~5세기 동안 백제와 왜의 교류가 왕성했던 상황 속에서 백제를 제외하고는 설명하기 힘든 부분이 있다. 이러한 九州의 횡혈식석실이 다시 5세기 중엽 경부터 한반도의 남부에 나타나고 있다는 것은 주목할 만한 일이다.

특히 『南齊書』에는 490년에 面中王이었던 姐瑾을 都漢王으로 제수할 것을 요청하고, 495년에는 木干那를 面中侯로 제수할 것을 요청하고 있는 기록이 보인다.

『南齊書』에 보이는 姐氏에 대해서는 통상 姐彌, 祖彌로 보아 (ㄴ)의 祖彌桀取와 같은 씨족으로 파악하고 있다. 그런데 흥미로운 것은 姐(祖)彌氏의 경우 『南齊書』의 姐瑾, 『三國史記』의 祖彌桀取, 『日本書紀』 繼體紀에 姐彌文貴[26]가 등장하는데, 모두 木氏와 동일한 지역 내지 동일한 사건에 등장한다는 공통점을 갖고 있다. 따라서 기존에 姐(祖)彌氏와 관련해서는 眞氏의 訓인 '참'과 연관시켜 진씨에서 파생된 것으로 보기도 했지만,[27] 오히려 이

---

25) 김낙중, 「한반도 남부와 일본열도에서 횡혈식석실묘의 수용 양상과 배경」, 『한국고고학보』 85, 2012, p.60

26) 姐彌文貴가 伴跛를 공격으로 신라를 통해 입국하자 木刕不麻甲背가 伴跛를 섬멸하고 있다.
　　『日本書紀』卷 第17 繼體 10년 夏5月
　　百濟遣前部木刕不麻甲背 迎勞物部連等於己汶 而引導入國. 群臣各出衣裳斧鐵帛布 助加國物 積置朝庭. 慰問懃懃. 賞祿優節.

27) 今西龍, 『百濟史研究』, 京城近澤書店刊行, 1934, pp.297-298 ; 李弘稙, 앞의 논문, pp.32-33

보다는 木氏와 밀접한 관련이 있는 姓으로 보는 것이 타당하지 않을까 생각
된다.

이처럼 5세기 중반 木羅斤資의 아들인 木滿致가 백제로 다시 돌아왔고 5
세기 후반 姐瑾과 木干那가 백제의 간접 지배지인 영산강 유역의 수장이 되
었다면, 5세기 중반경에 왜국에 갔다가 돌아와 영산강 유역에 정착한 사람
들이 일시적으로 전방후원형 고분을 남겼을 가능성이 있을 것이다.

제3절 5세기 紀氏의 활동

1. 紀角宿禰 관련 기사

『日本書紀』에는 紀角宿禰에 관한 기사가 4세기말 아신왕의 즉위 및 仁德
紀에 보이고 있다.

(ㄷ)『日本書紀』卷 第10 應神 3年
　　是歲 百濟辰斯王立之失禮於貴國天皇 故遣紀角宿禰 羽田矢代宿禰 石
川宿禰 木菟宿禰 嘖讓其无禮狀 由是 百濟國殺辰斯王以謝之 紀角宿禰等
便立阿花爲王而歸

(ㄹ)『日本書紀』卷 第11 仁德 41年
　　春三月 遣紀角宿禰於百濟 始分國郡壃場 具錄鄕土所出 是時 百濟王之
族酒君无禮 由是 紀角宿禰訶責百濟王 時百濟王悚之 以鐵鎖縛酒君 附襲
津彦而進上 爰酒君來之 則逃匿于石川錦織首許呂斯之家 則欺之曰 天皇
旣赦臣罪 故寄汝而活焉 久之天皇遂赦其罪

우선 紀角宿禰는『古事記』孝元段에 建內宿禰의 후예씨족으로 木臣의 선

조인 木角宿禰와 동일인물로 추정된다.[28] 木角의 경우 角의 訓인 '뿔'이 木
羅 중 羅의 訓인 '벌'과 상통한 것으로 추정할 수 있기 때문에[29] 木角은 木
羅, 木刕과 동일하게 볼 수 있다.

또한 紀氏가 남긴 고분군의 성격 및 紀氏의 神社를 통해서도 紀氏가 한반
도에서 건너간 씨족임을 알 수 있다.[30] 이러한 상황은 紀朝臣淸人이 國史를
편찬하기 시작했다는 『속일본기』의 기사를 통해 『日本書紀』에 있어서 紀氏
관계 기사를 고찰하는 데에 있어서 시사하는 바가 크다고 할 수 있다.[31]

(ㄷ) 기사의 경우 진사왕이 무례하였기 때문에 紀角宿禰, 羽田矢代宿禰,
石川宿禰, 木菟宿禰를 보내 책하였고 이에 백제국이 진사왕을 죽여 사죄하
자 紀角宿禰 등이 아신왕을 옹립하였다는 것이 골자이다.

그러나 『日本書紀』에 나오는 無禮의 사례는 앞서 木滿致가 왕비와 간음
을 하여 無禮했기 때문에 이를 이유로 해서 일본으로 소환당한 것으로 기록
하고 있는 것과 동일한 『日本書紀』의 상투적인 표현으로 역사적 사실로 보
기 어렵다.

『三國史記』에는 진사왕이 사냥을 나갔다가 행궁에서 죽었다고 기록하고
있어서 일단 진사왕의 죽음이 정상적인 것은 아니었다는 것을 방증하고 있
지만, 그 이유가 일본에 無禮했다는 것은 타당하지 않다. 더욱이 紀角宿禰
를 비롯한 4인은 모두 建內宿禰의 자식들로서 전승적인 성격이 강한 인물
이므로 이를 역사적 사실로 보기 어렵다.

이러한 紀角宿禰의 활동이 (ㄹ)의 仁德紀에도 등장하고 있다.

---

28) 千寬宇, 『加耶史硏究』, 一潮閣, 1991, p.35
29) 노중국, 앞의 논문, 1994, p.14
30) 紀氏의 본관지인 和歌山縣의 岩橋千塚고분, 大谷고분 등이 도래계이며 紀氏의 日前
　　神社의 神이 '가라쿠니카라키타神(한국에서 간 神)'이라는 기록이 있는 것을 통해
　　紀氏가 한반도에서 건너간 씨로 보고 있다.(金鉉球, 『大和政権の対外関係硏究』, 吉
　　川弘文館, 1985, pp.99-108)
31) 千寬宇, 앞의 책, p.35

仁德 41년조의 기사를 근거로 근초고왕이나 개로왕 시기에 백제의 지방
통치조직이 편제되었던 것으로 이해하기도 하고[32] 웅진천도와 관련한 목씨
집단에 의한 사전정지 작업으로 보는 견해[33]도 있었다. 하지만『日本書紀』
가 應神紀 이후의 기년을 제대로 파악하기 힘든 면이 있어 일단 仁德紀의
기년 조정의 문제가 선행되어야 할 것으로 판단된다.

한편 (ㄹ)의 기사에는 酒君이 무례하게 행동하였으므로 紀角宿禰가 백제
왕을 질책하여 酒君을 쇠사슬에 묶어 일본으로 보낸 것으로 되어 있다.

일단『日本書紀』에서는 구이신왕과 개로왕 치세의 중간에 해당하는 (ㄹ)
의 기사에 酒君이 無禮하여 왜왕이 소환했다는 기사가 등장하면서 백제왕
족으로 보이는 酒君이 일본으로 건너갔다는 기사가 나타나고 있다.『日本書
紀』에는 酒君이 無禮하여 왜왕이 불렀다고 기록되어 있으나 酒君의 소환
기사에서는 無禮의 구체적인 사유가 나와 있지 않다. 따라서 이는 앞서 木
滿致와 같이 다른 이유에서 왜국으로 건너갔을 가능성이 크다. 후속 기사에
서 酒君이 백제계 씨족인 錦織首의 집에 숨었다가 일본에 의지하여 살고 싶
다라는 기록이라든지 이후 43년조에서 매사냥과 관련하여 왜왕과 함께하는
기사 등을 통해 보면,[34] 일단 酒君이 왜국으로 망명했거나 쫓겨왔던 정황으
로 판단된다.

앞서 구이신왕이 정변을 당해 木滿致가 왜국으로 왔던 정황과 같이 주군
의 경우도 이러한 백제의 상황 변화에 따라 왜국으로 도피했던 것이 아닌

---

32) 노중국, 앞의 책, p.234 ; 김영심, 「5~6세기 百濟의 地方統治體制」, 『韓國史論』22,
　　서울大國史學科, 1990, p.85
33) 백승충, 「『일본서기』木氏·紀氏 기사의 기초적 검토 - 신공~현종기를 중심으로-」,
　　『한국민족문화』54, 2015, pp.79-80
34) 『日本書紀』卷 第11 仁德 43年
　　秋九月庚子朔 依網屯倉阿弭古 捕異鳥 獻於天皇曰 臣每張網捕鳥 未曾得是鳥之類 故
　　奇而獻之 天皇召酒君 示鳥曰 是何鳥矣 酒君對言 此鳥之類 多在百濟 得馴而能從人
　　亦捷飛之掠諸鳥 百濟俗號此鳥曰俱知[是今時鷹也] 乃授酒君令養馴 未幾時而得馴 酒
　　君則以韋緡著其足 以小鈴著其尾 居腕上 獻于天皇

가 추측된다. 따라서 백제왕실 내부의 갈등으로 인해 왕위에 오르지 못한 구이신왕의 장자 또는 전지왕의 또 다른 서자를 酒君으로 추정하는 견해가 있지만[35] 당시 구이신왕과 같은 입장에 있다가 정변으로 인해 왜국으로 왔다고 한다면 구이신왕과 친연 관계가 있는 인물일 것으로 추측된다. 혹 팔수부인의 또 다른 아들로서 비유왕의 등극 이후에 왜국으로 도피했던 인물은 아니었을까?

어쨌든 紀角宿禰와 관련한 행동을 사실로 보기는 어렵지만, 모두 백제의 왕족과 관련된 기사에서 등장하고 있다는 것이 주목된다. 이러한 사실은 紀氏가 원래 백제 木氏로서 백제의 중심에 있었다가 왜국으로 건너갔던 도왜인이라는 것을 실증해주는 것이라고 할 수 있다.

2. 紀生磐宿禰 관련 기사

1) 雄略, 顯宗紀의 紀氏

『日本書紀』顯宗紀에는 紀生磐宿禰라는 인물이 任那에서 활동을 하다가 반란을 일으키는 기사가 있다.

> (ㅁ)『日本書紀』卷 第15 顯宗 3年
> 是歲 紀生磐宿祢 跨據任那 交通高麗 將西王三韓 整脩官府 自稱神聖 用任那左魯那奇他甲背等計 殺百濟適莫爾解於爾林[爾林高麗地也.] 築帶山城 距守東道 斷運粮津 令軍飢困 百濟王大怒 遣領軍古爾解 內頭莫古解 等 率衆趣于帶山攻 於是 生磐宿祢進軍逆擊 膽氣益壯 所向皆破 以一當百 俄而兵盡力竭 知事不濟 自任那歸 由是 百濟國殺佐魯那奇他甲背等三百 餘人

(ㅁ)의 기사는 紀生磐宿禰가 임나의 左魯那奇他甲背 등의 계책에 의해 百

---

35) 金英心,「百濟의 '君'號에 대한 試論的 考察」『百濟研究』48, 2008, p.5

濟의 適莫爾解를 爾林에서 살해하고 帶山城을 쌓아 東道를 봉쇄하여 군량을
나르는 나루를 끊으려하자 백제왕이 이를 공파했다는 기록이다.

여기에서 등장하는 紀生磐宿禰는『日本書紀』雄略紀 9년 3월에서 신라를
공격했다는 紀小弓宿禰의 아들로 등장하는 紀大磐宿禰와 동일 인물로서 이
인물은 雄略紀 9년 5월에 신라 정벌을 위해 출정한 것으로 되어 있다.

(ㅂ)『日本書紀』卷 第14 雄略 9年 3月

天皇欲親伐新羅 神戒天皇日 無往也 天皇由是不果行 乃勅紀小弓宿禰
蘇我韓子宿禰 大伴談連[談 此云箇陀利]小鹿火宿禰等日 新羅自居西土 累
葉稱臣 朝聘無違 貢職允濟 (중략) 紀小弓宿禰等卽入新羅 行屠傍郡[行屠
並行並擊]新羅王夜聞官軍四面鼓聲 知盡得喙地 與數百騎馬軍亂走 是以
大敗 小弓宿禰追斬敵將陣中 喙地悉定 遺衆不下 紀小弓宿禰亦收兵 與大
伴談連等會 兵復大振 與遺衆戰 是夕大伴談連及紀崗前來目連皆力而死
談連從人同姓津麻呂 後入軍中尋覓其主 從軍覓出問日 吾主大伴公何處在
也 人告之日 汝主等果爲敵手所殺 指示屍處 津麻呂聞之踏叱日 主旣已陷
何用獨全 因復赴敵 同時殞命 有頃遺衆自退 官軍亦隨而却 大將軍紀小弓
宿禰值病而薨

(ㅅ)『日本書紀』卷 第14 雄略 9年 5月

紀大磐宿禰 聞父旣薨 乃向新羅 執小鹿火宿禰所掌兵馬 船官及諸小官
專用威命 於是 小鹿火宿禰 深怨乎大磐宿禰 乃詐告於韓子宿禰日 大磐宿
禰 謂僕日 我當復執韓子宿禰所掌之官不久也 願固守之 由是 韓子宿禰與
大磐宿禰有隙 於是 百濟王 聞日本諸將 緣小事有隙 乃使人於韓子宿禰等
日 欲觀國堺 請 垂降臨 是以 韓子宿禰等 並轡而往 及至於河 大磐宿禰
飮馬於河 是時 韓子宿禰 從後而射大磐宿禰鞍几後橋 大磐宿禰愕然反視
射墮韓子宿禰 於中流而死 是三臣由前相競 行亂於道 不及百濟王宮而却
還矣 於是 采女大海 從小弓宿禰喪 來到日本 遂憂諮於大伴室屋大連日 妾
不知葬所 願占良地 大連卽爲奏之 天皇勅大連日 大將軍紀小弓宿禰 龍驤
虎視 旁眺八維 掩討逆節 折衝四海 然則身勞萬里 命墜三韓 宜致哀矜 充

視葬者 又汝大伴卿與紀卿等 同國近隣之人 由來尚矣 於是 大連奉勅 使土
師連小鳥 作冢墓於田身輪邑 而葬之也

(ㅂ)은 紀小弓宿禰가 蘇我韓子宿禰, 大伴談連, 小鹿火宿禰 등과 함께 신라
를 정벌하려다가 병으로 죽었다는 기사이고, (ㅅ)은 紀大(生)磐宿禰가 신라
로 갔지만 기존 장수들과 다툼이 있어 蘇我韓子宿禰를 죽였고 이로 인해 백
제왕궁에 이르지 못하고 돌아갔다는 기사이다.

(ㅂ)과 (ㅅ)의 기사는 『日本書紀』의 기년으로 보면 465년인데, 이때 신라
가 고구려의 조공을 가로막고 백제의 성을 병탐했다고 기록하고 있다. 하지
만 이 시기는 백제와 신라가 밀접하게 관계하면서 고구려에 대항하는 체제
에 있었기 때문에 당시의 사실과는 모순된다. 따라서 이들 기사는 (ㅁ)의
顯宗 3년 是歲條와 연결되는 기사로서 紀小弓宿禰의 사후 그의 아들인 紀大
(生)磐宿禰가 부친의 뒤를 이어 任那에 주둔하면서 신라와 대치하고 있다는
것을 보여주기 위해 설정한 기사인 것으로 판단된다. 즉, 이들 기사 이후에
(ㅁ)에서와 같이 결국 倭의 군대가 紀生磐宿禰의 지휘를 받아 任那에 주둔
하다가 그가 三韓의 왕이 되려고 백제와 충돌하여 난을 일으켰다는 내용과
연결시키려 했던 것이다. 『日本書紀』의 撰者가 야마토 정권의 任那 지배를
전제로 하고 加耶 지역에서 倭의 역할을 부각시키려는 의도에서 설정한 것
으로 판단된다.

따라서 (ㅂ)과 (ㅅ)의 경우 당시의 역사적 사실로 보기 어렵다. 이는 紀小
弓宿禰와 紀大(生)磐宿禰의 부자에 대한 내용을 중심으로 기술하고 있어서
아마 이들의 영웅담을 중심으로 한 紀氏의 家傳을 통해 나온 것으로 보인다.

반면 (ㅁ)의 경우 三韓의 왕, 官府와 같은 용어 등에서 『日本書紀』 찬자
의 윤색이 보이지만 또 한편으로는 領軍, 內頭라고 하는 백제의 관직명이
나오고 古爾解, 莫古解라는 전형적인 백제인의 이름이 등장하며 후에 欽明
紀의 「백제본기」에 등장하는 那奇他甲背가 나와 이 기사는 백제계의 사료

에 근거한 것으로 판단된다.

紀生磐宿禰의 出自와 관련해서는 야마토 정권이 파견한 왜인설,[36] 서일본 세력설,[37] 가야계 인물설,[38] 백제장군설[39] 등이 있다.

일단 紀生磐宿禰는 『日本書紀』欽明 5년 2월조 聖王의 말 중에 나오는 有非岐와 같은 인물로 볼 수 있다.[40] 또한 紀氏에 대해서는 앞서 살펴본 대로 『日本書紀』應神 3년과 仁德 41년에 나오는 紀角宿禰가 『古事記』에서는 木角宿禰로 나오는 등 紀氏를 木氏로 기록한 근거가 있으므로 倭에서 파견된 것이 아니라 加耶 지역과 관련해서 활약한 백제계 木氏 세력으로 상정할 수 있다.

그렇다면 紀生磐宿禰를 倭人으로 설정한 것 또한 『日本書紀』의 찬자가 야마토 정권의 任那를 지배를 전제로 하고 加耶 지역에서 倭의 역할을 부각시키려는 의도에서 나온 것으로 생각된다.

대체적으로 간계를 꾸민 左魯那奇他甲背는 『日本書紀』欽明紀에서 언급한 那奇陀甲背와 동일인물인 것으로 보아 그의 후손인 河內直과의 연령을 고려해 볼 때 대체적으로 5세기 후반에서 500년을 전후했던 시기에 벌어졌던 사건으로 볼 수 있을 것이다.

---

36) 末松保和, 앞의 책, pp.105-106 ; 山尾幸久, 『日本古代王権形成史論』, 岩波書店, 1983, pp.221-224
37) 大山誠一, 「所謂‘任那日本府’の成立について」, 『日本古代の外交と地方行政』, 吉川弘文館, 1999
38) 李永植, 『加耶諸国と任那日本府』, 吉川弘文館, 1993, p.41, pp.311-312
39) 千寬宇, 앞의 책, p.48 ; 金鉉球, 앞의 책, 1993, pp.61-79 ; 백승충, 앞의 논문, 2015, p.85 ; 본서 제Ⅳ편 제1장 4~6세기 百濟와 倭의 관계 참조
40) 『日本書紀』卷 第19 欽明 5年 2月
別謂河內直[百濟本記云 河內直・移那斯・麻都. 而語訛未詳其正也.]自昔迄今 唯聞汝惡. 汝先祖等[百濟本記云 汝先那干陀甲背・加獵直岐甲背 亦云那奇陀甲背・鷹奇岐彌. 語訛未詳.]俱懷奸僞誘說. 爲歌可君[百濟本記云 爲哥岐彌 名有非岐]專信其言 不憂國難 乖背吾心 縱肆暴虐. 由是見逐. 職汝之由.

2) 爾林에 대한 고찰

이들 분쟁 지역에 등장하는 爾林과 관련해서는 기존에 전라북도 김제,[41) 임실,[42) 진안,[43) 충남 예산 대흥[44)이라는 견해 등이 있었다.

그러나 이들이 爾林을 전라북도나 충청남도 부근으로 비정한 것은 초기 일본학자들의 지명 비정에 근거한 것으로 많은 문제점을 지니고 있다. 특히 鮎貝房之進이 爾林을 홍성 부근에 명칭이 유사한 任存城으로 보고 대흥으로 비정한 것을 시작으로 해서 임실설로 이어졌으며 帶山城을 전북 태인의 고명이 大尸山인 것을 근거로 태인에 비정했던 것에 기인한다. 末松保和의 경우 甘羅城을 咸悅에 비정한 鮎貝房之進에 따르면서 爾林城은 함열에 인접한 金堤郡 利城縣의 고명인 乃利阿로 보아 현 金堤郡 靑蝦面 東之山里로 비정하였다.

그러나 『日本書紀』에서 紀生磐宿禰가 백제장군 適莫爾解를 살해한 爾林을 고구려의 영토라 하면서 東道라고 한 기술이 주목된다. 이를 근거로 최근에는 충북의 음성 또는 괴산설,[45) 청주, 청원설,[46) 대전, 옥천설[47)이 제

---

41) 末松保和, 앞의 책, 1956, pp.76-77

42) 全榮來, 「百濟南方境域의 變遷」, 『千寬宇先生還曆紀念韓國史學論叢』, 1985, p.145 ; 李根雨, 「熊津時代 百濟의 南方境域에 대하여」, 『百濟硏究』27, 1997, pp.58-59 ; 延敏洙, 『고대한일관계사』, 혜안, 1998, pp.167-170 ; 鮎貝房之進, 『雜攷』7 下卷, 1937, pp.25-27

43) 郭長根, 『湖南 東部地域 石槨墓 硏究』, 서경문화사, 1999, pp.266-273

44) 鮎貝房之進, 앞의 책, 上卷, 1937, pp.163-168 ; 金泰植, 『加耶聯盟史』, 一潮閣, 1993, pp.245-246

45) 李鎔賢, 「5世紀末における加耶の高句麗接近と挫折-顯宗3年紀是歲条の檢討」, 『東アジア古代文化』90, 1997, pp.81-83

46) 양기석, 「5世紀 後半 韓半島 情勢와 大加耶」, 『5~6세기 동아시아의 국제정세와 대가야』, 2007, pp.54-56 ; 여호규, 「5세기 후반~6세기 중엽 高句麗와 百濟이 국경 변천」, 『百濟文化』 48, 2013, pp.143-144

47) 김영심, 「백제의 지방지배 방식과 섬진강유역」, 『백제와 섬진강』, 서경문화사, 2008, pp.307-308 ; 정재윤, 「백제의 섬진강 유역 진출에 대한 고찰」, 위의 책, 2008, pp.247-249

기되고 있지만, 應神紀에서는 爾林이 東韓之地 중에 한 곳으로 나오고 있기 때문에 이들 지역을 東韓으로 볼 수 있는지는 의문이다.

爾林은 『日本書紀』에서 (ㅁ) 외에 다음과 같은 기사에 등장한다.

(ㅇ) 『日本書紀』 卷 第10 應神 8年(397년) 春3月
百濟人來朝[百濟記云 阿花王立无禮於貴國 故奪我枕彌多禮 及峴南,支侵,谷那,東韓之地 是以 遣王子直支于天朝 以脩先王之好.]

(ㅈ) 『日本書紀』 卷 第10 應神 16年(405년)
是歲 百濟阿花王薨 天皇召直支王謂之曰 汝返於國以嗣位 仍且賜東韓之地而遣之[東韓者 甘羅城 高難城 爾林城是也.]

(ㅊ) 『日本書紀』 卷 第19 欽明 11年(550년) 夏4월
因獻高麗奴六口. 別贈王人奴一口.[皆攻爾林 所禽奴也.]

(ㅇ)의 應神 8年(397년)과 (ㅈ)의 應神 16年(405년)에 등장하는 爾林은 東韓之地 중에 한 곳으로서 廣開土王 시기부터 고구려와 백제가 서로 각축을 벌였던 접점인 동쪽 지역으로 판단해야 할 것이다.[48]

『日本書紀』에서는 應神 8年 分註「百濟記」에서 백제의 枕彌多禮, 峴南, 支侵, 谷那 및 東韓之地가 왜국에 의해 침탈당한 것으로 기록하고 있으며 應神 16年의 기록에서는 腆支를 돌려보내면서 東韓之地를 돌려준 것으로 되어있다.

그러나 廣開土王碑文이나 『三國史記』의 기록을 통해 당시 전투의 실상을 살펴보면 倭가 백제의 땅을 침탈했다는 어떤 역사적 사실도 발견할 수 없다. 고구려의 공세에 견디지 못한 백제에게 원군을 파견하는 것은 고사하고 오히려 백제의 땅을 빼앗는다는 것은 상식적으로도 납득이 가지 않는 내용

---

48) 본서 제Ⅰ편 제2장 『日本書紀』 應神紀 東韓之地에 대한 고찰 참조

이다. 따라서 이 기사는 후대의 찬자에 의해 윤색이 가해진 것으로 생각되는데, 「百濟記」의 기록 중에 '无禮於貴國'은 찬자가 인위적으로 삽입한 문구이고, 奪의 주체인 고구려는 의도적으로 삭제가 되어 주체가 왜인 것처럼 윤색되었을 것으로 추정된다. 오히려 이 기사는 백제가 고구려의 공격으로 인해 東韓之地 등을 침탈당했고 405년 東韓之地가 회복되었던 사실을 알려 주는 것으로 판단된다. 그렇다고 하면 枕彌多禮, 峴南, 支侵, 谷那, 東韓之地의 지역은 광개토왕비문에서 백제가 고구려로부터 침탈당했던 58성 700촌의 지역과 일치하는 것으로 현재의 황해도와 경기 일원, 강원도 등지로 추정할 수 있을 것이다.

그동안 광개토왕비문의 永樂 8년조(398년)[49]에 나오는 帛愼土谷 지역에 대해서 대개는 帛을 息으로 보아 肅愼 지역으로 파악해왔다.[50] 하지만, 옛 문헌에 息 대신 帛을 쓴 경우가 없어 이를 肅愼으로 추정하는 것은 타당하지 않다. 또한 이 기사는 廣開土王碑文에 전쟁에 대한 명분으로 항상 앞머리에 등장하는 前置文을 따로 두고 있지 않다. 따라서 6년조의 기사와 연결되는 기사로서 廣開土王이 백제를 토벌한 후 국경 지역을 재차 순시하면서 '男女三百餘人'을 포로로 했던 것으로 보는 편이 타당하다.[51]

그렇다면 帛愼土谷 등의 지역은 한반도 내에서 찾을 수 있을 것이다. 일단 이들 지역은 고구려의 입장에서는 백제로부터 얻은 새로운 변경으로 백제와 대치한 최전선 지역이라고 할 수 있다. 永樂 6년 百殘國을 토벌하여

---

49) 廣開土王碑文
　　八年戊戌 敎遣偏師觀帛愼土谷 因便抄得莫□羅城 加太羅谷男女三百餘人 自此以來 朝 貢論事
50) 李丙燾, 「廣開土王의 雄略」, 『韓國古代史研究』, 博英社, 1976, 387-388쪽 ; 千寬宇, 앞의 책, 122-123쪽 ; 武田幸男, 『高句麗と東アジア』, 岩波書店, 1989, 115-116쪽
51) 濱田耕策, 「高句麗広開土王陵碑文の研究－碑文の構造と史臣の筆法を中心として」, 『朝鮮史研究会論文集』11, 1974 : 『朝鮮古代史料研究』, 吉川弘文館, 2013, pp.38-40 ; 王健群, 『好太王碑研究』, 吉林人民出版社, 1984, pp.168-170 ; 李道學, 「永樂 6年 廣開土王의 南征과 國原城」, 『韓國史學論叢(孫寶基博士停年紀念)』, 1988, pp.88-97

58성 700촌을 취했다는 기사를 통해 고구려가 비문에 나오는 古牟婁城 등
으로 남한강 상류 지역에까지 다다랐을 가능성이 있으며 이때 새로운 변경
인 남쪽의 최전선은 백제에게는 동쪽 변방일 수밖에 없다.[52] 『三國史記』
광개토왕 17년조에 禿山城 등 6성을 축성했다는 기사를 통해서도 고구려가
남한강 상류 및 소백산맥 일원까지 영역화하였던 것을 알 수 있다.[53]

『三國史記』 地理志를 살펴보면, 소백산맥 이남인 경북 봉화, 영주 순흥,
영주 부석, 안동 도산, 임하, 청송, 영덕, 포항 청하 등이 본래 고구려 땅이
었다는 기록을 다수 발견할 수 있는데, 地理志에서 고구려의 남쪽 접점 중
에 하나로 인식되고 있었던 영주 지역(奈已郡)이 백제의 영역으로 되어 있
는 것이 주목된다.[54] 이때의 奈已郡에 대해서는 고구려의 영역이 백제로 잘
못 표기가 되었다고 보는 것이 지금까지의 통설이었다. 그러나 『三國史記』
伐休尼師今條와 肖古王條에는 백제가 신라의 西境인 圓山鄕을 공격하였다
는 것으로 보아 백제가 경북 북부 일원에 일정 부분 세력을 뻗치고 있었던
것으로 보인다.[55] 또한 『日本書紀』 神功 49년조의 분석을 통해서도 369년
에 木羅斤資에 의한 소위 加羅 7국의 평정이 있었던 것을 알 수 있기 때문
에 5세기초 한반도 동남부 지역에 세력을 펼치고 있었던 백제가 경북 북부
지역에서 고구려와 상쟁하고 있었을 가능성은 아주 높다고 할 수 있을 것
이다.

그러나 (ㅁ)에서는 '爾林이 고구려 땅'이라고 명확히 명기하고 있을 뿐만
아니라 (ㅊ)에서 '爾林을 공격할 때 얻은 奴'라고 기술하고 있는 바와 같이

52) 李道學, 위의 논문
53) 木村誠, 「中原高句麗碑立碑年次の再檢討」, 『古代朝鮮の国家と社会』, 吉川弘文館, 2004,
   pp.361-362
54) 『三國史記』 卷 第35 雜志 第 地理2 朔州
   奈靈郡 本百濟奈已郡 婆娑王取之 景德王改名 今剛州
55) 『三國史記』 伐休紀와 肖古紀에 나오는 圓山鄕에 대해서는 낙동강 상류의 圓山, 즉
   예천군 용궁에 비정할 수 있다.(千寬宇, 앞의 책, p.22)

爾林이 지속적으로 백제와 고구려가 다투었던 장소였지만, 5세기 중반 이후 6세기에 이르기까지 고구려의 영역이었던 것만은 틀림없는 것 같다.

그런데, 『三國史記』에 의하면 550년에 백제가 고구려의 道薩城을 공취하였다는 기록이 주목된다.[56] 550년 정월에 백제가 고구려의 道薩城을 빼앗고 3월에 고구려가 백제의 金峴城을 빼앗았는데 신라의 이사부가 두 성을 빼앗았다고 기록하고 있다.[57]

이러한 내용으로 보면 (ㅊ)의 欽明 11년(550년) 4월에 백제가 보냈다고 하는 고구려의 奴 7구는 道薩城 전투에서 취한 것으로 보인다. 道薩城에 대해서는 천안,[58] 보은 방면[59] 등지로 보기도 하고 증평, 괴산의 淸安에 비정한 이후[60] 증평의 이성산성이나 진천의 두타산성으로 비정하고 있다.[61]

하지만, 백제 의자왕 무렵에 김유신의 거점으로서 백제와 신라의 격전지로 나타나고 있으며[62] 실제 진천, 증평 지역에서 고구려의 흔적이 발견되지 않고 있기 때문에 회의적인 시각도 있다.[63]

---

56) 『三國史記』 卷 第26 百濟本紀 聖王 28年
　　春正月 王遣將軍達巳 領兵一萬 攻取高句麗道薩城 三月 高勾麗兵圍金峴城
57) 『三國史記』 卷 第4 新羅本紀 眞興王11年
　　春正月 百濟拔高句麗道薩城 三月 高句麗陷百濟金峴城 王乘兩國兵疲 命伊湌異斯夫出兵擊之 取二城增築 留甲士一千戌之
　　『三國史記』 卷 第19 高句麗本紀 陽原王6年
　　春正月 百濟來侵 陷道薩城 三月 攻百濟金峴城 新羅人乘間取二城
58) 李丙燾 譯註, 『三國史記』下, 乙酉文化社, 1983, p.59
59) 津田左右吉, 「眞興王征服地域考」, 『朝鮮歷史地理』1, 南滿洲鐵道株式會社, 1913, p.104
60) 申采浩, 『朝鮮上古史』, 鐘路書院, 1948, pp.237-239
61) 閔德植, 「高句麗의 道西縣城考」, 『史學硏究』36, 한국사학회, 1983, p.47 ; 문안식, 「의자왕 전반기의 신라 공격과 영토확장」, 『慶州史學』23, 2004, pp.22-23 ; 양기석, 「三國의 曾坪地域 進出과 二城山城」, 『중원문화연구』18·19, 충북대학교 중원문화연구소, 2012
62) 『三國史記』 卷 第28 百濟本紀 義慈王 9년
　　秋八月 王遣左將殷相帥精兵七千 攻取新羅石吐等七城 新羅將庚信, 陳春, 天存, 竹旨等逆擊之 不利 收散卒屯於道薩城下再戰 我軍敗北
63) 강민식, 「증평 이성산성과 道西, 都西, 道安縣」, 『중원문화연구』21, 충북대학교 중

더욱이 道薩城 전투 이후 신라가 竹嶺 이북과 高峴 이내의 10군을 점령했으며[64] 낭성에 순수했다는 기록을 통해 보면[65] 도살성은 신라가 소백산맥을 통해 한강 상류로 진출하는 방면에 위치했던 것으로 판단된다. 즉, 신라가 죽령을 넘어 적성 지역을 차지한 후 국원을 장악했을 것이고 진흥이 우륵을 국원에 안치한 연대가 551년 3월이므로 적성의 공략은 그 이전이었을 것이다.[66]

신라의 적성 진출 루트로는 영주에서 죽령을 통해 북서쪽으로 가는 코스와 벌재를 통해 북으로 올라가는 코스로 나누어 볼 수 있다. 그 중에서도 소백산맥 일원의 단양과 문경, 예천을 가르는 벌재(伐嶺)를 중심으로 웅거하고 있는 산성 중에 단양의 독락산성이나 문경의 할미성에서 고구려적인 흔적을 살펴볼 수 있다. 즉, 이들 산성에서는 바깥 성벽에 수직으로 홈이 나 있는 것을 볼 수 있는데 이는 고구려의 성에서 주로 발견되는 것으로[67] 상당 기간 고구려가 이곳에 주둔했던 것으로 짐작된다. 그 중에서도 道樂山 정상부에 있는 독락산성은 험한 산으로 둘러싸인 전략적 요충지로서 고구려와 백제가 서로 공방을 벌였던 도살성으로 추정할 수 있으며 결국 소백

원문화연구소, 2013, pp.103-104

64) 『三國史記』卷 第44 列傳 第4 居柒夫
十二年辛未 王命居柒夫及仇珍大角湌比台角湌耽知迊湌非西迊湌奴夫波珍湌西力夫波珍湌比次夫大阿湌未珍夫阿湌等八將軍 與百濟侵高句麗 百濟人先攻破平壤 居柒夫等乘勝取竹嶺以外高峴以內十郡

65) 『三國史記』卷 第4 新羅本紀 眞興王12年
三月 王巡守次娘城 聞于勒及其弟子尼文知音樂 特喚之 王駐河臨宮 令奏其樂 二人各製新歌奏之 先是 加耶國嘉悉王製十二弦琴 以象十二月之律 乃命于勒製其曲 及其國亂 操樂器投我 其樂名加耶琴 王命居柒夫等侵高句麗 乘勝取十郡

66) 일부에서는 적성비에 보이는 '□□夫智大阿干支'를 거칠부로 추론하여 건립연대를 545년 이전으로 보기도 하지만, 비문은 '夫'만이 보이고 있기 때문에 신중한 접근이 요망된다고 할 수 있다.(張彰恩,「6세기 중반 한강 유역 쟁탈전과 管山城 戰鬪」,『진단학보』111, 2011, pp.8-9)

67) 車勇杰,「竹嶺路와 그 부근 嶺路沿邊의 古城址 調査研究」,『國史館論叢』16, 1990, pp.242-244

산맥 일원을 중심으로 백제와 고구려가 쟁탈전을 벌였던 정황을 확인할 수 있다.

또한 독락산성의 남쪽 지역은 경북 예천의 圓山 지역으로 낙동강 상류와 바로 연결되는 곳이다. 따라서 (ㅁ)의 배경이 되는 爾林은 독락산성 부근으로 추정되며 낙동강 상류의 나루를 이용해서 백제의 동쪽 루트인 東道로 이동할 수 있는 지역에 부합한다. 현재 예천 하리와 영주 풍기 일원인 殷正縣, 殷豊縣이 낙동강 상류와 연결되고 있으며 예천군의 甘泉 지역은 甘羅城과의 音相似를 통해서 東韓之地로 추정할 수 있을 것이다.

따라서 帶山城은 예천의 圓山城 부근으로 추정되어 식량을 운반하는 나루는 낙동강인 것을 확인할 수 있다. 이는 (ㅁ)에서 보듯이 임나와 고구려의 통교가 가능한 지점이라는 내용과도 부합하고 있다.

특히 5세기 후반의 상황은 479년 加羅王 荷知가 南齊와 교섭을 추진한 사례[68]를 통해 유추해 볼 수 있다. 加羅의 對南齊의 교섭에 대해서는 加羅 단독으로 교섭했다고 보는 설[69]과 고구려의 후원에 의해 이루어졌다는 설[70]이 있지만, 百濟의 동조 및 묵인 하에 이루어졌을 가능성[71]이 크다. 당시 가야에 백제의 영향력이 있었음을 참고로 해야 할 것이다. 또한 신라의 경우도 법흥왕대에 들어와서 백제를 따라 남조의 梁과 교섭하는 내용(521년)이 나타나고 있다는 점을[72] 주목할 필요가 있다.

紀生磐宿禰의 반란은 任那의 左魯那奇他甲背가 계략을 써서 백제의 適莫

68) 『南齊書』 卷58 列傳 第39 東南夷 加羅國
　　加羅國 三韓種也. 建元元年 國王荷知使來獻. 詔曰 量廣始登 遠夷洽化. 加羅王荷知款
　　關海外 奉 贊東遐. 可授輔國將軍 本國王.
69) 金泰植, 「5세기 후반 大加耶 발전에 대한 研究」, 『韓國史論』12, 1985, pp.105-110 ;
　　田中俊明, 『大加耶連盟의 興亡과 '任那'』, 吉川弘文館, 1992, pp.131-135
70) 白承忠, 「加羅國과 于勒十二曲」, 『釜大史學』19, 1995, p.183
71) 權五榮, 「竹幕洞祭祀의 目的과 主體」, 『扶安竹幕洞祭祀遺蹟硏究』, 1998, p.278
72) 『梁書』 卷 54 列傳 第48 諸夷 新羅
　　其國小 不能自通使聘 普通二年 王姓募名秦 始使使隨百濟奉獻方物

爾解를 爾林에서 죽였다는 (ㅁ)의 기사를 통해 이 시기에 들어 左魯那奇他
甲背로 대표되는 加耶의 在地 수장층들이 막후에서 반란을 부채질했던 것
으로 추정된다. 백제는 이 사건에서 領軍 古爾解, 內頭 莫古解 등을 직접 파
견하여 반란을 진압하고 있다. 어쨌든 백제 출신인 爲哥岐彌 有非岐가 加耶
의 在地 수장층들과의 관련 속에서 백제를 벗어나려 했지만 가야의 정치,
외교적 일탈행위는 지속되지 못했던 것으로 생각된다.

제4절 맺음말

지금까지 백제의 木氏의 활동을 중심으로 하여 5세기대 백제와 왜의 관
계에 대해 고찰해보았다.

우선 木羅斤資의 아들로서 5세기대에 『三國史記』, 『日本書紀』에 모두 나
타나고 있는 木滿致의 경우, 백제 木氏의 활동을 짐작할 수 있는 대표적인
사례라고 할 수 있다.

지금까지 본고의 분석을 통해 木滿致는 구이신왕 치세에 백제에서 활약
하다가 비유왕의 등극으로 백제와 왜 왕실에 갈등이 있는 상황에서 왜국에
갔던 정황을 파악할 수 있었다. 또한 비유왕의 치세가 끝난 이후 백제로 다
시 돌아왔으며 이러한 상황으로 인해 영산강 유역에서 5세기말~6세기초의
기간 동안 前方後圓形 古墳이 조성되었던 배경을 추론해볼 수 있다.

또한 紀角宿禰와 木角宿禰가 동일인인 것을 근거로 紀氏의 경우도 백제
의 木氏의 범주에서 파악할 수 있는데, 紀生磐宿禰의 반란 기사를 통해 보
면 木滿致 이후 가야에 木氏 관련 씨족에 의한 백제의 영향력이 지속되었던
정황을 파악할 수 있다.

특히 紀生磐宿禰의 반란과 관련한 爾林의 지명에 대해서는 소백산맥 일
원 단양의 독락산성에 비정하였다.

이처럼 木氏의 경우, 『日本書紀』의 번국사관으로 윤색되어 왜왕에 의해 소환되거나 왜인인 것처럼 기록되어 있지만, 실상은 5세기대에 가야에 영향력을 행사하면서 왜와 통교했던 백제의 귀족이었다. 당시 木氏는 백제가 고구려와 대항하는 상황에서 백제와 왜가 교류하는 데에 중요한 고리 역할을 하고 있었던 것을 알 수 있다.

제Ⅲ편
『日本書紀』를 통한 6세기 한일관계 분석

제1장 己汶, 帶沙 지명 비정에 대한 일고찰

제1절 머리말

『日本書紀』에는 다수의 한반도 관계 기사가 기재되어 있지만, 기본적으로 후대의 천황주의적 사관에 의해 윤색되어 4세기부터 야마토 정권이 任那를 통해 한반도 남부를 지배한 것을 전제로 하고 있다.

그러나 지금까지 필자의 분석에 의하면 한반도에서 활동했던 倭人은 고구려와 백제의 대결 구도 속에서 백제의 지원군으로 왔던 것으로 확인되며, 당시 고구려에 대항하는 한반도 남부의 중심 세력으로서 백제를 상정할 수 있었다.[1]

특히 廣開土王碑文에 倭가 나타나는 5세기초를 시작으로 해서 백제를 지원하기 위해 倭가 한반도에 군사를 파견했던 정황이 일본의 후대 천황주의에 입각한 藩國史觀으로 인해 한반도 남부에 대한 지배로 윤색, 표출된 것으로 보인다.

그렇다고 한다면, 『日本書紀』에서 5세기대 倭를 중심으로 하여 기술한 한반도 관련 기사는 실제 백제를 중심으로 하여 해석해야 만이 당시의 정황을 제대로 이해할 수 있을 것이다.

6세기로 들어오면 『日本書紀』 繼體紀에는 야마토 정권이 백제에게 任那의 영토를 할양하는 기사가 서술되어 있다. 즉, 繼體紀 6년조에는 야마토

---

1) 본서 제Ⅱ편 제1장 5세기 百濟의 정국변동과 倭 5王의 작호 및 제Ⅳ편 제1장 4~6세기 百濟와 倭의 관계 참조

정권이 백제에게 任那 4縣을 賜與하고 있으며 繼體紀 7년~10년조에는 야마토 정권이 己汶, 帶沙 등의 영토를 賜與하였다는 기사가 등장한다.

　이들 할양 기사도 앞서 언급했듯이『日本書紀』의 任那 지배 사관을 전제로 한 찬자의 서술로 볼 수 있기 때문에 실제로는 백제의 가야 지역 진출에 따라 이루어진 백제의 병합으로 이해하는 것이 타당할 것이다.

　그중에서도 특히 6세기초 한반도 남부의 정황을 파악하기 위해서 선행되어야 하는 것이 己汶, 帶沙의 지명 비정이다. 백제가 진출했던 이들 지역은 백제와 가야와의 분쟁지라는 점에 있어서 이들 지역을 어디로 비정하는가에 따라 당시 백제의 판도 및 한반도 남부 정황과 관련하여 전반적인 인식을 달리할 수 있기 때문이다. 任那 4縣의 경우도 己汶과 帶沙의 위치 비정에 따라 많은 차이를 보여 왔기 때문에 이들의 위치를 확인하기 위해서도 己汶과 帶沙의 위치를 먼저 파악할 필요가 있다.[2]

　현재는 己汶, 帶沙 지역을 섬진강 주변에 비정하고 있는 것이 통설적 지위를 갖고 있다. 帶沙를 섬진강 하류로 보고, 己汶의 경우 초기 남원설[3]을 중심으로 해서 남원, 임실, 장수,[4] 섬진강 수계 일대,[5] 운봉고원[6] 등으로

---

2) 任那 4현과 관련해서는 본서 제Ⅲ편 제2장『日本書紀』소위 '任那 4縣 할양' 기사에 대한 고찰 참조

3) 今西龍,「己汶伴跂考」,『史林』7-4, 1922 :『朝鮮古史の硏究』, 1970, pp.388-390 ; 末松保和,『任那興亡史』, 吉川弘文館, 1956, pp.124-130 ; 丁仲煥,「『日本書紀』繼體·欽明紀의 加羅關係記事 硏究」,『釜山史學』2, 1978 :『加羅史硏究』, 혜안, 2000, pp.468-469 ; 全榮來,「百濟南方境域의 變遷」,『千寬宇先生還曆紀念韓國史學論叢』, 1985, pp.146-147 ; 李永植,「百濟의 加耶進出 過程」,『韓國古代史論叢』7, 1995, pp.200-219 ; 李根雨,「熊津時代 百濟의 南方境域에 대하여」,『百濟硏究』27, 1997, p.62 ; 白承忠,「6세기 전반 백제의 가야진출과정」,『百濟硏究』31, 2000, pp.66-70

4) 金泰植,『加耶聯盟史』, 一潮閣, pp.116-124 ; 延敏洙,「六世紀前半 加耶諸國을 둘러싼 百濟新羅의 動向」,『新羅文化』7, 1990, p.111 ; 田中俊明,『大加耶連盟の興亡と '任那'』, 吉川弘文館, 1992, pp.103-107 ; 정재윤,「백제의 섬진강 유역 진출에 대한 고찰」,『백제와 섬진강』, 서경문화사, 2008, p.260 ; 박현숙,「백제 섬진강유역 영역화와 가야와의 관계」, 위의 책, 2008, pp.288-289 ; 김영심,「백제의 지방지배 방식과 섬진강유역」, 위의 책, 2008, p.312

비정하면서 대체적으로 섬진강 일대로 보고 있는 것이 학계의 통설이다.

특히 기존 섬진강 以西 지방에서 출토되는 가야 토기 등 고고학 자료를 중심으로 하여 백제가 6세기초 己汶, 帶沙를 통해 섬진강 유역으로 진출한 것으로 인식하고 있다.

그런데 이들 지역을 비정함에 있어서 일찍이 일본학자들이 任那 4縣을 전남지방에, 己汶, 帶沙 지역을 섬진강 유역으로 보면서 일본의 직할지인 임나의 지역을 넓히고 한반도 남부에 대한 백제의 영향력을 축소시켰다는 점은[7] 유념해야 할 부분이다.

이에 대해 己汶, 帶沙에 대해서는 己汶을 開寧으로 보는 낙동강 유역설[8]도 있는 등 연구자들마다 개별 사료의 비판 및 지명 비정의 차이로 인하여 아직도 논란이 있는 실정이다.[9]

따라서 본고에서는 개별적인 사료 비판을 통해 그동안 비정되어 온 己汶, 帶沙에 대한 지명을 재검토하여 6세기초 백제와 가야의 관계 및 한반도 남부 지역의 실상을 파악해보고자 한다.

---

5) 朴天秀, 「호남 동부지역을 둘러싼 大伽耶와 百濟-任那四縣과 己汶, 帶沙를 중심으로-」, 『韓國上古史學報』65, 2009, pp.112-113

6) 郭長根, 「웅진기 백제와 가야의 역학관계 연구」, 『百濟研究』44, 2006, pp.85-124

7) 鮎貝房之進, 「日本書紀朝鮮地名攷」, 『雜攷』7, 下卷, 朝鮮印刷株式會社, 1937 ; 末松保和, 앞의 책.

8) 今西龍, 「加羅疆域考」『史林』4-3,4, 1919 : 앞의 책, 1970, p.355 ; 千寬宇, 『加耶史研究』, 一潮閣, 1991, p.43 ; 金鉉球, 「百濟의 加耶進出에 관한 一考察」, 『東洋史學研究』70, 2000, pp.121-128.

9) 『新撰姓氏錄』의 己汶은 낙동강 중류로, 『翰苑』의 基汶, 『日本書紀』繼體紀의 己汶과 帶沙는 각각 섬진강 유역과 하동으로 보는 견해도 있다. (백승옥, 「己汶, 帶沙의 위치비정과 6세기 전반대 加羅國과 百濟」, 『5~6세기 동아시아의 국제정세와 대가야』, 고령군, 고령군 대가야박물관, 계명대학교한국학연구원, 2007)

제2절 百濟와 伴跛의 전쟁

『日本書紀』에 나타난 己汶, 帶沙 관련 기사는 다음과 같다.

(ㄱ) 『日本書紀』卷 第17 繼體 7년 夏6月
百濟遣姐彌文貴將軍 洲利卽爾將軍 副穗積臣押山.[百濟本記云 委意斯移麻岐彌.]貢五經博士段楊爾. 別奏云 伴跛國略奪臣國己汶之地. 伏願 天恩判還本屬.

(ㄴ) 『日本書紀』卷 第17 繼體 7년 冬11月 辛亥朔乙卯
於朝庭 引列百濟姐彌文貴將軍 斯羅汶得至 安羅辛已奚及賁巴委佐 伴跛旣殿奚及竹汶至等 奉宣恩勅. 以己汶滯沙 賜百濟國.
是月 伴跛國 遣戢支獻珍寶 乞己汶之地 而終不賜.

(ㄷ) 『日本書紀』卷 第17 繼體 8년 3月
伴跛築城於子吞帶沙 而連滿奚 置烽候邸閣 以備日本. 復築城於爾列比麻須比 而絙麻且奚 推封. 聚士卒兵器 以逼新羅. 駈略子女 剝掠村邑. 凶勢所加 罕有遺類. 夫暴虐奢侈 惱害侵凌 誅殺尤多. 不可詳載.

(ㄹ) 『日本書紀』卷 第17 繼體 9년 春2月 甲戌朔丁丑
百濟使者文貴將軍等請罷. 仍勅 副物部連 [闕名.]遣罷歸之.[百濟本記云 物部至至連.]
是月 到于沙都嶋 傳聞伴跛人 懷恨銜毒 恃强縱虐. 故物部連 率舟師五百 直詣帶沙江. 文貴將軍 自新羅去.

(ㅁ) 『日本書紀』卷 第17 繼體 9년 夏4月
物部連於帶沙江停住六日. 伴跛興師往伐. 逼脫衣裳 劫掠所齎 盡燒帷幕. 物部連等 怖畏逃遁. 僅存身命 泊汶慕羅.[汶慕羅嶋名也.]

(ㅂ) 『日本書紀』卷 第17 繼體 10년 夏5月

百濟遣前部木刕不麻甲背 迎勞物部連等於己汶 而引導入國. 群臣各出
衣裳斧鐵帛布 助加國物 積置朝庭. 慰問慇懃. 賞祿優節.

(ㅅ) 『日本書紀』卷 第17 繼體 10년 秋9月

百濟遣州利卽次將軍 副物部連來 謝賜己汶地. 別貢五經博士漢高安茂
請代博士段楊爾. 依請代之.

(ㅇ) 『日本書紀』卷 第17 繼體 23년

春三月 百濟王謂下哆唎國守穗積押山臣曰 夫朝貢使者 恆避嶋曲[謂海
中嶋曲崎岸也. 俗云美佐祁.]每苦風波. 因玆 濕所齎 全壞无色. 請以加羅多
沙津 爲臣朝貢津路. 是以 押山臣爲請聞奏.

是月 遣物部伊勢連父根 吉士老等 以津賜百濟王. 於是 加羅王謂勅使云
此津 從置宮家以來 爲臣朝貢津涉. 安得輒改賜隣國. 違元所封限地. 勅使
父根等 因斯 難以面賜 却還大嶋. 別遣錄史 果賜扶餘. 由是 加羅結儻新羅
生怨日本. 加羅王娶新羅王女 遂有兒息. 新羅初送女時 并遣百人 爲女從.
受而散置諸縣 令着新羅衣冠. 阿利斯等 嗔其變服 遣使徵還. 新羅大羞 飜
欲還女曰 前承汝聘 吾便許婚. 今旣若斯 請還王女. 加羅己富利知伽[未詳.]
報云 配合夫婦 安得更離. 亦有息兒 棄之何往. 遂於所經 拔刀伽 古跛 布
那牟羅 三城. 亦拔北境五城.

전체적으로 (ㄱ)~(ㅅ) 기사를 살펴보면, 繼體 7년(513년) 6월 백제가 倭에
게 '伴跛가 己汶을 빼앗았으니 己汶을 다시 백제에 속하게 해달라'고 요청
을 하자, 그 해 11월 倭가 己汶과 帶沙를 백제에게 주었다는 내용이다. 이처
럼 백제가 倭에게 己汶을 되돌려 달라고 했다거나 倭가 백제에게 己汶과 帶
沙를 주었다는 일련의 기사는 『日本書紀』 찬자의 임나 지배 사관에 따라
기술된 것으로 실상은 백제가 伴跛의 문제로 군사 파견을 요청하니 倭가 군
사 원조를 하여 백제와 함께 己汶, 帶沙를 되찾았던 것으로 해석하는 것이
타당한 분석이다.

따라서 여러 가지 윤색된 모습을 제거하고 사건을 구체적으로 보면 다음과 같다. 일단 513년 6월 百濟의 姐彌文貴 將軍 등이 五經博士 段楊爾를 倭에 보내 선진문물을 전수를 하고 반대급부로 병력을 청한 것으로 보인다.[10] 백제는 가야의 己汶 지역을 확보한 후 帶沙 지역을 염두에 두고 있었으며, 이에 514년 伴跛는 子呑과 帶沙 등에 성을 쌓으면서 방어에 치중하고 있었다. 이후의 전투 과정을 보면(515~516년), 북쪽으로부터는 백제가 伴跛를 공격하고 남쪽으로부터는 倭가 帶沙江을 거슬러 올라가 伴跛와 대적했던 것으로 추정된다. 物部連 등은 伴跛에 의해 고전을 면치 못하고 汶慕羅에 머물던 중에 백제 장군 木刕不麻甲背의 공격으로 인하여 결국 伴跛를 섬멸하게 된다는 사건이다.

(ㅇ)의 기사는 전체적으로 보아 앞서 (ㄱ)~(ㅅ)의 기사와 인물명이나 진행과정에 있어서 유사한 면이 보인다. 따라서 같은 사실을 소전마다 다르게 전하고 있었던 것이 『日本書紀』에 중복되어 기재된 것으로 추정되어 帶沙 = 多沙津으로 볼 수 있을 것이다.

『日本書紀』에서 (ㄱ)~(ㅅ)의 기사는 繼體 7년~繼體 10년(513~516년)에 있었던 사건이지만, (ㅇ)의 기사는 繼體 23년(529년) 기사로 되어 있다. 이 기사들이 중복되어 기록된 것이라면, 어느 연도가 타당한 것인가?

이에 대해서는 (ㄱ)~(ㅅ)의 연도가 타당하다고 생각된다. (ㄱ)~(ㅅ)의 기사가 (ㅇ)의 기사 보다 구체적으로 서술되어 있는 것도 있지만, 무엇보다도 (ㅇ)의 기사 중에 신라와 가라가 혼인을 맺는 장면이 나오기 때문이다.

가야의 혼인 장면에 대해서는 『三國史記』에서 법흥왕 9년(522년) 3월조에 가야국주가 혼인을 청해 왕이 伊湌 比助夫의 妹를 보냈다는 내용이 있다.[11] 따라서 이는 사건의 전후 상황으로 보아 (ㄱ)~(ㅅ)의 사건이 있은 후

---

10) 金鉉球, 『大和政権の対外関係研究』, 吉川弘文館, 1985, pp.28-32

11) 『三國史記』 卷 第4 新羅本紀 法興王 9年
　　春三月 加耶國王遣使請婚 王以伊湌比助夫之妹送之

에 연이어 일어난 기사로 보는 것이 타당할 것이다.[12) 따라서 己汶, 帶沙와 신라 가라의 혼인 사건은 513~522년의 시간적 테두리 안에서 진행되었다고 보아야 할 것이다.

그러나 일련의 기사에 있어서 최대의 쟁점이 되고 있는 것은 己汶, 帶沙의 위치 문제이다. 현재는 이들 지역을 섬진강 주변에 비정하고 있는 것이 통설적 위치를 갖고 있다.

특히 이러한 통설은 帶沙의 지명 비정에 의해 도출된 결론이다. 즉, 帶沙에 대해서는『三國史記』地理志에서 지금의 河東 지역이 신라 때 韓多沙郡이었던 것에 연원을 두고 있다.[13) 그러나 이 통설은 音相似만을 가지고 帶沙를 河東에 비정하는 것 외에 다른 근거는 없다.

그런데, 만약 이와 같이 音相似로만 본다면『三國史記』地理志 내에서 '多斯只縣'도 발견할 수 있다.[14)『三國史記』地理志 壽昌郡條에 보면 河濱縣이 본래 多斯只縣인 것으로 되어 있기 때문이다.[15) 이 지역은 대구의 달성에 속하는 낙동강 중류 지역으로 금호강이 낙동강과 합류하는 부근에 있던 수륙교통의 요지였다.

현재 대구 달성군 다사면의 낙동강과 금호강이 합류하는 지점 북쪽 능선 위에는 전체둘레 1.2킬로미터로 자연지형을 이용해 판축한 죽곡동산성이 위치하고 있으며 산성의 산기슭에 다수 고분이 분포하고 있다.[16)

---

12) 末松保和, 앞의 책, pp.131-134 ; 三品彰英,「‘継体紀’の諸問題—特に近江毛野臣の所伝を中心として」,『日本書紀研究』2, 1966, pp.36-38 ; 武田幸男,「新羅法興王代の律令と衣冠制」,『古代朝鮮と日本』, 龍溪書舍, 1974, pp.95-104 ; 平野邦雄,「継体・欽明紀の対外関係記事」,『古代東アジア史論集』下, 1978, p.198 ; 金鉉球, 앞의 논문, p.132

13)『三國史記』卷 第34 雜志 第3 地理1
河東郡 本韓多沙郡 景德王改名 今因之

14) 千寬宇, 앞의 책, p.43 ; 金鉉球, 앞의 논문, pp.121-122

15)『三國史記』卷 第34 雜志 第3 地理1 壽昌郡條
河濱縣 本多斯只縣[一云沓只]景德王改名 今因之

16) 慶北大學校博物館,『伽耶文化圈遺蹟精密調査報告書(大邱直轄市, 達成郡篇)』, 1989, pp.37-38

특히 죽곡동산성에서는 봉토 지름 39미터, 높이 9미터에 이르는 積石壇 유적과 수혈식석실분이 발견되어 이곳이 망루나 봉수 등 군사와 관련 있는 遺構로 판단하고 있다.[17]

분구묘는 細長形竪穴式의 대형무덤으로 무덤 내부에서 5세기 말엽시기의 無蓋高杯, 長頸壺, 器臺, 小壺 등의 토기가 출토되었고 小環頭刀, 鐵鏃, 金銅 耳飾 등의 출토가 있었다. 또한 이곳에서는 5세기의 것으로 추정되는 잘 다듬은 화강암 석재를 이용한 나루터 유적이 확인되기도 하였다.[18]

그런데, 무엇보다도 주목되는 것은 죽곡동산성의 지리적 위치이다. 120여 미터 높이의 죽곡동산성에서는 남쪽으로 금호강과 합류하는 낙동강 연안뿐만 아니라 북쪽으로 낙동강을 거슬러 올라 구미 일원까지 조망된다. 또한 서쪽 강 건너로는 성주, 고령과 곧바로 연결되는 곳이기도 하면서 동쪽으로는 대구 시내를 한 눈에 조망할 수 있는 곳이다.

이러한 지형적인 조건은 『日本書紀』 繼體紀에서 伴跛와 결전을 벌였던 帶沙江의 그것과 일치하고 있다. 즉, 북쪽의 백제와 남쪽의 낙동강으로부터 올라오는 物部連 등과 대치하는 伴跛의 상황과 적확하게 맞아떨어진다.

(ㄷ)의 繼體 8년 3월조에서 伴跛가 주변에 城과 봉수 등을 설치하여 일본에 대비하고 신라를 약탈했다고 하는데, 죽곡동산성 부근에는 낙동강 연안을 따라 東岸에는 문산동산성, 화원토성, 설화동산성, 양동산성 등이 있으며 西岸에는 월성리토성, 무게리산성, 봉화산성 등이 남아있다.

또한 죽곡동산성에서 동쪽으로 대구 분지를 지나 경주까지 높은 산악 지형 없이 연결되고 있는 것도 (ㄷ)에서 伴跛가 신라를 핍박하고 백성과 촌읍을 약탈했다는 기록과 상응하고 있다.

만약 고령이나 성주 세력으로 비정되는 伴跛가 일본에 대비해서 섬진강 유역에 城을 쌓으면서 부근의 신라를 핍박했다고 한다면 이는 진히 타당하

---

17) 大邱大學校博物館, 『達成 竹谷里遺蹟 發掘調査 結果報告』, 1994
18) 李明植, 「大伽倻의 歷史地理的 環境과 境域」, 『加耶史研究』, 1995, pp.80-81

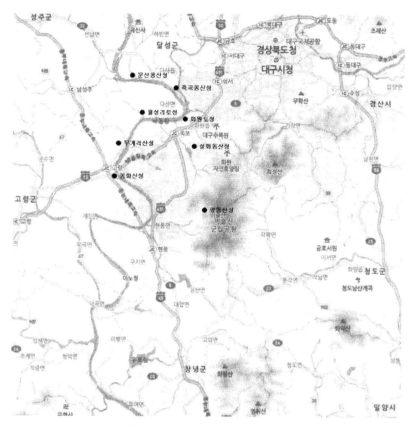

〈그림 1〉 대사 일대의 산성 분포

지 않은 해석이 된다. 이에 대해 『日本書紀』에서 新羅라고 한 기록은 찬자
의 오류이고 安羅를 新羅로 잘못 기록한 것이라는 지적도 있다.[19] 하지만
이것은 帶沙 지역을 미리 섬진강 유역에 있는 것으로 전제한 후에 상황이
맞지 않게 되자 사료를 자의적으로 재단하는 것으로서 옳지 않은 방법론이
라고 생각한다.

(ㄹ)의 繼體 9년 2월의 기사에서도 귀국 시에 物部連은 帶沙江으로 가고

---

19) 白承忠, 앞의 논문, p.68

文貴將軍은 신라를 거처 간 것으로 되어 있다. 이러한 사실은 帶沙가 신라와 가까운 곳에 있었던 사실을 알 수 있게 한다.[20]

따라서 帶沙 지역이 섬진강 유역이 아니라 낙동강 유역이어야 타당하다는 것을 알 수 있다.[21]

그렇다고 한다면 (ㅂ)의 기사에서 보는 바와 같이 백제가 物部連 등을 맞이해서 들어왔다고 하는 己汶도 죽곡동산성을 통해 낙동강 상류로 올라가는 지역에서 찾아야 하는 것은 자명하다.

또한 (ㄷ)의 기록에서 伴跛가 성을 쌓았다는 곳을 확인해보면 당시 帶沙의 정황을 자세히 고찰할 수 있게 된다.

伴跛는 일본에 대비하기 위해 子呑과 帶沙에 성을 쌓아 滿奚에 이어지게 했고 爾列比와 麻須比에 성을 쌓아 麻且奚와 推封에까지 뻗처 신라를 핍박했다는 구절을 통해 두 방향으로 성을 쌓았던 것으로 짐작된다. 즉, 한 방향은 滿奚까지 이어지고 또 한 방향은 麻且奚와 推封로 이어지는 선상에 위치하고 있다.

우선 帶沙에 쌓은 성을 앞서 언급한 죽곡동산성으로 판단되기 때문에 滿奚와 관련해서는 낙동강의 西岸에 남아있는 茂溪라는 지명과 연관지울 수 있을 것이다.[22] 茂溪는 낙동강을 사이에 두고 고령과 대구를 잇는 교통의 요충지로서 특히 이 지역에 무계리산성이 남아 있다. 따라서 죽곡동산성과 무계리산성을 중심으로 한 일대에는 낙동강을 따라 북쪽으로부터 문산동산성, 월성리토성, 봉화산성이 이어져 있다. 특히, 봉화산에는 봉수가 설치되어 소규모의 보루나 관망대 역할을 했던 것으로 추정되는데 이 또한 (ㄷ)에서 봉수를 설치하여 일본에 대비하였다는 구절과 일치하고 있다.

---

20) 金鉉球, 앞의 논문, p.123
21) 현재 竹谷의 또 다른 표기로 대실이 있는데 이는 대나무가 많은 지역이라는 의미로서 이러한 지명 또한 帶沙라는 지명과 관련성이 있는 것으로 판단된다.
22) 今西龍, 앞의 책, p.360

그동안 子呑에 대해서는『日本書紀』欽明紀에 보이는 子他와 동일한 명칭으로 보고 子呑을 居昌에 비정하는 견해,[23] 晉州 부근으로 보려는 견해,[24] 漆原에 비정하는 견해[25]가 있었다. 하지만, 子呑이 帶沙와 같이 등장하는 것을 보면, 子呑과 帶沙가 가까운 거리에 있었던 것으로 보아야 할 것이다. 따라서 帶沙에서 멀지 않으면서 낙동강 연안 무게리산성과 연결되는 월성리토성, 봉화산성 등지와 이어지는 지역에서 子呑을 찾는 것이 타당하다고 생각된다.

또한 推封에 대해서는『三國史記』地理地에 玄風을 推良火縣이라고 언급한 것을 근거로 玄風으로 보기도 하고[26] 密陽의 고명이 推火인 것을 근거로 密陽으로 보기도 한다.[27] 그런데, 推封에까지 뻗쳐 신라를 핍박하고 약탈했다는 기록이 나오는 것으로 미루어 推封을 密陽으로 보는 것이 타당하다고 생각된다. 麻且奚의 경우 推封과 같이 등장하고 있기 때문에 帶沙로부터 이어지는 밀양 인근 지역인 청도로 보는 것이 옳지 않을까 생각한다.

성을 쌓았다는 麻須比와 爾列比의 경우 합천이나[28] 경산, 宜寧 등으로 보는 설이 있지만[29] 麻須比와 爾列比가 推封 즉, 밀양을 연결하는 선에 위치하고 있는 것으로 짐작되기 때문에 밀양에서 낙동강 연안으로 이어지는 비슬산 인근의 설화동산성, 양동산성 등으로 추정된다.

이상의 분석을 통해 伴跛가 쌓은 성의 위치를 추적해 보면 한쪽으로는 죽곡동산성 - 월성리토성 - 무게리산성 - 봉화산성의 낙동강 연안으로 연결

23) 金泰植, 앞의 책, p.127 ; 남재우,「文獻으로 본 安羅國史」,『가야 각국사의 재구성』, 2000, p.181
24) 白承忠,「加耶의 地域聯盟史硏究」, 부산대학교 박사학위논문, 1995, p.194
25) 全榮來,『南原草村里古墳群發掘調査報告書』, 全北遺蹟調査報告 第12輯, 1981, p.76
26) 今西龍, 앞의 책, pp.360-361 ; 남재우, 앞의 논문, p.182
27) 末松保和, 앞의 책, p.127 ; 金泰植, 앞의 책, p.129
28) 全榮來,『南原月山里古墳發掘調査報告』, 圓光大學校馬韓百濟文化硏究所, 1983, p.77 ; 金泰植, 앞의 책, p.129
29) 末松保和, 앞의 책, p.127 ; 全榮來, 위의 책, p.77 ; 남재우, 앞의 논문, p.182

되면서 고령과 다사를 연결하는 라인에 있었으며, 또 다른 쪽으로는 설화동
산성 - 양동산성 - 청도 - 밀양에 이르는 라인을 형성하고 있는 것을 알 수
있다. 즉, 북으로는 백제를 막고 남으로는 일본에 대비하기 위해 낙동강 주
변에 城을 쌓아 낙동강을 에워싸고 있는 형태이다. 따라서 伴跛가 성을 쌓
았다는 곳의 지명 비정을 통해서도 帶沙를 낙동강 유역으로 보는 것이 타당
하다는 결론이 나온다.

대체적으로 (ㅂ)의 繼體 10년에 보이는 物部連의 이동 경로를 보아도 낙
동강 - 달성 - 선산 - 김천의 경로를 따라 당시 백제의 도읍인 공주로 이동
하였음을 알 수 있다.30) 고대인들이 이동하는 항로는 주로 육지를 보면서
지문항법을 이용하여 근해 항해를 하였던 것으로 추정되기 때문에31) 당시
倭의 입장에서는 對馬島를 건너 낙동강을 통해 공주로 가는 경로가 對馬島
에서 섬진강 - 하동 - 임실 - 공주로 가는 경로보다 단거리 코스가 된다. 따
라서 帶沙江은 낙동강으로 보는 것이 타당하다.

---

30) 고려초 선산의 일리천 전투에서 후백제를 섬멸한 왕건이 곧바로 논산 지역까지 쫓
아갔다는 기록을 통해 고대부터 선산 부근의 낙동강 중류에서 추풍령을 넘어 백제
로 가는 이동 루트가 있었던 것으로 보인다.
『高麗史』卷 第2 世家 第2 太祖 19年
秋九月王率三軍至天安府合兵進次一善郡神劍以兵逆之. 甲午隔一利川而陣王與甄萱觀兵.
(中略) 王命大將軍公萱直 擣中軍三軍齊進奮擊賊兵大潰. 虜將軍昕康見達殷述今式又奉
等三千二百人斬五千七百餘級. 賊倒戈相攻我師追至黃山郡蹄炭嶺駐營馬城. 神劍與其弟
菁州城主良劍光州城主龍劍及文武官僚來降.
31) 尹明喆, 「海洋史觀으로 본 한국 고대사의 발전과 종언」, 『한국사연구』123, 2003,
p.181

제3절 己汶의 위치 비정

다음으로는 帶沙와 멀지 않은 곳에 있는 己汶의 지명 비정을 통해 당시의 정황을 확인해 보기로 하자. 己汶의 지명 비정과 관련해서 단서를 찾을 수 있는 사료로는 다음과 같은 것들이 있다.

　(ㅈ) 『新撰姓氏錄』 左京皇別下 吉田連條
　　任那國奏曰 臣國東北有三己汶地 [上己汶 中己汶 下己汶]地方三百里 土地人民易富饒 與新羅國相爭 彼此不能攝治 兵戈相尋 民不聊生

　(ㅊ) 『續日本後紀』卷 第6 仁明 承和 4年 6月
　　始祖鹽乘津 大倭人也. 後順國命 往居三己汶地. 其地遂隸百濟. 鹽乘津 八世孫 達率吉大尙 其弟少尙等 有懷土心 相尋來朝. 世傳醫術 兼通文藝. 子孫家奈良京田村里 仍賜姓吉田連.

　(ㅋ) 『翰苑』卷 第30 蕃夷部 百濟 熊水西流 侶百川百濟驚 所引 「括地志」
　　又有基汶河在國 源出其國 源出其國南山 東南流入大海 其中水族與中夏同

　(ㅌ) 『梁職貢圖』
　　旁小國 有叛波, 卓, 多羅, 前羅, 斯羅, 止迷, 麻連, 上己文, 下枕羅 等附之

　우선 (ㅌ) 『梁職貢圖』의 경우 백제의 旁小國으로 叛波, 上己文이 보이기 때문에 이들을 『日本書紀』에 나오는 伴跛, 己汶으로 볼 수 있을 것이다. 따라서 『梁職貢圖』를 통해서 伴跛, 己汶이 등장하는 기사가 6세기 초반의 백제 실상을 전해주고 있다는 것을 알 수 있다.[32]

---

32) 『梁職貢圖』는 526년부터 534년 사이에 작성된 문건으로 파악되며,(김영심, 「5~6세기 百濟의 地方統治體制」, 『韓國史論』22, 1990, pp.66-67) 특히 武寧王이 521년 梁

己汶의 위치에 대해서는 현재 남원설이 통설로 되어 있다.[33] 己汶 = 南原說의 근거로 삼고 있는 것이 (ㅋ)의 기사이다. 『翰苑』 「括地志」의 基汶河에 대한 기술인데, 여기서 百濟의 남쪽 산을 지리산으로 추정하고 지리산에서 발원하여 동남으로 흘러 바다로 들어가는 하천으로 蟾津江을 지목한 것이다. 즉, 基汶이 己汶과 동일한 지역인 것으로 파악하고 己汶을 남원이나 인접 지역인 임실로 비정하고 있다.

그러나 基汶河의 基汶이 己汶을 의미하는 것인지에 대해서는 音相似 외에 다른 판단 근거가 없다. 지리산에서 발원하여 동남으로 흐르는 강을 蟾津江으로 보았지만, 蟾津江의 경우 발원지는 전북 진안의 데미샘이며 강이 지리산 일대를 지나고 있을 뿐이다. 오히려 지리산에서 발원해서 동남으로 흐르는 강은 덕천강이며 덕천강과 만나는 남강 또한 남덕유산을 발원지로 해서 지리산 일대를 지나 동남으로 흐르고 있기 때문에 『翰苑』 「括地志」의 기록만으로 基汶을 남원으로 특정할 수는 없다.

반면 己汶에 대해서 경북 김천시의 開寧으로 보는 경우에는 音相似와 더불어 사료에 등장하는 지리적 위치 및 지형적 조건 등을 함께 아울러 고찰할 수 있다는 것이 주목된다.

우선 己汶, 己文, 甘文 등의 비슷한 음을 근거로 하고 있을 뿐만 아니라 앞서의 帶沙 지역과 연결하여 당시 백제가 洛東江 유역의 가야 지역에 진출하는 정황을 추론하게 되면 己汶을 開寧에 지명 비정할 수 있게 된다.

『三國史記』 地理志 開寧郡條에서는 禦悔縣이 본래 今勿縣이라고 기록하고 있다. 여기서 今勿은 甘文이 轉化된 것으로 볼 수 있기 때문에 甘文의 치소는 대체적으로 현재 김천시 개령면, 감문면, 어모면 일대인 것으로 추정된다.

에 보낸 사신의 전언일 가능성이 크다.

33) 어원과 관련해서는 今西龍 이래 남원의 古名인 古龍이 大水라는 의미의 己汶과 同語라고 분석하고 있지만(今西龍, 앞의 책, pp.388-390), 자의적인 면이 없지 않다.

현재 이 지역에는 5세기대로 볼 수 있는 감문산성과 속문산성 등이 거점
성으로 세워져 있던 것으로 판단되며 주변에는 동부, 양천리 고분군, 서부
리고분군과 문무리고분군 등 5세기를 중심으로 하여 6~7세기까지 구축되었
던 고분군이 분포하기 때문에 이를 통해 당시 甘文國의 상황을 짐작할 수
있다.[34]

(ㅈ), (ㅊ)의 기사는 후에 일본으로 건너왔던 백제 출신 吉大尙의 선조에
대한 기술이다. 이 내용은 백제 멸망 후 백제 유민들이 일본에 살면서 자기
조상의 기원을 야마토 정권과 연결시키려고 했던 것으로 후대 일본의 윤색
으로부터 나온 기술이다. 하지만, 이들 기록에는 己汶이라는 명칭이 나올
뿐만 아니라 당시 己汶의 지리적인 위치를 짐작할 수 있는 부분이 있어 주
목된다.

『新撰姓氏錄』吉田連條 기사를 보면, 上己汶 中己汶 下己汶으로 구성되어
있는 己汶이 任那의 東北에 있고 新羅와 相爭하는 위치에 있는 것으로 나타
나고 있다. 우선 신라와 상쟁하고 있다는 기록을 통해 己汶의 위치는 蟾津
江 유역이 아니라 洛東江 유역으로 보는 것이 타당한 것임을 알 수 있다.

더욱이 임나의 東北이라는 표현을 통해 보면 섬진강은 전혀 타당하지 않
게 된다. 오히려 이 두 가지를 충족할 수 있는 지역으로는 김천 부근일 가
능성이 높다.

그런데, 여기서 임나를 고령으로 볼 경우 정동북에 위치하고 있는 지역
은 실제 善山 지역이다. 선산의 경우 낙동강 以東으로 洛山洞古墳群이 군집
하고 있다.

특히 앞서 (ㅂ)의『日本書紀』繼體 10년에 보이는 物部連의 이동 경로를
통해 보면 낙동강에서 己汶으로 통하는 입구는 낙산동고분이 조성되어 있
는 일대로 추정할 수 있을 것이다. 이 일대에 나타나는 낙산동고분군은 月
波亭山, 鄭墓山, 不老山 고분군을 중심으로 군집해 있는데, 그동안 이들 고

---

34) 慶北大學校博物館, 金泉市,『甘文國-유적정비를 위한 정밀지표조사』, 2005

분군에 대해 문헌을 통해서는 확인할 수 없는 것으로 보아왔다. 현재 전체적으로 발굴조사가 이루어지지 않았지만, 3~4세기의 고식고분시대와 5~7세기 고총고분시대, 7~8세기의 석실고분 시대의 고분군으로 분류되고 있다.[35]

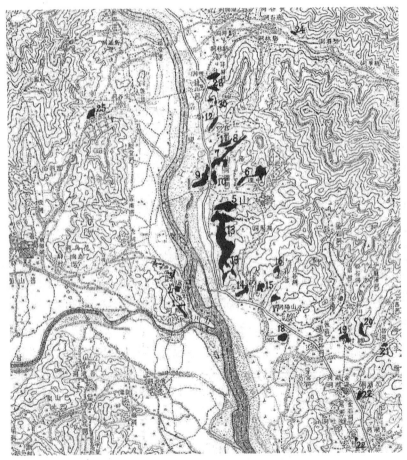

〈그림 2〉 선산 낙산동고분군 분포도[36]

35) 曉星女子大學校博物館, 『善山 洛山洞 古墳群 地表調査報告』, 1989
36) 대구가톨릭대학교박물관, 『善山 洛山洞 鄭墓山古墳群 發掘調査報告』, 2008 참조

1989년 발굴조사된 月波亭山古墳群 22, 28, 31, 32, 37, 38호분의 경우 횡구식석곽분이 주류를 이루고 있으며 대체적으로 5세기전반부터 6세기 전반에 해당되어 신라에 병합되기 이전의 고분으로 추정하고 있다.37)

특히 이들 선산 낙산동고분군은 낙동강과 감천이 맞닿은 위치에 있으며 감천을 따라 김천과 연결되는 지역이다. 따라서 三己汶으로 구성되어 있는 己汶이 이들 선산 지역까지 포괄하고 있었던 것으로 판단된다.

그러나 開寧 지방이 늦어도 5세기 후반 이래 신라에 복속되었을 것이라는 추정을 근거로 己汶의 開寧說을 부정하기도 한다.38) 또는 『三國史記』 助賁尼師今 2년조(231년)에 昔于老가 甘文國을 쳐서 군으로 삼았다고 하는 기록을 그 이유로 들고 있다.39) 하지만, 실제 3세기나 5세기에 신라가 이 지역을 점유했는지에 대해서는 의문의 여지가 있다.

실제 開寧 지방이 신라에 편입된 시기는 진흥왕 18년으로 기록되어 있기 때문이다.40) 『三國史記』에는 진흥왕 18년(557년)에 사벌주에 두었던 上州軍主를 甘文州로 옮겼다는 기사가 나오고 이는 昌寧碑41)에도 나타난다. 또한 진평왕 36년(614년)에는 감문주를 폐하고 一善州(선산)로 옮기게 된다.

그렇다면 甘文國은 신라가 가야의 지역을 점차 점유하였던 진흥왕대(534~576년)에 들어와서야 신라에 편입되었던 것으로 보이며 진평왕 36년(614년)에 州를 폐지하고 一善州로 옮긴 이후부터 문무왕 원년(661년)에 甘文郡을 두었을 때까지 소속이 불분명한 것으로 되어 있다. 이때는 감문이

---

37) 李殷昌, 「善山 洛山洞 古墳의 硏究Ⅰ -洛山洞 月波亭山 古墳群의 發掘調査를 中心으로-」, 『嶺南考古學』10, 1992, pp.107-109
38) 김태식, 앞의 책, p.118
39) 『三國史記』 卷 第2 新羅本紀 助賁尼師今 2年
　秋七月 以伊湌于老爲大將軍 討破甘文國 以其地爲郡
40) 『三國史記』 卷 第4 新羅本紀 眞興王 18年
　以國原爲小京 廢沙伐州 置甘文州 以沙湌起宗爲軍主 廢新州 置北漢山州.
41) 眞興王 昌寧碑
　甘文軍主沙喙心夌夫智及尺干 上州行使大等沙喙宿欣智及尺干

신라에 편입되어 있지 않았고 백제에 편입되었기 때문일 가능성이 높다.

이러한 내용은 (ㅈ)의 『新撰姓氏錄』에서와 같이 신라와 상쟁하여 피차 다스리지 못하고 전쟁만을 계속하여 民이 살기에 어렵다는 구절과 상통한다. 즉, 己汶이라는 지역은 백제와 신라가 영역을 다투었던 곳으로 백제가 멸망하기 직전에는 백제의 영역이었다는 것을 말해 준다.

그런데, 신라가 법흥왕 11년(525년)에 설치한 사벌주를 폐지하고 감문주를 설치했으며, 이후 감문주를 폐지하고 一善州를 설치하여 상주, 개령, 선산으로 軍主를 옮겼던 기록이 보인다. 이러한 정황은 개령의 경우, 백제에게 다시 점령당했던 당시의 대외적 상황과도 관련이 있는 것으로 보이지만, 실제로는 이들 세 지역이 신라에 편입되기 이전에 서로 연관성이 있었던 지역이었기 때문은 아니었을까? 즉, 이들 지역이 소위 三己汶에 해당하는 지역으로서 대외적 상황에 따라 이들 지역을 통제 및 관리하기 위한 방편에서 순차적으로 軍主를 옮겼던 것은 아닌가 싶다.

이미 6세기 초 이전에 백제가 경북 북부 지방을 점령하였던 것은 『三國史記』의 무령왕 12년조에서 '고구려가 加弗城와 圓山城을 점령하자 무령왕이 勇騎 3,000을 거느리고 葦川의 북에서 싸워 고구려군을 대파하였다'는 사실에서도 알 수 있다.[42]

또한 백제가 소백산맥 이남을 점령했던 내용은 『日本書紀』의 東韓之地 관련 기술을 통해서도 알 수 있다.

『日本書紀』應神 8年과 應神 16年의 기록에서[43] 『日本書紀』 찬자의 윤색

---

42) 圓山城은 예천군 용궁으로 추정되며 葦川은 그 부근에 있는 내성천에 비정될 수 있다(千寬宇, 앞의 책, p.42)

43) 『日本書紀』卷 第10 應神 8年 春3月
百濟人來朝[百濟記云 阿花王立无禮於貴國 故奪我枕彌多禮 及峴南 支侵 谷那 東韓之地 是以 遣王子直支于天朝 以脩先王之好]
『日本書紀』卷 第10 應神 16年
是歲 百濟阿花王薨 天皇召直支王謂之曰 汝返於國以嗣位 仍且賜東韓之地而遣之[東韓者 甘羅城 高難城 爾林城 是也.]

을 걷어내고 광개토왕비문을 통해 당시의 전투 실상을 판단하게 되면, 백제
가 고구려의 공격으로 東韓之地 등을 침탈당하고 회복했던 것으로 재해석
할 수 있다. 즉, 광개토왕비문에서 고구려가 동쪽의 소백산맥 이남으로 진
출하기 위한 교두보를 마련하기 위해 백제와 상쟁했던 지역이 『日本書紀』
에서 백제와 고구려가 서로 각축을 했던 東韓之地이며 이는 『三國史記』 地
理志를 통해서는 고구려와의 접점이었던 지방 중에 奈已郡(경북 영주) 지역
이 백제의 영역으로 기록되어[44]) 있기 때문에 특히 주목된다.[45])

또한 『日本書紀』 顯宗 3年 紀生磐宿禰의 반란에 등장하는 爾林의 경우
도[46]) 나루를 이용해서 백제의 동쪽 루트인 東道로 이동할 수 있는 강은 낙
동강인 것을 확인할 수 있다.

따라서 이들 東韓之地의 지역은 고구려와 백제가 상쟁했던 소백산맥 부
근의 영주, 예천 지역에 해당되므로 이는 백제가 바로 남쪽에 위치하고 있
던 己汶에 영향력을 끼치고 있었던 당시의 상황과도 연결 지을 수 있다.

실제 己汶, 帶沙의 탈환 이후 한반도 남부의 상황을 보면, 백제는 安羅에
군사를 배치하여 신라와 대치를 하고 있었으며 南加羅, 喙己呑, 卓淳이 신라
에 망하는 상황이 연속된다. 또한 이후 『日本書紀』 欽明紀의 기록을 보면
낙동강과 구례산을 중심으로 하여 백제와 신라가 경계를 이루고 있음을 알
수 있다. 그러한 정황으로 보면 己汶, 帶沙의 위치는 安羅의 북단인 낙동강

---

44) 『三國史記』 卷 第35 雜志 第 地理2 朔州
   奈靈郡 本百濟奈已郡 婆娑王取之 景德王改名 今剛州
45) 東韓之地의 위치와 관련해서는 본서 제Ⅰ편 제2장 『日本書紀』 應神紀 東韓之地에
   대한 고찰 참조
46) 『日本書紀』 卷 第15 顯宗 3年
   是歲 紀生磐宿禰 跨據任那 交通高麗 將西王三韓 整脩宮府 自稱神聖 用任那左魯那奇
   他甲背等計 殺百濟適莫爾解於爾林[爾林高麗地也.] 築帶山城 距守東道 斷運粮津 令軍
   飢困 百濟王大怒 遣領軍古爾解 內頭莫古解等 率衆趣于帶山攻 於是 生磐宿禰進軍逆
   擊 膽氣益壯 所向皆破 以一當百 俄而兵盡力竭 知事不濟 自任那歸 由是 百濟國殺佐
   魯那奇他甲背等三百餘人

유역이 되어야 옳을 것이다.

제4절 백제의 남부 지역 진출

한편 (ㅍ)의 기사에도 己汶이 등장하고 있다.

(ㅍ) 『三國史記』卷 第37 雜志 第6 地理4 高句麗 百濟
支潯州九縣 己汶縣 本今勿. 支潯縣 本只彡村. 馬津縣 本孤山. 子來縣
本夫首只. 解禮縣 本皆利伊 古魯縣 本古麻只. 平夷縣 本知留. 珊瑚縣 本
沙好薩. 隆化縣 本居斯勿.

대체적으로 (ㅍ)의 기사는 백제가 멸망 후 그 지역에 唐이 두었던 것으로
보이는 도독부 7주 중에 하나인 支潯州 9縣을 가리키는 것으로 추정되며,
그 중에 己汶縣을 지금의 禮山郡에 비정하는 것이 통설로 되어 있다.[47] 그
래서 그동안 이 기사에 나오는 己汶은 서해안과 가까운 곳으로 인식되어 위
치상의 부적합성으로 인해 己汶에 대한 논의에서 제외되어 왔던 기사이다.
즉, 『三國史記』 地理志 伊山郡條에 今武縣을 今勿縣으로 적고 있기 때문에
己汶의 원래 이름인 今勿을 예산군 일대로 추정하였던 것이다.

하지만, 『三國史記』 地理志 開寧郡條에서는 禦侮縣이 본래 今勿縣이라고
하여 今勿을 김천 부근을 가리키는 것으로 기록하고 있다. 이러한 측면에서
(ㅍ)의 기사를 다시 음미해볼 필요가 있다. 그동안 백제가 마지막까지 점유
하였던 지역으로 추정되는 支潯州 9縣에 대한 통설적인 지명 비정은 孤山
을 예산 부근으로 보고, 夫首只는 『三國史記』 地理志에 나오는 伐首只縣(당
진)과 같은 지명으로 보아 대체적으로 支潯州를 서산, 당진, 예산 등의 서해

---

47) 李丙燾 譯註, 『三國史記』下, 乙酉文化社, 1983, p.230

안 일원으로 보아왔다.[48]

하지만, 그럴 경우 석연치 않은 점이 있다. 특히 隆化縣에 관한 것인데, (ㅍ)에서 隆化縣을 본래 居斯勿이라 적고 있기 때문이다. 居斯勿은 『三國史記』地理志에 의하면 任實郡의 靑雄縣이 본래 백제의 居斯勿인 것을 알 수 있다. 남원의 북방인 居斯勿이 支潯州 9縣에 속해 있는 것이다. 이는 支潯州 9縣이 서해안을 가리키는 것이 아니라는 것을 반증하고 있다.

그러한 상황은 『三國史記』地理志에서 개령군의 영현 중에 武豐이 들어 있는 정황으로 짐작할 수 있다. 무풍현은 지금의 전북 무주로서 이는 당시 김천 지역에서부터 무주까지의 지역이 서로 연결되어 있었다는 것을 의미한다. 이러한 상황은 백제가 멸망 후 당나라가 두었던 것으로 보이는 支潯州 지역도 과거 先學이 서해안 일원으로 비정했던 것 보다 오히려 김천에서 무주를 거쳐 임실에 걸치는 지역이었을 확률이 높다.

그동안 금산, 진안, 장수, 임실 등 호남 동부의 섬진강 유역에 대해 가야의 영역으로 보는 견해가 있었다. 그것은 帶沙를 하동으로 비정하고 대가야가 5세기 중엽부터 고령, 거창, 함양, 남원, 구례, 하동 지역을 연결하는 교역루트를 개척하기 시작해서 5세기 후엽에는 이들 지역을 장악해 대가야권을 형성했던 것으로 보았기 때문이다.[49] 또한 대가야의 고령식 토기를 설정한 후 고령식 토기의 분포를 조사하여 그 분포권이 당시에 정치적인 의미가 있는 것으로 보기도 했다. 따라서 5세기 중엽 이후 섬진강 중하류 일대에서 나타나는 가야게 토기의 분포 양상을 중심으로 하여 남원, 운봉 지역을 포함하는 일대를 대가야의 간접지배권역으로 포함시키기도 했다.[50]

그러나 이러한 논의는 고고학 자료에 대한 면밀한 분석 과정을 거치치

---

48) 金正浩가 『大東地志』에서 支潯을 충남 대흥현으로 본 이후 충남 서해안 일원으로 보고 있다.
49) 朴天秀, 「大伽倻의 古代國家 形成」, 『碩晤尹容鎭敎授停年退任紀念論叢』, 1996
50) 李熙濬, 「토기로 본 大伽倻의 領域과 그 변천」, 『加耶史硏究』, 慶尙北道, 1994

않고 단편적인 고고학 자료를 문헌에 접목시키려 했던 경향이 짙다. 특히 이 지역의 성격을 이해하는데 빼놓을 수 없는 것은 古墳이다. 아직도 가야계 중대형 봉토분의 존재가 보이지 않는 상황에서 봉분의 직경이 10미터 내외되는 말무덤을 비롯하여 수혈식석곽묘와 횡혈식석실분이 동일 지역에 공존하고 있는 것이 이를 반증해 주고 있다. 순천 운평리고분군을 제외하고는 가야의 봉토분이 보이지 않는 상황에서 오히려 가야와 관련된 자료에만 비중을 두어 백제와 관련된 자료가 외면되거나 의미가 축소된 것이다.[51] 특히 남원 초촌리에서 200여 기의 횡혈식석실분이 자리하고 있으며 남원 척문리에서 銀製花形冠飾과 백제토기 및 관고리가 수습된 것은[52] 이 지역에 대한 당시 백제의 지배 상황을 잘 알려주고 있다.

최근 운봉 지역의 남원 두락리, 유곡리고분군 32호분에서 금동신발과 청동거울이 나온 상황도 이 지역에 대한 백제 지배의 정황을 증명해주고 있다. 무덤 내부에서 가야토기가 발굴되었지만, 익산 입점리 1호분과 나주 신촌리 9호분에서 출토된 금동신발과 유사한 것이 출토되었으며 청동거울 또한 무령왕릉 수대경보다 30년 정도 앞서 부장된 것으로 추정되어 고분의 연대는 5세기 후엽으로 판단하고 있다.[53]

이는 무덤이나 토기의 양식이 다르더라도 동일한 위세품이 나타나고 있는 백제의 한반도 남부 통치의 정황을 여실히 보여주고 있는 것이다.

그동안 섬진강 유역에서 가야 계통의 토기가 나오는 것에 주목하면서 이 유적을 가야의 것과 연관시키는 견해가 많았다. 그러나 섬진강 유역에서는 가야 토기가 일색을 이루지 못하고 백제 토기와 섞여 있는 양상을 보인다.

---

51) 任實 金城里에서는 가야토기와 백제 토기가 혼재되고 있음에도 불구하고 가야토기의 속성이 담긴 有蓋長頸壺만 고고학 자료로 인용되었다. (郭長根, 앞의 논문, pp.90-91)
52) 洪思俊, 「南原出土 百濟冠飾具」, 『考古美術』90, 1968
53) 전북대학교박물관, 남원시, 『남원 두락리, 유곡리 고분군 발굴조사 - 32호분』, 자문위원회 및 현장설명회 자료, 2013

따라서 이러한 출토현황으로 볼 때 단순히 대가야의 영역으로 설정할 수 있을지 의문이다. 토기 등은 생활 유물로서 이를 교류의 산물이 아니라 단선적으로 영토의 점유 등 정치적인 현상과 결부시키려는 기존의 시각에 문제가 있었던 것을 보여주는 단적인 사례가 아닌가 싶다.

오히려 이들 지역에 일부 가야의 성향이 보이는 것은 가야의 세력권이었다기보다는 가야에 살던 사람들이 다시 백제의 지역으로 이주해서 살았기 때문인 것으로 추정된다.

이에 대해서는 다음의 기사가 주목된다.

(ㅎ) 『日本書紀』 卷 第17 繼體 3년
春二月 遣使于百濟.[百濟本記云 久羅麻致支彌 從日本來 未詳也] 括出在任那日本縣邑 百濟百姓 浮逃絶貫 三四世者 並遷百濟附貫也.

이 기록은 『日本書紀』의 기년으로는 509년의 것으로 任那에 있는 백제의 백성 중에 도망 온 자와 호적이 끊어진 지 3~4대되는 자를 찾아내어 백제에 옮겨 호적에 올렸다는 내용이다. 물론 日本縣邑이라든지 일본을 주체로 하여 표현된 것은 『日本書紀』 편자의 윤색으로 이는 백제에 의해 수행되었던 것으로 보는 것이 타당하다.

그런데 (ㅎ)의 기록을 통해서 원래는 백제에 있었던 백성이었는데 이들이 가야로 도망하여 호적에 빠져서 백제 백성이 아닌 가야 백성으로 생활해왔다는 것을 알 수 있다. 이 때문에 백제에서는 이들을 다시 찾아내어 백제의 호적에 올렸던 것이다. 그렇다면 이처럼 가야 지역에 있던 백제인을 다시 원래의 백제로 돌려보냈던 이유는 무엇이었을까?

도망한 자를 백제에 옮겼다는 행위와 관련해서는 백제가 고구려에 빼앗긴 한강유역을 대신하여 남부 지방의 노동력 확보 때문에 쇄환한 것으로 보는 견해가 있으며,[54] 유식백성의 귀농과 호적정비를 위한 인구 추쇄책과

관련지어 지방관인 道使 파견의 필요성을 언급한 견해가 있다.[55]

하지만, 이는 백제가 武寧王 때에 들어서 지방통치체제를 강화하고 가야 지역에 대한 직접 지배를 진전시키고 있었기 때문에 가야 지역에서 활동했던 백제인을 일단 백제의 구역 안으로 돌려보낼 필요성이 있었던 것으로 보인다. 가야 지역에 있던 백제인을 돌려보낸 이후에 백제가 任那 4縣에 진출하고 伴跛와 직접 전쟁을 수행했던 것을 통해서도 알 수 있는 것처럼 백제가 가야 지역에 대해 무력을 사용해서라도 직접 통치로 전환하고자 하는 정황을 읽을 수 있다. 즉, 가야 지역에 있던 백제인을 다시 원래의 백제로 돌려보냈던 것은 백제가 가야 지역에 대해 군사력을 포함한 직접 지배로 전환을 하기 위한 정지 작업의 일환이었던 것으로 추정된다.

따라서 섬진강 일원에서 가야토기가 나타나는 지역은 가야 지역으로 도망간 백제 백성을 쇄환하여 머물게 했던 지역인 것으로 추정된다.[56] 2~3세대에 걸쳐 가야에서 살았기 때문에 백제 지역에 돌아와서도 가야 방식의 유습이 남아 일부 토기의 양식이 가야 계통으로 나타났던 것이다. 그렇기 때문에 토기 등의 생활 유물을 통해 영토의 획정 등 정치적 경계를 상징하는 단서로 삼는 것은 올바른 방법론이라고 볼 수 없다. 결국 문헌 분석을 통해보면 섬진강 유역은 이미 6세기 이전에 백제의 영역이었고 가야에서 돌아온 이들에 의해 加耶風의 유적, 유물이 남게 된 것으로 판단된다.

---

54) 盧重國, 『百濟政治史硏究』, 一潮閣, 1988, p.164

55) 金壽泰, 「百濟의 地方統治와 道使」, 『百濟의 中央과 地方』, 忠南大百濟硏究所, 1997, pp.223-224

56) 섬진강 유역에서 수습된 가야 후기의 토기류가 백제 토기와 혼재되어 있으면서 이들 토기의 중심연대가 대체로 6세기 전반기에 비정되고 있기 때문에 백제에서 가야지역의 백성을 쇄환하여 머물게 했던 지역으로 보인다. (郭長根, 앞의 논문, pp.116-117)

제5절 맺음말

지금까지 6세기에 들어 백제가 남부 가야 지역에 진출하면서 나타난 己汶과 帶沙의 지명 비정에 대해 고찰해보았다.

우선 『日本書紀』 繼體紀에 나타나고 있는 己汶과 帶沙의 할양 기사는 『日本書紀』의 任那 지배 사관을 전제로 한 찬자의 윤색으로 원래는 백제가 이들 지역을 직접 영토화하려 했던 것으로 파악할 수 있다. 하지만, 이들 지역을 어디로 보느냐에 따라 당시 백제의 남부 진출 판도가 확연하게 달라지기 때문에 6세기초 한반도 남부의 정황을 파악하기 위해서는 반드시 짚고 나가야 하는 문제임에는 틀림없다.

그동안 연구자들마다 개별 사료의 비판 및 지명 비정의 차이로 인하여 아직도 논란이 있는데, 현재 己汶, 帶沙 지역을 섬진강 주변에 비정하면서 己汶의 경우 남원을 중심으로 한 임실 일대로 비정하는 것이 학계의 통설이다.

하지만, 본고의 연구 결과에 의하면 己汶, 帶沙 지역을 낙동강 중류 지역으로 볼 수 있었다. 특히 『三國史記』 地理志의 '多斯只縣'은 현재 대구 달성군 다사면의 낙동강과 금호강이 합류하는 일대로 이 지역에 남아 있는 죽곡동산성의 지리적인 위치를 통해 帶沙 지역으로 판단할 수 있었다.

죽곡동산성의 지형적인 조건은 『日本書紀』 繼體紀에서 백제가 伴跛와 결전을 벌였던 帶沙江의 현황과 일치하고 있다. 伴跛가 주변에 城을 쌓고 봉수 등을 설치했다는 기록과 신라를 핍박하고 백성과 촌읍을 약탈했다는 기록이 죽곡동산성 부근에서 낙동강 연안을 따라 東岸에는 문산동산성, 화원토성, 설화동산성, 양동산성이 있고 西岸에는 월성리토성, 무계리산성, 봉화산성 등이 남아있는 정황과 일치한다. 또한 죽곡동산성의 동쪽으로 대구 분지를 지나 경주까지 연결되고 있는 것도 帶沙江이 낙동강이라는 상황을 증명해주고 있다.

따라서 己汶의 경우도 죽곡동산성을 통해 낙동강 상류로 올라가는 지역

에서 찾아야 할 것이다. 『新撰姓氏錄』에서 己汶이 任那의 東北에 있고 新羅
와 相爭하는 위치에 있는 것으로 나타나고 있는 것으로 보아 김천 開寧의
甘文國 일대를 중심으로 해서 감천과 낙동강이 만나고 있는 선산의 낙산동
고분군까지 포함하는 지역이었을 것으로 보았다.

이같이 문헌적 분석을 통해보면 己汶, 帶沙의 기술과 합치되는 지역은 낙
동강 유역에 위치해있어야 만이 옳은 분석이 된다.

결국 백제는 6세기초에 들어서면서 동남쪽 방면으로 낙동강 유역의 己汶
과 帶沙를 직접 영역화하면서 가라諸國들을 압박해 가는 추세에 있었던 것
이다.

제2장 『日本書紀』 소위 '任那 4縣 할양' 기사에 대한 고찰

제1절 머리말

6세기에 해당되는 『日本書紀』 繼體紀의 기사 중에는 다수의 한반도 관련 내용이 기록되어 있다.

그런데 『日本書紀』 繼體紀 6세기 초엽의 기사에는 任那의 日本縣邑이라는 용어가 나타날 뿐만 아니라 야마토 정권이 백제에게 任那의 영토를 할양하는 내용이 서술되어 있다. 즉, 繼體 6년조에는 야마토 정권이 백제에게 任那 4縣을 賜與하고 있으며 繼體 7년~10년조에는 야마토 정권이 己汶, 帶沙 등의 영토를 백제에 賜與하였다는 기사가 등장한다.

그러나 『日本書紀』가 기본적으로 후대의 천황주의적 사관에 의해 윤색되어 4세기부터 야마토 정권이 任那를 통해 한반도 남부를 지배한 것을 전제로 하여 찬술하고 있다는 것은 지금까지 필자가 분석해왔던 바이다. 따라서 이들 할양 기사의 경우도 『日本書紀』가 지니고 있는 任那 지배 사관을 전제로 한 찬자의 서술로 볼 수 있기 때문에 문자 그대로 이해하기는 어렵다. 실제로는 백제의 가야 지역 진출에 따라 이루어진 백제의 병합으로 이해하는 것이 타당할 것이다. 그럼에도 불구하고 일본학계에서는 繼體 6년조 任那 4縣의 할양 기사에 대해 왜의 한반도 번국관에 입각하여 야마토 정권으로부터 할양받은 백제가 남부로 진출한 것으로 본 이래[1] 아직도 임나 4현의 할양을 사실로 보고 있는 견해가 남아있는 것이 현실이다.

또한 임나 4현의 위치와 관련해서도 일본 학계에서는 대체적으로 末松保
和가 전남 지역으로 비정한 이후2) 현재까지도 통설로 인식되고 있다. 이러
한 상황은 일본의 고등학교 검인정 역사 교과서에서 임나의 지역이 전라남
도까지 표시되어 있는 것만을 보아도 그 실상을 짐작하고 남음이 있다.3)

이러한 임나 4현 논의에 대해 한국학계에서는 그 지명을 섬진강 以西 지
역인 전라남도 동부 지역으로 보고 있는 것이 현재까지의 통설이라고 할
수 있다.4)

그렇다면 이처럼 임나 4현의 위치를 전남 지역으로 한정하고 있는 것이
타당한 분석일까?

일단 이들 지역을 비정함에 있어서 일찍이 일본학자들이 任那 4縣을 전
남지방에, 己汶, 帶沙 지역을 섬진강 유역으로 비정하면서 소위 일본의 직
할지라고 하는 임나의 지역을 넓히고 한반도 남부에 대한 백제의 영향력을
축소시키려 했다는 점은5) 유념해야 할 부분이다.

특히 『日本書紀』 繼體 7년 6月조 이하에 등장하는 己汶, 帶沙 지역은 『日
本書紀』, 『新撰姓氏錄』 등 문헌에 나오는 방향과 지리적 위치에 관한 기록
을 면밀하게 검토하게 되면 섬진강 유역이 아닌 낙동강 중류 일대로 볼 수
있게 된다.6)

따라서 임나 4현에 대한 위치도 새롭게 비정되어야 하며 그 실상을 면밀

1) 津田左右吉, 『朝鮮歷史地理』1, 南滿洲鐵道株式會社 1913, pp.165-166
2) 末松保和, 『任那興亡史』, 吉川弘文館, 1956, pp.118-123
3) 山川出版社, 明成社 등 일본 고등학교 검인정 역사교과서에서는 大伴金村이 임나
   4현을 백제 측에 할양했다는 내용을 싣고 있어 전라도 지역이 왜왕권의 세력 하에
   있었다는 것을 암시하는 서술을 하고 있다. 일본 역사교과서에 대한 서술에 대해서
   는 연민수, 「일본 역사교과서의 古代史 서술과 對韓認識」, 『일본학』35, 2012 참조
4) 全榮來(「百濟南方境域의 變遷」, 『千寬宇先生還曆紀念韓國史學論叢』, 1985) 이후 많
   은 한국학자들이 이 설을 따르고 있다.
5) 鮎貝房之進, 「日本書紀朝鮮地名攷」, 『雜攷』7, 下卷, 朝鮮印刷株式會社, 1937 ; 末松
   保和, 앞의 책, 1956
6) 본서 제III편 제1장 己汶, 帶沙 지명 비정에 대한 일고찰 참조

하게 살펴볼 필요가 있다고 판단된다. 이에 본고에서는 사료 비판을 통해 논란이 되고 있는 임나 4현에 대한 논의를 재검토하여 임나 4현에 대한 지명 비정을 새로이 하고 6세기초 한반도 남부 지역에 진출한 백제의 실상을 고찰해보고자 한다.

제2절 任那 4縣 기사의 사료적 검토

임나 4현의 기사가 등장할 때까지 『日本書紀』 繼體紀에 보이는 일련의 한반도 관계 기사는 다음과 같다.

(ㄱ) 『日本書紀』 卷 第17 繼體 2년
十二月 南海中耽羅人初通百濟國

(ㄴ) 『日本書紀』 卷 第17 繼體 3년
春二月 遺使于百濟.[百濟本記云 久羅麻致支彌 從日本來 未詳也]括出在任那日本縣邑 百濟百姓 浮逃絶貫 三四世者 並遷百濟附貫也.

(ㄷ) 『日本書紀』 卷 第17 繼體 6년
夏四月辛酉朔丙寅 遺穂積臣押山 使於百濟 仍賜筑紫國馬卌匹
冬十二月 百濟遺使貢調 別表請任那國 上哆唎, 下哆唎, 娑陀, 牟婁四縣
哆唎國守穂積臣押山奏曰 此四縣 近連百濟 遠隔日本 旦暮易通 鷄犬難別
今賜百濟 合爲同國 固存之策 無以過比 然縱賜合國 後世猶危 況爲異場 幾
年能守 大伴大連金村 具得是言 同謨而奏 迺以物部大連廳鹿火 宛宣勅使
物部大連 方欲發向難波館 宣勅於百濟客 其妻固要曰 夫住吉大神 初以海表
金銀之國 高麗 百濟 新羅 任那等 投記胎中譽田天皇 故大后氣長足姬尊 與
大臣武内宿禰 每國初置官家 爲海表之蕃屏 其來尙矣 抑有由焉 縱削賜他
違本區域 綿世之刺 詎離於口 大連報曰 教示合理 恐背天勅 其妻切諫云 稱

疾莫宣 大連依諫 由是 改使而宣勅 付賜物幷制旨 依表賜任那四縣 大兄皇
子 前有緣事 不關賜國 晩知宣勅 驚悔欲改 令曰 自胎中之帝 置官家之國
輕隨蕃乞 輒爾賜乎 乃遣日鷹吉士 改宣百濟客 使者答啓 父天皇 圖計便宜
勅賜旣畢 子皇子 豈違帝勅 妄改而令 必是虛也 縱是實者 持杖大頭打 孰與
持杖小頭打痛乎 遂罷 於是 或有流言曰 大伴大連與哆唎國守穗積臣押山受
百濟之賂矣

(ㄱ)은 백제가 탐라와 처음 통교했다는 기록인데, 주지하는 바와 같이 南
海中이라는 표현은 백제 중심의 표기이기 때문에 백제 측의 기록을 통해 서
술되었을 것으로 판단된다. 다만, 탐라와의 관계는『三國史記』에 문주왕의
기록에 등장하여7) 동성왕 때 탐라가 貢賦를 바치지 않자 무진주까지 親征
했던 것으로 보면8) 일단 繼體 2년(508년)에 백제가 처음 통교했다는 것은
타당하지 않다. 아마 그 이전에 진행되었던 관계를 적극적인 압박에 의한
복속관계로 개편했다거나9) 점차적으로 백제에 의해 직접 통제에 이르렀던
과정을 보여주는 것으로 판단된다. 특히 제주도를 비롯한 남해 제해권 장악
을 의미하는 것으로 보인다.

(ㄴ)의 경우는 509년 야마토 정권이 백제에 사자를 보내 任那의 日本縣邑
에 있는 백제 백성을 백제의 호적에 올리게 하였다는 내용인데, 이 기사에
보이는 任那의 日本縣邑이라는 표현은 야마토 정권의 任那 지배를 전제로
하여『日本書紀』의 찬자가 윤색한 부분으로 생각된다.10)

---

7) 『三國史記』卷 第26 百濟本紀 第4 文周王 2年
   夏四月 耽羅國獻方物 王喜 拜使者爲恩率
8) 『三國史記』卷 第26 百濟本紀 第4 東城王 20年
   八月 王以耽羅不修貢賦 親征至武珍州 耽羅聞之 遣使乞罪 乃止[耽羅卽耽牟羅]
9) 末松保和, 앞의 책, 1956, p.115
10) 일본이라는 용어는 大化改新 이후에 사용된 용어로 당시에는 성립할 수 없는 용어
   이다. 따라서 任那日本縣邑은『日本書紀』의 찬자가 임나를 일본이 지배했다는 전
   제하에 서술한 문구이다. (김현구·박현숙·우재병·이재석,『일본서기 한국관계기사
   연구』II, 일지사, 2003, pp.41-42)

이 기사에 쓰인 대로 호적이 끊어진지 3~4대 이전의 사람을 백제의 호적
으로 옮겼다고 하면 백제의 백성이 任那에 들어온 시기는 대략 4세기말~5
세기초에 해당하는 것을 알 수 있다. 즉, 이 기사는 近肖古王代에 백제가 가
라와 관련을 가졌던 시기 및 廣開土王의 南征의 시기와 관련지어 생각할 수
있게 된다. 또한 3~4대 이전이라고 하면 『日本書紀』에 보이는 백제 장군 木
羅斤資의 가라 7국 정벌[11]과 木羅斤資의 공으로 '專於任那'했던 木滿致의
임나에서의 활동[12]과도 연결할 수 있기 때문에 任那의 日本縣邑이라는 것
도 사실은 木氏를 매개로 한 가야 지역을 윤색한 표현으로 볼 수 있다.

가야 지역에 자신의 고향으로 돌아가지 않은 백제인이 있었고 그 이후로
가야로 유입된 백제인 들이 많았다는 것을 의미한다. 그렇다면 廣開土王碑
文에 나오는 지명과 이후 전쟁의 상황으로 추론하여 볼 때 任那 日本縣邑의
위치는 일단 낙동강 유역을 중심으로 하는 가야 지역 일대에서 찾을 수 있
을 것이다.

결국 (ㄴ)의 내용은 백제가 武寧王 때에 들어서 지방통치체제를 강화하
고 가야 지역에 대한 직접 지배를 진전시키고 있었기 때문에 가야 지역에
서 활동했던 백제인을 일단 백제 호적으로 돌려놓을 필요성이 있었던 것으
로 판단된다. 이러한 조치 이후 백제가 任那 4縣에 진출하고 伴跛와 전쟁을
수행했던 일련의 과정 들을 살펴보면, 백제가 가야 지역에 대해 군사력을
포함한 직접 지배로 전환을 하기 위한 정지 작업의 일환이었던 것으로 추
정된다.[13]

이후에 이어지는 (ㄷ)이 소위 任那 4縣 할양의 기사이다.

내용을 보면 12월조에서 백제가 사신을 보내 上哆唎, 下哆唎, 娑陀, 牟婁
의 任那 4縣을 요구했고 이를 哆唎國守 穗積臣押山이 거들어 大伴大連金村

---

11) 『日本書紀』卷 第9 神功 49年
12) 『日本書紀』卷 第10 應神 25年
13) 본서 제Ⅲ편 제1장 참조

이 계책을 奏하게 된다. 결국 物部大連麁鹿火를 4현 할양에 대한 칙을 전할 사신으로 정하였지만 麁鹿火는 처의 만류로 그만두게 되고 결국 사신을 새로이 임명하여 임나 4현을 주게 된다. 후에 이를 알게 된 勾大兄皇子가 철회하려고 했지만 백제사신은 이를 듣지 않은 채 돌아갔고 이에 사람들이 大伴金村과 穗積臣押山이 백제의 뇌물을 받았다고 했다는 기사이다.

야마토 정권의 임나 지배를 사실이라고 생각했던 초기 일본학계에서는 이 기사를 문자 그대로 사실로 인식하고 야마토 정권이 임나에서 철수하는 계기가 된 사건으로 보는 것이 일반적인 것이었다.[14]

그러다가 繼體紀에 대한 사료 비판이 이루어지면서 백제 측의 사료와 일본 씨족 전승이 혼합된 편자의 윤색이라는 견해가 등장하였고[15] 최근에는 왜 왕권이 백제에 임나 4현을 할양했다는 것은 윤색된 것으로서 본래는 백제가 진출했던 사실을 왜왕권이 외교적으로 지지했던 것을 의미하는 데에 불과하다는 견해가 나타나고 있다.[16]

한국학계에서도 백제를 중심으로 한 구도로 해석되면서[17] 야마토 정권에 의한 임나 4현의 할양이 아닌 백제에 의한 남부 지역 진출로 인식하고 있는 상황이다.

실제 12월조의 경우는 전체적으로 일본 측의 소전을 중심으로 기술된 내용으로 大伴金村을 따르지 않았다는 物部氏의 이야기나 勾大兄皇子의 영웅

---

14) 末松保和, 앞의 책, 1956, p.116 ; 石母田正, 『日本史概説』1, 岩波書店, 1955 : 『石母田正著作集』12, 岩波書店, 1990, p.41
15) 坂本太郎, 「継体紀の史料批判」, 『国学院雑誌』62-9, 1961 : 『日本古代史の基礎的研究』上, 東京大学出版会, 1964, pp.245-246 ; 池内宏, 『日本上代史の一研究-日鮮の交渉と日本書紀』, 中央公論美術出版, 1970, pp.140-141
16) 田中俊明, 「大加耶連盟の興亡と‘任那’」, 吉川弘文館, 1992 ; 熊谷公男, 「いわゆる「任那四県割譲」の再検討」, 『東北学院大学論集』39, 2005
17) 金廷鶴, 『任那と日本』日本の歴史 別巻1, 小学館, 1977, pp.262-263 ; 丁仲煥, 「『日本書紀』繼體・欽明紀의 加羅關係記事 研究」, 『釜山史學』2, 1978 : 『加羅史研究』, 혜안, 2000, pp.468-469

적 행위를 묘사한 부분 등 역사적 사실로 보기 어려운 부분이 있다.[18]

더욱이 6년 4월에 백제의 사신으로 왔던 穗積臣押山이 12월조에는 哆唎國守로 나타나 임나 4현을 奏하고 있는 내용 등은 이해하기 어려운 부분이다. 원래는 6년 4월에 사신으로 왔다가 7년 6월에 돌아갔다는 기록처럼 사신으로 체류하다가 귀국했을 것으로 보인다.

7년 6월조 기사에는 기년에 있어서 비교적 신뢰성이 높은 사료로 알려져 있는 「百濟本記」에 穗積臣押山의 백제식 표기가 등장한다.[19] 이를 근거로 논자들은 哆唎國守 穗積臣押山의 외교활동을 중심으로 그 역할을 강조하여 서술한 것으로 간주하기도 한다. 하지만, (ㄷ)의 기사에서 勾大兄皇子가 철회를 요청하더라도 백제 사신이 단호하게 거부하고 돌아갔다는 기록으로 볼 때 실제는 백제가 외교적 협조를 강제했을 가능성이 크다.[20]

결국 6년 12월조는 일본 측의 소전에 의해 윤색되어 穗積臣押山이 哆唎國守로 기록되었을 것이다. 國守라고 하는 관직명은 大寶令 이후에 시작된다는 것에 근거를 두면 아마 최종적으로 『日本書紀』의 찬자가 임나를 官家라고 간주한 국가적 입장으로부터 官家에는 國司가 파견되어야만 한다는 생각에서 표기되었을 것이다.[21]

특히 일본 측의 소전에 대해서는 일부 大伴氏 가전에 기초한 것이라는 해석이 있지만,[22] 이보다는 物部氏의 家傳으로부터 나온 것으로 판단된다.[23] 즉, 物部氏와 같은 씨족으로 분류되는 穗積臣押山의 등장과 大伴金村

18) 坂本太郎, 앞의 책, 1964, p.246
19) 『日本書紀』卷 第17 繼體 7年 夏6月 分註
　　百濟本記云 委意斯移麻岐彌
20) 백승충, 「게체·흠명기 '임나(국) 4현 할양' 기사의 성격」, 『지역과 역사』31, 2012, p.96
21) 熊谷公男, 앞의 논문, 2005, p.37
22) 池內宏, 앞의 책, 1970, p.161
23) 山尾幸久, 『古代の日朝関係』, 塙書房, 1989, p.145 ; 熊谷公男, 앞의 논문, 2005, pp.28-29 ; 백승충, 앞의 논문, 2012, p.114

의 지시에 따르지 않는 物部大連麤鹿火와 그 처의 이야기가 미담과 같이 그
려져 있는 것으로 보아 物部氏의 씨족 전승에 의한 것으로 보인다.

　　그런데 이와 비슷한 구조로 되어 있는 기사가 繼體 23년 3월조이다.24)
繼體 23년 3월조 기사에서는 加羅의 多沙津을 下哆唎國守로 나오는 穗積臣
押山이 奏하여 백제에게 주었다고 하고 있다. 일부 가라 측의 사료를 조합
하였지만, 이 기사도 역시 구조적으로 (ㄷ)에서 임나 4현을 주었다고 하는
기록과 유사하여 일본 측 家傳에 의한 전승으로 보인다. 특히 穗積臣押山과
物部伊勢連父根이 등장하는 것으로 보아 이 기사도 物部氏의 씨족 전승에
의한 것으로 보인다.

　　『日本書紀』繼體 23년 3월조의 경우는 전체적으로 앞서 繼體 7년 6월부
터 繼體 10년 9월에 이르는 기사와 인물명이나 진행과정에 있어서 유사한
면이 보인다.25) 己汶, 帶沙의 사건도 백제가 倭에게 己汶을 되돌려 달라고

---

24) 『日本書紀』卷 第17 繼體 23년
　　春三月　百濟王謂下哆唎國守穗積押山臣曰　夫朝貢使者　恆避嶋曲[謂海中嶋曲崎岸也.
　　俗云美佐祁.]每苦風波. 因玆 濕所齎 全壞无色. 請以加羅多沙津　爲臣朝貢津路. 是以
　　押山臣爲請聞奏. 是月 遣物部伊勢連父根 吉士老等 以津賜百濟王. 於是 加羅王謂勅使
　　云 此津 從置宮家以來 爲臣朝貢津涉. 安得輒改賜隣國. 違元所封限地. 勅使父根等 因
　　斯 難以面賜 却還大嶋. 別遣錄史 果賜扶餘. 由是 加羅結儻新羅 生怨日本.

25) 『日本書紀』卷 第17 繼體 7년 夏6月
　　百濟遣姐彌文貴將軍 洲利卽爾將軍 副穗積臣押山[百濟本記云 委意斯移麻岐彌]貢五經
　　博士段楊爾 別奏云 伴跛國略奪臣國己汶之地. 伏願 天恩判還本屬
　　『日本書紀』卷 第17 繼體 7년 冬11月 辛亥朔乙卯)
　　於朝庭 引列百濟姐彌文貴將軍 斯羅汶得至 安羅辛已奚及賁巴委佐 伴跛旣殿奚及竹汶
　　至等 奉宣恩勅 以己汶滯沙 賜百濟國 是月 伴跛國 遣戢支獻珍寶 乞己汶之地 而終不賜
　　『日本書紀』卷 第17 繼體 8년 3月
　　伴跛築城於子呑帶沙 而連滿奚 置烽候邸閣 以備日本 復築城於爾列比 麻須比 而絙麻
　　且奚 推封 聚士卒兵器 以逼新羅 馬略子女 剝掠村邑 凶勢所加 罕有遺類 夫暴虐奢侈
　　惱害侵凌 誅殺尤多 不可詳載
　　『日本書紀』卷 第17 繼體 9년 春2月 甲戌朔丁丑
　　百濟使者文貴將軍等請罷 仍勅 副物部連 [闕名]遣罷歸之[百濟本記云 物部至至連]是月
　　到于沙都嶋 傳聞伴跛人 懷恨銜毒 恃强縱虐 故物部連 率舟師五百 直詣帶沙江 文貴將

했다거나 倭가 백제에게 己汶과 帶沙를 주었다는 일련의 기사는 『日本書紀』
찬자의 임나 지배 사관에 따라 기술된 것으로 실상은 백제가 伴跛와 대립하
는 와중에 倭와 함께 己汶, 帶沙를 되찾았던 것으로 해석하는 것이 타당한
분석이다. 특히 계체 23년 3월조는 穗積臣押山이 下哆唎國守로 나온다든지,
物部伊勢連父根이 多沙津을 加羅 앞에서 주기 어려워 大島로 물러갔다가 따
로 扶餘(백제)에게 주었다든지 하는 표현 등은 繼體 7년 6月부터 繼體 10년
9月에 이르는 기사보다 한층 윤색이 심한 기록이라고 할 수 있다. 이 때문
에 『日本書紀』의 찬자가 중복 기사인 줄 모르고 착오를 일으켰던 것이지만,
이는 당시 己汶, 帶沙에 대한 기록이 소전마다 다르게 전하고 있었던 때문
이었을 것이다.26)

이처럼 (ㄷ)의 기사도 일본 측의 物部氏의 가전에 의해 왜곡되면서 야마
토 정권이 4현을 할양한 내용으로 윤색되었던 것이다. 일단 전반적으로는
物部氏의 소전을 중심으로 해서 찬술된 것으로 보이지만, 穗積臣押山이 백
제계 사료인 「百濟本記」에 委意斯移麻岐彌로 나타나고 있는 것이나 上哆唎,
下哆唎, 娑陀, 牟婁라고 하는 4현의 구체적인 지명 이름이 보이는 것을 보면
백제계 사료를 일부 조합하여 썼던 것으로 추정된다. 따라서 임나 4현을 할
양했다고 하는 (ㄷ)의 기사는 백제의 진출이 物部氏 소전에 의해 기술되면

軍 自新羅去
『日本書紀』卷 第17 繼體 9년 夏4月
物部連於帶沙江停住六日. 伴跛興師往伐. 逼脫衣裳 劫掠所齎 盡燒帷幕. 物部連等 怖
畏逃遁. 僅存身命 泊汶慕羅.[汶慕羅嶋名也.]
『日本書紀』卷 第17 繼體 10년 夏5月
百濟遣前部木劦不麻甲背 迎勞物部連等於己汶 而引導入國. 群臣各出衣裳斧鐵帛布 助
加國物 積置朝庭. 慰問慇懃. 賞祿優節.
『日本書紀』卷 第17 繼體 10년 秋9月
百濟遣州利卽次將軍 副物部連來 謝賜己汶地. 別貢五經博士漢高安茂 請代博士段楊爾.
依請代之.

26) 三品彰英, 「·繼体紀'의 諸問題—特に近江毛野臣の所伝を中心として」, 『日本書紀研究』
2, 塙書房, 1966, pp.32-33 ; 본서 제Ⅲ편 제1장 참조

서 일부 백제 측의 기록이 가미된 것으로 판단된다.

결국 (ㄷ)의 임나 4현 기사는 6년 12월 기사에 압축 기술되어 있지만, 실제적으로는 (ㄱ), (ㄴ)과 연속되는 기사로서 백제가 지속적으로 가야 지역에 진출해갔던 시간적 경과가 있었을 것으로 판단된다.[27] 이러한 상황으로 보면 백제가 제주도 지역 등을 직접 통제하여 남해의 해상제해권을 장악하고 이후 점차적으로 가야 지역에 이르는 정책을 취하여 직접 지배로 전환하는 모습을 보이고 있는 것이다.

따라서 전체적으로 繼體紀에 나타나고 있는 한반도 관계 기사를 살펴보면 백제가 제주도 등 남해 일대를 장악하고 점진적으로 동남쪽 방면으로는 任那 4縣을 점유하면서 동북쪽 방면으로는 己汶과 帶沙 일대를 되찾는 과정을 보여주는 것으로써 점점 가라諸國을 편입, 압박해 가는 추세에 있었던 것을 알 수 있다. 임나 4현의 기사 또한 이러한 일련의 백제의 가야 진출의 상황 속에서 파악해야 하는 것이 옳은 분석일 것이다.

이러한 점은 앞으로 임나 4현의 위치를 비정하는 데에 시사하는 바가 크다고 할 수 있다.

제3절 任那 4縣의 위치 비정

그렇다면 任那 4縣이라고 하는 上哆唎, 下哆唎, 娑陀, 牟婁의 위치는 어디일까?

任那 4縣에 대한 위치 논의는 일본학계에서부터 시작되었는데, 일찍이 津田左右吉은 下哆唎國守 穗積臣押山이 多沙를 요구하였던 것을 통해 多沙가 下哆唎縣의 관할 하에 있었다고 보고 下哆唎를 하동 부근에, 그리고 上

---

27) 坂本太郎, 앞의 책, 1964, p.249

哆唎를 그 동쪽 부근에 비정하였다. 또한 娑陀, 牟婁는 안라와 접하고 있는 진주, 곤양 방면에 비정하였다.28)

또한 今西龍은『日本書紀』雄略 21年條의 分註에서 久麻那利는 任那國의 下哆呼唎縣의 別邑이라 한 것을 통해29) 久麻那利를 경남 熊川으로 보아 上 哆唎는 진주 지방, 下哆唎는 웅천 지방으로 비정하였으며 娑陀의 경우는 전 치한 陀娑를 多沙로 보아 하동 지방에, 牟婁는 사천과 고성 사이의 고지명 인 蚊火良縣으로 비정하였다.30)

이처럼 초기 일본학계에서는 任那 4縣에 대해 경남 서부 일원에 비정했 던 것을 특징으로 하고 있다.

그러다가 鮎貝房之進이 앞서 雄略 21年條의 分註에 나오는 久麻那利를 공주 일원으로 보고 그 일대에서 哆唎 등과 音相似하다고 생각하는 지역을 찾아 비정하면서 任那 4縣에 대한 지명 비정이 전혀 다른 양상으로 바뀌게 된다. 즉, 哆唎를 충청남도 동남부 일대에서 전라북도 동부 산간 지대로, 娑 陀는 沙道, 沙伐로 보아 경상북도 상주로, 牟婁는 龍潭의 古名인 勿居를 통 해 전북 진안으로 비정하여 任那 4縣을 충남 연산, 전북 진안, 용담, 무주, 금산, 진산 등의 군현과 경북 상주, 문경, 함창 일대 및 충북 보은, 황간, 청 산, 영동 등 조령, 속리산 남부를 포함하는 지역으로 보았다.31)

이후 末松保和는 上哆唎, 下哆唎의 경우 전북 진안, 완주, 금산 및 충남 논산의 지역으로 보았던 鮎貝房之進의 설을 긍정하면서도 哆唎 등과 音相似 하다고 생각한 지역을 榮山江 東岸의 전남 광주, 장성, 영암으로 보고 그 후

28) 津田左右吉, 앞의 책, 1913, pp.164-167
29)『日本書紀』卷 第14 雄略 21年 分註
汶洲王蓋鹵王母弟也 日本舊記云 以久麻那利 賜末多王 蓋是誤也 久麻那利者 任那國 下哆呼唎縣之別邑也
30) 今西龍,「加羅疆域考」『史林』4-3,4, 1919 :『朝鮮古史の研究』, 國書刊行會, 1970, pp.344-345.
31) 鮎貝房之進, 앞의 책, 1937, pp.32-44.

보지로 비정하였다. 또한 牟婁는 古名이 武尸伊, 毛良夫里, 勿阿兮인 영산강 西岸의 영광, 고창, 무안 등지로, 娑陀는 古名이 沙等, 沙圖인 전남 구례 지방으로 비정하였다. 따라서 任那 4縣을 전라남도의 서반부를 점하는 광대한 지역에 해당하는 것으로 보았다.[32)]

그러나 정작 鮎貝房之進과 末松保和가 비정한 이들 지역이 임나 4현의 지명과 音相似한 것인지에 대해서는 의문이 든다. 哆唎의 경우만 보더라도 哆唎와 音相似하다고 전제한 珍阿, 等良, 珍, 月 등이 들어간 고지명에서 찾았는데, 이들의 음가는 '다리'도 아니고 만약 '달', '다라'로 볼 수 있다고 하더라도 이렇게 音과 訓이 유사한 지명은 한반도 전역을 통해 다수 찾을 수 있기 때문에 지명 비정에 있어서 지극히 자의적이라고 할 수밖에 없는 한계를 보인다.

三品彰英의 경우는 이러한 지명 비정을 부정하면서 雄略 21년조의 分註에 나오는 久麻那利를 경남 熊川으로 보아 下哆唎를 熊川을 포함하는 거제도 지구로 보고, 上哆唎는 마산 방면에서 사천에 걸치는 연안으로 보았다. 또한 牟婁는 泗水, 史勿이 물과 관련한 古名으로 추정하여 사천으로, 娑陀는 서쪽의 沙坪으로 보았다.[33)]

근래에 들어와 高寬敏과 鈴木英夫의 경우는 雄略 21년조의 分註에 나오는 久麻那利를 경남 熊川으로 보면서 任那 4縣을 熊川 지역 인근에서 찾고 있다.[34)] 하지만 任那 4縣에 대한 구체적인 지명 비정에까지는 이르지 못하고 있다.

현재 일본학계에서는 다소 지명 비정에 차이를 보이고 있지만 대체적으로 末松保和의 견해에 따라 전남 지방으로 보는 견해가 다수이며 특히 이

---

32) 末松保和, 앞의 책, 1956, pp.118-123

33) 三品彰英, 『日本書紀朝鮮関係記事考證』下, 天山舎, 2002, pp.177-180

34) 高寬敏, 『古代朝鮮諸国と倭国』, 雄山閣出版, 1997, pp.25-26 ; 鈴木英夫, 「いわゆる「任那四県割譲」問題と大伴金村の失脚-「久麻那利」と「任那四県」の位置」, 『国学院大学紀要』48, 2010, pp.288-290

지역에서 나타나고 있는 前方後圓形 古墳을 근거로 任那 4縣을 영산강 유역
에 비정하는 견해35)가 많은 실정이다.

한국학계의 경우 金廷鶴이 任那 4縣을 지리산을 경계로 하는 가라의 영
역으로 보아 함양, 산청에 비정하였고36) 丁仲煥도 백제의 가야 진출이 거
창, 함양 방면에서 진주, 하동으로 확대되는 것으로 보고는 上哆唎를 거창,
下哆唎를 진주, 娑陀를 사천, 牟婁를 삼천포로 주장하였다.37)

또한 千寬宇는 上,下哆唎의 '哆唎'를 낙동강 상류에 가까운 義城郡 다인
으로 보았고, 娑陀를 斯同伐, 곧 낙동강 중류의 漆谷郡 仁同으로, 牟婁는 水
酒(물술)로 보아 낙동강 상류의 예천에 비정하였다.38)

이처럼 한국학계에서도 초기에는 任那 4縣을 경남 서부나 낙동강 유역
등 경상도 지역으로 보는 견해가 우세했다. 그러다가 全榮來가 己汶과 帶沙
를 섬진강 일대로 본 후, 任那 4縣은 백제가 섬진강유역을 점유하기 이전에
도달했을 지역으로 추정하여 전남 남해안 일원을 지목하면서 양상이 바뀌
게 된다. 즉, 上,下哆唎를 여수반도와 돌산도로 보고 娑陀는 순천의 古號인
欲平, 沙平으로, 牟婁는 馬老縣(광양)에 비정하였다.39)

李根雨는 『三國史記』에서 東城王 20年(498)에 耽羅가 貢賦를 바치지 않으
므로 武珍州(광주)까지 이르렀다는 기사를 근거로 하여, 任那 4縣은 광주,
해남, 강진 지역에 대한 백제의 지배가 끝난 이후의 지역으로 보고 있다. 특
히 己汶과 帶沙를 남원과 하동으로 보아 백제가 섬진강 유역으로 진입하기
이전의 지역인 보성, 장흥, 광양, 순천의 지역에서 찾고 있어 全榮來와 같은

---

35) 八木充, 「大伴金村の失脚-「官家支配」から「日本府支配」へ-」, 『日本書紀研究』1, 1964
; 熊谷公男, 앞의 논문, 2005 ; 田中俊明, 「いわゆる「任那四県割議」記事の新解釈」, 『한
국고대사연구의 현단계』석문 이기동교수 정년기념논총, 주류성출판사, 2009, pp.314-315
36) 金廷鶴, 앞의 책, 1977, pp.261-263
37) 丁仲煥, 앞의 책, 2000, pp.468-469
38) 千寬宇, 「復元 加耶史」下, 『文學과 知性』, 1978 :『加耶史研究』, 1991, p.43
39) 全榮來, 앞의 논문, 1985, p.146

의견에 도달하고 있다.[40]

이후 한국학계에서는 지명 비정에 대해 다소 차이를 보이는 경우가 있지만, 任那 4縣을 섬진강 以西의 전라남도 해안 지역에서 찾는 설이 다수이며 이들 지역에서 가야의 토기가 나타나고 있는 것을 통해 전남 동부 지역으로 보고 있는 것이 대체적인 견해[41]이다.

이상과 같이 任那 4縣의 지명 비정에 대한 경향을 보면 일본의 학자는 경남 熊川 부근으로 보는 일부 견해가 있지만 대체적으로 충청, 전라도 지역이나 영산강 유역의 전남 일대에 비정을 하고, 한국 학자들은 초기 경남 서부나 낙동강 유역으로 보는 견해가 있다가 이후에는 대체적으로 섬진강 일대로 비정하고 있는 것을 알 수 있다. 이는 任那의 범위 및 영역에 관한 견해 차이에서 비롯되는 것으로 보인다. 즉, 일본 측에서의 논의는 下哆呼唎縣의 別邑을 熊津(공주)으로 보면서 任那의 범위를 넓게 생각하려고 하는 것과 다분히 관련이 있다. 반면 한국학계의 경우는 백제의 가야 지역에 대한 진출이 어디까지 이루어졌는지에 대한 인식 차이에 기인하는 것으로 보인다.

그런데 任那 4縣에 대한 위치 비정에 대해서는 우선적으로 哆唎라는 지명에 대해 분석해야 할 것이다. 哆唎에 대한 『日本書紀』의 기록으로는 다음과 같은 것이 있다.

(ㄹ) 『日本書紀』 卷 第14 雄略 21年
春三月 天皇聞百濟爲高麗所破 以久麻那利賜汶洲王 救興其國 時人皆

---

40) 李根雨, 「熊津時代 百濟의 南方境域에 대하여」, 『百濟硏究』27, 1997, p.62.
41) 김태식, 『미완의 문명 7백년 가야사』1, 푸른역사, 2002, pp.182-183 ; 이동희, 「전남 동부 지역 가야계토기와 역사적 성격」, 『한국상고사학보』46, 2004 ; 朴天秀, 「任那 四縣과 己汶, 帶沙를 둘러싼 百濟와 大伽耶」, 『加耶, 洛東江에서 榮山江으로』第12回 加耶史國際學術會議 발표자료집, 김해시, 2006, pp.195-197 ; 백승충, 「'임나 4현'의 위치 비정」, 『역사와 경계』85, 2012

云 百濟國 雖屬旣亡 聚優倉下 實賴於天皇 更造其國[汶洲王蓋鹵王母弟也
日本舊記云 以久麻那利 賜末多王 蓋是誤也 久麻那利者 任那國下哆呼唎
縣之別邑也]

(ㅁ) 『日本書紀』 卷 第19 欽明 23年 秋7月

是月 遣大將軍紀男麻呂宿禰 將兵出哆唎 副將河邊臣瓊缶 出居曾山 而
欲問新羅攻任那之狀 遂到任那 以薦集部首登弩 遣於百濟 約束軍計 登弩
仍宿妻家 落印書弓箭於路 新羅具知軍計 卒起大兵 尋屬敗亡 乞降歸附 紀
男麻呂宿禰 取勝旋師 入百濟營 (後略)

(ㄹ)은 475년 백제가 고구려에 의해 한성이 함락된 후 도읍을 熊津(공주)
으로 옮기는 장면에 대한 기사이다. 이 기록도 『日本書紀』에 자주 나타나고
있는 일본중심적인 표현으로 서술되어 왜왕이 문주왕에게 久麻那利를 하사
했던 것으로 그리고 있다. 이는 雄略 20년 分註에 나와 있는 「百濟記」를 근
거로 해서[42] 왜가 백제에 영향력이 있었다는 것을 보여주기 위해 재구성한
찬자의 윤색으로 보인다. 어쨌든 雄略 21年 본문의 기사에서 久麻那利를 공
주로 볼 수 있음은 분명하다.

그런데 分註에 의하면 久麻那利를 任那國 下哆呼唎縣의 別邑으로 기록하
고 있다. 통상 任那의 下哆呼唎를 下哆唎와 같은 명칭으로 볼 수 있기 때문
에 그렇다고 한다면 이를 어떻게 해석해야 하는지에 대한 논의가 초점이
되고 있다.

일찍이 分註에 나오는 久麻那利에 대해서는 경상남도 熊川에서 구하는
견해가 유력했다. 久麻那利는 지금의 공주인 熊津으로 볼 수도 있지만, 경
남의 熊川으로도 해석할 수 있기 때문이다.

---

42) 『日本書紀』 卷 第14 雄略 21年 分註
　　百濟記云 蓋鹵王乙卯年冬 狛大軍來 攻大城七日七夜 王城降陷 遂失尉禮 國王及大后
　　王子等 皆沒敵手

일단 分註에는 '「日本舊記」에서 久麻那利를 末多王에게 주었다고 하는데 아마 이는 잘못일 것이다'라고 쓰고 있어서 「日本舊記」가 어떤 책인지는 모르겠지만 久麻那利를 末多王 즉 동성왕에게 주었다는 것은 잘못이라고 쓰고 있다.[43] 이는 『日本書紀』의 찬자가 백제가 공주로 옮긴 것이 문주왕이고 동성왕이 아닌 것을 익히 알고 있었기 때문에 오류라고 적었을 것이다.

그리고 그 다음에 久麻那利가 任那國 下哆呼唎縣의 別邑이라고 서술하고 있는데, 이것도 分註를 썼던 찬자가 久麻那利에 대해 익히 알고 있는 내용을 덧붙였던 것으로 보인다. 이는 久麻那利가 下哆呼唎와 밀접한 관계에 있다는 지리적 인식을 가지고 있었기 때문이었을 것이다. 다만, 分註를 기술했던 인물이 久麻那利라는 명칭에 집중한 나머지 본문에 나오는 久麻那利의 위치에 대해서는 생각하지 않은 채 스스로 久麻那利에 대해 알고 있는 지식을 통해 그 위치를 任那國 下哆呼唎縣의 別邑이라고 이해하였던 것으로 판단된다.

일단 지리적으로도 백제로부터 떨어져 있는 任那의 別邑으로 백제가 도읍을 옮겼다고 하는 것도 타당하지 않으며 繼體紀 6년 이래 백제가 진출한 任那의 下哆唎를 도읍인 熊津 부근으로 보는 것도 역사지리적인 이해와 맞지 않는 것이다. 즉, 『日本書紀』의 찬자가 동일한 명칭의 다른 지명이라는 것을 인식하지 못하고 久麻那利라는 표현 때문에 서로 다른 두 지명을 같은 곳으로 보았던 오류라고 할 수 있다.

그렇다면 下哆(呼)唎는 공주 부근으로 보기 어려우며 오히려 경남 熊川과 멀지 않은 곳에서 찾아야 할 것이다.

이러한 내용은 哆唎에 대한 (ㅁ)의 기사를 통해서도 증명이 될 수 있다.

---

43) 三品彰英은 分註의 논자가 久麻那利가 任那國 下哆呼唎縣의 別邑이라는 것에 입각해서 백제의 왕도인 久麻那利라고 보는 소전이 오류라고 비판한 것으로 보았지만 (앞의 책, 2002, p.238) '蓋是誤也'라고 기재했던 구절을 통해 보면 久麻那利를 末多王에게 주었다는 「日本舊記」의 표현이 틀렸다는 것을 이야기하는 것으로 볼 수 있다.(鈴木英夫, 앞의 논문, 2010, pp.280-284)

(ㅁ)은 임나가 멸망하자 大將軍 紀男麻呂宿禰가 병사를 이끌고 哆唎에서 출발하고 副將 河邊臣瓊缶은 居曾山에서 출발해 임나로 갔다는 기록이다. 물론 이 기사의 사실 여부에 대해서는 논란이 있지만, 일단 哆唎에 대한 지리적 인식을 확인할 수 있다. 즉, (ㅁ)은 任那 멸망 후 백제에 대한 왜의 지원군이 파병되었다는 것인데, 당시 멸망한 곳은 대가야이므로 왜가 일본열도를 통해 지금의 고령 지역으로 가려면 경남 해안을 통해 갈 수밖에 없다. 따라서 (ㅁ)을 통해서는 哆唎를 경남 熊川 부근으로 보는 것이 타당하다는 것을 알 수 있다.

任那 4縣의 기사는 무엇보다도 己汶, 帶沙의 사건이 일어나기 이전에 벌어진 일련의 백제의 가야 진출 상황이다. 임나 4현에 대한 위치를 전남 동부 일원으로 국한시켰던 것은 1차적으로 己汶, 帶沙를 남원, 하동 등 섬진강 유역으로 비정했기 때문에 그 사건 이전에 있었던 백제의 진출이 섬진강 서쪽에 있었다고 추정했던 것이다.

하지만 帶沙를 하동으로 보는 근거는 『三國史記』 地理志에 韓多沙郡이라는 기록밖에 없으며44) 오히려 音相似로만 본다면 『三國史記』 地理志 내에서 '多斯只縣'도 발견할 수 있다.45) 또한 『日本書紀』에는 帶沙에서 伴跛가 신라를 핍박하고 백성과 촌읍을 약탈했다는 기록이 있는데, 만약 고령이나 성주 세력으로 비정되는 伴跛가 일본에 대비해서 섬진강 유역에 城을 쌓으면서 부근에 신라를 핍박했다고 한다면 전혀 타당하지 않은 해석이 된다. 오히려 多斯只 부근에 해당하는 죽곡동산성은 동쪽으로 대구 분지를 지나 경주까지 높은 산악 지형 없이 연결되기 때문에 伴跛가 신라를 핍박하고 백성과 촌읍을 약탈했다는 기록과 상응한다. 또한 달성의 금호강이 낙동강과

---

44) 『三國史記』 卷 第34 雜志 第3 地理1
　　河東郡 本韓多沙郡 景德王改名 今因之
45) 千寬宇, 앞의 책, 1991, pp.43-44. ; 金鉉球, 「百濟의 加耶進出에 관한 一考察」, 『東洋史學研究』70, 2000, pp.121-122

합류하는 부근에 있던 수륙교통의 요지로서 북쪽의 백제와 남쪽의 낙동강
으로부터 올라오는 物部連 등과 대치하는 伴跛의 상황과 적확하게 맞아떨
어진다.

　己汶의 경우도 『翰苑』「括地志」의 基汶河에 의거 百濟의 남쪽 산에서 동
남으로 흘러 바다로 들어가는 하천을 蟾津江으로 보아 남원으로 비정하고
있는 것이 통설이다. 하지만, 基汶이 己汶을 의미하는 것인지에 대해서는
音相似 외에 다른 판단 근거가 없으며 지리산에서 발원해서 동남으로 흐르
는 강은 덕천강과 남강도 있기 때문에 基汶河라는 명칭을 통해 남원으로 특
정할 수는 없다.

　오히려 己汶은 音相似를 통해서는 옛 甘文國(김천)에서 찾을 수 있고,
『新撰姓氏錄』에서 上己汶, 中己汶, 下己汶으로 구성되어 任那의 東北에서
新羅와 相爭하는 위치에 있다는 기록을 통해 善山 지역까지 연결할 수 있을
것이다. 任那의 東北이나 신라와 상쟁하고 있다는 기록을 통해서도 己汶의
위치는 蟾津江 유역의 남원이 될 수 없으며 洛東江 유역으로 보는 것이 타
당하다는 것을 알 수 있다.[46]

　따라서 문헌에 입각한 지리적인 위치로 보면 帶沙는 낙동강 일원의 죽곡
동산성에 비정할 수 있고, 己汶 또한 김천, 선산 일대로 볼 수 있기 때문에
任那 4縣을 섬진강 以西로 국한시켜 볼 필요는 없는 것이다.

　이처럼 『日本書紀』繼體紀 기사의 흐름이나 哆(呼)唎와 관련된 기록을 종
합적으로 고찰하면, 임나 4현을 경남 熊川 부근에서 찾을 수 있는 개연성은
높다.

　현재의 웅천은 2010년 행정구역상 통합시에 속해 경상남도 창원시 진해
구 웅천동이 되었다. 일단 우리 측 문헌 기록상 熊川이라는 지명이 처음 보
이는 것은 조선 문종 때인 것으로 보인다.[47] 하지만, 『三國史記』를 통해서

---

46) 己汶, 帶沙에 대한 자세한 내용은 본서 제Ⅲ편 제1장 참조
47) 『新增東國興地勝覽』卷32 熊川縣 建置沿革

는 원래 熊只였다가 신라 景德王 때에 들어와서 熊神으로 바뀐 것으로 되어
있다.48) 이 때문에 우리 측 기록을 통해서는 6세기 당시에 경남 일원에 熊
川이라는 지명이 있었는지는 확인되지 않고 있다.

반면, 『日本書紀』에는 다음의 기록에 熊川이라는 지명이 등장한다.

(ㅂ) 『日本書紀』 卷 第17 繼體 23年 夏四月 是月
　　遣使送己能末多干岐 幷詔在任那近江毛野臣 推問所奏 和解相疑 於是
毛野臣 次于熊川[一本云 次于任那久斯牟羅]召集新羅百濟 二國之王 新羅
王佐利遲遣久遲布禮[一本云 久禮爾師知于奈師磨里]百濟遣恩率彌騰利 赴
集毛野臣所 而二王不自來參 (中略) 毛野臣 遙見兵仗圍繞 衆數千人 自熊川
入任那己叱己利城 伊叱夫禮智干岐 次于多多羅原 不敬歸待三月 頻請聞勅
終不肯宣 伊叱夫禮智所將士卒等 於聚落乞食 相過毛野臣傔人河內馬飼首
御狩 御狩人隱他門 待乞者過 捲手遙擊 乞者見云 謹待三月 佇聞勅旨 尙不
肯宣 惱聽勅使 乃知欺誑 誅戮上臣矣 乃以所見 具述上臣 上臣抄掠四村[金
官, 背伐, 安多, 委陀 是爲四村 一本云 多多羅, 須那羅, 和多, 費智爲四村也]
盡將人物 入其本國 或曰 多多羅等四村之所掠者 毛野臣之過也

(ㅂ)의 기사는 전체적으로 近江毛野臣과 관련된 내용으로 近江毛野臣이
백제왕과 신라왕을 소집했지만 오지 않았고 신라가 伊叱夫禮智干岐을 파견
하여 결국 金官, 背伐, 安多, 委陀의 四村을 抄掠하였다는 것이다.

일단 近江毛野臣의 기록에 대해서는 신빙성이 결여되어 있는 내용으로
사실로 보기 어려우며49) 近江毛野臣의 행동, 왜 왕권의 개입 등은 윤색된

　　本新羅熊只縣 景德王改熊神 爲義安郡領縣 高麗顯宗屬金州 本朝世宗祖設口子 置僉節
　　制使 文宗朝改今名 置縣監
48) 『三國史記』 卷第34 雜志第3 地理1
　　義安郡 本屈自郡 景德王改名 今因之 領縣三 漆隄縣 本漆吐縣 景德王改名 今漆園縣
　　合浦縣 本骨浦縣 景德王改名 今因之 熊神縣 本熊只縣 景德王改名 今因之
49) 近江毛野臣과 관련해서는 제Ⅳ편 제2장 『日本書紀』 繼體·欽明紀에 보이는 新羅와
　　倭의 관계 참조

것이 분명하다. 하지만 당시 백제가 임나 4현을 비롯하여 가야 지역에 진출하자 신라도 남부 지역에 진출하는 정황 등을 통해 당시의 상황을 짐작해 볼 수 있다. 결국 신라가 김해 지역에 점차 공격적으로 영향력을 확대해나가면서 금관가야가 멸망하는 정황[50]까지 추론해볼 수 있다.

특히 그러한 관점에서 (ㅂ)에 등장하는 熊川을 비롯한 金官, 背伐, 安多, 委陀 등의 지명은 찬자가 그 자체를 조작하지는 않았을 것으로 보인다.[51]

즉, 近江毛野臣이 있었던 熊川과 伊叱夫禮智干岐이 抄掠했다는 金官 등 4읍의 지역은 (ㅂ)의 기사에 나타나는 찬자의 인식에 있어서는 가까운 곳으로 인식되었을 가능성이 크다.[52] 금관 등의 4읍은 현재 김해 부근으로 볼 수 있기 때문에 熊川은 김해의 서쪽에 있는 경남 웅천 부근에서 찾을 수 있을 것이다.

그렇다고 하면 일단『三國史記』에서 熊川의 본래 이름이라고 하는 熊只, 熊神의 기록에 주목해야 할 것이다.

『三國史記』地理志에는 '-只'로 끝나는 지명은 9개 정도 있는데, 熊只와 多斯只를 제외하면 모두 백제권역에 해당되는 지명에 기록되어 있는 특징을 보인다. 통상 儒城의 옛 지명이 奴斯只인 것을 근거로 只는 백제어 城에 상정하기도 하지만, 이는 儒城이 유일한 예로서 只=城을 뜻하는 것인지는 확인되지 않는다.[53] 그러나 唐津의 옛 지명이 伐首只로서 津과 대응하며, 河濱은 多斯只로서 이는 앞서『日本書紀』繼體 23년의 多沙津에서 보는 바와 같이 津, 濱과도 관련이 있다. 또한 燕岐의 옛 지명은 豆仍只인데, 豆仍

---

50) 『三國史記』卷4 新羅本紀4 法興王 19年
   金官國主金仇亥 與妃及三子 長曰奴宗 仲曰武德 季曰武力 以國帑寶物來降 王禮待之
   授位上等 以本國爲食邑 子武力仕至角干
51) 鈴木英夫, 앞의 논문, 2010, pp.289
52) 近江毛野臣이 나오는 熊川이 공주일 가능성이 있다는 견해도 있지만(白承玉, 「「卓
   淳」의 位置와 性格 -《日本書紀》관계기사 검토를 중심으로-」, 『釜大史學』19, 1995,
   p.105) 熊川은 금관(김해) 지역과 가까운 곳에서 찾아야 하는 것이 타당하다.
53) 都守熙, 「百濟地名研究」, 『百濟研究』11, 1980, p.104

은 '두내'로서 會津의 옛 지명인 豆肹이 두 내가 합쳐지는 곳(合川)으로 보면[54] 只=岐=津이라는 것을 알 수 있다. 이외에도 鹽海의 옛 지명이 古祿只이고 多岐는 多只인 것으로 보면 향후 추가적인 분석이 있어야 하겠지만, 只로 끝나는 지명에는 물과 관련이 있거나 合川, 물가, 나루와 관련 있는 사례를 다수 발견할 수 있다.

그렇다면 熊只는 熊津으로서 이는 音相似에 따라 熊神과도 연결될 수 있다고 생각한다. 이는 熊川를 久麻那利로 볼 수 있을 가능성을 높인다.

따라서 上哆唎와 下哆唎를 현재의 웅천과 이어지는 지역에서 찾게 되면 고성과 창원 마산 방면을 주목할 수 있을 것이다.

그런데, 『三國史記』에는 義安(창원)의 옛 지명은 屈自로, 合浦(마산)의 옛 지명은 骨浦, 고성의 옛 지명은 古自인 것으로[55] 기록하고 있다. 일단 屈自, 古自에서 동일하게 나타나는 '自'는 '잣' 등 城을 의미하는 형태소로 볼 수 있기 때문에 이들 지역의 원래 명칭은 '굴', '골', '고'인 것을 알 수 있다.

한편, 『日本書紀』에 등장하는 哆呼唎[56]에 대해서는 '哆'에는 크다는 뜻이 들어있고 '呼唎'의 경우는 고오리, 골, 고 등과 같이 고을을 의미하는 단어이다.[57] 이는 앞서 義安(창원), 合浦(마산), 고성의 원래 명칭이 '굴', '골', '고'인 것과 정확히 일치한다. 그렇다고 한다면 이들 마산, 창원, 고성이 古代에는 같은 지역이었다가 후에 분화되었을 가능성이 있다.

雄略 21년조 分註에서는 久麻那利를 任那國 下哆呼唎縣의 別邑으로 기록하고 있기 때문에 下哆唎를 마산, 창원에, 上哆唎를 고성에 비정할 수 있을

---

54) 都守熙, 『百濟語 語彙 研究』, 2004, 제이앤씨, p.529
55) 『三國史記』 卷第34 雜志第3 地理1
　　固城郡 本古自郡 景德王改名 今因之 領縣三 蚊火良縣 今未詳 泗水縣 本史勿縣 景德王改名 今泗州 尙善縣 本一善縣 景德王改名 今永善縣
56) 『日本書紀』 雄略 21년조의 分註에서 哆呼唎의 訓이 'タコリ'로 기재되어 있다.
57) 鮎貝房之進은 呼唎를 고을로 보면서 哆呼唎는 哆唎呼利의 약칭으로 唎가 탈락되었을 것으로 보고 있다.(앞의 책, 1937, p.24) 呼唎를 고을로 보는 것은 일견 타당하다고 생각하지만 哆에는 크다는 의미가 있으므로 큰고을로 보는 것이 합리적이다.

것이다. 즉, 哆呼唎는 '큰고을'이라는 의미로 '위큰고을', '아래큰고을'로 해석될 수 있는 것이다. 이는 백제의 도읍을 기준으로 해서 볼 때도 고성이 上, 마산, 창원이 下가 되어 방위상으로도 틀림이 없다는 것을 알 수 있다. 즉, 上哆唎, 下哆唎라는 방위 개념은 백제 측을 기준으로 한 것으로써 任那 4縣의 명칭은 백제계 사료에서 나온 것임을 알 수 있다.[58]

婆陀의 경우는 사천의 옛 지명이 泗水, 史勿, 思勿 등 대체적으로 '사'의 음가를 지니고 있다. 이를 통해 婆陀를 사천 일대로 본다면, 이 지역도 고성 지역에서 서쪽으로 이어지는 영역이기 때문에 任那 4縣의 위치로 타당할 것이다.

牟婁의 경우는 고성, 사천과 인접한 지역으로서 『三國史記』에 미상으로 분류된 固城郡의 蚊火良에 비정하고자 한다. 일단 『三國史記』를 통해서는 臨關(경주 남부)이 본래 毛火 또는 蚊化라는 기록을 발견할 수 있다.[59] 따라서 毛는 蚊과 상통하여 音相似한 牟의 경우도 蚊에 대응하는 것으로 추정할 수 있다.

火良에 대해서는 機張의 옛 지명이 甲火良谷으로 蚊火良과 동일하게 '-火良'형이 나타나고 있는 곳이다. 甲火良에 대해서는 대체적으로 큰 마을(大邑)으로 보는 데에는 이견이 없으므로[60] 火良을 마을 등으로 볼 수 있을 것이다.

그런데, 牟婁에 보이는 婁는 광개토왕비문에서 古牟婁城, 牟婁城 于婁城, 燕婁城 등 지명에 자주 등장하는 형태소이다. 이들 城은 百濟城을 고구려가 접수한 후에 기록한 것으로 원래는 百濟城의 표기로 볼 수 있다. 이처럼 어미에 나타나는 婁의 경우 마을, 火良과 상통하는 의미로 받아들일 수 있기

---

58) 일본 측에서 해안을 통해 이동하게 되면 웅천, 창원을 거쳐 고성 지역으로 가게 되므로 上, 下라는 기록은 일본 측을 기준으로 한 것이 아님을 알 수 있다.

59) 『三國史記』 卷第34 雜志第3 地理1
　　臨關郡 本毛火[一作蚊化]郡 聖德王築城 以遮日本賊路 景德王改名 今合屬慶州 領縣二

60) 최중호, 「'동래'와 '기장'의 옛 땅이름 연구」, 『石堂論叢』50, 2011, pp.56-57

때문에 결국 牟婁는 蚊火良의 다른 이름으로 판단할 수 있다.

대동여지도에는 蚊火良縣의 위치가 사천과 고성 사이로 비정되어 있다. 하지만, 『三國史記』에서 미상이었던 곳이 실제 조선시대 후기에 들어와서 새로이 밝혀졌다는 근거는 없다.[61] 아마 대동여지도를 제작하면서 고성의 옛 현을 사천과 이어지는 공간 일대로 추정하여 그린 것으로 보인다. 지금 까지 비정한 창원, 고성, 사천이라는 지역이 전체적으로 해안을 끼고 있다 는 것을 고려하면 蚊火良縣은 실제 남쪽으로 해안이 접하고 있는 삼천포 방면으로 볼 개연성이 크다. 이렇게 보면 任那 4縣은 백제의 남해안 루트를 중심으로 구성되어 있었다는 것을 알 수 있다.

즉, 백제가 남해 일원을 직접 통제 하에 넣고 점차적으로 任那 4縣의 가야 지역으로 진출하고 있는 상황을 보여주고 있다고 할 수 있다.

제4절 고고학적 분석과 지리적 위치

지금까지의 분석에 따르면 임나 4현은 백제가 6세기초 점유했던 고성, 사천, 창원 일대라는 것을 알 수 있다.[62]

이처럼 고성, 사천 등 소위 任那 4縣으로 비정했던 지역은 그동안 소가야 의 영역으로 알려졌던 곳이다. 이 지역은 『三國史記』 新羅本紀와 勿稽子列 傳, 『三國遺事』 勿稽子傳에 등장하는 '浦上八國'의 일원으로 추정되는 곳이 기도 하다. 古史浦(古自), 骨浦, 史勿, 漆浦 등의 지역은 현재의 고성, 창원, 사천 등지로 비정될 수 있기 때문이다.

사실 한성 시기부터 백제와 서부 경남 일원은 긴밀히 교섭했던 정황을

---

61) 津田左右吉, 앞의 책, 1913, p.169
62) 앞서 연구사에 있어서도 임나 4현을 서부 경남으로 보는 견해가 일부 있었지만, 본 고와 같이 고성, 사천, 창원 일대로 비정한 견해는 없었다.

읽을 수 있다. 풍납토성의 경당 지구의 발굴에서 진주, 고성 지역의 토기가 발견되었고[63) 몽촌토성에서도 5세기 전반 것으로 추정되는 대부직구호 대각, 장경호 등이 발견되었다.[64)

또한 금산 창평리, 청주 신봉동 등지에서 진주, 진양, 마산 현동 등지에서 발견되는 토기가 출토되어 5세기대에 내륙교통로를 통하여 백제와 경남서부 지역이 연결되어 있다고 보기도 했다.[65)

영산강 유역에서도 5세기대부터 해남 등 서남해안 지역에 마산 현동 출토품과 흡사한 무개식 고배와 장흥 지천리에서는 진주 우수리의 투창고배와 유사한 것이 출토되었다. 또한 광주 동림동에서도 소가야계 유개식 고배가 상당수 출토되었다.[66)

이러한 상황은 5세기대 전남 동부 지역에 다량 유입되어 장수 삼고리, 보성 조성리, 고흥 장덕리, 여수 죽림리, 화장동, 죽포리, 고락산성, 광양 칠성리, 순천 운평리 등지에서 장경호, 발형기대, 수평구연호 등이 출토된다.[67)

이처럼 소가야계 토기는 한강 유역, 금강 유역, 영산강 유역, 전남 동부 지역 등 백제의 전 지역에서 출토되고 있다.[68) 특히 백제 지역에서 왜의 須惠器가 출토되는 경우 같은 유적에서 소가야 양식이 출토된다는 점은[69) 주목할 만하다. 이는 경남 서부 지역의 지형적인 특성을 고려하면 일찍부터 백제 - 경남 서부 - 왜로 이어지는 교류 라인이 작동되었다는 것을 알려주고 있다.

---

63) 권오영, 「풍납토성 출토 외래유물에 대한 검토」, 『百濟研究』36, 2002, pp.34-36
64) 金奎運, 「5世紀 漢城期 百濟와 加耶 關係」, 『중앙고고연구』9, 2011, pp.122-123
65) 成正鏞, 「漢江·錦江流域의 嶺南地域系統 文物과 그 意味」, 『百濟研究』46, 2007, p.127-128
66) 서현주, 「영산강유역권의 가야계 토기와 교류 문제」, 『湖南考古學報』42, 2012, pp.168-170
67) 金奎運, 앞의 논문, 2011, pp.124-125 ; 하승철, 「소가야의 고고학적 연구」, 경상대학교 박사학위논문, 2015, p.142
68) 이 때문에 소가야 양식의 토기는 그 성립 과정에서 일정 부분 백제의 영향을 받았던 것으로 보기도 한다.
69) 金奎運, 앞의 논문, 2011, pp.132-133

　이런 상황은 6세기에 들어오면서 백제와 경남 서부 지역이 더욱 밀접한 관련성을 갖게 된다.

　6세기 전반대에 사천, 고성, 진주 등을 중심으로 나타나는 서부 경남 토기의 양상으로 설정하고 있는 것이 水平口緣壺이다.[70] 그런데, 水平口緣壺는 백제문화권 또는 그 인접 지역에서도 다수 보이는 유물로서 경남 서남부 지방과 동일한 형태를 보이는 것도 있고 일부는 유사성을 보여주고 있다. 이를 통해 경남 서남부 지역과 백제와는 문화적으로 상당한 관련성이 있었던 것으로 추정된다.[71]

　서부 경남 지역의 출토 마구 중에는 함 또는 인수 외환 끝 본체에 2~3회 감아서 마무리하는 특징이 보이는데 이는 무령왕릉에서 출토된 귀걸이와 목걸이, 송산리고분에서 출토된 귀걸이 등이 전형적인 예이다.[72] 이러한 백제의 마구로 분류되는 것이 6세기초부터 가좌동 1호분, 옥봉 7호분, 송학동 1A-11호분, 내산리 21-1곽 출토 원환비와 율대리 2-2호분 표비, 내산리 21호분 8곽 출토 타원형판비, 형식을 잘 알 수 없는 내산리 34호분 주곽 출토 비 등에서 출토되고 있다.[73]

　특히 주목되는 것은 횡혈식석실분인데, 낙동강 以西 지역에 횡혈식석실분이 본격적으로 출현하는 것은 6세기에 들어와서이다. 이는 대가야 등지에서 나타나는 고아동 벽화고분 보다 이른 시기에 나타나며 고아동 유형과 달리 송학동 유형으로 분류되기도 한다.

---

70) 趙榮濟, 「水平口緣壺에 대한 一考察 -西部慶南 伽倻後期土器의 一樣狀」, 『慶尙史學』 1, 1985
71) 國立昌原文化財硏究所, 『固城內山里古墳群』Ⅱ 學術調査報告30, 2005, p.252
72) 고성 내산리 34호분에서 출토된 은팔찌는 백제 무령왕릉에서 출토된 것과 비슷하여 백제와 동일한 특색을 보여준다.
73) 류창환, 「馬具로 본 6세기대 소가야와 주변제국」, 『6世紀代 加耶와 周邊諸國』, 김해시, 2008

즉, 고성, 진주 등 남해안을 중심으로 한 남강 유역의 횡혈식석실분은 細長方形이며 중앙에 연도가 있는 고분이 나타난다. 細長方形의 석실로는 진주 수정봉 2·3호분, 고성 연당리 18·20호분, 고성 내산리 34호분, 고성 송학동 1B-1호분, 의령 중동리 4호분, 진양 무촌리 5호분, 함안 도항리 4·5·8호분, 사천 선진리고분 등이 있다. 현실 평면이 장방형이며 연도가 좌우 한쪽으로 치우진 석실은 고령과 합천을 비롯한 황강유역에 분포하므로 이들 細長方形의 석실이 대가야 주도로 이루어진 것이 아닌 것은 확실하다.

이러한 구조의 석실에 대해서는 우선 재지계 細長方形의 수혈식석곽에 연도가 부가되면서 출현했다고 보는 견해가 있다.[74] 일단 細長方形의 형태 등이 전 단계의 전통에서 완전히 벗어나지는 못했지만, 섬진강 중하류 등 백제로부터의 횡혈식석실 개념이 진주, 사천, 함안 지역으로 들어갔을 가능성이 높다는 것이다. 즉, 가야 지역에 처음으로 출현한 횡혈식석실이 자생적으로 발달한 묘제가 아니라 백제에서 그 아이디어를 가져와 축조한 것으로 보고 있다.[75]

특히 細長方形 중에 진주 수정봉 2·3호분, 중동리 4호분, 함안 도항리 4·5호분 등에서는 철못과 관고리가 발견되어 목관이 사용되었음을 알 수 있는데, 그 기원을 백제에서 구할 수 있다고 보고 있다.[76] 이러한 양상은 신덕 1호분과 같은 영산강 유역의 일부 양상과도 유사하다.

또한 경남 서부의 횡혈식석실에 대해 전남 해남의 장고봉고분이나 고성의 송학동 1B-1호의 석실과 같이 北部 九州의 횡혈식석실의 영향을 일부 받아 석실의 원형이 되었다는 견해가 있다.[77]

---

74) 山本孝文,「伽耶地域 橫穴式石室의 出現背景-墓制變化의 諸側面에 대한 豫備考察」, 『百濟研究』34, 2001, pp.64-65
75) 洪潽植,「嶺南地域 橫口式·橫穴式石室墓의 型式分類와 編年」,『嶺南考古學』12, 1993, p.105
76) 吉井秀夫,「橫穴式石室의 受容樣相으로 본 百濟의 中央과 地方」,『百濟의 中央과 地方』忠南大學校百濟研究所, 1997, pp.193-194

장시간에 걸쳐 서서히 유입된 것이 아니라 6세기 1/4분기에 일시적인 계기에 의해 완성된 형태의 석실로 영산강 유역 석실과 남해안 일대 왜게 석실의 영향으로 판단하며 새로운 장제문화의 수용은 北部 九州와 영산강 유역의 집단과 밀접한 관계를 갖고 있는 것으로 보고 있는 것이다. 송학리 1B-1호 석실을 이들 석실의 祖形으로 보아 사천, 진주, 의령 등지로 확산되는 것으로 추정하고 있다.78) 이는 영산강 유역과 경남 서부 지역이 밀접한 관련이 있었음을 보여주고 있는 사례이다.

경남 서부 지역과 영산강 유역은 분구를 조성한 분구묘의 양식과 전방후원형 양식이 함께 나타나고 있는 독특한 지역이기 때문에 일찍부터 친연성이 있음은 익히 알려져 있었다.

일단 분구묘의 전통이 확인되는 지역은 영산강 유역이지만, 영남 지방에서는 고성 송학동 1호분, 기월리 1호분, 율대리 2호분, 내산리 1·8·21호분, 통영 남평리 10호분이 확인된 바 있다. 이러한 현상은 고성, 통영 지방에서만 확인되며 백제, 영산강 유역에서 도입한 묘제라는 특징을 갖고 있다. 이는 단순한 교섭 정도만이 아니라 고분의 분형, 매장의례 등에서 물적 정신적 공감대를 형성하고 있는 양 지역의 동질감으로 이해하기도 한다.79)

더불어 영산강 유역 분구묘와 관련성을 가지는 유물로는 유공광구소호가 있는데 고성 송학동 1호분에서 11점, 내산리고분군에서 10점 정도가 출토되었다. 유공광구소호는 백제 전라도 서해안 일대, 영산강 유역, 전남 동부 지역, 고성, 사천, 하동 등지에 분포하는 특징적인 토기이다.80)

77) 河承哲, 「伽耶地域 石室의 受容과 展開」, 『伽倻文化』18, 伽倻文化硏究院, 2005, pp.75-136
78) 해남 장고산, 고성 송학동 1B-1호, 사천 선진리 등은 현실의 평면형이 세장하고 연도가 길기 때문에 이들을 같은 형식으로 분류하고 영산강 유역과 이들 서부 경남 지역의 석실은 北九州 계통의 영향으로 만들어진 것으로 보기도 한다.(최영주, 「百濟 橫穴式石室의 型式變遷과 系統關係」, 『百濟文化』48, 2013, pp.244-245)
79) 하승철, 앞의 논문, 2015, pp.111-118
80) 하승철, 「5~6세기 고성지역 고분문화의 이해」, 『경남의 가야 고분과 동아시아』, 학연문화사, 2011, p.185

그런데, 이러한 영산강 유역과 고성 지역의 연결은 백제를 염두에 두지 않으면 이해할 수 없는 것이다.

일단은 영산강 유역의 고분에서 일관되게 나타나고 있는 백제의 威勢品 과 신덕고분에서 보이는 금동관의 파편 및 함평 마산리고분에서 출토된 시유도기 등을 통해 이들 고분에 대한 백제의 영향력을 배제하기는 어려울 것으로 판단된다. 실제 이들 영산강 유역의 고분은 九州式의 횡혈식석실로 이루어져 있다. 북부 九州에서는 4세기말 한반도의 영향으로 횡혈식석실묘가 나타나며 5세기까지는 북부 九州의 지리적 환경을 배경으로 한 교류의 결과 주로 횡혈식석실묘의 주조만 수용되어 일본 열도 고분의 한 유형으로 정착된 것으로 보고 있다.[81] 아직까지 한성기의 석실묘에서 계보를 이은 것으로 볼 만한 실체가 분명하지 않아 九州의 횡혈식석실에 대한 계보가 파악되지 않았지만, 일단 4세기말~5세기 동안 백제와 왜의 교류가 왕성했던 상황 속에서 백제를 제외하고는 설명하기 힘든 부분이 있다.[82]

이에 대해서는 영산강 유역 세력과 경남 서부의 세력이 백제와 왜 왕권의 교섭에 중요한 역할을 담당했다고 보는 견해가 있다.[83] 하지만 이는 단순히 교섭의 역할을 했다는 것만으로 설명될 수 없는 것이라고 생각된다.

고성을 중심으로 하는 서부 경남 일대는 6세기초를 획기로 해서 횡혈식석실의 수용, 분구묘의 도입, 왜계 고분의 축조 등 분명히 이전과는 다른 특징을 보여주고 있다. 그러면서 백제계뿐만 아니라 영산강계, 왜계, 대가야계의 외래 유적과 유물이 다양하게 보이면서 대외적으로 활발하게 활동했던 것을 알 수 있다. 이러한 현상은 무엇을 의미하는 것일까?

이는 서부 경남 일대에 백제의 영향력을 배제하고는 설명할 수 없는 것

---

81) 김낙중, 「한반도 남부와 일본열도에서 횡혈식석실묘의 수용 양상과 배경」, 『한국고고학보』85, 2012, 60쪽
82) 본서 제Ⅱ편 제4장 5세기대 木氏를 중심으로 한 百濟와 倭의 고찰 참조
83) 김낙중, 「5~6세기 남해안 지역 倭系古墳의 특성과 의미」, 『湖南考古學報』45, 2013, p.195

이다. 이는 문헌상에도 지속적으로 나타나고 있는 백제와 왜의 교류를 통해 나타나고 있는 현상이다. 즉, 백제 - 영산강 유역 - 서부 경남 - 왜의 관계를 상정하게 되면 서부 경남 일대가 6세기초반부터 백제의 영향력 하에 들어 갔다는 의미로 볼 수 있다. 이는 문헌적 분석에서 6세기초에 나타나고 있는 백제의 任那 4縣 진출의 역사상과 일치하고 있다.

최근 남해도의 남치리 고분에서 백제의 은화관식이 출토되었다. 이는 익산 미륵사지 서탑, 논산 육곡리 7호분, 남원 척문리 석실분 출토품과 유사한 형태로서 사비시기의 은화관식으로 알려져 있다.[84] 은화관식은 나솔 이상의 품계가 착장할 수 있는 것으로 일단 피장자가 백제의 중앙과 관계된 것은 분명하다. 이를 단순한 교역으로 보기는 어려운 부분이며 적어도 남치리 고분이 조성되던 즈음에는 남해도 일원이 백제의 영향력 하에 있었음은 확실하다.

특히 남치리 1호분이 조성된 남해군 고현면 일대에는 동쪽 정상에 大局山城이 자리하고 있으며 남쪽 낮은 구릉상에 城山土城이 위치하고 있다.

2005년 발굴된 大局山城과 관련해서는 7세기 후반~8세기초에 축성된 산성으로 보고 있다.[85] 하지만, 大局山城에서 발견되는 토기류를 고찰하면 6세기까지 소급될 수 있으며 성산토성과 더불어 대국산성의 방어면은 서쪽이 아닌 동쪽이다. 때문에 부근의 남치리 고분을 고려하면 당시 이 일대에서 세력을 뻗쳤던 세력이 백제일 가능성이 높다.

大局山城에서는 남해도의 동쪽 방면이 조망되며 사천, 창선도 뿐만 아니라 고성까지 시야에 들어온다.[86] 이를 통해 이 지역에서 백제가 해상교통

---

84) 류창환·김미영, 「남해 남치리1호분 발굴조사 성과」, 『百濟文化』51, 2014, pp.233-237
85) 鄭義道, 安城賢, 權珠英, 金尹姬, 『南海大局山城-南門址 및 蓮池』, 南海郡, 慶南文化財研究所, 2005
86) 대국산성에서 바다를 건너 보이는 삼천포 앞의 각산성의 경우도 아직까지 조사가 이루어지지 않았지만, 이 역시 백제의 해상교통로를 통제하기 위한 산성으로 추측된다.

로에 대해 통제를 하고 있었다는 것을 알 수 있다. 이처럼 백제에서 왜로 가는 해상루트 상에 남해도가 위치하고 있는 것은 이 역시 백제의 영향권으로 생각해야만 이해가 될 수 있는 것이다.

지금까지 고찰했듯이 6세기대 대외교역은 고성만을 중심으로 일어났다. 그럼에도 불구하고 그동안 많은 연구들이 백제와 왜의 교섭 창구로서 섬진강 유역을 지적해왔고 따라서 任那 4縣도 섬진강 일대에서 찾는 경향이 있었다.

하지만, 섬진강 하구의 조사 성과를 고려하면 외래 유물이 확인되지 않고 있으며 특정 정치집단에 의한 대외창구로서의 인문지리적인 조건을 갖추지 않았기 때문에 이를 대외교섭 창구로 보는 것은 타당하지 않다.[87]

섬진강 수계, 곡성, 구례, 순천, 광양, 여수 지역에서 대가야 양식의 토기가 출토되는 것을 근거로 섬진강 하구를 대가야권으로 설정한 견해도 있다.[88] 하지만 섬진강 수계와 전남 동부 지역에 대가야 토기가 출토되기는 하지만, 남원, 곡성, 구례 지역에는 재지계 토기, 백제 토기가 공반 출토되며 순천 운평리 고분군을 제외하면 순천, 여수, 광양 지역에는 소가야계 토기가 월등히 높게 나타나고 있다.[89]

또한 이 지역에서 출토된 대가야계의 토기가 대가야 중앙으로부터 유입된 것인지, 아니면 주변부로부터 유입된 것인지가 확인되지 않는 상황에서 대가야계 토기를 근거로 한 섬진강 하구의 대가야 창구 주장은 설득력이 없으며 섬진강 수계와 여수, 순천, 광양을 대가야권역으로 설정하는 것은 타당성이 없다.

따라서 任那 4縣을 섬진강 수계인 여수, 순천, 광양에서 찾는 것은 오류

---

87) 洪潽植, 「문물로 본 가야와 백제의 교섭과 교역」, 『湖西考古學』18, 2008, p.141
88) 朴天秀, 앞의 논문, pp.198-199
89) 하승철, 「남원지역 가야고분의 구조와 변천」, 『가야와 백제, 그 조우(遭遇)의 땅 '남원'』, 남원시 호남고고학회 학술대회, 2014, p.101

이며 오히려 고성만을 중심으로 한 서부 경남 일원이 되어야 타당한 분석이 된다.

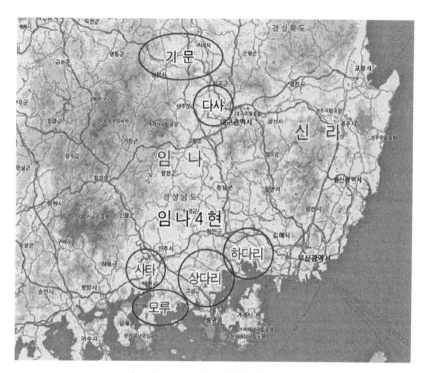

〈그림〉 기문, 대사, 임나4현의 위치도

제5절 맺음말

지금까지 6세기에 들어 백제가 남부 가야 지역에 진출하면서 나타난 『日本書紀』 繼體 6년조 소위 任那 4縣의 할양 기사에 대해 고찰해보았다.

『日本書紀』에서는 야마토 왕권이 백제에 任那 4縣을 할양했다고 기술되어 있지만 이는 일본중심적 사관에 의해 윤색된 것으로서 본래는 백제에 의한 가야 진출의 정황을 보여주고 있는 것이다.

任那 4縣의 고찰에 있어서 무엇보다 중요한 것은 이들 지역을 어디에 비정해야 하는가의 문제이다. 이들 지역이 어디로 비정되는가에 따라 6세기 당시 백제의 판도 및 한반도 남부 정황과 관련하여 전반적인 인식을 달리할 수 있기 때문이다.

현재 任那 4縣의 지명 비정에 대한 연구 경향을 보면, 일본학계에서는 대체적으로 전라남도 지역의 영산강 유역 일대에 비정을 하고 있으며 한국학계에서는 섬진강 以西 지역인 전라남도 동부 지역으로 보고 있는 것이 현재까지의 통설이라고 할 수 있다.

하지만, 본 연구에서 任那 4縣에 해당하는 上哆唎, 下哆唎, 娑陀, 牟婁에 대해 관련 문헌 및 고지명의 분석으로 면밀히 검토한 결과 고성, 창원을 비롯한 경남 서부 일대인 것을 알 수 있었다.

고고학적으로도 고성을 중심으로 하는 서부 경남 일대는 6세기초를 획기로 횡혈식석실의 수용, 분구묘의 도입, 왜계 고분의 축조 등 분명히 이전과는 다른 특징을 보여주고 있는데 이것도 백제의 영향력이 아니고서는 이해할 수 없는 것이다.

이들 지역은 문헌에도 지속적으로 나타나고 있는 백제와 왜의 교류 해상 루트 상에 위치하고 있는 중요한 요충지였다.

따라서 전체적으로 繼體紀에 나타나고 있는 한반도 관계 기사는 백제가 제주도를 비롯한 남해 일원을 직접 통제 하에 넣고 점차적으로 서부 경남의 任那 4縣 및 가야 지역으로 진출하고 있는 상황을 보여주고 있는 것으로 소위 임나 4현 할양의 기사도 이러한 일련의 백제의 가야 진출 실태 속에서 파악해야 할 것이다.

제3장 『日本書紀』한반도 관계기사에 보이는 吉備氏에 대하여

제1절 머리말

『日本書紀』雄略紀에서 欽明紀에 이르는 5세기말~6세기 중엽 동안 한반도에서 활동하고 있는 주요 氏族을 꼽으라고 하면 紀氏와 吉備氏 등을 들 수 있을 것이다.

이들에 대한 기존 일본학계의 연구는 이들 씨족이 任那 지역의 經營과 깊은 관련을 갖고 있었다는 인식을 전제로 한반도와 일본 열도에서 실질적인 외교 활동을 행했던 씨족으로 파악하고 있다.[1]

이에 대해 紀氏와 관련해서는 木氏와 동일한 씨족으로 상정하기도 하고 紀氏가 일본에 남긴 고분군 및 관련 神社를 통해 紀氏가 한반도에서 건너간 씨족이라는 견해가 이미 제시되어 있다.[2]

하지만, 吉備氏에 대해서는 아직 관련 연구가 미진한 상태에 있다.

吉備氏는 『日本書紀』에서 雄略紀 吉備下道臣前津屋의 모반 전승과 吉備上道臣田狹, 弟君의 반란전승, 淸寧 卽位 前紀 왕권찬탈 전승 등을 통해 기존 야마토 정권과 대립각을 세우고 있는 씨족이면서 한반도와의 깊은 관계

---

1) 대표적인 것이 岸俊男과 吉田晶의 견해이다.(岸俊男, 「紀氏に関する一試考」, 『日本古代政治史研究』, 塙書房, 1966 ; 吉田晶, 『吉備古代史の展開』, 塙書房, 1995)
2) 千寬宇, 『加耶史硏究』, 一潮閣, 1991 ; 金鉉球, 『大和政権の対外関係硏究』, 吉川弘文館, 1985 ; 본서 제Ⅱ편 제4장 5세기대 木氏를 중심으로 한 百濟와 倭의 고찰 참조

를 가지고 지방 호족으로서 정치적 세력 관계를 형성해온 측면이 강하다.

특히 기존 吉備氏에 대한 연구는 후에 欽明紀 任那日本府에 등장하는 吉備臣과 연결되어 있는 만큼 소위 任那日本府의 관인으로 나오는 吉備臣에 대한 고찰을 위해서도 吉備氏의 한반도에서의 활동을 주목하여 분석할 필요가 있다.

『日本書紀』에 나타나는 吉備氏의 한반도 관계 기사는 雄略 7年 是歲條의 吉備上道臣田狹, 弟君, 吉備海部直赤尾의 기사, 雄略 8년 2월조 吉備臣小梨, 雄略 9년 3월조, 5월조의 吉備上道采女大海, 雄略 23년 8월조 吉備臣尾代, 繼體 24년 9월조 吉備韓子那多利·斯布利의 기사, 欽明 2년 4월, 5년 3월, 11월조의 吉備臣, 吉備弟君臣과 敏達 2년 5월, 7월, 8월조 및 3년 7월조의 吉備海部直難破, 敏達 12년 7월, 10월조 및 시세조의 吉備海部直羽嶋 등이 있다.

특히 吉備海部直의 경우는 『古事記』의 仁德段에 나오는 黑日賣의 고사에 등장하고 있으면서도 『日本書紀』의 應神 22년조에 나오는 吉備氏 선조 御友別의 누이인 兄媛과 동일한 뼈대로 구성되어 있기 때문에 吉備氏의 계보를 통한 고찰이 필요할 것으로 판단된다.

결국 吉備氏에 대한 분석은 『日本書紀』 한반도 관계 기사 속에서 한반도 남부에서 활약했던 倭의 역할과 본질이라고 하는 근본적인 측면에 있어서의 고찰을 필요로 하고 있다.

제2절 『日本書紀』 吉備氏의 한반도 관계기사

『日本書紀』의 한반도 관계 기사 중에서 吉備氏와 한반도 관계의 단초를 제공해주는 기사가 雄略 7년 是歲條에 나타나고 있다.

(ㄱ)『日本書紀』卷 第14 雄略 7年

是歲 吉備上道臣田狹 侍於殿側 盛稱稚媛於朋友曰 天下麗人 莫若吾婦.
茂矣綽矣 諸好備矣. 曄矣溫矣 種相足矣. 鉛花弗御 蘭澤無加. 曠世罕儔. 當
時獨秀者也. 天皇傾耳遙聽 而心悅焉. 便欲自求稚媛爲女御. 拜田狹 爲任那
國司. 俄而 天皇幸稚媛. 田狹臣娶稚媛 而生兄君 弟君也.[別本云 田狹臣婦
名毛媛者 葛城襲津彦子 玉田宿禰之女也. 天皇聞體貌閑麗 殺夫自幸焉]田
狹旣之任所 聞天皇之幸其婦 思欲求援而入新羅. 于時 新羅不事中國. 天皇
詔田狹臣子弟君與吉備海部直赤尾 曰 汝宜往罰新羅. 於是 西漢才伎歡因知
利在側. 乃進而奏曰 巧於奴者 多在韓國. 可召而使. 天皇詔群臣曰 然則宜以
歡因知利 副弟君等 取道於百濟 並下敕書 令獻巧者. 於是 弟君銜命 率衆
行到百濟 而入其國. 國神化爲老女 忽然逢路. 弟君就訪國之遠近. 老女報言
復行一日 而後可到. 弟君自思路遠 不伐而還. 集聚百濟所貢今來才伎於大
島中 託稱候風 淹留數月. 任那國司田狹臣 乃嘉弟君不伐而還 密使人於百
濟 戒弟君曰 汝之領項 有何牢錮而伐人乎. 傳聞 天皇幸吾婦 遂有兒息.[兒息
已見上文]今恐 禍及於身 可蹻足待. 吾兒汝者 跨據百濟 勿使通於日本. 吾者
據有任那 亦勿通日本. 弟君之婦樟媛 國家情深 君臣義切. 忠踰白日 節冠靑
松. 惡斯謀叛 盜殺其夫 隱埋室內 乃與海部直赤尾將百濟所獻手末才伎 在
於大島. 天皇聞弟君不在 遣日鷹吉士堅磐固安錢 [堅磐 此云柯陀之波]使共
復命. 遂卽安置於倭國吾礪廣津[廣津 此云比慮岐頭]邑. 而病死者衆. 由是
天皇詔大伴大連室屋 命東漢直掬 以新漢陶部高貴 鞍部堅貴 畫部因斯羅我
錦部定安那錦 譯語卯安那等 遷居于上桃原 下桃原 眞神原三所.[或本云 吉
備臣弟君 還自百濟 獻漢手人部 衣縫部 宍人部]

우선 (ㄱ)의 기사는 전체적으로 雄略이 吉備上道臣田狹의 아내인 稚媛을
빼앗기 위해 田狹을 任那國司로 보냈고 이 사실을 안 田狹이 신라로 가게
되었으며 그후 그의 아들인 弟君이 吉備海部直赤尾와 함께 신라를 정벌하
기 위해 백제로 왔지만 결국은 신라를 치지 않았던 것으로 되어 있다. 이처
럼 (ㄱ)의 내용은 앞뒤의 구성이 어설픈 설화적인 내용으로 되어 있다.

일찍이 (ㄱ)의 기사에 대해서는 이 시기에 등장할 수 없는 任那國司라는

표현이라든지 본문과 分註가 서로 상이한 것 뿐 아니라 吉備上道臣田狹이 주재하고 있는 신라를 정벌하는 인물로 그 아들인 弟君이 보이는 등 불합리한 내용으로 되어 있어 대체로 신뢰할 수 없는 기사로 보아왔다.[3]

그럼에도 불구하고 (ㄱ)의 기사는 吉備 일족이 임나 지역의 경영과 밀접한 관계를 갖고 있었던 일단을 보여주는 것으로 평가하고 후에 欽明紀에 등장하는 任那日本府 吉備臣과 연결하여 실질적인 외교 활동의 실무를 행한 씨족으로 파악하고 있는 것이 통설적인 인식이다.[4]

하지만 이러한 견해는 기본적으로 야마토 정권의 임나 경영이라는 인식을 염두에 둔 해석으로서 이를 긍정하기는 힘들다. 우선 (ㄱ)의 吉備上道臣田狹에 의한 반란 기사가 雄略 7年의 是歲條에 위치한 것도 雄略 7年條 吉備下道臣前津屋의 모반 사건[5]과 연결되는 기사로서 야마토 정권에 저항한다는 공통적인 모티브를 갖고 있기 때문이다. 특히 是歲條라는 형식을 빌리고 있는 점을 참고로 해볼 때 吉備氏의 가계 전승이 윤색된 채 7年條에 위치하게 되었고 이후 淸寧 卽位前紀[6]에 나오는 吉備 지역의 반란 전승과 연

---

3) 津田左右吉, 『日本古典の硏究(下)』, 岩波書店, 1950, p.234 ; 池內宏, 『日本上代史の一硏究-日鮮の交涉と日本書紀』, 中央公論美術出版, 1970, p.129

4) 吉田晶, 앞의 책, pp.68-76

5) 『日本書紀』卷 第14 雄略 7年

　八月 官者吉備弓削部虛空 取急歸家. 吉備下道臣前津屋[或本云國造吉備臣山]留使虛空. 經月不肯聽上京都. 天皇遣身毛君大夫召焉. 虛空被召來言 前津屋 以小女爲天皇人 以大女爲己人 競令相鬪. 見幼女勝 卽拔刀而殺. 復以小雄雞 呼爲天皇雞 拔毛剪翼 以大雄雞 呼爲己雞 著鈴金鉅 競令鬪之. 見禿雞勝 亦拔刀而殺. 天皇聞是語. 遣物部兵士三十人 誅殺前津屋幷族七十人.

6) 『日本書紀』卷 第15 淸寧 卽位前紀

　廿三年 八月 大泊瀨天皇崩. 吉備稚媛 陰謂幼子星川皇子曰 欲登天下之位 先取大藏之官. 長子磐城皇子 聽母夫人教其幼子之語曰 皇太子雖是我弟 安可欺乎. 不可爲也. 星川皇子 不聽 輒隨母夫人之意. 遂取大藏官. 鏁閇外門 式備于難. 權勢自由 費用官物. 於是 大伴室屋大連 言於東漢掬直曰 大泊瀨天皇之遺詔 今將至矣. 宜從遺詔. 奉皇太子. 乃發軍士 圍繞大藏. 自外拒閇 縱火燔殺. 是時 吉備稚媛 磐城皇子異父兄兄君 城丘前來目[闕名]隨星川王子 而被燔殺焉. 惟河內三野縣主小根 慄然振怖 避火逃出. 抱草香部吉士漢彦脚 因使祈生於大伴室屋大連曰 奴縣主小根 事星川皇子者信. 而無有背於

결될 수 있도록 작위적으로 서술된 측면이 강하다.

任那國司는 이 시기에 존재할 수 없는 것이지만, 만약 田狹이 任那國司로 있었다고 하더라도 다음 雄略 8年條에는 日本府行軍元帥 등과 관련된 인물이 나열되어 있는 중에 田狹의 이름이 등장하지 않는 것도 (ㄱ)의 기사가 당시 상황과는 맞지 않는다는 것을 보여주고 있다.[7]

그렇지만 (ㄱ)의 기사에는 당시 한반도와 왜의 관계를 엿볼 수 있는 단초를 보여주는 내용도 적지 않다. 기본적으로 신라를 치기 위해 吉備臣弟君이 임나가 아닌 백제로 갔다는 내용이 보이며, 백제로부터 손재주 좋은 기술자가 왜국에 왔다는 기술 등 渡倭人에 의한 대량의 문물 도입 기록도 보인다. 이러한 구도는 기존에 선진문물 지원과 군사 파견이라는 백제와 왜의 관계를 그대로 보여주고 있다. 이는 4~6세기경 백제가 왜에 대해 전문지식인이나 선진문물을 보내고 이에 대한 반대급부로서 왜가 군사를 파견한 것으로 분석하고 있는 구도와도 일치한다.[8] 때문에 雄略 7年의 시기인지는 불명확하지만 애당초 吉備臣 등이 백제를 지원하기 위해 왔던 사실이 전승적인 내용으로 윤색되었을 가능성을 생각해볼 수 있을 것이다.

이러한 구도는 吉備臣小梨가 등장하는 雄略 8년 2월조를 통해서도 짐작할 수 있다.

(ㄴ) 『日本書紀』 卷 第14 雄略 8年 春2月
高麗王卽發軍兵 屯聚筑足流城[或本云 都久斯岐城]遂歌儛興樂 於是 新羅王夜聞高麗軍四面歌儛 知賊盡入新羅地 乃使人於任那王曰 高麗王征伐

皇太子. 乞 降洪恩 救賜他命. 漢彦乃具爲啓於大伴大連 不入刑類. 小根仍使漢彦啓於大連曰 大伴大連 我君 降大慈愍 促短之命 旣續延長 獲觀日色. 輕以難波來目邑大井戶田十町 送於大連. 又以田地 與于漢彦 以報其恩.
是月 吉備上道臣等 聞朝作亂 思救其腹所生星川皇子 率船師四十艘 來浮於海. 旣而聞被燔殺 自海而歸. 天皇卽遣使 嘖讓於上道臣等 而奪其所領山部.

7) 三品彰英,「上代における吉備氏の朝鮮経営」,『朝鮮学報』36, 1965, p.5
8) 金鉉球, 앞의 책 ; 본서 제Ⅳ편 제1장 4~6세기 百濟와 倭의 관계 참조

我國 當此之時 若綴旒 然國之危殆過於累卵 命之脩短 大所不計 伏請救於
日本府行軍元帥等 由是任那王勸膳臣斑鳩[斑鳩 此云伊柯屢餓]吉備臣小
梨 難波吉士赤目子 徃救新羅

(ㄴ)의 기사는 신라와 고구려가 적대관계에 돌입하는 내용 중에 日本府
行軍元帥와 함께 吉備臣小梨라는 인물이 등장한다. 그러나『三國史記』눌지
마립간 34년 7월에 신라 아슬라 성주의 고구려 변장 살해 사건, 그리고 눌
지마립간 38년 8월조와 39년 1월조에 이미 고구려가 신라를 침략한 내용이
보이고 있기 때문에 (ㄴ)의 기사를『日本書紀』의 기술 그대로 雄略 8년으로
서 그 시기를 특정하기는 어렵다. 특히 日本府行軍元帥가 군사적 성격이 짙
은 기관으로 등장하는 등 성격상 6세기 欽明紀에 나오는 日本府의 용례와
는 크게 다르다.

그렇지만『三國史記』신라본기 소지마립간 3년(481년)조에 보면, 고구려
와 말갈이 북변에 침입하자 백제와 가야가 신라에 구원군을 파견했던 기록
이 있다.[9] 따라서 당시의 정황으로 보면 고구려의 위협에 직면해 있는 신
라가 일단 가야에 구원을 요청했을 가능성을 배제할 수 없다.

주목해야 하는 것은 이때 신라에 지원군으로 온 것이 가야만은 아니고
백제도 함께 고구려를 공격한 것으로 기록되어 있다는 것이다. 이 또한 5세
기대 對고구려전과 관련하여 당시 백제와 신라의 우호 관계 속에서 백제가
신라에 대한 지원군의 형태로 이루어졌을 것이다. 앞서 4세기말~5세기초에
있었던 소위 광개토왕의 남정 때 백제의 지원군으로 倭의 용병이 왔던 정
황을 참작하게 되면 이때에도 倭의 용병이 참여했을 가능성이 있다. 즉, 日
本府行軍元帥라는 용어는『日本書紀』찬자에 의해 후대에 설정되었다고 하
더라도 당시 왜군의 행동은 백제의 영향력 하에서 이루어졌던 사실로 해석

---

9)『三國史記』卷 第3 新羅本紀 照知痲立干立 3年 3月
  幸比列城 存撫軍士 賜征袍 高句麗與靺鞨入北邊 取狐鳴等七城 又進軍於彌秩夫 我軍
  與百濟加耶援兵 分道禦之 賊敗退 追擊破之泥河西 斬首千餘級

할 수 있을 것이다.

이렇듯 (ㄱ)의 기사 속에서 任那國司 吉備上道臣田狹과 그의 아들 吉備臣 弟君이 임나를 지배했다는 것은 후대 任那經營 사관에 의해 만들어진 설화 적인 내용이기 때문에 사실로 보기는 어렵지만, 일단 弟君이 직접 신라로 간 것이 아니라 백제로 간 후에 신라로 들어가려 했다든지 백제로부터 선 진기술이 들어온 정황 등의 모티브를 통해 보면 당시의 실제 정황을 파악 할 수 있을 것이다.

더욱이 『日本書紀』雄略紀에 나오는 弟君과 欽明紀에도 이름이 같은 吉 備弟君臣이 나타나는 것을 통해서 이들이 동일 인물이라는 추정도 가능하 게 됨에 따라[10] 撰者의 실수이거나 아니면 撰者가 무언가를 의도하기 위해 일부러 다른 시대의 기사를 삽입한 것으로 추정된다.[11]

또한 (ㄱ)의 別本에서 雄略이 葛城襲津彦의 아들인 玉田宿禰의 딸 毛媛을 취하고 지아비를 죽였다는 분주의 기사는 田狹과의 사이에서 兄君, 弟君을 낳았다는 稚媛의 기사와는 사뭇 다른 내용으로 되어 있다. 이에 대해서는 통상 본문과 분주를 근거로 田狹이 稚媛뿐만 아니라 葛城氏의 毛媛과도 혼 인하여 吉備臣와 葛城氏의 反雄略 정치적 동맹을 상정하는 견해도 있다.[12] 하지만, 雄略 원년 3월조에 稚媛의 이름은 있지만 毛媛의 이름이 보이고 있 지 않은 점, 雄略 사후 葛城氏인 韓援의 아들이 淸寧으로 즉위하고 있는 점 등을 통해 吉備臣와 葛城氏 간 혼인 동맹의 가능성은 부정적이며 결국 이들 吉備臣과 관련된 전승이 雄略 7年條에 잘못 위치한 것으로 판단된다.

따라서 (ㄱ)의 기사에서는 아들인 弟君이 아버지인 田狹을 치려고 했다 고 하는 신뢰할 수 없는 부분의 윤색을 거두면 결국 弟君이 백제에 갔으며

10) 三品彰英, 앞의 논문, pp.2-4
11) 日本府行軍元帥 중에 吉備臣小梨가 등장하고 있는 것은 6세기 일본부 관련 인물로 등장하는 吉備臣과의 연관성 및 6세기 일본부 출현 배경에 대한 단서를 찾을 수 있을 것이다.
12) 湊哲夫, 「吉備氏反乱伝承の再検討」, 『古代を考える 古代吉備の検討』31, 1982

또한 같이 갔던 吉備海部直赤尾가 新漢陶部高貴, 鞍部堅貴, 畫部因斯羅我, 錦部定安那錦, 譯語卯安那 등 백제의 선진문물을 보유한 才人을 데리고 왔던 사실만이 남게 된다.

이렇게 渡倭人을 데리고 오는 구조로 되어 있는 내용이 雄略 9년 5월조의 吉備上道釆女大海의 기사에도 보인다.

(ㄷ)『日本書紀』卷 第14 雄略 9年 夏5月
紀大磐宿禰 聞父旣薨 乃向新羅 執小鹿火宿禰所掌兵馬 船官及諸小官 專用威命 於是 小鹿火宿禰 深怨乎大磐宿禰 乃詐告於韓子宿禰曰 大磐宿禰 謂僕曰 我當復執韓子宿禰所掌之官不久也 願固守之 由是 韓子宿禰與 大磐宿禰有隙 於是 百濟王 聞日本諸將 緣小事有隙 乃使人於韓子宿禰等曰 欲觀國堺 請 垂降臨 是以 韓子宿禰等 並轡而往 及至於河 大磐宿禰 飮馬於河 是時 韓子宿禰 從後而射大磐宿禰鞍几後橋 大磐宿禰愕然反視 射墮韓子宿禰 於中流而死 是三臣由前相競 行亂於道 不及百濟王宮而却 還矣 於是 釆女大海 從小弓宿禰喪 來到日本 逐憂諮於大伴室屋大連曰 妾 不知葬所 願占良地 大連卽爲奏之 天皇勅大連曰 大將軍紀小弓宿禰 龍驤 虎視 旁眺八維 掩討逆節 折衝四海 然則身勞萬里 命墜三韓 宜致哀矜 充 視葬者 又汝大伴卿與紀卿等 同國近隣之人 由來尙矣 於是 大連奉勅 使土 師連小鳥 作冢墓於田身輪邑 而葬之也 由是 大海欣悅 不能自默 以韓奴室 兄麻呂 弟麻呂 御倉 小倉 針 六口送大連 吉備上道蚊嶋田邑家人部是也

吉備上道釆女大海는 앞서 雄略 9年 8월의 기사에서 신라 정벌에 참여하고 있는 紀小弓宿禰를 돌볼 목적으로 한반도로 온 것으로 설정되어 있다. 하지만 紀小弓宿禰 등이 신라를 공격했다는 기사는 (ㄷ)의 기사 및 顯宗 3년 是歲條[13]와 연결되는 기사로서 紀小弓宿禰의 사후 그의 아들인 紀大(生)

---

13)『日本書紀』卷 第15 顯宗 3年
是歲 紀生磐宿禰 跨據任那 交通高麗 將西王三韓 整脩宮府 自稱神聖 用任那左魯那奇 他甲背等計 殺百濟適莫爾解於爾林[爾林高麗地也.] 築帶山城 距守東道 斷運糧津 令軍 飢困 百濟王大怒 遣領軍古爾解 內頭莫古解等 率衆趣于帶山攻 於是 生磐宿禰進軍逆

磐宿禰가 부친의 뒤를 이어 任那에 주둔하면서 신라와 대치하고 있다는 것을 보여주기 위해 설정한 기사이다. 즉, 이 기사는 倭의 군대가 紀生磐宿禰의 지휘를 받아 任那에 주둔하다가 그가 삼한의 왕이 되려고 백제와 충돌하여 난을 일으킨다는 顯宗 3년 是歲條의 내용과 연결된다. 하지만, 紀生磐宿禰는 倭에서 파견된 것이 아니라 加耶 지역과 관련해서 활약한 백제계 木氏 세력으로 상정할 수 있기 때문에[14] 紀生磐宿禰의 반란은 倭人의 행동이 아니라 加耶의 在地 수장층 들과 합세한 백제인에 의한 일탈행위였던 것을 알 수 있다.

따라서 (ㄷ)의 기사는 전체적으로는 야마토 정권의 任那 지배를 전제로 한 작위적인 기술로서 실제로는 당시 한반도 남부에 있어서 백제의 영향력을 보여주는 기사이다. 결국 (ㄷ)의 기사를 통해서도 大海가 韓奴室, 兄麻呂, 弟麻呂, 御倉, 小倉, 針을 데리고 왔으며 이들이 吉備上道 蚊嶋田邑의 家人部라는 전승만이 남게 된다.

이처럼 (ㄱ)과 (ㄷ)의 기사는 吉備氏로 기술되어 있는 吉備海部直赤尾나 吉備上道采女大海가 백제로부터 才人 등 渡倭人을 데리고 오는 구조로 되어 있다. 그렇다면 대체 이들 吉備氏가 왜 渡倭人을 데리고 올 수 있었던 것일까? 이 시점에서 吉備海部直赤尾나 吉備上道采女大海가 백제와 전혀 관련이 없는 상황에서 이들을 데리고 온다는 것은 생각할 수 없다. 이들 吉備氏가 백제와 모종의 관련이 있는 인물이었기 때문에 가능했던 일이었을 것이다.

또한 吉備氏의 인적 교류 현황을 살펴볼 수 있는 기사로서 다음 繼體 24年 9月의 기사가 있다.

(ㄹ) 『日本書紀』 卷 第17 繼體 24年 秋9月

擊 膽氣益壯 所向皆破 以一當百 俄而兵盡力竭 知事不濟 自任那歸 由是 百濟國殺佐魯那奇他甲背等三百餘人

14) 金鉉球, 앞의 책, pp.75-77 ; 본서 제Ⅱ편 제4장 5세기대 木氏를 중심으로 한 百濟와 倭의 고찰 참조

任那使奏云 毛野臣 邃於久斯牟羅 起造舍宅 淹留二歳[一本云 三歳者
連去來歳數也]懶聽政焉 爰以日本人與任那人 頻以兒息 諍訟難決 元無能
判 毛野臣樂置誓湯曰 實者不爛 虛者必爛 是以 投湯爛死者衆 又殺吉備韓
子那多利 斯布利[大日本人 娶蕃女所生 爲韓子也]恆惱人民 終無和解 於
是 天皇聞其行狀 遣人徵入 而不肯來 願以河內母樹馬飼首御狩 奉詣於京
而奏曰 臣未成勅旨 還入京鄕 勞往虛歸 懟惡安措 伏願 陛下 待成國命 入
朝謝罪 奉使之後 更自謨曰 其調吉士 亦是皇華之使 若先吾取歸 依實奏聞
吾之罪過 必應重矣 乃遣調吉士 率衆守伊斯枳牟羅城 於是 阿利斯等 知其
細碎爲事 不務所期 頻勸歸朝 尙不聽還 由是 悉知行迹 心生飜背 乃遣久
禮斯己母 使于新羅請兵 奴須久利 使于百濟請兵 毛野臣聞百濟兵來 迎討
背評[背評地名 亦名能備己富里也]傷死者半 百濟 則捉奴須久利 枷械枷鏁
而共新羅圍城 責罵阿利斯等曰 可出毛野臣 毛野臣 嬰城自固 勢不可擒 於
是 二國圖度便地 淹留弦晦 筑城而還 號曰久禮牟羅城 還時觸路 拔騰利枳
牟羅·布那牟羅·牟雌枳牟羅·阿夫羅·久知波多枳 五城

(ㄹ)의 기사에는 近江毛野臣이 吉備氏의 남성과 현지 여성과의 사이에 낳
은 吉備韓子那多利, 斯布利를 살해하는 내용이 실려 있다.

본래 近江毛野臣의 살해 기사는 繼體 23年 4月 김해 지역에 대한 신라의
군사행동이 있은 이후 백제가 신라를 견제하기 위해 신라와 충돌하는 내용
중에 등장하고 있다. 대체적으로 (ㄹ)에 등장하는 近江毛野臣의 행적과 관
련해서는 일관성이 없는 기사로 짜여 있을 뿐만 아니라 이때 실제 近江毛野
臣의 경우 한반도에 군사를 이끌고 출병했던 것을 확인할 수 없기 때문에
그의 군사 활동은 인정될 수 없다.15) 따라서 (ㄹ)의 기사는 단지 『日本書紀』

---

15) 近江毛野臣의 실체나 파견 주체에 대해서는 논란이 있으며, 倭의 任那 지배를 위한
   것으로 보아 파견주체를 倭로 보고 있는 견해 (末松保和, 『任那興亡史』, 吉川弘文
   館, 1956, pp.135-137 ; 三品彰英, 「‘繼体紀’의 諸問題—特に近江毛野臣の所傳を中心
   として」, 『日本書紀研究』2, 塙書房, 1966, p.27 ; 大山誠一, 『日本古代の外交と地方
   行政』, 吉川弘文館, 1999, pp.52-60)와 백제를 주체로 한 견해(金鉉球, 『任那日本府
   研究』, 一潮閣, 1993, pp.135-141 ; 서보경, 「6세기 한반도에서 활동한 倭人의 역할」,

의 찬자가 신라의 가야 진출에 近江毛野臣 전승을 조합한 기사로 볼 수 있을 것이다.

그런 와중에 일어난 吉備韓子那多利, 斯布利 살해 사건에 대해서는 통상 일본 열도 각지의 유력 호족이 독자적으로 한반도에 교류하고 있는 것을 야마토 정권이 近江毛野臣을 통해 일원적 외교를 행하기 위해 통제하는 상황에서 일어난 것으로 보고 있다.[16] 하지만, 近江毛野臣의 파견은 앞서 신라가 낙동강 하류의 가야 지역으로 진출하면서 磐井와 연결하였던 상황을 타개하기 위해 백제와 야마토 정권의 기존 외교 라인에 대한 복원을 의미하는 것으로[17] 앞서 언급했듯이 실제 가야 지역에 대한 영향력은 백제에게 있었던 것이다.

吉備韓子那多利, 斯布利의 경우 분주를 통해 혼혈 2세로 표현되고 있는데, 혼혈이라는 것은 일본 열도 내에서 倭人과 渡倭人 사이에서도 존재하는 것이며 거꾸로 한반도에서도 일본 열도와 인적 교류가 끊어지지 않는 이상 그 가능성은 언제나 열려있다고 해야 할 것이다. 다만, 大日本人이 蕃女를 취해 낳은 자식을 韓子라고 한 분주의 표기는 『日本書紀』찬자에 의한 후대의 표기라는 데에 주의할 필요가 있다. 雄略 9년 3월조나 (ㄷ)의 기사에도 蘇我韓子宿禰라는 인명이 보이기 때문에 『日本書紀』의 기술대로 韓子를 해석하는 것이 옳은 지에 대해서는 의문이 없지 않다. 더욱이 蘇我氏의 경우 韓子 - 高麗로 이어지는 인명을 통해서도 한반도와 관련 있는 씨족으로 볼 수 있는 여지가 있기 때문이다.[18] 어쨌든 (ㄹ)의 기사는 그만큼 吉備氏가 한반도와 밀접한 관계에 있었던 상황을 보여주고 있으며 이들이 가야에 있으면서 백제에 臣屬하고 있었다는 것을 간접적으로 증명해주고 있다.

한편 欽明 2년 4월, 5년 3월, 11월조에도 吉備臣이 등장하고 있는데 특히

『임나문제와 한일관계』한일관계사연구논집3, 경인문화사, 2005)가 있다.

16) 大山誠一, 앞의 책, pp.52-60
17) 본서 제Ⅳ편 제2장 『日本書紀』繼體·欽明紀에 보이는 新羅와 倭의 관계 참조
18) 金鉉球, 「백제의 木滿致와 蘇我滿智」, 『日本歷史硏究』25, 2007, pp.14-16

吉備弟君臣은 앞서 (ㄱ) 雄略 7년 是歲條의 기사에서 吉備上道臣田狹의 아들인 吉備臣弟君과 同名의 인물로 등장하고 있어 주목된다.

(ㅁ) 『日本書紀』 卷 第19 欽明 2年 夏4月
安羅次旱岐夷呑奚 大不孫 久取柔利 加羅上首位古殿奚 卒麻旱岐 散半奚旱岐兒 多羅下旱岐夷他 斯二岐旱岐兒 子他旱岐等 與任那日本府吉備臣[闕名字]往赴百濟 俱聽詔書

(ㅂ) 『日本書紀』 卷 第19 欽明 5年 3月
百濟遣奈率阿乇得文 許勢奈率哥麻 物部奈率哥非等 上表曰 奈率彌麻沙 奈率己連等至臣蕃 奉詔書曰 爾等宜共在彼日本府同謀善計 早建任那 爾其戒之 勿被他誑 又津守連等至臣蕃 奉勅書 問建任那 恭承來勅 不敢停時 爲欲共謀 乃遣使召日本府[百濟本記云 遣召烏胡跛臣 盖是的臣也]與任那 俱對言 新年旣至 願過而徃 久而不就 復遣使召 俱對言 祭時旣至 願過而往 久而不就 復遣使召 而由遣微者 不得同計 夫任那之不赴召者 非其意焉 是阿賢移那斯 佐魯麻都[二人名也 已見上文]奸佞之所作也 夫任那者以安羅爲兄 唯從其意 安羅人者 以日本府爲天 唯從其意[百濟本記云 以安羅爲父 以日本府爲本也]今的臣 吉備臣 河內直等 咸從移那斯 麻都指撝而已 移那斯 麻都 雖是小家微者 專擅日本府之政 又制任那 障而勿遣 由是不得同計奏天皇 故留己麻奴跪[盖是津守連也]別遣疾使迅如飛鳥 奉奏天皇 假使二人[二人者 移那斯與麻都也]在於安羅 多行奸佞 任那難建 海西諸國 必不獲事 伏請移此二人 還其本處 勅喩日本府與任那 而圖建任那 故臣遣奈率彌麻沙 奈率己連等 副己麻奴跪上表以聞 於是詔曰 的臣等[等者謂吉備弟君臣 河內直等也]往來新羅非朕心也 曩者 印支彌[未詳]與阿鹵旱岐在時 爲新羅所逼 而不得耕種 百濟路迥 不能救急 由的臣等往來新羅 方得耕種 朕所曾聞 若已建任那 移那斯 麻都 自然却退 豈足云乎

(ㅅ) 『日本書紀』 卷 第19 欽明 5年 11月
百濟遣使召日本府臣 任那執事曰 遣朝天皇 奈率得文 許勢奈率哥麻 物

部奈率哥非等還自日本 今日本府臣及任那國執事 宜來聽勅同議任那 日本
吉備臣 安羅下旱岐大不孫 久取柔利 加羅上首位古殿奚 卒麻君 斯二岐君
散半奚君兒 多羅二首位訖乾智 子他旱岐 久嵯旱岐 仍赴百濟 於是百濟王
聖明略以詔書示曰 吾遣奈率彌麻佐 奈率己連 奈率用哥多等 朝於日本 詔
曰 早建任那 又津守連奉勅問成任那 故遣召之 當復何如能建任那 請各陳
謀 吉備臣 任那旱岐等曰 夫建任那國 唯在大王 欲冀遵王 俱奏聽勅 (中略)
又吉備臣 河內直 移那斯 麻都 猶在那國者 天皇雖詔建成任那 不可得也
請移此四人 各遣還其本邑 奏於天皇 其策三也 宜與日本臣 任那旱岐等 俱
奉遣使 同奏天皇 乞聽恩詔 於是吉備臣 旱岐等曰 大王所述三策 亦協愚情
而已 今願歸以敬諮日本大臣[謂在任那日本府之大臣也]安羅王 加羅王 俱
遣使同奏天皇 此誠千載一會之期 可不深思而熟計歟

　日本府의 관인으로 나오는 吉備臣의 경우는 (ㅂ)의 欽明 5년에 백제 나솔
阿乇得文 등이 천황에 올린 표에서 的臣, 河內直 등과 같이 移那斯, 麻都의
간교에 의해 임나를 세우는데 소홀하고 신라와 소통하면서 백제의 말을 듣
지 않는 인물로 등장하고 있다.
　그런데 (ㅂ) 기사의 분주에는 앞서 (ㅁ)의 기사에는 등장하지 않던 吉備
臣의 인명이 弟君으로 나오고 있다. 雄略紀에 나오는 弟君과 欽明紀에 나오
는 吉備弟君臣은 서로 任那에 있어서 신라와 소통을 하면서 또한 야마토 정
권의 말을 듣지 않는 점 등 사건의 개요가 상당히 일치하고 있다.[19]
　특히 (ㄱ)의 기사가 是歲條라는 형식을 빌리고 있는 점을 참고하면 吉備
氏의 가계 전승이 윤색된 채, 다른 시대의 기사에 삽입된 것으로 생각된다.
대개 「百濟本記」에 의거한 欽明紀의 기사가 가계 전승에 의거해 雄略紀에
서술된 기사보다는 상대적으로 신뢰도가 높은 기록으로 판단하고 있기 때
문에 欽明紀의 기사가 雄略紀에 잘못 삽입된 것으로 판단하는 것이 옳을 것
이다.

---

19) 三品彰英, 앞의 논문, pp.2-4

더욱이 『古事記』에서는 雄略의 계보에 吉備稚媛를 매개로 한 星川皇子, 磐城皇子 등의 계보가 보이지 않는 점도 이들 기사가 다른 시대의 것을 삽입했다는 추정이 타당함을 간접적으로 증명해주고 있다. 또한 繼體 이후에 나타나는 여러 가지 혼란스러운 상황과 『日本書紀』 欽明紀에 나오는 吉備弟君臣의 행동을 조망하여 보면 이는 원래 6세기의 상황이 5세기 후반인 雄略紀에 잘못 삽입되어 있는 것으로 추정된다.

제3절 吉備氏의 계보

이상과 같이 한반도와 관련이 깊은 吉備氏에 대해 심도 깊게 고찰하려면 이들 씨족의 出自에 대해 분석해볼 필요가 있을 것이다. 吉備氏의 계보와 관련해서는 3종류의 시조전승이 있다.

첫 번째는 『古事記』 孝靈段에 孝靈의 황자 大吉備津日子命(오호키비츠히코노미코토)을 吉備上道臣의 조상으로 하고 若日子建吉備津日子命(와카히코타케기비츠히코노미코토)을 吉備下道臣, 笠臣의 조상으로 하는 기사가 있다.

두 번째는 『日本書紀』 孝靈 2년 2월조에 孝靈의 황자 稚武彦命(와카타케히코노미코토)을 吉備臣의 시조로 하는 계보 기사가 있다.

세 번째는 『日本書紀』 應神 22년 9월조에 吉備의 조상인 御友別(미토모와케)의 아들이나 형제를 下道臣, 上道臣, 香屋臣, 三野臣, 笠臣, 苑臣의 시조로 한 전승이 있다.

이에 대해서는 『日本書紀』 應神紀의 전승이 가장 오래된 것으로 보고 이것이 5세기 때의 吉備 지역의 부족동맹을 반영한 것이라는 견해가 대체적으로 받아들여지고 있다.[20]

---

20) 吉田晶, 앞의 책

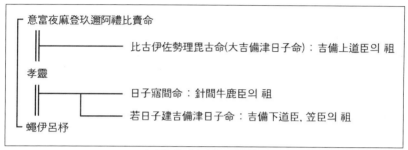

〈그림 1〉『古事記』孝靈段

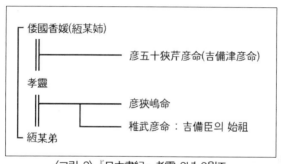

〈그림 2〉『日本書紀』孝靈 2년 2월조

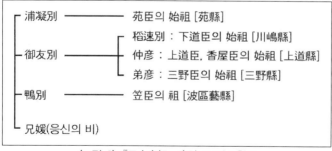

〈그림 3〉『日本書紀』應神 22년 9월조

(ㅇ) 『古事記』孝靈段

大倭根子日子賦斗邇命 坐黑田廬戶宮 治天下也. (中略) 又娶意富夜麻登
玖邇阿禮比賣命 生御子 夜麻登登母母曾毘賣命 次日子刺肩別命 次比古伊
佐勢理毘古命·亦名大吉備津日子命 次倭飛羽矢若屋比賣.[四柱]又娶其阿
禮比賣命之弟·蠅伊呂杼 生御子 日子寤間命 次若日子建吉備津日子命.[二
柱](中略) 大吉備津日子命與若建吉備津日子命 二柱相副而 於針間氷河之
前 居忌瓮而 針間爲道口 以言向和吉備國也. 故此 大吉備津日子命者[吉備
上道臣之祖也]次若日子建吉備津日子命者[吉備下道臣 笠臣祖]次日子寤間
命者[針間牛鹿臣之祖也]次日子刺肩別命者[高志之利波臣 豐國之國前臣 五
百原君 角鹿海直之祖也]

(ㅈ) 『日本書紀』卷 第4 孝靈 2年 春2月

妃倭國香媛[亦名絚某姉]生倭迹迹日百襲姬命 彦五十狹芹彦命[亦名 吉
備津彦命]倭迹迹稚屋姬命 亦妃絚某弟 生彦狹嶋命 稚武彦命 弟稚武彦命
是吉備臣之始祖也.

(ㅊ) 『日本書紀』卷 第10 應神 22년

春三月 天皇幸難波 居於大隅宮 丁酉 登高臺而遠望 時妃兄媛侍之 望
西以大歎[兄媛者 吉備臣祖御友別之妹也]於是 天皇問兄媛曰 何爾歎之甚
也 對曰 近日 妾有戀父母之情 便因西望 而自歎矣. 冀暫還之 得省親歟 爰
天皇愛兄媛篤溫凊之情 則謂之曰 爾不視二親 既經多年 還欲定省 於理灼
然 則聽之 仍喚淡路御原之海人八十人爲水手 送于吉備. 夏四月 兄媛自大
津發船而往之 天皇居高臺 望兄媛之船以歌曰 阿波旎辭摩 異椰敷多那羅
弭 阿豆枳辭摩 異椰敷多那羅弭 豫呂辭枳辭摩之魔儀 伽多佐例阿羅智之
吉備那流伊慕塢 阿比瀾菟流慕能. 秋九月辛巳朔丙戌 天皇狩于淡路嶋 是
嶋者橫海 在難波之西 峯巖紛錯 陵谷相續 芳草薈蔚 長瀾潺湲 亦麋鹿·鳧·
鴈 多在其嶋 故乘輿屢遊之 天皇便自淡路轉 以幸吉備 遊于小豆嶋. 庚寅
亦移居於葉田[葉田 此云簸娜]葦守宮 時御友別參赴之 則以其兄弟子孫爲
膳夫而奉饗焉 天皇 於是 看御友別謹惶侍奉之狀 而有悅情 因以割吉備國
封其子等也. 則分川嶋縣封長子稻速別 是下道臣之始祖也. 次以上道縣 封

中子仲彦 是上道臣·香屋臣之始祖也. 次以三野縣 封弟彦 是三野臣之始祖也. 復以波區藝縣 封御友別弟鴨別 是笠臣之祖也. 卽以苑縣 封兄浦凝別 是苑臣之始祖也. 卽以織部 賜兄媛 是以 其子孫 於今在于吉備國 是其緣也.

吉備氏의 계보를 살펴보면 기본적으로 『古事記』 孝靈段과 『日本書紀』 孝靈紀를 통해 孝靈의 왕통보상에 위치하고 있는 것을 알 수 있다. 하지만, 孝靈은 계보만이 등장하는 소위 缺史八代의 한 사람으로서 『古事記』 孝靈段에 유일한 사건인 吉備 평정이라는 전승 내용을 통해 孝靈의 계보로 위치가 결정되었던 것으로 보인다.

즉, 吉備氏의 시조인 稚武彦(와카타케히코, 若日子建吉備津日子)이 孝靈의 아들로서 대왕가의 계보와 연결된 것은 吉備 지역 평정을 했다는 吉備津彦(기비츠히코, 大吉備津日子)을 孝靈의 아들로 위치시키면서였을 것이다. 결국 7세기 天武朝 이래 吉備氏 측에서 나왔던 자료를 기초로 하여 『古事記』의 편자가 孝靈과 吉備 세력의 시조를 親子 관계의 계보로 위치시켜 놓았던 것으로 보이며[21] 어쨌든 이들은 실재성이 없는 시조명에 불과한 것으로 판단된다.

또한 그 계보는 吉備津彦의 어머니가 意富夜麻登玖邇阿禮比賣命(오호야마토쿠니아레히코노미코토), 즉 倭國香媛(야마토노쿠니카히메, 絚某姉)로서 稚武彦의 어머니 蠅伊呂杼(하에이로도, 絚某弟)와는 자매간으로 설정되어 있어 稚武彦와 吉備津彦는 서로 異母형제의 형태로 구성되어 있다.

특히 孝靈의 妃인 意富夜麻登玖邇阿禮比賣命는 安寧의 증손녀로서 『古事記』 安寧段에는 蠅伊呂泥(하에이로네)로 등장하고 있으며 여동생은 蠅伊呂杼(하에이로도)로 나온다.

이들 자매는 淡路의 御井宮의 和知都美命을 父로 하고 있는 磯城氏로서

---

21) 岩本次郎은 天武 13年 11월조 소위 八色改姓의 때에 下道臣과 笠臣이 朝臣의 姓을 받고 있는 것을 그 근거로 삼고 있다.(「古代吉備氏に関する一考察-特に記紀系譜形成過程を中心として」, 『ヒストリア』26, 1960, pp.51-52)

6대 8명에 걸쳐 皇妃로 책립되고 있는 특징을 갖고 있다. 그런데, 磯城氏로
대표되는 '하에'에 대해서는 이를 南風을 의미하는 것으로 또는 海礁를 의
미하는 것으로 보고 이들이 해상권을 장악한 항해 어로의 해양 부족 이름
에서 나온 것으로 보고 있는 견해22)가 있어 주목된다. 즉, 이를 통해서 吉
備氏를 세토내해를 기반으로 하여 해상 활동에 종사하고 있던 씨족으로 보
고 吉備氏가 당시 西日本 지역에서 군사적이나 정치적으로 중요한 입장을
점유하고 있었던 원동력으로 보고 있는 것이다.

　이처럼 吉備氏의 海部的인 요소를 알 수 있는 것이 『古事記』의 仁德段에
등장하는 黑日賣 고사이다.

　　(ㅋ) 『古事記』 仁德段
　　　其大后石之日賣命 甚多嫉妬. 故天皇所使之妾者 不得臨宮中 言立者 足
　　母阿賀迦邇嫉妬.[自母下五字以音]爾天皇　聞看吉備海部直之女·名黑日賣
　　其容姿端正 喚上而使也. 然畏其大后之嫉 逃下本國 天皇坐高臺 望瞻其黑
　　日賣之船出浮海 以歌曰 淤岐幣邇波 袁夫泥都羅羅玖 久漏邪夜能 摩佐豆
　　古和藝毛 玖邇幣玖陀良須. 故大后聞是之御歌 大忿 遣人於大浦 追下而
　　自步追去. 於是天皇　戀其黑日賣 欺大后曰 欲見淡道嶋. 而幸行之時 坐淡
　　道嶋 遙望歌曰 淤志弓流夜 那爾波能佐岐用 伊傳多知弖 和賀久邇美禮婆
　　阿波志摩 淤能碁呂志摩 阿遲摩佐能 志麻母美由 佐氣都志摩美由 乃自其
　　嶋傳而 幸行吉備國. 爾黑日賣 令大坐其國之山方地而 獻大御飯. 於是爲
　　煮大御羹 採其地之菘菜時 天皇到坐其孃子之採菘處 歌曰 夜麻賀多邇 麻
　　祁流阿袁那母 岐備比登登 等母邇斯都米婆 多怒斯久母阿流迦. 天皇上幸
　　之時 黑日賣獻御歌曰 夜麻登幣邇 爾斯布岐阿宜弖 玖毛婆那禮 曾岐袁理
　　登母 和禮和須禮米夜. 又歌曰 夜麻登幣邇 由玖波多賀都麻 許母理豆能
　　志多用波閇都都 由久波多賀都麻.

　그런데 (ㅋ)의 기사에 등장하는 仁德과 吉備海部直 黑日賣의 고사가 『日

22)　中西洋子,「吉備氏伝承の発生基盤」,『国学院雑誌』68-3, 1967

本書紀』에서는 (ㅊ) 應神 22년조에 나오는 吉備氏의 선조 御友別의 누이 兄媛과 동일한 뼈대로 구성되어 있다는 것이 주목된다. 이에 대해 岩本次郎은 『日本書紀』 편찬 시에 吉備氏가 氏姓을 칭하는 國造로서 家記를 제출할 즈음에 자기 씨족의 전통을 우위에 두기 위해 의식적으로 吉備와 관계가 있는 黑日賣의 설화를 윤색 개작한 것으로 보고 있다.[23] 결국 『日本書紀』 편찬단계에 와서 吉備臣으로 변환되었을 가능성이 있다는 것인데, 이를 통해 『古事記』 단계인 초기에는 오히려 (ㅋ)과 같이 吉備海部直의 黑日賣 고사로 남아있던 것을 원형으로 볼 수 있을 것이다. 이러한 점을 고려한다면 초기 단계 전승에서 보이고 있는 吉備海部直의 존재가 吉備氏의 원형을 잘 나타내주는 것으로 중요시되어야 할 것으로 생각된다.

吉備海部直에 대해서는 통상적으로 直이라는 姓과 관련되어 왕권에 복속되어 외교나 해상교통에 해당하는 官人的 성격이 강조되고 있다. 하지만, 그것은 후대의 일로써 (ㅋ)의 기사에 등장하는 것과 같이 초기적인 형태에서는 해양과 관련성이 깊은 吉備氏의 성격을 잘 나타내주고 있다고 할 수 있다. 즉, 吉備氏의 해양과의 관련성을 통해 吉備 지역과 海部가 밀접한 관계에 있었다는 것을 빼놓을 수 없을 것이다.

이처럼 海部直이라는 것은 이미 그 이전부터 해양의 民으로서 정착하였던 吉備 지역의 배경을 설명해주는 것으로 생각된다.

현재 和歌山 일원인 紀伊 지역에는 吉備鄕이 있었으며 지금도 吉備라는 지명이 남아있다. 吉備鄕은 吉備氏의 거주로 인해 생긴 것으로 앞서 (ㄷ)의 기사에 등장하는 吉備上道釆女大海와 같이 紀氏와 吉備氏의 연결을 시사해주고 있다. 또한 이곳은 紀氏의 밑에서 대외활동을 담당했던 日鷹吉士의 거점으로 (ㄱ)의 기사에서 백제에서 소식이 끊어진 弟君을 조사하기 위해 日鷹吉士 堅磐固安錢이 파견되고 있는 것과도 밀접한 관련성을 보인다.[24]

---

23) 岩本次郎, 앞의 논문, p.54
24) 加藤謙吉, 『吉士と西漢氏─渡来氏族の実像』, 白水社, 2001, p.51

이렇듯 紀氏와 日鷹吉士가 渡倭 씨족으로서 한반도와 연결되는 세력 범위를 갖고 있는 것을 통해 吉備氏의 경우도 세토내해 뿐만 아니라 한반도와 연결되는 해상 세력으로 확대될 수 있었을 것이다. 앞에서 살펴보았듯이 吉備氏는 한반도 관계 기사 속에서 한반도와의 밀접한 관련을 갖고 성장하고 있는 측면을 볼 때 그 배경을 한반도까지 확장시켜 나갈 필요가 있다고 생각된다.

이러한 吉備海部直 관련 기사가 『日本書紀』에서는 앞서 (ㄱ) 雄略 7年 是歲條의 기사에서 처음 나타난다. 吉備海部直赤尾의 경우 吉備氏의 반란 전승과 관련성을 갖기 보다는 弟君과 함께 왔다가 渡倭人을 데리고 돌아가는 상황에서 나타나고 있는 것을 특징으로 하고 있다.

그러고는 敏達紀 2년 5월, 7월, 8월조 및 3년 7월조에 吉備海部直難破의 기사가 있고 敏達 12년 7월, 10월조 및 是歲條에 吉備海部直羽嶋의 기사가 등장한다.

(ㅌ) 『日本書紀』卷 第20 敏達 2年

夏五月丙寅朔戊辰 高麗使人 泊于越海之岸 破船溺死者衆. 朝庭 猜頻迷路 不饗放還. 仍勅吉備海部直難波 送高麗使. 秋七月乙丑朔 於越海岸 難波與高麗使等相議 以送使難波船人大嶋首磐日・狹丘首間狹令乘高麗使船 以高麗二人令乘送使船 如此互乘以備奸志. 俱時發船至數里許 送使難波 乃恐畏波浪 執高麗二人擲入於海.

八月甲午朔丁未 送使難波 還來復命曰 海裏鯨魚大有 遮囓船與檝櫂. 難波等 恐魚吞船 不得入海. 天皇聞之 識其謾語 駈使於官 不放還國.

(ㅍ) 『日本書紀』卷 第20 敏達 3年

夏五月庚申朔甲子 高麗使人 泊于越海之岸. 秋七月己未朔戊寅 高麗使人 入京奏曰 臣等去年 相逐送使罷歸於國. 臣等先至臣蕃 臣蕃卽准使人之禮 禮饗大嶋首磐日等. 高麗國王 別以厚禮禮之. 既而送使之船至今未到. 故更謹遣使人幷磐日等 請問臣使不來之意. 天皇聞 卽數難波罪曰 欺証朝庭

一也. 溺殺隣使 二也. 以茲大罪 不合放還. 以斷其罪.

(ㅎ)『日本書紀』卷 第20 敏達 12年

秋七月丁酉朔 詔曰 屬我先考天皇之世 新羅滅內官家之國. 天國排開廣
庭天皇廿三年 任那爲新羅所滅 故云新羅滅我內官家也. 先考天皇謀復任
那 不果而崩 不成其志. 是以 朕當奉助神謀復興任那. 今在百濟 火葦北國
造阿利斯登子達率日羅 賢而有勇.故朕欲與其人相計. 乃遣紀國造押勝與吉
備海部直羽嶋 喚於百濟. 冬十月 紀國造押勝等還自百濟 復命於朝曰 百濟
國主 奉惜日羅 不肯聽上.

是歲 復遣吉備海部直羽嶋 召日羅於百濟. 羽嶋旣之百濟 欲先私見日羅
獨自向家門底. 俄而有家裏來韓婦 用韓語言 以汝之根 入我根內. 卽入家
去. 羽嶋便覺其意 隨後而入. 於是 日羅迎來 把手使坐於座 密告之曰 僕竊
聞之 百濟國主奉疑 天朝奉遺臣後留而弗還. 所以 奉惜 不肯奉進. 宜宣勅
時 現嚴猛色 催急召焉. 羽嶋 乃依其計而召日羅.(中略)

기본적으로 『日本書紀』에서 이들 吉備海部直과 관련된 기사는 모두 한반
도와 관련이 있는 기사에만 나온다는 특징을 갖고 있다.

(ㄱ)의 吉備海部直赤尾은 吉備臣弟君과 함께 백제로 왔다가 渡倭人을 데
리고 돌아오는 인물로, (ㅌ)과 (ㅍ)의 吉備海部直難破는 고구려의 사신을 데
리고 오는 임무를 맡고 있는 인물로, (ㅎ)의 吉備海部直羽嶋는 日羅의 소환
의 임무를 맡은 인물로 그려지고 있다. 여기에서 특징적인 것은 모두 한반
도인과의 접촉이 이루어지는 과정에서 등장한다는 것이다.

특히 (ㅎ) 日羅를 소환하는 상황에서 등장하는 吉備海部直羽嶋의 내용은
특기할만한 것이다. 이때의 吉備海部直은 韓語로 韓의 부인과 이야기를 한
후 日羅와 만났던 것으로 기록되어 있다. 물론 『日本書紀』에는 '以汝之根
入我根內(그대의 뿌리를 나의 뿌리 속에 넣어라)'라고 하는 원인불명의 기
록으로 남아 있지만, 이는 당시의 백제어를 모르는 일본인에 의해서 쓰인
기록이라고 할 수 있을 것이다. 여기서 중요한 것은 吉備海部直이 백제어에

능통했다는 사실이다.

더욱이 吉備海部直은 (ㅌ)과 (ㅍ)에서와 같이 고구려 사신과도 접촉하고 있는데 이 또한 고구려어에 익숙했다는 것을 보여주고 있다. 이를 통해 당시 백제어와 고구려어는 한반도의 언어로서 서로 유사성이 있었음을 알려주는 단초가 될 수 있을 것이다.

이처럼 吉備海部直의 경우 해양 관련성을 통한 한반도와의 관계뿐만이 아니라 이를 가능하게 했던 언어적 측면에서 보면 이들은 한반도 특히 백제 측에서 건너왔던 渡倭人일 가능성이 높다고 판단된다.

日羅 소환의 임무를 맡았던 것도, 고구려 사신이 왔을 때 동행했던 것도 역시 언어의 문제로서 이는 앞서 (ㄱ), (ㄷ)의 기사에서 볼 수 있는 바와 같이 선진문물, 才人 및 渡倭人을 데리고 온 인물로 吉備海部直赤尾과 吉備上道采女大海가 기술되어 있는 것과도 궤를 같이 한다고 할 수 있다. 이들 吉備氏가 백제어를 비롯한 한반도 언어에 능통한 인물로 한반도에서 왔던 인물이라는 것을 실증해주는 것이라고 할 수 있다.

제4절 吉備 지역의 百濟系 渡倭人

吉備氏가 한반도와 밀접한 관련을 갖고 성장하는 동안 고대 吉備 지역은 발전과 부강을 꾀하기 위해 한반도로부터 각종 문명과 선진 문화를 섭취하였다. 특히 한반도와의 교류 결과 다수의 渡倭人이 정착하게 된다.

문헌에 나타나는 渡倭人의 경우 남아 있는 기록이 제한적이며 후대의 기록이기는 하지만, 이를 통해 고대 吉備 지역에 분포하는 渡倭人의 상황에 대해 개략적인 내용을 확인할 수 있을 것이다.

고대 吉備 지역의 渡倭人과 관련하여 『續日本紀』, 『日本三代實錄』, 『續日本後紀』, 平城宮木簡, 天平11年『備中國大稅負死亡人帳』 등에 나타나는 渡倭

人의 氏姓을 정리한 것이 다음 <표>이다.[25]

〈표〉 고대 吉備 지역의 渡倭人

國	郡	鄕	人名
備中	都宇	建部	西漢人志卑賣
		河面	秦人部稻麻呂, 秦人部弟嶋
	賀夜	撫川	服部首八千石, 史戶置嶋, 史戶玉賣
		庭瀨	忍海漢部眞麻呂, 忍海漢部得嶋, 忍海漢部麻呂
		大井	東漢人部刀良手
		阿蘇	西漢人部麻呂, 史戶阿遲麻佐, 西漢人部事元賣
	下道		西漢人宗人
備前	藤野		忍海部與志
	邑久	旧井	秦勝小國
	上道	積梨	秦造國足, 秦部國人
		揭勢	秦部犬養, 秦部得麻呂
			秦春貞
		播多	秦老人, 秦忍山
			秦大丸
	兒嶋	賀茂	三家連乙公
			韓部廣公
	津高	津高	漢部阿古麻呂, 書直麻呂, 漢部古比麻呂, 桉作部千繼, 漢部眞長, 漢部大楯
美作	久未		秦豊永
	英田		秦部知足

이 <표>를 통해 吉備 지역에 나타나는 渡倭人으로 秦氏系가 다수 보이며 西漢人, 西漢人部, 東漢人部 등 漢氏의 계통이 많은 것이 특징적이다.

秦氏와 관련해서는 일찍이 平野邦雄에 의해 신라 계통의 渡倭人으로 추정하고 秦氏가 신라불교를 바탕으로 해서 聖德太子와 신흥세력을 결성하였던 것으로 보고 있다.[26]

하지만 秦氏에 대해 『新撰姓氏錄』에는 秦氏가 弓月君의 선조로서 秦始皇

---

25) 直木孝次郞, 「吉備の渡来人と豪族-五·六世紀を中心に」, 『岡山の歴史と文化』, 福武書店, 1983 ; 吉田晶, 앞의 책 참조

26) 平野邦雄, 「秦氏の硏究」, 『史学雑誌』70-3, 70-4, 1961, pp.30-37

帝의 후손인 것으로 기재되어 있다.[27)]

　여기에 나오는 弓月君은 『日本書紀』에 의하면 應神 14年 백제로부터 건너왔던 인물이다.[28)] 이처럼 秦氏에 대해서는 백제계로 볼 가능성이 크다.

　秦氏와 관련해서는 秦氏가 波多의 姓을 받았다고 씌어 있는 『新撰姓氏錄』의 기록 중에서 波多로 표기되어 있는 씨족에 주목해야 할 것이다. 『新撰姓氏錄』 大和國 諸蕃 百濟條에 波多造가 백제인으로부터 나왔다는 기록이 있으며[29)] 『新撰姓氏錄』 逸文 「坂上系圖」에는 倭漢直의 조상인 阿智使主의 曾孫, 志努直을 선조로 하는 波多忌寸이 기재되어 있다.[30)]

　이처럼 秦氏에 대해서는 弓月君과 波多造, 波多忌寸 등을 통해 백제계통으로 보아야 할 것이다.[31)]

　『和名抄』에도 吉備 지역의 下道郡에 秦原鄕이 있다고 씌어있는데, 이 일대에 秦氏 세력이 있었던 것으로 판단된다. 지금의 總社市 秦村, 神在村 上原, 富原, 下原, 都窪郡 常盤村 中原을 포함하는 지역을 가리킨다.[32)]

　또한 『和名抄』에 있는 上道郡의 幡多鄕이라는 지명은 幡多를 하타로 訓하는 오래된 지명이다. 현재 岡山市에 해당하는 이들 지역에는 횡혈식석실

---

27) 『新撰姓氏錄』左京 諸蕃上 漢
　　太秦公宿禰 出自秦始皇帝三世孫孝武王也. 男功滿王 帶仲彥天皇[諡仲哀] 八年來朝.
　　男融通王[一云弓月王] 譽田天皇[諡應神] 十四年 來率廿七縣百姓歸化. 獻金銀玉帛等物.
　　『新撰姓氏錄』山城國 諸蕃 漢
　　秦忌寸 太秦公宿禰同祖 秦始皇帝之後也. 功智王 弓月王. 譽田天皇[諡應神] 十四年來
　　朝. 上更歸國. 率百廿七縣伯姓歸化. 并獻金銀玉帛種種寶物等. 天皇嘉之. 賜大和朝津
　　間腋上地居之焉.
28) 『日本書紀』卷 第10 應神 14年
　　是歲 弓月君自百濟來歸. 因以奏之曰 臣領己國之人夫百廿縣而歸化. 然因新羅人之拒
　　皆留加羅國. 爰遣葛城襲津彥 而召弓月之人夫於加羅. 然經三年 而襲津彥不來焉.
29) 『新撰姓氏錄』大和國 諸蕃 百濟
　　波多造 出自百濟國人佐布利智使主也
30) 大和岩雄, 「秦氏 葛城氏 蘇我氏」, 『東アジアの古代文化』36, 1983
31) 홍성화, 「服飾文化交流를 통해 본 古代 韓日관계」, 『韓服文化』15-3, 2012, pp.143-144
32) 永山卯三郎, 『吉備郡史』上卷, 名著出版, 1971, pp.262-263

분인 澤田大塚古墳을 비롯하여 金藏山古墳 등 다수의 고분이 산재하고 있으며 上道氏의 氏寺로 추정되는 幡多廢寺의 탑 유적이 남아 있다.[33]

한편 漢氏의 계통의 西漢氏와 관련해서는 東漢氏와 同族이라는 설,[34] 王仁의 후예씨족인 西文氏 계통이라는 설,[35] 河內忌寸의 前身[36] 또는 河內直[37]과 같은 계통이라는 설 등 그 出自에 대해서는 다양한 설이 있는 상황이다. 하지만, 거론되는 東漢氏, 西文氏, 河內直[38] 등은 모두 백제계로 볼 수 있는 여지가 많다.

또한 漢을 칭하는 씨족 중에는 유력한 東漢氏와 관련이 있는 씨족도 적지 않았을 것이다. 東漢氏와 관련해서는 『新撰姓氏錄』에 後漢 靈帝에 유래를 둔 씨족으로 기재되어 있지만, 『日本書紀』에서는 東漢氏(倭漢直)의 선조인 阿知使主가 應神 20년(409년)에 그의 아들 都加使主와 함께 17縣을 거느리고 일본으로 건너간 것으로 기록되어 있다.[39] 東漢氏는 그 出自가 명확한 것은 아니지만, 西文氏의 선조인 王仁이 비슷한 시기에 백제에서부터 건너왔으며 한반도 이주민을 거느리고 檜隈 근거지 부근에 집중적으로 거주하고 있었던 것으로 보아 백제계로 보는 것이 타당하다고 생각된다.[40]

또한 『新撰姓氏錄』 右京諸蕃條에서 漢人이 百濟國人 多夜加의 후손이라는 기록이 보이고 있는 것을 통해서도[41] 漢氏系를 백제계로 볼 수 있을 것

---

33) 岡山市史編集委員会, 『岡山市史(古代編)』, 岡山市役所, 1962, pp.220-221

34) 太田亮, 『姓氏家系大辭典』, 角川書店, 1963 ; 今井啓一, 『帰化人』, 綜芸社, 1974

35) 平野邦雄, 「八世紀帰化氏族の族的構成」, 『続律令国家と貴族社会』, 吉川弘文館, 1978

36) 佐伯有清, 『新撰姓氏錄の研究』考証篇五, 吉川弘文館, 1983

37) 山尾幸久, 『古代の日朝関係』, 塙書房, 1989 ; 加藤謙吉, 앞의 책

38) 『新撰姓氏錄』 河內國諸蕃 百濟條
　　河內連 出自百濟國都慕王男陰太貴首也

39) 『日本書紀』卷 第10 應神 20年 秋9月
　　倭漢直祖阿知使主 其子都加使主 並率己之黨類十七縣 而來歸焉

40) 直木孝次郎, 앞의 논문, p.77 ; 김현구·박현숙·우재병·이재석, 『일본서기 한국관계 기사 연구』Ⅰ, 일지사, 2002, p.172

41) 『新撰姓氏錄』 右京諸蕃下 百濟

이다.

『和名抄』에는 吉備 지역의 窪屋郡에 阿智鄕, 淺口郡에 阿智鄕이 있는 것으로 기록되어 阿知使主와 관련된 지명이 보인다. 현재도 淺口郡이 있었던 倉敷市 倉敷地域에 西阿知이라는 지명이 남아 있다.42)

또한 현재 窪屋郡의 阿智鄕이 있었던 倉敷市의 中心部에는 阿智神社가 남아 있다. 鶴形山이라 부르는 나지막한 언덕 위에 자리하여 일찍이 주변 해상교통의 요충지였던 것으로 추정된다.

현재 瀨戶內市로 병합되었던 과거 邑久郡의 大宮村에도 上阿知, 下阿知라는 지명이 남아 있어 漢氏系의 흔적을 남기고 있다.43)

이밖에 史戶의 경우 『新撰姓氏錄』에 漢城人韓氏鄧德의 후손으로 되어 있는데,44) 여기에 등장하는 漢城은 백제의 위례성을 의미하는 것으로 볼 수 있기 때문에45) 백제인으로 판단되고 있다.

이처럼 고대 吉備 지역에서 나타나는 다수의 渡倭人들이 백제와 관련성이 있는 인물임을 알 수 있다.

한편 <표>에서 보이는 賀夜郡과 같이 吉備 지역에 加夜, 賀陽, 香屋, 蚊屋 등 각종 표기가 보이는데, 이를 한반도 남부의 가야에서 온 것으로 보고 吉備 지역에서 백제보다는 가야 지역과의 교류를 앞세우는 견해도 있다.46)

하지만, 『新撰姓氏錄』에 의하면 賀夜의 경우 百濟國 努理使主의 후손으로 기록되어 있으며47) 加羅氏의 경우도 백제인으로 기록되어 있다.48) 이처럼

漢人 百濟國人多夜加之後也
42) 永山卯三郎, 앞의 책, p.267
43) 渡倭人 관련 지명과 신사에 대해서는 홍성화, 「지명과 신사」, 『일본 속의 百濟(혼슈·시코쿠 지역)』, 충청남도·충청남도역사문화연구원, 2019 참조
44) 『新撰姓氏錄』攝津國諸蕃 漢
史戶 漢城人韓氏鄧德之後
45) 『三國史記』腆支王원년, 蓋鹵王21년 9월조의 漢城과 『日本書紀』欽明 12년 是月條, 13년 是月條에 나오는 漢城도 모두 백제의 위례성으로 볼 수 있다.(佐伯有淸, 앞의 책)
46) 李永植, 「고대 加耶와 吉備의 교류 양상」, 『동아시아고대학』18, 2008

단순히 가야, 가라라는 명칭만으로 가야와의 교류를 섣불리 단정하는 것은 옳지 않다고 생각한다. 『新撰姓氏錄』에서 가야, 가라라는 명칭이 백제와 높은 관련성을 보이는 것은 오히려 고대 吉備 지역과 관련이 깊은 백제가 가야를 영향력 하에 두었던 사실을 이야기해주고 있는 것으로 판단된다.

한편 吉備 지방인 岡山에는 이 지역에 자리를 잡고 있던 백제의 왕자 溫羅와 吉備津彥命가 전투를 했던 전승이 남아 있다.[49] 뿐만 아니라, 溫羅의 머리를 묻었다고 전해지는 鬼ノ城 유적은 백제식 축조방식으로 만들어진 山城으로 吉備 지역과 백제와의 관련성은 더욱 주목되고 있다.

전설에 의하면 옛날 백제의 왕자라고 하는 溫羅가 들어왔는데, 그는 무서운 형상을 하고 있었으며 덩치도 크고 성격도 매우 난폭해서 모든 사람들이 공포에 떨었다고 한다. 당시 야마토에서 토벌군을 보냈지만 전부 溫羅에게 패하였고 결국 야마토의 吉備津彥命가 둔갑술을 써서 溫羅를 제압하고는 그 목을 베어 땅속에 묻었다고 한다. 이때부터 그의 울부짖는 소리가 십수 년 동안 계속되어 성의 이름을 鬼ノ城이라 했다 한다.

발굴 결과 鬼ノ城에서는 7세기 후반~8세기초의 토기가 출토되고 있어서[50] 기록에 나오지 않지만 7세기 중엽 백제의 멸망과 백강구 전투 패전 후 위기감에서 백제식 산성이 만들어졌다는 사료의 시기와 대략 일치한다.

이렇듯 吉備 지방에 남아 있는 鬼ノ城 유적과 溫羅의 전승은 세토 내해를 통해 吉備 지역에 정착한 백제계 渡倭人들에 의해 남겨진 전승을 토대로 한 것이라고 추측된다.

---

47) 『新撰姓氏錄』 左京諸蕃下 百濟
調連 水海連同祖 百濟國努理使主之後也 譽田天皇[諡應神]御世 歸化 孫阿久太男彌和 次賀夜 次麻利彌和. 弘計天皇[諡顯宗]御世. 鸞織獻絹之樣. 仍賜調首姓

48) 『新撰姓氏錄』 未定雜姓 右京 百濟
加羅氏 百濟國人都玖君之後也

49) 依田千百子, 『朝鮮の王權と神話傳承』, 勉誠出版, 2007 pp.58-62

50) 小田富士雄, 「일본에 있는 朝鮮式 山城의 조사와 성과」, 『高句麗研究』8, 1999

제5절 맺음말

지금까지 『日本書紀』 한반도 관계 기사 속에 나타나는 吉備氏에 대해 살펴본 결과, 그동안 任那經營과 밀접한 관계를 갖고 있었다는 인식을 전제로하여 吉備 일족을 파악했던 것은 천황중심주의로 윤색되었던 『日本書紀』의 사관 때문이었다.

결국 吉備氏의 한반도 관계 기사 속에서도 백제가 선진문물을 지원하고왜의 군사 파견이라는 백제와 왜의 기본적인 구도 안에서 이루어진 교류의현황을 살펴볼 수 있었다.

또한 吉備氏의 경우 기존 사서에서 그들 선조의 계보를 孝靈과 연결시켰던 것은 吉備津彦의 吉備 지역 평정과 연결하기 위한 작위적인 서술에 불과한 것으로 본래는 세토내해를 기반으로 한 해양과 관련 있는 씨족으로 파악할 수 있었다. 특히 吉備氏의 성격을 잘 나타내주고 있는 吉備海部直의존재는 한반도와 연결되는 해상 세력으로 吉備 지역의 배경을 구체적으로설명해주고 있다고 할 수 있을 것이다.

吉備海部直의 경우 백제의 선진문물을 보유한 渡倭人의 인도, 백제 日羅의 소환, 고구려 사신과의 접촉 등을 통해 등장하고 있는데, 이는 언어적인문제와 밀접한 관련성이 있음을 알 수 있었다. 그렇다고 하면 이들 吉備氏가 백제어를 비롯한 한반도 언어에 능통한 인물로서 한반도에서 왔던 인물일 가능성을 배제할 수 없다.

결국 고대 吉備 지역에서 보이는 渡倭人들의 人名, 地名, 遺跡 또한 백제와의 관련성이 높은 것을 알 수 있기 때문에 고대 吉備 지역의 한일관계는우선적으로 百濟와 吉備의 관계 속에서 판단해야 할 것이다.

제4장 任那日本府에 대한 고찰
- 『日本書紀』 任那日本府 관련 인물을 중심으로 -

제1절 머리말

任那日本府에 대한 초기 연구는 일본 학계를 중심으로 전개되었는데, 末松保和에 의해 출선기관으로 정리, 체계화된 이후[1] 진전된 연구를 통해 4~6세기 任那를 지배하기 위해 한반도에 존속한 기관으로 해석하였다.

그러다가 1960년대 초 김석형의 소위 分國論이 제기되어[2] 기존 학계의 학설에 대한 재검토를 촉구하는 계기가 되었고 이에 자극을 받아 井上秀雄은 왜가 가야의 별칭이라는 해석을 통해 가야의 재지호족에 의해 구성된 합의체로 보는 설을 제기하였다.[3]

1970~80년대에는 『日本書紀』의 사료 비판으로 인해 점차 倭의 영향력을 축소하는 방향으로 나가는 경향을 보이면서 가야 관련 기사의 주체를 倭가 아닌 백제로 보고 任那日本府를 백제의 군사령부로 이해하는 견해가 있었으며[4] 백제로부터 파견된 日系百濟官僚로 구성된 것이 任那日本府라는 견해가 나타나기 시작했다.[5]

---

1) 末松保和, 『任那興亡史』, 吉川弘文館, 1956
2) 김석형, 「삼한 삼국의 일본 렬도 내 분국(分國)들에 대하여」, 『력사과학』1963-1, 1963
3) 井上秀雄, 「任那日本府の行政組織」, 『日本書紀研究』2, 塙書房, 1966
4) 千寬宇, 「復元加耶史」上·下, 『문학과 지성』, 문학과 지성사, 1977, 1978
5) 金鉉球, 『大和政權の対外関係研究』, 吉川弘文館, 1985

이후 『日本書紀』에 나오는 任那日本府에 대해서는 가야 지역에 파견된 倭國 使臣 또는 사신단이라는 설,[6] 교역기관설,[7] 가야가 대왜 외교를 위해 설치한 외교기관설,[8] 합의체 및 외교교섭단체설[9] 등이 등장하여 본격적인 재검토가 이루어지게 된다.[10]

이러한 흐름들은 과거 末松保和에 의해 구축된 고전적인 야마토 정권의 任那 지배설이 부정되고 있다는 것을 보여주고 있다. 하지만, 일본학계의 흐름을 보면 末松保和를 위시한 기존 학계의 통설적 견해를 부정하는 것이 지 정작 倭의 임나 지배에 대해 그 시기와 폭만 축소하여 6세기의 일정 시기로 한정하는 방향으로 진행되고 있는 것이 현실이다.

이와 더불어 최근 任那日本府 관련 기사를 외교교섭 기사로 축소하고 府의 訓이 '미코토모치'로서 倭臣을 의미한다는 것을 근거로 '사신설' 내지는 '외교교섭단체설'로 국한되고 있는 경향을 보이고 있다. 하지만, 일본학계

---

6) 請田正幸, 「六世紀前期の日朝関係-任那「日本府」を中心として」, 『朝鮮史研究会論文集』11, 1974, p.194 ; 李貞姬, 「古代日本의 政治的 勢力形成에 대하여-任那日本府와의 關係 檢討를 위한 一試論으로」, 『韓國傳統文化研究』1, 1985 ; 李永植, 『加耶諸国と任那日本府』, 吉川弘文館, 1993 ; 山尾幸久, 「任那に関する一試論-史料の檢討を中心に」, 『古代東アジア史論集(下)』, 吉川弘文館, 1978, pp.198-202 ; 鈴木英夫, 『古代の倭国と朝鮮諸国』, 青木書店, 1996

7) 李丙燾, 『韓國古代史研究』, 博英社, 1976, p.305 ; 吉田晶, 「古代国家の形成」, 『岩波講座 日本歴史』2, 1975, pp.54-57 ; 李根雨, 「日本書紀 任那關係 記事에 關하여」, 『淸溪史學』2, 1985, pp.29-34

8) 奧田尚, 「「任那日本府」と新羅倭典」, 『古代国家の形成と展開』, 吉川弘文館, 1976, p.123 ; 鬼頭淸明, 「所謂「任那日本府」の再検討」, 『東洋大学文学部紀要』17, 史学科篇, 1991

9) 鈴木靖民, 「いわゆる任那日本府および倭問題-井上秀雄「任那日本府と倭」評を通して」, 『歴史学研究』405, 1974 ; 大山誠一, 「所謂·任那日本府'の成立について」, 『日本古代の外交と地方行政』 吉川弘文館, 1999, p.56 ; 延敏洙, 「임나일본부론-소위 일본부관인의 출자를 중심으로」, 『고대한일관계사』, 혜안, 1998, p.267

10) 임나일본부에 대한 최근까지의 한일학계 연구성과에 대해서는 나행주, 「고대한일관계사연구의 회고와 전망」, 『韓日關係史研究』62, 2018 : 「폐기의 식민사학 임나일본부」, 『식민사학 폐기를 위한 대토론회』식민주의역사학 비판과 전망 제6차 발표문, 홍익재단 2019 참조

에서는 '미코토모치'를 주장하면서도 야마토 정권의 우위론을 바탕으로 전개되는 경우가 많다는 데에 유의할 필요가 있다.

때문에 任那日本府의 실상을 분석하는 경우 아직도 任那日本府라는 기구에 대한 문제에 천착하는 연구가 다수이지만 이를 단지 기구의 문제만으로 한정할 것이 아니라 『日本書紀』 전반에 나타나는 任那日本府에 대한 撰者의 인식과 아울러 한반도 남부에 나타나는 倭人의 역할이라는 본질에 접근하는 것이 바람직하다고 생각된다.

따라서 본고에서는 우선적으로 최근 任那日本府와 관련한 諸說의 문제점을 분석하고 『日本書紀』에 등장하는 任那日本府에 대한 관련 기사 분석을 통해 임나일본부와 관련된 인물의 역할과 출신 계보 및 실체를 중심으로 任那日本府의 실상을 규명해보려고 한다.

제2절 任那日本府 관련 諸說의 문제점

근년 일본학계에서는 종래 末松保和의 『任那興亡史』에 기반한 고전적인 임나일본부설을 비판하면서 임나일본부의 성립을 532년 금관가야가 멸망한 이후 안라의 요청으로 출병한 近江毛野臣이라는 인물에 두고[11] 임나일본부는 가야 지배층의 요청에 의하여 530년 왜왕권이 군사적으로 진출하여 안라와 신종관계를 맺어 성립되었으나 531년 백제의 안라 주둔 이후 백제의 통제에 복속하여 종결되었다고 보고 있다.[12] 또한 임나일본부를 임나부흥이라는 왜왕권의 당면한 목표를 실현하기 위해 欽明紀 야마토정권이 안라에 설치한 출선기관이라고 인식하고 있다.[13]

---

11) 大山誠一, 앞의 책
12) 鈴木英夫, 앞의 책
13) 熊谷公男, 『大王から天皇へ』, 講談社, 2000

이는 『日本書紀』에 나오는 近江毛野臣이라는 인물을 일본파견관으로 이해하면서 기존 야마토 정권의 한반도 지배논리에 입각한 통설적 견해와 궤를 같이 하는 것이다.

하지만 近江毛野臣과 관련하여 近江毛野臣을 임나일본부의 시작으로 보는 견해는 타당하지 않다.[14)

『日本書紀』 繼體 21년 6월조 기사에는 신라에 의해 멸망당한 南加羅와 喙己呑을 회복하기 위해 야마토 정권이 近江毛野臣과 더불어 6만의 군대를 파견하려 하였지만, 筑紫國造 磐井의 반역으로 도착하지 못하고 있는 내용을 기술하고 있다.[15) 하지만 이와 같은 近江毛野臣의 기사와 관련하여 당시 近江毛野臣과 磐井의 亂은 별개로 보아야 한다는 지적은 일찍부터 있어왔다.[16) 이 사건 이후에 실제로 近江毛野臣이 한반도에 왔다는 繼體 23년 3월의 기사를 보면 이때 막상 군대는 출병하지 않고 近江毛野臣이 사신으로 왔다는 내용이 보이고 있다.[17) 이러한 점을 통해서도 近江毛野臣의 출병 기사는 사실이 아니며 磐井의 亂과도 관련성이 없는 것은 분명하다.

더욱이 6세기 백제가 군원을 요청하는 상황에서 五經博士의 파견에 상응해서 이루어진 지원군의 규모가 欽明 15년 5월조에 보이는 수군 1,000명을 초과하지 못하고 있다. 이러한 점은 야마토 정권이 近江毛野臣과 6만의 군대를 파견하려 했다고 하는 기록의 신빙성을 의심케 하는 대목이다.

결국 繼體 23年 近江毛野臣의 파견이 이루어지지만, 이는 磐井의 亂이 진

---

14) 본서 제Ⅳ편 제2장 『日本書紀』 繼體·欽明紀에 보이는 新羅와 倭의 관계 참조
15) 『日本書紀』 卷 第17 繼體 21年 夏6月 壬辰朔甲午
　　近江毛野臣 率衆六萬欲住任那 爲復興建新羅所破南加羅 喙己呑 而合任那. 於是 筑紫
　　國造磐井 陰謨叛逆 猶預經年 恐事難成 恒伺間隙. 新羅知是 密行貨賂于磐井所 而勸防
　　遏毛野臣軍.
16) 三品彰英,「'繼体紀'の諸問題─特に近江毛野臣の所伝を中心として」,『日本書紀硏究』
　　2, 塙書房, 1966, pp.24-29
17) 『日本書紀』 卷第17 繼體 23年 春3月是月
　　遣近江毛野臣 使于安羅. 勅勸新羅 更建南加羅·喙己呑.

압된 이후 백제와 야마토 정권이 맺고 있었던 기존 외교 라인에 대한 복원의 의미를 가지고 있었던 것으로 볼 수 있다,

특히 近江毛野臣을 임나일본부로 보는 견해는 繼體 23年조에 백제가 將軍君尹貴와 麻那甲背, 麻鹵 등을 보내 安羅에 가서 소위 高堂회의를 하는 장면과[18] 欽明 2년 夏4월조에서 聖王이 下部中佐平麻鹵, 城方甲背昧奴 등을 보내어 加羅에 가서 任那日本府에 모여 任那의 재건을 맹세하게 하였다고 한 기사[19]의 유사성 때문이다.

그러나 聖王의 표현에 의하면 任那의 재건을 맹세하였다고 했지만, 정작 高堂회의에서는 百濟 사신과 將軍君 等이 몇 달간 堂에 오르지 못하는 등 백제 측의 입장대로 회의가 이루어지지 못했던 것으로 되어 있어 서로 당시 회합의 내용이 다르게 기술되어 있는 상황이다.

더욱이 백제와 신라가 회합한 안라에서의 소위 高堂회의에서 정작 近江毛野臣의 모습은 보이지 않는다. 따라서 이때의 회의를 주도한 것은 왜국이 아님은 분명하며, 왜국 측에서 직접 회합에 참여했는지에 대해서도 불분명한 부분이 있기 때문에 임나일본부가 近江毛野臣에 대응하는 것으로 보기는 어렵다.

이후 『日本書紀』에는 近江毛野臣의 한반도 내 활동과 관련해서도 繼體 23年 4월의 웅천 회의 및 繼體 24年 秋9月 신라, 백제의 전투 등에서 활약한 것으로 기록되어 있지만, 정작 실체가 확인되는 것은 웅천회의 뿐이다.[20] 또한 이 경우에도 신라의 가야 진출 과정에서 야마토 정권은 백제와

---

18) 『日本書紀』 卷 第17 繼體 23年 春三月 是月
百濟遣將軍君尹貴·麻那甲背·麻鹵等 往赴安羅 式聽詔勅. 新羅 恐破蕃國宮家 不遣大人 而遣大智奈麻禮·奚奈麻禮等 往赴安羅 式聽詔勅. 於是 安羅新起高堂 引昇勅使. 國主隨後昇階. 國內大人 預昇堂者一二. 百濟使將軍君等 在於堂下. 凡數月再三 謨謀乎堂上. 將軍君等 恨在庭焉.
19) 『日本書紀』 卷 第19 欽明 2년 夏4월
而今被誑新羅 使天皇忿怒 而任那憤恨 寡人之過也. 我深懲悔 而遣下部中佐平麻鹵·城方甲背昧奴等 赴加羅 會于任那日本府相盟.

가야를 지지하는 입장에 있었음에도 불구하고 취할 수 있는 조치는 없었다.

결국 당시 상황에서 近江毛野臣의 적극적인 관여는 없었으며 이는 『日本書紀』의 찬자에 의해 近江毛野臣 전승과 신라의 가야 진출 상황이 조합된 기사인 것을 알 수 있다.

한편, 근년 한국학계에서는 임나일본부에서 府의 訓이 '미코토모치'라는 점에서 倭臣, 즉 '가야에 파견된 왜왕의 사신'으로 파악하여 '사신설' 내지는 '외교교섭단체설'이 대세를 이루고 있다고 해도 과언이 아니다. 가야사 연구의 차원에서 임나일본부를 가야와 왜의 관계에서 파악하고자 하는 견해에서 주를 이루고 있지만, 任那日本府를 '미코토모치'로 보고 안라와 왜와의 외교기구로 보는 최근의 견해를 통해 그동안 진행되어 온 倭의 任那 지배라는 견해가 불식되었다고 볼 수 있는 것일까?

『日本書紀』敏達 6년 夏5月 기사에 나오는 宰가 사신을 의미하고 있으며[21] 『釋日本紀』에 이를 미코토모치로 칭하고 있는 것 등을 통해 사신으로 볼 수도 있지만, 『日本書紀』 내에는 神功이 신라를 복속시키기 위해 파견한 新羅宰라든지 任那國司, 哆唎國守 등과 같이 야마토 정권이 해당 지역을 지배하기 위해 파견된 지방장관을 미코토모치의 사례에 포함하고 있다는 견해는 이미 제기된 바 있다.[22] 따라서 미코토모치 즉, 왜왕의 사신이라고 해서 임나 지배 사관에서 벗어났다고 볼 수 없을 것이다.

---

20) 『日本書紀』繼體 24年 秋9月 백제, 신라 양국이 近江毛野臣 때문에 전투를 하는 것으로 묘사되어 있지만, 이야기의 전개를 近江毛野臣을 중심으로 할 경우 기사의 내용에 일관성이 결여되어 있는 것을 알 수 있다. 阿利斯等이 近江毛野臣을 배반해서 신라와 백제에 군사를 청했고, 백제에 군사를 청하러 간 奴須久利가 백제의 볼모가 되어 백제가 阿利斯等에게 近江毛野臣을 내놓으라고 하는 등의 기사는 오히려 近江毛野臣의 행적을 제외하게 될 때 합리적인 이해가 가능하다.

21) 『日本書紀』卷 第20 敏達 6年
夏五月癸酉朔丁丑 遣大別王與小黑吉士 宰於百濟國.[王人奉命爲使三韓, 自稱爲宰. 言宰於韓, 蓋古之典乎. 如今言使也, 餘皆倣此. 大別王, 未詳所出也]

22) 이재석, 「소위 任那問題의 過去와 現在」, 『전남사학』23, 2004, pp.64-74

또한, 안라와의 관련성을 중시하는 입장에서 임나일본부를 왜에서 안라로 파견된 倭系安羅官僚로 보는 견해도 있다.[23] 하지만 소위 倭系百濟官僚가 백제의 관위를 지니고 있는 것과는 달리 이들이 안라의 관료였다는 사료적 증거는 없다. 단순히 이들이 反百濟的이거나 親安羅的인 활동을 하였다고 해서 안라의 관료로 볼 수 있을지 의문이며 당시 이들의 활동이 신라와 통하고 백제의 의사에 따르지 않는 측면을 보이고 있는 것 때문에 反百濟로 규정하는 것에 대해서도 회의적이다.

당시 日本府와 관련된 인물이 백제보다 신라와의 외교에 적극적으로 나서고 있는 모습을 보이고 있지만, 이는 금관가야의 복속 이후 신라가 백제와 대등, 또는 우위의 관계 속에서 발흥했던 대외관계의 변화와도 관련이 있을 것으로 생각된다.

만약 6세기 『日本書紀』에 보이는 임나일본부 관련 인물을 왜국의 사신이나 사신단으로 본다고 한다면 필시 欽明紀에 이들의 파견 기사가 나타나야 할 것이다. 하지만 임나일본부 관련 인물의 파견과 귀국 기사는 보이지 않는다. 또한 야마토 왕의 명령을 받기보다는 백제를 통해 전달을 받는 특징을 갖고 있다. 따라서 일본부에 관련된 인물들이 야마토 정권에 의해 파견된 것이 아님은 확실하다.

제3절 任那日本府의 용례와 倭人의 역할

'任那日本府'라는 표현은 실제적으로 『日本書紀』 欽明 2년부터 보이기 시작한다.[24] 이후 『日本書紀』 내에서 任那日本府 내지 日本府라는 명칭이 집

---

23) 白承忠, 「'임나일본부'와 '왜계백제관료'」, 『강좌한국고대사』4, 2003 ; 이연심, 「'왜계가야관료'를 매개로 한 안라국과 왜」, 『한일관계사연구』31, 2008
24) 『日本書紀』卷 第19 欽明 2年(541) 夏4月

중되는 것은 欽明 2년부터 欽明 13년까지의 기사에서 나타나고 있으며 欽明 13년부터는 任那日本府의 용례가 보이지 않는다. 만약 欽明 15년 12월에 보이는 '在安羅諸倭臣'을 任那日本府로 상정하게 된다면 欽明 15년까지 한정된 기간에만 보이고 있는 것이다.

그런데 『日本書紀』에서는 雄略 8년에도 '日本府行軍元帥'라는 표현을 통해 '日本府'라는 용어가 등장하고 있는 것에 유의할 필요가 있다.

> (ㄱ) 『日本書紀』 卷 第14 雄略 8年 春2月
> 高麗王卽發軍兵 屯聚筑足流城[或本云 都久斯岐城]逐歌儛興樂 於是 新羅王夜聞高麗軍四面歌儛 知賊盡入新羅地 乃使人於任那王曰 高麗王征伐我國 當此之時 若綴旒 然國之危殆過於累卵 命之脩短 大所不計 伏請救於日本府行軍元帥等 由是任那王勸膳臣斑鳩[斑鳩 此云伊柯屢餓]吉備臣小梨 難波吉士赤目子 徃救新羅. 膳臣等 未至營止 高麗諸將 未與膳臣等相戰皆怖 膳臣等乃自力勞軍 令軍中 促爲攻具 急進攻之 與高麗相守十餘日 乃夜鑿險 爲地道 悉過輜車 設奇兵 會明 高麗謂膳臣等爲遁也 悉軍來追 乃縱奇兵 步騎夾攻 大破之 二國之怨 自此而生[言二國者 高麗新羅也]

(ㄱ)에 나오는 日本府 기록에 대해 종래 한반도 남부 경영론에 입각해서 보았을 때에는 이 기사에 등장하는 日本府를 사실로 보아 왜 왕권에서 파견된 군대가 임나에 파견되었다는 근거자료로 삼기도 하였다.[25]

그러나 (ㄱ)의 日本府行軍元帥의 경우에는 군사적 성격이 짙은 기관으로 나타나고 있기 때문에 6세기에 등장하는 日本府의 용례와는 그 쓰임이 다르다. 따라서 시기적으로 日本府라는 표현이 부적절하고 성격상 6세기에 나오는 日本府와 동일한 것으로 보기 힘든 것은 사실이다.

安羅次旱岐夷呑奚·大不孫·久取柔利 加羅上首位古殿奚 卒麻旱岐 散半奚旱岐兒 多羅下旱岐夷他 斯二岐旱岐兒 子他旱岐等 與任那日本府吉備臣[闕名字]往赴百濟 俱聽詔書.
25) 末松保和, 앞의 책, pp.82-85 ; 平野邦雄, 『大化前代政治過程の硏究』, 吉川弘文館, 1985, pp.233-234 ; 井上秀雄, 『任那日本府と倭』, 東出版, 1973, pp.4-6

다만 『三國史記』 신라본기 소지마립간 3년(481년)조에 보면, 加耶가 신라에 구원군을 파견했던 기록이 있기 때문에[26] 당시 고구려의 위협에 직면해 있던 신라가 가야에 구원을 요청했을 가능성이 없지는 않다. 하지만, 왜의 군대가 광개토왕대 이후 한반도에 왔다거나 주둔했던 정황은 보이지 않는다. 오히려 (ㄱ)의 기사가 설화적인 요소로 이루어졌다든지 膳臣斑鳩의 활동 내용이 『三國志』에 나온 내용을 그대로 옮기고 있기 때문에[27] 倭의 활동을 사실로 보기 어려운 점이 있다. 따라서 日本府行軍元帥의 기사는 오히려 고구려의 신라 침입에 대해 백제가 가야와 함께 신라를 구원해준 사건을 바탕으로 하여 개작된 것일 가능성이 있다.[28]

만약 당시 왜군의 행동이 있었다하더라도 이는 백제의 영향력 아래에서 실행되었던 것이지만, 日本府行軍元帥라는 용어는 日本府라는 표현에서 볼 수 있듯이 『日本書紀』 찬자에 의해 후대에 설정된 것이다. 이는 『日本書紀』의 찬자가 (ㄱ)의 雄略紀 기록에서도 이들 왜인의 존재를 日本府와 동일한 실체로 상정하면서 기술했다는 것이다. '府'의 訓이 '미코토모치'이지만 이는 奈良時代 이후에 훈독된 것으로 본래는 장군의 軍府로서 군사적인 기능을 갖고 있는 것을 통해[29] 『日本書紀』의 찬자는 군사적 기능을 갖춘 형태로서 임나일본부를 상정하고 있었다는 것을 알 수 있다. 일단 府의 경우는 후대 7세기 후반 백제 멸망 이후 당에 의한 도독부(도호부)의 용어에서 모티브를 얻어 착안되었을 가능성이 매우 높다.[30]

하지만, 정작 6세기에 보이는 임나일본부의 용례를 통해서는 군사적인

---

26) 『三國史記』 卷 第3 新羅本紀 照知麻立干立 3年 3月
　　辛比列城 存撫軍士 賜征袍 高句麗與靺鞨入北邊 取狐鳴等七城 又進軍於彌秩夫 我軍
　　與百濟加耶援兵 分道禦之 賊敗退 追擊破之泥河西 斬首千餘級
27) 坂本太郎 外, 『日本古典文學大系 日本書紀』上, 岩波書店, 1967, p.478
28) 金鉉球, 『任那日本府研究』, 一潮閣, 1993, pp.85-88
29) 백승옥, 「임나일본부의 소재와 등장배경」, 『지역과 역사』36, 2015
30) 李在碩, 「『日本書紀』의 日本府 구상과 그 모티브에 관한 試論」, 『百濟研究』58, 2013

성격을 찾아볼 수 없다. 그럼에도『日本書紀』의 찬자는 당시 한반도에서 활약했던 왜인을 한반도 남부를 경영하는 군사적 성격이 있는 집단으로 이해하고 윤색했던 것이다.

그런데 (ㄱ)의 기사에는 日本府行軍元帥와 함께 吉備臣小梨라는 인물이 등장하고 있다. 그리고 같은 성씨를 지닌 吉備臣은 欽明紀에 任那日本府 관련 인물로 나타난다. 그렇다고 한다면 이들이 한반도에서 했던 역할은 실제 무엇이었을까?

吉備臣의 이름이 欽明 5년 3월조에는 吉備弟君臣으로 되어 있는데,31) 雄略 7년 是歲條의 기사에 同名의 인물이 등장하고 있는 것이 주목된다.

(ㄴ)은 任那國司로 임명되었다는 吉備上道臣田狹의 고사와 그의 아들인 弟君에 대한 전승이다.

> (ㄴ)『日本書紀』卷 第14 雄略 7年
> 是歲 吉備上道臣田狹 侍於殿側 盛稱稚媛於朋友曰 天下麗人 莫若吾婦. 茂矣綽矣 諸好備矣. 曄矣溫矣 種相足矣. 鉛花弗御 蘭澤無加. 曠世罕儔. 當時獨秀者也. 天皇傾耳遙聽 而心悅焉.便欲自求稚媛爲女御. 拜田狹 爲任那國司. 俄而 天皇幸稚媛. 田狹娶稚媛 而生兄君 弟君也.[別本云 田狹臣婦名毛媛者 葛城襲津彦子 玉田宿禰之女也. 天皇聞體貌閑麗 殺夫自幸焉]田狹旣之任所 聞天皇之幸其婦 思欲求援而入新羅. 于時 新羅不事中國. 天皇詔田狹臣子弟君與吉備海部直赤尾 曰 汝宜往罰新羅. 於是 西漢才伎歡因知利在側. 乃進而奏曰 巧於奴者 多在韓國. 可召而使. 天皇詔群臣曰 然則宜以歡因知利 副弟君等 取道於百濟 並下敕書 令獻巧者. 於是 弟君銜命 率衆 行到百濟 而入其國. 國神化爲老女 忽然逢路. 弟君就訪國之遠近. 老女報言 復行一日 而後可到. 弟君自思路遠 不伐而還. 集聚百濟所貢今來才伎於大島中 託稱候風 淹留數月. (중략) 弟君之婦樟媛 國家情深 君臣義切. (중략) 乃與海部直赤尾將百濟所獻手末才伎 在於大島. 天皇聞弟

---

31)『日本書紀』卷 第19 欽明 5年 3月

於是 詔曰 的臣等[等者 謂吉備弟君臣・河內直等也.]往來新羅 非朕心也.

君不在 遣日鷹吉士堅磐固安錢 [堅磐 此云柯陀之波]使共復命. 遂卽安置
於倭國吾礪廣津[廣津 此云比慮岐頭]邑. 而病死者衆. 由是 天皇詔大伴大
連室屋 命東漢直掬 以新漢陶部高貴 鞍部堅貴 畫部因斯羅我 錦部定安那
錦 譯語卯安那等 遷居于上桃原 下桃原 眞神原三所.[或本云 吉備臣弟君
還自百濟 獻漢手人部 衣縫部 宍人部]

일단 雄略紀에 是歲條로 등장하고 있기 때문에 특성상 시기를 명확하게
알 수 없는 기사이며 또한 설화적인 내용이 섞여있기 때문에 이는 吉備氏의
시조 전승을 통해 구성된 기사로 보인다. 즉, 雄略이 吉備上道臣田狹의 아내
인 稚媛을 빼앗아 동침하였기 때문에 田狹臣이 신라로 들어갈 생각을 한다
든지 任那國司로 간 田狹臣의 아들인 弟君이 후에 吉備海部直赤尾와 함께
신라를 정벌하기 위해 백제로 왔다가 신라를 치지 않았던 것으로 되어 있
는 등 앞뒤의 구성이 어설프고 설화적인 내용으로 되어 있다. 이처럼 任那
國司 吉備上道臣田狹과 그의 아들 吉備臣弟君이 임나를 지배했다는 것은 후
대 임나경영 사관에 의해 만들어진 것으로 역사적 사실로 보기는 어렵다.
하지만 기본적으로 이 기사에는 백제로부터의 손재주 좋은 기술자를 비
롯하여 도왜인을 통한 대량 문물 도입의 기록 등은 기존에 백제의 군원 요
청과 왜국에 선진문물의 전수라고 하는 백제와 왜의 관계를 보여주는 일면
이 있다. 따라서 (ㄴ)의 기사에서는 아들인 弟君이 아버지인 田狹을 치려했
다고 하는 신뢰할 수 없는 부분의 윤색을 거두면 결국 弟君이 백제에 갔으
며 또한 같이 갔던 吉備海部直赤尾가 新漢陶部高貴, 鞍部堅貴, 畫部因斯羅
我, 錦部定安那錦, 譯語卯安那 등 백제의 선진문물을 보유한 才伎를 데리고
왔던 사실만이 남게 된다.[32]
특히 任那日本府 관련 인물로 나타나는 吉備臣의 이름이 (ㄴ)의 吉備上道
臣田狹의 아들과 同名으로 등장하고 있기 때문에 이들이 동일 인물이라는

---

32) 본서 제III편 제3장 『日本書紀』 한반도 관계기사에 보이는 吉備氏에 대하여 참조

가능성도 배제할 수 없다.[33] 따라서 撰者에 의해 다른 시대의 기사로 잘못 기재되었을 가능성이 있다고 생각된다. 『古事記』에서는 雄略의 계보에 吉備稚媛를 매개로 한 星川皇子, 磐城皇子 등의 계보가 보이지 않기 때문에 이러한 점은 (ㄴ)의 기사가 『日本書紀』에서는 5세기의 기사로 잘못 위치되어 있다는 것을 방증하고 있다.

이러한 점은 吉備氏가 임나일본부 관련 인물로 나오는 吉備臣과 연결되면서 선진문물이 도입과 관련하여 백제와 일본열도를 중개하는 인물로 등장하고 있다는 것을 알 수 있다.

그렇기 때문에 임나일본부와 관련한 실제적인 논쟁점은 임나일본부의 형식적인 측면에 있는 것이 아니라 임나일본부 관련 인물의 규명에 있다. 따라서 이들 인물의 역할, 출신 계보 및 이들의 파견 주체 등에 대한 분석이 선행되어야 할 것이다.

제4절 任那日本府 관련 인물에 대하여

任那日本府 관련 인물 분석에 앞서 짚어보아야 할 것은 『日本書紀』에서 야마토 정권의 氏姓을 가지고 있으면서 동시에 백제의 관등 또는 관직을 매개로 하여 백제에 신속하고 있던 인물에 대한 고찰이다.

이들을 日系百濟官僚라고도 쓰고 있지만, 日本이라는 표현은 7세기 이후에 성립된 것이기 때문에 통상 倭系百濟官僚라 칭하고 있다.

『日本書紀』에서 나타나고 있는 倭系百濟官僚의 범위를 어디까지로 보느냐에 대해서는 異論이 있지만, 기본적으로 야마토 정권의 氏姓과 백제의 관직을 함께 가지고 있는 인물을 倭系百濟官僚로 한정해볼 때는 紀臣奈率彌麻沙, 上部德率科野次酒, 物部施德麻奇牟, 物部奈率用奇多, 許勢奈率奇麻, 物部

---

33) 三品彰英, 「上代における吉備氏の朝鮮経営」, 『朝鮮学報』36, 1965, pp.2-4

奈率奇非, 上部奈率科野新羅, 上部奈率物部烏, 達率日羅를 지목할 수 있을 것이다.

다만 倭系百濟官僚의 범위를 확대해 繼體紀의 穗積臣押山, 日本斯那奴阿比多, 欽明紀의 中部 奈率 己連, 許勢臣, 印支彌, 吉備臣, 河內直을 왜계백제관료에 포함시키는 견해가 있고,[34] 이중에서 中部 奈率 己連을 제외하고 吉備臣, 河內直은 유보하면서 內臣(有至臣), 前部施德日佐分屋과 다소 불확실한 면이 있지만 河內部阿斯比多를 倭系百濟官僚의 일원에 포함시키는 견해가 있다.[35]

왜계백제관료의 역할에 대해서는 대체적으로 군사적 제공의 성격과 관련이 있는 것으로 보고 있다. 이 때문에 倭系百濟官僚가 야마토 정권의 對백제군사원조를 주된 내용으로 하는 對倭 관계상의 파이프 역할을 하였다고 보고[36] 나아가 백제의 사신으로서 자기 일족에게 군사 원조를 요청하면서 백제에서 武官으로 일하면서 자기 일족이 보낸 병사를 지휘하는 것 등으로 보고 있다.[37] 즉, 백제가 전해 준 선진문물에 대한 대가로 倭의 군사원조라는 당시 백제와 왜 양국 관계에서 일종의 매개자 역할을 하고 있었다. 선진문물의 절대적인 필요라는 시대적 요청에 대응한 유력 호족층의 일환으로 보면서 繼體왕조 성립 이후 야마토 조정의 대외 노선을 親백제쪽으로 유지시키는데 일정한 역할을 맡고 있었던 것으로 평가하고 있다.[38]

이에 대해 왜계백제관료가 야마토 정권으로부터 파견되었지만 야마토 정권과는 무관하게 백제의 외교를 수행했을 것으로 보는 견해가 있다.[39] 하

---

34) 金鉉球, 앞의 책, 1985, p.67
35) 李在碩, 「소위 倭系百濟官僚와 야마토 王權」, 『한국고대사연구』20, 2000, pp.552-553
36) 笠井倭人, 「欽明朝における百済の対倭外交—特に日系百済官僚を中心として」, 『古代の日朝関係と日本書紀』, 吉川弘文館, 2000, pp.116-119
37) 金鉉球, 앞의 책, 1985, pp.78-84
38) 李在碩, 앞의 논문, 2000, pp.555-558
39) 이연심, 「6세기전반 가야, 백제에서 활동한 '왜계관료'의 성격」, 『한국고대사연구』58, 2010

지만 이 경우 자신을 파견한 본국을 상대로 외교를 벌였다는 것을 생각하기는 힘들다.[40]

따라서 백제의 관위를 갖고 백제에 신속한 것을 통해 백제 측에서 관료로 임명하였던 것은 분명하며 나아가 백제의 관료로 임명되었다는 것은 왜계백제관료가 일본 내의 관련 호족과 특별한 관계를 갖고 있었기 때문으로 판단된다. 백제의 입장에서 본국의 관료로 등용하고 군대나 군비를 동원할 수 있었다는 점을 고려한다면 왜계백제관료를 배출한 호족은 한반도계 이주민으로서 백제의 통제를 받고 있었을 가능성이 매우 크다.[41]

6세기 초엽에 백제는 그들이 처한 국제, 정치적인 상황에 따라 외교, 군사 관계로 왕권을 보필하는 臣僚 집단으로서 해외로부터 이주한 渡倭人의 역할이 필요했을 것이다. 따라서 왜계백제관료를 배출한 物部氏, 紀氏, 許勢氏, 科野氏 등 호족이 모두 한반도에서 이주한 도왜 씨족으로 볼 개연성은 매우 높다.[42]

또한 倭系百濟官僚의 활동을 보면, 선진지식의 습득과 전파 또는 군사력의 제공이라는 복잡한 상황 속에서 이루어지고 있으며 백제의 가야 진출 문제의 해결과 관련하여 이들 관료가 주요한 역할을 했던 것을 알 수 있다.

그런데, 任那日本府 관련 인물 중에서 印支彌, 許勢臣은 백제에서 파견된 것이 기록을 통해 명확하게 보이고 있다는 점이 주목된다.[43]

(ㄷ) 『日本書紀』 卷 第19 欽明 5年 3月
百濟遺奈率阿乇得文 許勢奈率哥麻 物部奈率哥非等 上表曰 奈率彌麻

---

40) 박재용, 「『일본서기』에 보이는 倭系百濟官僚」, 『백제학보』15, 2015, pp.39-40
41) 박찬흥, 「백제 성왕, 위덕왕대의 왜계백제관료」, 『사림』39, 2011
42) 김현구의 경우 倭系百濟官僚의 분석 결과 그들의 공통점을 백제계 이주민 집단으로 보고 있으며 박재용도 부분적으로 한반도계 도왜인의 존재를 인정하고 있다.
43) 任那日本府 관련 인물 중 印支彌, 許勢臣의 경우에 있어서는 백제에서 파견한 것을 명확히 하고 있기 때문에 소위 任那日本府 官人에 대해서 倭系安羅官僚(白承忠, 「'임나일본부'와 '왜계백제관료'」 『강좌한국고대사』4, 2003)로 보는 시각은 타당하지 않다.

沙 奈率己連等至臣蕃 奉詔書曰 爾等宜共在彼日本府同謀善計 早建任那
爾其戒之 勿被他誑 又津守連等至臣蕃 奉勅書 問建任那 恭承來勅 不敢停
時 爲欲共謀 乃遣使召日本府[百濟本記云 遣召烏胡跛臣 盖是的臣也](중
략) 今的臣 吉備臣 河內直等 咸從移那斯 麻都指撝而已 (중략) 的臣等[等
者謂吉備弟君臣 河內直等也]往來新羅非朕心也 曩者 印支彌[未詳]與阿鹵
旱岐在時 爲新羅所逼 而不得耕種 百濟路迥 不能救急 由的臣等往來新羅
方得耕種 朕所曾聞 若已建任那 移那斯 麻都 自然却退 豈足云乎 伏承此
詔 喜懼兼懷 而新羅誑朝 知匪天勅 新羅春取㖨淳 仍擯出我久禮山戍 而遂有
之 近安羅處 安羅耕種 近久禮山處 新羅耕種 各自耕之不相侵奪 而移那斯
麻都 過耕他界 六月逃去 於印支彌後來許勢臣時[百濟本記云 我留印支彌之
後 至旣洒臣時 皆未詳]新羅無復侵逼他境 安羅不言爲新羅逼不得耕種

(ㄷ)의 分註 「百濟本記」에서 印支彌나 許勢臣이 구체적으로 누구였는지
는 불분명하나 印支彌를 任那에 파견한 주체가 성왕임이 분명하며 印支彌
의 후임인 許勢臣에 대해서는 전임자인 印支彌가 백제에서 파견되었다고
한다면 후임인 許勢臣도 백제에서 파견되었던 것으로 유추할 수 있다. 따라
서 이들을 백제의 성왕에 의해 임나에 파견되었던 百濟官僚에 속하는 인물
로 보아도 문제가 없을 것이다.[44]

우선 日本府의 관인으로 나오는 吉備臣의 경우는 (ㄷ)의 欽明 5년에 백제
나솔 阿乇得文 등이 천황에 올린 표에서 的臣, 河內直 등과 같이 移那斯, 麻
都의 간교에 의해 임나를 세우는데 소홀하고 신라와 소통하는 인물로 등장
하고 있다. 이에 倭의 천황은 이들이 신라를 왕래한 것은 백제의 도움을 받
을 수 없었기 때문에 신라와의 소통으로 터전을 일구게 되었다는 사실을
전하며 日本府의 입장을 일부 옹호하고 있다.

그런데, 吉備氏의 계보를 살펴보면 기본적으로 『古事記』孝靈段과 『日本
書紀』孝靈紀를 통해 孝靈의 왕통보상에 위치하고 있는 것을 알 수 있다.[45]

---

44) 奧田尚, 앞의 논문, p.124 ; 金鉉球, 앞의 책, 1993 ; 徐甫京,「『日本書紀』한반도 관
   계 기사 검토」, 고려대학교 박사학위논문, 2004

하지만, 孝靈은 계보만이 등장하는 소위 缺史八代의 한 사람으로서 실재성
이 없기 때문에 이를 시조로 보기는 힘들다. 이보다는 오히려 『日本書紀』
應神 22년 9월조에 吉備의 조상인 御友別의 아들이나 형제를 下道臣, 上道
臣, 香屋臣, 三野臣, 笠臣, 苑臣의 시조로 한 전승이 나오는데[46) 이 내용이
단편적으로나마 5세기경에 성립된 吉備氏의 시조 계보의 상황을 전해주는
것으로 판단된다.

그런 상황에서 吉備氏와 관련하여 주목되는 것이 『古事記』의 仁德段에
등장하는 吉備海部直 黑日賣 고사이다.[47) 전반적으로는 仁德이 吉備海部直
의 딸인 黑日賣를 사랑하였지만, 황후의 질투로 고향인 黑日賣가 吉備로 돌

---

45) 『古事記』 孝靈段에는 孝靈의 황자 大吉備津日子命를 吉備上道臣의 조상으로 하고
若日子建吉備津日子命를 吉備下道臣, 笠臣의 조상으로 하는 기사가 있으며 『日本書
紀』 孝靈 2년 2월조에는 孝靈의 황자 稚武彦命를 吉備臣의 시조로 하는 계보 기사
가 있다.

46) 『日本書紀』 卷 第10 應神 22年 秋九月
天皇 於是 看御友別謹惶侍奉之狀 而有悅情 因以割吉備國 封其子等也. 則分川嶋縣封
長子稻速別 是下道臣之始祖也. 次以上道縣 封中子仲彦 是上道臣・香屋臣之始祖也. 次
以三野縣 封弟彦 是三野臣之始祖也. 復以波區藝縣 封御友別弟鴨別 是笠臣之祖也. 卽
以苑縣 封兄浦凝別 是苑臣之始祖也. 卽以織部 賜兄媛 是以 其子孫 於今在于吉備國
是其緣也.

47) 『古事記』 仁德段
其大后石之日賣命 甚多嫉妬. 故天皇所使之妾者 不得臨宮中 言立者 足母阿賀迦邇嫉
妬.[自母下五字以音]爾天皇 聞看吉備海部直之女・名黑日賣 其容姿端正 喚上而使也.
然畏其大后之嫉 逃下本國 天皇坐高臺 望瞻其黑日賣之船出浮海 以歌日 淤岐幣邇波
袁夫泥都羅羅玖 久漏邪夜能 摩佐豆古和藝毛 玖邇幣玖陀良須. 故大后聞是之御歌 大
忿 遣人於大浦 追下而 自步追去. 於是天皇 戀其黑日賣 欺大后曰 欲見淡道嶋. 而幸行
之時 坐淡道嶋 遙望歌日 淤志弓流夜 那爾波能佐岐用 伊傳多知弖 和賀久邇美禮婆 阿
波志摩 淤能碁呂志摩 阿遲摩佐能 志麻母美由 佐氣都志摩美由 乃自其嶋傳而 幸行吉
備國. 爾黑日賣 令大坐其國之山方地而 獻大御飯. 於是爲煮大御羹 採其地之菘菜時 天
皇到坐其孃子之探菘處 歌日 夜麻賀多邇 麻祁流阿袁那斯 岐備比登登 等母邇斯都米婆
多怒斯久母阿流迦. 天皇上幸之時 黑日賣獻御歌曰 夜麻登幣邇 爾斯布岐阿宜弖 玖毛
婆那禮 曾岐袁理登母 和禮和須禮米夜. 又歌曰 夜麻登幣邇 由玖波多賀都麻 許母理豆
能 志多用波閇都都 由久波多賀都麻.

아갔고 이후 이를 따라 仁德이 吉備 지역으로 갔다는 내용을 보여주고 있다. 그런데 여기에 보이는 吉備海部直 黑日賣가 『日本書紀』 應神 22년조에서는 吉備臣의 조상인 御友別의 누이 兄媛과 동일한 뼈대로 구성되어 있다는 것이 눈에 띈다. 즉, 『日本書紀』에서는 吉備氏의 선조를 설명하는 와중에 應神이 兄媛을 그리워하여 吉備 지역으로 가는 내용으로 되어 있는 것이다. 『古事記』 仁德段에는 吉備海部直 黑日賣로 나오는 인물이 『日本書紀』 應神條에서는 吉備臣 兄媛으로 바뀌어 있는 셈이다.

이에 대해서는 吉備氏를 세토내해를 기반으로 하여 해상 활동에 종사하고 있던 씨족으로 보고 西日本 지역을 중심으로 한 吉備氏의 海部的인 요소를 강조하는 견해가 있다.[48] 또한 이러한 중복 설화에 대해서는 『日本書紀』 편찬단계에 와서 黑日賣의 설화가 윤색, 개작되어 기록되었을 가능성이 높은 것으로 보고 있다.[49] 따라서 『古事記』에 남아 있는 吉備海部直 黑日賣의 고사를 그 원형으로 볼 수 있을 것이다. 이러한 점을 고려한다면 吉備氏에 대해서는 초기 단계 전승에서 보이고 있는 吉備海部直의 존재가 중요시 되어야 할 것으로 판단된다.

그런데 특기할만한 것은 『日本書紀』 내에서 吉備海部直과 관련된 기사는 모두 한반도와 관련이 있는 기사에만 나온다는 사실이다.

吉備海部直赤尾은 (ㄴ)의 雄略 7年 是歲條의 기사에서 吉備臣弟君과 함께 백제로 왔다가 渡倭人을 데리고 돌아오는 인물로, 吉備海部直難破는 敏達紀 2년 5월, 7월, 8월조 및 3년 7월조에 고구려의 사신을 데리고 오는 임무를 맡고 있는 인물로, 吉備海部直羽嶋는 敏達 12년 7월, 10월조 및 是歲條에 日羅의 소환의 임무를 맡은 인물로 그려지고 있다. 여기에서 특징적인 것은 모두 한반도인과의 접촉이 이루어지는 과정에서 등장한다는 것이다.

---

48) 中西洋子, 「吉備氏伝承の発生基盤」, 『国学院雑誌』68-3, 1967
49) 岩本次郎, 「古代吉備氏に関する一考察-特に記紀系譜形成過程を中心として」, 『ヒスト リア』26, 1960, p.54

특히 日羅를 소환하는 상황에서 등장하는 吉備海部直羽嶋의 내용은 주목
된다.

(ㄹ) 『日本書紀』 卷 第20 敏達 12年
是歲 復遣吉備海部直羽嶋 召日羅於百濟. 羽嶋旣之百濟 欲先私見日羅
獨自向家門底. 俄而有家裏來韓婦 用韓語言 以汝之根 入我根內. 卽入家
去. 羽嶋便覺其意 隨後而入. 於是 日羅迎來 把手使坐於座

이때의 吉備海部直羽嶋는 韓語를 이해하고 韓의 부인과 이야기를 나눈
후에 日羅와 만났던 것이다. 당시의 대화 내용이 『日本書紀』에는 '그대의
뿌리를 나의 뿌리 속에 넣어라(以汝之根 入我根內)'라고 하는 원인불명의
기록으로 남아 있지만, 이는 당시의 백제어를 모르는 일본인에 의해서 채록
된 것이라고 할 수 있을 것이다. 여기서 중요한 것은 吉備海部直이 백제어
에 능통했다는 사실이다.

더욱이 吉備海部直은 敏達紀에서 보듯이 고구려 사신과도 접촉하고 있는
데 이 또한 고구려어 나아가 한반도 언어에 익숙했음을 보여주고 있다. 이
처럼 吉備海部直의 경우 해양 관련성을 통한 한반도와의 관계뿐만이 아니
라 이를 가능하게 했던 언어적 측면에서 보면 이들은 한반도 특히 백제 측
에서 건너왔던 渡倭人일 가능성이 높다고 판단된다.[50]

이처럼 한반도 관련기사에 吉備氏가 등장한다는 것은 6세기 이전부터 吉
備의 지역이 한반도의 세력과 밀접한 관련을 가지고 있었던 것을 알려주고
있다. 吉備 지역은 고고학적으로도 彌生시대부터 楯築墳丘墓 등 야마토의
추세와는 다른 양상을 보이고 있으며 고분시대의 造山고분은 일본열도에서
4번째로 규모가 큰 前方後圓墳으로서 야마토 정권과는 달리 상당히 독자성
을 보유한 세력이 있었던 곳으로 추정되는 곳이다.

---

50) 이상 吉備氏와 관련해서는 본서 제Ⅲ편 제3장 참조

특히 吉備 지방인 岡山에는 이 지역에 자리를 잡고 있던 백제의 왕자 溫羅와 吉備津彦命가 전투를 했던 전승이 남아 있을 뿐만 아니라,[51] 溫羅의 머리를 묻었다고 전해지는 鬼ノ城 유적은 백제식 축조방식으로 만들어진 山城으로 吉備 지역과 백제와의 관련성은 더욱 주목되고 있다. 이렇듯 吉備 지방에 남아 있는 溫羅의 전승은 세토 내해를 통해 吉備 지역에 정착한 백제계 도왜인이 동쪽으로부터 온 야마토 정권에게 정복당한 역사적 사실을 토대로 한 것으로 생각된다.[52] 이렇듯 백제계 도왜인의 씨족으로 추정되는 吉備臣의 경우도 한반도로 돌아와서 백제의 관료로서 활동했던 것으로 판단된다.

다음으로 임나일본부 관련 인물로 나오는 河內直에 대해서는 종래 河內直移那斯麻都를 하나로 묶어 1인으로 이해했던 견해[53]도 있었다. 하지만 欽明紀 5년 3월조에 '지금 的臣, 吉備臣, 河內直 들이 다 移那斯, 麻都가 시키는 대로 할 뿐입니다.(今的臣 吉備臣 河內直等 咸從移那斯 麻都指撝而己)'라는 표현이라든지, 欽明紀 5년 11월조에 '또 吉備臣, 河內直, 移那斯, 麻都가 아직 任那國에 있다면 天皇은 임나를 세우라고 詔하더라도 안될 것이다. 청컨대 이 4명을 옮겨 각각 본국에 돌아가게 하여야 한다.(又吉備臣 河內直 移那斯 麻都 猶在任那國者 天皇雖詔建成任那 不可得也. 請 移此四人 各遣還其本邑)'는 기록을 통해 각각 서로 다른 인물로 보는 것이 타당할 것이다.

河內直과 移那斯, 麻都의 출신 계보에 대해서는 欽明紀 5년 2월조의 사료를 통해 유추해 볼 수 있다.

(ㅁ) 『日本書紀』 卷 第19 欽明 5年 2月

51) 依田千百子, 『朝鮮の王権と神話伝承』, 勉誠出版, 2007, pp.58-62
52) 홍성화, 『한일고대사 유적답사기』, 삼인, 2008, pp.376-379
53) 吉田東伍, 『日韓古史断』, 富山房, 1977, p.506 ; 李弘稙, 「任那問題を中心とする欽明紀の整理-主要關係人物の研究」, 『靑丘學叢』25, 1936, pp.29-30 ; 井上秀雄, 「いわゆる任那日本府について」, 앞의 책, 1973, p.21

別謂河內直[百濟本記云　河內直移那斯麻都　而語訛未詳其正也]自昔迄
今　唯聞汝惡　汝先祖等[百濟本記云　汝先那干陀甲背　加臘直岐甲背　亦云
那哥陀甲背　鷹哥岐彌　語訛未詳]俱懷奸僞　誘說　爲哥可君[百濟本記云　爲
哥岐彌　名有非岐]專信其言不憂國難　乖背吾心縱肆暴虐　由是見逐　職汝之
由　汝等來住任那　恒行不善　任那日損　職汝之由

우선 (ㅁ)의 分註를 보면「百濟本記」에서 河內直 등의 선조를 那干陀甲
背, 加臘直岐甲背, 또는 那哥陀甲背, 鷹哥岐彌로 기록하고 있다.

따라서 이 기록에 나오는 那干陀甲背, 那哥甲背는 顯宗 3년 是歲條에
등장하는 左魯那奇他甲背와 동일인물로 추정된다.[54] 이에 따라 河內直과 移
那斯, 麻都의 선조를 那奇他甲背로 볼 수 있을 것이다. 하지만, 이들 인물에
대한 출신 계통 및 계보에 대해서는 학자마다 이견을 보이고 있다.

대체적으로 이들의 祖父가 那奇他甲背라는 것에는 이견이 없지만, 父에
있어서는 加獵直岐甲背와 鷹哥岐彌를 동일인물로 보느냐[55] 아니면 河內直
의 父는 加獵直岐甲背로, 移那斯, 麻都의 父는 鷹哥岐彌로 서로 다른 인물로
보느냐에 따라[56] 계보에 대한 異論이 있음을 알 수 있다. 또한 加獵=加羅로
보아 이들 모두를 임나인으로 보거나[57] 河內, 加不至를 안라의 지명에서 나
온 것으로 보기도 한다.[58]

---

54) 『日本書紀』卷 第15 顯宗 3年
　　是歲 紀生磐宿禰 跨據任那 交通高麗 將西王三韓 整脩宮府 自稱神聖 用任那左魯那奇
　　他甲背等計 殺百濟適莫爾解於爾林[爾林高麗地也.] 築帶山城 距守東道 斷運粮津 令軍
　　飢困 百濟王大怒 遣領軍古爾解 內頭莫古解等 率衆趣于帶山攻 於是 生磐宿禰進軍逆
　　擊 膽氣益壯 所向皆破 以一當百 俄而兵盡力竭 知事不濟 自任那歸 由是 百濟國殺佐
　　魯那奇他甲背等三百餘人

55) 山尾幸久, 앞의 논문 ; 연민수, 앞의 책, pp.243-244

56) 笠井倭人,「加不至費直の系譜について―『百済本記』読解の一例として」, 앞의 책, 2000,
　　pp.138-142

57) 위의 책

58) 加不至를 안라 방면의 일개 성읍으로 보았다.(森俊道,「任那日本府の加不至費直」,『東
　　アジアの古代文化』37, 1983 ; 연민수, 앞의 책, pp.243-244)

하지만, 加獵=加羅라든가 加不至를 안라의 지명에서 나온 것으로 보아 河內直 등을 가야인으로 이해하려 한 것은 그 근거가 빈약해서 타당성이 없다. 오히려 顯宗 3년 紀生磐宿禰의 반란 기사에서 那奇他甲背의 계략으로 가야의 세력이 백제에 반란을 일으켰지만 결국 백제가 領軍 古爾解, 內頭莫古解 등을 직접 파견하여 那奇他甲背 등 300여 인을 죽이고 진압하였다는 내용을 중시해야 할 것이다. 백제가 가야 지역에 직접 군을 주둔시키고 있었다는 사실은 기본적으로 가야 지역이 백제의 영향력 내에 있었던 것을 보여주는 것으로 당시의 사건은 백제에서 벗어나기 위한 일탈행위로 이해될 수 있다. 따라서 이들을 백제와의 관련 속에서 파악해야 할 것이다. 특히 『新撰姓氏錄』 河內國 諸蕃 百濟條에서는 河內連에 대해서 '出自百濟國都慕王男陰太貴首也(百濟國 都慕王의 아들 陰太貴首로부터 나왔다)'고 기록하고 있다.[59] 따라서 那奇他甲背의 계보 추정과 아울러 이들 河內直과 移那斯, 麻都를 백제계통으로 볼 수 있다.

이처럼 河內直의 경우는 移那斯, 麻都가 한반도에서 태어나 한반도에서 거주했던 것과는 달리 일찍이 父와 함께 일본으로 건너갔거나 河內 지역에서 태어났을 가능성도 있다. 그러다가 어느 시점엔가 다시 한반도로 넘어와서 활동했을 가능성이 농후하다. 결국 『新撰姓氏錄』을 참고한다면, 河內直은 貴首王(近仇首王)이 가야 지방을 점령했을 당시 가야와 관련이 있었던 백제왕의 후손으로서 그 이후 渡倭했다가 다시 한반도에 돌아와 백제의 관료가 되었던 것으로 추정된다.

다음으로 任那日本府 관련 인물 중에 등장하는 사람은 的臣이다.

우선 的臣에 대해서는 平城宮, 平安宮의 궁성 12門이 군사와 관계가 있는 12개 씨족으로 이루어져 있고 的氏가 그 중에 하나인 郁芳門(的門)에 해당한다는 것을 증거로 하여 河內 지역의 군사지배 씨족으로 비정하는 설이 있었다.[60] 이는 『新撰姓氏錄』에서 葛城襲津彦을 선조로 하는 전승을 갖고 있

---

59) 金鉉球, 앞의 책, 1985, pp.194-195

기 때문에 的臣을 한반도의 군사지배 씨족으로 이해한 것이지만, 奈良, 平安時代에 궁성 경비를 담당한 군사씨족을 6세기 한반도를 지배한 군사씨족으로 보는 논의 자체가 타당하지 않다.

『新撰姓氏錄』에 보이는 的臣의 시조 전승을 보면 的臣은 石川朝臣과 道守朝臣 및 坂本臣과 同祖인 것으로 기록하고 있으며[61] 的臣을 石川朝臣과 同祖라고 기록한 부분에서는 '葛城襲津彥命의 후예'라고 쓰고 있다.

일단 『新撰姓氏錄』을 통해 石川朝臣에 대한 기록을 보면 石川朝臣이 孝元天皇의 아들인 彥太忍信命의 후손으로 되어 있고[62] 八多朝臣이 石川朝臣과 同祖로서 武內宿禰의 후손인 것으로 씌어 있다.[63]

또한 道守朝臣은 波多朝臣과 同祖로 되어 있으며 武內宿禰의 아들이라고 하는 波多矢代宿禰의 후손으로 기록되어 있다.[64]

坂本臣의 경우는 紀朝臣과 同祖로서 建內宿禰의 아들인 紀角宿禰의 후손으로 되어 있다.[65]

---

60) 直木孝次郞, 「的氏に関する一考察」, 『人文硏究』12-8, 1961, p.79

61) 『新撰姓氏錄』山城國 皇別
　　的臣 石川朝臣同祖 彥太忍信命三世孫 葛城襲津彥命之後也
　　『新撰姓氏錄』河內國 皇別
　　的臣 道守朝臣同祖 武內宿禰男葛木曾都比古命之後也
　　『新撰姓氏錄』和泉國 皇別
　　的臣 坂本臣同祖 建內宿禰男葛城襲津彥命之後也

62) 『新撰姓氏錄』左京 皇別
　　石川朝臣 孝元天皇皇子彥太忍信命之後也

63) 『新撰姓氏錄』左京 皇別
　　八多朝臣 石川朝臣同祖 武內宿禰命之後也

64) 『新撰姓氏錄』左京 皇別
　　道守朝臣 波多朝臣同祖 波多矢代宿禰之後也
　　『新撰姓氏錄』河內國 皇別
　　道守朝臣 波多朝臣同祖 武內宿禰男八多八代宿禰之後也
　　『新撰姓氏錄』和泉國 皇別
　　道守朝臣 波多朝臣同祖 八多八代宿禰之後也

결국 이들은 공통적으로 『古事記』孝元段에 전승적 성격이 강한 武(建)內 宿禰의 후예씨족으로 기록되어 있다는 것이 특징적이다.

우선 八多 또는 波多는 '하타'로도 읽혀져 秦와 동족인 것으로 보고 통상 신라게 도왜 씨족으로 보기도 한다. 하지만, 이에 대해서는 『新撰姓氏錄』에 波多로 표기되어 있는 씨족에 주목해야 할 것이다. 『新撰姓氏錄』의 大和國 諸蕃에는 波多造가 백제국 佐布利智使主로부터 나왔다고 되어 있어[66] 波多 氏의 조상이 백제인으로 되어 있기 때문이다.

또한 『新撰姓氏錄』逸文「坂上系圖」에는 倭漢直의 조상인 阿智使主의 曾 孫으로 志努直을 선조로 하는 波多忌寸이 기재되어 있다. 阿智使主 또한 백 제계통으로 추정되기 때문에[67] 이러한 점을 근거로 하면 石川朝臣과 道守 朝臣을 백제 계통으로 볼 수 있을 것이다.

紀角宿禰의 경우 『古事記』孝元段에는 建內宿禰의 후예씨족으로 木臣의 선조인 木角宿禰로 기록되어 있다. 『新撰姓氏錄』左京皇別에서 紀朝臣이 石 川朝臣과 同祖로서 建內宿禰의 아들 紀角宿禰의 후예로 기록되어 있기 때문 에[68] 木角宿禰와 紀角宿禰는 동일인으로 추정할 수 있을 것이다. 더욱이 木 角의 경우 角의 訓인 '뿔'이 木羅 중 羅의 訓인 '벌'과 상통한 것으로 추정 하여 木角을 木羅, 木刕과 동일하게 보기도 하며[69] 통상 紀氏가 한반도에서

---

65) 『新撰姓氏錄』左京 皇別
　　坂本朝臣 紀朝臣同祖 紀角宿禰男白城宿禰之後也
　　『新撰姓氏錄』攝津國 皇別
　　坂本臣 紀朝臣同祖 彦太忍信命孫武內宿禰命之後也
　　『新撰姓氏錄』和泉國 皇別
　　坂本朝臣 紀朝臣同祖 建內宿禰男紀角宿禰之後也 男白城宿禰三世孫建日臣. 因居賜姓 坂本臣
66) 『新撰姓氏錄』 大和國 諸蕃 百濟
　　波多造 出自百濟國人佐布利智使主也.
67) 김현구, 박현숙, 우재병, 이재석, 『일본서기 한국관계기사 연구』Ⅰ, 일지사, 2002
68) 『新撰姓氏錄』 左京皇別
　　紀朝臣 石川朝臣同祖 建內宿禰男 紀角宿禰之後也

건너간 木氏인 것으로 보고 있다.[70] 이를 통해 坂本臣을 石川朝臣과 同祖로
서 백제 계통으로 볼 수 있을 것이다.

결국 이상과 같은 내용을 종합하면 的臣의 경우는 백제 계통의 도왜인인
것으로 판단된다.

이처럼 소위 日本府 관인들의 인물의 분석을 통해서 이들이 원래 백제인
을 조상으로 하는 인물이면서 백제왕에 의해 임명된 百濟官僚였음을 알 수
있다. 즉, 『日本書紀』 欽明紀의 전체 기사를 통해 보면, 日本府 관인들에게
왜왕이 직접 명령을 하지 못하고 백제를 통하여 의사를 전달하고 있으며
백제의 통제를 받고 있다. 이러한 점은 이들이 야마토 정권과 관련이 없는
百濟官僚라는 사실과 무관하지 않다. 만약 日本府의 관인으로 나오는 이들
이 왜왕이 파견한 신하였다면 왜왕은 이들을 통해 임나문제 등 자신의 의
견을 전달하여야 할 것이지만, 이들에게 왜왕의 의견을 전달하고 있는 것은
백제왕이다. 즉, 日本府에 속한 인물들이 야마토 왕권보다는 백제 왕권과
직접적으로 관련을 맺고 있음을 알려주고 있다.

제5절 百濟의 加耶 진출과 任那日本府

6세기에 등장하는 任那日本府 문제의 실체는 백제의 대외정책과 관련이
깊다. 그동안 任那日本府에 대해서는 가야를 중심으로 하여 가야와 왜의 관
계로 해석해온 경우가 많았지만, 앞서 任那日本府와 관련된 인물의 출신 계
통이 백제라는 분석은 任那日本府를 백제와 가야 및 일본 열도의 관계로 그
시각을 바꾸어서 살펴볼 필요가 있음을 보여주고 있다고 하겠다.

---

69) 盧重國, 「백제의 귀족가문 연구 -木刕(木氏) 세력을 중심으로-」, 『대구사학』48, 1994,
    p.14
70) 千寬宇, 『加耶史硏究』, 一潮閣, 1991, p.35 ; 金鉉球, 앞의 책, 1985, pp.99-108

즉, 『日本書紀』를 통해 한반도 남부에서 활약하고 있는 倭人의 실체는 비록 당시에는 야마토 정권의 氏姓을 가지고 있었던 것으로 기록되어 있지만, 이들은 본래 백제로부터 일본 열도 각 지역에 정착한 씨족이었던 것으로 판단된다. 즉, 이들은 일본 열도로 건너가서 일본 각지에 선진문물을 전하는 통로의 역할을 담당했다. 그러면서 이들은 야마토 정권의 대외 노선을 親百濟 쪽으로 유지시키는 역할을 했을 것이다.

백제는 4세기 이래 야마토 정권과 교류하면서 선진문물에 대한 대가로 倭의 군사원조를 받기도 했으며 다양한 인적 교류가 이루어졌고 나아가 왕실간에는 혼인에 의한 화친이 이루어졌던 것으로 보인다.[71] 이처럼 백제와 야마토 정권이 긴밀한 관계에 있을 때 한반도에서 활동하던 왜인들은 당시 백제와 야마토 정권의 끈을 이어주는 일종의 매개자 역할을 하고 있었다.

이러한 상황은 특히 백제가 가야 지역에 대한 영향력을 확대하게 되면서 한반도 남부와 일본 열도에 걸쳐 다양한 채널의 교류가 행해졌을 것으로 보인다.

최근 임나 문제와 관련해서는 가야사를 중심으로 서술되면서 가야의 역사상을 확대하고 있는 형국이며 이를 통해 가야가 한반도 남부의 상당 부분을 점유한 것처럼 가야의 영역이 확대되고 있는 상황이다. 하지만, 중앙 집권국가 단계에까지 이르지 못한 가야諸國의 영역을 확대하는 것은 과거 임나를 확장해서 한반도 남부를 경영했다는 식민사관과 주체만 바뀐 유사한 논리를 제공할 위험성이 있다. 오히려 『日本書紀』를 비롯한 문헌 분석에 의하면 가야 지역은 4세기 이래 백제의 영향력 하에 있었던 것을 알 수 있다. 따라서 任那日本府에 대해서는 백제와 가야의 관계로 치환해서 볼 필요가 있다.

즉, 『日本書紀』 神功 49년조에서 木羅斤資가 加羅 7국을 평정했다는 기

---

71) 洪性和, 「백제와 왜 왕실의 관계-왕실 간 혼인관계를 중심으로-」, 『韓日關係史研究』 39, 2011

록72)과 神功 62년조에서 木羅斤資가 加羅를 구원했던 기록을 통해73) 근초
고왕대 이후 백제가 가야에 영향력을 행사하고 있었던 것을 알 수 있다.

이러한 사실은 『日本書紀』 欽明 2년 (541년) 4월조와 동년 7월조에서 백
제와 가라제국이 速古王, 貴首王(근초고왕, 근구수왕) 때에 처음 친교를 맺
고 父兄과 子弟가 되었다는 聖王의 회고담을 통해서도 확인할 수 있다.74)

더욱이 『日本書紀』 應神 25年 分註에 나온 「百濟記」의 기록에는 가야에
대한 木羅斤資의 공으로 인해 그의 아들인 木滿致가 '專於任那'하게 되었다
고 씌어 있다.75) 이는 5세기대에 백제계 木氏 세력으로 상정할 수 있는 紀

---

72) 『日本書紀』卷 第9 神功 49年
　　春三月 以荒田別鹿我別爲將軍 則與久氏等 共勒兵而度之 至卓淳國 將襲新羅 時或曰
　　兵衆少之 不可破新羅 更復 奉上沙白蓋盧 請增軍士 卽命木羅斤資 沙沙奴跪【是二人
　　不知其姓人也 但木羅斤資者 百濟將也】領精兵 與沙白蓋盧共遣之 俱集于卓淳 擊新羅
　　而破之 因以 平定比自烋 南加羅 喙國 安羅 多羅 卓淳 加羅 七國 仍移兵 西回至古奚
　　津 屠南蠻忱彌多禮 以賜百濟 於是 其王肖古及王子貴須 亦領軍來會 時比利辟中布彌
　　支半古四邑 自然降服

73) 『日本書紀』卷 第9 神功 62年
　　新羅不朝. 卽年 遣襲津彦撃新羅.[百濟記云 壬午年 新羅不奉貴國. 貴國遣沙至比跪令
　　討之. 新羅人莊飾美女二人 迎誘於津. 沙至比跪 受其美女 反代加羅國 加羅國王己本旱
　　岐 及兒百久至·阿首至·國沙利·伊羅麻酒·爾汶至等 將其人民 來奔百濟. 百濟厚遇之.
　　加羅國王妹旣殿至 向大倭啓云 天皇遣沙至比跪 以討新羅. 而納新羅美女 捨而不討. 反
　　滅我國. 兄弟人民 皆爲流沈. 不任憂思. 故 以來啓. 天皇大怒 卽遣木羅斤資 領兵衆來
　　集加羅 復其社稷. 一云. 沙至比跪知天皇怒. 不敢公還. 乃自竄伏. 其妹有幸於皇宮者.
　　比跪密遣使人 問天皇怒解不. 妹乃託夢言 今夜夢見沙至比跪. 天皇大怒云 比跪何敢來.
　　妹以皇言報之. 比跪知不冤 入石穴中而死也.]

74) 『日本書紀』卷 第19 欽明 2年 夏4月
　　聖明王曰 昔我先祖速古王 貴首王之世 安羅加羅卓淳旱岐等 初遣使相通 厚結親好 以
　　爲子弟 冀可恒隆
　　『日本書紀』卷 第19 欽明 2年 秋7月
　　乃謂任那曰 昔我先祖速古王·貴首王 與故旱岐等 始約和親 式爲兄弟 於是 我以汝爲子
　　弟 汝以我爲父兄

75) 『日本書紀』卷 第10 應神 25年 分註
　　百濟記云. 木滿致者是木羅斤資討新羅時. 娶其國婦而所生也. 以其父功專於任那. 來入
　　我國往還貴國. 承制天朝執我國政. 權重當世. 然天皇聞其暴召之

生磐宿禰의 기사를 통해서도 가야 지역에 대한 백제의 간접 지배의 현황을 엿볼 수 있다.76)

6세기 들어 가야 지역은 백제에 의한 직접 지배로 들어가게 되는데, 『日本書紀』에는 백제에 의한 소위 任那 4縣과 己汶, 帶沙 할양 기사가 보인다. 초기 일본학계에서는 이들 기사를 사실로 인식하고 야마토 정권이 백제에게 임나를 할양하고 임나에서 철수하는 계기가 된 사건으로 보았지만77) 繼體紀에 대한 사료 비판이 이루어지면서 현재는 6세기 초기 백제에 의한 가야 지역의 진출로 인식하고 있는 상황이다. 따라서 이때부터 백제가 가야 지역을 직접 영역화하는 정황을 살펴볼 수 있다.

결국 백제는 『日本書紀』繼體 25年(531년)의 分註에서 볼 수 있듯이 安羅의 乞乇城에까지 군사를 진주시키고 있다.78) 乞乇城에 대해서는 함안 포덕산성설,79) 진주설,80) 남강 방면과 연결된 함안 인근설81) 등이 있지만 대체적으로 함안 인근까지 접근하여 안라에 영향력을 행사하고 있는 것을 알 수 있다. 이는 앞서 任那 4縣 등에서와 같이 백제가 가야 지역에 대한 지배 영역을 넓혀가던 중, 安羅에 군사를 파견하여 직접 지배로 편입, 전환하고 있는 모습을 보이고 있는 것이다.

76) 『日本書紀』應神 3년과 仁德 41년에 나오는 紀角宿禰가 『古事記』에서는 木角宿禰로 나오는 등 紀氏를 木氏로 기록한 근거가 있으므로 紀氏와 관련해서는 加耶 지역과 관련해서 활약한 백제계 木氏 세력으로 상정할 수 있다.(千寬宇, 앞의 책, p.35 ; 본서 Ⅱ편 제4장 5세기대 木氏를 중심으로 한 百濟와 倭의 고찰 참조)
77) 末松保和, 앞의 책, p.116 ; 石母田正, 『日本史槪說』1, 岩波書店, 1955 : 『石母田正著作集』12, 岩波書店, 1990, p.41
78) 『日本書紀』卷 第17 繼體 25年(531년) 分註
或本云 天皇 廿八年歲次甲寅崩. 而此云廿五年歲次辛亥崩者 取百濟本記爲文. 其文云 大歲辛亥三月 軍進至于安羅 營乞乇城. 是月 高麗弑其王安. 又聞 日本天皇及太子皇子 俱崩薨. 由此而言 辛亥之歲 當廿五年矣. 後勘校者 知之也.
79) 今西龍, 『1917年度古蹟調査報告』, 1920, p.298
80) 千寬宇, 앞의 책, p.46
81) 金泰植, 『加耶聯盟史』, 一潮閣, 1993, p.205

이러한 상황 속에서 등장하는 것이 任那日本府이다. 당시 백제는 가야의 영역을 놓고 신라와 대립하면서도 고구려에 대항하기 위해 가야, 신라 및 왜와 공동전선을 펴야 하는 구도를 만들어나가야 했다. 이러한 때에 백제의 입장에서는 완충 역할로서 왜계백제관료의 필요성이 요구되었다고 할 수 있다. 이전부터 백제가 영향력을 행사했던 가야 지역과 관련이 있는 백제계 도왜인 씨족을 중심으로 당시 백제, 가야 및 왜를 중재하고 신라를 견제하는 매개자의 역할을 했던 것으로 판단된다.

지금까지 任那日本府에 속한 인물들의 출신 및 계통에 대한 분석을 통해 백제의 관료라는 인식이 공유되는 것과는 달리 이들의 활동 내용이 신라와 통하고 백제의 의사에 반하는 행동을 보이고 있는 것 때문에 정작 任那日本府 관련 인물의 경우 백제에서 파견한 것이 아니라는 異論이 있었던 것이다. 하지만, 단순히 신라와 통하고 백제의 의사에 따르지 않았다는 점만으로 백제 파견설을 부정하기는 힘들다. 당시 신라와 내통하고 신라의 奈麻禮冠을 쓰면서 신라에 복종하고 있는 移那斯, 麻都의 활동을 보더라도 이는 5세기말~6세기 초엽에 이르는 과정에서 한반도 남부가 점점 백제에 의해 직접 지배가 수행됨에 따라 백제로부터 이탈하려는 세력이 생기기 시작한 것과 관련이 깊다고 할 수 있다.

결국 任那日本府의 실체는 백제의 성왕이 고구려에 대항하기 위해 백제와 가야, 신라 및 왜와 공동전선의 구도를 만들면서 동시에 가야 지역을 자신의 통제 하에 두고 신라를 견제하려는 정책 속에서 나타난 것으로 파악된다.

제6절 맺음말

이상과 같이 살펴본 결과 『日本書紀』에 나타나는 任那日本府는 소위 任那日本府 관인이라는 인물들의 출신 계통을 통해 그 실체를 파악할 수 있으며 任那日本府가 백제의 통제를 받고 있다는 사실로부터 그 실상을 명확하게 이해할 수 있었다.

즉, 日本府 관련 인물의 분석을 통해 이들이 원래는 백제인을 조상으로 하는 인물이면서 백제에 의해 주도된 倭系百濟官僚였다는 사실을 알 수 있다.

『日本書紀』 欽明紀의 전체 기사를 통해 보면, 任那日本府 관인들에게 왜왕이 직접 명령을 하지 못하고 백제를 통하여 의사를 전달하고 있으며 백제의 통제를 받고 있는 것도 이들이 百濟官僚라는 사실과 무관하지 않다. 만약 任那日本府의 관인으로 나오는 이들이 왜왕이 파견한 신하였다면 왜왕은 이들을 통해 임나문제 등 자신의 의견을 전달하여야 할 것이지만, 이들에게 왜왕의 의견을 전달하고 있는 것은 백제왕이다. 즉, 日本府에 속한 인물들이 야마토 왕권보다는 백제 왕권과 직접적으로 관련을 맺고 있음을 알려주고 있다.

따라서 4~6세기 야마토 정권의 한반도 남부 경영이라고 하는 소위 임나문제에 대해서도 야마토 정권이 주체가 아닌 백제를 주체로 하여 서술할 때만이 당시 한반도와 일본 열도의 정황에 맞는 분석이 된다. 즉, 당시 한반도에 나타나는 倭人의 實體는 야마토 정권의 임나 지배를 전제로 한반도에 파견되었던 것이 아니라 한반도 남부에 세력권을 점유하고 있었던 백제에 의해 이루어졌던 것임을 알 수 있다.

제Ⅳ편
古代 韓半島와 日本 列島의 관계

제1장 4~6세기 百濟와 倭의 관계
-『日本書紀』내 倭의 韓半島 파병과 百濟·倭의 인적교류 기사를 중심으로-

제1절 머리말

『日本書紀』에는 고대 한반도와 일본열도 간의 정황을 알 수 있는 기록들이 다수 남아있지만, 4~6세기에 이르는 200여 년 동안 倭가 한반도 남부를 지배한 것을 전제로 하여 서술하고 있기 때문에 당시의 역사적 사실을 제대로 반영하고 있지 않다. 즉, 神功에 의한 삼한정벌과 한반도 출병 기사를 중심으로 한 對韓半島 관련 기사가 소위 任那日本府說의 토대를 이루며 기술되고 있다.

하지만, 4~6세기에 이르는 야마토 정권의 한반도 남부 경영론에 대해서는 원래 백제가 주체였던 것이 야마토 정권이 주체였던 것처럼 윤색되었다는 설이 제기되어 있다.[1] 따라서 당시 한반도에서 활동하고 있던 倭의 실체를 파악하기 위해서는 일본열도에서 한반도로 왔던 倭人의 실상, 즉『日本書紀』내에서 야마토 정권이 한반도에 직접 출병하였다는 기록을 전체적으로 점검해볼 필요가 있다. 이러한 과정을 통하면『日本書紀』에서 표현되고 있는 神功의 삼한 정벌 및 야마토 정권의 한반도 출병이 무엇을 의미하는 것인지를 파악할 수 있을 것이다.

---

1) 千寬宇, 「復元加耶史」,『加耶史研究』, 一潮閣, 1991 ; 金鉉球,『任那日本府研究』, 一潮閣, 1993

한편, 『日本書紀』에는 4~6세기에 이르는 동안 백제와 왜의 교류 현황이 적잖이 기록되어 있어 이를 통해 당시 倭왕권의 對外관계 중심이 백제였음을 알 수 있다. 하지만, 『日本書紀』 내에서는 백제와의 관계에 대해 朝貢외교와 質외교 등으로 기술하면서 야마토 정권의 韓半島 南部 經營을 전제로 하고 있다. 때문에 실제 당시 百濟와 倭의 관계가 어떠하였는지 그 실상을 살펴보는 것은 중요한 작업이라 할 수 있다.

일반적으로 6세기 百濟와 倭의 관계에 대해서는 百濟가 倭에 대해 전문지식인이나 진기한 물건을 비롯한 선진문물을 보내고 이에 대한 반대급부로서 군사를 파견하고 있는 것으로 분석하고 있다.[2] 하지만, 『日本書紀』에서 百濟와 倭의 교류는 6세기만이 아니라 4세기말부터 지속적으로 나타나고 있다. 이에 百濟와 倭의 관계를 고찰하기 위해서는 4세기말~5세기의 한일관계를 분석하고 『日本書紀』상에서 소위 야마토 정권의 임나지배가 종료되었다는 가야 패망 전까지 4~6세기 전체에 대한 교류의 실상과 변화의 양태를 살펴볼 필요가 있다고 생각한다.

따라서 본고에서는 『日本書紀』 내에서 야마토 정권의 한반도 남부 경영설의 중심인 삼한의 정벌을 시작으로 하여 나타난 야마토 정권의 한반도 출병의 실상을 파악하고 이와 아울러 백제에서 야마토 정권으로 갔던 인적 교류의 배경을 고찰해보기로 하겠다. 이는 야마토 정권의 한반도 남부 경영설의 실상을 파악하고 백제와 왜의 관계를 살펴보는데 유효한 분석이 되리라고 판단된다.

---

2) 金鉉球, 『大和政権の対外関係研究』, 吉川弘文館, 1985 : 「6세기 한일관계-교류의 시스템을 중심으로」, 『한일역사공동연구보고서』1, 2005 ; 박현숙, 「6세기 백제와 일본의 문물 교류와 그 배경」, 『민족문화연구』45, 2006 ; 이재석, 「6세기 야마토정권의 대한정책」, 『임나문제와 한일관계』(한일관계사연구논집3), 경인문화사, 2005

제2절 倭의 韓半島 파병 기사 분석

6세기 중엽 가야 패망 전까지 『日本書紀』 내에 서술되어 있는 倭의 한반도 군사 파견 기록을 정리하면 다음 <표 1>과 같다.

<표 1> 가야 패망 전 『日本書紀』 내 倭의 한반도 군사 파견 기록

	日本書紀 기년	내용	연도
(a)	神功섭정전기 冬10월 및 12월 分註	삼한정벌 및 微叱己知波珍干岐를 볼모	
(b)	神功섭정전기 12월 分註	삼한정벌 및 宇流助富利智干의 고사	
(c)	神功 49년 春3월	木羅斤資에 의한 加羅7국 및 南蠻忱彌多禮, 4읍의 평정	
(d)	神功 62년	沙至比跪의 가라 침략 및 木羅斤資의 사직 복구	
(e)	應神 14년	弓月의 인부를 가야에서 데리고 오도록 葛城襲津彦 파견	403년
(f)	應神 16년 8월	平群木菟宿禰, 的戸田宿禰 등을 가라에 보내 襲津彦과 함께 돌아옴.	405년
(g)	仁德 53년 夏5월	上毛野田道 등이 신라를 공격	
(h)	雄略 7년	吉備上道臣弟君 백제에 도착하여 신라를 치려함.	
(i)	雄略 9년 3월	紀小弓宿禰 등 신라 공격	
(j)	雄略 23년 夏4월	筑紫國 군사 500인이 동성왕 호위.	479년
(k)	繼體 9년 春2월	伴跛에 대해 백제를 지원하기 위해 物部至至連 등 500명 파견	515년
(l)	宣化 2년 冬10월	가야를 평정하고 백제를 구원하기 위해 大伴金村大連의 아들인 狹手彦을 파견	
(m)	欽明 9년 冬10월	백제에 370인을 보내 得爾辛에 성 쌓는 것을 도와 줌	548년
(n)	欽明 15년 夏5월	內臣이 수군을 거느리고 백제를 지원	554년
(o)	欽明 17년 春正월	筑紫國의 수군이 왕자 혜 호송. 筑紫火軍이 이끄는 용사 1,000명을 보냄	556년

『日本書紀』 내에서 倭의 한반도 파병과 관련된 최초의 기사는 (a)의 神功 攝政 前紀 冬10月의 기사이다.[3] 이 기사는 神功의 신라 정벌에 이어 고구려

---

3) 『日本書紀』 卷 第9 神功 攝政 前紀 冬10月 己亥朔辛丑

從和珥津發之. 時飛廉起風 陽侯擧浪 海中大魚悉浮扶船. 則大風順吹 帆舶隨波. 不勞
櫓楫 便到新羅. 時隨船潮浪達逮國中. 卽知 天神地祇悉助歟. 新羅王 於是戰戰栗栗眉

와 백제까지 복속하였다는 소위 삼한정벌의 고사이다. 그러나 神功의 침공
으로 신라왕이 항복하고 이를 듣고 고구려와 백제가 西蕃이 되어 조공할 것
을 맹세했다는 기사 전반에 대해서는 그 허구성이 지적되어 당시의 역사적
사실로 인식하지 않고 있다.[4]

　다만, 微叱己知波珍干岐와 毛麻利叱智가 등장하고 있어 이들을 『三國史記』
에 나오는 미사흔과 박제상으로 볼 수 있기 때문에 이 기사는 대체적으로
400년을 전후로 한 시기의 역사적 사실을 모태로 하여 만들어진 기사인 것
으로 추정된다.[5]

　즉, 神功 5年[6)]에 나오는 微叱己知波珍干岐와 毛麻利叱智의 기사와 동일

　　身無所. 則集諸人曰 新羅之建國以來 未嘗聞海水凌國. 若天運盡之國爲海乎. 是言未訖
　　間 船師滿海 旌旗耀日. 鼓吹起聲 山川悉振 新羅王遙望以爲 非常之兵 將滅己國 讋焉
　　失志 乃今醒之曰 吾聞 東有神國 謂日本 亦有聖王 謂天皇 必其國之神兵也 豈可擧兵
　　以距乎 卽素幟而自服 素組以面縛 封圖籍 降於王船之前 因以叩頭之曰 從今以後 長與
　　乾坤 伏爲飼部 其不乾船柁 而春秋獻馬梳及馬鞭 復不煩海遠 以每年貢男女之調 則重
　　誓之曰 非東日更出西 且除阿利那禮河返以之逆流及河石昇爲星辰 而殊闕春秋之朝 怠
　　廢梳鞭之貢 天神地祇共討焉 時或曰 欲誅新羅王 於是皇后曰 初承神敎 將授金銀之國
　　又號令三軍曰 勿殺自服 今旣獲財國 亦人自降服 殺之不祥 乃解其縛爲飼部 遂入其國
　　中 封重寶府庫 收圖籍文書 卽以皇后所杖矛 樹於新羅王門 爲後葉之印 故其矛今猶樹
　　于新羅王之門也 爰新羅王波沙寐錦 卽以微叱己知波珍干岐爲質 仍齎金銀彩色及綾羅
　　縑絹 載于八十艘船 令從官軍 是以 新羅王常以八十船之調 貢于日本國 其是之緣也 於
　　是高麗 百濟二國王 聞新羅收圖籍降於日本國 密令伺其軍勢 則知不可勝 自來于營外
　　叩頭而款曰 從今以後 永稱西蕃 不絶朝貢 故因以定內官家 是所謂之三韓也 皇后從新
　　羅還之

4)　津田左右吉, 『古事記及び日本書紀の硏究』, 岩波書店, 1924 ; 三品彰英, 『增補 日鮮神話
　　伝說の硏究(三品英彰論文集4)』, 平凡社, 1972 ; 金鉉球, 앞의 책, 1993, pp.17-21 : 연
　　민수, 『고대한일관계사』, 혜안, 1998, pp.35-39

5)　未斯欣의 경우 『三國史記』에 의하면 402년, 『三國遺事』에서는 391년에 왜국에 인
　　질로 파견된 것으로 되어 있기 때문에 毛麻利叱智가 등장하는 사건은 대체적으로
　　400년을 전후로 한 시기의 기사로 추정된다.

6)　『日本書紀』 卷 第9 神功 5年 春3月 癸卯朔己酉
　　新羅王遣汗禮斯伐 毛麻利叱智 富羅母智等朝貢 仍有返先質微叱許智伐旱之情 是以誂
　　許智伐旱而給之曰 使者汗禮斯伐 毛麻利叱智等告曰 我王以坐臣久不還而悉沒妻子
　　爲孥 冀蹔還本土 知虛實而請焉 皇太后則聽之 因以副葛城襲津彦而遣之 共到對馬宿于

한 소전을 전하고 있으며,『三國史記』朴堤上 열전의 '倭遂遣兵邏戍新羅境
外 會高句麗來侵 幷擒殺倭邏人'의 기사에서 朴堤上이 왜국으로 건너갔던 당
시의 상황이 廣開土王碑文에 나타난 역사상과 일치하고 있음을 알 수 있다.

廣開土王碑文에 나오는 한반도 내 倭의 전투기록은 倭가 독자적으로 행
동한 것이 아니라 百濟의 요청에 의해 파병한 지원군이었던 것을 알 수 있
기 때문에[7] 神功의 삼한정벌 고사는 백제를 지원하기 위해 왜가 파병했던
사실이 윤색된 것이다.

(b)의 기사[8]는『三國史記』신라본기에 倭의 신라 내습 기사가 기록되어
있는 것처럼, 과거 倭가 신라를 공격했던 기사 중에 몇 가지 사실만을 꿰맞
추어 서술한 것으로 판단된다. 즉, 이 기사는 應神 탄생 기록의 分註에 등장
하는 일설로서『三國史記』에서는 253년경에 등장하는 昔于老의 전승을 포
함하고 있어 神功과는 직접적으로 관련이 없는 사실을 기록하고 있다. 이처
럼 神功의 삼한정벌이라는 기사 속에는 과거 왜가 신라를 내습했던 경험이
윤색되어 나타나고 있는 것을 알 수 있다.

鋤海水門 時新羅使者毛麻利叱智等 竊分船及水手 載微叱旱岐令逃於新羅 乃造蒭靈置
微叱許智之床 詳爲病者 告襲津彥曰 微叱許智忽病之將死 襲津彥使人 令看病者 旣知
欺而捉新羅者三人 納檻中以火焚而殺 乃詣新羅 次于蹈鞴津 拔草羅城還之 是時俘人
等 今桑原 佐糜 高宮 忍海 凡四邑漢人等之始祖也.

7) 김현구,「5세기 한반도 남부에서 활약한 倭의 實體」,『日本歷史研究』29, 2009
8)『日本書紀』卷 第9 神功 攝政 前紀 12月 分註
時神稱其名曰 表筒雄 中筒雄 底筒雄 如是稱三神名 且重曰 吾名向匱男聞襲大歷五御
魂速狹騰尊也 時天皇謂皇后曰 聞惡事之言坐婦人乎 何言速狹騰也 於是神謂天皇曰 汝
王如是不信 必不得其國 唯今皇后懷姙之子 蓋有獲歟 是夜天皇忽病發以崩之 然後皇后
隨神敎而祭 則皇后爲男束裝 征新羅 時神導之 由是隨船浪之遠及于新羅國中 於是新羅
王宇流助利智干 參迎跪之 取王船旣叩頭曰 臣自今以後 於日本國所居神御子 爲內官
家 無絶朝貢 一云 禽獲新羅王詣于海邊 拔王臏筋令匍匐石上 俄而斬之埋沙中 則留一
人 爲新羅宰而還 然後新羅王妻不知埋夫屍之地 獨有誘宰之情 乃誂宰曰 汝當令識埋
王屍之處 必篤報之 且吾爲汝妻 於是宰信誘言 密告埋屍之處 則王妻與國人 共議之殺
宰 更出王屍葬於他處 時取宰屍 埋于王墓土底 以擧王櫬窆其上曰 尊卑次第固當如此
於是天皇聞之 重發震忿 大起軍衆 欲頓滅新羅 是以軍船滿海而詣之 是時 新羅國人悉
懼不知所如 則相集共議之 殺王妻以謝罪

『日本書紀』神功紀에서 야마토 정권의 韓半島 南部 經營을 기술하고 있
는 일련 기사의 중심은 (c)의 神功 49년 春3월 기사에 있다.9) 神功 49년조
의 기사는 倭가 한반도 남부에 출병해서 신라를 격파하고 加羅 7國을 평정
한 후 백제를 복속시켰다고 하면서 한반도에서 倭의 활약상을 강조하고 있다.

그러나 전체의 기사는 백제장군인 木羅斤資에 의해 이루어지고 있어서
이들 기사는 야마토 정권의 군사가 아니라 백제에서 파견된 것임을 알 수
있다.10) 즉, 백제장군 木羅斤資에 의한 행적이 神功 49년조 전반에 걸쳐 일
관되게 등장하고 있는 것을 보면, 일본 측에 전승되던 한반도 남부에 대한
木羅斤資의 활동이 기술되었던 것으로 보인다.

이를 토대로 하면, 神功 49년조의 기사는 백제에 의해 加羅 7국이 점령되
고 南蠻忱彌多禮 및 4읍이 평정되었던 사실, 즉 百濟의 한반도 남부 진출로
해석해야 하는 것이 타당하다.

(d)의 神功 62년 기사,11) (e)의 應神 14년 기사,12) (f)의 應神 16년 8월 기

---

9) 『日本書紀』卷 第9 神功49年
春三月 以荒田別鹿我別爲將軍 則與久氏等 共勒兵而度之 至卓淳國 將襲新羅 時或曰
兵衆少之 不可破新羅 更復 奉上沙白蓋盧 請增軍士 卽命木羅斤資 沙沙奴跪 [是二人
不知其姓人也 但木羅斤資者 百濟將也] 領精兵 與沙白蓋盧共遣之 俱集于卓淳 擊新羅
而破之 因以 平定比自㶱 南加羅 㖨國 安羅 多羅 卓淳 加羅 七國 仍移兵 西回至古奚
津 屠南蠻忱彌多禮 以賜百濟 於是 其王肖古及王子貴須 亦領軍來會 時比利辟中布彌
支半古四邑 自然降服 是以 百濟王父子及荒田別, 木羅斤資等 公會意流村 [今云州流須
祇] 相見欣感 厚禮送遣之 唯千熊長彦與百濟王 至于百濟國 登辟支山盟之 復登古沙山
共居磐石上 時百濟王盟之曰 若敷草爲坐 恐見火燒 且取木爲坐 恐爲水流 故居磐石而
盟者 示長遠之不朽者也 是以 自今以後 千秋萬歲 無絶無窮 常稱西蕃 春秋朝貢 則將
千熊長彦 至都下厚加禮遇 亦副久氏等而送之
10) 千寬宇, 앞의 책, 1991 ; 金鉉球, 앞의 책, 1993
11) 『日本書紀』卷 第9 神功 62年
新羅不朝. 卽年 遣襲津彦擊新羅.[百濟記云 壬午年 新羅不奉貴國. 貴國遣沙至比跪令
討之. 新羅人莊飾美女二人 迎誘於津. 沙至比跪 受其美女 反伐加羅國 加羅國王己本旱
岐 及兒百久至·阿首至·國沙利·伊羅麻酒·爾汶至等 將其人民 來奔百濟. 百濟厚遇之.
加羅國王妹旣殿至 向大倭啓云 天皇遣沙至比跪 以討新羅. 而納新羅美女 捨而不討. 反
滅我國. 兄弟人民 皆爲流沈. 不任憂思. 故 以來啓. 天皇大怒 卽遣木羅斤資 領兵衆來

사13)의 경우는 廣開土王碑文 永樂 9년 및 10년에 나오는 사건이 『日本書紀』
나름의 표현으로 기록된 것으로 판단된다. 『日本書紀』에는 廣開土王碑文에
나오는 사건과 같이 倭가 패퇴하는 사실을 제대로 적시하지 않고 있다. 하
지만, 윤색되어 있는 應神紀 한반도 관계 기사의 재해석을 통하면 당시의
역사적 사실을 도출할 수 있게 된다.14)

이처럼 廣開土王碑文과 『日本書紀』를 비교 분석하여 보면, 永樂 9년(399
년) 百濟와 倭가 和通했다는 기사 이후 곧바로 신라에 왜군이 가득하여15)
이듬해 신라를 지원하고 있던 고구려가 그 倭를 추적하여 任那加羅의 從拔
城에까지 이르게 되는 내용이16) 『日本書紀』 (e)와 (f)의 기사와 시기적으로

集加羅 復其社稷.]
12) 『日本書紀』卷 第10 應神 14年 (403)
   是歲 弓月君自百濟來歸. 因以奏之曰 臣領己國之人夫百廿縣而歸化. 然因新羅人之拒
   皆留加羅國. 爰遣葛城襲津彦 而召弓月之人夫於加羅. 然經三年 而襲津彦不來焉.
13) 『日本書紀』卷 第10 應神 16年 (405) 8月
   遣平群木菟宿禰·的戸田宿禰於加羅. 仍授精兵詔之曰 襲津彦久之不還. 必由新羅之拒
   而滯之. 汝等急往之擊新羅 披其道路. 於是 木菟宿禰等進精兵 莅于新羅境. 新羅王愕
   之服其罪. 乃率弓月之人夫 與襲津彦共來焉.
14) 대표적인 것이 東韓之地 등에 관한 기사이다. 『日本書紀』 分註의 百濟記에서는 應
   神 8年 枕彌多禮, 峴南, 支侵, 谷那 및 東韓之地가 왜국에 의해 침탈당했고 應神 16
   年 腆支를 돌려보내면서 東韓之地를 돌려준 것으로 되어있지만, 이 기사는 백제가
   고구려의 공격으로 인해 東韓之地 등을 침탈당했고 이 때문에 倭에 군원을 요청하
   기 위해서 腆支를 파견하고 왜의 지원군과 함께 東韓之地를 회복했던 사실을 윤색
   하여 기록하고 있는 것이다. (본서 제Ⅰ편 제2장 『日本書紀』 應神紀 東韓之地에 대
   한 고찰 참조)
15) 廣開土王碑 永樂 9年 己亥 (399년)
   百殘違誓 與倭和通 王巡下平穰. 而新羅遣使白王云. 倭人滿其國境 潰破城池 以奴客爲
   民 歸王請命. 太王恩慈 稱其忠誠 特遣使還 告以□計.
16) 廣開土王碑 永樂 10年 庚子 (400년)
   教遣步騎五萬往救新羅. 從男居城至新羅城 倭滿其中 官軍方至 倭賊退. □□背急追至任
   那加羅從拔城 城卽歸服 安羅人戍兵. □新羅城□城 倭□大潰. 城□十九 盡拒□倭 安羅
   人戍兵. 新□□□□[其]□□□□□□□[言]□□□□□□□□□□□□□□□□□□
   □□□□□□□□□辭□□□出□□□□□□[殘][倭]遺□. □□□ 安羅人戍

나 내용적으로 유사성을 보이고 있다. 즉, 『日本書紀』에는 신라 사람의 방해로 弓月君이 이끌던 120현의 사람들이 오지 못하자 그 문제를 해결하기 위해 襲津彦이 파견되었고, 3년이 지난 뒤 정병을 보냄으로써 弓月君의 사람들과 襲津彦이 돌아올 수 있게 되었다는 내용이 廣開土王碑文에서 고구려가 임나가라를 공격하고 왜군이 패퇴를 하고 있는 정황을 이야기하고 있는 것으로 판단된다.[17]

또한 神功 62년조는 襲津彦을 보내 신라를 치려했지만, 오히려 가라를 쳐서 가라의 왕이 그 인민을 데리고 백제로 도망했고 그래서 木羅斤資를 보내 가라의 사직을 되돌렸다는 것이 대강의 줄거리이다. 그런데 이 기사를 보면 (e) 應神 14년의 是歲조와 (f) 應神 16년의 8월조에서 '가라에 묶긴 弓月君의 인민을 데리고 오기 위해 파견된 襲津彦이 신라의 방해로 돌아오지 못하다가 木菟宿禰 등을 신라의 경계까지 파견하여 襲津彦이 궁월군의 인민과 같이 돌아올 수 있었다'는 기사와 동일한 모티브를 가지고 있음을 알 수 있다.[18]

따라서 (d) 기사의 실상은 廣開土王碑文에 나타나 있는 바와 같이 고구려와 전쟁을 치루고 있는 백제에 대해 왜가 군사원조를 했던 사실을 보여주고 있는 것이며 『日本書紀』 應神紀의 (e), (f) 기사 역시 廣開土王碑文에 나오는 사건을 기술하고 있는 것이다.

이상과 같이 고찰한 바, 『日本書紀』神功, 應神紀에 기록된 倭의 한반도 출병의 기사는 神功紀와 직접 관련이 없는 (b) 昔于老의 전승과 백제의 기사로 볼 수 있는 (c)의 기사를 제외하면 廣開土王碑文에 나타나는 것과 같

兵. 昔新羅寐錦 未有身來論事 □□□□[廣]開土境好太王□□□□寐錦□□僕勾□□ □□朝貢.

17) 본서 제Ⅰ편 제4장 廣開土王碑文을 통한 『日本書紀』 神功, 應神紀의 분석 참조

18) 이들 기사의 경우 i) 신라의 침략에 시달리는 가라에 파견되었다는 것, ii) 襲津彦이 독자적으로 문제를 해결할 수 없었다는 것, iii) 별도의 장군을 보내서 목적을 달성했다는 것 등 沙至比跪의 행동이 應神紀 襲津彦의 행동과 일치하는 점이 있음을 알 수 있다. (井上光貞, 「帝紀からまた葛城氏」, 『日本古代国家の研究』, 岩波書店, 1965, p.58-59)

이 서기 400년을 전후로 한 시기에 있었던 고구려와 백제의 전투에 倭가 백제의 지원병으로 참여했던 실상을 이야기하고 있다는 것을 알 수 있다.

(g)의 仁德 53년 夏5월 기사의 경우는 上毛野田道 등이 신라를 공격했다는 기사인데,[19] 지리적 기재도 없고, 百衝이라는 日本名이 新羅人으로 나오는 등 실제 역사적 사실이 아닌 것으로 판단된다.[20] 즉, 이 기사는 上毛野田道의 전승을 통해 기술된 것으로 보이며 『日本書紀』 仁德紀 기사의 신빙성 등에 비추어 보아 당시의 국제관계와 하등 관련이 없는 기사이다.

(h)의 기사는[21] 吉備氏의 가계전승이 윤색되어 나타난 것으로 任那國司 吉備上道臣田狹과 그의 아들 吉備臣弟君이 任那를 지배했다는 것은 후대 야마토 정권의 任那 경영 사관에 의해 만들어진 설화적인 내용이기 때문에 역

---

19) 『日本書紀』 卷 第11 仁德 53年

新羅不朝貢 夏五月 遣上毛野君祖竹葉瀨 令問其闕貢 是道路之間獲白鹿 乃還之獻于天皇 更改日而行 俄且重遣竹葉瀨之弟田道 則詔之曰 若新羅距者擧兵擊之 仍授精兵 新羅起兵而距之 爰新羅人日日挑戰 田道固塞而不出 時新羅軍卒一人有放于營外 則掠俘之 因問消息 對曰 有强力者 曰百衝 輕捷猛幹 每爲軍右前鋒 故伺之擊左則敗也 時新羅空左備右 於是 田道連精騎擊其左 新羅軍潰之 因縱兵乘之 殺數百人 卽虜四邑之人民以歸焉

20) 坂本太郞 外, 『日本古典文学大系 日本書紀』上, 岩波書店, 1993, p.410

21) 『日本書紀』 卷 第14 雄略 7年 是歲朝

天皇詔田狹臣子弟君與吉備海部直赤尾 曰 汝宜往罰新羅. 於是 西漢才伎歡因知利在側. 乃進而奏曰 巧於奴者 多在韓國. 可召而使. 天皇詔群臣曰 然則宜以歡因知利 副弟君等 取道於百濟 並下敕書 令請巧者. 於是 弟君銜命 率衆 行到百濟 而入其國. 國神化爲老女 忽然逢路. 弟君就訪國之遠近. 老女報言 復行一日 而後可到. 弟君自思路遠 不伐而還. 集聚百濟所貢今來才伎於大島中 託稱候風 淹留數月. 任那國司田狹臣 乃嘉弟君不伐而還 密使人於百濟 戒弟君曰 汝之領項 有何牢錮而伐人乎. 傳聞 天皇幸吾婦 遂有兒息.[兒息已見上文]今恐 禍及於身 可蹻足待. 吾兒汝者 跨據百濟 勿使通於日本. 吾者據有任那 亦勿通日本. 弟君之婦樟媛 國家情深 君臣義切. 忠蹤自日 節冠靑松. 惡斯謀叛 盜殺其夫 隱埋室內 乃與海部値赤尾將百濟所獻手末才伎 在於大島. 天皇聞弟君不在 遣日鷹吉士堅磐固安錢 [堅磐 此云柯陀之波]使來復命. 遂卽安置於倭國吾礪廣津[廣津 此云比慮岐頭]邑. 而病死者衆. 由是 天皇詔大伴大連室屋 命東漢直掬 以新漢陶部高貴 鞍部堅貴 畫部因斯羅我 錦部定安那錦 譯語卯安那等 遷居于上桃原 下桃原 眞神原三所.[或本云 吉備臣弟君 還自百濟 獻漢手人部 衣縫部 宍人部]

사적 사실이 아니다. 다만, 吉備氏의 인물들의 성격이 서로 任那에 있어서
親신라파로 나타나며 또한 야마토 정권의 말을 듣지 않는 점 등 사건의
개요로 보아 6세기 聖王에 의해 임명되었던 吉備臣과 관련된 기사 중 일부
가 윤색된 채 雄略朝에 삽입된 것으로 보인다.[22] 따라서 이 기사는 백제에
서 파견된 倭人의 실상이 일본 측 소전에 의해 윤색되어 나타난 것으로 판
단된다.

(i)의 紀小弓宿禰 등이 신라를 공격했다는 기사는[23] 同年 5월과 顯宗 3년
是歲朝와 연결되는 기사로서 즉, 紀小弓宿禰의 사후 그의 아들인 紀大(生)磐
宿禰가 부친의 뒤를 이어 任那에 주둔하면서 신라와 대치하고 있다는 것을
보여주기 위해 설정한 기사이다. 결국 이 기사는 倭의 군대가 紀生磐宿禰의
지휘를 받아 任那에 주둔하다가 그가 삼한의 왕이 되려고 백제와 충돌하여
난을 일으킨다는 내용과 연결된다. 하지만, 紀生磐宿禰는 倭에서 파견된 것
이 아니라 加耶 지역과 관련해서 활약한 백제계 木氏 세력으로 상정할 수
있기 때문에[24] 紀生磐宿禰의 반란은 加耶의 在地 수장층 들과 합세한 일탈

---

22) 三品彰英, 「上代における吉備氏の朝鮮経営」, 『朝鮮学報』36, 1965, pp.2-4 ; 본서 제
　　III편 제3장 『日本書紀』한반도 관계기사에 보이는 吉備氏에 대하여 참조
23) 『日本書紀』卷 第14 雄略 9年 3月
　　天皇欲親伐新羅 神戒天皇曰 無往也 天皇由是不果行 乃勅紀小弓宿禰 蘇我韓子宿禰
　　大伴談連[談 此云箇陀利]小鹿火宿禰等曰 新羅自居西土 累葉稱臣 朝聘無違 貢職允濟
　　逮乎朕之王天下 投身對馬之外 竄跡匝羅之表 阻高麗之貢 吞百濟之城 況復朝聘闕 貢
　　職莫脩 狼子野心 飽飛飢附 以汝四卿 拜爲大將 宜以王師薄伐天罰襲行 於是 紀小弓宿
　　禰使大伴室屋大連 憂陳於天皇曰 臣雖拙弱敬奉勅矣 但今臣婦命過之際 莫能視養臣者
　　公冀將此事具陳天皇 於是 大伴室屋大連具爲陳之 天皇聞悲頹歎 以吉備上道采女大海
　　賜於紀小弓宿禰 爲隨身視養 遂推轂以遺焉 紀小弓宿禰等即入新羅 行屠傍郡[行屠 並
　　行並擊]新羅王夜聞官軍四面鼓聲 知盡得喙地 與數百騎馬軍亂走 是以大敗 小弓宿禰追
　　斬敵將陣中 喙地悉定 遺衆不下 紀小弓宿禰亦收兵 與大伴談連等會 兵復大振 興遺衆
　　戰 是夕大伴談連及紀岡前來目連皆力而死 談連從人同姓津麻呂 後入軍中尋覓其主 從
　　軍覓出問曰 吾主大伴公何處在也 人告之曰 汝士等果爲敵手所殺 指示屍處 津麻呂聞之
　　踏叱曰 主旣已陷 何用獨全 因復赴敵 同時殞命 有頃遺衆自退 官軍亦隨而却 大將軍紀
　　小弓宿禰值病而薨
24) 이와 같은 改變은 『日本書紀』편찬 당시 실무에 참가한 紀氏인 紀朝臣淸人과 무관

행위였던 것을 알 수 있다.[25]

따라서 이 기사는 당시 백제와 가야와의 관계를 보여주는 기사로서, 『日本書紀』의 撰者가 야마토 정권의 任那 지배를 전제로 하고 加耶 지역에서 倭의 역할을 부각시키려는 의도에서 나온 것으로 사실로 보기 어렵다.[26]

(j)의 기사는[27] 倭에 체류하고 있던 동성왕이 筑紫國 군사 500인의 호위로 백제에 온 사실을 기술하고 있다. 이는 당시 백제와 왜가 왕실 외교 차원에서 긴밀한 외교 관계를 유지하고 있었던 것을 보여주고 있다.

이때 같이 온 倭人의 경우 규모나 내용상 동성왕을 호송하는 임무만 띠고 있었던 것으로 보이기 때문에 이를 출병 내지는 대규모의 병력 파견으로 보기는 어렵다. 『日本書紀』에는 이어지는 기사에서 筑紫의 安致臣, 馬飼臣 등이 高麗를 쳤다는 기록이 있는데, 이들이 筑紫 출신으로 기록된 것으로 보아 동성왕을 호위했던 군대로 볼 수 있을 것이다.[28] 하지만 기사의 내용도 高麗를 쳤다고 간단하게 언급되어 있는 것으로 보아 대규모 전투가 있었던 것은 아닌 것으로 판단된다.

(k)의 경우는[29] 백제가 伴跛를 침공을 하던 상황에서 백제를 지원하기 위해 야마토 정권이 군원을 보내 物部至至連 등 500명이 파견된 사실을 이야기하고 있다.

하지 않을 것이라고 한다. (金鉉球, 앞의 책, 1993, pp.75-77)

25) 본서 제II편 제4장 5세기대 木氏를 중심으로 한 百濟와 倭의 고찰 참조.

26) 김현구·박현숙·우재병·이재석, 『일본서기 한국관계기사 연구』 I, 일지사, 2003

27) 『日本書紀』卷 第14 雄略 23年 夏4月
百濟文斤王薨 天皇以昆支王五子中 第二末多王幼年聰明 勅喚內裏 親撫頭面誠勅慇懃
使王其國 仍賜兵器 幷遣筑紫國軍士五百人 衛送於國 是爲東城王
是歲 百濟調賦益於常例 筑紫安致臣 馬飼臣等 率船師以擊高麗

28) 三品彰英, 『日本書紀朝鮮關係記事考證』上, 吉川弘文館, 1962

29) 『日本書紀』卷 第17 繼體 9년(515) 春2月 甲戌朔丁丑
百濟使者文貴將軍等請歸. 仍勅 副物部連 [闕名.]遣罷歸之.[百濟本記云 物部至至連.]
是月 到于沙都嶋 傳聞伴跛人 懷恨銜毒 恃强縱虐. 故物部連 率舟師五百 直詣帶沙江.
文貴將軍 自新羅去.

이 기사는 繼體 7년(513년) 6월에서부터 繼體 10년(516년) 9月에 이르는 일련의 기사와 함께 고찰되어야 할 것으로, 백제가 倭에게 己汶을 되돌려 달라고 했다거나 倭가 백제에게 己汶과 帶沙를 주었다는 일련의 기사는 『日本書紀』 찬자의 임나 지배 사관에 따라 기술된 것이다. 따라서 실상은 백제가 伴跛의 문제로 군사의 파병을 요청하여 백제와 함께 己汶, 帶沙를 되찾았던 백제와 왜의 관계를 보여주는 것이다.[30]

즉, 이 기사는 513년 6월 百濟의 姐彌文貴 將軍 등이 五經博士 段楊爾를 倭에 보내 선진문물을 전수를 하고 반대급부로 병력을 청한 이후 북쪽으로 부터는 백제가 己汶을 공격하고 남쪽으로부터는 倭가 帶沙江을 거슬러 올라가 伴跛와 대적했던 것을 보여주고 있다. 결국 이 전투는 백제 장군 木刕不麻甲背의 공격으로 己汶과 帶沙 일원이 함락되고 伴跛의 섬멸로 마무리된다.[31]

(1)의 기사는[32] 金官加耶가 멸망한 후(532년) 야마토 정권이 신라에 의해 멸망한 가야를 구원하기 위해 大伴金村大連의 아들인 狹手彦을 파견한 것으로 되어 있다. 그런데, 이 기사는 敏達 12년(583년) 達率 日羅의 기사 내에서 宣化 때 狹手彦의 한반도 파병에 대한 언급과 관련이 있다.[33] 즉, 敏達

---

30) 田中俊明, 『大加耶連盟の興亡と'任那'』, 吉川弘文館, 1992, p.125 ; 金泰植, 『加耶聯盟史』, 一潮閣, 1993, p.125 ; 延敏洙, 앞의 책, 1998, p.183 ; 金鉉球, 「百濟의 加耶進出에 관한 一考察」『東洋史學研究』70, 2000

31) 본서 제Ⅲ편 제1장 己汶, 帶沙 지명 비정에 대한 일고찰 참조

32) 『日本書紀』卷 第18 宣化 2年(537년) 冬十月壬辰朔
天皇以新羅寇於任那. 詔大伴金村大連. 遣其子磐與狹手彦以助任那. 是時 磐留筑紫執其國政以備三韓. 狹手彦往鎭任那. 加救百濟.

33) 『日本書紀』卷 第20 敏達 12년
是歲 復遣吉備海部直羽嶋召日羅於百濟 羽嶋旣之百濟 欲先私見日羅 獨自向家門底 俄而有家裏來韓婦 用韓語言 以汝之根入我根內 卽入家去 羽嶋便覺其意隨後而入 於是日羅迎來 把手使坐於座 密告之曰 僕竊聞之 百濟國主奉疑天朝 奉遣臣後留而弗還 所以奉惜不肯奉進 宜宣勅時 現嚴猛色催急召焉 羽嶋乃依其計而召日羅 於是百濟國主怖畏天朝不敢違勅 奉遣以日羅 恩率德爾 余怒 哿奴知 參官 柁師德率次干德 水手等若干人 日羅等行到吉備兒嶋屯倉 朝廷遣大伴糠手子連而慰勞焉 復遣大夫等於難波舘使訪日羅 是時日羅被甲乘馬到門底下 乃進廳前進退跪拜歎恨而曰 於檜隈宮御寓天皇之世 我君

12년의 기사는 日羅가 죽었다가 소생하는 등 설화적인 내용이 없지는 않지만, 일단 12년조 이하의 기사를 통해 日羅가 백제의 達率의 지위를 갖고 있던 倭系百濟官僚였음을 알 수 있다. 따라서 (l)의 출병은 倭가 백제를 구원하기 위해 실제 군을 백제에 파견했던 백제와 왜의 관계를 나타내고 있는 것으로 생각된다.34)

다만, 이 기사에 등장하는 狹手彦이 欽明 23년 기사에서 고구려를 공격하는 장수로 등장하고 있는 것이 주목된다.35) 欽明 23년의 8月條에는 狹手彦이 백제의 계략을 써서 고구려왕의 치소에까지 이른 것으로 기록되어 있고, 分註에는 一本에 欽明 11년의 사실로 기록되어 있다. 이러한 정황은 狹手彦이 등장하는 기사가 551년 백제가 신라, 왜와 함께 고구려를 공략했던 때의 사실을 보여주고 있는 것이라고 판단된다.36)

狹手彦이 한반도 전쟁에 참여하여 고구려와 전투를 했던 정황을 보여주는 기록은 『日本書紀』외에 다수의 기록에서 보이고 있다. 『日本三代實錄』에는 欽明 시기 狹手彦이 고구려를 정벌했다는 기사가 보이면서 '狹手彦이 데리고 온 고구려의 포로가 山城의 狛人의 조상이 되었다'라고 기재하고 있어서37) 이를 통해서도 狹手彦을 비롯한 왜국의 군대가 對고구려전에 참전

大伴金村大連奉爲國家使於海表火葦北國造刑部靱部阿利斯登之子 臣達率日羅 聞天皇召恐畏來朝 乃解其甲奉於天皇 乃營舘於阿斗桑市使住日羅 供給隨欲

34) 金鉉球, 앞의 책, 1993

35) 『日本書紀』卷 第19 欽明 23년 8月

天皇遣大將軍大伴連狹手彦 領兵數萬伐于高麗 狹手彦乃用百濟計 打破高麗 其王踰墻而逃 狹手彦遂乘勝以入宮 盡得珍寶貨賂 七織帳 鐵屋還來[舊本云 鐵屋在高麗西高樓上 織帳張於高麗王內寢]以七織帳奉獻於天皇 以甲二領 金飭刀二口 銅鏤鍾三口 五色幡二竿 美女媛媛名也 幷其從女吾田子 送於蘇我稻目宿禰大臣 於是 大臣遂納二女以爲妻居輕曲殿[鐵屋在長安寺 是寺不知在何國 一本云 十一年大伴狹手彦連共百濟國駈却高麗王陽香於比津留都]

36) 『日本書紀』에는 이 전쟁이 大伴狹手彦 등 일본이 주체가 되어 수행한 것처럼 기록되어 있지만, 백제와 함께 백제의 계략을 썼다는 표현 등으로 보아 백제가 주체가 된 것으로 보는 것이 타당하다.

37) 『日本三代實錄』貞觀 3年 8月 19日

했던 정황을 짐작할 수 있다.[38)]

또한 『扶桑略紀』에도 狹手彦을 佐弓彦으로 표기하였으나 欽明 13년조에 백제의 요청에 의해 고구려를 쳤던 내용을 기재하고 있으며,[39)] 『新撰姓氏錄』에도 欽明代에 大伴佐弓比古가 內外典, 藥書, 明堂圖 등 164권과 佛像, 伎樂調度 1구 등을 가지고 왔다는 기록이 있어[40)] 欽明 시기 狹手彦이 고구려 정벌에 참여했음을 짐작케 한다.[41)]

특히 『日本書紀』의 본문에서는 고구려로부터의 전리품인 鐵屋을 보관하고 있는 長安寺를 미상으로 기재하고 있지만, 『扶桑略紀』에는 近江 栗太郡의 多他郞寺로 기록하고 있어 551년 백제가 고구려를 칠 때 왜군이 참전했던 상황을 보여주는 것으로 판단할 수 있을 것이다.[42)]

후술하겠지만, 백제와 왜의 관계는 용병관계로서 왜가 군원을 보낼 때마다 백제에서 五經博士의 파견이 이루어졌던 것을 알 수 있다.[43)] 그런데, 五經博士가 파견된 『日本書紀』의 기사 중에 五經博士 馬丁安의 경우는 파견된 시점이 확실히 나오지 않는다. 또한 551년 왜가 백제에 군원을 파견하여 고구려를 공격하고 있는데, 이즈음에 五經博士의 파견이 보이지 않는다. 때

金村大連公第三男狹手彦之後也. 狹手彦 宣化天皇世 奉使任那 征新羅 復任那 兼助百濟. 欽明天皇世 百濟以高麗之寇 遣使乞救. 狹手彦復爲大將軍 伐高麗. 其王踰城而遁 乘勝入宮 盡得珠寶貨賂 以獻之. 礒城嶋天皇世 還來獻高麗之囚 今山城國狛人是也.

38) 金鉉球, 앞의 책, 1985, p.45
39) 『扶桑略紀』 欽明 13年 壬申
依百濟訴 救令大將簞佐弓彦伐高麗. 時其王踰垣遁逃. 佐弓彦遂入其宮 盡得珍寶幷七織帳 鐵屋等. 天皇以彼繫取美女二人從女等 送與蘇我大臣稻目宿禰 納爲妻之. 但以鐵屋置長安寺.[長安寺者 在近江國栗太郡 多他郞寺是也]
40) 『新撰姓氏錄』 左京諸蕃下
和藥使主. 出自吳國主照淵孫智聰也. 天國排開廣庭天皇[謚欽明]御世. 隨使大伴佐弓比古. 持內外典 藥書 明堂圖等百六十四卷 佛像一軀 伎樂調度一具等入朝
41) 이영식, 「5~6세기 고구려와 왜의 관계」 『東北亞歷史論叢』11, 2006, pp.211-212
42) 551년 왜의 참전과 관련해서는 洪性和, 「550년대 한반도의 정세 변화와 倭國의 동향」, 『東硏』7, 동아시아비교문화연구회, 2020 참조
43) 金鉉球, 앞의 책, 1985, pp.42-44

문에 五經博士 馬丁安은 狹手彦 등의 출병과 이어지는 (m)의 기사에서 보듯이[44] 370명의 인부들이 한반도로 왔을 때에 일본으로 파견된 것으로 짐작된다. 따라서 (l)의 기사는 537년 狹手彦이 임나를 진압했던 것을 의미하는 것이 아니며, 백제를 구원하였다는 것은 실제 551년 고구려를 공격하여 백제의 고토를 회복했던 때의 사실을 기록하고 있는 것으로 판단된다.

『日本書紀』에서는 繼體 25年(531년) 일본에 천황, 태자, 황자가 죽음으로 이어지는 정치적 혼란이 발생하였다는 기록 이후, (l)의 기사를 제외하고 欽明 2年(541년) 夏4月의 기사가[45] 등장하기 전까지 10년간 한반도 관계 기사가 나오지 않는다. 이러한 정황도 (l)의 기사가 537년의 사실이 아니라 백제와 왜가 연합하여 고구려를 공격하던 551년의 기록을 보여주고 있는 것이라 생각되며, 따라서 일본 열도에서는 왕권이 안정되기 전까지 10여 년간 왕권의 공백상태가 지속되었던 것으로 추측된다.

(m)의 倭가 백제에 370인을 보내 得爾辛에 성 쌓는 것을 도와주었다는 기사를 통해 백제의 경우 왜로부터 군사 및 인부를 지원받으면서 고구려를 공격하기 위한 준비를 진행하고 있었던 것으로 보인다. 결국 545년과 546년 양원왕의 즉위를 둘러싼 고구려의 대란으로 인하여 백제가 한강유역으로 진출할 수 있는 발판을 마련하였고 급기야 평양까지 진군한 것으로 보인다.[46] 따라서 백제, 고구려의 전투와 관련하여 백제와 왜는 왜가 백제에

---

44) 『日本書紀』卷 第19 欽明 9年 冬10月
   遺三百七十人於百濟助築城於得爾辛

45) 『日本書紀』卷 第19 欽明 2年(541) 夏4月
   安羅次旱岐夷呑奚·大不孫·久取柔利 加羅上首位古殿奚 卒麻旱岐 散半奚旱岐兒 多羅下旱岐夷他 斯二岐旱岐兒 子他旱岐等 與任那日本府吉備臣[闕名字]往赴百濟 俱聽詔書. 百濟聖明王謂任那旱岐等言 日本天皇所詔者 全以復建任那. 今用何策 起建任那. 盍各盡忠 奉展聖懷. 任那旱岐等對曰 前再三廻 與新羅議. 而無答報. 所圖之旨 更告新羅 尙無所報. 今宜俱遣使 往奏天皇. 夫建任那者 爰在大王之意. 祗承敎旨. 誰敢間言. 然任那境接新羅. 恐致卓淳等禍.[等謂喙己呑·加羅 言卓淳等國 有敗亡之禍]

46) 『三國史記』거칠부 열전에서도 백제가 고구려를 침공하여 평양을 격파하였다는 기록이 있고 『日本書紀』에도 欽明 12년 한성의 땅을 차지하고 진군하여 평양을 토벌

군사를 지원하는 관계에 있었음을 알 수 있다.

(n)의 內臣이 수군을 거느리고 백제를 지원했다는 기사는47) 신라가 한강 유역을 점유함으로써 백제와 신라의 전쟁을 염두에 두고 파견된 것이다. 이때 지원된 규모는 同年 1월 군대 1,000명, 말 100필, 배 40척을 보내겠다는 기록을 통해 알 수 있다. 倭의 원군이 도착한 직후인 554년 7월 백제는 가야, 왜의 군사와 함께 신라의 관산성을 공격하게 된다.

(o)의 경우 백제의 왕자 惠가 왜국에서 백제로 돌아갈 때 筑紫國의 수군이 호송했던 기사이다.48) 이때도 이들 수군으로 뱃길의 요충지를 지키게 했다는 것을 볼 때 대규모 파병으로 보기 어려우며 당시 백제가 낙동강 유역을 신라에게 상실한 이후 거제에서 남해 방면을 통해 백제로 들어오는 루트를 왜인이 호위했던 것으로 판단된다.

이상과 같은 분석으로 볼 때『日本書紀』를 통해 4~6세기 왜가 한반도에 출병했다는 기술은 4세기말~5세기초 廣開土王碑文에 고구려와 백제의 전투중에 백제를 지원하기 위해 군사를 파병했던 기록과 (k)에서 보는 바와 같이 백제가 伴跛를 직접 지배하기 위해 벌인 전쟁, 그리고 백제, 신라, 왜가 합동으로 고구려를 공격하기 위해 공동전선을 폈던 (l)과 (m)의 기사 및 신라의 배반으로 백제가 신라와 전쟁을 하기 위해 파견되었던 (n)의 기사로 국한될 수 있다. 이들 모두 倭가 한반도에 파병하게 된 것은 백제가 수행하는 전쟁에 따르는 지원군의 형태를 보임으로써 백제와의 관련 속에서 이루어진 것으로 파악할 수 있다.

___

하였다는 기사가 보이며, 또한 欽明 23년의 기사를 참고하면 백제가 평양 인근까지 진군하였던 것으로 판단된다.

47)『日本書紀』卷 第19 欽明 15年
夏五月丙戌朔戊子 內臣率舟師詣于百濟

48)『日本書紀』卷 第19 欽明 17年 春正月
百濟王子惠請罷 仍賜兵仗 良馬甚多 亦頻賞祿 衆所欽歎 於是遣阿倍臣 佐伯連 播磨直率筑紫國舟師 衛送達國 別遣筑紫火君[百濟本記云 筑紫君兒 火中君弟]率勇士一千衛送彌弖[彌弖津名]因令守津路要害之地焉

따라서 한반도에서 활동하는 倭人들의 경우 야마토 정권이 주체가 되어 활동했던 것으로 보기 어려우며, 백제를 주체로 하여 파악하는 것이 타당하다. 倭가 한반도에서 주도권을 갖고 활동한 것이 아니라 백제의 의도와 변화에 따라 종속되어 있음을 알 수 있다.

제3절 百濟에서 倭로의 인적 교류 기사 분석

지금까지 『日本書紀』에 나타나는 倭의 한반도 출병 기록을 살펴보면, 모두 百濟와 倭의 관계 속에서 百濟의 지원군으로 왔던 군사 파견인 것을 알 수 있다. 따라서 百濟와 倭의 관계를 자세히 살펴보려면 이와 동시기인 4~6세기 기간에 반대로 백제에서 일본열도로 간 인적 교류의 현황을 고찰해야 할 것이다.

1. 王族 및 貴族

우선 『日本書紀』 내에서 백제에서 일본으로 갔던 왕족 및 귀족의 인적 교류 현황을 살펴보면 다음 <표 2>와 같다.

〈표 2〉 4~6세기 『日本書紀』 내 백제에서 일본으로 왕족, 귀족 등의 인적 교류 기사

	日本書紀 기년	내용	연도
(a)	應神8년 春3월	왕자 直支를 天朝에 보냄	397년
(b)	應神25년	木滿致를 소환	
(c)	應神39년 春2월	直支王의 누이 新齊都媛 등 7명 귀화	
(d)	仁德41년 春3월	酒君을 소환	

(d)	雄略2년 秋7월	己巳年 개로왕 즉위 시 慕尼夫人의 딸 適稽女郎을 바침	
(f)	雄略5년 秋7월	개로왕의 아우 昆支 渡日	461년
(g)	雄略23년 夏4월	昆支의 아들 末多王 일본에 머물다 백제로 감	479년
(h)	武烈3년 11월	백제 意多郎 高田 언덕에 장사지냄	501년
(i)	武烈6년 冬10월	백제 麻那君을 보냄	504년
(j)	武烈7년 夏4월	백제 斯我君을 보냄. 아들 法師君은 倭君의 선조가 됨	505년
(k)	繼體7년 秋8월	백제 태자 淳陀가 죽음	513년
(l)	欽明8년 夏4월	東城子言이 와서 汶休麻那에 대신함	547년
(m)	欽明15년 2월	東城子莫古를 東城子言에 대신함	554년
(n)	欽明16년 2월	백제가 왕자 惠를 보냄	555년

<표 2>를 보면, 4세기말 이래 백제의 왕족 및 귀족의 파견이 지속적으로 이루어지고 있는 것을 알 수 있다.

특히 (a)의 기사[49]는 『三國史記』, 廣開土王碑文의 기사를 통해 백제가 倭와 和通을 해서 왜국에 腆支(直支)를 파견했던 사실인 것을 알 수 있다. 단, 『日本書紀』에서는 백제가 일본에 예의를 잃어서 일본이 백제의 땅을 빼앗아 直支를 파견한 것으로 되어 있지만, 『三國史記』와 廣開土王碑文에 의하면 백제가 고구려의 공세에 견디지 못하고 倭에게 구원군을 요청할 목적으로 腆支를 파견한 것임을 알 수 있다.[50]

이처럼 廣開土王碑文에서 백제가 왜와 和通했다는 기록을 통해 腆支가 파견된 이후 백제는 왕족이나 귀족을 파견하여 왜에 체류하게 하는 방식으로 양국 관계의 기본 틀을 형성하기 시작했던 것으로 보인다.[51]

특히 腆支의 경우는 石上神宮에 있는 七支刀 銘文의 고찰을 통해 왜국에

---

49) 『日本書紀』卷 第10 應神 8年 (397년) 春3月
百濟人來朝[百濟記云 阿花王立无禮於貴國 故奪我枕彌多禮 及峴南,支侵,谷那,東韓之地 是以 遣王子直支于天朝 以脩先王之好.]

50) 『日本書紀』應神紀에서는 倭가 東韓之地 등을 빼앗아 백제가 직지를 보냈고 이후 다시 東韓之地를 돌려주었다는 기록으로 되어 있다. 하지만, 廣開土王碑文을 통해 고찰하면 고구려와 전투를 하던 백제가 고구려에게 東韓之地 등을 침탈당하고 東韓之地를 회복했던 사실이 倭가 이들 지역을 빼앗았던 것으로 윤색되었음을 알 수 있다. (본서 제 I 편 제2장 참조)

51) 김현구, 「백제와 일본간의 왕실외교-5세기를 중심으로」, 『백제문화』31, 2002

체류하면서 倭王의 혈족과 혼인을 하였던 정황을 짐작할 수 있다. 즉, 七支刀의 X-레이 촬영을 통해 나타난 11월16일을 근거로 하여 日干支가 丙午인 연도를 찾으면 腆支王 4년 408년에 제작된 것을 알 수 있어 七支刀가 久爾辛이 태어난 것을 倭國에 알리기 위해 만들어졌던 것으로 볼 수 있게 되었기 때문이다. 즉, 銘文에 나오는 '百濟王世子奇生聖音故爲倭王旨造傳示後世'의 문구를 '百濟王世子 久爾辛이 부처님의 가호로 진귀하게 태어났기 때문에 倭王을 위하여 만들 것을 지시하니 후세에 전하여 보여라'로 해석할 수 있게 되어 이로 인해 腆支王의 부인이며 久爾辛王의 모친인 八須夫人이 倭系로서 腆支王이 倭왕실에 있을 때 왜왕의 혈족과 혼인했을 것으로 판단된다.[52]

이는 腆支가 누이 新齊媛 등을 왜국에 보냈다는 (c)의 기사와 대응된다.[53] 이 기사의 경우 應神 39년조에 위치하고 있지만, 이는 『日本書紀』찬자의 오류로 인하여 기사의 배치가 잘못된 것으로 생각되며 腆支王이 귀국후 누이를 보내 倭王과 혼인관계가 성립되고 있는 정황인 것으로 판단된다.

『日本書紀』 天智 즉위조에 일본에 체제하고 있던 풍장이 多臣蔣敷의 妹를 처로 삼고 귀국하는 등 당시 백제의 왕족과 왜가 혼인관계에 의해 화친을 했던 정황을 파악할 수 있다.[54] 이는 장기적으로 백제와 일본과의 우호관계를 강화하기 위한 것으로 판단된다.

(b) 木滿致의 경우는 왕비와 간음을 하여 無禮했기 때문에 이를 이유로 해서 일본으로 소환당한 것으로 기록하고 있다. 「百濟記」에는 木滿致가 백제의 정사를 집행하여 권세가 성하여 포악한 것 때문에 渡倭했던 것으로 되어 있다.

『日本書紀』에서는 無禮를 이유로 해서 渡倭했던 몇 개의 사례가 보이는

---

52) 본서 제I편 제1장 石上神宮 七刀에 대한 一考察 참조
53) 『日本書紀』卷 第10 應神 39年 春2月
　　百濟直支 遣其妹新齊都媛以令任 爰新齊都媛 率七婦女 而來歸焉
54) 이러한 점을 근거로 동성왕과 무령왕도 일본의 왕녀를 부인으로 얻었을 가능성이 제기되기도 한다. (김현구, 앞의 논문, 2002, p.38)

데, (a) 應神 8년 3월조에 阿花王이 無禮하여 枕彌多禮 및 東韓之地 등을 뺏고 腆支(直支)를 천조에 보낸 기사, (d) 仁德 41년 3월조에 酒君이 無禮하여 소환한 기사,[55) 그리고 (f) 雄略 5년 4월조 池津媛이 無禮해서 昆支가 渡倭한 기사[56) 등이 있다.

그런데, 應神 8년 腆支(直支)가 일본으로 갔던 것은 고구려와의 전투에서 왜국과 和通을 하기 위해 백제가 보낸 것이고 이것이 無禮의 이유가 될 수 없음은 앞서 고찰한 바 있다. 또한 酒君의 경우도 無禮의 구체적인 사유가 나와 있지 않은 상태에서 왜국으로 소환되고 있으며 池津媛이 無禮해서 昆支를 파견했다는 것도 실상은 백제의 개로왕이 고구려와의 전투를 염두에 두고 昆支를 파견했던 것이기 때문에 渡倭의 이유가 無禮 때문인 것으로 볼 수 없다.[57)

그런 정황을 보면, 木滿致가 백제의 王母와 간음을 하는 등 왜국에 無禮해서 왜국으로 소환되었다는 것도 소환의 이유로는 타당하지 않으며 야마토 정권이 백제를 복속하였을 경우에만 성립할 수 있는 내용이다. 하지만, 木滿致가 '專於任那' 할 수 있었던 것은 야마토 정권이 아닌 백제에 의한 것이었기 때문에 백제 중심으로 행했던 당시의 역사적 사실이 야마토 정권 중심으로 윤색되어 나타난 것으로 판단된다. 따라서 無禮해서 소환했다는 표현은 백제의 왕족이나 귀족이 渡倭했을 때 『日本書紀』의 찬자가 사용한 상투적인 표현인 것으로 보인다.[58)

---

55) 『日本書紀』卷 第11 仁德 41年 春3月
　　遺紀角宿禰於百濟 始分國郡場 具錄鄕土所出 是時 百濟王之族酒君无禮 由是 紀角宿
　　禰訶責百濟王 時百濟王悚之 以鐵鎖縛酒君 附襲津彥而進上
56) 『日本書紀』卷 第14 雄略 5年 夏4月
　　百濟加須利君[蓋鹵王也]飛聞池津媛之所燔殺[適稽女郎也]而籌議曰 昔貢女人爲采女 而
　　旣無禮 失我國名 自今以後 不合貢女 乃告其弟軍君[昆支也]曰 汝宜往日本以事天皇 軍
　　君對曰 上君之命不可奉違 願賜君婦 而後奉遺 加須利君則以孕婦 嫁與軍君曰 我之孕婦
　　旣當産月 若於路産 冀載一船 隨至何處速令送國 逐與辭訣 奉遺於朝
57) 본서 제Ⅱ편 제2장 熊津時代 百濟의 王位繼承과 對倭關係 참조

따라서 應神 8년 腆支의 파견 이후 (c) 應神 39년 백제 腆支王의 妹 新齊都媛, (d) 仁德 41년 酒君, (e) 雄略 2년조 慕尼夫人의 딸 適稽女郎,[59] (f) 雄略 5년 개로왕의 弟 곤지 등 백제왕족이 渡倭했던 『日本書紀』의 기록은 이들이 왕족외교의 차원에서 왜국에 갔던 것으로 판단된다. 이는 백제의 대외전략에 입각하여 야마토 정권 내에서 친백제의 세력을 형성하기 위한 對外修好의 목적도 있었을 것이고 경우에 따라서는 군사를 청하기 위한 請兵의 목적도 있었을 것이다.[60] 따라서 木滿致가 倭國에 갔던 것도 백제와 왜국 간 국제관계를 기반으로 했던 일련의 행동으로 볼 수 있을 것이다.[61]

(f)의 昆支의 경우 461년에 渡倭한 후 『三國史記』 文周王 3년(477년) 4월조에 '拜王弟昆支爲內臣佐平'이라는 내용이 보여 477년 이전 귀국했던 것을 알 수 있다. 때문에 昆支는 일본에서 16년 가까이 장기간 체류하고 있었던 것을 알 수 있다.

(g)의 기사에서 昆支의 아들인 동성왕의 경우는 일본에 체류하다가 백제로 돌아가 왕으로 등극했던 것을 알 수 있으며, 이후 (h)와 (i)의 기사에서 나타나는 것처럼 意多郎, 麻那君이 파견되고 있다.

그런데, 麻那君의 경우 骨族이 아니라서 斯我君을 파견한 것으로 되어 있고, 麻那君은 斯我君이 파견되었지만 귀국했다는 기사는 보이지 않고

---

58) 池内宏, 『日本上代史の一研究-日鮮の交渉と日本書紀』, 中央公論美術出版, 1972, p.78 ; 徐甫京, 「『日本書紀』 한반도 관계 기사 검토」, 고려대학교 박사학위논문, 2004, p.96

59) 『日本書紀』 卷 第14 雄略 2年 秋7月 分註
百濟新撰云 己巳年 蓋鹵王立 天皇遺阿禮奴跪 來索女郎 百濟莊飾慕尼夫人女 曰適稽女郎 貢進於天皇

60) 연민수, 「백제의 대왜외교와 왕족」, 『고대한일관계사』, 1998, pp.432-454 ; 羅幸柱, 「古代朝·日関係における「質」の意味-特に百濟の「質」の派遣目的を中心として」, 『史観』 134, 1996

61) 『日本書紀』의 용례에 따르면 백제에서 백제의 왕족과 임나에 참여한 木氏에게만 君이라는 표현을 썼던 것으로 추정해보면, (金鉉球, 앞의 책, 1993, p.75) 木氏의 경우 과거 왕족이었을 가능성도 있다.

있다.62)

다만, (l) 欽明 8년 夏4월 東城子言이 와서 汶休麻那를 대신했다는 기록으로 이때에 麻那君이 백제로 귀국했던 것을 알 수 있다. 汶休麻那에 대해서는 통상적으로 五經博士와는 구별되는 학자로 보는 경향이 강했다. 하지만, 『新撰姓氏錄』을 보면 汶休奚가 백제 速古王의 후손이라는 기록이 보여63) 汶休氏가 왕족이었던 것을 알 수 있다. 때문에 汶休麻那와 麻那君은 동일인물인 것을 알 수 있다. 이는 麻那君이 왕족이기는 하지만, 직계혈통이 아니었다는 『日本書紀』의 기사를 통해서도 확인할 수 있다.

이러한 사실로 보아 『日本書紀』에서 汶休麻那, 東城子言, 東城子莫古 등의 파견이 교대제로 이루어졌다고 하는 표현은 『日本書紀』 찬자에 의한 윤색일 가능성이 높아졌다. 앞서 (f)의 기사에서도 采女에 대신하여 곤지가 파견된 것처럼 교대제로 표현되고 있으며, 麻那君을 대신하여 斯我君을 보냈다는 기술과 같이 왕족, 귀족의 파견이 교대제로 이루어졌던 것으로 기술되어 있으나 이는 『日本書紀』의 후대사관에 의해 倭 왕권을 중심으로 하여 표현한 구절인 것으로 판단된다.

이는 앞서 腆支와 腆支의 누이 新齊都媛에서 보았던 것처럼 교대제라기보다는 혼인에 의한 화친을 나타낸 것이라 생각한다. 斯我君이 일본에서 얻은 法師君의 아들이 倭君의 조상으로 되어 있고 『新撰姓氏錄』에 곤지의 후손이 일본에 남아있던 것으로 기록하고 있기 때문에64) 자손의 일부가 일본에 정주하고 있었던 정황이 보이고 있다. 특히 昆支의 경우 渡倭하고 난 후

---

62) 『日本書紀』 卷 第16 武烈 7年 夏四月
　　百濟王遣斯我君進調 別表曰 前進調使麻那者 非百濟國主之骨族也 故謹遣斯我 奉事於朝 遂有子 曰法師君 是倭君之先也
63) 『新撰姓氏錄』 右京諸蕃下 百濟
　　己汶氏 春野連同祖 速古王孫 汶休奚之後也
64) 『新撰姓氏錄』 河內國諸蕃
　　飛鳥部造 同國比有王男昆支王之後也

에 5명의 자식이 있었다는 기사가 보이고 있으며[65] 斯我君 또한 渡倭한 후 일본에서 얻은 法師君이 倭君의 조상이 되었다는 기록이 있기 때문에 이들 이 倭系와 혼인했을 가능성은 높다.[66]

이처럼 397년 전지의 파견 이래로 4~6세기 동안 백제와 야마토 정권 사 이에서 지속적으로 왕족과 귀족간의 교류가 이어지고 있음을 알 수 있다.[67]

2. 博士, 僧侶

『日本書紀』 내에서 백제에서 일본으로 갔던 博士와 僧侶 등 인적 교류 현황을 살펴보면 다음 <표 3>와 같다.

<표 3> 4~6세기 『日本書紀』 내 백제에서 일본으로 박사, 승려 등의 인적 교류 기사

	日本書紀 기년	내용	연도
(a)	應神15년 秋8월	阿直伎 옴	404년
(b)	應神16년 春2월	博士 王仁 옴	405년
(c)	繼體7년 夏6월	五經博士 段楊爾 옴	513년
(d)	繼體10년 秋9월	五經博士 高安茂 옴	516년
(e)	欽明13년 冬10월	達率 怒唎斯致契를 보내 釋迦佛金銅像, 幡蓋, 經論 등 갖고 옴	552년

---

65) 『日本書紀』 卷 第14 雄略 5年 秋7月
   軍君入京 旣而有五子[百濟新撰云 辛丑年 蓋鹵王遣王遣弟昆支君 向大倭 侍天皇 以脩 兄王之好也]

66) 洪性和, 「百濟와 倭 왕실의 관계-왕실 간 혼인관계를 중심으로-」, 『한일관계사연구』 39, 2011 참조

67) 腆支 이후 毗有王의 치세만을 제외하고 지속적인 교류가 있었음이 특징적이다. 『三 國史記』에서 毗有王 2년 (428년) 왜의 사신의 방문 기록 이후 한동안 백제와 왜의 교류 현황이 나타나지 않고 있으며 『宋書』에서 438년 遣使貢獻하면서 한반도에 대 한 제군사권이 주장되고 있는 것으로 보아 毗有王의 치세에는 백제와 왜 간에 알 력이 있었던 것으로 보인다.(본서 제II편 제1장 5세기 百濟의 정국변동과 倭 5王의 작호 참조)

394 칠지도와 일본서기

| (f) | 欽明15년 2월 | 五經博士 王柳貴를 馬丁安과 교대. 승려 曇慧 등 9人을 道深 등 7人과 교대. 易博士 施德 王道良, 曆博士 固德 王保孫, 醫博士 奈率 王有悛陀, 採藥師 施德 潘量豊, 固德 丁有陀, 樂人 施德 三斤, 李德 己麻次, 李德 進奴, 對德 進陀 | 554년 |

博士의 경우는『日本書紀』應神紀 (a)와 (b)에서 보는 것처럼 阿直伎와 王仁의 기사에 처음으로 등장하고 있다. 백제에서 倭 왕권에 제공된 博士로서 사료상에 최초로 나타나는 인물은 王仁이지만, 阿直伎 또한 경전을 잘 읽었다는 기술로 보아 유교 유학에 능통한 전문학자로 보는 것이 타당하다고 판단된다.[68]

또한 이들은 태자의 스승이 되어 유교경전 등을 교육했을 뿐만 아니라 良馬의 사육 등도 전수하였던 것으로 보인다. 인적교류는 반드시 문화와 기능을 수반하게 되므로 이는 야마토 정권이 전문 지식인을 통해 백제의 선진문물을 수입하고 있는 정황인 것을 알 수 있다.[69] 어쨌든 阿直伎와 王仁의 경우 전문인 인적 교류의 시원으로 볼 수 있을 것이다.

이후 5세기에 나타나는 전문인의 인적교류로는 雄略 7년조에 등장하는 新漢陶部高貴, 鞍部堅貴, 畫部因斯羅我, 錦部定安那錦, 譯語卯安那 등 각종 才伎를 들 수 있을 것이다. 그러나 이 기사는 任那國司 吉備上道臣田狹의 가계전승에 기반한 고사에 불과할 뿐만 아니라 앞서 언급했듯이 雄略朝 당대의 것으로 볼 수 있는 지에 대해서는 확인하기 어렵다. 다만, 吉備海部直赤尾가 백제의 선진문물을 보유한 才人을 데리고 왔던 것을 통해 백제로부

68) 金善民,「古代의 博士」,『日本歷史研究』12, 2000, pp.8-10
69)『日本書紀』에서 백제로부터 왜로 전파되었다는 각종 선진문물 및 기술, 사상은 다음과 같다.

應神	縫衣, 養馬術, 儒學
仁德	매사냥
雄略	토기(新漢陶部), 마구류(鞍部), 회화(畫部), 비단(錦部), 통역(譯語), 衣縫部, 고기 조리(宍人部)
繼體	儒學
欽明	儒學, 佛敎, 易學, 醫藥, 曆學, 音樂

터 전문인이 渡倭했던 사실을 확인할 수 있을 뿐이다.

백제로부터 왜로 전수되는 전문인의 인적교류는 6세기 들어 五經博士와 僧侶의 경우에서 본격적으로 진행되고 있다.

繼體朝에는 (c)와 (d) 기사에서 보는 바와 같이 백제가 伴跛와의 전쟁 때 일본으로 五經博士 段楊爾에 이어 高安茂가 파견되고 있다.

(e) 欽明13년 冬10월(552년) 達率 怒唎斯致契를 보내 釋迦佛金銅像, 幡蓋, 經論 등 갖고 왔다는 불교 전래 기사는『日本書紀』에서 이 해에 백제가 한성과 평양을 버렸으며 이로 말미암아 신라가 한성에 들어가 살았다는 기사를 통해[70] 이러한 사항이 원인이 되어 백제가 일본에 불교를 전래했던 것으로 보인다.

(f) 欽明 15년 2월(554년)에는 五經博士와 승려뿐만 아니라 易博士, 曆博士, 醫博士, 採藥師 등 전문인의 파견이 이루어지고 있다. 이는 將軍 三貴와 物部烏 등을 보내 구원병을 청하였던 사실을 통해서도 알 수 있듯이 신라의 배신으로 인해 백제가 신라와 결전을 벌이기 위해 전쟁 준비를 하던 상황에서 일어났던 것을 알 수 있다.

그런데, (f)의 기사를 보면, 五經博士 馬丁安의 경우 王柳貴와 교대한다는 기술만 있을 뿐, 파견된 시점이 확실히 등장하지 않고 있으며 승려 道深 등 7인의 파견 시점 또한 나타나 있지 않다.

僧 道深 등 7인의 파견은 통상 불교의 전래가 佛, 法, 僧 삼보가 동시에 공전되는 일반적인 관례를 따른다면 552년 불교의 전래와 함께 파견된 것으로 보는 것이 타당할 것이다.[71]

한편 五經博士 馬丁安의 경우는 백제와 왜의 관계가 용병관계로서 五經

---

70) 『三國史記』에는 신라가 백제의 동북부 지역을 차지하여 新州를 설치한 것을 진흥왕 14년(553년)이라고 기술하고 있다. 때문에 552년 신라가 漢城 등 한강 하류 지역을 점령하고 난 뒤 553년 동북 변경을 차지하여 최종적으로 한강 일대에 新州를 설치했던 것으로 보인다.(洪性和, 앞의 논문, 2020)

71) 羅幸柱, 앞의 논문, 2006, p.54

博士의 파견과 왜군의 파병이 연관 관계가 있는 것을 고려해볼 때[72] 551년 왜가 백제에 군원을 파견하여 고구려를 공격하던 즈음에 五經博士의 파견이 보이지 않는 것이 주목된다. 따라서 五經博士 馬丁安의 파견은 백제가 고구려를 공격하기 위한 시점에서 이루어졌던 것으로 짐작된다.

이처럼 6세기의 기간에 백제는 왜의 군사요청에 대해 학자나 진기한 물건 등의 선진문물을 보내고 있다. 이를 통해 왜는 선진문물의 수입에 대한 반대급부로서 군사를 파견한 것을 알 수 있다. 이는 백제가 선진문물을 전해주고 일본의 군사력 제공이라는 용병관계가 정립되었기 때문에 가능한 일이었다.

하지만, 아직기와 왕인을 통한 博士의 파견으로부터 그 시원이 이루어졌던 것을 고려하면 이는 단순히 6세기만의 문제가 아니라 4세기말부터 지속된 百濟와 倭의 교류 방식이라는 것을 알 수 있다.[73]

제4절 百濟와 야마토 왕권의 관계

기본적으로 백제 왕실와 야마토 왕실은 지속적인 인적교류를 통해 정치적 혹은 군사적 화친관계를 맺어온 것으로 보인다. 특히 전지왕대에 있었던 혼인을 통한 왕실교류를 기본으로 한 인적교류가 원인이 되어 百濟와 倭의 관계가 유지되었던 것으로 판단된다. 그럼으로써 왜에 친백제 세력을 확립

---

72) 金鉉球, 앞의 책, 1985, pp.42-44
73) 4~6세기 백제와 왜의 관계를 양국의 왕권 간에 質의 파견과 質의 수용을 통한 賂의 대상으로서 선진문물 및 인적자원의 안정적인 제공과 도입이라는 質시스템으로 이해하는 견해가 있는데, (羅幸柱, 「왜왕권과 백제, 신라의 質」, 『日本歷史硏究』24, 2006) 이는 기본적으로 타당한 관점이라고 생각된다. 다만, 이들 質과 賂가 항상 일대일 대응관계로 나타나지 않고 있으며 인적자원이 정기적인 교대제로 이루어졌다고 생각되지는 않기 때문에 시스템화 되었는지에 대해서는 의문의 여지가 있다.

하고 역으로 백제에 친왜국 세력을 도모하여 양국 화친의 기반을 이루었다.

和親이라는 것을 중국왕조에서 살펴보면, i) 주변의 강성한 諸國에게 人身提供的 성격의 和蕃공주를 보냈던 경우, ii) 諸蕃의 무력을 그치게 할 목적으로 맺은 대등한 화친관계의 경우, iii) 중국왕조의 중앙집권제가 확립되고 諸蕃을 약화시킬 목적으로 화친관계를 맺은 경우 등이 있어 단순히 어느 쪽에서 파견하느냐를 중심으로 해서 국제적인 우열을 가늠하는 것은 어렵다. 즉, 和親이란 것은 정치적인 것으로서 당시 국가 간 사회의 질서체제를 나타내는 것이기는 하지만, 국제관계가 항상 일률적이지는 않다.[74]

그런 관점에서 혼인과 관련된 화친은 당시 백제와 왜의 세력 관계 속에서 파악해야 할 것이다. 이러한 화친을 기반으로 해서 백제에서 왜로 선진문물이 전해지고 한반도의 전쟁에 있어서 백제의 요청시 倭의 구원병이 파병되었던 것이다.

앞서 가야 패망전인 4~6세기 동안 倭가 실제 한반도 전투에 참여 기록을 분석해보면, 실제 倭가 파병했던 것은 총 4회이며 모두 백제에 대한 지원군의 형태였다.

『日本書紀』神功의 삼한정벌로 인한 출병 기사의 경우는 4세기말~5세기초 廣開土王碑文에 나오는 상황과 같이 고구려와 백제의 전투 중에 백제를 지원하기 위해 파병했던 것임을 알 수 있다.

또한 6세기 들어서는 백제가 伴跛를 직접 지배하기 위해 벌인 전쟁에 왜군이 파병되었으며, 그리고 고구려를 공격하기 위해 백제, 왜, 신라가 공동전선을 폈던 때에, 그리고 백제가 신라와 전쟁을 벌였던 시기에 왜의 파병이 이루어진 것을 알 수 있다. 즉, 倭가 한반도에 출병하게 된 것은 왜의 능동적인 파견이라기보다는 백제의 전쟁에 따르는 지원군의 형태로 이루어졌던 것이다.

그런데 <표 3>을 참고하면, 倭가 군원을 보낼 때마다 백제에서 博士, 五

---

74) 坂元義種, 『古代東アジアの日本と朝鮮』, 吉川弘文館, 1978, pp.2-15

經博士 등의 파견이 이루어졌던 것이 특징적으로 보인다.

4세기말~5세기초 파병에 즈음해서는 아직기와 博士 王仁이 파견되었던 것을 알 수 있다. 6세기에 들어 백제가 伴跛와의 전쟁 때는 五經博士 段楊爾와 高安茂가 파견되고 있으며, 신라와의 전투에서는 五經博士 王柳貴가 파견되고 있다. 五經博士 馬丁安의 경우는 『日本書紀』에 교대된 시기만 나오고 파견된 시점이 확실히 나오지는 않는다. 하지만, 五經博士의 파견과 왜군의 파병이 연관 관계가 있는 것을 고려해볼 때 551년 백제와 왜가 고구려를 공격하려던 즈음 기록에 나타나지 않는 五經博士의 파견은 五經博士 馬丁安의 것으로 짐작된다.

이는 五經博士를 통한 용병관계가 6세기에서만 전형적으로 나타나는 것이 아닌 4~6세기를 통틀어서 성립되고 있다는 것을 보여주고 있다.

이러한 것을 보면 『日本書紀』 欽明 14년에 표현된 대로 '宜依番上下 今上件色人 正當相代年月 宜付還使相代(순번에 따라 교대를 시킨다든지, 교대할 때가 되었으니 돌아오는 사신에 딸려 보내 교대 시키도록 하라)'는 기록의 신빙성이 의심된다. 실제 五經博士 王柳貴 이후로는 五經博士의 파견이 보이지 않는 것도 이들이 교대제로 운영되지 않았음을 보여주고 있다. 이는 오히려 繼體 10년 9월조와 欽明 15년 2월조에 나온 기록대로 백제의 사정에 의해, 백제의 청에 의해 교체되었을 가능성이 높다.[75] 이들의 파견은 백제에 대한 군사지원과 밀접한 관련 속에서 파악되어야 할 것이다.

백제의 경우 近肖古王 때부터 博士 高興이 있었다는 기록을 통해[76] 일찍

---

75) 『日本書紀』卷 第17 繼體 10년 秋九月

百濟遣州利卽次將軍 副物部連來 謝賜己汶之地 別貢五經博士漢高安茂 請代博士段楊爾 依請 代之

『日本書紀』卷 第19 欽明 15年 2月

百濟遣下部杆率將軍三貴 上部奈率物部烏等 乞救兵 仍貢,德率東城子莫古 代前番奈率東城子言 五經博士王柳貴 代固德馬丁安 僧曇慧等九人 代僧道深等七人 別奉敕 貢易博士施德王道良 曆博士固德王保孫 醫博士奈率王有㥄陀 採藥師施德潘量豐 固德丁有陀 樂人施德三斤 季德己麻次 季德進奴 對德進陀 皆依請代之

부터 博士制가 성립되었던 것을 알 수 있다. 또한, 聖王 19년 사신을 梁에 보내 毛詩博士, 涅槃等 經義, 工匠 畵師 등을 청하였다는 기록77)을 통해서도 당시 南朝로부터 선진문물을 받아 국가제도를 정립하는데 심혈을 기울였던 흔적을 확인할 수 있다.

이처럼 야마토 정권의 경우도 일본열도 내의 통합과 질서를 확립하기 위해서는 당대에 풍미했던 선진 사상을 받아 들여 국가 기강을 확립하는 것이 긴요했을 것이다. 유교적 통치이념을 설파했던 博士의 경우는 帝王學을 통해 왕실과 밀착했을 가능성이 있으며78) 이후 승려의 경우는 왕권강화에 역점을 두었을 가능성이 엿보인다. 따라서 이들은 단순히 선진문화 전달 이상의 의미를 함축하는 동북아 국정전반에 대한 정책자문사의 역할을 했을 것으로 추측된다. 이러한 역할이 백제로의 군원파견과 관련된 원인으로 작용했을 것으로 판단된다. 따라서 이들의 파견은 백제와 야마토 정권이 단순한 문물 전파가 아니라 동아시아 중국과 백제, 왜 여러 나라 사이에서 이루어진 국가 이념의 확산이라는 정치적 함의를 지니고 있었을 것으로 생각된다.

다만, 6세기의 경우 五經博士의 파견에 상응해서 이루어진 지원군의 규모가 欽明 15년 5월조에 보이는 수군 1,000명을 초과하지 못하고 있다는 점이다.79) 이 원인에 대해서 군원의 제공은 야마토 정권 자체가 중심이 되었던 것이 아니라 호족이 중심이 되었던 개별 호족단위의 군사지원 시스템이었기 때문이라는 지적이 있으며,80) 또한 백제의 의도가 군사 지원 규모와

---

76) 『三國史記』 卷 第24 百濟本紀 近肖古王
　　 古記云 百濟開國已來 未有以文字記事 至是 得博士高興 始有書記
77) 『三國史記』 卷 第26 百濟本紀 聖王 19年
　　 王遣使入梁朝貢 兼表請毛詩博士 涅槃等經義 幷工匠畵師等 從之
78) 『日本書紀』 應神紀에는 阿直伎와 王仁이 太子 菟道稚郎子의 스승으로 등장하고 있으며, 推古紀에서는 聖德太子에게 外典을 가르친 博士 覺哿가 보인다.
79) 欽明 17년 봄 정월에 왜국에 왔던 백제의 왕자 惠가 다시 백제로 돌아갈 때 호송했던 筑紫國의 수군 1,000명을 포함한다고 하더라도 당시 백제에 파견된 왜국의 병력은 2,000여명에 불과했다.

는 상관없이 가야제국이나 신라, 고구려에게 야마토 정권이 친백제적 입장
으로 움직이고 있다는 점을 인지시키려고 했던 정치적 효과를 노렸다는 지
적81)이 있다.

왜의 파병과 관련하여 6세기의 경우 군사지원이 대규모는 아니었으나 5
세기의 경우는 廣開土王碑文 등에 나타나는 정황으로 보면 6세기에 비해
다소 많았던 것이 아닌가 생각된다. 이는 기본적으로 야마토 정권의 정세변
화와 관련이 있는 것으로 보인다.82)

야마토 정권의 변화와 관련하여 6세기 초,중엽의 기간은 일본열도에 있
어서 변혁기로 묘사될 수 있다. 특히 6세기 초 繼體는 王權交替의 중심에서
오랫동안 주목받아왔던 '繼體新王朝說'83)과 연결될 수 있으며 繼體 이후의
혼란을 거쳐 欽明에 이르러 비로소 새로운 왕조가 성립되었음을 보여주는
기록도 보이고 있기 때문이다.84)

---

80) 金鉉球, 앞의 책, 1985, pp.52-53
81) 이재석, 앞의 논문, pp.154-155
82) 당시 야마토 정권의 국내 상황은 배불과 숭불을 놓고 蘇我氏와 物部氏가 대립하는
　　모습을 보이고 있는데, 따라서 당시 씨족 세력의 대립 등 복잡다난한 상황으로 인
　　해 당시 백제로부터의 군원 제공 요청에 소극적일 수밖에 없었을 것으로 추측된다.
83) 林屋辰三郎의 大內亂期라는 문제제기(「継体·欽明朝内乱の史学的分析」, 『立命館文學
　　』88, 1952)가 있은 이후 崇神, 應神, 繼體의 왕조교체를 주장하는 설(水野祐, 『日本
　　古代王朝史論序說』, 小宮山書店, 1954)이 주장되고 이후 繼體보다 欽明왕권을 중시
　　하는 주장 등(山尾幸久, 『日本国家の形成』, 岩波書店, 1975) 다양한 견해가 있으나
　　이들 모두 繼體王朝를 정치적인 격변기로 보고 있는 것에서는 동일하다.
84) 繼體의 사망년도에 대해서『古事記』에서는 527년에 43세로 죽었다고 전하고『日本
　　書紀』에서는「百濟本記」에 따라 본문에 繼體 25년 辛亥(531년)에 82세로 죽었다고
　　하며 分註에서는 28년에 죽었다는 異說을 전하고 있다. 뿐만 아니라『日本書紀』본
　　문은 安閑의 즉위를 甲寅(534년)으로 하고 있는데, 이는『日本書紀』繼體紀 혹본에
　　나오는 崩年을 甲寅(534년)이라고 하는 설에 입각한 것이어서 3년의 空位를 나타내
　　고 있다. 또한 辛亥崩御年說을 기록한 본문에는 일본의 천황 및 태자, 황자 모두
　　죽었다고 기록되어 있어 欽明을 제외한 繼體, 安閑, 宣化가 죽어 정변이 예상되는
　　대목이 보인다.

이처럼 繼體, 欽明 교체기에 따른 일본열도의 혼란은 백제에 대한 군사지원에 있어서 소극적일 수밖에 없었을 것이다. 따라서 6세기에 있어서 백제와 왜의 관계는 형식적으로는 4세기말~5세기말의 체제를 유지하고 있었지만, 실질적으로 일본열도의 상황으로 인해 대규모의 군원 파견이 이루어지지 못했던 것으로 추정된다.

제5절 맺음말

지금까지 4~6세기 한반도와 일본열도 간에 있었던 고대 한일관계의 정황을 확인하기 위해 『日本書紀』에 나타난 倭의 한반도 출병 기사와 백제에서 일본열도로 갔던 인적교류 기사를 살펴보았다.

그 결과 神功에 의한 삼한정벌을 포함하여 4~6세기에 이르는 200여 년 동안 이루어진 倭의 한반도 출병 기사는 실은 백제가 수행하는 전쟁에 따르는 지원군의 형태였던 것을 알 수 있었다. 따라서 한반도에서 활동하는 倭人들의 경우 백제의 의도와 변화에 따라 종속되어 있을 가능성이 높아졌다.

이처럼 가야 패망 전까지 倭가 백제에 지원군으로 실제 한반도 전투에 파병했던 것은 총 4회이며, 반대로 백제에서는 倭가 군원을 보낼 때마다 五經博士의 파견이 이루어졌던 것을 알 수 있다.

당시 百濟로부터 五經博士의 파견을 통한 통치이념의 확산 및 국정전반에 대한 정책자문의 강화는 단순히 百濟가 야마토 정권에 貴物 등의 선진문물이 전했던 것 이상으로 큰 정치적 의미를 함축하고 있다고 생각한다. 일본열도 내의 통합과 질서를 확립하기 위해 선진사상이 도입과 국가기강의 확립이 무엇보다 긴요했을 것이다.

이를 통해보면 4~6세기 동안 한일관계는 한반도 남부에서 영향력을 행사했던 百濟와 일본열도의 야마토 정권의 교류에 의해 실행되었던 것이다. 백제는 가야를 영향력 하에 두고 낙동강 유역을 확보함으로써 일본열도와 교류하는 최단 거리의 나들목을 보유하고 있었으며 또 한편으로는 서해안을 통해서 중국 대륙의 南朝와 교류를 할 수 있는 지리적 이점을 갖고 있었다. 이로 인하여 4~6세기 당시 백제와 야마토 정권간 긴밀한 외교가 가능했던 것이고 이러한 상황 조건이 한반도 남부에서 백제가 주도권을 갖고 성장할 수 있는 배경이 되었던 것이다.

제2장 『日本書紀』 繼體·欽明紀에 보이는 新羅와 倭의 관계

제1절 머리말

주지하듯이 『三國史記』에는 소지마립간 22년(500년) 이후 6세기 동안 신라와 왜의 관계에 대한 기록이 보이지 않는다. 따라서 6세기 신라와 일본 열도와의 관계를 살펴보기 위해서는 우선적으로 한반도 기사가 다수 기재되어 있는 『日本書紀』繼體·欽明紀를 통해 관련 기사를 고찰할 필요가 있다.

대체적으로 신라와 왜의 교섭은 6세기 후반에 들어와서야 새로운 외교관계를 수립했던 것으로 보고 6세기 중반 이후를 다루는 논고가 주를 이루고 있다.[1] 하지만, 이러한 신라와 일본 열도의 관계 추이를 분석하기 위해서는 磐井의 亂, 近江毛野臣의 파견, 신라의 남부 가야 진출 등 繼體·欽明紀를 통해 변화하는 신라의 對倭 관계 추이를 종합적으로 고찰할 필요가 있다.

『日本書紀』繼體·欽明紀의 기사 중에는 다수의 한반도 관련 내용이 기록되어 있는 점에 대해서는 「백제본기」에 의거해 기술되었기 때문이라는 견해가 있지만,[2] 일단 이들 기록들이 倭가 한반도 남부를 지배한 것을 전제로 하여 서술하고 있는 『日本書紀』의 편찬 태도 때문에 任那 지배 사관을 전

---

1) 박찬홍, 「6세기 신라와 야마토 정권의 관계」, 『임나문제와 한일관계』한일관계사연구논집3, 경인문화사, 2005 ; 金恩淑, 「6세기후반 신라와 왜국의 국교 성립과정」, 『新羅의 對外關係史 研究-신라문화재학술발표회논문집』15, 1994 ; 金鉉球, 『大和政權의 対外関係研究』, 吉川弘文館, 1985, pp.301-316

2) 津田左右吉, 『日本古典의 研究(下)』, 岩波書店, 1950

제로 했던 윤색된 부분들이 재해석되어야 하는 것은 중요한 작업이라고 할 수 있다.

그럼에도 불구하고 관련 기사에 대한 해석은 다수의 연구자들마다 다양한 시각에서 논의가 되고 있는 실정이다. 때문에 6세기 신라의 발흥을 통한 한반도의 정세 변화와 왜국의 상황에 대한 고찰은 당시의 한일관계사상을 재정리한다는 의미도 포함하고 있다고 할 수 있다.

이는 변화하고 있는 6세기 당시 동북아 정세의 흐름을 파악하고 소위 한반도 남부 경영론의 실상 등 고대 한일관계를 살펴보는 데에 있어서도 유효한 분석이 될 수 있을 것으로 생각한다.

이에 본고에서는 繼體·欽明紀에 나타나는 신라의 對倭 外交의 추이와 야마토 정권의 對한반도 정책 변화의 양상을 중심으로 6세기 신라와 왜의 관계에 대해 고찰하고자 한다.

제2절 新羅의 가야 진출과 磐井의 亂

6세기에 들어서면서 한반도에서는 여러 변화가 감지되고 있는데, 우선 백제가 任那 4縣 및 己汶, 帶沙에 진출하면서 점차적으로 가야 지역에 영향력을 행사하는 양상이 나타나기 시작한다.[3]

한편 新羅의 경우는 6세기초에 지증왕대의 내정 개혁을 바탕으로[4] 법흥왕대에는 이러한 성과를 지속적으로 추진하기 위하여 4년(517년) 병부 설

---

3) 任那 4縣과 己汶, 帶沙에 대해서는 본서 제Ⅲ편 제1장 己汶, 帶沙 지명 비정에 대한 일고찰 및 제Ⅲ편 제2장 『日本書紀』 소위 '任那 4縣 할양' 기사에 대한 고찰 참조.
4) 『三國史記』에는 智證王대에 들어 3년(502년) 순장제 폐지, 5년(504년) 상복제 시행, 6년(505년) 주, 군, 현의 제도와 軍主制의 시행, 13년(512년) 우산국 정벌, 15년(514년) 諡號의 시행 등이 나타나 내정개혁과 조직의 개편으로 인한 통치체제를 강화하고 있음을 알 수 있다.

치,5) 7년(520년) 율령 반포 및 공복제정6)을 실행함으로써 중앙집권국가의 통치체제를 완성하게 된다.

이러한 상황은 울진봉평비 단계(524년)에서 법흥왕이 寐錦王으로 나타나다가 川前里 書石 단계(535년)에 와서 太王의 명칭으로 보이는 등 이 무렵을 전후해서 신라의 국내외적 위상이 급격히 격상된 것으로 보인다.7)

하지만 대외관계에 있어서는 아직 백제의 도움을 통해 법흥왕 8년(521년) 중국 남조의 梁과 외교관계를 맺고 있었다.8)

그런 와중에서도 신라는 점차 가야 지역으로 팽창정책을 추진하고 있었는데,9) 이러한 자신감은 지증왕과 법흥왕대에 지속된 내정 개혁의 성공에 힘입은 결과였을 것이다.

나아가 신라는 대외관계에 있어서도 일본 열도와의 연결을 추진하는 정황이 나타나고 있다.

『三國史記』 신라본기에는 다수의 왜 관련 기사가 등장하지만, 왠지 소지마립간 22년(500년)의 기사를 마지막으로 6세기에는 왜 관계 기사가 보이지 않다가 문무왕 5년(665년)부터 다시 나타나고 있다.

반면 『日本書紀』에는 6세기 소위 磐井의 亂에 대한 기록에서 新羅가 九州의 磐井과 연결하고 있는 내용이 보이고 있다. 『日本書紀』를 보면 당시

---

5) 『三國史記』卷第4 新羅本紀 第4 法興王 4年
　　夏四月 始置兵部
6) 『三國史記』卷第4 新羅本紀 第4 法興王 7年
　　春正月 頒示律令 始制百官公服 朱紫之秩
7) 양정석, 「신라 麻立干期 왕권강화과정과 지방정책」, 『韓國史學報』창간호, 1996, pp.235-236
8) 『三國史記』卷第4 新羅本紀4 法興王 8年
　　遣使於梁貢方物
　　『梁書』卷第54, 列傳48 諸夷 新羅.
　　其國小 不能自通使聘 普通二年 王姓募名秦 始使隨百濟奉獻方物
9) 『三國史記』卷4 新羅本紀4 法興王 11年 秋9月
　　王出巡南境拓地 加耶國王來會

한반도와 일본 열도의 정세 변화가 감지되는데 관련 기록을 보면 다음과
같다.

(a) 『日本書紀』 卷 第17 繼體 21年 夏6月 壬辰朔甲午
近江毛野臣 率衆六萬欲住任那 爲復興建新羅所破南加羅 㖨己呑 而合
任那. 於是 筑紫國造磐井 陰謨叛逆 猶預經年 恐事難成 恒伺間隙. 新羅知
是 密行貨賂于磐井所 而勸防遏毛野臣軍. 於是 磐井掩據火豊二國 勿使修
職. 外邀海路 誘致高麗 百濟 新羅 任那等國年貢職船 內遮遣任那毛野臣
軍 亂語揚言曰 今爲使者 昔爲吾伴 摩肩觸肘 共器同食. 安得率爾爲使 俾
余自伏儞前 遂戰而不受. 驕而自矜. 是以 毛野臣 乃見防遏 中途淹滯. 天
皇詔大伴大連金村 物部大連麤鹿火 許勢大臣男人等曰 筑紫磐井反掩 有
西戎之地 今誰可將者. 大伴大連等僉曰 正直仁勇通於兵事 今無出於麤鹿
火右. 天皇曰 可.

(b) 『日本書紀』 卷 第17 繼體 21年 秋8月 辛卯朔
詔曰 咨 大連 惟玆磐井弗率. 汝徂征. 物部麤鹿火大連再拜言 嗟 夫磐井
西戎之奸猾. 負川阻而不庭. 憑山峻而稱亂. 敗德反道. 侮嫚自賢. 在昔道臣
爰及室屋 助帝而罰. 拯民塗炭 彼此一時, 唯天所贊 臣恒所重. 能不恭伐.
詔曰 良將之軍也 施恩推惠 恕己治人. 攻如河決 戰如風發. 重詔曰 大將民
之司令. 社稷存亡 於是乎在 勖哉 恭行天罰. 天皇親操斧鉞 授大連曰 長門
以東朕制之. 筑紫以西汝制之. 專行賞罰 勿煩頻奏.

(c) 『日本書紀』 卷 第17 繼體 22年 冬11月 甲寅朔甲子
大將軍物部大連麤鹿火 親與賊帥磐井 交戰於筑紫御井郡. 旗鼓相望 埃
塵相接. 決機兩陣之間 不避萬死之地. 遂斬磐井 果定疆場.

(d) 『日本書紀』 卷 第17 繼體 22年 12月
筑紫君葛子 恐坐父誅 獻糟屋屯倉 求贖死罪.

(a)의 기사는 신라에 의해 멸망당한 南加羅와 喙己呑을 회복하기 위해 繼體 21년(527년) 6월 야마토 정권이 近江毛野臣의 군대를 파견하려 하였지만, 近江毛野臣이 任那로 가는 도중에 筑紫國造 磐井의 반역으로 도착하지 못하고 있는 상황을 기술하고 있다.

결국 近江毛野臣은 筑紫國造 磐井이 반란을 일으켜 중도에서 머물다가 반란이 진압된 후인 繼體 23년 3월에 安羅에 파견되고 있는 것으로[10] 『日本書紀』는 서술하고 있다.

磐井의 亂의 경우 『日本書紀』의 기록으로만 보면 6세기 전반 九州 지역이 야마토 정권의 통치에 반란을 일으킨 것이다. 『日本書紀』에서는 九州가 원래 야마토 정권의 지배지였는데 磐井이 반란을 꾀하자 진압한 것으로 표현되고 있어 이미 야마토 왕권의 전제왕권 확립을 그 전제로 하고 있다.

그동안 磐井의 亂에 대해 많은 연구 성과가 축적되어 있으며,[11] 그 원인으로 야마토 정권의 한반도 출병에 따른 군사적, 경제적인 부담으로 민중 측의 불만이 폭발하여 일어난 磐井의 반발설,[12] 야마토 정권의 지배 방식에 따른 九州 지방호족의 반발설,[13] 畿內와 九州의 정치 세력에 의한 국토통일 전쟁설,[14] 九州 磐井와 신라가 결탁한 국제전이라는 시각[15] 등 다양한 견해가 제기되어 있다.

일단 먼저 생각해야 할 것은 『日本書紀』에서는 磐井의 亂을 한반도의 출

10) 『日本書紀』卷第17 繼體 23年(529년) 春3月是月
   遣近江毛野臣 使于安羅. 勅勸新羅 更建南加羅·喙己呑.
11) 연구사에 대해서는 山尾幸久, 『筑紫君磐井の戰爭―東アジアのなかの古代国家』, 新日本出版社, 1999 참조
12) 藤間生大, 『日本民族の形成-東亞諸民族との連関において』, 岩波書店, 1951 ; 林屋辰三郎, 「継体·欽明朝内乱の史学的分析」, 『立命館文學』88, 1952
13) 小田富士雄, 「磐井の反乱」, 『古代の日本』3·九州, 角川書店, 1970
14) 吉田晶, 「古代国家の形成」, 『岩波講座 日本歴史』2, 岩波書店, 1975 ; 山尾幸久, 「文献から見た磐井の乱」, 『古代最大の内戦 磐井の乱』, 大和書房, 1985
15) 정효운, 「6세기 동아시아 정세와 '磐井の亂'」, 『일어일문학연구』43, 2002 ; 이재석, 「6세기초 筑紫國 이와이(磐井)의 난과 신라」, 『신라사학보』25, 2012

병과 연결시키고 있다는 것이다. 이를 위해 近江毛野臣이 등장하고 있지만, 近江毛野臣과 磐井의 亂은 별개로 보아야 한다는 지적은 일찍부터 있어왔다.[16]

실제 近江毛野臣이 한반도에 왔다는 繼體 23年 3월의 기사를 보면 이때 막상 군대가 출병하지 않고 近江毛野臣이 사신으로 왔다는 내용을 알 수 있어 磐井의 亂이 한반도 출병과 관련이 없는 것은 분명하다. 신라에 의해 멸망당한 南加羅와 喙己呑을 임나에 합치기 위해 近江毛野臣 등이 출병하려고 한다는 기술은 이후 崇峻紀에서 한반도로 출병하려는 목적이 없음에도 불구하고 임나의 관가를 회복한다는 명분으로 출병하려 했다는 기술과 같이[17] 『日本書紀』찬자에 의한 일본중심적인 임나사관과 궤를 같이 하고 있다고 볼 수 있다.

일련의 기사에서 磐井에 대한 묘사를 보면, 『日本書紀』의 찬자에 의해 윤색된 부분이 있기는 하지만, 磐井이 九州의 火와 豊의 2국을 장악하고 있는 강력한 세력으로 나타나고 있다. 또한 야마토 정권의 近江毛野臣에 대해 磐井이 '어깨를 나란히 하고(肩摩) 팔꿈치를 스치며(肘觸) 같은 그릇으로 밥을 먹었다'는 기록이 있어 磐井이 야마토 정권과 어깨를 견줄만한 강력한 세력으로 묘사되어 있다. 이 밖에 (b)의 기사에 나오는 천황의 詔의 내용은 『藝文類聚』武部의 戰伐, 將帥條에 나오는 구절을 조합한 漢文修飾語라는 지적이 있기는 하지만,[18] '長門以東朕制之. 筑紫以西汝制之'라는 표현과 '西戎之地'라는 표현으로 짐작하여 볼 때 당시 九州 지역은 畿內 지역에서 직접 통치하고 있던 지역으로는 보이지 않는다. 또한 신라가 磐井에게 뇌물을 주어

---

16) 三品彰英, 「'繼体紀'の諸問題―特に近江毛野臣の所伝を中心として」, 『日本書紀研究』 2, 塙書房, 1966, pp.24-29

17) 『日本書紀』卷第21 崇峻 4年
  秋八月庚戌朔 天皇詔群臣曰 朕思欲建任那 卿等何如 群臣奏言 可建任那官家 皆同陛下所詔.
  冬十一月己卯朔壬午 差紀男麻呂宿禰·巨勢猿臣·大伴囓連·葛城烏奈良臣 爲大將軍. 率氏氏臣連 爲裨將部隊 領二萬餘軍 出居筑紫.

18) 坂本太郎 外, 『日本古典文学大系 日本書紀』下, 岩波書店, 1965, p.36, p.547

야마토 정권의 군대를 방해할 의도가 있었다고 한 내용도 결국 야마토 정권의 직접적인 영향력이 筑紫 지역에까지 미치지 못했다는 것을 간접적으로 보여주고 있다.[19]

어쨌든 무력 대결 이후 야마토 정권에 의해 亂이 진압되자 磐井의 아들인 筑紫君葛子가 아버지의 죄에 연좌될까봐 두려워서 福岡 糟屋의 屯倉을 야마토 정권에 바치고 속죄하였다는 (d)의 기사를 통해서도 6세기에 들어서서야 비로소 야마토 정권에 의한 九州 지역의 통제가 이루어졌던 것을 보여주고 있어 磐井의 亂은 九州의 독립전쟁이면서 야마토 왕권과 전쟁의 성격이 강하게 나타난다.

그런데, 그동안 磐井의 亂과 近江毛野臣의 파견이라는 두 사건이 전혀 관련성이 없는 것으로 이해되고 있는 근거 중에 하나로 신라에 의한 金官加耶의 멸망(532년)과 繼體 21年(527년)의 南加羅와 喙己呑의 멸망이 서로 모순된다는 지적이 있었다. 즉, 南加羅의 멸망 이후에 이루어진 近江毛野臣의 임나 파견과 磐井의 亂이 시기적으로 차이가 나는 것으로 보고 서로 다른 시기의 사건이 『日本書紀』의 찬자에 의해 함께 기록된 것으로 본 것이다.[20]

실제 『日本書紀』에서는 金官 등의 4村이 신라에 의해 침탈당했다는 기록이 繼體 23年 夏4月에 나타나고 있으며,[21] 金官加耶의 멸망에 대해 『三國史記』와 『三國遺事』에는 532년 金官國主 金仇亥(仇衡王)가 妃 및 三子와 더불어 보물을 갖고 신라에 투항한 것으로 되어 있다.

그런데, 『日本書紀』의 繼體紀 21년조에서는 527년 이전에 남가라가 멸망했다고 기록하고 있다. 이 때문에 近江毛野臣의 출병을 금관가야가 침탈당

---

19) 홍성화, 「야마토 왕권의 영역 확장을 통해 본 고대 일본의 경계인식」, 『전근대 일본의 영토인식』, 동북아역사재단, 2012, pp.34-35
20) 三品彰英, 앞의 논문.
21) 金官國의 멸망을 나타내는 기사라기보다는 신라에 의해 일시적으로 金官이 침탈당했던 기사로 보아야 하며, 金官加耶는 近江毛野臣의 관련 사건이 종료된 이후인 532년에 신라에게 최종적으로 항복한 것으로 보는 것이 타당하다고 생각된다.

했다는 529년 이후로 바꿔보면서 磐井의 亂을 530년으로 위치시키고 磐井의 亂 진압 후 최종적으로 금관가야가 멸망한 것으로 보는 견해도 있다.22)

하지만, 近江毛野臣의 경우 앞서 언급했듯이 군대 출병과 연결 지을 수 없으며 연대를 수정한다 하더라도 이후 그의 행적을 어떻게 볼 것인지에 대해서는 여전히 논란으로 남게 된다. 오히려 금관의 약탈을 近江毛野臣의 잘못으로 보고 금관가야의 멸망을 야마토 정권과 연결시키려는 『日本書紀』의 임나지배 사관을 인정하는 측면이 있기 때문에 신중을 요하는 부분이기도 하다.

그렇다면 磐井의 亂이 발발하는 전후의 한반도의 상황을 살펴보는 것이 우선일 것이다. (a)의 기사 이전의 상황은 6세기초 백제가 任那 4縣 및 己汶, 帶沙에 진출하면서 낙동강 유역의 가야 지역에 대한 영향력을 가속하고 있었으며,23) 이에 압박을 받았던 대가야가 신라와 혼인을 하는 내용이 『日本書紀』에 등장하고 있다.

  (e) 『日本書紀』卷 第17 繼體 23年 春三月 是月

　　遣物部伊勢連父根 吉士老等 以津賜百濟王. 於是 加羅王謂勅使云 此津從置宮家以來 爲臣朝貢津涉. 安得輒改賜隣國. 違元所封限地. 勅使父根等 因斯 難以面賜 却還大嶋. 別遣錄史 果賜扶餘. 由是 加羅結儻新羅 生怨日本. 加羅王娶新羅王女 遂有兒息 新羅初送女時 幷遣百人 爲女從 受而散置諸懸 令着新羅衣冠 阿利斯等 嗔其變服 遣使徵還 新羅大羞 飜欲還女曰 前承汝聘 吾便許婚 今旣若斯 請 還王女 加羅已富利知伽[未詳]報云 配合夫婦 安得更離 亦有息兒 棄之何往 遂於所經 拔刀伽 古跛 布那牟羅 三城 亦拔北境五城

이 기사는 기본적으로 繼體 7년 6月부터 繼體 10년 9月(513~516년)에 있

---

22) 山尾幸久, 앞의 책, 1999, pp.201-202 ; 정효운, 앞의 논문, pp.351-352
23) 己汶, 帶沙는 낙동강 유역의 김천, 선산 및 달성 부근으로 볼 수 있고 任那 4縣은 고성, 창원을 비롯한 경남 서부 일대로 볼 수 있다.(본서 제Ⅲ편 제1장 및 제2장 참조)

었던 己汶, 帶沙의 사건에 있어서 인물명이나 진행 과정에 있어서 유사한 면이 보여 『日本書紀』에 중복 기재된 것으로 추정하고 있다. 즉, 전체적으로 축약되기도 하고 윤색되기도 해서 『日本書紀』의 찬자가 중복 기사인 줄 모르고 착오를 일으켰던 것이지만, 당시 신라와 가야의 관계를 살펴볼 수 있는 내용을 기록하고 있다.

신라와 가야의 혼인 장면에 대해서는 『三國史記』에서 법흥왕 9년(522년) 3월조와 『新增東國輿地勝覽』 高靈縣 建置沿革條 釋順應傳逸文에 '가야국주가 혼인을 청해 왕이 伊湌 比助夫의 妹를 보냈다'[24]는 내용과 '대가야국의 月光太子는 正見의 10대손이요, 그의 아버지는 異腦王이며, 신라의 迎夷粲 比枝輩의 딸에게 청혼하여 태자를 낳았다'[25]는 기록이 있다. 이러한 것으로 보아 대체적으로 (e)의 혼인상황은 己汶, 帶沙의 사건이 있은 후인 522년경에 일어난 신라와 대가야의 화친으로 보는 것이 타당할 것이다.

하지만, 가야에 따라왔던 종자들의 신라복 변복 문제로[26] 신라와 대가야의 관계가 파탄이 났고 이에 신라가 돌아가는 길에 3성과 5성을 공략하는 등 가야의 지역을 차지하고 있다. 신라에 대한 가야의 공략이 보이고 있는데, 이들 5성이 繼體 24년 9월조에 나오는 5성과 동일한 중복 기사로 보아 繼體 24년의 사건으로 보는 견해도 있지만,[27] 이 지역은 喙己吞의 지역일 가능성이 높다.[28] 『日本書紀』 欽明 2년 夏4월조에는 喙己吞은 가라와 신라

---

24) 『三國史記』 卷第4 新羅本紀 法興王 9年
　　春三月 加耶國王遣使請婚 王以伊湌比助夫之妹送之
25) 『新增東國輿地勝覽』 卷第29 高靈縣 建置沿革
　　又釋順應傳 大伽倻國月光太子 乃正見之十世孫 父曰異腦王 求婚于新羅 迎夷粲比枝輩之女 而生太子 則異腦王 乃惱窒朱日之八世孫也
26) 신라 의관을 착용하게 한 주체가 대가야라는 견해(이영식, 「대가야와 신라, 혼인동맹의 전개와 성격」, 『역사와 세계』44, 2013, pp.35-80 ; 장인성, 「가야 아리사등의 외교와 행적」, 『백제학보』15, 2015, pp.13-14)와 신라라는 견해(武田幸男, 「新羅法興王代の律令と衣冠」, 『古代朝鮮と日本』, 龍溪書舍, 1974, pp.99-102 ; 金泰植, 『加耶聯盟史』, 一潮閣, 1993, pp.192-193)로 나뉜다.
27) 연민수, 『고대한일관계사』, 혜안, 1998, p.195

의 경계에 있어서 해마다 공격을 받아 패했다든지,[29] 欽明 5년 3월 喙國의 函跛旱岐가 가라국에 두 마음이 있어 신라에 내응하여 가라 밖으로부터의 싸움과 합쳤다든지[30] 하는 기록을 보면, 유독 관련 기사에 가라가 두 차례나 등장하고 있다. 가라국과 신라의 경계에 있으면서 신라에 내응하다가 무력 병합 당했다는 것을 참고하면 신라와 대가야의 파탄으로 신라가 돌아오는 길에 공략했다는 3성과 5성으로 보는 것이 타당하다.

또한 이 시기는 신라가 낙동강 하류 쪽으로 영향력을 확대하는 추세에 있던 때이다. 점차 5세기 중후반부터 복천동 고분 등 낙동강 하류 쪽으로 기존 가야의 양식이 후퇴하고 신라식 토기가 등장함으로써 문화권적으로는 신라의 영향을 받고 있음을 알 수 있다.[31] 이는 점차 가야에 대한 신라의 압박이 점차 심화되는 것을 의미하는 것으로 이를 계기로 대가야는 다시 백제 측의 노선에 합류하게 된다.

특히 주목되는 부분은 磐井이 신라의 뇌물을 받고 近江毛野臣의 파견을 저지했다는 것이다. 당시 近江毛野臣의 출병 자체는 앞서 언급했듯이 신빙성이 없는 것이지만, 일단 이 기록을 통해서 당시 北部 九州와 新羅의 접촉 사실을 확인할 수 있다.

일단 남부 가야로 진출하게 된 신라는 일본 열도로 통하는 해상 교역로를 확보하게 되면서 北部 九州와 연결하려 했을 것이다.

그동안 백제와 倭의 직접 교류는 남해안을 통해서였고 그러한 기반은 백제에 의해 통제되고 있었던 가야 지역이 있었기 때문이다. 이렇듯 백제가

---

28) 金泰植, 앞의 책, pp.195-198 ; 白承忠, 「가라·신라 '결혼동맹'의 결렬과 그 추이」, 『釜大史學』20, 1996, pp.16-19
29) 『日本書紀』卷 第19 欽明 2年 夏4月
　　其喙己呑 居加羅與新羅境際 而被連年攻敗 任那無能救援 由是見亡
30) 『日本書紀』卷 第19 欽明 5年 3月
　　夫喙國之滅 匪由他也 喙國之函跛旱岐 貳心加羅國而內應新羅 加羅自外合戰 由是滅焉
31) 김두철, 「부산지역 고분문화의 추이 -가야에서 신라로」, 『港都釜山』19, 2003, pp.277-278

일본 열도로 통하는 남해안 해상 통제권을 확보하고 있었기에 왜국과 교류를 할 수 있었던 것이다.[32]

이처럼 남부 가야 지역으로 진출하려는 신라가 백제를 견제하려는 의도를 갖고 磐井과 연결했을 것이다. 신라가 점차 낙동강 유역으로 진출하게 되자 일본 열도 내에서도 야마토 정권과 정치적 입장에서 차이가 있었던 북부 九州가 신라와 밀접한 관계를 가질 수밖에 없었다. 이와 같이 磐井의 亂은 6세기 들어 백제와 신라가 가야 지역으로 진출하고 있는 한반도 정세 변화와 전혀 무관할 수 없었던 것이다.

이는 야마토 정권의 입장에서는 그동안 백제로부터 선진문물의 교섭 통로가 단절되었다는 것을 의미하며 九州에 親신라적인 정권이 들어서게 되면 한반도 관계가 악화되어 야마토 정권에게 큰 위기의 요소로 작용하게 될 것이라는 의식이 磐井의 亂을 진압하게 된 결정적인 요소였던 것으로 보인다.[33] 또한 백제에게 있어서는 신라로 인해 倭왕권의 對外관계 중심에서 벗어난다는 의미를 지니고 있었다. 이렇게 신라의 가야 공략이 이어지는 상황에서 백제는 신라의 배후에 있는 야마토 정권과 연결하려 했을 것이다.

이러한 것이 신라의 분할론의 입장[34]으로까지 볼 수 있을지는 모르겠지만, 백제와 야마토 정권에게는 해상 교역로 단절을 통한 기존 외교 라인의 심각한 변화를 초래할 수 있는 사태였다. 그렇다고 한다면 磐井의 亂이 한반도에 있어서 백제와 신라의 항쟁과 연동한 일종의 대리전쟁의 성격을 갖고 있다고 볼 수 있을 것이다.

이처럼 6세기 들어 北部 九州와 신라가 접촉했던 상황은 이전에 신라와 일본 열도가 보여주었던 구도와는 전혀 다른 방향의 변화였다. 그렇기 때문

---

32) 최근 남해도 남치리 고분의 백제 은화관식 출토로 인해 백제에서 왜로 가는 해상루트를 추정할 수 있게 되었다.(본서 제III편 제2장 참조)

33) 李在碩, 「4-6세기 왜국의 對外危機論과 그 실체」, 『文化史學』23, 2005

34) 이재석, 앞의 논문, 2012

에 『三國史記』 신라본기에서 500년 이후 왜의 침략 기사가 사라졌던 것도
우선적으로는 이와 같이 6세기부터 변화하는 신라와 일본 열도의 관계가
일정 부분 반영된 것으로 판단된다.

　비록 磐井의 亂이 실패로 끝났다고 하더라도 점차 낙동강 하류로 세력을
확대해갔던 신라는 이후 일본 열도 쪽으로 시각을 넓힐 수 있는 계기가 되
었을 것이다.

제3절　近江毛野臣의 파견과 新羅

　磐井의 亂 이후 신라는 야마토 정권과 직접적으로 외교 관계를 맺지 않
았다. 하지만 『日本書紀』에는 야마토 정권에서 파견된 近江毛野臣과 가야
지역 문제와 관련하여 접촉했다는 기록이 있다. 따라서 近江毛野臣의 파견
과 관련한 한반도 및 국제 정세 속에서 신라와 왜국의 정황을 살펴볼 필요
가 있다.

　『日本書紀』에는 磐井의 亂 이후 近江毛野臣이 신라에게 南加羅와 喙己呑
을 다시 세울 것을 권하기 위해 安羅에 파견되고 있다.

(f) 『日本書紀』 卷 第17 繼體 23年 春三月 是月
　　遣近江毛野臣 使于安羅. 勅勸新羅 更建南加羅·喙己呑. 百濟遣將軍君
尹貴·麻那甲背·麻鹵等 往赴安羅 式聽詔勅. 新羅 恐破蕃國宮家 不遣大人
而遣夫智奈麻禮·奚奈麻禮等 往赴安羅 式聽詔勅. 於是 安羅新起高堂 引
昇勅使. 國主隨後昇階. 國內大人 預昇堂者一二. 百濟使將軍君等 在於堂
下. 凡數月再三 謨謀乎堂上. 將軍君等 恨在庭焉.

　앞에서 언급하였듯이 당시의 상황은 신라가 喙己呑과 낙동강 하류 지역
등 가야 지역으로 진출하면서 磐井과 연결하였던 정황이 있었다. 이를 통해

백제와 가야에서는 이러한 상황을 타개하기 위해 야마토 정권과 연결하려 했을 것임은 틀림없다. 야마토 정권의 입장에서는 磐井의 亂을 진압한 이후 전후 수습을 하는 과정에서 신라의 준동을 제지할 필요도 있었을 것이다.[35]

이러한 상황에서 (f)에 보이는 近江毛野臣의 파견은 백제와 야마토 정권의 기존 외교 라인에 대한 복원의 의미를 가지고 있었을 것이다. 그런데, 이후 백제와 신라가 회합한 안라에서의 소위 高堂회의에서 정작 近江毛野臣의 모습은 보이지 않는다. 따라서 이때의 회의를 주도한 것은 왜국이 아님이 분명하며, 왜국 측에서 직접 회합에 참여하여 신라와 접촉했는지에 대해서도 불분명한 부분이 있다.

앞서 살펴보았듯이 백제는 5세기 후반 이래 신라에 영향력을 행사해왔지만, 6세기에 접어들면서 점차 신라의 발흥에 따라 새로운 관계를 모색할 필요가 있었다. 더욱이 㖨己呑 등 가야 지역을 침탈한 신라에 대해 백제는 安羅에서의 회의를 통해 이를 해결해야 할 필요성이 있었던 것이다. (f)의 회의에 대해서는 백제와 신라의 가야 지역 진출에 대해 독립성을 유지하기 위한 방편으로 안라가 주도한 것으로 보는 견해가 있지만,[36] 신라의 가야 방면 진출을 견제하기 위해 백제가 참여했던 상황을 참작해보면 백제가 가야 동남부 세력 확산에 주력하면서 신라에 대한 압력을 넣기 위해 安羅에서 회의를 개최했던 것으로 추측된다.

欽明 2년 夏4월조에서 聖王이 下部中佐平麻鹵, 城方甲背昧奴 등을 보내어 加羅에 가서 任那日本府에 모여 任那의 재건을 맹세하게 하였다고 한 기사[37]와 (f)의 기사에서 백제가 將軍君尹貴와 麻那甲背, 麻鹵 등을 보내 安羅

---

35) 이재석, 「『日本書紀』를 통해 본 안라국과 주변제국」, 『한국민족문화』51, 2014, p.191

36) 백승충, 「6세기 전반 백제의 가야 진출 과정」, 『백제연구』31, 2000 ; 백승옥, 「안라 고당회의의 성격과 안라국의 위상」, 『지역과 역사』14, 2004

37) 『日本書紀』 卷 第19 欽明 2년 夏4월
　　而今被誑新羅 使天皇忿怒 而任那憤恨 寡人之過也. 我深懲悔 而遣下部中佐平麻鹵·城方甲背昧奴等 赴加羅 會于任那日本府相盟.

에 가서 高堂회의를 하는 장면이 일치하고 있다.[38)

백제 측의 입장에서는 聖王의 표현대로 任那의 재건을 맹세하였다고는 하지만, (f)의 기사 속에서는 百濟 사신과 將軍君 等은 몇 달간 堂에 오르지 못한 것으로 기록하여 백제의 입장대로 회의가 이루어지지 못했음을 암시하고 있다. 이는 이젠 백제가 신라를 통제할 수 있는 단계에 있지 않음을 보여주는 것이라고 하겠다.

欽明 2년 聖王의 표현에서도 신라에 속임을 당하여 任那를 한에 사무치게 한 것은 과인의 잘못이라고 하여 당시 상황의 일부를 엿볼 수 있다. 때문에 近江毛野臣의 실체나 파견 주체에 대해서는 논란이 상존해 있는 실정이지만,[39) 이러한 당시의 정황으로 보아 高堂회의로 상징되는 행위는 백제의 조처라고 보는 것이 타당할 것이다.

이렇듯 당시 백제의 의도는 신라의 발흥과 安羅의 비협조로 인하여 성과를 거두지 못한 것으로 보인다. 그때까지 백제의 영향력 안에 있던 신라는 탁기탄의 멸망으로 시작된 安羅의 高堂회의 이후 백제와 대등한 입장에 서게 되었다.

이처럼 당시 한반도의 정세가 신라에 의해 가야 지역이 점령을 당하고 있는 상황이 전개되면서 백제의 안라 회의가 부정적으로 다가오자 이에 위기를 느낀 가야가 배후에 있는 왜국과 연결을 시도하고 있었다. 그것이 다음 (g)의 기사이다.

---

38) 이를 통해 近江毛野臣을 任那日本府의 시작으로 보는 견해도 있지만(大山誠一, 『日本古代の外交と地方行政』, 吉川弘文館, 1999) 실제 안라회의에 近江毛野臣의 행적이 보이지 않아 任那日本府가 近江毛野臣에 대응하는 것으로는 보기 어렵다.

39) 近江毛野臣의 任那 파견에 대한 일반적인 경향은 倭의 任那 지배를 위한 것으로 보아 파견주체를 倭로 보고 있는 견해 (末松保和, 『任那興亡史』, 吉川弘文館, 1956, pp.135-137 ; 三品彰英, 앞의 논문, p.27 ; 大山誠一, 앞의 책, pp.52-60)와 백제를 주체로 한 견해(金鉉球, 『任那日本府研究』, 一潮閣, 1993, pp.135-141 ; 서보경, 「6세기 한반도에서 활동한 倭人의 역할」, 『임나문제와 한일관계』한일관계사연구논집3, 경인문화사, 2005)가 있다.

(g) 『日本書紀』 卷 第17 繼體 23年 夏四月 壬午朔戊子

任那王己能末多干岐來朝[言己能末多者 蓋阿利斯等也]啓大伴大連金村
曰 夫海表諸蕃 自胎中天皇 置內官家 不棄本土 因封其地 良有以也 今新
羅 違元所賜封限 數越境以來侵 請 奏天皇 救助臣國 大伴大連 依乞奏聞

일단 (g)의 기사 또한 왜에 갔다는 己能末多干岐가 任那를 내관가로 표현
하고 있는 등 신뢰할 수 없는 기술이 있기 때문에[40] 실제 任那의 王이 파견
되었는지는 의문이다. 다만, 당시 신라의 위협이 상존하고 있었던 상황에서
己能末多로 상징되는 사신이 파견되었을 가능성은 열어두어야 할 것이다.

分註에서는 '己能末多는 대개 阿利斯等일 것이다.'라고 쓰고 있는데, 阿利
斯等과 관련해서는 이를 인명[41]으로 보느냐 位號[42]로 보느냐에 따라 다른
견해가 도출된다. 인명으로 보는 경우는 阿利斯等을 敏達紀 13년(583년) 7
월조에 나오는 達率 日羅의 아버지인 火韋北國造 阿利斯登과 동일인으로 간
주하는 것인데, 혹 가야의 일족이 九州로 이주해서 火韋北國造가 되었을 개
연성을 전혀 배제할 수는 없다. 하지만, 아직까지 그 연원이나 유래가 밝혀
지지 않았고, (g)의 分註의 구절을 통해 보면 己能末多가 인명이고 阿利斯等
이 位號일 가능성이 높다. 실제 (e)의 繼體 23年 春3月 是月條에 등장하는
阿利斯等의 경우 가야의 수장을 지칭하는 것으로 보이므로 이를 位號로 보
는 것이 타당할 것이다.

---

40) 三品彰英, 앞의 논문, p.44
41) 池內宏, 『日本上代史の一硏究-日鮮の交涉と日本書紀』, 中央公論美術出版, 1970, pp.147
-156 ; 大山誠一, 앞의 책, pp.50-51 ; 金鉉球, 앞의 책, 1985, p.94 ; 백승옥, 「『日本
書紀』에 보이는 阿羅斯等의 정체와 그의 외교활동」, 『한국민족문화』51, 2014 ; 장
인성, 앞의 논문.
42) 鮎貝房之進, 『雜攷』7, 上卷 , 朝鮮印刷株式會社, 1937 ; 今西龍, 『朝鮮古史の硏究』,
國書刊行會, 1970, pp.321-324 ; 田中俊明, 『大加耶連盟の興亡と'任那'』, 吉川弘文館,
1992, pp.152-153 ; 연민수, 앞의 책, p.193 ; 김태식, 앞의 책, pp.207-208 ; 서보경,
앞의 논문, 2005, pp.188-189 ; 이영식, 앞의 논문, pp.40-44

당시 신라가 낙동강 하류 방면으로 영향력을 확대하고 있는 모습으로 보아 가장 다급했던 것은 신라와 인접했던 낙동강 以西의 가야 지역이었을 것이다.43) 따라서 가야의 경우 신라의 위협에 대처하기 위해 왜와 연결하려 했던 것이다.

이 과정에서 신라가 가야에 본격적인 군사 활동을 전개한 것이 (h)의 기사이다.

(h) 『日本書紀』 卷 第17 繼體 23年 夏四月 是月

遣使送己能末多干岐. 幷詔在任那近江毛野臣 推問所奏 和解相疑. 於是毛野臣 次于熊川[一本云 次于任那久斯牟羅.]召集新羅·百濟 二國之王. 新羅王佐利遲遣久遲布禮[一本云 久禮爾師知于奈師磨里.]百濟遣恩率彌騰利 赴集毛野臣所 而二王不自來參. 毛野臣大怒 責問二國使云 以小事大 天之道也[一本云 大木端者以大木續之 小木端以小木續之]何故二國之王 不躬來集受天皇勅 輕遣使乎 今縱汝王 自來聞勅 吾不肯勅 必追逐退 久遲布禮·恩率彌騰利 心懷怖畏 各歸召王 由是 新羅改遣其上臣伊叱夫禮智干岐[新羅 以大臣爲上臣 一本云 伊叱夫禮知奈末]率衆三千 來請聽勅 毛野臣 遙見兵仗圍繞 衆數千人 自熊川 入任那己叱己利城. 伊叱夫禮智干岐 次于多多羅原 不敬歸待三月. 頻請聞勅 終不肯宣. 伊叱夫禮智所將士卒等 於聚落乞食. 相過毛野臣儻人河內馬飼首御狩. 御狩人隱他門 待乞者過 捲手遙擊. 乞者見云 謹待三月 佇聞勅旨 尙不肯宣. 惱聽勅使. 乃知欺誑 誅戮上臣矣. 乃以所見 具述上臣. 上臣抄掠四村[金官·背伐·安多·委陀 是爲四村. 一本云 多多羅·須那羅·和多·費智爲四村也.]盡將人物 入其本國. 或曰 多多羅等四村之所掠者 毛野臣之過也.

우선 기록에는 近江毛野臣이 백제와 신라를 불러들인 것으로 되어 있지만, 실상은 신라에 의한 금관국의 침략이 임박해 있을 즈음, 백제와 신라가

---

43) 때문에 阿利斯等을 안라의 왕으로 보는 견해는 타당하지 않으며 이후 웅천 지역의 阿利斯等을 중심으로 사건이 전개되고 있는 것이 이를 반증하고 있다.

회합을 하고 있는 모습으로 볼 수 있다.

안라회의와 불과 1개월밖에 차이가 나지 않아 기사의 중복으로 보는 견해도 있지만,44) 안라회의와는 참석했던 인물에서 차이가 있으며 모임의 명분 또한 다르다. 실질적으로 近江毛野臣의 참석이 확인되는 회의가 소위 웅천회의라고 할 수 있을 것이다. 특히 웅천 지역은 下哆呼唎縣의 別邑에 해당하는 지역으로 앞서 繼體 6년 백제가 진출한 任那 4縣과 연접한 지역이다.45) 따라서 기본적으로 백제의 영향력을 무시할 수 없었을 것이다.

당시 己能末多干岐로 상징되는 사신이 돌아간 이후 백제와 신라의 회합에 近江毛野臣이 참석했던 것을 상정할 수 있다면 신라의 금관국 점령 과정에 있어서 왜국은 백제와 가야를 지지하는 입장에서 신라와의 대척점에 서 있었던 것으로 판단된다.

다만 『日本書紀』는 近江毛野臣을 주체로 하여 설명하고 있기 때문에 금관국의 침탈이 近江毛野臣의 잘못인 것처럼 기록하고 있지만, 이는 『日本書紀』의 찬자가 近江毛野臣을 가야 경영을 위해 파견했던 관인으로 보고 임나 지배사관을 전제로 서술한 내용에 불과하다. 따라서 당시 회합은 백제와 신라가 주도적인 역할을 했을 것이다. 하지만, 양측이 곧바로 돌아간 것으로 보아 백제와 신라에 의해 회합이 결렬되었음을 알 수 있다.

결국 (h) 기사의 요체는 당시 신라의 伊叱夫禮智干岐에 의해 四村 즉, 金官, 背伐, 安多, 委陀가 함락되고 있음을 보여주고 있다. 이 기사를 곧바로 金官加耶의 멸망과 연결시켜 532년의 것으로 보려는 견해가 있지만,46) 실제 이 기사는 마을을 약탈하였다는 표현대로 金官加耶의 멸망을 의미하는 것이 아니라 신라에 의해 김해 지역에 있었던 일시적인 군사적인 침공으로

44) 大山誠一, 앞의 책, pp.37-38
45) 任那 4縣과 관련해서는 본서 제III편 제2장 참조.
46) 三品彰英, 앞의 논문, pp.45-46 ; 大山誠一, 앞의 책, pp.52-56 ; 김태식, 앞의 책, p.213 ; 山尾幸久, 앞의 책, 1999 ; 정효운, 앞의 논문, pp.351-352

보는 것이 타당하다. 金官加耶의 멸망은『三國史記』에서 532년인 것으로 나
타나기 때문에 (h)의 기사는 그 이전에 있었던 일시적인 침공으로 판단된다.

김해 지역에 대한 신라의 군사행동이 있은 이후,『日本書紀』繼體 24年
(530년) 秋9月에는 백제가 신라의 영향력을 배제하고 신라를 견제하기 위해
신라의 군사와 충돌하는 장면이 나타난다.

(i)『日本書紀』卷 第17 繼體 24年(530년) 秋9月
任那使奏云 毛野臣 遂於久斯牟羅 起造舍宅 淹留二歲[一本云 三歲者
連去來歲數也]懶聽政焉 爰以日本人與任那人 頻以兒息 諍訟難決 元無能
判 毛野臣樂置誓湯曰 實者不爛 虛者必爛 是以 投湯爛死者衆 又殺吉備韓
子那多利 斯布利[大日本人 娶蕃女所生 爲韓子也]恆惱人民 終無和解 於
是 天皇聞其行狀 遣人徵入 而不肯來 願以河內母樹馬飼首御狩 奉詣於京
而奏曰 臣未成勅旨 還入京鄕 勞往虛歸 慇悒安措 伏願 陛下 待成國命 入
朝謝罪 奉使之後 更自謨曰 其調吉士 亦是皇華之使 若先吾取歸 依實奏聞
吾之罪過 必應重矣 乃遣調吉士 率衆守伊斯枳牟羅城 於是 阿利斯等 知其
細碎爲事 不務所期 頻勸歸朝 尙不聽還 由是 悉知行迹 心生飜背 乃遣久
禮斯己母 使于新羅請兵 奴須久利 使于百濟請兵 毛野臣聞百濟兵來 迎討
背評[背評地名 亦名能備己富里也]傷死者半 百濟 則捉奴須久利 枡械枷鏁
而共新羅圍城 責罵阿利斯等曰 可出毛野臣 毛野臣 嬰城自固 勢不可擒
於是 二國圖度便地 淹留弦晦 筑城而還 號曰久禮牟羅城 還時觸路 拔騰利
枳牟羅·布那牟羅·牟雌枳牟羅·阿夫羅·久知波多枳 五城

이때『日本書紀』에서는 백제, 신라 양국이 近江毛野臣 때문에 전투를 하
는 것으로 묘사되어 있지만, 앞서 近江毛野臣은 사신으로 한반도에 왔을 뿐,
한반도 출병을 확인할 수 없기 때문에 (i)에서 보이는 近江毛野臣의 군사활
동은 인정될 수 없다. 이는『日本書紀』의 찬자가 임나를 지배한 야마토 정
권의 대리인으로 近江毛野臣을 설정하였기 때문에 생긴 것이다. 이처럼 이
야기의 전개를 近江毛野臣을 중심으로 할 경우 阿利斯等이 近江毛野臣을 배

반해서 신라와 백제에 군사를 청했고, 백제에 군사를 청하러 간 奴須久利가
백제의 볼모가 되어 백제가 阿利斯等에게 近江毛野臣을 내놓으라고 하는
등 기사의 내용에 일관성이 결여되어 있는 것을 알 수 있다.

결국 이 내용은 阿利斯等이 신라에 내응하였고 이를 타결하기 위해 백제
의 군대가 와서 신라와 접전을 벌이고 있는 장면으로 볼 수 있을 것이다.
이후 久斯牟羅를 둘러싸고 백제와 신라의 양국이 각축을 벌이다가 서로 경
계를 하고 있는 久禮牟羅에 城을 쌓고 돌아가는 내용이다.47) 정작 近江毛野
臣의 관여는 없었으며 이는『日本書紀』의 찬자에 의해 近江毛野臣의 전승
과 신라의 가야 진출 내용이 조합된 기사로 볼 수 있을 것이다.

久斯牟羅는 繼體 23년 夏4월조에도 熊川과 동일한 지명으로 기재되고 있
기 때문에 이곳을 현재 진해 웅천 부근으로 보는 것이 타당하다고 생각한
다. 따라서 久禮牟羅라는 곳은 웅천의 북방에서 백제가 진출하고, 신라가
以西로 진출하고 있는 과정에서 마주치는 지역일 것으로 추정된다.48)

결국 久禮牟羅에 城을 쌓아 함안선까지 진출한 백제는『日本書紀』繼體
25年(531년)의 分註에서 보듯이49) 安羅의 乞乇城에 군사를 진주시키고 있

---

47) 이때 久禮牟羅에 城을 쌓은 주체에 대해서는 신라설(末松保和, 앞의 책, pp.138-144
; 三品彰英, 앞의 논문, pp.51-52 ; 武田幸男, 앞의 논문, p.103)과 백제설(山尾幸久,
「朝鮮三国の軍区組織-コホリのミヤケ研究序説」,『古代朝鮮と日本』, 龍溪書舍, 1974,
pp.146-147 ; 金泰植, 앞의 책, p.215 ; 김현구·박현숙·우재병·이재석,『일본서기 한
국관계기사 연구』II, 일지사, 2003, p.101 ; 서보경, 앞의 논문, 2005)이 있지만, 久
禮牟羅의 城에 대해서는 欽明 5년 3월조에 백제 성왕이 '新羅春取喙淳 仍擯出我久
禮山戍 而遂有之'라고 한 언급을 통해 신라가 구례산수를 차지하기 이전에 백제가
축성한 것으로 보는 것이 타당하다.

48)『日本書紀』欽明 2년 하4월조에는 임나의 경계가 신라와 접해있어 탁순 등에 해가
될까 두렵다는 기사와 欽明 5년 동11월조에 신라의 구례산 5성이 투항하면 탁순이
부흥할 수 있다는 기사를 통해서도 구례모라와 5성은 탁순과 관련이 있을 것이다.

49)『日本書紀』卷 第17 繼體 25年(531년) 分註
或本云 天皇 廿八年歲次甲寅崩. 而此云廿五年歲次辛亥崩者 取百濟本記爲文. 其文云
大歲辛亥三月 軍進至于安羅 營乞乇城. 是月 高麗弒其王安. 又聞 日本天皇及太子皇子
俱崩薨. 由此而言 辛亥之歲 當廿五年矣. 後勘校者 知之也.

다.50) 이러한 상황은 앞서 任那 4縣 등에서와 같이 백제가 가야 지역에 대한 지배 영역을 넓혀가던 중, 安羅에 군사를 파견하여 직접 지배로 편입, 전환하기 위한 과정으로 보인다.

이상과 같이 『日本書紀』에는 近江毛野臣의 파견과 관련하여 신라와 왜는 안라 회의, 웅천 회의 그리고 금관의 함락과 백제와의 전투 등을 통해 접촉한 것으로 기록되어 있다. 하지만, 정작 접촉을 확인할 수 있는 것은 웅천회의 뿐이며 야마토 정권은 백제와 가야를 지지하는 입장에 있었다. 그것도 (i)의 기사에서 近江毛野臣이 사소한 일에만 신경 쓰고 소임에 힘쓰지 않았다는 기사를 통해 짐작할 수 있듯이 신라의 가야 진출 과정에서 야마토 정권이 취할 수 있는 조치는 없었던 것이다.

결국 신라는 김해 지역에 점차 영향력을 확대해가고 있는 즈음 『日本書紀』繼體 25年 分註의 기사에서 일본의 천황 및 태자, 황자가 모두 다 죽었다고 기술하고 있어서 이 시기 일본 열도에도 모종의 정변이 있었음을 암시하고 있다.

이처럼 『三國史記』에는 532년 단순히 金官國主 金仇亥가 신라에 투항했던 사건으로 기록되어 있지만, 金官加耶가 멸망에 이르는 시기 동안의 한반도와 일본 열도는 신라의 남부 가야 진출과 일본 열도의 정변이라는 변화를 포괄하고 있다.

제4절 欽明紀 新羅와 倭의 관계

---

50) 乞乇城의 위치에 대해서는 함안 포덕산성설(今西龍, 『1917年度古蹟調査報告』, 1920, p.298), 진주설(千寬宇, 『加耶史研究』, 一潮閣, 1991, p.46), 남강 방면과 연결된 함안 인근설(김태식, 앞의 책, p.205)이 있다.

540년대에 들어와서 신라와 왜가 접촉했던 기사로서는 『日本書紀』 欽明 紀 5年 2月조의 기사가 있다.

(j) 『日本書紀』 卷第19 欽明 5年 2月
又謂日本府卿 任那旱岐等曰 夫建任那之國 不假天皇之威 誰能建也 故 我思欲就天皇 請將士 而助任那之國 將士之粮我當須運 將士之數未限若 干 運粮之處亦難自決 願居一處 俱論可不 擇從其善 將奏天皇 故頻遣召 汝猶不來 不得議也 日本府答曰 任那執事不赴召者 是由吾不遣 不得往之 吾遣奏天皇 還使宣曰 朕當以印奇臣[語訛未詳]遣於新羅 以津守連 遣於百 濟 汝待聞勅際 莫自勞徃新羅 百濟也 宣勅如是 會聞印哥臣使於新羅 乃追 遣問天皇所宣詔曰 日本臣與任那執事 應就新羅 聽天皇勅 而不宣就百濟 聽命也 後津守連遂來 過此 謂之曰 今余被遣於百濟者 將出在下韓之百濟 郡令城主 唯聞此說 不聞任那與日本府 會於百濟 聽天皇勅 故不徃焉 非任 那意 於是任那旱岐等曰 由使來召 便欲徃參 日本府卿不肯發遣 故不徃焉 大王爲建任那 觸情曉示 覩玆忻喜難可具申

이 시기에는 소위 任那日本府가 등장하고 있으며,[51] 이때는 백제의 성왕 이 安羅日本府와 신라가 통모한다는 말을 듣고 前部奈率鼻利莫古 등을 보내 河內直 등이 신라와 내통했던 것을 꾸짖는 등[52] 백제와 안라의 관계가 경 색되고 있었다.

그러한 이유 중에 하나로 任那의 下韓[53]에 있는 백제 郡令과 城主 문제 를 들 수 있을 것이다.

---

51) 任那日本府와 관련해서는 본서 제III편 제4장 任那日本府에 대한 고찰 참조
52) 『日本書紀』 卷 第19 欽明 2年 秋7月
百濟聞安羅日本府與新羅通計 遣前部奈率鼻利莫古 奈率宣文 中部奈率木刕眯淳 紀臣 奈率彌麻沙等[紀臣奈率者 蓋是紀臣娶韓婦所生 因留百濟 爲奈率者也 未詳其父 他皆 效此也]使于安羅 召到新羅任那執事 謨建任那 別以安羅日本府河內直 通計新羅 深責 罵之
53) 南韓 또는 下韓은 백제의 乞乇城 점령 이후 안라의 상황을 보여주는 것으로 함안에 서 멀지 않은 지역으로 추정된다.

欽明 2년 7월, 백제가 왜에 사신을 파견하여 任那 下韓의 정세를 알렸던 것에 대해54) (j)의 기사에서 보는 바와 같이 倭가 津守連을 백제에 보내면서 신라에도 印奇臣를 파견하고 있다.

일단 왜왕은 津守連을 보내어 任那의 下韓에 있는 백제 郡令과 城主를 日本府에 귀속시키라고 하면서 임나를 세우면 河內直 등은 자연히 물러날 것이라 하고 있다. 이에 대해 백제의 좌평 등 신하들은 下韓에 있는 郡令과 城主를 내보낼 수 없음을 역설하고 있다.

하지만, 任那의 下韓에 있는 백제 郡令과 城主에 대한 철수는 안라 측의 요구 사항이라고 할 수 있다. 그런데 『日本書紀』는 야마토 정권이 가야 諸國을 지배하고 있다는 전제 하에 기술되고 있기 때문에 야마토 정권이 任那의 下韓에 있는 백제 郡令과 城主를 日本府에 귀속시키라는 언급을 한 것으로 되어 있다.

따라서 실제 津守連이 왔던 이유는 백제 및 가야諸國들과 의논하여 군사적인 문제 등 야마토 정권의 지원 문제를 듣기 위해서였던 것으로 생각된다.

일단 당시 日本府와 관련된 인물이 백제보다 신라와의 외교에 적극적으로 나서고 있는 것을 알 수 있다. 移那斯, 麻都가 신라와 내통하고 신라의 奈麻禮冠을 쓰면서 신라에 복종하면서 신라에 왕래하고 있는 등 親신라적 활동을 벌이고 있다.55)

이처럼 移那斯, 麻都가 親신라적 활동을 벌였던 것은 5세기말~6세기 초엽에 이르는 과정에서 한반도 남부가 점점 백제에 의해 직접 지배가 수행됨에 따라 백제로부터 이탈하려는 세력이 생기기 시작한 것과 같은 맥락으로 볼 수 있다. 任那의 下韓에서 백제의 철수를 요구했던 것과 같이 안라가

54) 『日本書紀』 欽明 2년 7월
　秋七月 百濟遣紀臣奈率彌麻沙 中部奈率己連 來奏下韓任那之政 幷上表之
55) 『日本書紀』 卷 第19 欽明 5年 3月
　廁日本執事之間 入榮班貴盛之例 而今反着新羅奈麻禮冠. 卽身心歸附 於他易照. 熟觀 所作 都無 怖畏

백제의 통제에서 벗어나려고 했기 때문이다.

백제의 경우는 고구려와의 대전이 1차적이었으므로 신라의 가야 진출 저지에는 적극적이지 못하였다. 이처럼 백제의 경우 신라와는 현상유지 정책을 고수하면서 고구려에 대항하는 체제를 지켜나갔다.[56] 즉, 백제의 성왕은 고구려에 대항하기 위해 백제와 가야, 신라 및 왜와 공동전선의 구도를 만들면서 동시에 가야諸國과 신라를 통제 하에 두기 위해 최대한 자제하는 모습을 보이고 있다.

따라서 당시 정황을 참작하면 야마토 정권의 경우도 신라의 발흥을 주시하면서 신중한 자세를 유지했음을 알 수 있다. 다만, 이는 고구려에 대항하는 공동전선이라는 목표가 전제되어 있었던 것으로 보인다.

결국 백제를 중심으로 한 연합군이 고구려의 내분을 틈타[57] 551년 고구려를 공격하는 데까지는 이러한 정책이 성공하게 된다.

하지만, 신라가 한성을 치고 들어와서 백제와 대립구도가 되자 야마토 정권의 경우 백제 측에 지원군을 파견한다. 따라서 554년 관산성 전투에서 신라와 왜는 대립 관계 속에 있게 된다. 그러나 백제의 참패로 인해 신라가 한강 유역을 장악하면서 신라와 왜의 관계도 조금씩 변화의 조짐을 보인다. 신라는 한강 유역을 장악한 이후 중국과의 관계를 돈독히 할 수 있는 계기가 마련되면서 이후 왜국과도 관계 개선을 시도하고 있다. 이를 보여주는 것이 『日本書紀』 欽明 21년, 22년조에 신라가 왜국에 사신을 파견하는 기사이다.

   (k) 『日本書紀』 卷第19 欽明 21年(560년) 秋9月
     新羅遣彌至己知奈末獻調賦. 饗賜邁常. 奈末喜歡而罷曰 調賦使者 國家

---

56) 김현구·박현숙·우재병·이재석, 앞의 책, 2003, pp.218-219
57) 『日本書紀』 卷 第19 欽明 7年
   是歲 高麗大亂 凡鬪死者二千餘[百濟本記云 高麗以正月丙午 立中夫人子爲王 年八歲
   狛王有三夫人 正夫人無子 中夫人生世子 其舅氏麤群也 小夫人生子 其舅氏細群也 及
   狛王疾篤 細群麤群 各欲立其夫人之子 故細群死者二千餘人也]

之所貴重而私議之所輕賤 行李者 百姓之所懸命 而選用之所卑下. 王政之弊 未必不由此也. 請差良家子爲使者. 不可以卑賤爲使.」

(l) 『日本書紀』 卷第19 欽明 22年(561년)

新羅遣久禮叱及伐干貢調賦. 司賓饗遇禮數减常. 及伐干忿恨而罷.

是歲 復遣奴氐大舍 獻前調賦. 於難波大郡 次序諸蕃 掌客額田部連·葛城直等 使列于百濟之下而引導. 大舍怒還 不入館舍 乘船歸至穴門. 於是修治穴門館 大舍問曰 爲誰客造. 工匠河內馬飼首押勝欺給曰 遣問西方無禮使者之所停宿處也. 大舍還國 告其所言. 故新羅築城於阿羅波斯山 以備日本.

이처럼 신라가 야마토 정권에 사신을 파견했던 것은 남하하는 고구려는 물론이고 백제와 적대적인 관계 속에서 배후의 야마토 정권과 관계를 개선하고 백제와 야마토 정권의 관계 단절을 도모할 필요가 있었기 때문이다. 또한 선진문물에 대한 제공과 대가야 공격을 앞두고 왜국, 대가야, 백제의 군사 협력 가능성을 제거하면서 당시 야마토 정권에 대한 정보 탐색의 필요성도 있었을 것으로 판단된다.[58] 야마토 정권의 경우도 그동안 백제가 제공해주었던 선진문물을 이제는 가야 지역을 거점으로 한 신라가 대신 제공해줄 수 있다는 필요성도 있었을 것이다.[59]

일단 신라의 사신이 환대를 받았던 것은 야마토 정권에서도 신라의 정황을 탐색하기 위한 시도를 했던 것으로 보는 것이 옳을 듯하다. 이는 상황변화에 따라 곧바로 적대적으로 바뀌는 (l)의 경우를 통해 짐작할 수 있다. 결국 신라가 일본에 대비했다는 기사에서 볼 수 있듯이 신라는 당시 한반도 상황 속에서 백제와의 연결을 견제하기 위해 왜국에 사신을 파견하려 했던 정황을 읽을 수 있다.

---

58) 金恩淑, 앞의 논문, p.202
59) 박찬홍, 앞의 논문, pp.116-117

이후 마침내 대가야마저 신라의 수중에 들어가게 되고 이렇게 한반도의 정세가 신라에게 유리한 측면으로 바뀌게 되자 신라와 왜의 교류 기사가 점차 증가하고 있다.

(m) 『日本書紀』 卷第19 欽明 23年 秋七月己巳朔
新羅遣使獻調賦. 其使人知新羅滅任那 恥背國恩. 不敢請罷. 遂留不歸本土. 例同國家百姓. 今河內國更荒郡鸕鷀野邑新羅人之先也.

(n) 『日本書紀』 卷第19 欽明 23년 冬十一月
新羅遣使獻幷貢調賦. 使人悉知國家 憤新羅滅任那 不敢請羅. 恐致刑戮 不歸本土. 例同百姓. 今攝津國三嶋郡埴廬新羅人之先祖也.

(o) 『日本書紀』 卷第19 欽明 32年 春三月戊申朔壬子
遣坂田耳子郎君 使於新羅 問任那滅由.

(p) 『日本書紀』 卷第19 欽明 32年 秋八月丙子朔
新羅遣弔使未叱子失消等 奉哀於殯. 是月 未叱子失消等罷

562년 신라의 사신이 왜국에 왔다는 (m)과 (n)의 기사가 나타나지만, 실제 이 시기에 신라의 사신이 왜국에 왔는지는 불분명하다. 신라가 임나를 멸망케 했기 때문에 돌아가지 않고 왜국에 머물렀다는 것은 매우 작위적인 서술이며 씨족 전승을 알려주는 선조의 기사에 불과한 것으로 볼 수 있기 때문이다.

실제 사신의 왕래로 볼 수 있는 것은 (o)와 (p)의 기사이다. 여기에서 임나의 멸망을 묻기 위해 신라에 사신을 파견했다는 것은 『日本書紀』의 상투적인 서술이지만, 주목되는 것은 야마토 정권에서 먼저 사신을 파견했다는 것이다.

欽明 31년(570년) 고구려도 야마토 정권에 사신을 파견했다.[60] 이는 당시 신라의 외교적 군사적 발흥에 위협을 느껴 왜국과 관계를 맺으려 했던 것으로 보인다.[61] 하지만, 고구려의 경우는 교섭에 시간을 끌었던 반면 신라의 경우에 있어서는 야마토 정권이 사신까지 파견하는 등 다른 방식을 보이고 있다.

이는 그동안 야마토 정권이 백제와 교류하면서 고구려와는 적대적인 관계를 지속했기 때문에 선뜻 적극적인 외교관계로 나서지 못했던 것으로 판단된다. 반면, 이 당시 한강 하류를 장악하고 대가야까지 병합한 신라가 적극적으로 중국과 교섭에 나서면서 대중국 관계 개선에 치중하고 있었던 시기였기 때문에[62] 야마토 정권이 선진문물의 통로로서 신라를 택했던 것으로 보인다.

『日本書紀』에도 欽明 21년부터 敏達朝 사이에 신라가 야마토 정권에 11회로 가장 많은 사신을 파견하여 신라가 왜국에 가장 적극적이었던 것을 알 수 있다.

이렇듯 560년경의 상황은 신라와 왜의 관계에 있어서 새로운 시작점을

---

60) 『日本書紀』卷第19 欽明 31年 夏四月甲申朔乙酉
   幸泊瀨柴籬宮 越人·江渟臣裙代 詣京奏曰 高麗使人 辛苦風浪 迷失浦津 任水漂流 忽
   到着岸. 郡司隱匿 故臣顯奏. 詔曰 朕承帝業 若千年. 高麗迷路 始到越岸. 雖苦漂溺 尙全
   性命. 豈非徽猷廣被·至德魏魏·仁化傍通·洪恩蕩蕩者哉. 有司 宜於山城國相樂郡 起館淨
   治 厚相資養. 是月 乘輿至自泊瀨柴籬宮 遣東漢氏直糠兒·葛城直難波 迎召高麗使人.
61) 李成市, 「高句麗と日隋外交-いわゆる国書問題に関する一試論」, 『思想』795, 1990
62) 『三國史記』卷第4 新羅本紀 第4 眞興王
   25年 遣使北齊朝貢
   26年 春2月 北齊武成皇帝詔 以王爲使持節東夷校尉樂浪郡公新羅王
   27年 春2月 遣使於陳 貢方物
   28年 春3月 遣使於陳 貢方物
   29年 夏6月 遣使於陳 貢方物
   31年 夏6月 遣使於陳 獻方物
   32年 遣使於陳 貢方物
   33年 遣使北齊朝貢

알려주고 있다. 이는 가야의 복속 이후 신라가 백제와 대등, 또는 우위의 관계 속에서 발흥했던 것과도 관련이 있을 것으로 생각된다. 나아가 신라가 낙동강 유역의 가야 지역에 진출함으로써 왜와의 교류 루트를 확보할 수 있었기 때문이다.

이후 6세기 후반 야마토 정권의 외교가 백제 일변도에서 벗어나 고구려와 신라로 다변화 양상을 띠고 있었던 것을 보면, 이는 553년 신라의 한강 유역의 점유와 562년 가야 멸망에 따르는 신라의 발흥이 그 단초를 제공하였던 것으로 보인다.

신라의 한강 유역 점유는 신라가 중국 루트를 확보하게 되어 중국 대륙과 일본 열도를 연결하는 한반도 남부의 주도적 세력으로 등장하게 되었다는 것을 의미한다.

6세기 후반에 중국의 南朝가 멸망하고 화북지방으로 통합이 되자 백제와 중국 간에 관계가 멀어지고 한강 유역과 서해안을 획득한 신라가 중국과의 관계를 긴밀히 한 결과 야마토 정권은 선진문물을 신라로부터도 도입할 수 있게 되었던 것이다.[63]

따라서 일본 열도의 야마토 정권도 4~6세기 동안 백제 일변도의 외교를 보이다가 6세기 중반에 들어서는 신라와 고구려로 다변화하는 양상을 보인다. 이는 선진문물의 통로를 개선하기 위한 조치로 보이며, 또한 한반도 남부의 경우 백제에 의해 주도되던 구도가 6세기 중반에 들어서면서 신라에 대한 구도로 바뀌게 된 것과 밀접한 관련이 있다.

제5절 맺음말

---

63) 金鉉球, 앞의 책, 1985, pp.301-316

『日本書紀』에는 4~6세기에 이르는 동안 백제와 왜의 교류 현황이 적잖이 기록되어 있으며 4~6세기에 이르는 倭왕권의 對外관계 중심이 백제였음은 그동안 많은 논고에서 언급된 바이다.64) 따라서 기본적으로 신라의 경우도 그동안 백제의 대외관계 상황과 역할을 주시하지 않을 수 없었다.

6세기에 들어와서는 신속하게 내부 정비를 했던 신라가 백제를 견제하려는 의도를 갖고 磐井과 연결했으며 이후 백제와 한반도 남부에 대한 주도권을 다투는 과정에서 야마토 정권과의 접촉이 있었다. 즉, 6세기에 신라가 金官加耶를 병합하면서 낙동강 유역을 장악하게 되자 일본 열도와의 해상 루트를 확보하면서 관계 개선을 꾀할 수 있는 계기가 마련되었다. 이후 신라는 한강 유역을 점유하게 되면서 서해안을 통한 대중국 교류가 가능하게 되었고 급기야는 加耶의 전역을 복속함에 따라 한반도의 정세는 변화의 양상을 맞게 되었다. 이에 따라 신라와 일본 열도의 교류도 점차 北部 九州에서 畿內의 야마토 정권으로 변화하는 양상을 보여주고 있다.

6세기 중반에 들어서면서 한반도 남부의 경우 백제에 의해 주도되던 구도가 신라에 대한 구도로 바뀌게 되자 신라와 야마토 정권이 관계 개선을 시도하고 있는 모습을 확인할 수 있다.

이상과 같이 살펴보면 신라와 일본 열도, 야마토 정권과의 관계는 전반적으로 기존 백제와 야마토 정권의 관계 양상에 크게 영향을 받고 있었음을 알 수 있다.

---

64) 金鉉球, 앞의 책, 1993 ; 徐甫京, 「『日本書紀』 한반도 관계 기사 검토」, 고려대학교 박사학위논문, 2004 ; 羅幸柱, 「왜왕권과 백제,신라의 質」, 『日本歷史研究』24, 2006 ; 이재석, 「백제의 가야 진출과 倭國 - 소위 '397년 체제'의 성립과 전개를 중심으로」, 『지역과 역사』29, 2011 ; 본서 제Ⅳ편 제1장 4~6세기 百濟와 倭의 관계-『日本書紀』 내 倭의 韓半島 파병과 百濟·倭의 인적교류 기사를 중심으로 참조

종장

이상 『日本書紀』를 통해 4세기~6세기에 이르는 고대 한일관계의 역사를 검토해보았다.

그동안 『日本書紀』에 대한 한국 측의 분석은 『日本書紀』에 대한 일본 측의 소견을 제대로 이해하지 못한 채 연구가 진행되었던 경우가 많았으며, 또한 고대사의 문헌이 부족한 현실 속에서 고고학적인 요소들이 지나치게 부각된 경우가 많았다. 따라서 당시에 있었던 한반도의 상황을 제대로 이해할 수 없었을 뿐만 아니라 일본 열도와의 국제관계 속에서 나타났던 현상들에 대해 명확한 분석을 할 수 없었던 것이 사실이었다.

따라서 본서에서는 이러한 기존 인식을 재검토하고 종합, 고찰함으로써 고대 한일관계의 새로운 틀을 마련해보고자 하였다.

본서의 내용을 요약하면 다음과 같다.

제Ⅰ편에서는 소위 야마토 정권의 韓半島 南部 經營論의 출발점이 되고 있는 『日本書紀』 神功, 應神紀의 韓半島 관련기사를 분석했다.

『日本書紀』 神功, 應神紀에 나타난 당시 상황을 분석하기 위해서 우선적으로 현재 石上神宮에 보관되어 있는 七支刀를 분석하였다. 七支刀에 대해 『日本書紀』에는 神功의 삼한정벌 결과, 백제로부터 倭國에 헌상된 七枝刀로 기술되어 있다.

그러나 본서에서는 七支刀의 銘文을 재해석한 결과 七支刀가 기존 369년이 아닌 408년 백제의 腆支王 4년 11월 16일에 제작되었던 것을 알 수 있었다. 특히 이러한 연대의 수정을 통해 百濟王世子가 진귀하게 태어난 것을 계기로 倭王에게 전달된 칼로 볼 수 있었다.

따라서 七支刀의 경우 神功의 삼한정벌과 관련이 있는 것이 아니라 4세기말~5세기초 왜가 백제의 지원군으로 한반도 전투에 참여했던 상황에서 제작과 전달이 이루어진 것으로 분석된다.

특히 銘文에서 백제가 '泰□'라는 연호를 썼던 것과 왜왕에게 侯王이라는 용어를 사용했던 것은 왜국에 대한 백제의 우위성을 강조하는 표현으로써 뒷면의 '傳示後世'라는 명문과 함께 칼을 받았던 왜의 입장에서는 당시의 국제적인 지위에 있어서 자신을 백제보다 하위자로 자리매김하였던 것으로 파악된다.

또한 『日本書紀』 神功紀, 應神紀의 기사를 廣開土王碑文에 나오는 기사와 비교하면, 4세기말~5세기초에 왜가 백제의 지원군으로 한반도에 파병하였던 사실이 과장되거나 왜곡되어 야마토 정권의 韓半島 南部 經營으로 윤색, 과장되었다는 점을 발견할 수 있었다. 廣開土王碑文을 통해 百濟가 倭와 和通한 정황, 帶方界까지 이른 점 등을 보면 倭가 주도적으로 한반도에서 활동한 것이 아니라 당시 고구려와 백제와의 세력 다툼 속에서 倭가 百濟에 보낸 지원군이라는 것을 알 수 있다.

이 과정에서 고구려와 백제가 상쟁하는 접점으로 인식되었던 東韓之地에 대해서는 廣開土王碑文, 『日本書紀』, 『三國史記』 地理志를 총체적으로 고찰한 결과 소백산맥을 비롯한 경북 북부 일원으로 파악함으로써 기존 지명 비정의 오류를 바로 잡을 수 있었다.

더욱이 칠지도의 제작과 전달이 광개토왕이 재위하던 시기에 있었던 사건으로 확인됨에 따라 당시 고구려에 대항하는 백제와 왜의 국제관계의 위상을 확실히 알려주고 있다. 즉, 상위자였던 백제가 하위자였던 왜에게 연호를 써서 하행문서의 형식으로 칠지도를 만들어 주었던 것을 통해 광개토왕비문에 등장하는 신묘년조의 전치문은 역사적 사실 여부와 관련 없이 고구려가 침략의 정당성을 확보하기 위해 설정한 허구의 구절이라는 것이 더욱 명확해졌다.

제Ⅱ편에서는 5세기대에 있었던 백제와 왜의 관계에 대해 분석하였다. 5세기의 한일관계에서 있어서 가장 쟁점이 되고 있는 부분은 『宋書』에 등장하는 倭王이 한반도 남부에 대해 諸軍事權을 자칭하고 제수를 요청했던 문제이다. 현재 일본학계에서는 倭王의 都督諸軍事號를 통해 倭가 한반도 남부에 군사적 지배권을 가진 것으로 이해하는 것이 통설적 지위를 차지하고 있다.

그러나 본서를 통해 5세기대 倭王이 宋朝에 한반도 남부에 대한 都督諸軍事號를 요구했던 것은 倭가 한반도 남부에 군사적 지배권을 가지고 있었기 때문이 아니라 원래는 백제가 군사권을 행사할 수 있었던 한반도 남부 영역에 대해 倭가 자신의 관할인 것으로 주장하려 했던 것으로 보았다. 결국 이 문제는 당시 백제와 왜의 갈등 상황 속에서 나타났던 현상이었던 것이다.

즉, 기본적으로 백제 왕실과 야마토 왕실은 4세기말 이래 지속적으로 왕실 간 혼인 등의 인적교류를 통해 정치적 혹은 군사적으로 화친관계를 맺어왔다. 이를 통해 전지와 곤지 또한 왜국과 혼인에 의해 인척 관계를 맺고 있었으며 구이신과 동성 또한 혈연적으로 왜 왕실과 밀접한 관련을 갖고 있었다.

그러다가 구이신과 곤지 사후 백제 왕실에 모종의 변화가 있었던 때에 왜왕 珍과 武에 의해 도독제군사호가 요청되었는데 이는 백제와 왜가 軋轢이 있었던 시기에 있었다는 특징을 보여주고 있다.

한편, 5세기대 백제 왕실에서는 전지왕의 아들인 구이신왕이 제거되고 서자였던 비유왕이 즉위하는 상황과 흡사하게 후기에는 곤지의 아들인 동성왕이 피살되고 서자였던 무령왕이 등극하는 상황이 전개되고 있다. 이러한 정황은 4세기말 이래 백제와 倭 왕실 간에 있었던 혼인에 의한 화친 등 백제의 대왜관계의 연장선상에서 파악하게 될 때 정합성을 갖는다.

또한 5세기말~6세기초 영산강 유역 등지에 나타나고 있는 前方後圓形 古墳에 대한 문제가 한일관계에 있어 쟁점으로 남아있다.

그동안 영산강 유역을 비롯한 한반도 남부에서 倭系의 요소가 적지 않게 발견되고 있어 倭와의 관련성 여부에 대한 논의가 있었지만, 결과적으로 본서의 분석을 통해서는 倭에 의한 정치적 개입을 발견할 수 없었다. 즉, 이들 지역에 倭系의 요소로서 관심을 끌었던 前方後圓形 古墳의 경우 倭의 전문 기술자 집단이 來韓하여 조영했다거나 倭系百濟官僚 등 倭人의 무덤으로 보기 힘들다는 결론에 도달했다.

따라서 영산강 유역에 나타나는 前方後圓形 古墳으로 인해 당시 倭가 한반도에 진출하여 정치적으로 개입하였다고 보는 인식은 타당하지 않은 것이며, 이러한 고고학적 요소는 당시 백제와 일본 열도와의 상호교류를 통해 조성된 것으로 판단된다.

본서의 분석을 통해서는 오히려 영산강 유역에서 倭의 개입이 아닌 百濟에 의한 간접 지배 실상이 파악되었다. 한반도 서남부 각 지역에서 나타나고 있는 威勢品의 분석에 의거하면 영산강 유역에서도 백제 중심부와 동일한 威勢品이 나타남으로써 당시 영산강 유역이 백제의 간접 지배를 받았던 것으로 판단된다. 본서에서는 이들 지역을 동성왕 이후 王侯制에 의해 통치되었던 지역 중에 하나로 보아 『南齊書』에서 5세기 후반 面中侯로 제수된 木干那 등 木氏에 의해 간접 통치된 지역으로 추정하였다.

특히 『三國史記』, 『日本書紀』, 중국의 사서 모두에서 나타나고 있는 木氏의 경우 『日本書紀』의 번국사관으로 윤색되어 왜인인 것처럼 기록되어 있지만, 실상은 5세기대 가야에 영향력을 행사하면서 왜와 통교했던 백제의 귀족이었다. 당시 木氏는 백제가 고구려와 대항하는 상황에서 백제와 왜가 교류하는 데에 중요한 고리 역할을 하고 있었던 것을 알 수 있었다.

제Ⅲ편에서는 『日本書紀』를 통해 6세기의 한일관계를 검토하였다.

우선 본서에서는 『日本書紀』에 등장하는 己汶, 帶沙와 任那 4縣의 지명 비정을 통해 6세기초에 있었던 한반도 남부의 정황과 한일관계사상을 재정립하였다.

『日本書紀』 繼體 7년 6月조 이하에 등장하는 己汶, 帶沙 지역은 『日本書

紀』, 『新撰姓氏錄』 등 문헌에 나오는 방향과 지리적 위치에 관한 기록을 면밀하게 검토하게 되면 기존 통설인 섬진강 유역이 아니라 낙동강 중류 일대로 볼 수 있게 된다.

따라서 백제의 己汶, 帶沙 점유의 실상은 6세기초에 들어서면서 百濟가 동남쪽 방면으로 진출하여 낙동강 유역의 己汶과 帶沙를 직접 영역화하여 가라諸國들을 압박해 가는 추세에 있었던 것으로 파악된다.

또한 백제의 己汶, 帶沙 확보 이전에 이루어진 上哆唎, 下哆唎, 娑陀, 牟婁의 任那 4縣에 대해서도 관련 문헌 및 고지명의 분석으로 면밀히 검토한 결과 영산강 유역이나 섬진강 서부일원에 비정하였던 기존 통설과는 달리 고성, 창원을 비롯한 경남 서부 일대로 비정할 수 있게 되었다.

특히 고고학적으로도 고성을 중심으로 하는 서부 경남 일대는 6세기초를 획기로 하여 횡혈식석실의 수용, 분구묘의 도입, 왜계 고분의 축조 등 백제와 왜의 교류 루트상에 위치하고 있다는 특징을 보여주고 있다.

따라서 『日本書紀』 繼體紀에 나타나고 있는 한반도 관계 기사를 통해서는 백제가 남해 일원을 직접 통제 하에 넣고 점차적으로 서부 경남의 任那 4縣 및 낙동강 일대의 가야 지역으로 진출하고 있는 상황을 보여주고 있는 것으로 파악된다.

결국 이러한 상황 속에서 『日本書紀』 欽明紀에 등장하고 있는 任那日本府의 경우는 소위 任那日本府 관인이라는 인물들의 출신 계통을 통해 그 실상을 명확하게 이해할 수 있게 되었다. 즉, 任那日本府와 관련이 있는 인물의 분석을 통해 이들이 원래는 백제인을 조상으로 하는 인물이면서 백제왕에 의해 주도된 倭系百濟官僚였다는 것을 알 수 있었다.

따라서 任那日本府는 왜가 한반도 남부를 통치하기 위한 기관도 아니고 가야가 설치한 기구도 아님이 확실해졌다. 결국 이러한 실상은 6세기 초기부터 백제가 가야 지역을 직접 영역화함에 따라 나타났던 현상이었던 것이다.

6세기 당시의 백제는 가야의 영역을 놓고 신라와 대립하면서도 고구려에

대항하기 위해 가야, 신라 및 왜와 공동전선을 펴야 하는 구도를 만들어나
가야 했다. 이러한 때에 백제의 입장에서는 완충 역할로서 倭系百濟官僚의
필요성이 요구되었다고 할 수 있다. 4~5세기부터 백제가 영향력을 행사했
던 가야 지역과 관련이 있는 백제계 渡倭人 씨족을 중심으로 당시 백제, 가
야 및 왜를 중재하고 신라를 견제하는 매개자의 역할을 수행했던 것으로
판단된다.

제Ⅳ편에서는 지금까지 분석해 온 古代 韓半島와 日本列島의 관계를 종
합적으로 살펴보았다.

우선 한반도와 일본열도 간에 있었던 고대 한일관계의 정황을 확인하기
위해 4~6세기 동안 『日本書紀』에 나타난 倭의 한반도 출병과 백제에서 일
본열도로 갔던 인적교류 기사를 살펴보았다. 그 결과 神功에 의한 삼한정벌
을 포함하여 4~6세기에 이르는 200여 년 동안 이루어진 倭의 한반도 출병
기사는 실은 백제가 수행하는 전쟁에 따르는 지원군의 형태였던 것을 알
수 있었다.

즉, 『日本書紀』에 神功의 삼한정벌로 인한 출병의 경우는 4세기말~5세기
초 廣開土王碑文에 나오는 상황과 같이 고구려와 백제의 전투 중에 백제를
지원하기 위해 파병된 군사였음을 알 수 있었다. 또한 6세기 들어서는 백제
가 伴跛를 직접 지배하기 위해 벌인 전쟁에 왜군이 파병되었으며, 그리고
고구려를 공격하기 위해 백제, 왜, 신라가 공동전선을 폈던 때에, 그리고 백
제가 신라와 전쟁을 벌였던 시기에 왜의 파병이 이루어진 것을 알 수 있었
다. 따라서 倭가 한반도에 파병하게 된 것은 왜의 능동적인 파견이라기보다
는 모두 백제가 수행하는 전쟁에 따르는 지원군의 형태로 이루어졌던 것임
을 알 수 있었다. 결론적으로 4~6세기 加耶 패망 전까지 倭가 실제 百濟를
지원하기 위해 한반도 전투에 참여했던 것은 4회이며 반대로 倭가 군원을
보낼 때마다 百濟에서는 博士, 五經博士 등의 파견과 선진문물, 사상의 전달
이 이루어졌다.

특히 倭가 군원을 보낼 때마다 백제에서 五經博士의 파견이 이루어졌던 것이 주목된다.

4세기말~5세기초 왜의 파병 즈음에서는 아직기와 博士 王仁이 파견되었고 6세기에 들어 백제가 伴跛와의 전쟁 때는 五經博士 段楊爾와 高安茂가 파견되었으며, 신라와의 전투에서는 五經博士 王柳貴가 파견되었다. 五經博士 馬丁安의 경우는 『日本書紀』에 교대된 시기만 나오고 파견된 시점이 확실히 나오지는 않지만, 五經博士의 파견과 왜군의 파병이 연관 관계가 있는 것을 고려해볼 때 551년 백제와 왜가 고구려를 공격하던 즈음 파견되었던 것으로 짐작된다.

이는 전지왕대에 있었던 혼인을 통한 왕실교류를 기본으로 한 인적교류가 원인이 되어 百濟와 倭의 관계가 유지되었던 것으로 판단된다. 그럼으로써 왜에 친백제 세력을 확립하고 역으로 백제에 친왜국 세력을 도모하여 양국 화친의 기반을 이루었다.

한편, 6세기에 들어와서 신속하게 내부 정비를 했던 신라는 백제를 견제하려는 의도를 갖고 九州의 磐井과 연결하는 상황이 있었으며 이후 백제와 한반도 남부에 대한 주도권을 다투는 과정에서 야마토 정권과의 접촉이 있었다.

이후 신라가 金官加耶를 병합하면서 낙동강 유역을 장악하게 되고 급기야 한강 유역을 점유하게 되면서 서해안을 통한 대중국 교류가 가능하게 되었다. 이에 따라 한반도의 정세는 변화의 양상을 맞게 되었고 신라와 일본 열도의 교류도 점차 北部 九州에서 畿內의 야마토 정권 쪽으로 변화하는 양상이 나타나게 된다.

야마토 정권의 경우도 4~6세기 동안 백제 일변도의 외교를 보이다가 6세기 중반에 들어서는 신라와 고구려로 다변화하는 양상을 보인다. 이는 선진 문물의 통로를 개선하기 위한 조치로 판단되며, 또한 한반도 남부의 경우 이전까지 백제에 의해 주도되던 구도가 6세기 중반에 들어서면서 신라에 대한 구도로 바뀌게 된 것과 밀접한 관련이 있다고 판단된다.

지금까지 본서의 분석을 통해 확인한 바, 『日本書紀』 4~6세기에 보이는 소위 임나 문제는 야마토 정권이 주체가 아닌 백제를 주체로 하여 서술할 때만이 당시 한반도와 일본 열도의 정황에 맞는 분석이 된다는 것을 확인할 수 있었다. 즉, 한반도에서 나타나는 倭人의 實體에 대해서도 야마토 정권의 임나 지배를 전제로 한반도에 파견되었던 것이 아니라 한반도 남부에서 세력권을 점유하고 있었던 백제에 의해 이루어졌을 경우에 정합성을 갖게 된다.

본서를 통해 4~6세기 한일관계의 역사를 분석하다보니 『日本書紀』를 통한 7세기 이후의 한일관계에 대한 분석을 포함하여 다수 일본열도로 이주해서 정착했던 渡倭人에 대한 연구가 절실해진다. 한반도에서 渡倭했던 다양한 씨족들에 대한 점검을 통해 고대 일본열도의 상황과 고대 한일관계의 실상이 더욱 명확해지리라고 생각한다. 향후 이를 테마로 한 古代 韓日關係史 研究를 필요로 하고 있다.

初出 일람

참고문헌

[사료]

『古事記』『日本書紀』『三國史記』『三國遺事』『高麗史』『新增東國輿地勝覽』
『新撰姓氏錄』『三國志』『論語』『日本三代實錄』『扶桑略紀』『和名類聚抄』
『周書』『晉書』『翰苑』『論衡』『搜神記』『三正綜覽』『二十史朔閏表』
『魏書』『宋書』『北齊書』『南齊書』『梁書』『梁職貢圖』
『續日本紀』『續日本後紀』『備中國大稅負死亡人帳』『釋日本紀』
廣開土王碑 眞興王昌寧碑 武寧王陵誌石 昌王銘石造舍利龕 平城宮木簡

[연구서]

加藤謙吉, 『吉士と西漢氏―渡来氏族の実像』, 白水社, 2001
岡本堅次, 『神功皇后』, 吉川弘文館, 1959
岡山市史編集委員会, 『岡山市史(古代編)』, 岡山市役所, 1962
高寬敏, 『古代朝鮮諸国と倭国』, 雄山閣出版, 1997
古田武彦, 『失われた九州王朝』, 角川文庫, 1979
郭長根, 『湖南 東部地域 石槨墓 硏究』, 서경문화사, 1999
국립공주박물관, 『한성에서 웅진으로』, 2006
국립부여박물관, 『百濟의 文物交流』, 2004
鬼頭淸明, 『大和朝廷と東アジア』, 吉川弘文館, 1994
今西龍, 『百濟史硏究』, 京城近澤書店刊行, 1934
今西龍, 『朝鮮古史の硏究』, 國書刊行會, 1970
今井啓一, 『帰化人』, 綜芸社, 1974
吉田東俉, 『日韓古史斷』, 富山房, 1977
吉田晶, 『吉備古代史の展開』, 塙書房, 1995
吉田晶, 『七支刀の謎を解く―四世紀後半の百済と倭』, 新日本出版社, 2001
김석형, 『초기조일관계사연구』, 사회과학원출판사, 1966

金元龍, 『韓國考古學槪說』, 一志社, 1986
金廷鶴, 『任那と日本』日本の歷史 別卷1, 小学館, 1977
金泰植, 『加耶聯盟史』, 一潮閣, 1993
김태식, 『미완의 문명 7백년 가야사』1, 푸른역사, 2002
金鉉球, 『大和政権の対外関係研究』, 吉川弘文館, 1985
金鉉球, 『任那日本府研究』, 一潮閣, 1993
김현구, 『백제는 일본의 기원인가』, 창작과비평사, 2002
김현구·박현숙·우재병·이재석, 『일본서기 한국관계기사 연구』Ⅰ, 일지사, 2002
김현구·박현숙·우재병·이재석, 『일본서기 한국관계기사 연구』Ⅱ, 일지사, 2003
盧重國, 『百濟政治史研究』, 一潮閣, 1988
大橋信弥, 『日本古代の王権と氏族』, 吉川弘文館, 1996
大山誠一, 『日本古代の外交と地方行政』, 吉川弘文館, 1999
都守熙, 『百濟語 語彙 硏究』, 2004, 제이앤씨
藤間生大, 『日本民族の形成-東亜諸民族との連関において』, 岩波書店, 1951
藤間生大, 『倭の五王』, 岩波新書, 1968
笠井倭人, 『古代の日朝関係と日本書紀』, 吉川弘文館, 2000
末松保和, 『任那興亡史』, 吉川弘文館, 1956
梅原末治, 『漢三國六朝紀年鏡圖說』, 桑名文星堂, 1943
木村誠, 『古代朝鮮の国家と社会』, 吉川弘文館, 2004
武田幸男 編, 『廣開土王碑原石拓本集成』, 東京大学出版会, 1988
武田幸男, 『高句麗と東アジア』, 岩波書店, 1989
門脇禎二, 『飛鳥―その古代史と風土』新版, NHK出版, 1977
朴時亨, 『廣開土王陵碑』, 사회과학원출판사, 1966
培材大學校博物館, 『博物館』, 2000
福山敏男, 『日本建築史研究』, 墨水書房, 1968
肥後和男, 『神功皇后』, 弘文堂, 1957
濱田耕策, 『朝鮮古代史料研究』, 吉川弘文館, 2013
山尾幸久, 『日本国家の形成』, 岩波書店, 1975
山尾幸久, 『日本古代王権形成史論』, 岩波書店, 1983
山尾幸久, 『古代の日朝関係』, 塙書房, 1989
山尾幸久, 『筑紫君磐井の戦争―東アジアのなかの古代国家』, 新日本出版社,
　　　　1999
三品彰英, 『日本書紀朝鮮関係記事考證』上, 吉川弘文館, 1962

三品彰英, 『增補 日鮮神話伝説の研究(三品英彰論文集4)』, 平凡社, 1972

三品彰英, 『日本書紀朝鮮関係記事考證』下, 天山舍, 2002

石母田正, 『日本史概説』1, 岩波書店, 1955 : 『石母田正著作集』12, 岩波書店, 1990

上田正昭, 『帰化人-古代国家の成立をめぐって』, 中公新書, 1965

上田正昭, 『日本の女帝-古代日本の光と影』, 講談社, 1973

徐建新, 『好太王碑拓本の研究』, 東京堂出版, 2006

水野祐, 『日本古代王朝史論序説』, 小宮山書店, 1954

申采浩, 『朝鮮上古史』, 鐘路書院, 1948

岸俊男, 『日本古代政治史研究』, 塙書房, 1966

延敏洙, 『고대한일관계사』, 혜안, 1998

鈴木勉·河内國平, 『復元七支刀-古代東アジアの鐵·象嵌·文字』, 雄山閣, 2006

鈴木英夫, 『古代の倭国と朝鮮諸国』, 靑木書店, 1996

永山卯三郎, 『吉備郡史』上卷, 名著出版, 1971

窪田蔵郎, 『鉄の考古学』, 雄山閣, 1973

王健群, 『好太王碑研究』, 吉林人民出版社, 1984

熊谷公男, 『大王から天皇へ』, 講談社, 2000

依田千百子, 『朝鮮の王権と神話伝承』, 勉誠出版, 2007

이기동, 『百濟史研究』, 一潮閣, 1996

이도학, 『백제고대국가연구』, 一志社, 1995

이도학, 『새로쓰는 백제사』, 푸른역사, 1997

李丙燾, 『韓國史, 古代編』, 乙酉文化社, 1959

李丙燾, 『韓國古代史研究』, 博英社, 1976

李丙燾 譯註, 『三國史記』下, 乙酉文化社, 1983

李永植, 『加耶諸国と任那日本府』, 吉川弘文館, 1993

李進熙, 『広開土王陵碑の研究』, 吉川弘文館, 1972

이한상, 『장신구 사여체제로 본 백제의 지방지배』, 서경문화사, 2009

林基中 編, 『廣開土王碑原石初期拓本集成』, 東國大學校 出版部, 1995

任世權·李宇泰 編, 『韓國金石文集成』1 (高句麗1廣開土王碑 圖錄篇), 2002

田中史生, 『日本古代国家の民族支配と渡来人』, 校倉書房, 1997

田中俊明, 『大加耶連盟の興亡と‘任那’』, 吉川弘文館, 1992

鮎貝房之進, 『雜攷』7, 上卷, 下卷, 朝鮮印刷株式會社, 1937

井上光貞, 『日本国家の起源』, 岩波新書, 1960

井上光貞, 『日本古代国家の研究』, 岩波書店, 1965

井上秀雄, 『古代朝鮮』, 日本放送出版協会, 1972

井上秀雄, 『任那日本府と倭』, 東出版, 1973

佐伯有淸, 『七支刀と広開土王碑(古代史演習)』, 吉川弘文館, 1977

佐伯有淸, 『新撰姓氏錄の研究』考証篇五, 吉川弘文館, 1983

池内宏, 『日本上代史の一研究-日鮮の交涉と日本書紀』, 中央公論美術出版, 1970

志田諄一, 『古代氏族の性格と伝承』增補, 雄山閣, 1972

直木孝次郞, 『古代日本と朝鮮·中国』, 講談社, 1988

津田左右吉, 『朝鮮歷史地理』1, 南滿洲鐵道株式會社 1913

津田左右吉, 『古事記及日本書紀の研究』, 岩波書店, 1924

津田左右吉, 『日本古典の研究(上)』, 岩波書店, 1948

津田左右吉, 『日本古典の研究(下)』, 岩波書店, 1950

千寬宇, 『加耶史研究』, 一潮閣, 1991

靑江秀, 『東夫餘永樂太王碑名之解』, 國會圖書館藏, 1884

村山正雄, 『石上神宮 七支刀銘文図錄』, 吉川弘文館, 1996

塚口義信, 『神功皇后伝説の研究―日本古代氏族伝承研究序説』, 創元社, 1980

太田亮, 『姓氏家系大辭典』, 角川書店, 1963

坂本太郞, 『日本古代史の基礎的研究』上, 東京大学出版会, 1964

坂本太郞 外, 『日本古典文学大系 日本書紀』上, 岩波書店, 1967

坂本太郞 外, 『日本古典文学大系 日本書紀』下, 岩波書店, 1965

坂元義種, 『古代東アジアの日本と朝鮮』, 吉川弘文館, 1978

坂元義種, 『倭の五王―空白の五世紀』, 教育社, 1981

平野邦雄, 『大化前代政治過程の研究』, 吉川弘文館, 1985

홍성화, 『한일고대사 유적답사기』, 삼인, 2008

[연구논문]

강민식, 「증평 이성산성과 道西, 都西, 道安縣」, 『중원문화연구』21, 충북대학교 중원문화연구소, 2013

강봉룡, 「영산강유역 '옹관고분'의 대두와 그 역사적 의미-타지역 옹관묘와의 비교를 중심으로」, 『韓國史論』 41·42, 1999

姜鳳龍, 「榮山江流域 古代社會와 羅州」, 『羅州地域 古代社會의 性格』, 목포

대학교박물관, 1999

姜鳳龍, 「古代 東北亞 沿岸航路와 榮山江·洛東江流域」, 『加耶, 洛東江에서 榮山江으로』, 2006

江烟武, 「四~六世紀の朝鮮三国と日本-中国との册封をめぐって」, 『古代の日本と朝鮮』, 学生社, 1974

姜仁求, 「周溝土壙墓에 대한 몇가지 問題」, 『考古學으로 본 韓國古代史』, 1997

강종원, 「수촌리 백제고분군 조영세력 검토」, 『百濟研究』42, 2005

강종훈, 「한국 고대 금석문 자료에 대한 사료 비판론」, 『한국고대사연구』68, 2012

高橋健自, 「京畿旅行談」, 『考古學雜誌』5-3, 1914

高橋善太郎, 「南朝諸国の倭国王に与えた称号について-古代日本の国際的地位(下)」, 『愛知県立女子短期大学紀要』7, 1956

古川政司, 「百済王統譜の一考察」, 『日本史論叢』7, 1977

郭長根, 「웅진기 백제와 가야의 역학관계 연구」, 『百濟研究』44, 2006

菅政友, 「大和國石上神宮寶庫所藏七支刀」, 『菅政友全集』雜稿1, 1907

宮崎市定, 「七支刀銘文試考」, 『謎の七支刀―五世紀の東アジアと日本』, 中央公論社, 1983

權五榮, 「竹幕洞祭祀의 目的과 主體」, 『扶安竹幕洞祭祀遺蹟研究』, 1998

권오영, 「풍납토성 출토 외래유물에 대한 검토」, 『百濟研究』36, 2002

鬼頭淸明, 「所謂「任那日本府」の再檢討」, 『東洋大学文学部紀要』17, 史学科篇, 1991

近藤義郎, 「前方後円墳の誕生」, 『岩波講座 日本考古学』6, 1986

今西龍, 「加羅疆域考」, 『史林』4-3,4, 1919 : 『朝鮮古史の研究』, 國書刊行會, 1970

今西龍, 「己汶伴跛考」, 『史林』7-4, 1922 : 『朝鮮古史の研究』, 國書刊行會, 1970

吉田晶, 「古代国家の形成」, 『岩波講座 日本歷史』2, 岩波書店, 1975

吉井秀夫, 「橫穴式石室의 受容樣相으로 본 百濟의 中央과 地方」, 『百濟의 中央과 地方』忠南大學校百濟研究所, 1997

金奎運, 「5世紀 漢城期 百濟와 加耶 關係」, 『중앙고고연구』9, 2011

金起燮, 「近肖古王代 南海岸進出說에 대한 再檢討」, 『百濟文化』24, 1995

김기섭, 「5세기 무렵 백제 渡倭人의 활동과 문화전파」, 『왜 5왕 문제와 한일관계』, 한일관계사연구논집 편찬위원회, 2005

김기섭, 「百濟 東城王의 즉위와 정국변화」, 『韓國上古史學報』50, 2005

김기섭, 「백제 東城王 암살사건 재검토」, 『한국학논총』34, 2010

김두철, 「부산지역 고분문화의 추이 -가야에서 신라로」, 『港都釜山』19, 2003

金洛中, 「5~6世紀 榮山江流域 政治體의 性格-羅州 伏岩里 3號墳 出土 威勢品 分析」, 『百濟研究』32, 2000

金洛中, 「榮山江流域 初期橫穴式石室의 登場과 意味」, 『湖南考古學報』29, 2008

김낙중, 「한반도 남부와 일본열도에서 횡혈식석실묘의 수용 양상과 배경」, 『한국고고학보』85, 2012

김낙중, 「5~6세기 남해안 지역 倭系古墳의 특성과 의미」, 『湖南考古學報』45, 2013

김석형, 「삼한 삼국의 일본 렬도 내 분국(分國)들에 대하여」, 『력사과학』1963-1, 1963

金善民, 「古代의 博士」, 『日本歷史研究』12, 2000

金壽泰, 「百濟의 地方統治와 道使」, 『百濟의 中央과 地方』, 忠南大百濟研究所, 1997

金壽泰, 「百濟의 榮山江 流域 支配方式과 前方後圓墳 被葬者의 性格에 대한 토론요지」, 『韓國의 前方後圓墳』, 2000

김양훈, 「한성백제기 제철수공업과 관리」, 『지역과 역사』27, 2010

金永萬, 「廣開土王碑文의 新研究(1)」, 『新羅加耶文化』11, 1980

金永上, 「阿旦城과 長漢城에 대한 考察」, 『鄕土서울』51, 1992

김영심, 「5~6세기 百濟의 地方統治體制」, 『韓國史論』22, 서울大國史學科, 1990

金英心, 「百濟의 '君'號에 대한 試論的 考察」, 『百濟研究』48, 2008

김영심, 「백제의 지방지배 방식과 섬진강유역」, 『백제와 섬진강』, 서경문화사, 2008

金英夏·韓相俊, 「中原高句麗碑의 建碑 年代」, 『教育研究志』25, 1983

金侖禹, 「廣開土王의 南下征服地에 대한 一考-關彌城의 位置를 中心으로」, 『한국사의 이해(고대, 고고1)』, 1991

金恩淑, 「6세기후반 신라와 왜국의 국교 성립과정」, 『新羅의 對外關係史 研究-신라문화재학술발표회논문집』15, 1994

金昌鎬, 「百濟 七支刀 銘文의 재검토-日本學界의 任那日本府說에 대한 反論(Ⅲ)」, 『歷史教育論集』13,14, 1990

金哲埈, 「韓國古代國家發達史」, 『韓國文化史大系』1, 1964

金泰植, 「5세기 후반 大加耶 발전에 대한 研究」, 『韓國史論』12, 1985

김태식, 「4~5세기 東北아시아의 격변과 加耶系 日本移住民」, 『韓國의 騎馬民族論』, 2003,

김태식, 「고대 한일관계사의 새로운 지평-박천수, 2007.11『새로 쓰는 고대 한일교섭사』, 사회평론」, 『한국고대사연구』50, 2008

金鉉球, 「百濟의 加耶進出에 관한 一考察」, 『東洋史學研究』70, 2000

김현구, 「백제와 일본간의 왕실외교-5세기를 중심으로」, 『백제문화』31, 2002

金鉉球, 「6세기 한일관계-교류의 시스템을 중심으로」, 『한일역사공동연구보고서』 1, 2005

金鉉球, 「백제의 木滿致와 蘇我滿智」, 『日本歷史研究』25, 2007

김현구, 「5세기 한반도 남부에서 활약한 倭의 實體」, 『日本歷史研究』 29, 2009

金賢淑, 「廣開土王碑를 통해 본 高句麗 守墓人의 社會的 性格」, 『韓國史研究』65, 1989

那珂通世, 「外交繹史」, 『那珂通世遺書』, 1958

羅幸柱, 「古代朝·日関係における「質」の意味-特に百済の「質」の派遣目的を中心として」, 『史観』134, 1996

羅幸柱, 「왜왕권과 백제,신라의 質」, 『日本歷史研究』24, 2006

나행주, 「고대한일관계사연구의 회고와 전망」, 『韓日關係史研究』62, 2018

나행주, 「폐기의 식민사학 임나일본부」, 『식민사학 폐기를 위한 대토론회』식민주의역사학 비판과 전망 제6차 발표문, 홍익재단 2019

南在祐, 「安羅의 成長과 對外關係研究」, 성균관대대학원 박사학위논문, 1998

남재우, 「文獻으로 본 安羅國史」, 『가야 각국사의 재구성』, 2000

盧重國, 「目支國에 대한 一考察」, 『百濟論叢』2, 1990

盧重國, 「백제의 귀족가문 연구 -木刕(木氏) 세력을 중심으로-」, 『대구사학』48, 1994

盧重國, 「5世紀 韓日關係史-『宋書』倭國傳의 檢討」, 『한일역사공동연구보고서(제1분과편)』, 한일역사공동연구위원회, 2005

盧重國, 「5세기 韓日關係史의 성격 개관」, 『왜 5왕 문제와 한일관계』, 한일관계사연구논집 편찬위원회, 2005

大山誠一, 「所謂'任那日本府'の成立について」, 『日本古代の外交と地方行政』, 吉川弘文館, 1999

大竹弘之, 「韓国全羅南道の円筒形土器-いわゆる埴輪形土製品をめぐって」, 『前方後円墳と古代日朝関係』, 同成社, 2002

大和岩雄, 「秦氏 葛城氏 蘇我氏」, 『東アジアの古代文化』36, 1983

都守熙, 「百濟地名研究」, 『百濟研究』11, 1980

東野治之, 「七支刀銘文の「聖音」と「聖晋」」, 『日本古代金石文の研究』, 岩波書店, 2004

東潮, 「榮山江流域と慕韓」, 『展望考古学』考古学研究会40周年記念論集, 1995

東潮, 「倭と榮山江流域」, 『前方後円墳と古代日朝関係』, 同成社, 2002

東潮, 「百済の製鉄技術と七支刀」, 『王権と武器と信仰』, 同成社, 2008

류창환, 「馬具로 본 6세기대 소가야와 주변제국」, 『6世紀代 加耶와 周邊諸國』, 김해시, 2008

류창환·김미영, 「남해 남치리1호분 발굴조사 성과」, 『百濟文化』51, 2014

笠井倭人, 「三国遺事百済王暦と日本書紀」, 『朝鮮学報』24, 1962

笠井倭人, 「中国史書における百済王統譜」, 『日本書紀研究』8, 1975

笠井倭人, 「欽明朝における百済の対倭外交―特に日系百済官僚を中心として」, 『古代の日朝関係と日本書紀』, 吉川弘文館, 2000

笠井倭人, 「加不至費直の系譜について―『百済本記』読解の一例として」, 『古代の日朝関係と日本書紀』, 吉川弘文館, 2000

武田幸男, 「新羅法興王代の律令と衣冠制」, 『古代朝鮮と日本』, 龍渓書舎, 1974

木村誠, 「百済史料として七支刀銘文」, 『人文学報』306, 2000

木村誠, 「中原高句麗碑立碑年次の再檢討」, 『古代朝鮮の国家と社会』, 吉川弘文館, 2004

文暻鉉, 「百濟 武寧王의 出自에 대하여」, 『史學研究』60, 2000

文東錫, 「4세기 백제의 가야 원정에 대하여-철산지 확보 문제를 중심으로」, 『國史館論叢』74, 1997

문안식, 「의자왕 전반기의 신라 공격과 영토확장」, 『慶州史學』23, 2004

米澤康, 「神功皇后伝説の一考察-その祭儀的基礎と発展」, 『神道史研究』10-2, 1962

閔德植, 「高句麗의 道西縣城考」, 『史學研究』36, 한국사학회, 1983

閔德植, 「百濟 阿旦城研究 - 百濟初期都城研究를 위한 일환으로」, 『韓國上古史學報』17, 1994

朴普鉉, 「百濟의 冠帽와 飾履」, 『한성에서 웅진으로』, 2006

朴淳發, 「4-6세기 영산강유역의 동향」, 『百濟史上의 戰爭』(제9회 백제연구 국제학술대회 발표논문집), 1998

박순발, 「百濟의 南遷과 榮山江流域 政治體의 再編」, 『韓國의 前方後圓墳』, 충남대학교출판부, 2000

朴淳發, 「榮山江流域 前方後圓墳과 埴輪」, 『한일고대인의 흙과 삶』, 2001

박윤선, 「5세기 중후반 백제의 대외관계」, 『역사와 현실』63, 2007

박재용, 「『일본서기』에 보이는 倭系百濟官僚」, 『백제학보』15, 2015

朴仲煥, 「光州, 全南地域 長鼓形古墳의 墳丘에 對하여」, 『湖南考古學報』5, 1997

박찬홍, 「6세기 신라와 야마토 정권의 관계」, 『임나문제와 한일관계』한일관계사연

구논집3, 경인문화사, 2005

박찬흥, 「백제 성왕, 위덕왕대의 왜계백제관료」, 『사림』39, 2011

朴天秀, 「大伽倻의 古代國家 形成」, 『碩晤尹容鎭敎授停年退任紀念論叢』, 1996

朴天秀, 「榮山江流域における前方後円墳の被葬者の出自とその性格」, 『考古学研究』49-2, 考古学研究会, 2002

朴天秀, 「任那四縣과 己汶, 帶沙를 둘러싼 百濟와 大伽耶」, 『加耶, 洛東江에서 榮山江으로』第12回 加耶史國際學術會議 발표자료집, 김해시, 2006

朴天秀, 「호남 동부지역을 둘러싼 大伽耶와 百濟-任那四縣과 己汶, 帶沙를 중심으로-」, 『韓國上古史學報』65, 2009

박현숙, 「6세기 백제와 일본의 문물 교류와 그 배경」, 『민족문화연구』45, 2006

박현숙, 「백제 섬진강유역 영역화와 가야와의 관계」, 『백제와 섬진강』, 서경문화사, 2008

白承玉, 「「卓淳」의 位置와 性格 -《日本書紀》관계기사 검토를 중심으로-」, 『釜大史學』19, 1995

백승옥, 「안라고당회의의 성격과 안라국의 위상」, 『지역과 역사』14, 2004

백승옥, 「己汶, 帶沙의 위치비정과 6세기 전반대 加羅國과 百濟」, 『5~6세기 동아시아의 국제정세와 대가야』, 고령군, 고령군 대가야박물관, 계명대학교 한국학연구원, 2007

백승옥, 「『日本書紀』에 보이는 阿羅斯等의 정체와 그의 외교활동」, 『한국민족문화』51, 2014

백승옥, 「임나일본부의 소재와 등장배경」, 『지역과 역사』36, 2015

白承忠, 「加耶의 地域聯盟史硏究」, 부산대학교 박사학위논문, 1995

白承忠, 「加羅國과 于勒十二曲」, 『釜大史學』19, 1995

白承忠, 「가라·신라 '결혼동맹'의 결렬과 그 추이」, 『釜大史學』20, 1996

白承忠, 「6세기 전반 백제의 가야진출과정」, 『百濟研究』31, 2000

白承忠, 「'임나일본부'와 '왜계백제관료'」, 『강좌한국고대사』4, 2003

백승충, 「6세기 전반 가야, 백제, 왜 상호관계-소위 '왜계관료'의 활동을 중심으로」, 『加耶, 洛東江에서 榮山江으로』, 2006

백승충, 「계체·흠명기 '임나(국) 4현 할양' 기사의 성격」, 『지역과 역사』31, 2012

백승충, 「'임나 4현'의 위치 비정」, 『역사와 경계』85, 2012

백승충, 「『일본서기』 木氏·紀氏 기사의 기초적 검토 - 신공~현종기를 중심으로-」, 『한국민족문화』54, 2015

福山敏男, 「石上神宮の七支刀」, 『美術研究』158, 1951

福山敏男,「石上神宮の七支刀銘文」,『日本建築史研究』, 墨水書房, 1968

榧本杜人,「石上神宮の七支刀とその銘文」,『朝鮮学報』3, 1952

榧本杜人,「石上神宮の七支刀」,『ミュージアム』35, 東京国立博物館編, 1954

濱田耕策,「高句麗広開土王陵碑文の虚像と実像」,『日本歴史』304, 1973

濱田耕策,「高句麗広開土王陵碑文の研究－碑文の構造と史臣の筆法を中心
　　　　として」,『朝鮮史研究会論文集』11, 1974 ：『古代朝鮮と日本』, 龍溪
　　　　書舍, 1974

濱田耕策,「4世紀의 日朝關係」,『한일역사공동연구보고서(제1분과편)』, 2005

山尾幸久,「朝鮮三国の軍区組織-コホリのミヤケ研究序説」,『古代朝鮮と日
　　　　本』, 龍溪書舍, 1974

山尾幸久,「任那に関する一試論-史料の檢討を中心に」,『古代東アジア史論
　　　　集(下)』, 吉川弘文館, 1978

山尾幸久,「文献から見た磐井の乱」,『古代最大の内戦磐井の乱』, 大和書房,
　　　　1985

山尾幸久,「五、六世紀の日朝関係-韓国の前方後円墳の一解釈」,『前方後円
　　　　墳と古代日朝関係』, 同成社, 2002

山本孝文,「伽耶地域 橫穴式石室의 出現背景-墓制變化의 諸側面에 대한 豫
　　　　備考察」,『百濟研究』34, 2001

森俊道,「任那日本府の加不至費直」,『東アジアの古代文化』37, 1983

三品彰英,「日本書紀所載の百済王暦」,『日本書紀研究』1, 塙書房, 1964

三品彰英,「上代における吉備氏の朝鮮経営」,『朝鮮学報』36, 1965

三品彰英,「‘継体紀’の諸問題─特に近江毛野臣の所伝を中心として」,『日本
　　　　書紀研究』2, 塙書房, 1966

서보경,「鐵製品을 매개로 한 百濟와 倭의 交涉」,『史叢』, 2000

徐甫京,「『日本書紀』한반도 관계 기사 검토」, 고려대학교 박사학위논문, 2004

서보경,「6세기 한반도에서 활동한 倭人의 역할」,『임나문제와 한일관계』한일관
　　　　계사연구논집3, 경인문화사, 2005

서보경,「5세기의 高句麗와 倭國」,『百濟研究』43, 2006

徐榮洙,「廣開土王陵碑文의 征服記事 再檢討(上)」,『歷史學報』96, 1982

西田長男,「石上神宮の七支刀の銘文」,『日本古典の史的研究』, 理想社, 1956

徐賢珠,「考古學 資料로 본 百濟와 榮山江流域-熊津, 泗沘期를 中心으로」,
　　　　『百濟研究』44, 2006

서현주,「영산강 유역 장고분의 특징과 출현배경」,『한국고대사연구』47, 2007

서현주, 「영산강유역권의 가야계 토기와 교류 문제」, 『湖南考古學報』42, 2012

石井正敏, 「5世紀 日韓關係-倭의 五王과 高句麗, 百濟」, 『한일역사공동연구보고서(제1분과 편)』, 한일역사공동연구위원회, 2005

石和田秀幸, 「隅田八幡神社人物画像鏡における「開中」字考」, 『同志社国文学』45, 1996

成洛俊, 「榮山江流域의 大形甕棺墓 研究」, 『百濟研究』15, 1985

成正鏞, 「漢江·錦江流域의 嶺南地域系統 文物과 그 意味」, 『百濟研究』46, 2007

小栗明彦, 「全南地方 出土 埴輪의 意義」, 『百濟研究』32, 2000

小田富士雄, 「磐井の反乱」, 『古代の日本』3·九州, 角川書店, 1970

小田富士雄, 「일본에 있는 朝鮮式 山城의 조사와 성과」, 『高句麗研究』8, 1999

손영종, 「백제7지도의 명문 해석에서 제기되는 몇가지 문제(1)」, 『력사과학』1983-4, 1983

손영종, 「중원 고구려비에 대하여」, 『력사과학』85-2, 1985

藪田嘉一郎, 「七支刀銘考釈(釈文篇)」, 『日本上古史研究』5-6, 1961

神保公子, 「七支刀の解釈をめぐって」, 『史学雑誌』84-11, 1975

辻秀人, 「榮山江流域의 前方後圓墳과 倭國 周緣地域의 前方後圓墳」, 『百濟研究』44, 2006

岸俊男, 「紀氏に関する一試考」, 『日本古代政治史研究』, 塙書房, 1966

岩本次郎, 「古代吉備氏に関する一考察-特に記紀系譜形成過程を中心として」, 『ヒストリア』26, 1960

양기석, 「三國時代 人質의 性格에 대하여」, 『史學志』15, 1981

梁起錫, 「五世紀 百濟의 「王」「侯」「太守」制에 對하여」, 『史學研究』38, 1984

梁起錫, 「웅진천도와 중흥」, 『삼국의 정치와 사회』II, 국사편찬위원회, 1995

梁起錫, 「5세기 百濟와 倭國의 관계」, 『왜5왕 문제와 한일관계』, 한일관계사연구논집2, 2005

양기석, 「5世紀 後半 韓半島 情勢와 大加耶」, 『5~6세기 동아시아의 국제정세와 대가야』, 2007

양기석, 「三國의 曾坪地域 進出과 二城山城」, 『중원문화연구』18·19, 충북대학교 중원문화연구소, 2012

양정석, 「신라 麻立干期 왕권강화과정과 지방정책」, 『韓國史學報』창간호, 1996

여호규, 「5세기 후반~6세기 중엽 高句麗와 百濟이 국경 변천」, 『百濟文化』48, 2013

延敏洙,「六世紀前半 加耶諸國을 둘러싼 百濟·新羅의 動向」,『新羅文化』7, 1990
: 『고대한일관계사』, 혜안, 1998

연민수,「칠지도명문의 재검토」,『고대한일관계사』, 혜안, 1998

연민수,「왜의 오왕시대의 대외관계」,『고대한일관계사』, 혜안, 1998

연민수,「5세기 후반 백제와 왜국」,『고대한일관계사』, 혜안, 1998

연민수,「백제의 대왜외교와 왕족」,『고대한일관계사』, 1998

延敏洙,「임나일본부론-소위 일본부관인의 출자를 중심으로」,『고대한일관계사』,
혜안, 1998

연민수,「고대 한일 외교사-삼국과 왜를 중심으로」,『한국고대사연구』27, 2002

연민수,「일본 역사교과서의 古代史 서술과 對韓認識」,『일본학』35, 2012

연민수,「광개토왕비에 나타난 고구려의 남방세계관」,『광개토왕비의 재조명』, 동
북아역사재단, 2013

鈴木英夫,「大化改新直前の倭国と百済-百済王子翹岐と大佐平智積の来倭を
めぐって」,『続日本紀研究』272, 1990

鈴木英夫,「いわゆる「任那四県割譲」問題と大伴金村の失脚-「久麻那利」と「任
那四県」の位置」,『国学院大学紀要』48, 2010

鈴木靖民,「いわゆる任那日本府および倭問題-井上秀雄「任那日本府と倭」評
を通して」,『歴史学研究』405, 1974

鈴木靖民,「東アジア諸民族の国家形成と大和王権」,『講座日本歴史』1, 東京
大学出版会, 1984

鈴木靖民,「倭の五王の外交と内政-府官制的秩序の形成」,『日本古代の政治
と制度』, 1985

오계화,「百濟 武寧王의 出自와 王位繼承」,『한국고대사연구』33, 2004

吳吉煥,「廣開土王碑文 紀年記事에 보이는 廣開土王의 軍事行動」,『박물관지』,
2008

奥田尚,「「任那日本府」と新羅倭典」,『古代国家の形成と展開』, 吉川弘文館,
1976

禹在柄,「영산강 유역 前方後圓墳 출토 圓筒形 토기에 관한 試論」,『百濟研究』
31, 2000

禹在柄,「榮山江流域 前方後圓墳의 出現과 그 背景」,『湖西考古學』10, 2002

熊谷公男,「いわゆる「任那四県割譲」の再検討」,『東北学院大学論集』39, 2005

熊谷公男,「5世紀 倭 百濟關係와 羅濟同盟」,『百濟研究』44, 2006

兪元載,「晋書의 馬韓과 百濟」,『韓國上古史學報』17, 1994

柳沢一男, 「全南地方の栄山江型横穴式石室の系譜と前方後円墳」, 『前方後円墳と古代日朝関係』, 同成社, 2002

柳沢一男, 「5~6世紀の韓半島西南部と九州-九州系埋葬施設を中心に」, 『加耶, 洛東江에서 榮山江으로』, 2006

尹明喆, 「海洋史觀으로 본 한국 고대사의 발전과 종언」, 『한국사연구』123, 2003

윤용혁, 「무령왕 '출생전승에 대한 논의」, 『백제문화』32, 2003

栗原朋信, 「七支刀銘文についての一解釈」, 『日本歷史』216, 1966

李康來, 「三國史記에 보이는 靺鞨의 軍事活動」, 『領土問題硏究』2, 1985

李根雨, 「日本書紀 任那關係 記事에 關하여」, 『淸溪史學』2, 1985

李根雨, 「『日本書紀』에 引用된 百濟三書에 관한 硏究」, 한국정신문화연구원 박사학위논문, 1994

李根雨, 「熊津時代 百濟의 南方境域에 대하여」, 『百濟硏究』27, 1997

李基東, 「中國 史書에 보이는 百濟王 牟都에 대하여」, 『歷史學報』62, 1974

이기동, 「고대 동아시아 속의 백제문화」, 『백제문화』31, 2002

李基白, 「百濟王位繼承考」, 『歷史學報』11, 1959

이기백, 「百濟史上의 武寧王」, 『武寧王陵發掘調查報告書』, 1973

이남석, 「백제금동관모출토 무덤의 검토」, 『선사와 고대』26, 2007

이내옥, 「백제 칠지도의 상징」, 『한국학논총』34, 2010

이도학, 「漢城末 熊津時代 百濟王系의 檢討」, 『韓國史硏究』45, 1984

이도학, 「漢城末 熊津時代 百濟王位繼承과 王權의 性格」, 『韓國史硏究』50·51, 1985

李道學, 「高句麗의 洛東江流域進出과 新羅伽倻經營」, 『國學硏究』2, 1988

이도학, 「永樂6년 廣開土王의 南征과 國原城」, 『韓國史學論叢(孫寶基博士停年紀念)』, 1988

李道學, 「百濟 七支刀 銘文의 再解釋」, 『韓國學報』60, 1990

李道學, 「한성후기의 백제왕권과 지배체제의 정비」, 『百濟論叢』2, 1990

李道學, 「「광개토왕릉비문」에 보이는 전쟁 기사의 분석」, 『고구려연구』2, 1996

李道學, 「谷那鐵山과 百濟」, 『東아시아古代學』25, 2011

이동희, 「전남 동부 지역 가야계토기와 역사적 성격」, 『한국상고사학보』46, 2004

李明植, 「大伽倻의 歷史地理的 環境과 境域」, 『加耶史硏究』, 1995

李丙燾, 「三韓의 社會相」, 『韓國史, 古代編』乙酉文化社, 1959

李丙燾, 「百濟武寧王陵出土誌石에 대하여」, 『학술원논문집』11, 1972

李丙燾, 「百濟七支刀考」, 『震檀學報』38, 1974

李丙燾, 「近肖古王拓境考」, 『韓國古代史研究』, 博英社, 1976

李丙燾, 「廣開土王의 雄略」, 『韓國古代史研究』, 博英社, 1976

李成市, 「高句麗と日隋外交-いわゆる国書問題に関する一試論」, 『思想』795, 1990

李成市, 「表象としての広開土王碑文」, 『思想』842, 1994

이연심, 「'왜계가야관료'를 매개로 한 안라국과 왜」, 『한일관계사연구』31, 2008

이연심, 「6세기전반 가야, 백제에서 활동한 '왜계관료'의 성격」, 『한국고대사연구』 58, 2010

李榮文, 「全南地方 橫穴式石室墳에 대한 一考察」, 『鄕土文化』11, 1991

이영식, 「가야제국의 국가형성문제」, 『백산학보』32, 1985

이영식, 「五世紀 倭國王의 爵號에 보이는 韓南部諸國名의 意味」, 『史叢』34, 1988

李永植, 「百濟의 加耶進出 過程」, 『韓國古代史論叢』7, 1995

李永植, 「日本書紀의 研究史와 研究方法論」, 『한국고대사연구』27, 2002

이영식, 「5~6세기 고구려와 왜의 관계」, 『東北亞歷史論叢』11, 2006

李永植, 「고대 加耶와 吉備의 교류 양상」, 『동아시아고대학』18, 2008

이영식, 「대가야와 신라, 혼인동맹의 전개와 성격」, 『역사와 세계』44, 2013

李映澈, 「壺形墳周土器 登場과 時點」, 『湖南考古學報』25, 2007

李鎔彬, 「熊津初期 百濟의 王權과 政治權의 向方」, 『先史와 古代』19, 2003

李鎔賢, 「5世紀末における加耶の高句麗接近と挫折-顯宗3年紀是歲条の検討」, 『東アジア古代文化』90, 1997

李鎔賢, 「韓国古代における全羅道と百済、加耶、倭」, 『古代日本の異文化交流』, 勉誠出版, 2008

李殷昌, 「善山 洛山洞 古墳의 研究Ⅰ -洛山洞 月波亭山 古墳群의 發掘調査를 中心으로-」, 『嶺南考古學』10, 1992

李在碩, 「소위 倭系百濟官僚와 야마토 王權」, 『한국고대사연구』20, 2000

李在碩, 「5세기말 昆支의 渡倭 시점과 동기에 대한 재검토」, 『百濟文化』30, 2001

이재석, 「5세기 倭王의 對南朝外交와 통교 단절의 요인」, 『日本歷史研究』13, 일본사학회, 2001

이재석, 「5세기 百濟와 倭國의 관계」, 『百濟研究』39, 2004

李在碩, 「宋書 倭國傳에 보이는 倭王(武) 上表文에 대한 검토」, 『新羅文化』24, 2004

이재석, 「소위 任那問題의 過去와 現在」, 『전남사학』23, 2004

이재석, 「6세기 야마토정권의 대한정책」, 『임나문제와 한일관계』(한일관계사연구 논집3), 경인문화사, 2005

李在碩, 「4-6세기 왜국의 對外危機論과 그 실체」, 『文化史學』23, 2005

이재석, 「백제의 가야 진출과 倭國 - 소위 '397년 체제'의 성립과 전개를 중심으로」, 『지역과 역사』29, 2011

이재석, 「6세기초 筑紫國 이와이(磐井)의 난과 신라」, 『신라사학보』25, 2012

李在碩, 「『日本書紀』의 日本府 구상과 그 모티브에 관한 試論」, 『百濟研究』58, 2013

이재석, 「『日本書紀』를 통해 본 안라국과 주변제국」, 『한국민족문화』51, 2014

이정호, 「영산강 유역의 고분변천과정과 그 배경」, 『영산강유역의 고대사회』, 학연문화사, 1999

李貞姬, 「古代日本의 政治的 勢力形成에 대하여-任那日本府와의 關係 檢討를 위한 一試論으로」, 『韓國傳統文化研究』1, 1985

이정희, 「古代 日本의 采女制度」, 『日本學報』44, 2000

이택구, 「한반도 중서부지역의 마한분구묘」, 『한국고고학보』66, 2008

李進熙, 「古代朝·日関係史研究の歪み」, 『日本古代文化の成立』, 毎日新聞社, 1973

李進熙, 「日本에 있는 百濟의 金石史料」, 『馬韓百濟文化研究의 成果와 課題』, 1987

李漢祥, 「加耶의 威勢品 生産과 流通」, 『가야 고고학의 새로운 조명』, 2003

李亨求·朴魯姬, 「廣開土王碑文의 소위 辛卯年記事에 대하여-僞作'倭'字考-」, 『東方學志』29, 1981

李弘稙, 「任那問題を中心とする欽明紀の整理-主要關係人物の研究」, 『靑丘學叢』25, 1936

李弘稙, 「百濟人名考」, 『서울대학교 論文集』, 1954

이훈, 「공주 수촌리 백제금동관의 고고학적 성격」, 『충청학과 충청문화』5-2, 2006

李熙濬, 「토기로 본 大伽倻의 領域과 그 변천」, 『加耶史研究』, 慶尙北道, 1994

林永珍, 「光州 月桂洞의 長鼓墳 2基」, 『韓國考古學報』31, 1994

林永珍, 「馬韓의 形成과 變遷에 대한 考古學的 考察」, 『三韓의 社會와 文化』, 신서원, 1995

임영진, 「전남 고대묘제의 변천」, 『전남의 고대묘제』, 전라남도, 목포대 박물관, 1996

林永珍, 「全南地域 石室封土墳의 百濟系統論 再考」, 『湖南考古學報』6, 1997

林永珍, 「榮山江流域 石室封土墳의 性格」, 『영산강 유역의 고대사회의 새로운 조명』, 역사문화학회, 2000

林永珍, 「韓國 墳周土器의 起源과 變遷」, 『湖南考古學報』17, 2003

임영진, 「고흥 길두리 안동고분 출토 금동관의 의의」, 『충청학과 충청문화』5-2, 2006

임영진, 「장고분(전방후원분)」, 『백제의 건축과 토목, 백제문화사대계 연구총서15』, 충청남도역사문화연구원, 2007

林屋辰三郎, 「継体·欽明朝内乱の史学的分析」, 『立命館文學』88, 1952

장인성, 「가야 아리사등의 외교와 행적」, 『백제학보』15, 2015

張彰恩, 「6세기 중반 한강 유역 쟁탈전과 管山城 戰鬪」, 『진단학보』111, 2011

全榮來, 「百濟南方境域의 變遷」, 『千寬宇先生還曆紀念韓國史學論叢』, 1985

田中俊明, 「韓国の前方後円形古墳の被葬者·造墓集団に対する私見」, 『前方後円墳と古代日朝関係』, 同成社, 2002

田中俊明, 「百濟 文周王系의 등장과 武寧王」, 『百濟研究』49, 2009

田中俊明, 「いわゆる「任那四県割讓」記事の新解釈」, 『한국고대사연구의 현단계』석문 이기동교수 정년기념논총, 주류성출판사, 2009

田中卓, 「神功皇后"実在"論-北見俊夫教授の発言に関連して」, 『悠久』21, 1985

鮎貝房之進, 「日本書紀朝鮮地名攷」, 『雑攷』7 上卷, 下卷, 朝鮮印刷株式會社, 1937

井上光貞, 「帝紀からまた葛城氏」, 『日本古代国家の研究』, 岩波書店, 1965

井上秀雄, 「任那日本府の行政組織」, 『日本書紀研究』2, 塙書房, 1966

井上秀雄, 「いわゆる任那日本府について」, 『任那日本府と倭』, 東出版, 1973

丁若鏞, 「靺鞨考」, 『與猶堂全書』6, 景仁文化社, 1969

鄭寅普, 「廣開土境平安好太王陵碑文釋略」, 『庸齋白樂濬博士還甲紀念論叢』, 1955

鄭載潤, 「東城王 23年 政變과 武寧王의 執權」, 『韓國史研究』99·100, 1997

鄭載潤, 「熊津時代 百濟政治史의 展開와 그 特性」, 서강대학교대학원 박사학위논문, 1999

鄭載潤, 「文周 三斤王代 解氏 세력의 동향과 昆支系의 등장」, 『史學研究』60, 2000

鄭載潤, 「熊津時代 百濟와 倭의 關係에 대한 豫備的 考察」, 『百濟文化』37, 2007

鄭載潤, 「百濟 王族의 倭 派遣과 그 性格」, 『百濟研究』47, 2008

정재윤, 「백제의 섬진강 유역 진출에 대한 고찰」, 『백제와 섬진강』, 서경문화사, 2008

丁仲煥, 「『日本書紀』繼體·欽明紀의 加羅關係記事 研究」, 『釜山史學』2, 1978

: 『加羅史研究』, 혜안, 2000

정효운, 「6세기 동아시아 정세와 '磐井의 亂'」, 『일어일문학연구』43, 2002

조경철, 「백제 칠지도의 象徵과 蔓莢」, 『한국사상사학』31, 2008

조경철, 「백제 칠지도의 제작 연대 재론: 병오정양(丙午正陽)을 중심으로」, 『백제문화』42, 2010

曺根佑, 「全南地方의 石室墳 研究」, 『韓國上古史學報』21, 1996

趙榮濟, 「水平口緣壺에 대한 一考察 -西部慶南 伽倻後期土器의 一樣狀」, 『慶尙史學』1, 1985

朱甫敦, 「百濟의 榮山江流域 支配方式과 前方後圓墳 被葬者의 性格」, 『韓國의 前方後圓墳』, 忠南大學校出版部, 2000

주보돈, 「熊津都邑期 百濟와 新羅의 關係」, 『古代東亞細亞와 百濟』, 충남대백제연구소, 2003

酒井改藏, 「好太王碑面의 地名について」, 『朝鮮学報』8, 1955

中西洋子, 「吉備氏伝承의 発生基盤」, 『国学院雑誌』68-3, 1967

池田溫, 「義熙九年倭国献方物をめぐって」, 『江上波夫教授古稀記念論集』歴史篇, 山川出版社, 1977

直木孝次郎, 「的氏に関する一考察」, 『人文研究』12-8, 1961

直木孝次郎, 「吉備의 渡来人と豪族-五·六世紀를 中心に」, 『岡山의 歴史と文化』, 福武書店, 1983

直木孝次郎, 「神功皇后伝説의 成立」, 『古代日本と朝鮮·中国』, 講談社, 1988

津田左右吉, 「眞興王征服地域考」, 『朝鮮歷史地理』1, 南滿洲鐵道株式會社, 1913

津田左右吉, 「好太王征服地域考」, 『津田左右吉全集』11, 岩波書店, 1964

溱哲夫, 「吉備氏反乱伝承의 再檢討」, 『古代를 考える 古代吉備의 檢討』31, 1982

車勇杰, 「竹嶺路와 그 부근 嶺路沿邊의 古城址 調査研究」, 『國史館論叢』16, 1990

千寬宇, 「広開土王陵碑と任那問題」, 『韓』2-3, 1973

千寬宇, 「三韓의 國家形成(下)」, 『韓國學報』3, 1976

千寬宇, 「馬韓의 位置試論」, 『古朝鮮史, 三韓史研究』, 一潮閣, 1989

千寬宇, 「廣開土王碑文 再論-廣開土王의 '廣開土境'」, 『加耶史研究』, 一潮閣, 1991

千寬宇, 「復元 加耶史」上·下, 『文學과 知性』, 문학과 지성사, 1977, 1978 : 『加耶史研究』, 1991

請田正幸, 「六世紀前期의 日朝関係-任那「日本府」を中心として」, 『朝鮮史研

　　　究会論文集』11, 1974

村山正雄, 「「七支刀」銘字一考-榧本論文批判を中心として-」, 『朝鮮歷史論集』
　　　上, 清溪書舍, 1979

村山正雄, 「石上神宮·七支刀銘文発見の経緯と若干の新知見」, 『朝鮮学報』
　　　135, 1990

村上英之助, 「考古学から見た七支刀の製作年代」, 『考古学研究』25-3, 1978

최근영, 중앙일보 1984년 6월 18일자 경기도 포천 고모리 산성

최몽룡·권오영, 「考古學的 資料를 통해 본 百濟初期의 領域考察」, 『韓國史學
　　　論叢(千寬宇先生還曆紀念)』, 1985

崔夢龍, 「考古學的 側面에서 본 馬韓」, 『馬韓,百濟文化』9, 1987

崔盛洛·李映澈, 「咸平중랑遺蹟」, 『第43回 全國歷史學大會考古學部發表資
　　　料集』, 韓國考古學會, 2000

최성락, 「전방후원형 고분의 성격에 대한 재고」, 『韓國上古史學報』44, 2004

최성락, 「영산강 유역 고대사회의 실체-해석의 관점에 대한 논의」, 『지방사와 지방
　　　문화』11-2, 2008

최성락, 「영산강 유역 고분연구의 검토」, 『호남고고학보』33, 2009

최성락, 「마한론의 실체와 문제점」, 『박물관연보』9, 목포대박물관, 2001

최영주, 「百濟 橫穴式石室의 型式變遷과 系統關係」, 『百濟文化』48, 2013

최완규, 「분묘유적에서 본 익산세력의 전통성」, 『고대 도성과 익산왕궁성』, 제17
　　　회 마한,백제문화 국제학술대회, 2005

최중호, 「'동래'와 '기장'의 옛 땅이름 연구」, 『石堂論叢』50, 2011

太田博之, 「埼玉中の山古墳出土の有孔平底壺系円筒形土器」, 『考古学雑誌』
　　　90-2, 2006

土生田純之, 「朝鮮半島の前方後円墳」, 『專修大学人文科学年報』26, 1996

土生田純之, 「韓日 前方後圓墳의 比較檢討」, 『韓國의 前方後圓墳』, 충남대
　　　학교출판부, 2000

坂本太郎, 「継休紀の史料批判」, 『国学院雑誌』62-9, 1961 : 『日本古代史の基
　　　礎的研究』上, 東京大学出版会, 1964

坂元義種, 「古代東アジアの日本と朝鮮-「大王」の成立をめぐって」, 『古代の
　　　日本と朝鮮』, 学生社, 1974

坂靖, 「韓国の前方後円墳と埴輪」, 『古代学研究』170, 2005

八木充, 「大伴金村の失脚-「官家支配」から「日本府支配」へ-」, 『日本書紀研
　　　究』1, 1964

平野邦雄, 「秦氏の研究」, 『史学雑誌』70-3, 70-4, 1961

平野邦雄, 「ヤマト王權と朝鮮」, 『岩波講座 日本歷史』1, 1975

平野邦雄, 「継体·欽明紀の対外関係記事」, 『古代東アジア史論集』下, 1978

平野邦雄, 「八世紀帰化氏族の族的構成」, 『続律令国家と貴族社会』, 吉川弘
　　文館, 1978

河上邦彦, 「日本 前方後圓墳의 成立-最古의 古墳, ホケノ山古墳」, 『묘제와
　　출토유물로 본 소가야』, 國立昌原文化財硏究所, 2000

河承哲, 「倭系遺物을 통해 본 5~6世紀 小加耶」, 『부산경남사학회 제72회 월례
　　발표회 자료집』, 2005

河承哲, 「伽耶地域 石室의 受容과 展開」, 『伽倻文化』18, 伽倻文化硏究院,
　　2005

하승철, 「5~6세기 고성지역 고분문화의 이해」, 『경남의 가야 고분과 동아시아』,
　　학연문화사, 2011

하승철, 「남원지역 가야고분의 구조와 변천」, 『가야와 백제, 그 조우(遭遇)의 땅
　　'남원'』, 남원시 호남고고학회 학술대회, 2014

하승철, 「소가야의 고고학적 연구」, 경상대학교 박사학위논문, 2015

穴澤咊光·馬目順一, 「龍鳳文環頭大刀試論-韓國出土例を中心として」, 『百
　　濟硏究』7, 1976

홍보식, 「百濟 橫穴式石室墓의 型式分類와 對外傳播에 관한 硏究」, 『박물관연
　　구논집』2, 부산직할시립박물관, 1993

洪潽植, 「嶺南地域 橫口式·橫穴式石室墓의 型式分類와 編年」, 『嶺南考古學』
　　12, 1993

洪潽植, 「영산강유역 고분의 성격과 추이」, 『호남고고학보』21, 2005

洪潽植, 「문물로 본 가야와 백제의 교섭과 교역」, 『湖西考古學』18, 2008

洪思俊, 「南原出土 百濟冠飾具」, 『考古美術』90, 1968

洪性和, 「古代 韓日關係史 硏究 -韓半島 南部 經營論 批判을 중심으로」, 高
　　麗大學校大學院 博士學位論文, 2009

홍성화, 「5세기 한반도 남부의 정세와 倭」 『동아시아 속의 한일관계사』上, 고려대
　　학교 일본사연구회 편, 2010

洪性和, 「백제와 왜 왕실의 관계-왕실 간 혼인관계를 중심으로-」, 『韓日關係史硏
　　究』39, 2011

홍성화, 「服飾文化交流를 통해 본 古代 韓日관계」, 『韓服文化』15-3, 2012

홍성화, 「야마토 왕권의 영역 확장을 통해 본 고대 일본의 경계인식」, 『전근대 일

본의 영토인식』, 동북아역사재단, 2012

洪性和, 「4세기말~5세기초 백제와 왜의 관계」, 『한국사 속의 백제와 왜』, 한성백
　　　제박물관, 2015

홍성화, 「지명과 신사」, 『일본 속의 百濟(혼슈·시코쿠 지역)』, 충청남도·충청남도
　　　역사문화연구원, 2019

洪性和, 「550년대 한반도의 정세 변화와 倭國의 동향」, 『東硏』7, 동아시아비교문
　　　화연구회, 2020

[발굴조사보고서]

慶北大學校博物館, 『伽耶文化圈遺蹟精密調査報告書(大邱直轄市, 達成郡篇)』,
　　　1989

慶北大學校博物館, 金泉市, 『甘文國-유적정비를 위한 정밀지표조사』, 2005

谷井濟一, 「潘南面古墳群」, 『大正六年度(1917年)古蹟調査報告』, 朝鮮總督
　　　府, 1920

국립나주문화재연구소, 『羅州 伏岩里 丁村 古墳』, 2017

국립문화재연구소, 『羅州伏岩里3號墳』, 2001

국립문화재연구소, 『羅州新村里9號墳』, 2001

國立昌原文化財硏究所, 『固城內山里古墳群』Ⅱ 學術調査報告30, 2005

今西龍, 『1917年度古蹟調査報告』, 1920

金建洙, 李映澈, 李恩政, 『光州 香嶝遺蹟』, 湖南文化財硏究院, 2004

大邱大學校博物館, 『達成 竹谷里遺蹟 發掘調査 結果報告』, 1994

대구가톨릭대학교박물관, 『善山 洛山洞 鄭墓山古墳群 發掘調査報告』, 2008

문화재연구소, 『익산입점리고분 발굴조사보고서』, 1989

박중환, 『광주 명화동 고분』, 국립광주박물관, 1996

福岡市教育委員会, 『鋤崎古墳』, 福岡市埋蔵文化財調査報告書730, 2002

徐聲勳, 成洛俊, 『海南 月松里 造山古墳』, 국립광주박물관, 백제문화개발연구
　　　원, 1984

徐聲勳, 成洛俊, 『羅州潘南古墳群』, 국립광주박물관, 1988

成洛俊, 「咸平 禮德里 新德古墳 緊急收拾調査 略報」, 『제35회 전국역사학대
　　　회논문 및 발표요지』, 1992

沈奉謹, 『固城 松鶴洞古墳群』, 東亞大學校博物館, 2005

有光教一,「羅州潘南面古墳の發掘調査」,『昭和十三年度(1938年)古蹟調査報告』, 朝鮮古蹟研究會, 1940

殷和秀, 崔相宗,『海南 方山里 長鼓峰古墳 試掘調査報告書』, 國立光州博物館, 2001

殷和秀, 崔相宗, 尹孝男,『和順 白巖里古墳 地表調査』, 國立光州博物館, 2004

李榮文,『長城 鈴泉里 橫穴式石室墳』, 전남대학교박물관, 1990

李映澈, 李恩政,『咸平 露積遺蹟』, 湖南文化財研究院, 2005

林永珍, 趙鎭先,『光州 月桂洞, 雙岩洞古墳』, 全南大學校博物館, 1994

林永珍, 趙鎭先, 徐賢珠,『伏岩里古墳群』, 全南大學校博物館, 1999

林永珍, 趙鎭先, 徐賢珠, 宋恭善,『羅州德山里古墳群』, 全南大學校博物館, 2002

(재)전라남도 문화재단, 전남문화재연구소,「영암 내동리 쌍무덤 학술자문위원회의 및 현장설명회 안내」, 2020

전북대학교박물관, 남원시,『남원 두락리, 유곡리 고분군 발굴조사 - 32호분』, 자문위원회의 및 현장설명회 자료, 2013

全榮來,『南原草村里古墳群發掘調査報告書』, 全北遺蹟調査報告 第12輯, 1981

全榮來,『南原月山里古墳發掘調査報告』, 圓光大學校馬韓百濟文化研究所, 1983

鄭義道, 安城賢, 權珠英, 金尹姬,『南海大局山城-南門址 및 蓮池』, 南海郡, 慶南文化財研究所, 2005

趙榮濟 외,『宜寧 雲谷里古墳群』, 慶尙大學校博物館, 2000

趙榮濟 외,『宜寧 景山里古墳群』, 慶尙大學校博物館, 2004

崔盛洛, 李正鎬, 尹孝男,『務安 高節里古墳』, 목포대학교박물관, 2002

崔完奎, 李文炯, 玉昌旻, 金重曄,『高敞 鳳德里 1號墳 - 石室·甕棺』, 馬韓·百濟文化研究所, 2012

충청남도역사문화원,『瑞山 富長里 遺蹟-現場說明會資料』, 2005

하승철, 박상언, 이주희,『巨濟 長木 古墳』, 慶南發展研究院 歷史文化센터, 2006

한국문화유산연구원,『화성 요리 고분군』, 2018

湖南文化財研究院,「군산 수송, 수송2지구 택지개발사업지구내 문화유적발굴조사」지도위원회의 자료

湖南文化財研究院,「務安-光州間 高速道路 建設工事區間內 文化遺蹟 發掘調査」지도위원회의 및 현장설명회 자료, 2005

曉星女子大學校博物館,『善山 洛山洞 古墳群 地表調査報告』, 1989

찾아보기

저자소개

홍성화

배재고, 연세대를 졸업하고 고려대학교 사학과에서 고대한일관계사 전공으로 박사학위를 받았다. 현재 건국대학교 글로컬캠퍼스 교양대학 부교수이며 충청북도 문화재위원회 전문위원, 충주박물관 운영자문위원, 충주시 문화예술자문위원, 동아시아비교문화연구회 회장, 동아시아고대학회 부회장, 한일관계사학회 정보이사 등으로 활동하고 있다.

주요저서

『한일고대사 유적답사기』, 『왜 5왕』, 『동아시아 속의 한일관계사(상)』(공저), 『전근대 일본의 영토인식』(공저), 『한국사 속의 백제와 왜』(공저), 『사료로 읽는 우리역사』(공저), 『새로운 동아시아 국제질서의 시작 한강유역과 관산성』(공저)

주요논문

「七支刀의 제작연대와 제작배경에 대한 재조명」, 「金石文과 5세기의 倭王」, 「東아시아 古代王權의 婚姻과 國際關係」, 「奈良·滋賀 지역의 百濟系 渡倭人에 대한 고찰」, 「고대 科野 지역과 百濟」, 「百濟와 肥後 지역」, 「6세기 후반 한일 해역에서의 재난과 교류」, 「다카마쓰즈카(高松塚) 벽화복식에 대한 고찰」, 「충주 지역 중원역사문화 스토리텔링의 기초자료」, 「通信使行錄에 보이는 古代史 관련 기술 고찰」

칠지도와 일본서기

초판 1쇄 2021년 5월 21일
초판 2쇄 2022년 10월 19일

지 은 이 홍성화
발 행 인 한정희
발 행 처 경인문화사
편 집 부 유지혜 김지선 박지현 한주연 이다빈
마 케 팅 전병관 하재일 유인순
출판신고 제406-1973-000003호
주   소 (10881) 경기도 파주시 회동길 445-1 경인빌딩 B동 4층
대표전화 031-955-9300   팩 스   031-955-9310
홈페이지 http://www.kyunginp.co.kr
이 메 일 kyungin@kyunginp.co.kr

ISBN 978-89-499-4963-5 93910
값 33,000원